VIE
DE M. OLIER,
CURÉ DE S. SULPICE.

Se Trouve

Chez

A VERSAILLES,

LEBEL, imprimeur du Roi et de l'Evêché, rue Satory, n.° 122.

A PARIS,

BRUNOT-LABBE, libraire, quai des Augustins, n.° 33;
FOUCAULT, libraire, rue des Noyers, n.° 37.
LE CLERE, libraire, quai des Augustins, n.° 51;
AUDOT, libr., rue des Mathurins-St.-Jacques, n.° 18;
BLAISE, jeune, libraire, quai des Augustins, n.° 39;

A LYON,

RUSAND, imprimeur du Roi, rue Mercière;

ET A BAYEUX,

GIROULT, imprimeur-libraire.

ON TROUVE CHEZ LES MÊMES LIBRAIRES :

VIE DE LA VÉNÉRABLE MÈRE AGNÈS DE JÉSUS, Religieuse de l'ordre de saint Dominique, au monastère de Langeac en Auvergne, par M. de LANTAGE, Supérieur du séminaire du Puy, *nouvelle édition*. Paris, 1808, 1 *vol. in*-12. PRIX : 2 *fr.* 50 *cent.* et 3 *fr.* 50 *cent.* par la poste.

JEAN JACQUES OLIER,
Curé de St. Sulpice, Fondateur et Premier
Supérieur du Séminaire du même nom;
Né à Paris le 20 Septembre 1608, mort le 2 Avril 1657.

Gravé par J. Massard peintre de l'Acad.^{ie} de Peinture.

VIE

DE

VIE
DE M. OLIER,

CURÉ DE S. SULPICE,

A PARIS;

FONDATEUR ET PREMIER SUPÉRIEUR DU SÉMINAIRE
DU MÊME NOM.

A VERSAILLES,

DE L'IMPRIMERIE DE J. A. LEBEL,

IMPRIMEUR DU ROI.

1818.

PRÉFACE.

Dans tous les temps, Dieu, pour la consolation de son Église, l'édification des vrais Fidèles, et la condamnation des mauvais Chrétiens, a suscité des hommes éminens en sainteté. Le siècle dernier, fécond en grands personnages dans tous les genres, sera célèbre, dans l'histoire ecclésiastique, par la multitude des grands serviteurs de Dieu qu'il a donnés à la France. Saint François Régis, saint Vincent de Paul, dont nous sommes assurés que les noms sont écrits au livre de vie, Alain de Solminihac, le cardinal de Bérulle, le P. de Condren, M. Eudes, M. Boudon, M. Bourdoise, M. de la Salle, le P. Yvan, le P. Surin, etc. : voilà des noms, entre beaucoup d'autres, qui nous rappellent autant de modèles de la perfection évangélique.

M. Olier, curé de Saint-Sulpice à Paris, fondateur de la communauté et du séminaire du même nom, a mérité une place parmi ces hommes vénérables, dont la mémoire est si chère à la religion; et la carrière qu'il a remplie, principalement dans la capitale du royaume, offre trop de traits glorieux à l'Église, pour ne pas le faire vivre beaucoup au-delà de son siècle. Plus les parfaits disciples du Sauveur s'appliquent à cacher leurs œuvres pendant qu'ils habitent sur la terre, plus Dieu se plaît à la manifester après qu'ils ont achevé leur course; et le récit de leurs vertus, en les faisant comme survivre à eux-mêmes, est pour ceux qui leur succèdent, la plus riche comme la plus chère de leurs dépouilles.

Nous possédons aujourd'hui les vies de presque tous les hommes célèbres dans l'ordre de la religion, qui faisoient il y a plus de cent ans le salut de notre patrie, et dont les actions ou les écrits en font aujourd'hui la gloire. Des mains aussi habiles que laborieuses ont, de notre temps, mis au jour celles qu'on regrettoit de ne pas connoître, ou étendu celles qu'on ne connoissoit pas assez. C'est un trésor dont les ames pieuses jouissent avec autant de fruit que de joie et de reconnoissance. Lorsqu'en 1687, on imprima celle de M. Olier, l'éditeur ne la produisit que comme *un échantillon de la pièce entière*, qu'il faisoit espérer de voir bientôt paroître. Elle étoit trop courte, à la vérité, pour n'en pas faire désirer une plus détaillée. Je ne parle pas de celle qui fut imprimée en 1657, et écrite par un religieux de l'ordre de saint Dominique. C'est un fort petit ouvrage, de trente pages in-4°, où l'on trouve beaucoup moins de faits, que dans l'autre composée par M. Leschassier. Un siècle entier s'est écoulé sans que personne ait mis la main à l'œuvre, et les vertus éclatantes qu'a pratiquées M. Olier, les grâces privilégiées dont le ciel l'a favorisé, ses grandes entreprises pour procurer de dignes ministres à l'Eglise, ses travaux pour le salut des ames, ne sont connus que très-imparfaitement.

On a donc cru devoir produire le tableau qui s'est fait attendre si long-temps [1], non plus en raccourci, mais dans toute l'étendue que demande le sujet; c'est pour les disciples de M. Olier, un modèle dont ils ne peuvent trop étudier les traits. Tout y justifie les éloges donnés à sa sainteté et à ses vertus par les personnages les plus illustres et les plus éclairés de l'Eglise de France. Nous nous contenterons de quelques citations.

Voici l'idée honorable qu'en donnent les célèbres auteurs de l'ouvrage intitulé *Gallia christiana*, lorsqu'après avoir fait un précis de sa vie, ils ajoutent : *Mortis suæ præscius, sacramentis omnibus muniri voluit vir cleri decus et ornamentum. Vigore sacerdotali clarus, pastorali sollicitudine clarior, zelo restaurandæ disciplinæ omniumque virtutum adgregatione clarissimus, in animis omnium quos Christo et Ecclesiæ genuit, vivit* [2].

Veut-on un témoignage d'un plus grand poids ? c'est celui du clergé de France, assemblé en 1730,

---

[1] Cette *Vie* a été écrite en 1790. L'auteur est connu par la traduction des *Fêtes mobiles* d'Alban Butler, ouvrage publié en 1811, à la suite des *Vies des Saints* de M. Godescard. Il est mort au mois d'avril 1817, au séminaire de Baltimore en Amérique, où il s'étoit retiré en 1791. (*Note de l'Editeur.*)

[2] *Gallia christiana*, tom. 11, pag. 466.

écrivant au pape Clément XII, pour solliciter la béatification de la mère Agnès de Jésus, religieuse du monastère de Langeac, morte en odeur de sainteté. Les prélats s'exprimoient ainsi : *Piæ virginis cultum eò propensiùs apud Beatitudinem Vestram prosequimur, quòd ipsa in Christo, si ita loqui fas est, genuerit eximium illum Christi sacerdotem, insigne cleri nostri decus et ornamentum, Joannem Jacobum Olier : quem dum illa ad perfectioris vitæ studium incitavit, quàm bene de Ecclesiá merita sit, dicere quis sufficiat ? Quàm uberes enim (ut cætera omittamus) quotidie colliguntur fructus ex fundatione seminarii Sancti Sulpitii, quod suam huic piissimo sacerdoti debet originem, in quo quidem seminario viguit dudum, semperque, ut speramus, vigebit, in instituendis ad ecclesiastica officia clericis, zelus indefessus, inviolata cathedræ Petri obedientia, constans profanarum novitatum fuga ac detestatio, rigida sacrorum canonum observantia ; et ex quo veluti ex arce quadam religionis, virtutumque omnium schola prodeunt innumeri tum antistites, tum cujuslibet gradûs clerici, verbo potentes et exemplo, in fide stabiles, in charitate radicati et fundati, ad omne opus bonum instructi* (1).

Enfin M. Bossuet, qui l'avoit connu, cite ses *Lettres* comme faisant autorité parmi les mystiques; il l'appelle *virum præstantissimum ac sanctitatis*

---

(1) Collect. des Procès-verbaux des assemblées du Clergé; tom. VII Pièces justific. de l'assemblée de 1730, n° vj, pag. 339.

PRÉFACE. ix

odore florentem (1); et en conseillant à une personne qu'il dirigeoit la lecture de ses ouvrages, il le met au nombre des *bons* auteurs *spirituels* (2).

Les faits rapportés dans cette vie sont tirés ou des mémoires laissés par M. de Bretonvilliers, qui a vécu avec M. Olier, ou des manuscrits mêmes de M. Olier. Comme son directeur lui ordonna de mettre sur le papier toutes les grâces venues du ciel dont il avoit conservé le souvenir et qu'il recevoit encore tous les jours, il le fit avec tant de détail et d'exactitude, qu'il se trouve dans son histoire peu de traits qui n'aient été écrits de sa main. L'ingénuité est le caractère des ames pures; celle de M. Olier ne pouvoit être portée plus loin. Il raconte tout le bien que Dieu a daigné faire en lui; mais il le raconte en homme trop vil à ses propres yeux pour n'en pas rendre toute la gloire à celui qui en est l'auteur. On aura souvent lieu d'admirer

(1) *Mystici in tuto*, part. I, n. 99; tom. VII de ses OEuvres, édit. de 1743; tom. XXIX, édit. de Versailles.

(2) Lettre LXXXVI, tom. XI, édit. de 1743; Lett. CXLVII, tom. XI, édit. de 1778; Lett. XCVIII *à la sœur Cornuau*, tom. XXXVIII, édit. de Versailles.

On peut ajouter à ces témoignages celui de M. l'abbé Fleury, qui rapporte ce qu'il avoit appris d'un grave magistrat, M. de Gaumont, conseiller au Parlement de Paris, mort en 1665, et contemporain de M. Olier. Voici ses paroles : « Il étoit persuadé de la sainteté de » M. Olier, fondateur du séminaire de Saint-Sulpice, et rapportoit » quelque miracle fait depuis sa mort par son intercession ». Voyez les *Nouveaux Opuscules de M. l'abbé Fleury*. Paris, 1807; pag. 232. (*Note de l'Editeur.*)

comment, avec tant de vertus et de faveurs spirituelles, il pouvoit être si humble. Au style près, fort négligé dans tout ce qu'il a écrit par obéissance; et à la disposition des faits qu'il a jetés çà et là sans aucun ordre, on peut donc regarder cette vie comme écrite par lui-même. C'est surtout dans le livre de ses vertus, que je me suis attaché à le copier, écrivant en quelque sorte sous sa dictée. Comme cette dernière partie est remplie de ses sentimens et de ses maximes, j'ai dû m'appliquer particulièrement à y rendre son langage avec fidélité; aussi ne me suis-je permis que les changemens nécessaires soit dans l'arrangement des phrases, soit dans l'expression, pour ne rien laisser qui pût déplaire ou donner du dégoût. Comme cet ouvrage n'est fait que pour donner un modèle de plus à tous les disciples de notre Seigneur qui veulent marcher dans les voies de la perfection, je prie tous ceux qui le liront de porter et de conserver profondément gravée dans leur cœur cette leçon du grand apôtre : *Mementote præpositorum vestrorum, qui vobis locuti sunt verbum Dei, quorum intuentes exitum conversationis, imitamini fidem.* Hebr. XIII. 7.

TABLE.

Préface.	*Pag.* v
LIVRE PREMIER.	1
I. Naissance de M. Olier.	2
II. Dieu veille sur son enfance.	3
III. Ses premières études.	6
IV. Il va à Lyon, où sa mère le présente à S. François de Sales.	*Ibid.*
V. Le saint le croit appelé au sacerdoce, et veut le retenir auprès de lui.	7
VI. Il lui donne sa bénédiction avant de mourir.	8
VII. Il échappe à un grand danger.	10
VIII. Il fait à Paris son cours de philosophie et de théologie.	*Ibid.*
IX. Il reçoit le baccalauréat.	11
X. Dangers pour son salut.	12
XI. Il fait le voyage d'Italie.	13
XII. Il est menacé de perdre la vue.	14
XIII. Il est attaqué d'une violente fièvre.	18
XIV. Il visite la chapelle de Lorette.	*Ibid.*
XV. Il y est guéri.	19
XVI. Il revient à Rome, où il apprend la mort de son père.	20
XVII. Il balance sur le choix d'un état.	*Ibid.*
XVIII. Il repasse en France.	21
XIX. Il se donne au service des pauvres.	*Ibid.*
XX. On censure cette conduite.	22
XXI. Son directeur lui permet la communion quotidienne.	23
XXII. Il éprouve de grandes peines intérieures.	24
XXIII. Il fait un pélerinage à Notre-Dame de Chartres, qui l'en délivre.	25
XXIV. Il en fait deux autres à Notre-Dame de Liesse.	*Ibid.*
XXV. Dieu lui fait connoître l'état qu'il doit embrasser.	26
XXVI. Il va faire une retraite à S. Lazare.	27
XXVII. Il renonce à la licence pour se consacrer aux missions.	*Ibid.*
XXVIII. Sa tendre affection pour les pauvres.	29
XXIX. Ses frayeurs aux approches du sacerdoce.	30
XXX. Il reçoit la prêtrise.	32
XXXI. Il fait une nouvelle retraite à Saint-Lazare pour se préparer aux missions d'Auvergne.	33

XXXII. La mère Agnès lui apparoît. *Page* 34
XXXIII. Il travaille au salut des ames durant six mois avec un zèle infatigable. 36
XXXIV. Il désire voir la mère Agnès. 37
XXXV. Sa première entrevue avec elle. 38
XXXVI. Ce qu'il éprouve dans ses fréquentes entrevues avec elle. *Ibid.*
XXXVII. Le fruit qu'il retire de ses conversations. 39
XXXVIII. Elle lui fait plusieurs prédictions. *Ibid.*
XXXIX. Elle se réjouit du succès de ses missions. 40
XL. Elle le prend pour son directeur. 41
XLI. M. Olier est rappelé à Paris par le P. de Condren. *Ibid.*
XLII. La mère Agnès lui donne son crucifix et son chapelet. Guérison opérée par son crucifix. 42
XLIII. La mère Agnès et M. Olier se disent adieu pour la dernière fois. *Ibid.*
XLIV. Mort de la mère Agnès. 43

LIVRE II. 44

I. Il refuse un évêché. 45
II. Il prend le P. de Condren pour son directeur. 46
III. Il fait une retraite pour se disposer à de nouvelles missions. Il y reçoit des grâces extraordinaires. 47
IV. Il part de nouveau pour l'Auvergne avec plusieurs ecclésiastiques formés par S. Vincent de Paul. 49
V. Il ouvre la première mission à S. Ilpise. *Ibid.*
VI. Il marque à S. Vincent de Paul le succès de sa mission. 52
VII. Même succès dans les autres. 54
VIII. M. Olier accepte le défi d'un ministre protestant. 57
IX. Autres lettres sur les missions, aux ecclésiastiques de S. Lazare. 59
X. Il fait un vœu à saint François de Sales. 62
XI. Sa mère vient de Paris pour l'assister et le ramener dans sa famille. Il lui survient au genou un mal fort dangereux. 63
XII. Il va à Tournon, où il est guéri par l'intercession de la sainte Vierge. *Ibid.*
XIII. Il fait chez les Jésuites les exercices spirituels. 64
XIV. Nouvelles tribulations de la part de plusieurs habitans voisins de son abbaye. 65
XV. Moment de consolation que Dieu lui ménage. 67
XVI. Il ressent de grandes peines intérieures. 68
XVII. Changement remarquable qu'il opère dans deux chapitres. 70
XVIII. On le demande au Roi pour remplir le siége du Puy. *Ibid.*

XIX. Il revient à Paris.	Page 71
XX. Il fait de nouvelles missions.	72
XXI Trait d'humilité.	Ibid.
XXII. Il va en Bretagne réformer un monastère.	73
XXIII. On lui refuse l'hospitalité.	74
XXIV. Il se retire dans un poulailler.	Ibid.
XXV. On lui offre un appartement, qu'il refuse.	76
XXVI. Quatorze religieuses font sous sa conduite les exercices spirituels, et reprennent l'esprit de leur vocation.	78
XXVII. Il va à son prieuré de Clisson, et y tombe malade.	79
XXVIII. Il se fait transporter au couvent de la Visitation de Nantes.	
XXIX. Ses entretiens avec la mère de Bressan.	80
XXX. Il la dirige.	Ibid.
XXXI. Il revient à Paris.	81
XXXII. Il s'arrête à Fontevrault. Pourquoi?	82
XXXIII. Il achève dans un second voyage la réforme du couvent de la Regripière.	83
XXXIV. Il est nommé coadjuteur de Châlons.	84
XXXV. Il refuse.	86

LIVRE III. — I. Le P. de Condren engage M. Olier à établir des séminaires.	88
II. Nouvelles peines intérieures.	90
III. Sa conduite dans ses grandes épreuves.	96
IV. Il fait un pélerinage à Chartres, et il est délivré de ses peines.	100
V. Il y tente l'établissement d'un séminaire.	Ibid.
VI. Proposition faite à M. Picotté pour l'établissement du séminaire, par madame de Villeneuve.	102
VII. Elle est rejetée.	Ibid.
VIII. Elle est goûtée ensuite par plusieurs.	103
IX. M. Olier s'y refuse d'abord, puis l'approuve.	104
X. Nouvelle révélation occasion d'une nouvelle croix.	106
XI. M. Olier refuse de recevoir M. Amelote parmi ceux de sa compagnie.	107
XII. Il établit sa communauté à Vaugirard.	109
XIII. M. de Bassancourt se joint à lui.	111
XIV. Le cardinal de Richelieu lui offre sa maison de Ruel. Il le remercie.	112
XV. M. Olier éprouve de nouvelles contradictions.	115
XVI. Il est encouragé par le P. Térisse.	116
XVII. On lui offre la cure de S. Sulpice.	117
XVIII. Il l'accepte,	119

XIX. Il en est blâmé de ses proches. *Page* 120
XX. Des envieux le traversent en secret. 124
XXI. Ses propres amis travaillent à le dissuader d'accepter la cure de S. Sulpice. 125
XXII. Il en prend possession. 128
XXIII. Il reçoit intérieurement l'explication de l'ancienne apparition de saint Grégoire et de saint Ambroise. 129
XXIV. Soin qu'il prend des jeunes clercs. 131
XXV. Mesures qu'il prend pour réformer sa paroisse. 132
XXVI. Grâces particulières ; comment il y répond. 133
XXVII. Deux autres moyens qu'il prend pour réformer sa paroisse. 135
XXVIII. Sa conduite à l'égard des prêtres de sa communauté. 136
XXIX. Les maximes qu'il leur enseigne. 137
XXX. Il dresse plusieurs réglemens pour sa communauté et sa paroisse. 140
XXXI. Il partage la paroisse en divers quartiers. *Ibid.*
XXXII. Il assigne à chacun de ses prêtres son emploi particulier. 141

LIVRE IV. 143
I. M. Olier travaille à la conversion des hérétiques. 144
II. A l'instruction des catholiques. *Ibid.*
III. Son zèle pour les catéchismes. 145
IV. Il inspire à ses paroissiens une dévotion particulière au très-saint sacrement. 147
V. Ce qu'il fait pour rendre au culte sa dignité. 148
VI. Il fonde l'office canonial dans son église. 149
VII. Il pourvoit à l'instruction des pauvres et des domestiques. 151
VIII. Il fait plusieurs établissemens nouveaux en l'honneur du très-saint sacrement. 154
IX. Il projette la construction d'une nouvelle église. 156
X. Ses soins pour les pauvres de sa paroisse. 158
XI Il entreprend la conversion des personnes de mauvaise vie. 160
XII. Il précautionne ses paroissiens contre l'hérésie. 165
XIII. Il s'occupe particulièrement de l'établissement du séminaire. 167
XIV. On lui offre l'évêché de Rodez. 168
XV. Nouvelle protestation qu'il fait à Montmartre, d'être tout au service de Dieu et des peuples. 171
XVI. Il se prépare à une grande croix. 180
XVII. On forme un parti contre lui pour lui faire abandonner sa cure. 181

XVIII. Une troupe de libertins se liguent au même temps contre lui.
Page 182
XIX. On en vient aux dernières violences contre sa personne. 183
XX. Il n'y oppose que la douceur et la prière. 184
XXI. On pille le presbytère. 185
XXII. Il est rétabli dans sa cure. *Ibid.*
XXIII. On veut mettre le feu au presbytère. 186
XXIV. On met fin à la sédition. *Ibid.*
XXV. On l'engage à se démettre de sa cure, mais en vain. 188
XXVI. Il se livre à ses fonctions avec un nouveau zèle. 191
XXVII. Il réforme les abus des différens corps de métiers. 193
XXVIII. Le secours qu'il tire de l'habileté de M. de Gaches dans les affaires. 194

LIVRE V. — I. M. Olier fait un voyage au tombeau de saint François de Sales. 196
II. Il s'arrête à Chatillon sur Seine, où il reçoit des grâces particulières. 197
III. Il passe à Clairvaux. 200
IV. Il s'arrête à la chartreuse de Dijon, puis à Cîteaux: de là il va à Beaune, visiter la sœur Marguerite du Saint-Sacrement. 201
V. Il visite le corps de saint Claude. 203
VI. Il arrive à Anneci, et visite le tombeau de saint François de Sales. 204
VII. Il va à Grenoble, puis à Valence, pour y visiter la sœur Marie. 205
VIII. Il fait le pélerinage de la sainte Baume et plusieurs autres. 207
IX. Ses pratiques dans ses voyages. 208
X. Il reprend le gouvernement de sa paroisse. 215
XI. Il est inconsolable d'une horrible profanation commise dans son église. Ce qu'il fait pour la réparer. 217
XII. Il va faire une retraite à Meulan. 219
XIII. Il fait un nouveau voyage en Bretagne. *Ibid.*
XIV. Il visite à Tours l'église de Saint-Martin. 220
XV. Il s'arrête à Candes. 222
XVI. Il visite à Saumur Notre-Dame des Ardilliers. *Ibid.*
XVII. Il va à son prieuré de Clisson, puis au tombeau de saint Vincent-Ferrier, et enfin à Notre-Dame d'Auray. 223
XVIII. Il établit un séminaire à Nantes. 224
XIX. Son retour à Paris. Il y procure un établissement dans sa paroisse aux religieuses de la Miséricorde. 225
XX. Sa conduite durant la guerre civile. 228
XXI. Il se démet de ses bénéfices, et ne conserve que sa cure. 233

TABLE.

XXII. Il pose la première pierre de la chapelle du séminaire. *Page* 235
XXIII. Il va offrir les clefs du séminaire à Notre-Dame de Chartres. 237
XXIV. Il harangue Louis XIV, qui vient entendre à Saint-Sulpice le sermon de M. Joly. 239
XXV. Il invite M. Eudes à donner à sa paroisse une mission, dont elle retire beaucoup de fruit. 241
XXVI. Il bannit les duels de sa paroisse. 243

LIVRE VI. — I. Il fait part à quelques-uns de ce que Dieu lui avoit révélé, qu'il ne seroit curé que dix ans. 247
II. Il tombe dangereusement malade. 248
III. Il se démet de la cure de Saint-Sulpice. 250
IV. A demi-rétabli, il ressent les douleurs de la pierre. 251
V. Il prend l'habit du tiers-ordre de Saint-Dominique. 253
VI. Il va fonder un séminaire au Puy. 255
VII. Il rencontre un vertueux curé. Comment il en use avec lui. 257
VIII. Trait de charité. *Ibid.*
IX. Il s'arrête à Lyon pour le jubilé. 258
X. Il visite à Valence le tombeau de la sœur Marie. Forte correction qu'il fait à un peintre. 259
XI. Il s'arrête à Viviers, où il entreprend la fondation d'un séminaire. 261
XII. Il entreprend de convertir les hérétiques de Privas. 267
XIII. La religion catholique rétablie dans Privas. 269
XIV. M. Olier envoie des missionnaires en différens endroits du Vivarais. 271
XV. Il établit un séminaire au bourg Saint-Andéol. 273
XVI. Il visite la sœur de la mère Agnès. 274
XVII. Il quitte le Vivarais pour se rendre au Puy. *Ibid.*
XVIII. Il refuse l'évêché de cette ville. 276
XIX. L'évêque de Grenoble le veut aussi pour son successeur. 278
XX. Il établit le séminaire du Puy. 279
XXI. On calomnie les directeurs du séminaire du Puy; ce qu'ils font pour dissiper la calomnie. 281
XXII. Il va visiter le tombeau de la mère Agnès. 284
XXIII. Il se rend à Paris, où Dieu le prépare à de grandes souffrances. 285
XXIV. Il devient paralytique. 287
XXV. Sa douceur et sa docilité pendant sa maladie. 289
XXVI. Il éprouve de grandes peines intérieures. 290
XXVII. Saint Vincent de Paul le visite dans sa maladie. 292
XXVIII. Il se reproche d'avoir demandé à Dieu la santé. 294

XXIX. Il va aux eaux de Bourbon. *Page* 296
XXX. La sainte Vierge le visite intérieurement durant un petit séjour qu'il fait à Moulins. 297
XXXI. Il revient à Paris. Combien il y édifie. 298
XXXII. Il établit le séminaire de Clermont. 300
XXXIII. Il fonde aussi celui de Montréal en Canada. 301
XXXIV. Comme il use de ses infirmités, et supplée à l'impuissance où il est d'exercer le saint ministère. 302
XXXV. Il prédit sa mort prochaine. 308
XXXVI. Trait singulier de privation. 309
XXXVII. Il reçoit le saint viatique et l'extrême-onction. 312
XXXVIII. Sa mort. 313
XXXIX. Ses obsèques. 316
XL. Ses écrits. 321

LIVRE VII. CHAPITRE PREMIER. *Sa foi.* — Il a recours à l'autorité pour réprimer les Protestans répandus dans sa paroisse. 332
Sa promesse à Charles II, s'il veut rétablir la foi catholique en Angleterre. 333
Accusé de partager les erreurs des Jansénistes, il manifeste en chaire ses sentimens. 334
Il écrit à une personne de considération entraînée dans les erreurs nouvelles. 337
Il ramène l'abbé de Bourzeis. 341
Il prêche avec force contre les nouveautés. *Ibid.*
Son horreur pour l'hérésie. 342
Lettre à la reine-mère. *Ibid.*
Il fait toutes ses œuvres en esprit de foi. 343
Ses dispositions intérieures par rapport à cette vertu. 345

CHAP. II. *Sa confiance en Dieu.* — Grâces dont Dieu favorise ceux qui s'abandonnent à son infinie bonté. 350
Il en reçoit une preuve sensible sur le chemin de Vaugirard. 351
Sa confiance au milieu des obstacles et des contradictions. 353
Il regarde cette confiance comme un des plus fermes appuis de sa compagnie. 355

CHAP. III. *Son amour pour Dieu.* — Ce qu'il éprouve pendant qu'il étoit en oraison. 357
Il rapporte ce qu'il ressentit en méditant sur les croix. 358
Son désir de porter tout le monde à l'amour de Jésus-Christ. 360
Il trouve dans l'amour pour Dieu le remède aux tentations. 364
Expression de sa charité. 365
Ce qu'il éprouve en s'entretenant de Dieu. 367

Il désire passer les nuits en oraison devant le saint sacrement. *Pag.* 369
Son ardeur dans l'oraison. 370
Effets du pur amour. 371

Chap. IV. *Sa charité pour le prochain.* — Son affection pour l'ordre des Chartreux. 376
Ses liaisons avec divers ordres religieux. 377
Il recommande la charité à ses ecclésiastiques ; il a pour eux un cœur de père. 378
Sa patience dans les injures. 379
L'idée qu'il avoit des pauvres. 380
Il en rassemble un grand nombre dans sa maison. 381
Erection d'une confrérie et d'une assemblée de charité pour les soulager. 382
Etablissement pour les enfans orphelins. 385
Son zèle pour l'éducation des jeunes clercs. *Ibid.*
Plusieurs traits de sa charité. 388
Jésus-Christ vivant dans la personne des pauvres. 393
Son empressement pour instruire les pauvres. 394
Sa charité pour ses persécuteurs. 396

Chap. V. *Sa religion.* — Son respect pour l'Ecriture sainte ; son goût pour la décoration des églises. 398
Sa dévotion au très-saint sacrement. 399
Son désir d'étendre partout cette dévotion. 401
C'est ce qui le porte à l'établissement du séminaire. 402
Il institue l'adoration de toute la journée dans l'église de Saint-Sulpice. 403
Réparation des outrages faits au saint Sacrement en 1648. 404
Dispositions avec lesquelles on doit s'approcher de la sainte table. 406
Manière dont il célèbre le saint sacrifice. 407
Ses sentimens sur la sainteté des prêtres. 408
Ses vœux pour la ferveur dans le clergé. 410
Vœu de servitude à notre Seigneur. 413
Dispositions qui le suivirent. 415
Il se voue au service de l'Eglise. 419
Son respect et son amour pour l'Eglise. 420

Chap. VI. *Sa dévotion à la sainte Vierge et aux saints.* — Ses sentimens envers la très-sainte Vierge. 423
Il lui fait vœu de servitude perpétuelle. 424
Sa méthode pour réciter le chapelet. 427
Il inspire cette dévotion aux ecclésiastiques. 429

Il reçoit divers témoignages de bonté de la sainte Vierge. *Page* 432
Tableau placé au séminaire de Saint-Sulpice. 434
Il choisit la sainte Vierge pour protectrice et patrone du même séminaire. 436
Pratiques de dévotion. 437
Il fait graver deux estampes. 438
Fragment d'un discours sur l'Annonciation. 442
Sa dévotion pour saint Joseph, saint Jean l'Évangéliste, saint François de Paule, saint Martin. 449
Lettres d'association du chapitre de Saint-Martin de Tours. 450
Réponse de M. Olier. 451

CHAP. VII. *Son zèle.* — Il s'offre pour porter la foi dans les pays idolâtres. 453
Il désire travailler à la conversion des hérétiques en Angleterre. 454
Le zèle lui fait accepter la cure de Saint-Sulpice. 456
Il se regarde comme une victime chargée des péchés de son peuple. 457
La très-sainte eucharistie, motif et modèle du zèle des pasteurs des ames. 458
Ses principes sur la prédication. 461
Il s'y prépare par l'oraison. 464
Ce qui lui arriva en prêchant devant la Reine. 465
Ses sentimens lorsque Dieu lui retiroit ses lumières. 467
Nécessité de la parfaite confiance en Dieu. 470
Il convertit un charlatan sur une place publique. 471
Son courage en prêchant devant les princes. 472
Comment il considéroit la parole de Dieu. 475
Ses principes sur la manière de faire les missions. 476

CHAP. VIII. *Son oraison.* — Sa fidélité à l'oraison. 481
Il fait toutes ses œuvres en esprit d'oraison. 482
Il passe des nuits entières devant le très-saint sacrement. *Ibid.*
Il conseille à tous l'exercice de l'oraison. 483
Il y a recours dans toutes les difficultés. 484
Quelle doit être l'oraison d'un prêtre. 485
Il s'élève à une oraison plus sublime. 486
Il y obtient des lumières pour l'intelligence des divines Ecritures. 468

CHAP. IX. *Son humilité.* — Acte d'humilité dans un de ses voyages. 491
Ses sentimens lorsqu'il prit possession de la cure de Saint-Sulpice. 493

Son horreur pour le vice de l'orgueil. *Page* 494
Il renonce à la licence et aux degrés supérieurs. 497
Ce qu'il pense des faveurs singulières de Dieu à son égard. 498
Vue de son intérieur. 499
Conversation avec un célèbre théologien. 501
Ce qu'il pense des succès de sa Compagnie. 502
Principes auxquels il faut s'attacher dans la composition. 504
Ce que l'on doit faire lorsque notre Seigneur parle. 507
Réprimer le désir de pénétrer ce qui passe nos forces. 508
Des différens degrés d'humilité. 509
Des épreuves dont notre Seigneur se sert pour purifier les ames nourries dans les croix intérieures. 515

CHAP. X. *Sa patience, sa résignation dans les croix, et son égalité d'ame.* — Il se réjouit des croix qui lui sont prédites. 522

Ses sentimens à l'égard de M. de Fiesque, son prédécesseur. 523
Ce qui lui arrive dans son voyage de Saint-Claude. 524
Comment il reçoit les fatigues et les incommodités des voyages. 527
Il est insulté, étant en chaire. 528
Sa patience au moment qu'il va célébrer la sainte messe. 531

CHAP. XI. *Sa vie intérieure et son esprit de sacrifice.* — Il se livre tout entier à l'esprit de Jésus-Christ. 533

Il fait toutes ses actions en union aux intentions de notre Seigneur. 534
Le P. de Condren est son modèle. *Ibid.*
Il participe aux dispositions du cœur de Jésus-Christ en ses mystères. 536
Son union à Dieu dans ses maladies. 539
Les persécutions le perfectionnent dans la vie intérieure. 540
Les peines intérieures y contribuent encore davantage. 542
Il souffre la peine qu'enduroit notre Seigneur en voyant les ames qu'il chérit aimer les créatures. 543

CHAP. XII. *Son esprit et ses maximes touchant les séminaires, les ecclésiastiques qui s'y préparent au sacerdoce, ou qui y sont déjà parvenus, et les directeurs qui les gouvernent. L'idée qu'il se formoit des évêques, qui en sont les premiers supérieurs.* — Nécessité du renoncement à soi-même, dans les aspirans à la cléricature. 546

Il les porte à l'esprit de dépendance et de soumission. 547
Maximes sur le renoncement au monde et à soi-même. 548
Ce que c'est que la vie de foi. 550

TABLE.

Eloignement des contestations. *Page* 552
Renoncement à toutes les prétentions du siècle. 556
Comment l'évêque représente la paternité divine. *Ibid.*

ARTICLE PREMIER. *Dispositions et vertus principales des prêtres, et surtout des prêtres de la société de Saint-Sulpice.* 559

ART. II. *De l'esprit du séminaire de Saint-Sulpice.* 565

ART. III. *De la nécessité des séminaires.* 573

ART. IV. *Des évêques considérés comme les premiers supérieurs des séminaires.* 577

§. I. L'évêque, père du clergé. 578

§. II. L'évêque, chef du clergé. 582

§. III. L'évêque, roi de son clergé. 586

ART. V. *Des sujets qui doivent composer le séminaire.* 589

§. I. Des directeurs du séminaire et de l'excellence de leur vocation. 590

§. II. Des prêtres formés au séminaire. 608

§. III. Des élèves du séminaire. 610

CHAP. XIII. *Ses lumières et ses grâces particulières.* 614

Ce qui lui arrive faisant en chaire l'éloge de l'apôtre saint Jacques. *Ibid.*
Il découvre l'intérieur d'un des prêtres de sa communauté. 617
Il reconnoît que Dieu est l'unique source des grâces qu'il reçoit. 618
Il est éclairé sur l'esprit qui doit régner au séminaire. 619
Ce qu'il éprouve en parlant du zèle de saint Paul. 621
Il obtient la guérison d'un séminariste. 622
Ses prières obtiennent deux fois la guérison de son frère. 623
Conversion d'un catholique qui avoit autrefois abjuré l'hérésie. 624
Changement d'un théologien orgueilleux et abusé par sa fausse science. 627
Ce qu'il souffre lorsqu'une ame n'agit pas avec pureté d'intention. 629
Dieu lui découvre l'intérieur de Jésus-Christ. 632
Sentimens et dispositions du cœur de Jésus-Christ. 634
Il éprouve de semblables désirs. 638
Guérison extraordinaire d'un chanoine de Notre-Dame du Puy. 639

xxij   TABLE.

Un autre chanoine de la même église guéri par l'intercession de
    M. Olier.   *Page* 640
Une religieuse de la ville de Saint-Didier recouvre la santé.   641
Guérison d'un chanoine de Craon, abandonné des médecins.   643

FIN DE LA TABLE.

VIE
DE M. OLIER,

CURÉ DE S. SULPICE,

A PARIS;

FONDATEUR ET PREMIER SUPÉRIEUR DU SÉMINAIRE
DU MÊME NOM.

LIVRE PREMIER.

L'OUVRAGE qu'on entreprend ici de mettre au jour, est l'histoire d'un prêtre en qui l'on verra successivement un chrétien prévenu dès son enfance de grâces singulières, et dont la jeunesse peut servir de modèle à tous ceux qui aspirent de bonne heure à la perfection; un élève du sanctuaire, qui, dès son entrée dans la sainte carrière, annonça les grands exemples de vertu qu'il devoit offrir un jour à l'Eglise, comme les grands services qu'il devoit lui rendre; un missionnaire plein de zèle et orné de toutes les vertus apostoliques, fidèle imitateur de l'apôtre du dix-septième siècle, dont il fut l'enfant spirituel et l'ami; un pasteur selon le cœur de Dieu, c'est-à-dire, qui sut paître son troupeau de la plus pure doctrine de la foi et de la piété; un disciple privilégié de la croix, que notre Seigneur trouva digne de souffrir beaucoup, parce qu'il l'aima beaucoup, et qu'il en fut beaucoup aimé; un ministre de l'Eglise, qui, né pour en occuper les plus hautes places, et appelé souvent aux premières dignités, ne voulut porter que le fardeau du ministère évangélique, sans en partager les honneurs et les distinctions temporelles; enfin, un guide dans les voies du salut, extraordinairement éclairé du ciel, et versé dans l'art de conduire les ames à la plus éminente sainteté : autant de traits qui, réunis d'après les mémoires les plus fidèles, présenteront un riche tableau de toutes les vertus chrétiennes et sacerdotales.

I. Sa naissance.

M. Olier naquit à Paris, le 20 septembre de l'an 1608, sur la paroisse de Saint-Paul, et y reçut le baptême le même jour. Il fut le second des trois fils de M. Olier, maître des requêtes, et de Marie Dolu son épouse. Il eut l'avantage d'appartenir au chancelier Séguier, à MM. Molé et de Bellièvre, premiers présidens du Parlement de Paris; à M. de Méliand, procureur-général, et à plusieurs autres personnes illustres dans la robe. Mais c'étoit trop peu de chose, au jugement d'un homme dont la vie fut toute spirituelle, pour qu'on s'arrête ici à présenter sa généalogie dans une plus grande étendue; rien ne peut ennoblir un chrétien, autant que la nouvelle origine qu'il a prise sur les fonts sacrés. Le comble de la gloire pour lui, c'est sa qualité d'enfant de Dieu; et si les distinctions de la naissance peuvent être de quelque prix, c'est lorsqu'on ne leur donne que celui des autres vanités de la terre, qui vont s'ensevelir dans le tombeau. Aux yeux de la foi rien n'est comparable aux grands noms des saints protecteurs que l'Eglise, notre mère dans l'ordre du salut, donne aux nouveaux membres de Jésus-Christ qu'elle reçoit dans son sein. *Jean* fut celui qu'elle donna à l'enfant dont je commence l'histoire, et c'est le seul qu'on ait trouvé dans les registres qui font foi de son baptême : Jacques étoit celui de son père; c'est peut-être la raison pour laquelle il voulut dans la suite qu'on l'appelât *Jean-Jacques Olier*. Peut-être aussi sa grande dévotion pour les saints apôtres, lui inspira de ne point séparer dans son esprit et dans son cœur deux frères que notre Seigneur avoit favorisés, entre les autres disciples, de plusieurs grâces particulières.

Quoi qu'il en soit, dès l'âge le plus tendre on aperçut en lui des présages sensibles des vertus éminentes qu'il devoit faire paroître dans un âge plus avancé, et surtout du zèle ardent qu'attribue l'Evangile aux deux enfans de Zébédée. Né d'un père rempli de la crainte de Dieu, et très-dévot à la sainte Vierge; élevé par une mère qui n'avoit rien plus à cœur que de former ses enfans à la piété, et de voir Dieu honoré dans sa maison; avec les heureuses dispositions que le Seigneur avoit mises en lui, il étoit difficile qu'il perdît le trésor de son innocence. Ceux à qui il fut confié dans ses premières années, reconnurent bientôt que l'ange de Dieu qui le gardoit invisiblement, veilloit sur lui d'une manière toute extraordinaire. Ce ne fut pas sans dessein de celui

II. Dieu veille sur son enfance.

qui se plaît à conduire tous les pas de ses fidèles serviteurs, que cet enfant de prédilection fut nourri au faubourg Saint-Germain; Dieu voulant qu'il prît dès-lors comme possession d'un champ qu'il devoit un jour arroser de ses sueurs, et qu'il suçât le lait au même lieu où il devoit engendrer et ramener des enfans en grand nombre à l'Eglise (1).

Comme j'écris cette vie pour ceux qui croient aisément ce qui est facile à Dieu et n'offre rien que d'édifiant, dès qu'il est appuyé sur des témoignages dignes de foi, je ne dois pas omettre ici ce que raconta la mère de ce vertueux enfant, à un religieux de l'ordre de saint Dominique; c'est que comme la mère de ce saint patriarche, avant de le mettre au jour, elle eut une apparition qu'elle crut pouvoir interpréter dans la suite en faveur du fruit qu'elle portoit alors dans son sein : elle vit auprès d'elle un flambeau qui jetoit une grande lumière, et un globe de feu qui répandoit autour de lui beaucoup de chaleur; comme si Dieu, par ce double signe, eût voulu annoncer à sa servante, que le fils qu'elle avoit conçu seroit dans son temps une lampe ardente et luisante.

Il étoit encore entre les bras de sa nourrice, lorsqu'on aperçut en lui plusieurs traits qui firent juger que Dieu vouloit en faire un vaisseau d'élection. On rapporte de saint Thomas d'Aquin, que l'unique moyen d'arrêter ses larmes dans son

---

(1) Il sembloit, dit-il dans ses Mémoires, que Dieu prenoit plaisir à me faire respirer dans mon enfance l'air de mon église, et du lieu où il désiroit que je le servisse.

enfance, étoit de mettre quelque livre entre ses mains; trait qui a passé pour un présage de la profonde science qui devoit lui acquérir le nom glorieux d'Ange de l'Ecole. N'étoit-ce pas aussi dans notre serviteur de Dieu, comme un augure de la haute piété qui respire dans tous ses écrits, et de la paix inaltérable qu'il conserva toujours dans les plus rudes épreuves, que la parfaite tranquillité qui prenoit en lui la place des pleurs et des cris si familiers aux enfans, lorsqu'on le portoit à l'église de Saint-Sulpice? car la présence du lieu saint faisoit sur lui ce que ne pouvoient opérer ni les caresses, ni les amusemens nécessaires aux foiblesses de l'enfance.

Un autre présage de la sainteté que Dieu vouloit faire éclater en lui dans un âge plus avancé, ce fut la grande idée qu'il se forma de bonne heure du sacrifice de la messe. Dès l'âge de sept ans, lorsqu'il voyoit un prêtre à l'autel laisser échapper le plus petit trait de légèreté, ou célébrer soit avec précipitation, soit avec trop peu de décence et de gravité, il en ressentoit une peine extrême; persuadé que pendant la célébration des saints mystères, le ministre de Jésus-Christ devoit être tout absorbé en Dieu, et paroître incapable de la moindre imperfection: c'est ce qu'il a écrit dans ses Mémoires, où, par obéissance à son confesseur, il rapporte avec toute la simplicité de l'enfance chrétienne, les grâces dont le Seigneur l'avoit favorisé dès les premiers développemens de sa raison.

Ce fut surtout pendant son séjour au collége, où on le mit dès l'âge le plus tendre, pour le for-

mières études.

mer aux lettres, qu'on aperçut en lui de rares dispositions à la vertu et aux sciences. Doué d'un excellent esprit et d'une grande mémoire, il fit en peu de temps des progrès qui étonnèrent ses maîtres ; mais il se fioit beaucoup moins sur ses talens naturels que sur la protection de la sainte Vierge. Il l'invoquoit dans tous ses besoins avec une dévotion extraordinaire ; dévotion qui se manifestoit surtout lorsqu'il récitoit la Salutation angélique : on eût dit que l'Esprit saint lui communiquoit alors une portion des lumières et de la charité de l'ange dont il prononçoit les paroles.

Il n'y avoit pas long-temps qu'il demeuroit au collége, lorsque ses parens jugèrent qu'il étoit destiné de Dieu pour le service de l'Eglise. Ce n'est pas que la vivacité de son naturel ne fît douter plus d'une fois s'il seroit propre à un état dont les fonctions demandent beaucoup de retenue et de modestie : mais celui qui dispose les voies de sa créature avec une souveraine sagesse, et qui sait aplanir tous les obstacles qui s'opposent à ses desseins, dissipa bientôt les doutes qui rendoient sa vocation incertaine.

IV.
Il va à Lyon, où sa mère le présente à S. François de Sales.

M. Olier ayant été nommé par le Roi intendant de Lyon, mena son fils avec lui dans cette ville, où il lui fit continuer les études qu'il avoit commencées à Paris. Saint François de Sales s'y trouvoit alors ; c'étoit en l'année 1622, circonstance que Dieu avoit ménagée pour calmer les inquiétudes qu'avoit la mère du vertueux enfant sur sa destinée. Elle les communiqua au saint évêque de Genève, qu'elle voyoit souvent ; elle le supplia de sonder les dispositions de son fils, de recommander instamment sa vocation à notre Seigneur, et de fixer enfin ses irrésolutions par une réponse qu'elle regarderoit comme un oracle sorti de la bouche de Dieu même. La droiture et la piété de la mère, qui ne craignoit rien tant que d'offrir au service de l'autel un enfant qui n'y fût point appelé; les prières ferventes du saint prélat, qui avoit un don particulier pour le discernement des esprits, ne pouvoient qu'assurer une décision conforme aux vues du ciel. Le naturel bouillant du jeune Olier et son extrême vivacité, ne lui parurent point un obstacle à son entrée dans l'état ecclésiastique : il étoit lui-même un exemple et une preuve qui venoient tout à propos à l'appui de son opinion; car on sait qu'il étoit né avec un caractère et un tempérament, qui ordinairement n'annoncent pas la douceur et les autres vertus dont il fut un modèle accompli. Madame, lui répondit le saint prélat, lorsqu'il crut avoir assez consulté l'esprit de Dieu pour lui suggérer une dernière résolution, « ne balancez » plus à vous décider sur le sort de votre enfant; » le sacerdoce est l'état auquel le destine celui » qui vous l'a donné; et je prends sur moi tous les » risques de sa vocation. Oui, Dieu l'a choisi pour » le saint ministère, et il veut s'en servir pour le » bien de son Eglise. Loin donc que vous deviez » craindre pour lui, bénissez plutôt le Seigneur, » et réjouissez-vous de ce qu'il daigne l'appeler » dans son sanctuaire ». Jamais réponse ne fut reçue avec plus de joie; la pieuse mère en rendit grâces à Dieu, et au saint évêque qui venoit de lui parler en son nom.

V. Le saint le croit appelé au sacerdoce, et veut le retenir auprès de lui.

L'homme de Dieu ne borna point à ses conseils la tendre sollicitude qu'il partageoit avec la mère sur la vocation de l'enfant : il témoigna un grand désir de travailler de ses propres mains à la culture d'une plante qui déjà commençoit à répandre une si bonne odeur, et qui devoit la porter un jour dans toute l'église de France. Son dessein étoit de l'avoir auprès de lui, comme autrefois le grand prêtre dépositaire de la jeunesse de Samuel, pour le former aux vertus chrétiennes, et en lui communiquant l'esprit de sagesse dont il étoit rempli, développer les heureuses dispositions qu'il avoit remarquées dans son cœur; mais la mort du saint évêque, qui arriva peu de temps après, fit succéder les regrets les plus amers aux consolations que madame Olier venoit de ressentir. La seule qu'il lui fût permis de goûter, avant d'être privée entièrement de l'espérance de voir son fils croître en âge et en grâce sous les yeux du saint, ce fut de le lui présenter encore dans sa dernière maladie, en le priant de lui donner sa bénédiction. Un cœur aussi tendre et aussi charitable que celui de saint François de Sales, pouvoit-il ne pas se dilater en ce moment pour cet enfant qu'il venoit d'adopter par une sorte d'inspiration de l'esprit de Dieu, et pour qui il avoit les entrailles d'un père? Qu'on se figure Isaac bénissant Jacob, et toute l'affection avec laquelle ce grand patriarche embrassa le fils de la promesse; c'est l'image de l'effusion de tendresse avec laquelle le saint évêque étendit les bras sur le jeune Olier, pour le bénir avec le signe du salut, et le serra sur son sein, comme

VI.
Il lui donne sa bénédiction avant de mourir.

pour faire passer en lui le trésor de grâces dont il étoit près d'aller recueillir les fruits dans le ciel. Nous verrons dans la suite de cet ouvrage quels furent ceux de la bénédiction du saint évêque. C'est une faveur bien digne de remarque, d'avoir été mis dès l'âge de quatorze ans entre les bras d'un saint, et d'avoir rendu le dernier soupir entre les mains d'un autre saint, comme on le verra au sixième livre.

Ce qu'on admira pendant le séjour qu'il fit à Lyon, ce fut, en premier lieu, l'assiduité avec laquelle on le vit toujours recourir à la sainte Vierge, dès qu'il avoit quelque chose de considérable à entreprendre, ou quelque grande difficulté à vaincre, et implorer son assistance par de fréquentes répétitions de la Salutation angélique : en second lieu, les peines qu'il éprouvoit dès qu'il s'étoit rendu coupable de la plus petite infidélité ; car il n'avoit pas plutôt commis la faute, que tout-à-coup un nuage épais obscurcissoit son esprit, jusqu'à le rendre incapable de la moindre application. Sa conscience éprouvoit alors un trouble qu'il ne pouvoit calmer qu'en allant se purifier dans le sacrement de pénitence. A peine avoit-il usé de ce remède, que sa première liberté d'esprit lui étoit rendue, et qu'il jouissoit comme auparavant d'une profonde paix ; c'est encore d'après son propre témoignage que nous ajoutons ce trait de la conduite du Seigneur sur sa jeunesse ; trait qui fait voir que la divine Providence veilloit tellement sur tous ses pas, qu'il lui étoit comme impossible de contracter l'habitude du vice.

VII.
Il échappe à un grand danger.

Mais si la justice de Dieu punissoit en lui si sévèrement les plus petites fautes, sa bonté n'étoit pas moins attentive à récompenser ses vertus. On peut en juger par la protection singulière dont elle le favorisa dans un des plus grands dangers qu'il ait jamais courus pour sa vie. S'étant trouvé un jour, à l'âge de quinze ans, dans la nécessité de traverser un bras de rivière à la nage, il aperçut quelques personnes sur le rivage au moment d'y aborder. N'osant paroître devant elles dans un état qui eût blessé son extrême pudeur, il aima mieux retourner à l'autre bord sans prendre haleine, et au risque d'épuiser ses forces, que de donner lieu au moindre scandale ; mais n'étant encore qu'à moitié chemin, il se sent incapable de nager jusqu'au bout : sa perte étoit infaillible, si la main de Dieu, qui vouloit alors récompenser sa parfaite pureté, n'étoit venue à son secours, en lui faisant rencontrer une pièce de bois enfoncée dans le sable et cachée dans l'eau, à l'aide de laquelle s'étant arrêté pour respirer un peu, il reprit assez de vigueur pour sortir entièrement du péril.

VIII.
Il fait à Paris son cours de philosophie et de théologie.

Après avoir achevé à Lyon ses humanités, il revint à Paris pour y faire son cours de philosophie. Ses succès répondirent aux espérances qu'il avoit données dans ses premières études. Il eut pour professeur un des plus habiles maîtres qui enseignassent alors dans l'Université de Paris (1).

L'assiduité au travail, soutenue par l'émulation que donne la solide piété, fit en lui ce qu'elle

(1) M. Padet, professeur au collége d'Harcourt, le même sous lequel étudia le célèbre Alain de Solminihac, évêque de Cahors.

a toujours fait dans les élèves qui exercent leurs talens, moins pour acquérir la science qui enfle, que pour servir Dieu et son église, en faisant les œuvres de la charité qui édifie; c'est-à-dire, qu'elle le fit sortir de la foule, et qu'il se distingua entre tous ses condisciples par les succès les plus brillans. A la fin de son cours, il soutint un acte public en latin et en grec sur toute la philosophie, qui lui mérita de grands applaudissemens. Très-versé dans la langue grecque, il en retira de grands avantages pour l'intelligence des divines Ecritures et des saints Pères; étude qui, loin de ralentir sa ferveur, tandis qu'il fréquenta les écoles de Sorbonne, comme il arrive trop souvent, ne fit au contraire qu'allumer de plus en plus le zèle de la perfection dans son cœur. La carrière de la licence qu'il se proposoit d'entreprendre, n'eût point été pour lui ce qu'elle est pour tant d'autres, l'écueil de la piété et la perte de l'esprit intérieur. Ce fut pour s'y disposer, qu'ayant suivi pendant trois ans, et écouté attentivement les leçons des plus habiles docteurs, il soutint l'acte de tentative et prit le degré de bachelier; mais Dieu en disposa autrement, et l'on verra bientôt ce qui l'empêcha de mettre son projet en exécution.

IX. Il reçoit le baccalauréat.

A dix-huit ans il avoit été nommé à l'abbaye de Pébrac, située au diocèse de Saint-Flour : c'étoit en 1626; et dans la même année il avoit été élu comte de Brioude. Il falloit se décider sur l'emploi du temps qu'il avoit encore à parcourir avant de recevoir la prêtrise. Naissance, talens, réputation, qualités de l'esprit et du cœur, tout en lui concouroit à en faire un sujet de grande espérance; et la haute considération dont jouissoit sa famille lui permettoit de prétendre aux premières dignités de l'Eglise. C'étoit aussi la perspective qu'on lui mettoit souvent devant les yeux; et la piété dont ses parens faisoient profession, n'étoit point assez pure pour écarter tout ce qui pouvoit jeter dans son cœur des semences d'ambition et de cupidité. On lui parloit tantôt de se produire à la Cour, et de se mettre sur les rangs pour parvenir; tantôt des démarches qu'on faisoit, et de celles qu'il devoit faire lui-même pour seconder les vues qu'avoient sur lui les personnes puissantes. On vouloit qu'il ne négligeât point les occasions de paroître dans le monde; qu'il fréquentât les grands; qu'il exerçât dans les chaires de Paris son talent déjà connu pour la prédication. On s'appliquoit, en un mot, à le former selon l'esprit du siècle, plutôt que selon l'esprit de Jésus-Christ. Combien d'autres fussent tombés dans le piège! Mais la même main qui l'avoit conduit jusque là dans les voies droites de la justice, l'en préserva; et la voix secrète qui l'avoit instruit tant de fois sur la nécessité de fuir les occasions du péché, ne lui manqua pas dans le besoin. Il avoit déjà un grand train; il jouissoit de toute la considération, et goûtoit tous les agrémens de la société auxquels pouvoit prendre part un jeune homme de son rang. Il commençoit même à donner dans les embuches que le démon et le monde tendoient à sa vertu, lorsque Dieu lui inspira des pensées bien différentes de celles qui dirigeoient ses amis et ses proches.

X. Dangers pour son salut.

XI. Il fait le Pour se mettre plus sûrement à l'abri des dangers qui se multiplioient autour de lui, il conçut le projet de faire le voyage d'Italie. Comme il en fit la proposition à son père, sans lui en découvrir le véritable motif, et qu'il n'y avoit rien en apparence, dans le projet, que de conforme à ce qui se pratiquoit ordinairement par les jeunes gens de sa condition, il obtint sans peine le consentement qu'il désiroit. Le prétexte de son voyage étoit le désir d'apprendre la langue hébraïque; mais son véritable dessein étoit de s'éloigner du monde, et de se perfectionner dans la science du salut.

Il partit donc de Paris, et arriva heureusement en Italie. La vue de la capitale du monde chrétien fit sur son esprit et sur son cœur les plus vives impressions. Son premier soin fut d'y satisfaire sa piété, en visitant la fameuse basilique où reposent les cendres des saints apôtres, qui ont rendu la seconde Rome si supérieure à la première, et les autres temples où l'on possède les reliques des saints martyrs. Rendu à lui-même, il ne pensa ni à se procurer des connoissances et des protections parmi les grands, ni à fréquenter les savans et les curieux, que le goût des arts y attire de toutes les parties de l'Europe, ni à se rendre habile dans la recherche des monumens célèbres de l'antiquité, qui y abondent plus que dans aucune autre ville de l'univers. La vanité n'entra pour rien dans les occupations qu'il s'étoit prescrites, ni dans les démarches qui partageoient son temps. Il se répandoit fort peu au dehors, et ne se délassoit de son travail qu'en conversant avec Dieu au pied de son crucifix, ou avec les saints sur leurs tombeaux; car la contemplation commença dès-lors à lui devenir familière. Lorsqu'on parloit de lui au sein de sa famille, on se le figuroit entretenant dans Rome un commerce de littérature avec les plus habiles maîtres dans les hautes sciences, ou formant des liaisons avec tout ce qu'il pouvoit y rencontrer d'hommes d'esprit ou de qualité; mais sa plus grande ambition étoit de se faire des amis dans le ciel, et sa passion de marcher sur les traces des saints. Il vivoit donc plus avec Dieu et ses pieux serviteurs qu'avec les hommes du siècle.

<small>XII.
Il est menacé de perdre la vue.</small>

Ce grand Maître, pour qui il avoit sacrifié généreusement tout ce qui pouvoit rehausser sa fortune, et qui faisoit les délices de son cœur, le trouvant digne d'être traité comme ceux qu'il aime, l'éprouva par un affoiblissement des yeux, qui lui fit craindre de perdre entièrement l'usage de la vue. Il sut mettre à profit cette croix, d'autant plus difficile à porter, qu'elle l'obligea de renoncer aux études qu'il avoit entreprises, la seule consolation qui lui restât dans sa vie de retraite, après ses exercices spirituels. Il consulta les médecins, qui ne négligèrent rien pour le rétablir; mais toutes les ressources de leur art furent tentées inutilement. Dieu lui en réservoit une plus efficace dans la protection de la très-sainte Vierge. Il fit vœu d'entreprendre le voyage de Lorette, lieu célèbre dans tout le monde chrétien, soit par les miracles sans nombre qui s'y sont opérés jusqu'à ce jour par l'intercession de la Mère de Dieu, soit par le concours des fidèles qui vont y réclamer son pouvoir auprès de son Fils (1).

(1) On sera bien aise de trouver ici un précis de l'histoire de la translation de la sainte maison de Lorette. Ce fut sous le pontificat de Célestin V, que la petite maison où s'est opéré, dans le sein de Marie, le mystère du Verbe incarné, après avoir été transportée, par les anges, de Nazareth en Dalmatie, fut transférée dans une terre de la Marche d'Ancône, qui appartenoit à une dame nommée Lorette. Ce premier miracle fut suivi d'une infinité d'autres prodiges qui ont déterminé les souverains pontifes à établir, en mémoire de la translation de la maison de la sainte Vierge, une fête particulière.

On lit dans le Martyrologe romain, au 10 décembre, ces paroles : *Laureti in Piceno, Translatio sacræ domûs Dei Genitricis Mariæ, in quâ Verbum caro factum est.* Elles y ont été insérées par un décret de la congrégation des Rits, du 31 août 1669. Avant cette époque, par un indult de la même congrégation, du 29 novembre 1632, on faisoit l'office de cette translation dans toute la Marche d'Ancône; mais on n'en avoit point encore proposé la légende, qui ne fut ajoutée à la sixième leçon que sous le pontificat d'Innocent XII, en ces termes : « Ipsius autem Virginis natalis domus, divinis mysteriis
» consecrata, ab Infidelium potestate in Dalmatiam priùs, deinde
» in agrum Lauretanum Picenæ provinciæ translata fuit, sedente
» sancto Cœlestino V; tandemque ipsam esse in quâ *Verbum caro*
» *factum est, et habitavit in nobis*, tum pontificiis diplomatibus et
» celeberrimâ totius orbis veneratione, tum continuâ miraculorum
» virtute et cœlestium beneficiorum gratiâ comprobatur. Quibus
» permotus Innocentius XII, quò ferventiùs erga Matris amplissimæ
» cultum fidelium memoria excitaretur, ejusdem sanctæ domûs
» translationem anniversariâ solemnitate in totâ Piceni provinciâ
» veneratam, missâ et officio proprio celebrari præcepit ».

Cette addition ne fut faite qu'après l'examen le plus sévère, dans la congrégation des Rits, en 1719. La fête fut établie dans toute la Toscane, puis successivement, par l'autorité de Benoît XIII, dans tout l'Etat de Rome, dans toute la république de Venise, et enfin dans tout le royaume d'Espagne et les Etats catholiques qui en dépendent.

Benoît XIV (*De festis B. Mariæ Virg.* cap. XVI. *De festo Translationis sanctæ domûs Lauretanæ*) fait voir que la vérité de cette histoire est appuyée sur les fondemens les plus solides, et prouve invinciblement qu'on ne peut la révoquer en doute. Les preuves principales sont :

L'espérance qui conduisit Olier dans la sainte chapelle où, selon une tradition incontestable, s'est opéré le mystère du Verbe incarné, ne fut point confondue. Ce fut au mois de mai qu'il se mit en route; c'est-à-dire, au fort des chaleurs du pays. Tout accoutumé qu'il étoit à faire ses voyages en voiture, il eut le courage d'imiter, en celui-ci, les disciples du Sauveur, qui voyageoient

1.º Les constitutions de Paul II, de Léon X, de Paul III, de Paul IV et de Sixte V.

2.º Les miracles presque sans nombre qui se sont opérés et s'opèrent encore tous les jours dans la sainte chapelle de Lorette. « De miraculis autem quæ quotidie in sacrâ illâ domo contingunt, » probantque locum illum eumdem esse in quo ineffabile Incarna- » tionis Verbi mysterium impletum est, ea sunt prope innumera, » ibique continuè succedentia, atque ita nota ut de iis dicere ho- » minis sit abutentis otio suo ». *Ibid.* n. 2.

3.º Le témoignage des écrivains les plus recommandables, comme Canisius, Baronius, Rainaldus, Tursellinus, Turrianus, Benzonius, Angelita, etc., et surtout Martorellus, qui rapporte dans son *Theatrum sanctæ domús Lauretanæ*, les paroles des témoins qui, dans un examen solennel, attestent tenir de leurs ancêtres, qu'ils avoient vu de leurs propres yeux la sainte maison portée dans les airs, et venir se placer au lieu où on la voit actuellement.

4.º Le rapport des trois commissaires envoyés par Clément VII, pour comparer les dimensions de la sainte maison de Lorette, avec celle des lieux où elle étoit située auparavant, soit en Dalmatie, soit en Galilée, et qui se trouvent parfaitement conformes.

Benoît XIV, après avoir cité et adopté ces autorités différentes, ajoute: « Sed temperare nobis ipsi non possumus, quin nonnihil » dicamus de eo quod quidam, ut eruditi acrisque ingenii sibi fa- » mam parent, semilianti ore mussitant, sapientioribus magnique » nominis criticis hujus non probari veritatem historiæ ». Il oppose à ces faux critiques, Bollandus, Papebrock son continuateur, le P. Alexandre, Théophile Raynaud, Baillet lui-même, le P. Honoré de Sainte-Marie, Graveson, Guido-Grandus, Calmet, Muratori, etc. qui tous admettent comme incontestable la vérité de cette histoire.

C'est sur le modèle de la sainte maison de Lorette, renfermée dans la magnifique église du même nom, qu'a été construite la chapelle dite de *Lorette*, qu'on voit à Issy, dans la maison de campagne du séminaire de Saint-Sulpice de Paris.

toujours à pied, à l'exemple de leur maître. On conçoit que pour un homme de sa condition, et affoibli déjà par l'usage des remèdes, un voyage de cinquante lieues étoit plus qu'il n'en falloit pour l'épuiser dès les premières journées; mais ses entretiens continuels avec Dieu et Marie le soutenoient et le soulageoient, jusqu'à lui faire oublier en quelque sorte la fatigue du corps. Tantôt il récitoit le Rosaire, repassant à chaque dixaine les différens mystères qui y répondent; et ce n'étoit jamais sans un attendrissement de piété, qui plus d'une fois lui fit verser des larmes en abondance : tantôt il se délassoit en composant, à la louange de la Reine du ciel, des cantiques, qui ne montroient pas moins la beauté de son génie, que les ardeurs de sa charité. On regrette de ne pouvoir en rapporter ici quelques fragmens. Comme on paroissoit un jour faire beaucoup de cas des pieuses poésies qui étoient le fruit de sa dévotion à la très-sainte Vierge, sa modestie en fut alarmée; et de peur que de nouveaux éloges ne fussent pour lui une tentation de vaine complaisance, il les jeta au feu, disant qu'il ne falloit rien conserver de ce qui pouvoit nous faire croître dans l'estime des hommes.

Plus il approchoit du saint lieu où il étoit déjà en esprit, plus il éprouvoit de consolations intérieures; ce qui lui donna une nouvelle confiance que Dieu agréoit le pélerinage qu'il avoit entrepris, et les fatigues qu'il supportoit pour son amour. Mais au moment où son ame jouissoit de la plus profonde paix, et lorsqu'il lui restoit encore une journée à faire, il fut attaqué d'une violente fièvre, qui le contraignit de s'arrêter. Délivré d'un premier accès, il crut retrouver toutes ses forces dans le désir qui le pressoit d'arriver au terme de son voyage; elles ne répondirent point à son courage; il ne put s'y rendre qu'en se traînant pour ainsi dire sur la route, tant il se trouva affoibli dès la première lieue. Aussitôt qu'il fut arrivé à Lorette, ceux qui l'accompagnoient s'empressèrent d'appeler un médecin pour lui donner du secours; mais il leur témoigna de son côté tant d'empressement d'aller se prosterner aux pieds de l'image miraculeuse de la sainte Vierge, qu'ils n'osèrent y mettre obstacle. Il s'y transporta donc peu de momens après son arrivée dans la ville, et c'étoit là que Dieu lui avoit préparé le remède qui devoit opérer sa guérison.

A peine eut-il mis le pied dans la grande église, au milieu de laquelle se voit la chapelle de la sainte Vierge, « car je n'osai pas, dit-il, entrer ce jour-là même dans cette chapelle, n'ayant pas été à confesse », que son ame se sentit comme inondée de bénédictions intérieures: aussi conçut-il, plus fortement que jamais, la résolution de ne plus partager son cœur entre Dieu et le monde; résolution qu'il offrit à notre Seigneur par les mains de sa très-sainte Mère, avec tous les sentimens de la foi la plus vive et de la dévotion la plus tendre; car pendant qu'il répandoit son ame aux pieds du Fils et de la Mère, ses yeux fondoient en larmes. Jamais il n'avoit éprouvé d'une manière si sensible les faveurs et les caresses dont le Seigneur daigne favoriser, dès cette vie, ceux qui réclament avec confiance la médiation de Ma-

XIII.
Il est attaqué d'une violente fièvre.

XIV.
Il visite la chapelle de Lorette.

rie. Ne pouvant sortir de cet auguste sanctuaire, qui étoit pour lui un lieu de délices, il prolongea ses colloques d'amour avec Jésus-Christ et sa sainte Mère jusqu'à la fin du jour, et il en remporta avec de nouvelles grâces la santé la plus parfaite. Le ministère du médecin, qui le visita le lendemain, ne servit qu'à faire éclater davantage la merveille dont il étoit redevable à sa glorieuse protectrice; et l'on fut singulièrement étonné, dans la maison où il avoit pris son logement, de l'entendre assurer que non-seulement il n'éprouvoit nul ressentiment de sa fièvre, mais que ses yeux étoient parfaitement guéris, en sorte que jamais ils n'avoient été plus sains.

XV. Il y est guéri.

Une protection si marquée ne fit qu'augmenter son attachement au culte de la sainte Vierge, et le fortifier dans le dessein de rompre tout-à-fait avec le siècle. Dans le peu de jours qu'il passa encore à Lorette, son unique plaisir fut de se rendre assidu auprès de celle à qui il se croyoit redevable, après Dieu, des grâces extraordinaires dont il venoit d'être favorisé. Il eût désiré pouvoir demeurer plus long-temps dans un lieu pour lequel il se sentoit tant d'attrait : le souvenir du séjour qu'il y avoit fait, lui fut toujours d'autant plus cher, qu'il n'a jamais cessé de le regarder comme l'époque de son entière conversion. Il retourna à Rome marchant encore à pied, s'occupant sans cesse, dans le chemin, des trésors spirituels qu'il remportoit avec lui, et trouvant son délassement à repasser dans son esprit les grandeurs de son auguste bienfaitrice. Il arriva sans nul accident, bien consolé du succès de son voyage ; mais, peu de jours après, sa joie fut troublée par la nouvelle qu'il reçut de la mort de son père. Il en fut d'autant plus affligé, que jamais père n'aima son fils plus tendrement, et n'en fut plus tendrement aimé. Cette croix servit à le purifier de plus en plus, et à perfectionner en lui le détachement auquel il se sentoit plus porté que jamais.

Plein de la pensée de tout quitter pour suivre Jésus-Christ, et s'ensevelir dans la retraite, à peine eut-il appris la perte qu'il venoit de faire, qu'il délibéra s'il retourneroit en France, ou s'il embrasseroit la vie religieuse dans quelque monastère d'Italie. Son dessein, en méditant ce dernier projet, étoit d'imiter plus parfaitement les saints, qui, du moment où Dieu les avoit appelés à la perfection, s'étoient éloignés du lieu de leur naissance, et avoient rompu tout commerce avec la chair et le sang. Dans l'incertitude sur ce que le Seigneur demandoit de lui, et en attendant une réponse intérieure qui le tirât de son irrésolution, il visita quelques-unes des maisons d'Italie, qui retraçoient encore la vie des anciens anachorètes. Les différentes chartreuses où il passa, lui parurent avoir conservé toute la ferveur des premiers disciples de saint Bruno, ce qui fit naître en lui des impressions et des désirs, qu'il avoit peine à ne pas regarder comme des marques de vocation à la vie du cloître. Son goût pour la contemplation, et la crainte de le perdre dans le monde, le confirmoient tous les jours dans cette opinion. D'un autre côté, l'envie de servir l'Eglise renaissoit trop souvent en lui, pour qu'il pût se déterminer avec prudence, sans

XVI. Il revient à Rome, où il apprend la mort de son père.

XVII. Il balance sur le choix d'un état.

avoir pris tous les moyens de connoître la volonté du ciel. Il balançoit ainsi entre l'état religieux et la vie apostolique ; mais le moment de faire son choix n'étoit pas encore venu.

Ne jugeant pas que Dieu le voulût plus long-temps en Italie, il ne songea plus qu'à en sortir pour revenir en France ; mais il ne partit qu'après avoir satisfait sa dévotion, par différens péleri-nages, soit dans les églises de Rome, soit dans celles des villes voisines. Pendant le voyage, il ne perdoit rien de l'esprit intérieur qu'il avoit su conserver partout où la main de Dieu l'avoit con-duit. Loin que les beautés qu'offrent à la vue toutes les contrées de l'Italie pussent le distraire de son oraison et de son recueillement habituel, tout ce qui se présentoit à lui ne servoit qu'à éle-ver ses pensées vers sa véritable patrie ; et à me-sure qu'il approchoit de celle de la terre où on l'attendoit avec impatience, il formoit les vœux les plus ardens pour le ciel, incomparablement plus beau à ses yeux que toutes les merveilles du monde.

XVIII.
Il repasse en France.

De retour à Paris, il résolut de suivre Jésus-Christ de plus près qu'il pourroit ; et les secrètes inspirations qui le portoient à fuir tout ce qui avoit de l'éclat, pour vivre dans l'humilité et l'abjection, lui faisant regarder le service des pauvres comme ce qu'il pouvoit entreprendre de plus agréable au Seigneur, il en fit son œuvre de prédilection. Cette parole de notre Seigneur, *C'est pour évangéliser les pauvres que mon Père m'a envoyé*, lui revenoit souvent à l'esprit. Il crut y reconnoître la voix de Dieu pour lui-même ; et

XIX.
Il se donne au service des pauvres.

content d'être appelé à un ministère où il n'y avoit rien à gagner pour cette vie, que des travaux, des humiliations et des rebuts, il s'y livra avec tout le zèle que peut inspirer la charité de Jésus-Christ.

On vit donc alors M. Olier éviter la compagnie des grands, pour se confondre avec les gens du plus bas peuple : ceux qui étoient le plus mal vêtus, il les recherchoit particulièrement, et les traitoit avec plus d'affection encore que tous les autres ; son cœur s'épanouissoit au milieu d'eux, parce que sous les haillons qui couvroient leur corps, sa foi lui découvroit la personne même de Jésus-Christ, pauvre et manquant de tout. Autant de fois qu'il en rencontroit, il les appeloit avec bonté, les conduisoit dans sa maison, les catéchisoit, leur faisoit des aumônes proportionnées à leurs besoins, et ne les renvoyoit qu'après les avoir comblés de caresses. On l'a vu souvent s'humilier profondément devant eux, leur baiser les pieds par respect, et coller ses lèvres sur des ulcères, que d'autres auroient eu peine à regarder. C'est ainsi que la grâce triomphe, dans les ames crucifiées, des plus fortes répugnances de la nature, et qu'elle leur fait trouver le plaisir le plus pur dans des actions que les hommes immortifiés ne peuvent se figurer sans une sorte de frémissement et d'horreur.

XX.
On censure cette conduite.

M. Olier ne pouvoit pratiquer long-temps une œuvre si opposée à la prudence du siècle, sans éprouver des contradictions. Les premières lui vinrent de la part de ses proches ; quelques-uns regardoient sa conduite comme une singularité déshonorante pour un homme de qualité comme lui. On n'épargna pour l'en dégoûter ni représentations, ni reproches, ni railleries : plus d'une fois on en vint jusqu'aux injures et aux menaces ; mais rien ne put altérer la paix de son ame, ni lui faire abandonner un genre de bonnes œuvres, qu'il savoit être d'autant plus agréable à Dieu, qu'il le faisoit mépriser des hommes. Sa réponse à tous ceux qui le blâmoient, étoit cette maxime de saint Paul : *Si je voulois plaire aux hommes, dès-lors je ne serois plus serviteur de Jésus-Christ.* Tout ce qu'on put obtenir de lui, ce fut, lorsqu'on usa d'une sorte de violence pour écarter les pauvres de l'appartement où il les rassembloit, de les conduire dans le lieu de la maison qui lui rappeloit l'étable de notre Seigneur : là il satisfaisoit son zèle en pleine liberté ; par ce sage tempérament il se faisoit tout à tous ; et en cédant à ses persécuteurs, il n'accordoit rien à l'ennemi de tout bien qui les aigrissoit contre lui.

Une ame arrivée déjà à une si haute vertu, méritoit de jouir tous les jours des chastes embrassemens de l'époux céleste ; et celui que l'Eglise invoque sous le nom de Père des pauvres, ne pouvoit les refuser à un cœur qui se dilatoit avec tant d'effusion de tendresse en faveur de ses amis les plus chers : aussi son directeur lui accorda-t-il la communion quotidienne ; grâce qui lui fit redoubler sa vigilance à éviter jusqu'aux plus légères imperfections. Il ne passoit pas un seul jour sans se purifier dans le sacrement de pénitence. Il se refusoit tout pour répandre son bien en aumônes : afin de vaquer plus librement à l'oraison,

XXI. Son directeur lui permet la communion quotidienne.

il vivoit éloigné de toute compagnie; son lit étoit une simple paillasse; mortification qu'il cachoit si bien, que son valet de chambre l'ignora long-temps, et fut le seul qui s'en aperçut au bout de quelques années. Aussi avide d'austérités que les hommes sensuels et voluptueux le sont des douceurs et des commodités de la vie, il traitoit son corps avec toute la dureté d'un maître qui dompte son esclave; il suffisoit qu'une action fût agréable à Dieu, pour qu'il s'y portât avec ardeur, quelque pénible qu'elle fût.

XXII. Il éprouve de grandes peines intérieures.

Tels étoient les progrès qu'avoit faits M. Olier dans les voies de la sainteté, lorsque notre Seigneur voulut l'éprouver, non plus seulement par ceux de ses amis et de ses proches qui censuroient sa conduite, mais par lui-même, en le privant des consolations intérieures et de la paix de l'ame, qui l'avoient soutenu jusqu'alors dans la tribulation : scrupules, ténèbres, agitations secrètes dans l'esprit, dégoûts, tristesses, amertume dans le cœur, tout ce qui peut porter la désolation dans une ame, sembla conspirer tout à la fois, pour plonger la sienne dans une agonie pire que la mort. En vain pour calmer ses peines, son confesseur employa-t-il tous les secours qu'offre la foi aux justes à qui notre Seigneur fait goûter le calice de sa passion : quelque soumission qu'il trouvât en lui, il ne put réussir à dissiper le nuage affreux qui lui cachoit la lumière du soleil de justice; il falloit que la même main qui avoit envoyé le mal, en procurât le remède. Dieu lui inspira donc de recourir à la même source, où il avoit trouvé sa guérison corporelle pendant son séjour en Italie : il lui donna la pensée de faire un pélerinage à Notre-Dame de Chartres; car il semble que toutes les grâces qui lui étoient réservées, devoient lui parvenir par les mains de la très-sainte Vierge. M. Olier fit le voyage à pied au milieu de l'hiver; mais avec une dévotion si ardente, et un tel succès, qu'au moment même où il arriva dans l'église cathédrale de cette ville, qui est dédiée sous l'invocation de la Mère de Dieu, et avant même d'avoir visité la chapelle souterraine où elle est spécialement honorée, il se trouva parfaitement délivré de toutes ses peines.

XXIII. Il fait un pélerinage à Notre-Dame de Chartres, qui l'en délivre.

Après avoir consacré quelques jours à la reconnoissance, en prolongeant devant l'image miraculeuse de Marie les tendres effusions de son cœur, il revint à Paris, plus affermi que jamais dans la résolution de vivre saintement. Toujours incertain sur sa vocation, et ne sachant encore si Dieu vouloit qu'il entrât dans quelqu'un des ordres les plus réformés, ou qu'il travaillât au salut des ames, il faisoit des prières continuelles pour obtenir les lumières d'en haut. Les grâces dont il étoit déjà redevable à l'intercession de la sainte Vierge, lui firent espérer qu'en l'invoquant avec confiance, il éprouveroit encore les effets de son pouvoir auprès de Dieu. Comme il n'avoit point fait en vain ses premiers pélerinages, et qu'il aimoit beaucoup cette pratique autorisée par l'Eglise dans tous les temps, et toujours louable quand on sait en éloigner les abus de la superstition et d'une fausse piété, il en fit deux à Notre-Dame de Liesse. Dieu ne parut pas l'exau-

XXIV. Il en fait deux autres

cer aussi promptement qu'aux premières fois, mais il ne différa de lui découvrir ses desseins que pour les rendre plus sensibles à ses yeux.

M. Olier connoissoit particulièrement un vertueux curé qui touchoit à la fin de sa carrière, et qui attendoit la récompense promise au serviteur fidèle, avec toute la confiance qui est le fruit d'une vie pleine de bonnes œuvres. Dieu s'étoit servi de lui pour le diriger dans les voies du salut, lorsqu'il faisoit ses premières études ; ce fut l'homme qu'il choisit pour lui faire connoître ses volontés. M. Olier ayant su qu'il étoit malade, alla le visiter : témoin de la patience avec laquelle souffroit le vénérable vieillard, il en fut si touché, que se sentant porté à lui recommander ses intérêts spirituels, et le voyant près d'aller se réunir à son Dieu, il lui dit : « Promettez-moi, Monsieur, de » vous ressouvenir de moi dans le ciel ; et la pre- » mière chose que vous demanderez au Seigneur, » que ce soit, je vous prie, la grâce de connoître » clairement l'état où il veut que je le serve ». La mort de ce digne pasteur suivit de près, et tout aussitôt M. Olier ressentit le bon succès de la prière qu'il lui avoit faite. Dès la première nuit, (c'étoit en novembre 1632) ayant vu dans le sommeil le ciel s'entr'ouvrir, il aperçut saint Grégoire le Grand et saint Ambroise, assis sur deux trônes fort élevés l'un au-dessus de l'autre, et plus bas un grand nombre de Chartreux. Cette même vision lui fut accordée encore la nuit suivante ; et comme au même instant il perdit la pensée qu'il avoit eue si long-temps d'embrasser l'état religieux, ne ressentant plus d'attrait que

à Notre-Dame de Liesse.

XXV. *Dieu lui fait connoître l'état qu'il doit embrasser.*

pour servir l'Eglise, il regarda cet événement comme un signe de la volonté de Dieu; ce qui le détermina enfin à prendre son parti.

La première démarche qu'il fit, après avoir reçu du Seigneur cette sorte d'inspiration, fut de se retirer à Saint-Lazare, et d'y vaquer uniquement, sous la direction de messieurs de la Mission, aux exercices spirituels. En allant dans cette maison, connue dès-lors dans tout le royaume, toute nouvelle qu'elle étoit, pour l'école la plus propre à communiquer l'esprit ecclésiastique, son dessein principal fut d'y étudier les devoirs de la sainte profession à laquelle il aspiroit, et de profiter autant des grands modèles de perfection qu'il étoit sûr d'y trouver, que des excellentes leçons qui s'y donnoient tous les jours sur les vertus sacerdotales. Saint Vincent de Paul, cet homme incomparable que Dieu venoit de susciter dans sa miséricorde, pour renouveler la face de l'Eglise de France, n'eut pas plutôt connu le nouvel aspirant aux saints ordres, qu'il en conçut la plus haute estime. Il l'associa à cette illustre compagnie d'ecclésiastiques, qui s'assembloient tous les mardis à Saint-Lazare, et se félicita d'avoir acquis, dans sa personne, un si digne coopérateur. Le zèle d'Olier prit auprès de lui de nouveaux accroissemens. Depuis son retour de Rome, on l'engageoit à reprendre les études publiques de théologie qu'il avoit abandonnées; et il ne savoit encore s'il devoit renoncer à la licence, ou suivre plutôt les mouvemens intérieurs qui le pressoient d'aller travailler dans les campagnes au salut des pauvres; car il avoit toujours pour

XXVI.
Il va faire une retraite à S. Lazare.

XXVII.
Il renonce à la licence pour se consacrer aux missions.

eux la même inclination et le même attrait. Comme il se trouvoit à la source des lumières et des bons conseils, il prit ceux des hommes de Dieu, avec qui il étoit à portée de s'entretenir tous les jours. Il consulta particulièrement saint Vincent de Paul, qui, ayant découvert en lui de grands dons pour exercer avec fruit ce ministère, crut qu'il ne pouvoit rien faire de mieux que de suivre son attrait; il lui conseilla donc de préférer à la réputation qu'il pouvoit acquérir sur les bancs de Sorbonne, les travaux apostoliques : ce fut aussi le sentiment du P. de Condren, général de la congrégation de l'Oratoire, qu'il connoissoit dès-lors, et avec qui il eut dans la suite, comme nous le verrons bientôt, les liaisons les plus étroites (1). M. Olier n'eut pas de peine à se rendre à un avis qui s'accordoit si bien avec son inclination. Il ne sortit donc de Saint-Lazare que pour aller faire comme un premier essai de tout ce qu'il devoit entreprendre dans la suite, et se joignit aux Missionnaires qu'il put rassembler, pour évangéliser avec eux dans les campagnes; ministère qui l'occupa presque tout entier jusqu'à sa promotion au sacerdoce. Il n'étoit pas encore âgé de vingt-quatre ans, qu'il avoit déjà procuré, à ses dépens, des missions et des retraites, non-seulement dans presque toutes les terres où il possédoit du bien, soit ecclésiastique, soit patrimonial, mais encore dans plusieurs paroisses des environs de Paris.

(1) Voici ce qu'on trouve écrit de sa main. « M. Vincent ne voulut point, ni le P. gén. (le P. de Condren) que je me fisse passer docteur.

Il ne se contentoit pas d'aider les Missionnaires de ses revenus, il travailloit sous leur direction avec le plus grand zèle. Tout épuisé qu'il étoit, après avoir passé les jours entiers à prêcher ou à faire d'autres bonnes œuvres, s'il rencontroit un pauvre, il s'arrêtoit pour l'instruire et lui parler de Dieu; pratique qu'il n'abandonna jamais, jusqu'au temps où la paralysie ne lui permettant plus de catéchiser, il fut contraint de se faire suppléer par quelqu'un de ses prêtres. Quand il voyageoit dans la campagne, il se détournoit de son chemin pour aborder les laboureurs et converser avec eux, ne les quittant point sans leur avoir donné quelque avis charitable pour leur salut. S'il trouvoit des mendians dans les villes, il ne rougissoit point de les mener avec lui dans sa maison; et après leur avoir fait l'aumône, il s'occupoit de leurs besoins spirituels, leur parloit de confession générale, les y disposoit avec une patience et une douceur à toute épreuve. Jamais il ne put être rebuté par l'endurcissement et la grossièreté de ceux même qu'il traitoit avec le plus d'affection, comme jamais il ne fut arrêté par les injures ou les railleries de ceux qui trouvoient leur condamnation dans ses vertus.

Sortant un jour de l'église Notre-Dame de Paris, et passant sur le pont de l'Hôtel-Dieu, il aperçut un pauvre étendu par terre, qui avoit une plaie dont on avoit peine à soutenir la vue: il s'approche aussitôt, se jette à ses pieds, et ne voyant que Jésus-Christ dans la personne de son membre souffrant, après l'avoir embrassé, il baise

XXVIII.
Sa tendre affection pour les pauvres.

la partie affligée de son corps à plusieurs reprises; action qui dut avoir plus de censeurs que d'approbateurs, mais qui ne put manquer de plaire à celui qui regarde comme fait à lui-même, ce qu'on fait au dernier des siens; c'étoit la seule récompense que cherchoit M. Olier dans toutes ses œuvres.

XXIX. *Ses frayeurs aux approches du sacerdoce.*

Lorsqu'il eut atteint sa vingt-cinquième année, il pensa plus sérieusement que jamais à la sainteté qu'impose la vocation au sacerdoce. Avant que d'en recevoir le sacré caractère, il s'appliqua avec une nouvelle ferveur à en prendre l'esprit et à en acquérir les vertus: la grandeur de sa foi lui faisoit regarder cet état comme le plus éminent, et par conséquent comme le plus redoutable de tous ceux où Dieu pouvoit élever sa créature, puisqu'il avoit de quoi effrayer les anges mêmes. Vivement touché de cette considération, il se sentit combattu, d'un côté par le désir de glorifier Dieu dans l'exercice des sublimes fonctions du sanctuaire, qui lui devoient donner tant de ressemblance avec Jésus-Christ souverain prêtre; de l'autre, par la crainte de se perdre et de déshonorer le sacerdoce: tant il se croyoit indigne d'occuper même le dernier rang dans l'Eglise. C'est le sort des plus parfaits, quelque riches qu'ils soient en vertus devant le Seigneur, d'être à leurs propres yeux les plus pauvres et les plus misérables de tous les hommes; tel étoit le sentiment qu'avoit de lui-même M. Olier, depuis surtout qu'il avoit été honoré des saints ordres; et sa profonde humilité, qui croissoit tous les jours, lui faisoit dire qu'il n'étoit qu'*un cloaque plein de vices et d'imperfections;* mais plus il s'abaissoit, plus Dieu, qui se plaît à exalter les humbles, et à produire ceux qui se cachent dans la poussière, pour les faire asseoir parmi les princes de son peuple, le jugeoit digne d'être mis sur le chandelier.

Ses alarmes sur l'extrême distance qu'il croyoit toujours voir entre ce qu'il étoit, et ce que doit être un ministre des saints autels, furent pour le sage directeur qui lui tenoit la place de Dieu, le rayon de lumière le plus propre à l'éclairer lui-même, et à le diriger sur ce qu'il devoit prescrire à son pénitent. L'homme vraiment humble redoute et fuit les honneurs, autant que le présomptueux les recherche et les poursuit : mais il est obéissant ; et dès qu'il a entendu la voix de Dieu, à l'exemple de celle qui fut la plus élevée, mais aussi la plus soumise de toutes les créatures, il n'a plus de langage que pour dire : *Qu'il me soit fait selon la parole du Seigneur.* Dieu eut à peine fait connoître à M. Olier, par la bouche de son guide spirituel, qu'il l'appeloit au sacerdoce ; et celui-ci ne lui eut pas plutôt déclaré qu'il ne devoit pas différer plus long-temps de s'y présenter, que montrant toute la docilité d'un enfant, il ne pensa plus qu'à exécuter les ordres du ciel. Aux frayeurs qui avoient agité long-temps son esprit, succéda un calme parfait, et un désir ardent de recevoir, avec l'onction sacerdotale, un sacrement dont il espéroit que la vertu acheveroit de former en lui un ministre et une hostie de Jésus-Christ.

XXX.
Il reçoit la prêtrise.

Ce fut le 21 mars de l'année 1633, qu'il reçut la prêtrise, dans la chapelle de l'archevêché de Paris, des mains de M. Etienne Pujet, évêque de Dardanie. Il s'y étoit disposé par une retraite ; mais ne croyant pas cette préparation suffisante pour célébrer les saints mystères aussitôt après son ordination, il voulut employer encore un temps considérable à orner le sanctuaire intérieur, où il devoit, pour la première fois, offrir l'Agneau sans tache. Il consacra donc trois mois entiers aux exercices spirituels, et suspendit toutes ses autres œuvres, pour ne s'occuper que du grand ouvrage de sa sanctification. La fête du saint Précurseur, qui n'avoit commencé le ministère de la prédication qu'après avoir vécu caché dans les déserts l'espace de trente ans, fut le jour qu'il choisit pour célébrer sa première messe ; voulant prendre sous les auspices de ce parfait modèle des prédicateurs, sa mission du Sauveur, avant de la demander à ses supérieurs ecclésiastiques. On le vit faire cette action, qu'il regarda toujours comme la plus importante de sa vie, avec une religion égale à l'opinion qu'on avoit de sa piété. Plus il avoit mis de temps à nourrir dans son cœur le feu du divin amour, avant de monter à l'autel, plus il se sentit, en le quittant, dévoré du désir de le répandre. Comme il ne pouvoit remplir seul le plan qu'il s'étoit formé, il s'associa plusieurs ouvriers remplis du zèle le plus pur et le plus désintéressé. Le temps nécessaire pour composer sa petite compagnie, avec laquelle il devoit aller faire des missions en Auvergne, lui donna tout le loisir de se préparer
de

de plus en plus par la prière à cette sainte entreprise; car il ne put partir qu'au mois de mars de l'année suivante 1634.

Ce fut encore à Saint-Lazare qu'il se retira pour interroger dans le silence, au pied du vrai propitiatoire, le maître de la vigne où il devoit travailler, et en obtenir d'abondantes bénédictions. Dieu lui fit connoître alors la mère Agnès, religieuse de l'ordre de saint Dominique au couvent de Langeac, dont la mémoire est en singulière vénération dans toute l'Auvergne, le Velay, et les autres provinces voisines. Cette fille, d'une sainteté extraordinaire, brûloit du désir de sortir de ce monde, pour aller se réunir dans le ciel à son divin époux. Un jour, comme elle demandoit cette grâce avec larmes, notre Seigneur lui dit: *Tu m'es encore nécessaire pour la conversion d'une ame qui doit servir à ma gloire.* Quelques jours après la sainte Vierge lui apparut, et lui dit: *Priez mon Fils pour l'abbé de Pébrac.* Elle ne le connoissoit point; dès ce moment elle commença d'offrir à Dieu pour lui les prières les plus ardentes, et la générosité de son amour lui fit ajouter de nouvelles pratiques de pénitence à ses austérités ordinaires. « Outre que notre Seigneur
» s'appliquoit à lui faire souffrir les impressions
» de sa passion et de sa mort, (ce sont les termes
» de M. Olier) elle usoit de toutes les inventions
» que l'amour a coutume de fournir aux ames
» pénitentes, comme ceintures, cilices, haires,
» disciplines de fer, à quoi elle joignoit encore
» ce qu'il y a de plus précieux, les soupirs de son
» cœur, et des contritions si violentes, qu'elles

XXXI.
Il fait une nouvelle retraite à Saint-Lazare pour se préparer aux missions d'Auvergne.

» eussent brisé des rochers ». Car, se sentant inspirée de demander continuellement au Seigneur la parfaite conversion de cet ecclésiastique, qu'elle chérissoit avec la tendresse d'une mère qui enfante un fils dans les douleurs, elle en faisoit le premier objet de sa charité pour le prochain : sans cesse il lui revenoit à la mémoire; et pendant trois années entières elle ne cessa de prier pour lui, dans la confiance que Dieu vouloit en faire un riche instrument de ses miséricordes. Il raconte encore lui-même que chaque jour elle répandoit des larmes pendant une heure entière.

XXXII. La mère Agnès lui apparoit.

Nous avons déjà vu par le récit des grâces que reçut M. Olier, depuis qu'il eut été attiré à la vie d'abnégation, qu'elle n'avoit pas gémi en vain. Sa retraite à Saint-Lazare fut le temps que Dieu avoit marqué pour former, entre son serviteur et sa servante, ce commerce tout spirituel, dont leur édification mutuelle, et un grand nombre de conversions devoient être le fruit. Pendant qu'il étoit en oraison, la mère Agnès, dont jamais il n'avoit entendu parler, et qui étoit alors prieure du monastère de Langeac, situé à deux lieues de son abbaye, lui apparut, ayant les bras croisés sur la poitrine, accompagnée de son ange gardien, qui, sous la forme d'un bel enfant, recevoit dans un mouchoir les larmes qui couloient de ses yeux; elle tenoit un crucifix dans une main, et de l'autre un chapelet. Montrant un visage pénitent et affligé, elle dit à M. Olier : *Je pleure pour toi.* Saisi d'étonnement à cette parole, et à la vue de celle qui venoit de la faire entendre, il crut que c'étoit la Mère de Dieu qui l'avoit honoré d'une visite. Peu de temps après, il eut encore la même vision. Tout confus d'une telle faveur, dont il se jugeoit indigne, il ne savoit que penser ni de l'apparition qui l'avoit frappé si vivement, ni de l'impression qui lui en demeura profondément gravée dans la mémoire; *car je l'ai aussi présente,* écrit-il, *que si je la voyois encore,* quoiqu'il se fût écoulé bien des années depuis cet événement. Ce double signe du crucifix et du chapelet lui parut un présage de la grande part qu'il auroit jusqu'à la mort aux souffrances de Jésus crucifié, et une invitation à se dévouer particulièrement au service de la très-sainte Vierge; deux grâces qui ont toujours paru en lui dans un degré éminent. Il découvrit ce qui venoit de se passer à saint Vincent de Paul, qui étoit alors son directeur: celui-ci demanda à son pénitent quelles paroles il avoit entendues de la bouche de celle qui lui avoit apparu. En les rapportant, M. Olier ne doutoit pas que ce ne fût la reine du ciel qu'il avoit vue, soit à cause de la douce majesté qui brilloit dans tous ses traits, soit à cause de l'ange qui l'assistoit; opinion qu'il conserva jusqu'à sa première entrevue avec la mère Agnès.

Saint Vincent regarda cette apparition comme une faveur extraordinaire, et commença dès-lors à croire que notre Seigneur vouloit opérer de grandes choses dans son Eglise par le ministère de M. Olier. Il ne sortit de sa retraite que pour faire, sans le moindre délai, le voyage projeté depuis long-temps, et entreprendre des missions en différens cantons de l'Auvergne. Parmi les dignes ouvriers qui se joignirent à lui, il eut la consolation d'obtenir un des prêtres de la congrégation de Saint-Lazare. Quand il eut pris toutes ses mesures, rien ne put l'arrêter; on le pressa en vain de retarder un peu son départ, pour assister au mariage de sa sœur, qui devoit se célébrer dans deux jours. Le zèle dont il brûloit l'emporta sur les instances de sa famille, quelque légitimes qu'elles fussent.

XXXIII.
Il travaille au salut des ames durant six mois avec un zèle infatigable.

Le jour de son départ fut pour lui un jour de fête : on conçoit aisément à quoi s'occupa, et de quoi s'entretint pendant toute la route cette compagnie de Missionnaires. Dès qu'ils furent arrivés à Pébrac, ils se livrèrent à l'œuvre pour laquelle ils s'étoient réunis. On auroit peine à se figurer tous les travaux qu'ils entreprirent, et qu'ils soutinrent pendant six mois entiers, allant de paroisse en paroisse, de bourgade en bourgade, à l'exemple du Sauveur du monde et de ses premiers disciples, pour y annoncer le royaume de Dieu avec un zèle infatigable, et ramener les brebis égarées qui étoient en grand nombre. M. Olier prêchoit tous les jours, et ne descendoit de chaire que pour aller achever au confessionnal les conversions que la force et l'onction de ses paroles avoient commencées dans les instructions publiques. On vit encore alors combien il chérissoit les pauvres, par les bons traitemens qu'il leur faisoit dans les momens rapides qu'il donnoit à ses repas; il les rassembloit comme un bon père de famille eût rassemblé ses enfans, les servoit de ses propres mains, tête nue, et se nourrissoit de leurs restes. Après le repas, il alloit visiter tous ceux à qui il pouvoit être utile, les consolant, les exhortant, les soulageant, et gagnant par sa douceur ceux qui, au mépris de la grâce de la mission, ne s'étoient point rendus à ses discours. Non content d'avoir consacré toutes les heures du jour aux œuvres du zèle, au lieu de réparer ses forces par le sommeil de la nuit, souvent il en passoit une partie considérable en prières; et jamais il ne prenoit tout le repos nécessaire pour ne pas succomber à de si longs travaux.

Pendant qu'il moissonnoit ainsi aux environs de Pébrac, à la sueur de son visage, avec ses chers coopérateurs; la prieure de Sainte-Catherine de Langeac, disoit de temps en temps à ses sœurs: *Nous ne tarderons pas à voir un grand serviteur de Dieu;* et tout ce que M. Olier apprenoit des rares vertus de cette servante du Seigneur, lui faisoit désirer beaucoup de la voir pour s'entretenir avec elle. Les religieuses du monastère ne pouvoient comprendre comment la mère Agnès, qui n'avoit eu encore nulle occasion de connoître M. Olier, pouvoit en témoigner tant d'estime. Dès que les travaux de la mission lui laissèrent quelque loisir, il se rendit au couvent de Langeac; la mère étoit retenue à l'infirmerie, et son état ne lui permettant pas de se transporter au parloir lorsqu'il se présenta, il la demanda inutilement pour la première fois. Dieu voulut, en prolongeant sa maladie, que son serviteur fît plusieurs fois le voyage avec aussi peu de succès; mais ce qu'il perdoit d'une part, en demeurant privé des consolations spirituelles que Dieu fait

XXXIV.
Il désire voir la mère Agnès.

trouver à ses amis dans leurs entretiens, il savoit le regagner de l'autre par une parfaite soumission à ses ordres.

XXXV. Sa première entrevue avec elle.

Agnès se trouvant enfin assez rétablie pour le recevoir, elle le vint trouver au parloir, laissant son voile sur le visage, et lui parlant comme à un ecclésiastique qu'elle paroissoit ne connoître que par le bruit que faisoit, dans le pays, la mission qui l'y avoit fait venir. Mais lorsqu'elle eut levé son voile, M. Olier reconnut parfaitement celle qu'il avoit vue pendant sa retraite à Saint-Lazare. Ce moment fut comme une ouverture aux communications les plus secrètes sur tout ce qui se passoit dans ces deux grandes ames. Elles formèrent dès-lors une liaison spirituelle toute semblable à celles dont les vies de plusieurs saints nous offrent les plus beaux exemples, et en particulier à l'union si étroite, que, peu d'années auparavant, la grâce avoit formée entre saint François de Sales et sainte Jeanne-Françoise de Chantal.

XXXVI. Ce qu'il éprouve dans ses fréquentes entrevues avec elle.

M. Olier retira trop de fruit de cette première visite, pour ne la pas réitérer aussi souvent qu'il le pouvoit. Il profita donc de toutes les occasions pour aller s'édifier avec la sainte fille; de son côté, elle n'en profita pas moins pour perfectionner, dans le cœur du zélé missionnaire, l'ouvrage qu'elle avoit commencé, depuis plusieurs années, par la ferveur de ses prières. Dans tous ses entretiens, elle lui parloit de Dieu et de ses voies avec tant d'élévation, que, de son aveu, jamais il n'avoit rien entendu de semblable.

XXXVII. Le fruit qu'il

Jamais affection ne fut plus forte ni plus sainte

que celle qui unissoit ces deux grandes ames; aussi un fils ne peut montrer plus de docilité aux sages leçons de sa mère, que M. Olier n'en témoigna toujours à celles de la mère Agnès. Auprès d'une servante du Seigneur, si consommée dans les voies de la perfection et si riche en dons extraordinaires de la grâce, il se regardoit comme un jeune novice dans les voies du salut. Chaque maxime qu'elle prononçoit, il avoit soin de la recueillir, avec autant de respect que d'avidité, pour s'en faire une règle de conduite. Tantôt elle le reprenoit charitablement, en lui faisant remarquer ses imperfections; tantôt elle l'exhortoit à mourir entièrement à lui-même, et à s'exercer à la plus austère pénitence; mais son langage et son vœu le plus ordinaire, c'étoit de lui souhaiter beaucoup de croix. Si elle lui témoignoit tant d'attachement, c'étoit, comme elle s'en ouvrit à plusieurs, parce qu'il recevoit avec une déférence et une soumission singulières, toutes les impressions qu'elle s'efforçoit de lui donner. Loin qu'elle eût besoin de l'encourager, elle l'obligea au contraire à modérer la dureté excessive avec laquelle il traitoit son corps.

retire de ses conversations.

Si les entretiens de la mère Agnès furent une source de consolations pour M. Olier, elle n'en goûta pas moins à voir les progrès qu'il faisoit de jour en jour dans la perfection. Dieu la favorisa de lumières particulières sur les grands dons qui lui étoient destinés, et sur les fruits qu'il devoit porter dans l'Eglise. Ce fut d'après les révélations secrètes qu'elle reçut d'en haut, qu'un jour elle lui prédit que Dieu se serviroit de lui,

XXXVIII. *Elle lui fait plusieurs prédictions.*

pour former dans le royaume un grand nombre de vertueux ecclésiastiques; que la sainte Vierge le chériroit et le protégeroit toujours; enfin, qu'il auroit, jusqu'au bout de sa carrière, de grandes croix à porter à la suite de son maître : prédiction qui s'est trouvée pleinement justifiée, comme on le verra dans tout le cours de cette histoire.

XXXIX. Elle se réjouit du succès de ses missions.
Une autre consolation pour la mère Agnès, fut le succès merveilleux des missions que fit M. Olier, avec le secours de ses coopérateurs, dans les diocèses de Saint-Flour et du Puy; elle avoit imploré long-temps la divine miséricorde pour ces terres abandonnées, où elle savoit que beaucoup d'ames se perdoient tous les jours, faute de pasteurs zélés qui leur montrassent le chemin du salut; et avant sa mort, qui étoit proche, elle eut la joie d'apprendre que cette nuée de missionnaires, pleins de l'esprit de Dieu, en avoit fait des terres de bénédiction. Aussi, avec quelle effusion de cœur n'offroit-elle pas ses actions de grâces à la sainte Vierge, qu'elle regardoit, après Dieu, comme la cause principale, de cette merveille; et combien elle se réjouissoit d'avoir reçu de sa bouche l'ordre de prier spécialement pour M. Olier ! Chaque jour on venoit lui annoncer des conversions éclatantes qui se faisoient dans ces deux provinces : c'étoient les seules nouvelles auxquelles elle prenoit plaisir dans sa solitude, parce qu'elles tournoient à la gloire de son céleste époux.

XL. Elle le prend pour
Enfin, ce qui acheva de la consoler des amertumes dont son ame avoit été remplie depuis

son entrée en religion, c'est que, voyant M. Olier son direc-
parvenu déjà à un degré de perfection qui ne teur.
pouvoit être bien connu que de Dieu, elle se sentit
portée à le prendre pour son père spirituel, et à
lui confier tous les secrets de son ame; elle ne
voulut donc point avoir d'autre confesseur pendant son séjour à Pébrac, se réjouissant dans le
Seigneur d'être dirigée par celui-là même à qui,
depuis plusieurs années, elle avoit rendu tant de
services dans l'ordre spirituel. Mais elle ne put
jouir long-temps des avantages qu'elle se promettoit de sa direction.

Le P. de Condren, supérieur général de l'Ora- XLI.
toire, un des hommes de son siècle les plus M. Olier est
éclairés dans les voies spirituelles, lui écrivit que rappelé à Paris par le P.
son retour à Paris étoit nécessaire pour traiter de Condren.
une affaire importante, dont le succès contri-
bueroit beaucoup à la gloire de Dieu. Quelque
pénible que dût être à M. Olier et à la mère
Agnès une séparation si prompte et si inattendue,
dès le premier mot, le sacrifice fut fait. L'homme
de Dieu préférant aux douceurs qu'il goûtoit à s'entretenir avec sa pénitente, qu'il regardoit moins
comme sa fille spirituelle que comme sa mère et
sa directrice, le mérite de l'obéissance et de la
plus parfaite soumission à la volonté de Dieu,
ne pensa plus qu'à son départ. De son côté, la
mère Agnès, loin d'y mettre obstacle, ne voulut
pas même qu'il y apportât le moindre délai, per-
suadée comme lui, que rien ne pouvoit être plus
agréable à Dieu que de lui sacrifier ses inclinations, quelque pieuses qu'elles fussent, pour
se conformer aux vues adorables de la Providence.

Elle profita seulement du peu de jours qu'il devoit passer à Pébrac, pour converser avec lui aussi souvent qu'elle le pouvoit.

<!-- marginal note: XLII. La mère Agnès lui donne son crucifix et son chapelet. Guérison opérée par son crucifix. -->

Dans la dernière entrevue, elle lui donna son crucifix et son chapelet. Le crucifix se garde encore au séminaire de Saint-Sulpice comme un monument d'autant plus précieux, que, peu d'années après, il opéra une guérison qui fut regardée comme miraculeuse. Voici le fait : M. Philippe, vicaire-général et supérieur du séminaire à Aix, étant à la communauté des prêtres qui servoient la paroisse de Saint-Sulpice, fut attaqué, le jour même de la fête du saint patron, d'une fièvre très-violente. M. Olier, qui étoit curé alors, et qui portoit toujours sur lui le crucifix de la mère Agnès, poussé par un mouvement de confiance en la protection de son ancienne bienfaitrice, et en la vertu du présent qu'elle lui avoit laissé, le montra au malade, et lui dit : *Tenez, cela vous guérira.* A peine M. Philippe eut-il pris le crucifix dans ses mains, que la fièvre se calma. La guérison fut si prompte et si entière, que le médecin, étant venu le visiter le lendemain, ne put revenir de sa surprise.

<!-- marginal note: XLIII. La mère Agnès et M. Olier se disent adieu pour la dernière fois. -->

Au moment de prendre congé l'un de l'autre, M. Olier entendit la mère Agnès prononcer ces paroles, qui lui demeurèrent toujours gravées dans l'esprit : *Adieu, parloirs, je ne vous verrai plus.* Il parut bientôt qu'elle n'avoit parlé ainsi que d'après une lumière intérieure, qui étoit plus qu'un simple pressentiment de sa mort prochaine. Elle ne le quitta que pour aller se prosterner devant le Saint-Sacrement, où, contente d'avoir

LIVRE I. 43

achevé l'œuvre que Jésus-Christ, l'ami de son cœur, l'avoit chargée d'exécuter dans la personne de M. Olier, soit par ses prières, soit par ses entretiens, elle le supplia par tout ce que l'amour peut inspirer de plus tendre à une fidèle épouse du Sauveur, de sanctifier de plus en plus son serviteur, de l'assister dans toutes ses entreprises, et de le faire mourir entièrement à soi-même, pour ne vivre plus que par son divin esprit.

Au sortir du lieu saint, elle tomba malade pour ne plus se relever, et trois semaines après, elle rendit son ame à Dieu, le 19 octobre 1634 (1). M. Olier en reçut la nouvelle le jour de la Toussaint, lorsqu'il étoit au confessionnal dans l'église de sa paroisse.

XLIV.
Mort de la mère Agnès.

(1) On trouvera dans la *Vie de la mère Agnès*, écrite par M. de Lantage, et réimprimée en 1808, des détails plus circonstanciés, que nous avons cru ne devoir pas répéter ici. *Voyez* III.ᵉ *Part. Chap. XI.*

FIN DU PREMIER LIVRE.

LIVRE II.

Les grands fruits qu'avoit opérés la grâce de la mission dans les différentes paroisses de l'Auvergne et du Velay, où M. Olier avoit jeté la semence de la divine parole et répandu d'abondantes aumônes, lui firent désirer d'entreprendre encore la même œuvre, dès que Dieu lui en ouvriroit les voies. Son cœur étoit toujours au milieu du bon peuple qu'il avoit nourri spirituellement et corporellement. Il ne se consola de s'en voir séparé, que par l'espérance d'y retourner bientôt; soit, à l'exemple de l'apôtre, pour affermir dans la piété les ames qu'il avoit retirées du vice, soit pour en gagner de nouvelles. En attendant qu'il plût à Dieu de seconder ses desseins, il étudia avec une nouvelle application les voies de la perfection, et se retrancha tout ce qui ne lui paroissoit point assez conforme à l'esprit de détachement que Jésus-Christ avoit recommandé si instamment à ses premiers disciples. Il commença par vendre, au profit des pauvres et des missions qu'il projetoit, son carrosse et ses chevaux, qu'on lui avoit conseillé jusqu'alors de garder, voulant vivre comme un simple prêtre qui se contente du nécessaire, et faire profession de la pauvreté évangélique. Il ne se réserva qu'un domestique; encore ne le fit-il que par l'ordre de son directeur.

La grande opinion qu'on avoit de sa piété et de son zèle, fit naître à un évêque, dont on ignore le siége, la pensée de le demander au Roi pour son successeur; car l'humilité de ce prélat, que M. Olier ne désigne que sous le nom d'*homme de grande oraison*, lui faisoit regarder l'épiscopat comme un fardeau qui surpassoit ses forces. Lorsqu'il ne lui falloit plus, pour exécuter son projet, que le consentement de M. Olier, il lui en fit la proposition, mais ce fut sans succès. De nouvelles sollicitations n'aboutirent qu'à manifester davantage les dispositions du serviteur de Dieu, qui ne pouvoient s'accorder avec les vues du prélat. Plus M. Olier lui montroit d'opposition, plus il croyoit devoir réitérer ses instances pour avoir son consentement. Sachant donc que saint Vincent de Paul avoit beaucoup de pouvoir sur son esprit, il le pria de ne rien négliger pour vaincre ses résistances. Le saint accepta la commission d'autant plus volontiers, qu'il la regardoit comme une œuvre de la plus grande importance pour le bien de l'Eglise; mais toutes ses tentatives réussirent aussi peu que celles du vertueux prélat. M. Olier, qui craignoit autant l'épiscopat qu'on le désiroit pour lui, soupiroit après le moment ou de reprendre les missions qu'il avoit été forcé d'interrompre, ou d'aller prêcher la foi aux peuples sauvages du Canada. Dans la crainte de se voir chargé d'un ministère qu'il ne pouvoit envisager qu'avec une extrême frayeur, il eut recours à sa protectrice ordinaire : il pria la sainte Vierge avec tant de ferveur et de persévérance, qu'il fut exaucé; on ne lui parla plus d'évêché, et dès-lors il eut

I.
Il refuse un évêché.

toute liberté de poursuivre le dessein qu'il n'avoit jamais perdu de vue, celui de retourner en Auvergne pour défricher plusieurs terres des environs de son abbaye, s'il ne pouvoit réussir à aller au secours des sauvages de l'Amérique.

<small>II.
Il prend le P. de Condren pour son directeur.</small>

On ne sait ce qui le détermina alors à se mettre, pour la direction de son intérieur, non plus entre les mains de saint Vincent de Paul, mais entre celles du P. de Condren : au moins est-il certain qu'il ne diminua rien de la vénération singulière qu'il avoit toujours eue pour son premier guide, ni de la confiance sans bornes qu'il avoit en ses lumières; continuant toujours de le consulter dans toutes les circonstances où les avis des hommes de Dieu lui étoient nécessaires. En devenant l'enfant spirituel du général de l'Oratoire, il ne cessa de regarder celui des Prêtres de la Mission comme son père et son oracle. Ni l'un ni l'autre, après y avoir pensé long-temps, ne crurent devoir lui assurer que la volonté de Dieu fût qu'il acceptât l'épiscopat; le P. de Condren trouvoit même un grand obstacle à cette vocation, dans les dispositions intérieures de son nouveau pénitent. Ce fut après avoir pris, sur son refus et sur ses projets de missions, le conseil de ces deux grands maîtres dans la direction des ames, qu'avant de retourner en Auvergne il se retira à quelques lieues de Paris, pour y vaquer plus librement à la prière et à la contemplation.

<small>III.
Il fait une retraite pour se disposer à</small>

Chaque retraite étoit pour lui une source de nouvelles grâces : il en reçut plusieurs dans celle-ci, où l'on ne peut s'empêcher de reconnoître une protection de Dieu extraordinaire. Voici en propres termes ce qu'il en a écrit. « Je n'oublierai jamais ces paroles notables que notre Seigneur me fit entendre alors. *Je veux me servir de toi pour la prédication.* Je ne m'attendois à rien de semblable; car depuis peu mon médecin m'avoit dit, qu'avec ma foible santé, je n'étois nullement propre à ce ministère, et que j'avois une poitrine qui ne me permettoit pas de faire autre chose que de courtes exhortations à la grille, dans les couvens de religieuses. Dès que j'eus entendu ce mot de notre Seigneur, je lui répondis : *Hé! comment, Seigneur ? Je n'ai point de tempérament propre à cela. Je le changerai*, reprit-il à l'instant. Je pouvois croire à peine ce que j'avois entendu, tant je craignois l'illusion; cependant il ne pouvoit guère y en avoir, à cause de la pureté de la parole, qui répondoit trop bien à la pensée secrète du cœur, pour venir du démon. Mais ce qu'il y a eu de considérable, c'est que ce divin maître m'a donné un corps et un tempérament tout autre que je ne l'avois en ce temps-là. Je n'en connois point, dans notre compagnie, qui l'ait aussi robuste que moi : c'est un présent du ciel, qui m'oblige bien à servir celui qui me l'a fait ».

de nouvelle missions. Il y reçoit des grâces extraordinaires.

On remarqua en effet, dans M. Olier, un don tout particulier pour la prédication. Depuis cette retraite, il ne lui fallut point d'autre préparation, avant d'annoncer la parole de Dieu, que la prière; on le voyoit long-temps immobile devant le très-saint Sacrement, pendant que le peuple s'assembloit pour l'entendre, et il sortoit de son oraison si plein de l'esprit de Dieu, que ses discours portoient la componction dans les cœurs les plus endurcis.

Outre les grâces dont on vient de parler, Dieu fit connoître à M. Olier celles qu'il lui réservoit encore pour le temps où il devoit travailler dans les montagnes; car il lui fit connoître qu'il vouloit s'y former beaucoup de justes par ses mains. Lorsqu'il éprouvoit des peines intérieures, et que son esprit étoit enveloppé de nuages, il avoit recours aux personnes qu'il savoit être les plus éclairées dans les voies de Dieu. Comme, vers le temps de sa retraite, il s'étoit trouvé dans une sorte de délaissement et de sécheresse qui lui rendoit ce soulagement nécessaire, il en visita une singulièrement favorisée de lumières intérieures, dont on ne trouve, dans ses Mémoires, ni le nom ni la qualité. « Hâtez-vous, lui dit-elle, de partir pour » l'Auvergne ; Dieu veut que vous alliez le servir » dans ce pays ». Aussitôt après, elle lui raconta une vision dans laquelle notre Seigneur lui avoit apparu, répandant une grande abondance de grâces sur beaucoup de peuples. « Comme elle » s'occupoit de moi en ce moment, ajoute » M. Olier qui nous raconte le fait, elle jugea » que le Sauveur des ames vouloit se servir de » moi, pour faire miséricorde à un grand nombre » de pécheurs abandonnés ».

IV.
Il part de nouveau pour l'Auvergne avec plu-

Parmi les prêtres formés au ministère du salut des ames par saint Vincent de Paul, il trouva les hommes de Dieu qui lui étoient nécessaires pour entreprendre ses nouvelles missions. Plusieurs joignoient

joignoient à de grands talens le mérite de la naissance; mais comme ce n'en est point un devant Dieu, pour les fonctions de l'apostolat, il ne les jugea propres à l'œuvre projetée, que parce qu'il les savoit remplis de l'esprit de pauvreté, de zèle et de détachement. Tous s'étant disposés dans la prière aux travaux qu'il leur tardoit de partager avec lui, ils partirent dans le dessein de parcourir et de cultiver toutes les paroisses des diocèses de Clermont, de Saint-Flour et du Puy où ils pourroient pénétrer. Cette résolution leur fut inspirée par M. Olier, qui avoit dessein de prolonger ses missions aussi long-temps que ses forces le lui permettroient, et ne vouloit cesser que lorsque la voix de Dieu, bien manifestée, l'appelleroit à d'autres œuvres.

sieurs ecclésiastiques formés par S. Vincent de Paul.

Ils arrivèrent heureusement, et commencèrent la première mission dans une paroisse du diocèse de Saint-Flour, appelée Saint-Ilpise. C'étoit la fête de l'Ascension, 1.{er} de mai : « Jour bienheureux, » dit M. Olier, où notre Seigneur, selon ce qui » est écrit, *fit de grands dons aux hommes;* car » il versa de telles bénédictions sur nos travaux, » que nous pouvions bien dire : *Le doigt de Dieu* » *est ici;* et nous vîmes se vérifier la vision de » cette sainte ame, qui m'avoit dit avoir vu notre » Seigneur versant de grandes grâces sur les » peuples de cette province. Elles seroient in- » croyables, s'il n'y avoit encore aujourd'hui » beaucoup de paroisses entières qui en ont été » témoins ».

V. Il ouvre la premiere mission à S. Ilpise.

Pour éviter la répétition des mêmes choses, qui se renouvelèrent dans chaque paroisse où l'on faisoit la mission, sans suivre M. Olier dans les différens cantons où il travailla successivement, on se contentera de rapporter ici les principaux traits qui se trouvent dans les mémoires écrits de sa main, que j'ai sous les yeux.

On a déja remarqué son tendre amour pour les pauvres. Comme il s'appliquoit continuellement à étudier la conduite de notre Seigneur exerçant dans les bourgades de la Judée la mission qu'il avoit reçue de son père, et que ce divin modèle des prédicateurs ne dédaignoit pas d'instruire les enfans de sa propre bouche, qu'il les combloit même de caresses, chérissant l'innocence et la candeur de leur âge; une des œuvres auxquelles s'attachoit le plus le serviteur de Dieu, c'étoit de catéchiser les enfans. On ne se lassoit point d'admirer la charité industrieuse avec laquelle il savoit les captiver auprès de lui, pour leur expliquer les élémens de la doctrine du salut, leur apprendre à faire religieusement le signe de la croix, et leur faire goûter le lait de la piété chrétienne; c'étoit un de ses délassemens ordinaires, après les pénibles travaux de la confession et de la prédication: tant il étoit jaloux de remplir tous les momens qui pouvoient être employés à la sanctification des ames. Ce qui donnoit un nouveau prix à cette fonction, c'étoit l'humilité avec laquelle il traitoit ces enfans, et l'esprit de foi qui lui faisoit respecter leur innocence; impression qu'il sentoit naître en lui, lorsqu'il pensoit aux soins continuels que prenoient leurs anges gardiens, soit de leur corps, soit de leur ame qu'il regardoit comme la demeure du Saint-Esprit. A le voir ainsi s'abaisser en leur présence, on eût dit qu'il se mettoit au-dessous du plus petit de tous, et qu'il se seroit trouvé fort content d'avoir à exercer uniquement au milieu d'eux, la fonction de catéchiste pendant toute sa vie.

Ce n'étoit pas la seule circonstance où M. Olier faisoit voir combien l'humilité avoit jeté de profondes racines dans son cœur. Voici ce qu'en écrivoit après sa mort M. Bégel, doyen de Notre-Dame du Puy, qui avoit fait avec lui plusieurs missions. « Ceux qui l'ont connu et qui ont eu
» l'honneur de le fréquenter, ont admiré en lui
» l'assemblage de toutes les vertus qui font les
» saints : et comme l'humilité est le fondement
» de la perfection, il l'a possédée dans le plus
» haut degré. Faisant la mission dans une pa-
» roisse appelée Saint-Ilpise, il voulut choisir
» la plus mauvaise chambre de la maison où
» logèrent les missionnaires. Elle étoit placée
» immédiatement sous le toit, et il n'y en avoit
» point de si mal meublée, ni de si incommode.
» Pendant le repas, il faisoit la lecture du nou-
» veau Testament, debout et tête nue; se con-
» tentant, pour toute nourriture, de prendre
» quelque chose de ce qui restoit sur la table,
» après que tous s'étoient retirés. Au sortir du
» repas, au lieu d'aller se délasser avec les autres
» prêtres de la mission, il rassembloit tous les
» pauvres du lieu, et faisoit l'aumône générale
» de ses propres mains. Les plus misérables étoient
» ceux qui s'adressoient à lui avec plus de con-
» fiance, parce qu'il n'y en avoit point à qui il
» témoignât tant de charité ».

Le zèle de M. Olier ne parût pas moins dans les missions que son humilité. Non content d'accueillir les pauvres avec une tendresse de père, lorsqu'ils venoient se présenter à lui, il alloit au-devant d'eux ; et dans les plus grandes chaleurs de l'été, on l'a vu souvent grimper sur les plus hautes montagnes, pour faire sortir de leur assoupissement ceux qui négligeoient la grâce de la mission, ou pour instruire ceux qui ne pouvoient se rendre à la paroisse. Les difficultés, loin de ralentir son zèle, ne faisoient que l'enflammer davantage. « C'est, disoit-il une fois, » dans les choses les plus difficiles, que nous » devons trouver notre joie, et témoigner avec » plus d'empressement notre amour à notre » Seigneur ; comme c'est dans les peines et dans » les amertumes de la croix qu'il a cherché son » repos ». Le seul que prenoit le serviteur de Dieu, au milieu des soins qui le multiplioient, en quelque sorte, partout où il y avoit des ames à retirer du vice ou à consoler, c'étoit l'oraison. Un des missionnaires, qui l'avoit suivi dans toutes ses missions, assuroit que souvent il étoit si profondément absorbé dans la contemplation, qu'on avoit peine à le faire revenir à lui.

VI.
Il marque à S. Vincent de Paul le succès de sa mission.

Vers la fin du mois de juin, il écrivit à saint Vincent de Paul et aux ecclésiastiques de sa conférence, avec qui il étoit intimement lié, pour leur rendre compte de sa première mission. « Je » ne puis, Messieurs, leur marquoit-il, être plus » long-temps absent de votre compagnie, sans » vous informer de ce qui s'est passé en ces lieux. » On commença à Saint-Ilpise la mission, le

» jour de l'Ascension, et elle dura jusqu'au quin-
» zième jour de ce mois. Le monde venoit, au com-
» mencement, selon ce que nous pouvions juste-
» ment souhaiter, je veux dire autant que nous
» pouvions en confesser; et cela se faisoit avec
» tant de mouvement de la grâce, qu'il étoit aisé
» de savoir en quel lieu les prêtres confessoient,
» parce que les pénitens se faisoient entendre de
» tous côtés, par leurs soupirs et leurs sanglots:
» mais sur la fin, le peuple venoit en si grande
» foule, et nous pressoit avec tant d'ardeur, qu'il
» nous étoit presque impossible d'y satisfaire. On
» les voyoit, depuis la pointe du jour jusqu'au
» soir, demeurer dans l'église sans boire ni
» manger, attendant la commodité de se con-
» fesser; quelquefois, en faveur des étrangers, nous
» étions obligés de continuer les catéchismes plus
» de deux heures, et néanmoins ils en sortoient
» tous aussi affamés de la parole de Dieu qu'en
» y entrant. Il falloit, pour faire ce catéchisme,
» nous servir de la chaire du prédicateur, vu
» qu'il n'y avoit point de place dans l'église, où
» la foule du peuple remplissoit tout, jusqu'aux
» portes et aux fenêtres, qui étoient toutes
» chargées d'auditeurs. C'étoit la même chose au
» sermon du matin et à l'instruction du soir.
» Sur quoi je n'ai rien à faire qu'à bénir Dieu,
» qui se communique avec tant de miséricorde
» et de libéralité à ses créatures, et surtout à ses
» pauvres; car nous avons remarqué que c'est
» particulièrement en eux qu'il réside, et que c'est
» pour les assister qu'il demande la coopération
» de ses serviteurs. Ne refusez pas, Messieurs,

» ce secours à Jésus-Christ ; il y a trop d'honneur
» à travailler sous lui, et à contribuer tant au salut
» des ames qu'à la gloire qu'il doit en tirer pen-
» dant toute l'éternité. Vous avez heureusement
» commencé, et vos exemples m'ont fait quitter
» Paris pour venir travailler en cette province ;
» continuez donc dans ces divins emplois, puis-
» qu'il est vrai qu'il n'y a rien de semblable sur la
» terre. O Paris ! tu amuses des hommes qui, avec
» la grâce de Dieu, pourroient convertir un
» nombre innombrable d'ames. Hélas ! combien
» dans cette grande ville se fait-il de bonnes
» œuvres sans fruit ! combien de conversions en
» apparence ! combien de saints discours perdus,
» faute de dispositions dans ceux qui les écoutent !
» Ici un mot est une prédication, et tous les
» pauvres, avec fort peu d'instruction, se trouvent
» remplis de bénédictions et de grâces ».

VII. Même succès dans les autres.

Une vie si laborieuse et si sainte, à laquelle M. Olier ajoutoit encore de fréquentes austé- rités, étoit bien capable d'attirer ces grâces en abondance sur les peuples dont il entreprenoit la conversion. Aussi, dans les paroisses où il a exercé son zèle, n'a-t-on jamais perdu le souvenir des grands succès dont le ciel récompensa ses tra- vaux. Restitutions, ennemis réconciliés, héré- tiques ramenés à l'Eglise ; des pécheurs qui avoient vieilli dans le libertinage devenus des exemples de ferveur ; des familles qui étoient divisées depuis long-temps, vivant dans la concorde et dans l'u- nion la plus parfaite ; une infinité de confessions sacriléges réparées par des confessions générales, qui étoient accompagnées et suivies des marques les moins équivoques d'un retour sincère : voilà les effets ordinaires que produisoit chaque mission ; en sorte que parmi les curés qui avoient pour leur troupeau la charité qu'un pasteur doit à ses ouailles, c'étoit à qui attireroit les missionnaires dans sa paroisse, pour en bannir les désordres et y faire fleurir la piété. A peine cette compagnie d'hommes apostoliques avoit-elle paru dans un canton, que de toutes parts on voyoit accourir les pauvres habitans, non-seulement des campagnes voisines, mais des bourgs et des villages même les plus éloignés. L'avidité pour la sainte parole, dont on se sentoit pressé dès qu'on avoit entendu parler d'eux, en attiroit de sept ou huit lieues pour assister à leurs instructions ; le désir de se confesser en faisoit demeurer plusieurs, durant les nuits entières, aux portes des églises, et attendre trois ou quatre jours sans se rebuter. Ils s'estimoient assez récompensés des fatigues qu'ils avoient à supporter si long-temps, à cause de la foule incroyable qui environnoit les confessionnaux, par la paix de la conscience qu'ils remportoient, après avoir fait une bonne confession.

Ce qui augmenta la joie des missionnaires, au milieu de tout le peuple qui s'empressoit de venir à la mission, c'étoit l'émulation avec laquelle ceux qui les avoient entendus pendant le jour se catéchisoient les uns les autres dans la nuit. On les entendoit répéter ce qui les avoit le plus touchés, dans les conférences et dans les exhortations publiques où ils avoient assisté. « C'est là, » disoit M. Olier six ans après, que quelques-uns

» de ces messieurs qui ont tant paru dans Paris,
» et qui ont fait de si grands fruits dans la der-
» nière mission de Saint-Germain-des-Prés, ont
» commencé de goûter la douceur de cet emploi.
» On ne peut voir la ferveur de ces bons peuples
» sans être attendri. Mon déplaisir est toujours
» de me voir éloigné de ces quartiers où l'on
» est si disposé au bien. Le défunt père général
» (il parle du P. de Condren) a eu seul le pou-
» voir de m'empêcher d'y retourner, désirant
» m'associer à cette assemblée avec laquelle je
» vis maintenant. Dieu sait l'état de mon cœur,
» et le désir perpétuel dont je brûle pour le ser-
» vice de ces pauvres. Je leur ai de grandes
» obligations de m'avoir supporté si long-temps,
» et d'avoir témoigné tant de joie en recevant
» mes petites exhortations...... La parole de
» Dieu prenoit tant d'ascendant sur leur esprit,
» qu'elle les eût fait jeter dans une fournaise
» ardente ».

« Pour moi, (écrivoit M. Valentin, chanoine de
» l'église du Puy, qui avoit accompagné M. Olier
» dans la première mission donnée au diocèse de
» Saint-Flour) je n'ai jamais rien vu de semblable
» à ce qui s'est passé sous mes yeux. Aussi plusieurs
» des messieurs qui travailloient avec ce grand
» serviteur de Dieu dans nos campagnes, et qui,
» peu de temps auparavant, avoient fait à Paris
» une mission dont les fruits étoient merveilleux,
» avouoient qu'ils ne trouvoient pas moins de
» plaisir et ne ressentoient pas moins de conso-
» lation à semer et à moissonner au milieu des
» bonnes gens qui habitent les montagnes des en-

» virons de Clermont et de Saint-Flour, que dans la
» capitale du royaume, où cependant ils n'avoient
» qu'à bénir le Seigneur des fruits de leurs travaux.
» Ceux des missions, ajoutoit-il, où j'ai travaillé
» avec eux, sont d'autant plus précieux à la re-
» ligion et consolans pour l'Eglise, que depuis
» le départ des missionnaires, leur esprit paroît
» vivre toujours partout où ils ont exercé leur
» zèle. Jamais on n'a vu les curés plus assidus à
» catéchiser les enfans et à prêcher la doctrine
» chrétienne à leurs paroissiens. Un grand nombre
» de chanoines et de prieurs se sont livrés à cette
» fonction, ne voyant rien de plus grand ni de
» plus auguste que de consacrer leurs talens
» et leurs forces à la sanctification des ames que
» Jésus-Christ a rachetées au prix de son sang,
» et à lui former, pour toute l'éternité, de par-
» faits adorateurs. En un mot, riches et pauvres,
» prêtres et peuples, tous ont tellement profité
» de la mission, que la face de chaque paroisse,
» qui a reçu cette grâce, est totalement renou-
» velée et n'est plus reconnoissable. J'ai eu tout
» le temps d'éprouver ce que c'est qu'une mission,
» quand le ciel daigne seconder les efforts des
» ouvriers évangéliques qui l'ont entreprise ;
» ayant passé dans cet exercice, avec M. Olier,
» la moitié de l'année 1636 et presque toute
» l'année 1637 ».

Ce fut dans une de ces missions que Dieu fit triompher d'une manière éclatante la foi de son serviteur, contre l'audace présomptueuse d'un ministre fort accrédité dans le pays. Il profita de l'absence d'un des missionnaires, très-habile

VIII.
M. Olier accepte le défi d'un ministre protestant.

dans la controverse, qui l'avoit défié publiquement d'entrer avec lui en explication sur les matières qui divisent les Calvinistes de l'Eglise Romaine, pour leur proposer une attaque à son tour. « Dans la crainte de prêter des armes à
» l'hérésie, dit M. Olier, si je ne prenois en
» main la cause de Dieu, malgré mon ignorance
» et mon incapacité, j'acceptai la proposition; et
» après avoir supplié ardemment notre Seigneur
» d'être avec moi dans le combat qu'il s'agissoit
» de soutenir en son nom, je fis dire au ministre
» que je m'aboucherois volontiers avec lui; qu'il
» n'avoit donc qu'à se présenter au jour et au
» lieu dont nous convînmes; qu'il étoit sûr de
» m'y trouver tout prêt à l'écouter et à lui répondre. Au temps indiqué je l'attends, et il
» se met en chemin pour se rendre à la maison
» où nous logions; il arriva même jusqu'à la
» paroisse : mais à peine a-t-il rencontré une
» croix qu'il trouve à cinquante ou soixante pas
» de l'Eglise, que tout à coup, saisi d'une terreur
» secrète, il se sent comme repoussé; et n'osant
» plus avancer il retourne sur ses pas, tout confus
» de se voir obligé de rendre les armes avant même
» d'avoir approché son ennemi. J'admirai alors la
» vertu de la croix, qui met encore les démons en
» fuite, quand nous allons chercher notre défense
» auprès d'elle, et qui se joue de l'orgueil des
» hommes qui sont ennemis de la foi, en les
» forçant de rendre hommage à la simplicité des
» ignorans qui ont recours à Jésus crucifié ».

IX.
Autres lettres sur les

Tout le reste de la même année et presque toute l'année suivante furent employées à de nouvelles missions, soit dans le diocèse de Saint-Flour, soit dans celui de Clermont, où M. Olier n'épargna ni ses revenus ni ses sueurs, et qui eurent aussi le plus grand succès. Le 10 février 1637, à la fin de la quatrième, il écrivit aux ecclésiastiques de l'assemblée de Saint-Lazare, qu'il s'y étoit fait plus de deux mille confessions générales, quoiqu'il n'y eût d'abord que six prêtres, et que vers les derniers jours ils ne fussent pas plus de huit; que malgré la rigueur de la saison et l'incommodité du lieu, qui étoit un vrai désert, le peuple y venoit de sept ou huit lieues; que les pauvres gens des campagnes et des paroisses voisines apportoient leurs provisions de bouche pour trois ou quatre jours, et se retiroient dans les granges où ils conféroient ensemble de ce qu'ils avoient entendu à la prédication et au catéchisme. « A présent, leur disoit-il, on voit ici les paysans et leurs femmes faire eux-mêmes la mission dans leurs familles; les bergers et les laboureurs chanter les commandemens de Dieu dans les champs, et s'interroger les uns les autres sur ce qu'ils ont appris dans la mission: enfin la noblesse, pour laquelle, eu égard au langage grossier dont nous nous servons, il sembloit que nous ne parlions pas, après s'être acquittée chrétiennement et exemplairement de son devoir, ne nous a vus partir qu'en fondant en larmes. Cinq Huguenots ont abjuré leur hérésie en cette dernière mission, quatre desquels, qui nous fuyoient auparavant, sont venus eux-mêmes nous y chercher; et cela, Messieurs, pour nous apprendre, comme

missions, aux ecclésiastiques de S. Lazare.

» vous me l'avez souvent enseigné, que la con-
» version des ames est l'ouvrage de la grâce; que
» nous y mettons souvent obstacle par notre
» propre esprit, et que Dieu veut toujours opérer
» dans le néant ou par le néant, c'est-à-dire, en
» ceux et par ceux qui reconnoissent leur im-
» puissance et leur inutilité ».

Au milieu des grands fruits qui se multiplioient sous les pas de M. Olier et des ecclésiastiques qui le suivoient, notre Seigneur, selon ce qui lui avoit été souvent prédit, que sa vie seroit bien traversée, lui fit porter plusieurs croix, qui attirèrent sur lui et sur ses missions de nouvelles grâces. La première fut une maladie qui le conduisit jusqu'au bord du tombeau. En faisant la clôture de la mission qu'il venoit de donner aux habitans de La Mothe de Canillac, petite ville d'Auvergne, il prêcha avec tant de feu et de zèle, que le même jour il fut saisi d'une fièvre violente. Il ne put donc se reposer de ses travaux, qu'en demeurant sur un lit de douleur, dans l'exercice de la patience la plus inaltérable et d'une parfaite résignation à la volonté de Dieu. La providence l'assista alors d'une manière si sensible, qu'il en conserva le souvenir toute sa vie, et que jamais il n'y pensoit sans en bénir le Seigneur. Le jour même de son arrivée à Langeac, où il tomba malade, deux habiles médecins y étoient venus de fort loin pour traiter la fille du seigneur du lieu. Ce secours qu'il rencontra si à propos, il n'eût pu en profiter, si la promptitude et la violence du mal ne l'avoient contraint de s'arrêter à moitié chemin, au lieu d'aller jusqu'à son

abbaye où il eût voulu se rendre ; car ces deux médecins, n'étant qu'à deux pas du monastère où il logeoit, le visitoient presqu'à toute heure. La maladie étoit de nature à lui ôter la vie ; dès le second ou le troisième jour ils en désespérèrent. Les remèdes ordinaires ne leur paroissant plus suffisans, l'un d'eux en essaya un qui pouvoit opérer une révolution favorable, mais qui n'étoit pas sans danger. Le succès en fut si peu heureux, qu'il fit tomber le malade en apoplexie. On s'efforça de le confesser ; mais il lui restoit si peu de connoissance, qu'il n'entendoit et ne répondoit qu'à demi : dans l'impossibilité de lui faire recevoir le saint viatique, on se contenta de lui administrer l'extrême-onction. Il avoit tellement perdu le sentiment, qu'on lui enfonçoit des lancettes très-profondément dans la chair, sans qu'il parût en ressentir la moindre impression; ce qui fit juger qu'il touchoit à sa dernière heure. « Mais
» au commencement de mon mal (ce sont ses
» propres termes), tout d'un coup, quoique très-
» assoupi, ayant comme aperçu au-dedans de
» moi quelqu'un qui m'avoit béni et donné assu-
» rance que je ne mourrois pas de cette maladie,
» j'appelle mon bon ami M. de Foix, que notre
» Seigneur, quelques mois auparavant, m'avoit
» inspiré de faire venir de Paris, (ce qui fut un
» autre trait de providence sur moi ; car mon
» directeur le P. de Condren, qui s'y trou-
» voit le même jour que M. de Foix avoit reçu
» ma lettre, fut d'avis qu'il se rendît auprès
» de moi), je lui dis que je ne mourrois pas.....
» Dans les momens où j'avois perdu l'ouïe et

» la parole, dès qu'on prononçoit *Jésus* je parlois
» et répondois, ainsi qu'au nom de la très-sainte
» Vierge que j'appelois *ma mère*, comme un
» enfant. C'étoit M. de Foix, qui usoit de ce stra-
» tagême, sachant bien que rien ne pouvoit
» m'éveiller, que les noms de *Jésus* et de *Marie*.
» On étoit fort surpris de ne m'entendre rien ré-
» pondre qu'à ces belles paroles, qui me péné-
» troient le cœur, et faisoient ce que mille glaives
» perçans n'auroient pu faire. Je pense que notre
» maître veut que la sainte Vierge ait part à tous
» les biens du corps et de l'esprit qu'il fait dans
» le monde ».

X.
Il fait un vœu à saint François de Sales.

« Je fus guéri, dit M. Olier dans un autre
» endroit, comme miraculeusement; et il me
» semble que ce fut par le secours de M. de Ge-
» nève, auquel je me sentis porté de faire un
» vœu pour le recouvrement de ma santé. A peine
» l'eus-je fait, que je me vis assuré de ma gué-
» rison. Aussi, après mon rétablissement, j'écrivis
» à une de ses communautés, que je lui avois de
» grandes obligations après sa mort comme pen-
» dant sa vie; car, un jour avant de mourir, ce
» bon prélat me donna sa bénédiction, et il avoit
» témoigné à mon père vouloir me retirer auprès
» de lui pour m'élever dans la piété ».

Le serviteur de Dieu éprouva dans cette maladie, comme il l'a rapporté plusieurs fois, la vérité de cette prophétie de notre Seigneur, où il
promet de rendre au centuple ce qu'on aura
quitté et sacrifié pour lui. « Pour une mère, di-
» soit-il, un frère et deux sœurs que je quittai,
» je trouvai des personnes sans nombre qui

» avoient pour moi une charité plus que de mère,
» de sœur et de frère ; entr'autres ces bonnes re-
» ligieuses, héritières des sentimens de la sœur
» Agnès, qui n'épargnèrent rien pour mon sou-
» lagement ; prières, larmes, austérités, et autres
» moyens dont la charité use pour obtenir de
» Dieu quelque grâce, elles le firent pour ma
» santé. Non, on ne perd rien pour Dieu ».

La mère de M. Olier ne fut pas plutôt infor- XI.
mée de sa maladie, et du danger où elle étoit de Sa mère vient de Pa-
le perdre, qu'elle fit le voyage d'Auvergne pour ris pour l'as-
se rendre auprès de lui, accompagnée de son sister et le ra-
frère, et le reconduire à Paris. Elle eut en arri- mener dans sa famille. Il
vant la consolation de le trouver à moitié rétabli ; lui survient
mais sa joie ne fut pas de longue durée. A peine au genou un mal fort dan-
commençoit-il à jouir de la santé, qu'il lui survint gereux.
au genou un mal assez considérable pour donner
bientôt de nouvelles inquiétudes. Les chirurgiens du pays vouloient y faire des incisions qui
l'eussent infailliblement estropié ; si nous l'en
croyons lui-même, sans un secours miraculeux
du ciel : sa mère s'y opposa. On attribua cet accident à l'usage où il étoit depuis plusieurs années,
de faire à genoux ses prières et ses oraisons qui
étoient fort longues. Lorsqu'il se vit en péril de
ne pouvoir plus prier dans l'humble posture qui
lui étoit ordinaire, il résolut, contre l'avis de sa
mère, de se mettre entre les mains des chirurgiens ; mais auparavant il voulut invoquer sa
grande protectrice, et fit vœu de visiter l'église
de *Notre-Dame de Bon-secours* à Tournon. Ne XII.
pouvant s'y transporter ni à pied, comme il l'eût Il va à Tour-
souhaité, ni à cheval, il s'y fit traîner tout boi- non, où il est guéri par

l'intercession de la Ste. Vierge.

teux, c'est son expression, à la vue des hérétiques du canton, qui furent bien surpris de le voir quelque temps après, revenir avec l'usage libre de ses membres; car il fut encore pleinement exaucé cette fois : et sans autre remède que l'invocation de la sainte Vierge, son genou, dès les premiers jours, reprit son état naturel.

XIII.
Il fait chez les Jésuites les exercices spirituels.

Pendant son séjour à Tournon, il fit les exercices spirituels chez les révérends pères Jésuites, avec qui il aimoit beaucoup à s'entretenir des choses de Dieu. Il y passa quinze jours dans une solitude entière, ne conversant presque qu'avec notre Seigneur, et puisant sans cesse dans l'oraison de nouvelles forces, pour porter les croix qui devoient achever sa sanctification. Dieu, en l'affligeant des deux maladies dont on vient de parler, l'avoit traité selon ses propres désirs; car à la fin de sa dernière mission, il disoit à un de ses amis : « Après avoir travaillé dix-huit mois » avec tant de force et de santé, pour avoir un » témoignage bien assuré que notre travail a été » agréable à Dieu, il ne nous manque que quinze » jours de maladie ». On eût dit que notre Seigneur n'attendoit que la fin de la mission pour lui accorder cette sorte de récompense. « Précisément, » ajoute-t-il, le dernier jour de notre mission, » comme je retournois à mon abbaye, je me trou- » vai dans un état de paix que je n'avois jamais » éprouvé en pareille circonstance; car je n'avois » aucune peine, et jusque-là cependant j'en » avois toujours été environné. Il me sembloit » même qu'elles étoient un appui pour mon » ame, en sorte que sans elles, je me sentois tout débile.

» débile. Me croyant pendant quelques instans
» sans tribulation, je chancelois en moi-même
» jusqu'à n'en pouvoir plus; mais aussitôt j'aper-
» çus une grande croix qui s'approchoit de moi;
» c'étoit un présage qui ne manqua pas d'avoir
» son accomplissement; car arrivé à une petite
» ville qui n'est qu'à une lieue de Pébrac, dans
» l'église même du monastère où avoit vécu et
» où reposoit la bienheureuse sœur Agnès, je fus
» saisi d'un mal de tête excessif, qui fut le com-
» mencement d'une grande maladie ». C'est celle
dont on vient de parler.

XIV. Nouvelles tribulations de la part de plusieurs habitans voisins de son abbaye.

Les longues souffrances que M. Olier avoit endurées depuis la dernière mission, quelque douloureuses qu'elles fussent, n'étoient pas comparables au nouveau genre de peines qui mit sa foi et sa patience aux plus rudes épreuves. Pendant qu'il semoit avec tant de fruit dans le champ du Père de famille, l'homme ennemi, jaloux de ses succès, n'épargnoit rien pour traverser son zèle. Dieu, qui vouloit que chaque mission fût sanctifiée par de nouvelles croix, permit que plusieurs habitans des environs de Pébrac, suscitassent de grands obstacles à l'exécution de ses pieux desseins; et qu'en cherchant tous les moyens de faire du bien, pour récompense de ses services, il ne reçût que des injustices et des vexations, de la part même de ceux qui devoient montrer plus de zèle à le seconder. Entre les personnes les plus riches et les plus considérables du pays, il s'en trouva qui se firent un mérite de le persécuter, et qui, non contens d'avoir usurpé une partie des biens de son abbaye, soulevèrent contre lui tous les libertins du canton, qui ne vouloient pas entendre parler de mission et de réforme. Les mieux disposés n'osoient prendre parti pour lui, voyant qu'il avoit à lutter contre des ennemis que la force et l'audace rendoient redoutables. « Je me voyois, dit-il, environné de la noblesse » la plus violente et la plus dangereuse, qui m'en » vouloit, soit à cause de mon bien auquel ils » portoient envie, soit à cause de la fonction que » je venois de remplir : je n'avois donc que Dieu » pour moi. Il y avoit dans les environs douze » gentilshommes, qui, par leurs menaces, intimi- » doient les paysans, pour les empêcher d'enché- » rir sur le prix qu'on offroit de la ferme des » terres de mon abbaye, et m'obliger par-là de » la mettre entre leurs mains. Je me souviens » que dans un moment où je représentois à Dieu » cette tribulation, et m'en plaignois à lui, il me » dit : *Tu en verras bientôt la fin ;* ce que j'avois » d'autant plus de peine à croire, que j'avois af- » faire entre autres à l'homme du monde le plus » intraitable : c'étoit un assassin redouté de tout » le pays depuis long-temps, surtout depuis l'at- » tentat qu'il avoit commis en poignardant dans » son lit un M. de Montmorenci, parent du cé- » lèbre duc de ce nom, qui avoit été décapité ».

Tel est le récit que fait M. Olier de la pénible situation où il se trouvoit alors. Mais rien ne put abattre son courage : la prière, la patience et la confiance en Dieu, étoient les seules armes dont il savoit user contre ses persécuteurs, et l'unique vengeance qu'il avoit appris à tirer de leurs vexations.

Dans le temps même où l'orage grondoit le plus contre lui, il éprouva combien Dieu se plaît à adoucir, en faveur des siens, les hommes les plus féroces, et à changer pour eux les loups en agneaux. Car il n'étoit pas encore sorti du lieu où l'avoit retenu sa grande maladie, que l'homme brutal dont j'ai parlé, vint, accompagné de sa femme et de trois de ses filles, le visiter avec tous les témoignages de leur profonde vénération, et les plus vives démonstrations des peines qu'il lui avoit causées.

XV. Moment de consolation que Dieu lui ménage.

Plus on s'efforçoit de nuire à l'homme de Dieu, plus il s'appliquoit à rendre le bien pour le mal. Un des Missionnaires, qu'il avoit chargé de régler ses comptes avec le fermier de son abbaye, vint lui apporter l'acte qu'il avoit vérifié, en le priant de le signer, et en lui remettant la somme de cinq mille livres et plus qu'il avoit touchées pour lui. M. Olier signa les comptes, et abandonna le tout, pour qu'on l'employât à faire des missions aux lieux mêmes où il avoit le plus d'ennemis. Dans l'espace de dix-huit mois qu'il consacra à cette œuvre, il dépensa plus de seize mille livres, soit en aumônes, soit pour la subsistance des Missionnaires; et autant il avoit soin de les bien faire servir, autant il négligeoit sa propre personne. On avoit coutume, lorsqu'il venoit à son abbaye, de lui préparer une chambre à deux lits, l'un pour lui et l'autre pour son domestique: c'étoit toujours le dernier qu'il retenoit pour son usage, quelque instance qu'on lui fît pour prendre celui qui lui avoit été destiné. S'il se plaignoit alors, c'étoit d'être traité avec trop de ménagement, et de ne point assez pratiquer la pauvreté évangélique. Comme on transportoit dans sa chambre les coffres qui renfermoient ses habits et ses petits meubles, on y aperçut une fois des haires, des disciplines et des ceintures de fer, dont on savoit qu'il usoit fort souvent: encore se reprochoit-il de ne pas se mortifier assez, et d'accorder trop à ses sens.

XVI. Il ressent de grandes peines intérieures.

Quelque cruelles que fussent les persécutions qu'eut à souffrir plus d'une fois M. Olier dans le cours de ses missions; et quelque rudes que fussent les pénitences corporelles qu'il exerçoit sur lui-même, c'étoit peu de chose en comparaison de ses peines intérieures. Elles avoient commencé pendant sa retraite de 1636, à l'occasion d'une infidélité qu'il croyoit avoir commise, en ne profitant pas d'une circonstance favorable qui s'étoit présentée pour aller faire une mission dans les Cévennes. Cette faute lui parut si considérable, que pendant l'espace de deux ans, il ne cessa point d'en gémir devant le Seigneur, et de lui demander avec larmes, qu'il daignât secourir les ames dont il craignoit que la perte ne lui fût imputée. « J'en fus si affligé, écrivoit-il en 1642,
» j'en souffris tant de remords, de sécheresses
» et d'obscurités, que souvent le long du jour je
» me jetois à genoux les larmes aux yeux; et sou-
» pirant auprès de Dieu, je lui disois: Mon Dieu
» dont la puissance est infinie, et dont la sagesse
» a des ressorts sans nombre, réparez, par vos in-
» ventions, la perte que vous souffrez par mes
» infidélités: envoyez dans ces montagnes des
» personnes zélées qui vous serviront mieux que

» moi ». Il ne se consola de cette infidélité prétendue, que lorsqu'il eut appris, deux ans après, que l'évêque du diocèse n'eût pas agréé son entreprise; et que, vers le même temps, un grand serviteur de Dieu avoit travaillé au même endroit avec beaucoup de fruit (1).

Dieu qui, pour rendre ses serviteurs plus conformes à son Fils délaissé sur la croix, leur cache la lumière de son visage, et semble les rebuter lors même qu'il prend en eux ses plus douces complaisances, ne priva M. Olier des consolations sensibles, qui sont l'aiguillon et la récompense ordinaire des prédicateurs de l'Evangile, que parce qu'il avoit sur lui de grandes vues de miséricorde. Jamais l'on ne vit la grâce opérer plus de merveilles dans les cœurs, par ses discours, que dans le temps où le ciel sembloit n'être pour lui que ténèbres, et où, tenté de perdre tout espoir de salut, il se trouvoit comme sans force et sans vie. Plusieurs fois il a témoigné lui-même que les missions qu'il avoit faites dans ces états de désolation intérieure, étoient celles qui avoient fructifié le plus. Au milieu des amertumes les plus intolérables à la nature, il ne perdit jamais la paix de son ame. Si le poids de ses peines lui faisoit dire, lorsqu'il répandoit en la présence de Dieu les affections de son cœur : *Mon Père, détournez de moi, s'il est possible, le calice de la tribulation;* il ajoutoit aussitôt, à l'exemple de son maître : *Toutefois que votre volonté se fasse, et non la mienne.* Comme le grand apôtre, il avoit appris à l'école de Jésus-Christ, à ne se

(1) Saint François Regis.

laisser abattre, ni par les infirmités corporelles, ni par les persécutions du dehors, ni par les peines d'esprit. Aussi, dès qu'il eut recouvré la santé, il s'empressa de se réunir à ses chers coopérateurs; et comme une nuée bienfaisante, qui, en se déchargeant sur les différentes terres où elle passe, y répand la fertilité, on vit cette troupe d'ouvriers infatigables, répandre de paroisse en paroisse les bénédictions dont la parole de Dieu est la source, lorsqu'elle tombe sur des cœurs altérés de la soif de la justice.

XVII. Changement remarquable qu'il opère dans deux chapitres.

Un des plus grands fruits qu'opérèrent ses dernières missions, fut le changement qui se remarqua bientôt dans tout le clergé des lieux où avoient travaillé les Missionnaires; en particulier, dans deux chapitres considérables. Plusieurs des membres qui les composoient se dévouèrent, avec un zèle dont le pays n'avoit point vu d'exemple, à l'instruction des peuples, prêchant et catéchisant dans les villes et dans les campagnes; en sorte que les ouvriers, qui, avant l'arrivée de M. Olier, étoient en petit nombre dans la plupart des cantons qui profitèrent de sa présence, s'y trouvèrent dès-lors en abondance, toujours prêts à partir au premier mot, pour faire l'œuvre de Dieu.

XVIII. On le demande au Roi pour remplir le siége du Puy.

Il étoit encore en Auvergne, lorsque la mort enleva à son église M. Juste de Serres, évêque du Puy. Le chapitre crut ne pouvoir mieux réparer cette perte, qu'en suppliant le Roi de nommer le serviteur de Dieu à l'évêché vacant. Il députa à la Cour plusieurs de ses membres pour solliciter cette grâce; et l'on vit ceux même qui avoient persécuté M. Olier, applaudir à cette démarche. Mais la Providence avoit d'autres vûes: le succès de la commission remplie en sa faveur ne fut heureux que pour lui, qui avoit toujours le même éloignement de l'épiscopat. Il se disposa donc à repartir pour Paris; mais avant son départ, il laissa au Puy un nouveau monument de son zèle pour la sanctification du clergé; ce fut une société d'ecclésiastiques qu'il y établit sur le modèle de l'association qu'avoit formée saint Vincent de Paul. Il ne se sépara d'eux qu'après les avoir accoutumés à s'assembler toutes les semaines pour conférer ensemble sur les devoirs de leur vocation, et se renouveler dans la piété sacerdotale.

XIX. Il revient à Paris.

Après un séjour de dix-huit mois dans l'Auvergne ou le Velay, M. Olier revint à Paris, où le bruit des conversions sans nombre que la grâce avoit opérées partout où il avoit fait des missions, l'avoit devancé : on en parloit jusque dans les provinces les plus éloignées. Son nom seul, depuis son retour, imprimoit la vénération; et personne ne l'approchoit sans lui témoigner l'estime qu'on porte aux saints. « Je ne sais, monsieur, » lui dit un jour saint Vincent de Paul, je ne sais » comment vous faites; mais la bénédiction vous » suit partout ». On s'empressa de lui proposer plusieurs grandes œuvres à entreprendre; mais il aima mieux suivre son attrait dominant pour les missions. Tout le temps qu'il passoit à la ville étoit employé, soit à l'étude de la théologie et de la science ecclésiastique, soit à secourir les pauvres, soit enfin à l'instruction des jeunes écoliers; car il ne connoissoit rien de plus utile à l'Eglise, que de former les clercs aux vertus et aux connoissances de leur état. « C'étoit, dit-il, » à quoi je me sentois le plus attiré depuis long- » temps. J'ai toujours eu auprès de moi de la jeu- » nesse, que je tâchois d'instruire et de former à » la vertu, sans pouvoir me priver de cette oc- » cupation, quelque murmure qu'elle excitât dans » ma famille, où l'on étoit choqué de me voir » sans cesse environné de jeunes gens ». Ainsi commençoit-il dès-lors l'œuvre qui dans la suite devint le principal objet de ses soins.

XX.
Il fait de nouvelles missions.

Son attrait pour les missions ne lui permit pas de demeurer long-temps à Paris, où l'étude et la prière étoient le seul repos qu'il prenoit pour se délasser de toutes celles qu'il venoit de faire aux environs de son abbaye. Il s'en présenta plusieurs à faire à quelques lieues de la capitale, auxquelles il se livra avec tout le courage que donne le zèle du salut des ames. Obligé alors, pour aller en ouvrir une au-delà de Saint-Germain-en-Laye, de passer par cette ville où se trouvoit le Roi avec toute la Cour, il fut bien aise de pratiquer en cette occasion la pauvreté évangélique, et de donner l'exemple du renoncement à la considération qui accompagne la naissance; car au lieu de faire le voyage dans une voiture convenable à son rang, il le fit dans une charrette. Quelques-uns de sa compagnie lui représentèrent qu'un tel équipage les feroit passer pour des extravagans; ils ajoutèrent que cette singularité ne pouvoit manquer de donner lieu à des dérisions capables d'empêcher tout le fruit de leur ministère. Ces représentations ne firent point changer d'avis à

XXI.
Trait d'humilité.

M. Olier. Aussi jaloux des mépris et de l'abjection, qu'on l'est dans le monde de la gloire et de l'estime des hommes, il montra tant de résolution, que, sans oser insister davantage, tous consentirent à partager avec lui la confusion qu'ils avoient cru d'abord convenable d'éviter. « Notre Seigneur, leur dit-il, entrant dans Jérusalem monté sur une ânesse, nous a appris le cas que nous devons faire de tout ce qu'on pourra dire de nous. Ne s'est-on pas moqué de lui, qui étoit la sagesse et la sainteté même ? ne s'est-on pas moqué des apôtres, lorsqu'ils annonçoient l'Evangile ? Non, non, messieurs, ne marchandons point, et allons promptement ». On vit donc ces dignes ouvriers de Jésus-Christ traverser la ville dans le même équipage que les plus pauvres gens de la campagne ; et les raisons de la prudence humaine cédèrent aux lumières divines qui dirigeoient M. Olier dans toutes ses entreprises.

A peine avoit-il terminé une mission, qu'il en ouvroit une nouvelle, si Dieu ne l'appeloit à quelque autre œuvre particulière. Telle étoit celle qui l'engagea, au milieu de l'année 1638, à faire le voyage de Bretagne. On venoit de lui apprendre qu'à quelques lieues de Nantes il y avoit un monastère de religieuses, d'où l'esprit du monde avoit banni entièrement la discipline régulière, et où la licence avoit introduit, outre des divisions étranges, tous les abus qu'entraîne dans une communauté la perte de l'esprit intérieur. Il falloit une main aussi habile que celle de M. Olier pour relever les ruines de cet édifice spirituel,

XXII. Il va en Bretagne réformer un monastère.

qui dépérissoit tous les jours de plus en plus. Dans l'absence de son directeur ordinaire, sans le consentement duquel il s'étoit fait une loi de ne rien entreprendre, il crut devoir obéir au mouvement secret qui le pressoit de suspendre les travaux des missions, pour aller tenter la réforme de cette maison; et il partit en abandonnant le succès de son voyage à celui qui tient dans sa main tous les cœurs.

<small>XXIII. On lui refuse l'hospitalité.</small>

Arrivé au monastère, il demande l'hospitalité pour lui et pour un missionnaire qui l'accompagnoit : c'étoit le 20 juillet 1638. Il se présente comme un pauvre prêtre qui se contenteroit de la dernière chambre du bâtiment où logeoient les étrangers. Une maladie contagieuse faisoit alors beaucoup de ravage dans plusieurs cantons de la même province; les religieuses auxquelles il s'adressa, le prirent pour un homme qui venoit se réfugier dans leur monastère, et qui fuyoit le danger de la contagion. Craignant elles-mêmes de la contracter en le recevant avec les hôtes, elles lui refusèrent une retraite. L'humble disciple de Jésus-Christ, loin de se plaindre du traitement qu'on lui faisoit, regarda cette humiliation comme une faveur qui lui donnoit quelque ressemblance avec son maître, méconnu et rebuté du monde, à qui il venoit apporter le salut et la paix. Il ne répondit donc au refus qu'il venoit d'essuyer que par des paroles de douceur, et se retira aussi content que si on lui eût fait le meilleur accueil.

<small>XXIV. Il se retire dans un poulailler.</small>

Accoutumé à tirer des obstacles mêmes qui s'opposoient à l'exécution des desseins de Dieu, un augure favorable, il trouva dans cette contradiction un nouvel encouragement à son zèle; et, sans retourner sur ses pas, il examina si dans les cours qu'il avoit traversées pour arriver à la porte du cloître, il ne rencontreroit pas quelque couvert pour passer la nuit, en attendant les momens du Seigneur, en qui il mettoit toute sa confiance. Il aperçut dans la basse-cour une masure qui servoit de poulailler; il espéra au moins qu'on lui permettroit de s'y retirer. On le laissa partager ce triste réduit avec les animaux confiés aux valets de la maison; et comme ceux-ci, par respect sans doute pour l'habit et la personne d'un prêtre, n'osèrent le contraindre d'en sortir, il y demeura en paix jusqu'à ce que Dieu eût disposé de lui autrement. On comprend que durant tout ce temps-là il fut nourri aussi pauvrement qu'il étoit logé; mais sa plus délicieuse nourriture étoit de faire la volonté de celui qui l'avoit envoyé. Il compta pour rien la fatigue que dut ajouter à celle du voyage un lieu de repos aussi incommode. Une pensée le consola beaucoup, c'est que pour travailler à la conversion de la pécheresse de Samarie, notre Seigneur avoit pris le temps même où, faute d'un lieu de retraite, une extrême lassitude l'obligea de s'asseoir au milieu du chemin tout près d'une fontaine publique. Il trouva son délassement dans la ferme espérance que le moment n'étoit pas éloigné de voir les épouses infidèles, qu'il cherchoit, revenir entre les bras de leur céleste époux. La tranquillité avec laquelle il venoit de supporter le refus qu'on lui avoit fait essuyer, la charité qu'on admira dans tous ses discours, la modestie et la religion qu'il faisoit paroître dans ses prières, ne tardèrent pas à lui concilier beaucoup de respect de la part des personnes qui occupoient les dehors de la maison. L'opinion que l'on conçut de sa grande piété, ayant pénétré dans l'intérieur du monastère, on l'invita à recevoir un logement dans le bâtiment des étrangers; mais content de celui qui lui étoit échu en partage, il le refusa; et quelque instance qu'on lui fît pour le déterminer à accepter l'offre qu'on regrettoit de ne lui avoir pas faite plus tôt, sa réponse fut toujours que sa petite loge étoit tout ce qu'il lui falloit. La nouvelle de cet événement, et la réputation de sainteté que s'étoit faite M. Olier en se cachant ainsi, et en cherchant à demeurer inconnu, se répandit aux environs du monastère. Un magistrat, chef du siége d'une ville voisine, qui se trouvoit sur les lieux, en ayant été instruit, fut curieux de voir celui dont il venoit d'entendre parler avec admiration. Dieu avoit ménagé cette circonstance pour préparer le succès de la démarche qu'il avoit inspirée à son serviteur. Le président, qui avoit des liaisons particulières avec la famille de M. Olier, et qui le connoissoit nommément, dès qu'il l'eut vu, n'eut rien de plus pressé que de le faire connoître aux religieuses qui l'avoient d'abord si mal accueilli. Plus il leur témoigna combien l'étranger inconnu qui leur avoit demandé l'hospitalité étoit recommandable par sa naissance, sa vertu et ses autres qualités personnelles, plus elles parurent fâchées de ce qui s'étoit passé. Inconsolables de leur méprise, elles se hâtèrent de la réparer, en lui rendant aussitôt toutes les marques d'honneur et

XXV.
On lui offre un appartement, qu'il refuse.

d'estime qui étoient dues à un homme d'un si grand mérite; et après lui avoir fait porter des excuses proportionnées à la faute qu'elles se reprochoient, elles le pressèrent d'entrer dans l'hospice pour y occuper l'appartement le plus honnête.

La conduite de M. Olier, dans cette occasion, paroîtra sans doute extraordinaire, et tenir trop de la singularité pour être universellement applaudie: mais combien de traits plus singuliers dans l'histoire des saints de tous les siècles? Il remercia, avec son affabilité ordinaire, celles qui étoient venues, de la part du couvent, lui offrir une chambre, et répondit bien autrement qu'on ne s'y attendoit: « Après que Jésus-Christ mon maître,
» leur dit-il, a voulu naître dans une étable, et
» demeurer si long-temps dans une crèche, il
» ne seroit pas raisonnable que je sortisse si
» promptement d'un lieu où je me trouve si bien ».
Les nouvelles instances ne furent pas épargnées: mais elles ne servirent qu'à faire mieux connoître jusqu'où il portoit l'amour de l'abjection; et jamais on ne put obtenir de lui qu'il fût logé autrement qu'il l'avoit été le premier jour.

Les religieuses, aussi confuses que surprises de sa persévérance, ordonnèrent qu'au moins on eût soin de tenir les animaux de la basse-cour éloignés du misérable asile que ce vertueux hôte vouloit de préférence occuper jusqu'à la fin; mais ce second avis ne fut pas plus de son goût que le premier. « Non, répondit-il agréablement, ces
» pauvres bêtes qui m'ont si bien reçu ne méritent
» pas d'être chassées. Si la voix du coq a pu con-

» vertir le prince des apôtres, je ne désespère pas
» que Dieu se serve du même moyen pour opérer
» enfin ma conversion ». Il fallut se rendre à sa
prière.

XXVI. *Quatorze religieuses font sous sa conduite les exercices spirituels, et reprennent l'esprit de leur vocation.*

Une humilité si profonde, accompagnée de la bonne grâce que les saints appelés à vivre dans le monde savent si bien allier avec la vertu la plus austère, étoit déjà pour les religieuses, dont le salut l'occupoit bien plus sérieusement qu'elles ne s'occupoient de lui, une sorte de prédication plus éloquente que tous les discours. Elle ne tarda pas à porter son fruit. Dès les premiers jours qui suivirent ce combat d'honnêteté, quelques-unes désirèrent fortement de s'entretenir avec lui. Ses conversations les édifièrent tellement, qu'elles prirent d'elles-mêmes la résolution de revenir à Dieu, et de remplir fidèlement tous les devoirs de leur vocation. De quarante qu'elles étoient, il en gagna quatorze, qui formèrent ensemble, et dans un concert parfait, le dessein de vivre en véritables religieuses. Elles en commencèrent l'exécution par une confession générale, qu'elles lui firent avec toute la ferveur de la pénitence la plus sincère. Ces premières dispositions s'étant perfectionnées par les exercices spirituels d'une retraite qu'il leur fit faire, il n'eut pas de peine à les ramener à la vie commune, et à les dépouiller de tout esprit de propriété; vice qui, une fois introduit dans un monastère, en fait toujours une maison de dissipation, souvent même de désordres et de scandales. Autant les gens de bien étoient alarmés de ceux que donnoient depuis long-temps les filles de ce monastère, autant furent-ils consolés de la réforme éclatante qu'opérèrent les discours pleins d'onction et de force que leur adressa le nouveau Missionnaire. Lorsqu'il y eut employé tous les efforts de son zèle, il restoit encore quelque chose à faire pour rétablir dans cette communauté la vigueur de la discipline et y rappeler la concorde. Le bon exemple de celles qui furent sa première conquête, les prières ferventes qu'il ne cessa d'offrir au Seigneur pour obtenir la persévérance des unes et la conversion des autres, le souvenir de ses vertus, et la bénédiction que le Seigneur attachoit à ses discours et aux maximes qu'il leur laissa par écrit, avant de se séparer d'elles; tout cela fut, avec les grâces intérieures que l'esprit du Seigneur continua de répandre sur cette maison, le moyen qui acheva l'œuvre de sa droite. En peu de temps on vit le bien croître, jusqu'à faire regarder le changement, qui fut le fruit de la présence et des entretiens de M. Olier, comme un miracle dans l'ordre de la grâce.

Du monastère où il venoit de finir sa mission, il se rendit à six lieues de Nantes, au prieuré de la Trinité de Clisson, qu'il possédoit depuis l'année 1631. Le couvent étoit occupé par quelques religieux, en trop petit nombre pour y maintenir la régularité; ce qui le détermina à entreprendre de le faire séculariser. Il y réussit, et en la place de ceux qui l'habitoient, il y établit quatre prêtres pour y faire le service divin. Pendant son séjour à Clisson, il fut attaqué d'une maladie qui devint pour lui une nouvelle épreuve. Le monastère de la Visitation de Nantes étoit gouverné alors par

XXVII. Il va à son prieuré de Clisson, et y tombe malade.

une des plus saintes filles du bienheureux évêque de Genève, la mère Marie-Constance de Bressan. Elle n'eut pas plutôt appris la maladie de M. Olier, qu'elle lui écrivit pour l'inviter à venir se rétablir à Nantes, où il trouveroit pour sa santé plus de secours que dans une petite ville. Le plaisir que goûtoit le serviteur de Dieu à s'entretenir avec les saints, et la facilité qu'il auroit de s'édifier avec les religieuses de Sainte-Marie, lui fit accepter la proposition. Dès qu'il put faire le voyage, il se rendit à Nantes : la mère de Bressan ne put lui donner d'autre logement que la petite maison du jardinier; mais elle savoit que c'étoit le servir selon son goût. Il se félicita d'occuper alors un logement tout semblable à celui qu'avoit eu à Lyon, en 1622, saint François de Sales pendant la maladie dont il mourut. Comme sa convalescence fut longue, il eut tout le temps d'édifier les religieuses qui lui donnoient l'hospitalité, et de s'édifier lui-même avec elles. Souvent il passoit des heures entières avec la mère de Bressan; il aimoit à l'entendre raconter toutes les particularités des actions et de la vie de saint François de Sales, dont elle avoit été témoin pendant plusieurs années ; parce qu'il n'avoit pas de plus grand désir que de se former sur un modèle si accompli.

XXVIII. Il se fait transporter au couvent de la Visitation de Nantes.

XXIX. Ses entretiens avec la mère de Bressan.

Cette vertueuse supérieure découvrit dans l'homme de Dieu des lumières et des grâces si extraordinaires, qu'elle ne mit point de bornes à son estime pour lui, et le pria de la diriger dans les voies intérieures; il se rendit à ses désirs, et ce qu'il fit de vive voix pendant qu'il demeura

XXX. Il la dirige.

à

à Nantes, il continua de le faire par lettres après son départ de cette ville. Il profita du séjour qu'il y fit pour affermir, par les visites qu'il rendoit de temps en temps au monastère dont il étoit le réformateur, l'œuvre qu'il y avoit heureusement commencée six mois auparavant. Il regarda toujours la maladie qui le retint alors en Bretagne comme une récompense des peines qu'il avoit prises pour rétablir l'esprit de la vie religieuse dans ce monastère. « Je me souviens, écrivoit-il en 1642,
» qu'après mon petit travail en cette maison, le
» jour de la Nativité de la sainte Vierge 1638, je
» tombai malade. C'est la plus belle récompense
» qui puisse arriver à un chrétien; c'est un trésor
» divin. Cette maladie me prit en ce saint jour,
» par lequel je commence toutes mes années,
» comme je les finis par la fête de l'Assomption de
» la Reine du ciel, qui est la conclusion de tous
» les mystères. Notre Seigneur m'a toujours fait
» miséricorde ces jours-là, en me donnant des
» marques du changement qu'il vouloit faire en
» moi, et du bien qu'il vouloit opérer dans mon
» ame. Ce bon maître désirant me disposer à
» des peines plus sensibles et plus utiles que les
» premières, comme aussi me donner le temps
» de fortifier l'ouvrage qu'il m'avoit fait com-
» mencer, fit tellement durer cette maladie, que
» je ne pus quitter la Bretagne que plus de six
» mois après m'y être rendu ».

Ce fut au commencement de 1639 qu'il partit de Nantes pour revenir à Paris. Il faisoit ses voyages à cheval, depuis quelques années; mais l'état de convalescence où il se trouvoit, joint à

XXXI.
Il revient à Paris.

la rigueur de la saison, ne lui permettant pas de voyager ainsi pour cette fois, il pria le Seigneur de venir à son secours. Dieu l'exauça: un homme de qualité, qui dans cette conjoncture fut bien visiblement l'homme de la Providence, sachant son embarras, lui fit offrir de le ramener à Paris dans une voiture à six chevaux, en le priant seulement de consentir qu'il s'arrêtât à l'abbaye de Fontevrault, peu distante de la route, pour une affaire à terminer. Jamais circonstance ne fut plus favorable aux propres affaires de M. Olier; car, pour le bien du couvent qu'il venoit de quitter, il désiroit pouvoir traiter avec l'abbesse de cette maison, de qui il dépendoit. Le changement qu'avoient opéré sa présence et ses exhortations, avoit besoin, pour se maintenir, de quelque main habile à manier les esprits et à gouverner les cœurs. Il savoit que dans le monastère de Fontevrault, entre autres religieuses, il y en avoit une qui réunissoit toutes les qualités nécessaires pour conduire cette œuvre à une heureuse fin. Il profita de la circonstance pour la demander à l'abbesse, et il l'obtint. Ce ne fut pas sans peine, à la vérité; mais les grands fruits que retira la maison nouvellement réformée, de la translation de cette fille aussi prudente que pieuse, justifièrent aux yeux de l'abbesse la démarche de M. Olier, et rendirent sensibles à celui-ci les soins de la bonté divine sur la portion du champ du Seigneur qu'il venoit de cultiver au nom de son maître.

XXXII. Il s'arrête à Fontevrault. Pourquoi?

XXXIII. Il achève dans un sc-

Ce n'est pas que toutes celles à qui il avoit offert le salut, eussent été dociles à la grâce dont il avoit été l'instrument. Dieu permit que plusieurs demeurassent attachées à leur mauvais sens, et se prêtassent mutuellement la main pour secouer le joug de la réforme. Mais M. Olier ne s'étoit séparé d'elles qu'avec le dessein de revenir, dans peu de temps, mettre de nouveau la main à l'œuvre sainte qu'il avoit déjà beaucoup avancée, et faire pour les gagner à Dieu toutes les tentatives qu'inspire la charité de Jésus-Christ. Il ne put cependant l'exécuter que trois ans après. Celles qui avoient profité de son premier voyage, il eut la consolation de les retrouver telles qu'il les avoit laissées à son départ; dans les autres, c'étoit un esprit d'indépendance et de schisme qui faisoit souffrir toute la partie saine du corps. Mais l'ange de discorde qui semoit encore la zizanie dans le jardin de l'Époux, et qui entretenoit toujours un parti de vierges folles contre celui des vierges sages, sembloit n'attendre que le retour de M. Olier, pour céder la place aux anges de paix, ou plutôt le serviteur de Dieu fut lui-même l'ange visible, qui, à son second voyage, renversa le mur de division, et fit tellement régner la concorde dans la communauté, que toutes n'eurent plus dès-lors qu'un cœur et qu'une ame. Je ne puis mieux faire connoître que par ses propres paroles le succès de cette nouvelle entreprise, que j'ai racontée tout de suite, pour ne point séparer des événemens qu'on sera bien aise d'avoir lus sans interruption, et c'est par où je terminerai ce trait de sa vie. « Après deux exhortations, » dit-il, pendant lesquelles j'eus la consolation » de les voir toutes fondre en larmes, elles de-

Second voyage; la réforme du couvent de la Regripière.

» mandèrent qu'on voulût les entendre en con-
» fession; mais ce qu'il y eut de plus considé-
» rable, ce fut la conversion de celle qui étoit
» la personne du monde la plus altière et la plus
» suffisante. Dès le premier voyage, elle m'avoit
» eu en grande aversion, soit parce que le chef
» du parti opposé s'étoit rendu à moi, soit
» parce qu'elle me voyoit trop pauvre esprit
» pour elle. Son exemple attira toutes celles de
» sa faction ».

XXXIV. Il est nommé coadjuteur de Châlons.

Dès que M. Olier fut de retour à Paris, il reprit le genre de travail qui étoit devenu comme son élément, et pour lequel Dieu lui avoit donné le plus grand attrait. Pendant qu'il s'y livroit avec toute l'activité de son zèle, se multipliant en quelque sorte, avec ses coopérateurs, dans les paroisses de la campagne les plus abandonnées, et passant d'une mission à une autre, sans même s'accorder le temps nécessaire pour réparer ses forces, on pensoit à la Cour à le placer au rang qu'il redoutoit le plus. Le cardinal de Richelieu, à la sollicitation de M. Henri Clausse, évêque de Châlons-sur-Marne, qui le désiroit pour coadjuteur, le proposa au Roi, comme celui qui lui paroissoit le plus propre à remplir dignement ce siége. Il osa bien l'assurer que dans le royaume il ne connoissoit point d'ecclésiastique plus capable d'honorer l'épiscopat, autant par ses lumières et sa prudence que par sa piété. Louis XIII agréa le choix de son ministre, et nomma M. Olier à la coadjutorerie de Châlons. Ce fut dans le cours d'une mission qu'il en reçut la nouvelle et le brevet. Il avoit été plus d'une fois témoin de la joie avec laquelle les hommes de condition se voyoient promus à de semblables dignités; mais se ressouvenant alors de cette parole d'un père de l'Eglise, que la charge épiscopale avoit fait trembler tous les saints [1], il ne pouvoit comprendre comment une telle promotion ne faisoit pas sur eux des impressions toutes contraires. Il savoit ce qu'elle avoit coûté de larmes à saint Chrysostôme, à saint Ambroise, à saint Augustin, et aux plus grands hommes des premiers siècles; il n'ignoroit pas que plusieurs d'entre eux, pour éviter un fardeau si terrible, non contens de fuir, avoient imaginé des expédiens qu'il seroit impossible de justifier autrement que par une inspiration de l'esprit de Dieu. L'idée de son indignité, jointe à tous ces exemples, lui faisoit regarder le poste qu'on venoit de lui destiner comme étant beaucoup au-dessus de ses forces. Ne voulant pas cependant se décider lui-même sur une affaire de cette importance, il prit conseil du P. de Condren, son directeur, ne doutant pas que Dieu ne lui fît connoître sa volonté par cette voie. Il lui exposa donc, d'une part, les frayeurs que lui causoit la seule pensée des obligations d'un évêque; de l'autre, le désir que Dieu lui inspiroit depuis long-temps d'imiter la vie pauvre et anéantie de notre Seigneur, désir qui, loin de s'affoiblir, croissoit tous les jours. L'homme sage qui avoit grâce pour lui tracer la route qu'il devoit prendre, crut découvrir dans ses dispositions intérieures un dessein particulier de Dieu,

---

[1] Reperio omnes sanctos divini ministerii ingentem veluti molem formidantes. *S. Cyrill. Alexand. Homil. 1. de Paschâ.*

qui ne s'accordoit pas avec la vocation à l'épiscopat, ou du moins il jugea que si Dieu l'y destinoit, l'heure n'en étoit pas encore venue.

XXXV. refuse. M. Olier, affermi par cette réponse dans la résolution de s'éloigner toujours autant qu'il pourroit des grandes places, écrivit au cardinal de Richelieu pour lui témoigner sa reconnoissance, et le pria de faire agréer au Roi, que, continuant à suivre son goût pour les missions de la campagne, il lui remît la nomination dont il avoit plu à Sa Majesté de l'honorer à sa recommandation. Sa démission fut acceptée, et le Roi nomma M. Félix Vialart, coadjuteur de Châlons.

On ne savoit guère en ce temps-là, non plus qu'aujourd'hui, ce que c'étoit que de refuser un évêché, surtout lorsqu'il réunissoit la dignité de pair de France. La conduite de M. Olier étonna beaucoup. Ceux de sa famille, qui désiroient son avancement, lui en firent des reproches très-amers. Ils ne pouvoient goûter un refus qui leur paroissoit si contraire à ce qui se pratiquoit universellement. Sa mère elle-même, quoique pieuse, ne fut point assez maîtresse des mouvemens d'humeur qu'elle éprouvoit toutes les fois qu'elle y pensoit, pour les étouffer dans le silence, et pour respecter les bornes de l'autorité maternelle. Six mois après, lorsqu'elle sut que, par la mort de M. Clausse, l'évêché de Châlons eût été le partage de son fils, elle en parut inconsolable : son ressentiment alla plus d'une fois jusqu'à la faire éclater en reproches, où il entroit autant d'aigreur que d'injustice. C'étoit pour le serviteur de Dieu une croix bien plus précieuse que celle qui l'eût décoré, s'il eût accepté l'épiscopat; croix d'autant plus méritoire, qu'il n'en fut délivré que par une autre non moins pesante, la mort de sa mère. Tant qu'elle vécut, il eut toujours le même calice de tribulation à goûter et à boire. Sa foi le soutint encore et le fortifia dans tous les assauts que lui livrèrent quelques-uns de ses proches; et jamais les paroles offensantes qui lui furent prodiguées pendant long-temps, n'altérèrent la paix de son ame. C'est qu'il étoit assuré du témoignage de sa conscience, et qu'il avoit appris de saint Paul à compter pour rien les jugemens des hommes, dès qu'ils contredisent la voix de Dieu.

LIVRE TROISIÈME.

I.
Le P. de Condren engage M. Olier à établir des séminaires.

Jusqu'au moment où M. Olier refusa l'évêché de Châlons, toutes ses vues le portoient à continuer l'œuvre des missions dans les petites villes et dans les campagnes : mais à cette époque, Dieu parut avoir sur lui d'autres desseins; et au lieu de l'appeler au gouvernement d'un diocèse, il voulut l'employer à former de dignes ouvriers pour le bien général de l'Eglise de France. Le P. de Condren désiroit depuis long-temps l'établissement d'une compagnie qui se consacrât à l'éducation des ecclésiastiques. Il regardoit bien les missions comme un excellent moyen de retirer les peuples des ténèbres de l'ignorance et de la corruption des mœurs qui en est la suite ordinaire; mais il comprenoit aussi, que, pour en conserver le fruit, il falloit que le bien qu'on y avoit commencé fût entretenu par des hommes remplis de zèle et de l'esprit sacerdotal. Son vœu étoit donc qu'on prît toutes sortes de mesures pour engendrer de dignes ministres de Jésus-Christ, et fournir aux besoins de tous les diocèses de France, des Prêtres selon le cœur de Dieu.

La congrégation de l'Oratoire, dont il étoit le chef, travailloit alors avec beaucoup de succès à l'institution de la jeunesse dans les colléges du royaume dont elle avoit l'administration, et au salut des peuples dans les missions : mais elle avoit très-peu de séminaires à gouverner. Le but du P. de Condren étoit de lier ensemble des ecclésiastiques recommandables, qui travaillassent à renouveler l'esprit du clergé, en fondant des séminaires dans les principales villes du royaume. Il en avoit déjà réuni plusieurs, à qui il avoit fait goûter son dessein et inspiré ses vues ; savoir : M. l'abbé de Foix ; c'étoit le nom sous lequel on connoissoit alors François Caulet, prêtre de Toulouse et abbé de Saint-Volusien de Foix, qui fut depuis évêque de Pamiers; M. Olier ; M. Jean du Ferrier, autre prêtre du diocèse de Toulouse ; M. de Bassancourt, c'étoit ainsi que se faisoit nommer Balthasar Brandon, prêtre, né à Paris, qui avoit été maître des Comptes ; M. Amelotte, qui peu d'années après entra dans la congrégation de l'Oratoire ; et quelques autres. En attendant le moment favorable pour commencer l'œuvre, il les occupoit aux missions. Comme Dieu n'avoit point encore éclairé ce saint homme sur les voies particulières qu'il falloit prendre pour l'exécution de son projet, ni sur le temps de l'entreprendre, il se borna à leur en faire la proposition. Tous y applaudirent ; ils convinrent même dès-lors de former une association pour suivre cette entreprise, et de lui donner un chef qui seroit un d'entre eux. L'élection fut faite sur-le-champ ; mais celui qu'ils choisirent, quoique pieux et savant, n'étoit pas l'instrument destiné par la Providence à l'œuvre importante qu'ils méditoient : elle vouloit mettre, pour pierre fondamentale de l'édifice, un homme en qui la science des saints et la sagesse qui vient d'en haut l'emportassent sur les dons de la nature et les talens humains; et M. Olier possédoit ces qualités dans un degré éminent. Mais les vues de Dieu sur lui demeurèrent cachées pendant quelque temps; et afin que le projet qu'il avoit inspiré au P. de Condren s'exécutât d'une manière toute opposée aux foibles lumières de notre esprit, il voulut que son serviteur passât deux années entières dans un état de souffrances et de tribulations, qui surpassoient toutes les épreuves anciennes, et sembloient de nature à faire juger qu'il ne seroit plus propre à rien.

II. Nouvelles peines intérieures.

Pour en augmenter même le mérite, il lui donna la pensée de faire deux prières, qui ne pouvoient partir que d'un cœur consommé en charité. L'ennemi de tout bien venoit de susciter contre lui des hommes de discorde, qui tous les jours lui intentoient de nouveaux procès, et lui faisoient souffrir les plus cruelles contradictions. Il supplia premièrement notre Seigneur de changer cette croix en des peines intérieures : on ne tardera pas à voir qu'il fut pleinement exaucé. Réduit à une extrémité si orageuse, un homme moins détaché des consolations sensibles, eût pu chercher de quoi soulager ses maux dans la jouissance de la grande considération qu'il s'étoit acquise, et des applaudissemens qui l'accompagnoient partout; mais la seconde grâce qu'il demanda à Dieu, fut de lui retirer cet appui, et de substituer aux témoignages d'estime qu'on lui prodiguoit partout, les mépris et les rebuts. Quels progrès n'a pas faits dans les voies de l'humilité, celui qui se sent attiré à solliciter de telles faveurs! Dieu ne rebuta point son serviteur, et ne méprisa pas sa prière. Peu de temps après qu'il l'eut formée dans son cœur et répandue au pied des autels, les lumières intérieures et les autres dons qu'il avoit reçus du ciel, parurent lui être retirés tout-à-coup. Aux différentes épreuves qui l'avoient préparé aux fruits qu'il moissonna dans ses missions, avoient d'abord succédé des grâces dont on ne trouve d'exemples que dans l'histoire des plus grands saints. Les vues que Dieu lui avoit données de sa beauté infinie et de sa souveraine bonté, remplissoient son cœur d'une joie si pure et tout à la fois si sensible, qu'elles le mettoient hors de lui-même. Dans l'impuissance où il étoit de soutenir les violens assauts du pur amour, il ne pouvoit appaiser le feu qui le dévoroit qu'en s'écriant, dans une espèce de transport: O amour! ô amour! Mais ces beaux jours n'étoient plus; et aux impressions ravissantes qu'avoient faites sur lui les charmes de la miséricorde du Père céleste, avoient succédé toutes les terreurs de sa justice. Avant ces jours de désolation, accoutumé à goûter dans la compagnie de son bon maître toutes les consolations que laisse après lui un vif sentiment de sa présence, et il ne pouvoit assez se rassasier du plaisir qu'il trouvoit à s'entretenir avec lui: maintenant il ne rencontre plus que ténèbres, et il se sent comme repoussé par celui qui l'avoit comblé si souvent de ses caresses. Devenu presque insupportable à lui-même, il ne se regarde plus que comme un réprouvé, indigne de converser avec les ecclésiastiques qu'il avoit associés à ses travaux. Privé de tout soulagement de la part de Dieu, tout appui lui étoit refusé de la part des hommes; et la pensée la plus familière à son esprit, c'étoit que personne ne ressembloit mieux que lui au perfide Judas. Il n'osoit même demeurer en la présence du saint sacrement, croyant son ame *entièrement délaissée du Saint-Esprit,* c'est son expression. Comme Job, il disoit souvent, dans l'extrémité de ses peines : *O mon Dieu, vous me faites bien sentir les rigueurs de votre colère* (1); *se peut-il que je sois incapable maintenant de penser à vous?* Son directeur avoit beau lui représenter que ses frayeurs étoient moins des châtimens que des épreuves; qu'il en étoit de la vie spirituelle et de ses alternatives, comme des saisons sujettes à toutes sortes de vicissitudes; que la voie de la croix avoit été celle de tous les amis de Dieu; qu'enfin il étoit impossible d'entrer dans le royaume de Dieu, autrement que par de grandes tribulations. Ces maximes, dont il avoit usé si souvent pour rendre la paix aux ames tentées de désespoir, ne pouvoient le rassurer; tant son esprit étoit inaccessible à la lumière, et son cœur fermé aux consolations.

1640 et 1641. Rien de plus touchant que la peinture de l'espèce de martyre qu'il eut à souffrir pendant deux années entières, et que je trouve écrite de sa main. « Lorsque je me consacrai, dit-il, au service de notre bon maître et de sa très-sainte Mère, je fis mon premier voyage à pied, en hiver, à Notre-Dame de Chartres. J'y avois été délivré tout d'un

(1) *Mutatus es mihi in crudelem.* Job. xxx. 21.

» coup de bien des scrupules. Ils étoient si grands,
» que je me confessois trois fois par jour. Je fa-
» tiguois mon confesseur, jusqu'à aller l'inter-
» rompre à l'autel pour lui demander l'absolution.
» Depuis ce pélerinage, je n'en avois eu de ressen-
» timent que pendant ces dernières années, où
» il sembloit que notre Seigneur voulût que
» j'éprouvasse ensemble toutes les croix inté-
» rieures : peine de réprobation et de dédain
» continuel de Dieu, impuissance à m'élever vers
» lui, tourmens de l'orgueil et de l'amour-propre,
» obscurités d'esprit, attaques fréquentes du dé-
» mon, rebut des gens de bien, éloignement de
» mon directeur ; ma condamnation visiblement
» écrite dans les saintes Ecritures ; mépris uni-
» versel de la part de ceux avec qui je vivois,
» parens, amis, serviteurs, grands et petits ; la
» comparaison de moi-même avec Judas, pensée
» qui me poursuivoit partout, jusque-là que je
» n'ouvrois jamais le nouveau Testament, sans
» rencontrer les passages qui parlent de lui ; afflic-
» tions dans ces cruels momens et serremens de
» cœur non pareils, car il me sembloit qu'on
» me portoit des coups de poignard dans le sein ;
» ce qui m'arriva un jour entre autres, que réci-
» tant l'évangile à la messe, je lus le nom affreux
» du disciple réprouvé : j'osai à peine aller jusqu'au
» bout, je croyois avoir le cœur percé d'outre
» en outre ; et c'étoit la même frayeur, lorsque
» je jetois les yeux sur d'autres endroits de l'Ecri-
» ture. A présent même, je sens une telle im-
» pression de crainte en ouvrant le prophète
» Isaïe, où je me suis vu autrefois si clairement

» condamné et traité d'une manière si épouvan-
» table, que je n'ose plus le lire; par-dessus tout,
» j'étois déchiré de scrupules qui seuls me tour-
» mentoient autant que tout le reste. Ô mon
» Dieu! combien de fois je vous eusse abandonné
» dans ce misérable état! combien de fois j'eusse
» péri, sans un secours invisible de votre pro-
» vidence toute paternelle! Non, jamais je n'au-
» rois pu les porter sans votre assistance, ô Jésus,
» l'amour de mon cœur, et sans la protection de
» votre mère bien-aimée »!

D'après ce récit, on comprend que l'ame de M. Olier fut comme noyée d'amertumes, jusqu'au jour où il alla se prosterner devant Notre-Dame de Chartres, et répandre à ses pieds le torrent de tribulations qui menaçoit de le submerger. Le seul remède qu'il trouvoit à ses maux, étoit de se livrer à la douleur qui l'accabloit, comme à l'instrument de la justice que Dieu exerçoit sur lui, et de laisser couler de ses yeux les larmes qu'elle lui faisoit verser en abondance. Lorsque son directeur lui en faisoit espérer la fin, et l'assuroit que ses craintes n'avoient pour cause que des peines qui passeroient. « Eh! disoit-il,
» plût à Dieu que ce ne fussent que des peines,
» quand elles dureroient une éternité! je m'en
» consolerois, et ne m'en affligerois nullement,
» pourvu que je ne fusse point haï de Dieu ».

Au plus fort de ses afflictions, il ne cessoit point de travailler au salut du prochain; mais tous ses travaux lui paroissoient autant d'œuvres perdues, et il ne faisoit rien qu'il ne crût digne de la malédiction du ciel. Pour ajouter encore à l'amertume du calice ; Dieu voulut que son serviteur fût privé souvent de l'usage même de ses talens naturels ; en sorte qu'au lieu de parler en public avec l'éloquence et la facilité qui lui étoient ordinaires, il se trouvoit dans la chaire comme interdit, ne sachant plus rendre ni les pensées grandes et élevées, ni les sentimens pleins de feu et d'onction que son zèle en tout autre temps lui eût fourni sans peine et sans effort. Jusque dans la conversation, c'étoit le même embarras de la langue, et le même travail dans l'esprit ; ce qui faisoit l'étonnement de tous ceux qui le connoissoient et qui avoient à traiter avec lui.

Comme si la mesure de ses souffrances n'eût pas été encore assez pleine, les hommes sembloient conspirer avec ses ennemis invisibles et avec lui-même pour y mettre le comble. De nouvelles persécutions s'élevèrent contre lui, et en firent comme la fable de la ville et de la Cour. On ne pouvoit lui pardonner le refus qu'il avoit fait de la coadjutorerie de Châlons. Chacun en plaisantoit à sa manière. Parmi les grands, plusieurs le condamnoient hautement, représentant sa conduite comme un travers d'esprit, qui devoit lui ôter toute considération. Ses amis eux-mêmes l'abandonnèrent ; et les vertueux ecclésiastiques qui travailloient avec lui, entraînés par l'exemple de la multitude, ne le regardoient plus du même œil. C'étoit à la lettre ce qui est dit de notre Seigneur, abandonné des siens. « Ceux qui m'ap- » prochoient se sont éloignés de moi, et je leur

» suis devenu insupportable (1) ». A force d'entendre parler à son désavantage, ils se laissèrent prévenir contre lui, jusqu'à s'imaginer qu'il se repentoit de n'avoir pas accepté la dernière nomination. L'abattement de son visage n'étoit plus, dans leur opinion, que l'effet du regret qui le rongeoit intérieurement, quoiqu'il n'osât pas le témoigner, de ne s'être pas tiré de la foule, tandis que cela lui avoit été si facile, et qu'il n'avoit tenu qu'à lui d'occuper un des siéges les plus distingués du royaume. Comme il ne remplissoit point ses fonctions avec la même liberté qu'auparavant, quelques-uns l'observoient avec une sorte de défiance, et ne le considéroient plus que comme un homme de qui l'on ne pouvoit presque se promettre aucun service pour l'Eglise. On aura peine à le croire; mais un cœur bien né a quelquefois ses absences, comme l'esprit. Parmi ses prêtres, il s'en trouva un qui osa bien lui dire une fois qu'on n'avoit pas besoin de lui, et que le meilleur parti qu'il avoit à prendre, c'étoit de se retirer pour ne plus paroître.

III. Sa conduite dans ses grandes épreuves.

Telle fut la longue et pesante croix qu'eut à porter le serviteur de Dieu. Il en sentit tout le poids, mais il n'y succomba pas; et voici les dispositions héroïques qui le soutinrent jusqu'à la fin. Jamais les dégoûts extrêmes qu'il éprouvoit dans l'oraison ne lui en firent abandonner la pratique, non plus que ses autres exercices de piété, ni les travaux des missions. Il fut toujours aussi exact à suivre le plan de vie qu'il s'étoit

(1) Longé fecisti notos meos à me: posuerunt me abominationem sibi. Ps. LXXXVII. 9.

prescrit,

prescrit, et aussi fidèle aux plus petites choses. Les mauvais traitemens qu'il eut à essuyer en cent manières différentes ne purent altérer sa patience. Bien éloigné de se plaindre de la conduite du Seigneur envers lui, toute rigoureuse qu'elle étoit, il adoroit dans le silence la main qui le frappoit; et s'il ouvroit la bouche dans les états de désolation qui lui étoient devenus habituels, c'étoit pour dire en soupirant: *Mon Dieu, vous êtes bien changé;* ou pour témoigner sa parfaite soumission aux ordres du ciel. Lors même qu'il étoit le plus délaissé, la grandeur de sa foi lui tenoit lieu de toute grâce sensible. Tant qu'il demeura sur la croix, la vue de Jésus crucifié le rendit supérieur à tous les dégoûts et aux ennuis mortels où son ame étoit plongée: il eut même le courage de se dévouer à toute la sévérité de la justice divine, jusqu'à consentir à passer toute sa vie dans les plus épaisses ténèbres, sans jamais goûter nulle espèce de consolations intérieures; et à l'exemple de plusieurs saints, il porta l'esprit de sacrifice jusqu'à protester au Seigneur, que s'il devoit en être plus glorifié, il étoit prêt à endurer les peines éternelles, et à vivre éternellement séparé de sa face.

Ce fut pendant ces jours d'épreuve qu'il perdit le P. de Condren. La mort de ce grand homme de bien fut pour lui une peine d'autant plus sensible, qu'il demeura plus d'un an sans avoir le guide qu'il lui falloit pour marcher en sûreté dans les voies spirituelles. Après tant de coups portés successivement, et de si longues épreuves, Dieu parut vouloir retirer sa verge de dessus son servi-

teur, et commença à lui faire goûter combien il est doux à ceux qui lui demeurent fidèles. Un jour, comme il se préparoit à la sainte messe, il se sentit l'ame inondée de joie, et trouva les impressions du divin amour si délicieuses, qu'il les a toujours regardées comme un avant-goût du paradis. Les larmes qu'il versa dans ce moment, lorsqu'il étoit encore à la sacristie, et les soupirs qu'on l'entendit pousser avec toute l'effusion d'un cœur qui n'est plus maître de retenir ses mouvemens, firent craindre à un des prêtres de sa compagnie qui prenoit les vêtemens sacrés pour monter à l'autel, quelque révolution subite dans la santé, ou peut-être dans l'esprit de M. Olier : tant le plaisir qu'il éprouvoit dans son ame agissoit sur ses sens extérieurs. Mais ce changement ne fut pas de longue durée; il n'eut presque que le temps de respirer pour se préparer à de nouvelles secousses, qui suivirent de près cette dernière visite. « Elle ne m'empêcha pas, dit-il, de me re-
» garder toujours, après que j'eus offert le saint
» sacrifice, comme un nouveau Judas; car je ne
» regardai point la faveur dont je viens de parler
» comme une grâce, ne croyant point qu'étant
» dédaigné et réprouvé de Dieu, comme je l'étois
» depuis si long-temps, j'en pusse recevoir au-
» cune. Toute la joie que je venois de ressentir
» ne me paroissoit qu'illusion; idée qui me de-
» meura si profondément gravée dans l'esprit,
» que j'en perdois le sommeil. Au milieu de la
» nuit, je me réveillois de la frayeur que me
» donnoit la pensée de ma réprobation; il me
» sembloit voir au pied de mon lit les démons qui

» vouloient m'entraîner en enfer. Je crus les en-
» tendre dire une fois : *Donne-toi à nous, et
» nous te délivrerons de tes peines.* Ce qui m'af-
» fligeoit le plus, c'étoit de voir intérieurement
» mon Dieu me rebuter, moi et toutes mes œuvres.
» J'avois bien déjà ressenti cette grande tribula-
» tion plus de trois ans auparavant en Auvergne,
» lorsque notre Seigneur m'avoit fait connoître
» que toutes mes actions étoient pleines d'amour-
» propre : mais combien elle avoit augmenté alors !
» Outre que j'étois toujours en ténèbres, toujours
» en sécheresse, toujours vide de Dieu, au
» moins selon le sentiment, je ne trouvois en
» moi que mouvemens d'orgueil et d'amour de
» moi-même; je ne pouvois toucher ni sentir
» autre chose; je me voyois tout environné de
» respect humain, tout saisi de crainte, toujours
» cherchant par force, et sans pouvoir éloigner
» cette pensée, quels étoient les jugemens du
» monde sur moi. J'étois en peine si je ne passois
» pas pour un ignorant, un stupide, un idiot;
» pour un homme sans piété, sans charité, sans
» patience. Je ne pouvois sortir de là, toujours
» persuadé au fond que j'étois un réprouvé, et
» m'imaginant toujours que les autres en étoient
» persuadés comme moi..... Je ne pouvois avoir
» de paix, dans ces agitations continuelles, qu'en
» me couchant la face contre terre, et en me
» prosternant intérieurement devant Dieu, abîmé
» sous sa main toute-puissante, tout prêt à des-
» cendre dans le tombeau, pour y demeurer
» mort à tout et oublié de tous les hommes, avec
» qui je n'étois pas digne de vivre ».

IV.
Il fait un pélerinage à Chartres, et il est délivré de ses peines.

Des dispositions si parfaites ne pouvoient être que des sources de grâces extraordinaires. Aussi vit-on bientôt M. Olier croître encore en sainteté, et devenir l'instrument des plus grandes œuvres. Dieu, content de sa soumission et de sa persévérance, lui rendit avec les lumières de l'esprit et les autres dons qu'il lui avoit retirés pour un temps, toute la liberté nécessaire pour l'exécution du projet qui lui avoit été si instamment recommandé par le P. de Condren. Ce fut encore à la sainte Vierge qu'il dut le retour de la paix dans son cœur, et le changement qui s'opéra dans son intérieur : car c'étoit toujours à elle qu'il avoit recours dans ses perplexités; et toutes les grâces qu'il demandoit à notre Seigneur, il les sollicitoit toujours en son nom. Au sortir d'une mission qu'il venoit de faire dans le diocèse de Paris, il alla, avec les prêtres qui lui étoient associés, en pélerinage à Notre-Dame de Chartres. Dès qu'il eut invoqué la Reine du ciel, tous les nuages qui enveloppoient son esprit se dissipèrent, et dès-lors ce ne fut plus le même homme. Aussi profita-t-il d'une circonstance si favorable, pour mettre la première main à l'établissement toujours projeté depuis plusieurs années, et toujours suspendu. Après en avoir conféré avec les ecclésiastiques qui l'accompagnoient, il crut ne pouvoir mieux faire que de choisir la ville même de Chartres pour l'érection du séminaire qu'il s'agissoit d'entreprendre. Il y fut encouragé par le bon accueil que lui fit M. de Valencé, qui en étoit évêque, et qui fut depuis archevêque de Rheims. Sous les auspices de ce prélat, et plus

V.
Il y tente l'établissement d'un séminaire.

encore de la Mère de Dieu, ils s'établirent en cette ville; et dans la résolution de s'y fixer, ils formèrent une communauté, dont M. Amelotte, l'un d'entre eux, fut élu supérieur. Les autres, au nombre de huit, partagèrent les différens emplois de la maison. Pendant quelques mois, ils se bornèrent à édifier la ville et le diocèse par la sainteté de leur vie, attendant qu'il plût à Dieu de leur donner matière à exercer leur zèle, en travaillant à préparer les jeunes ecclésiastiques au sacerdoce. Mais le succès ne répondant pas à leurs vues, et au dessein de l'œuvre qu'ils avoient concertée, ils crurent, ou que Dieu la réservoit à un autre temps, ou qu'il vouloit qu'elle se fît dans un autre lieu; et dès la fin de 1641, ils résolurent de quitter Chartres.

M. Olier avoit profité des derniers jours de la belle saison pour faire le second voyage de Bretagne, dont on a parlé sous l'année 1639; et presque tous les autres se retirèrent successivement à Paris ou aux environs, cherchant, pour ne pas laisser leur zèle oisif, de nouvelles œuvres à entreprendre. Un de ceux que le serviteur de Dieu respectoit et estimoit le plus, étoit M. Picotté, homme d'un extérieur peu avantageux, mais doué d'un grand don d'oraison, fort versé dans la direction des ames, et qui, à la simplicité que notre Seigneur a mise au nombre des vertus apostoliques, joignoit tout le zèle que donne l'esprit de Dieu à ceux qui ont tout quitté pour lui. Ce fut celui dont la divine Providence se servit pour reprendre l'œuvre qu'on venoit d'abandonner; et voici comme elle en prépara le succès.

VI.
Proposition faite à M. Picotté pour l'établissement du séminaire par madame de Villeneuve.

Madame de Villeneuve, qui fut dans la suite fondatrice des filles de la Croix, étoit une de ses pénitentes. Elle demeuroit alors à Vaugirard, village près Paris, où elle vivoit seule dans une espèce de retraite continuelle. M. Picotté alla lui faire une visite. Dans l'entretien qu'ils eurent ensemble sur ce qui s'étoit passé à Chartres, cette dame, occupée depuis long-temps à demander à notre Seigneur, pour le bien de son Eglise, l'établissement des séminaires dans le royaume, moyen le plus propre à opérer la réforme du clergé, parut fort touchée du récit qu'elle entendit faire à son directeur. Après plusieurs réflexions à ce sujet; « Mais qui sait, lui » dit-elle, si Dieu ne voudroit pas que votre » établissement se fît à Vaugirard? Monsieur, » ajouta-t-elle; je vous prie d'y penser ». Il étoit difficile que cette proposition fût regardée comme une inspiration, ou même comme une pensée raisonnable; tout autre que M. Picotté en eût fait

VII.
Elle est rejetée.

des plaisanteries : il se contenta d'en témoigner sa surprise, et la rejeta. Madame de Villeneuve n'étoit pas de caractère à se rebuter pour un premier refus : elle fait instance; elle représente les ouvertures qui paroissent ménagées par une disposition particulière de la divine bonté, pour tenter l'œuvre qu'elle proposoit; elle en fait sentir tous les avantages, et indique les moyens de la faire réussir. M. Chopin, docteur de la maison de Navarre, qui est mort doyen de la Faculté de théologie de Paris, étoit curé de Vaugirard. Elle assura M. Picotté qu'il en seroit ravi; qu'il leur donneroit son église pour faire leurs fonctions; ajoutant que pour ce qui la regardoit personnellement, elle s'engageoit à les loger, et même, s'il étoit nécessaire, à les nourrir. Elle n'oublia ni la facilité où l'on seroit de conserver l'esprit de retraite dans un lieu aussi tranquille que l'étoit alors Vaugirard, ni les avantages qu'ils pourroient tirer du voisinage de Paris, en y allant prendre conseil pour avancer l'œuvre de Dieu, et en assurer la solidité. Elle ne lui laissa point ignorer les prières qu'elle avoit fait faire, outre celles qu'elle avoit faites elle-même pour intéresser le ciel dans cette entreprise; l'attrait qu'elle se sentoit à les redoubler tous les jours, et enfin les motifs qu'elle avoit de bien augurer du succès. Elle fit tant que M. Picotté, après avoir recommandé la chose à Dieu de son côté, en écrivit à ceux de ses amis qui étoient encore à Chartres. A l'ouverture de sa lettre, ils prirent sa proposition pour une pieuse rêverie; et quoique leur zèle pour l'établissement du séminaire ne fût pas refroidi par le peu de bonheur de la première tentative, ils crurent que de quitter Chartres pour aller se confiner dans un petit village, et y jeter les fondemens de la réforme du clergé de France, c'étoit une idée qui choquoit le bon sens. Il n'y eut qu'un avis sur la réponse qu'on devoit faire à M. Picotté; elle ne pouvoit être plus opposée aux vues et aux désirs de madame de Villeneuve.

Cependant M. l'abbé de Foix s'étant retiré à Paris, M. Picotté lui représenta de vive voix les desseins de cette dame, et de manière qu'il vint à bout de l'ébranler, jusqu'à obtenir de lui qu'il allât en conférer avec elle. Frappé de tout

VIII. Elle est goûtée ensuite par plusieurs.

ce qu'elle lui dit en faveur du nouveau projet, il crut y apercevoir des signes de la volonté de Dieu, et y donna les mains. Il manda M. du Ferrier pour en traiter avec lui. Celui-ci montra d'abord une extrême répugnance; mais après y avoir mûrement réfléchi pendant quelques jours, il commença à penser différemment. Il entra donc pleinement dans l'opinion des deux premiers, et tous trois furent d'avis d'en écrire en Bretagne à M. Olier.

IX.
M. Olier s'y refuse d'abord, puis l'approuve.

M. Picotté, son confesseur, qui avoit été sa consolation dans ses peines intérieures, se chargea de la commission. Il lui fit un long exposé de tout ce qui avoit été discuté par rapport à l'établissement, le conjurant de s'y rendre favorable, ou au moins de revenir incessamment à Paris pour traiter l'affaire de vive voix. M. Olier y trouva encore plus de difficultés que les autres, et les allégua dans sa réponse à M. Picotté. Néanmoins, pour satisfaire au désir de ses amis, il partit peu de jours après. Arrivé à Paris, quoi qu'on pût lui dire, il se trouva toujours aussi opposé à l'avis de madame de Villeneuve : ne voulant pas toutefois rejeter absolument sa proposition, il la recommanda à notre Seigneur. Se sentant même porté à faire une retraite pour mieux invoquer les lumières du ciel, il alla à Notre-Dame de Liesse, près Saint-Germain-en-Laye, où il avoit déjà fait quelques pèlerinages, et y demeura un temps assez considérable. M. Picotté l'y alla visiter quelquefois, soit pour s'édifier avec lui et l'assister spirituellement, soit pour savoir ce que Dieu lui disoit intérieurement sur l'affaire mise depuis

long-temps en délibération. Pendant sa retraite, notre Seigneur lui apparut, et lui promit une assistance particulière. « Comme je ne savois quel
» parti prendre (c'est ce qu'on lit écrit de sa
» main) ni quels seroient les membres de ce corps
» que je pensois à établir, ce bon maître daigna
» me visiter en esprit; et me fortifiant, il me
» paroissoit porter une compagnie dans ses
» bras; ce qui me donna beaucoup de confiance.
» Voulant ensuite sortir de ma solitude pour
» aller retrouver nos messieurs qui m'appeloient
» à Paris, je fus arrêté, et me sentis porté par
» un mouvement intérieur à me prosterner par
» terre. Je le fis aussitôt; et adorant mon Dieu,
» je lui demandai abondance de charité pour tous
» ceux qui devoient servir à l'exécution de son
» dessein; ce qui me fut promis, et comme ac-
» compli dans le même instant: car il me sem-
» bloit voir nos messieurs nager dans la grâce et
» dans l'amour. Sorti de ma retraite, et les trouvant
» tout découragés d'avoir vu échouer le séminaire
» de Chartres, je les exhortai puissamment à re-
» prendre courage, leur disant que Dieu nous
» porteroit entre ses bras comme de petits en-
» fans ».

M. Olier, revenu à Paris, trouva M. l'abbé de Foix et M. du Ferrier dans les mêmes sentimens où il les avoit laissés; mais les autres pensoient toujours bien différemment. Le mauvais succès de la première tentative, et le peu d'apparence qu'une seconde, hasardée dans un village, fût plus heureuse, les faisoient revenir encore à l'avis de préférer l'œuvre des missions, travail dont l'expérience leur assuroit les plus grands fruits; tandis qu'au jugement de tout homme sage, d'après ce qui venoit de leur arriver à Chartres, rien au monde n'étoit plus incertain que la nouvelle entreprise. Ils insistèrent en vain; le serviteur de Dieu n fut point ébranlé. L'avertissement secret qu'il avoit reçu depuis long-temps de notre Seigneur, *qu'il vouloit se servir de lui pour former de bons prêtres*, ne pouvoit s'effacer de sa mémoire. Outre différentes révélations de la sainte Vierge, la mère Agnès l'avoit assuré qu'il étoit destiné de Dieu à l'éducation des clercs et à la direction des ecclésiastiques. Cette vocation sur laquelle, dès l'âge de sept ans, Dieu lui avoit donné quelque rayon de lumière, comme il l'a rapporté lui-même depuis qu'il avoit été dirigé par le P. de Condren, il avoit toujours cru devoir la remplir en fondant un séminaire. Il s'agissoit de connoître le temps marqué par la divine Providence, pour en commencer l'établissement: or, du moment où notre Seigneur lui eut parlé dans sa retraite, il ne douta point qu'il ne fût arrivé. Plein de cette confiance, il sut tellement l'inspirer aux compagnons de ses travaux, qu'il les amena enfin à son opinion. On ne pensa donc plus qu'à mettre la main à l'œuvre, en jetant à Vaugirard même les fondemens du séminaire, dont il avoit le plan tout tracé dans l'esprit.

X. Nouvelle révélation occasion d'une nouvelle croix.

Mais notre Seigneur, par une révélation particulière, prépara à son serviteur une nouvelle croix, dont la nature et la cause firent connoître combien il avoit acquis d'empire sur lui-même.

Comme M. Olier proposoit à notre Seigneur

les sujets qui pourroient entrer dans l'établissement de son séminaire, et qu'entre autres il lui présentoit M. Amelotte, une voix intérieure lui fit entendre ces paroles : *Non; il me servira dans un autre lieu pour ma gloire.* Personne ne lui étoit plus cher au monde que ce grand ecclésiastique, dont il connoissoit l'érudition, la sagesse et la vertu. Jusqu'à ce moment, il l'avoit toujours regardé comme une des pierres fondamentales les plus propres à soutenir son édifice, et ce qui l'attachoit à lui plus fortement, étoit l'opinion qu'il en avoit conçue depuis une apparition du P. de Condren. Ce saint homme, le lendemain de sa mort, avoit été montré à M. Olier dans une lumière immense, et tout environné de gloire; il lui avoit dit, au même moment, qu'il le laissoit avec deux autres héritiers de son esprit, et l'un de ceux qu'il lui avoit désignés étoit M. Amelotte. Après un tel événement, l'on conçoit quelle devoit être l'estime de M. Olier pour ce vertueux ami, et combien il dut lui en coûter pour se séparer de lui. Mais la voix qu'il avoit entendue secrètement fut pour lui un ordre dont rien ne put le faire écarter; et quelque étroite que fût sa liaison avec M. Amelotte, jamais il ne voulut consentir qu'il demeurât dans sa compagnie. M. de Bassancourt, dont M. Amelotte avoit été précepteur, fit tous ses efforts pour engager M. Olier à le retenir; il offrit même à cette condition mille écus de rente perpétuelle au séminaire qui alloit s'établir : madame de Brienne, pénitente de M. Amelotte, sollicita la même chose pendant trois ans; jusque-là même qu'elle inté-

XI.
M. Olier refuse de recevoir M. Amelotte parmi ceux de sa compagnie.

ressa dans sa cause la Reine mère, régente du royaume : tout fut inutile. M. Olier aima mieux s'exposer à toutes sortes de reproches et de disgrâces, que de se refuser à la voix de Dieu. En éloignant un sujet d'un si rare mérite que M. Amelotte, il devoit s'attendre à passer pour le plus bizarre des hommes ; ce qui ne tarda pas en effet d'arriver. Comme M. Amelotte avoit été supérieur de la maison de Chartres, on accusa M. Olier de prétendre à la supériorité du nouvel établissement, et de vouloir écarter son ancien ami, pour n'avoir plus en lui, disoit-on, le rival qui l'avoit éclipsé jusqu'alors, et lui faisoit ombrage. L'homme de Dieu laissa dire, et regarda les propos inventés contre lui par la calomnie, comme une récompense du sacrifice qu'il avoit fait au Seigneur, en se privant d'un autre lui-même. Au mérite de ce généreux dépouillement, il ajouta celui du secret le plus impénétrable et le plus constant : jamais, pendant sa vie, il ne voulut découvrir la vraie raison du refus qu'il fit d'admettre M. Amelotte ; on ne la sut qu'après sa mort, par la lecture de ses Mémoires, où il rend compte de la retraite qu'il fit à l'occasion de l'établissement du séminaire à Vaugirard. Les paroles de notre Seigneur, qui dirigèrent sa conduite dans tout le cours de cette affaire, se sont parfaitement vérifiées par les grands services que le P. Amelotte a rendus jusqu'à sa mort à l'Eglise et à la congrégation de l'Oratoire.

M. Olier se voyoit donc privé d'un grand appui ; mais Dieu lui tenoit lieu de tout ; et aussi content d'avoir perdu M. Amelotte, qu'il l'eût été d'en jouir toute sa vie, parce qu'il mettoit toute sa joie à exécuter les desseins du ciel sur sa compagnie; il travailla si efficacement à poursuivre son entreprise, que tout se trouva prêt en janvier 1642. On se logea dans une maison située proche l'église, sur le terrain qui dans la suite a servi à bâtir une maison de campagne pour le petit séminaire; puis, lorsqu'il en eut acquis une plus considérable, pour la petite communauté de Saint-Sulpice. Peut-être n'y en avoit-il pas, dans le village, de plus pauvre ni de plus incommode, signe comme infaillible que l'œuvre étoit agréable à Dieu, et présage des bénédictions qu'il réservoit à ceux qui en devoient être les premiers instrumens. Pour loger tous les prêtres qui formoient cette compagnie naissante, il fallut pratiquer de petites cellules dans un vieux colombier de la maison; et celui de tous qui étoit le mieux partagé, occupoit une chambre qui en méritoit à peine le nom. La nourriture étoit aussi frugale que le logement étoit pauvre. Ayant épuisé leurs ressources, et s'étant réduits à manquer même du nécessaire, pour fournir aux missions et aux frais du séminaire de Chartres, ils ne vivoient presque que d'aumônes.

XII.
Il établit sa communauté à Vaugirard.

De tels commencemens n'avoient rien d'attrayant pour la nature; mais ils n'en avoient que plus de ressemblance avec ceux de l'édifice dont Jésus-Christ, qui étoit lui-même le plus pauvre des hommes, a voulu être l'architecte, et auquel il a donné pour fondement douze disciples qui ne possédoient rien. C'étoit le moyen d'attirer tous ceux qui connoissoient le prix de la pauvreté évangélique. Aussi, dès qu'on sut que M. Olier venoit de fixer sa demeure à Vaugirard, plusieurs ecclésiastiques distingués par leur naissance et leur piété, vinrent se présenter à lui pour se former sous ses yeux aux fonctions et aux vertus de leur état. La charité qu'il leur témoigna, et les exemples d'humilité, de mortification, de détachement et de zèle qu'ils admiroient dans sa conduite, lui eurent bientôt gagné tous les cœurs. Tous le prirent pour leur guide dans les voies spirituelles; et comme Dieu lui rendit alors les dons, soit intérieurs, soit extérieurs, qu'il lui avoit retirés, ajoutant même de nouvelles lumières à celles qu'il avoit reçues dans ses plus beaux jours, ils écoutoient, avec autant de docilité que de respect, les avis et les instructions qui sortoient de sa bouche. C'étoit même une sorte d'avidité et de passion de l'entendre. Ceux qui l'avoient suivi pendant les deux années précédentes, comparant à son premier état la facilité merveilleuse avec laquelle il parloit, ne pouvoient revenir de leur étonnement. Souvent ils l'avoient vu demeurer comme muet, lorsqu'il vouloit exhorter les peuples; et depuis quelques jours sa langue s'étoit tellement déliée, il expliquoit les mystères de la foi avec un langage si sublime, il traitoit les vérités saintes, et développoit la morale de l'Evangile avec tant de dignité, d'onction et de force, qu'ils ne le reconnoissoient plus. Frappés d'un changement si extraordinaire, ils conçurent pour lui une vénération et une confiance sans bornes; dispositions qu'ils eurent bientôt communiquées à plusieurs de ceux même du dehors, qui jusque-là n'avoient pu goûter le nouvel établissement.

M. de Bassancourt, retiré dans sa famille avec M. Amelotte depuis qu'on avoit abandonné Chartres, n'eut pas plutôt été informé de leur nouveau séjour, qu'il s'empressa d'aller leur faire une visite. Comme il étoit d'une humeur fort enjouée, l'entrevue se passa en plaisanteries agréables. Il leur demanda, avec sa gaîté ordinaire, ce qu'ils se proposoient d'entreprendre sur ce nouveau théâtre, et si c'étoit de Vaugirard que partiroit l'esprit qui devoit renouveler le clergé de France. Cet entretien ne fut d'abord qu'une récréation, et une sorte d'amusement; mais M. de Bassancourt, qui à l'aménité du caractère joignoit la piété la plus solide et la mieux éclairée, n'ignoroit pas que les grandes œuvres n'avoient souvent que des commencemens foibles, et réussissoient contre toute apparence. Après y avoir sérieusement pensé, il ne douta point que le nouvel établissement ne fût l'ouvrage de Dieu. Laissant alors le ton qu'il avoit pris d'abord en revoyant ses amis, il leur déclara dans quel dessein il étoit venu. « Messieurs, leur dit-il, je trouverai notre Sei- » gneur plus sûrement dans votre maison que » dans celle de ma mère. Non, ce n'est pas au » milieu d'une famille qu'il communique son es- » prit à un prêtre. On lit cette maxime partout, » et j'en ai fait l'expérience : mon parti est donc » pris de vous demander une cellule ». Comme il apercevoit un vieux colombier à l'extrémité de la maison, où il savoit que tout étoit rempli, il pria qu'on le laissât le maître d'en faire son apparte-

XIII.
M. de Bassancourt se joint à lui.

ment. « Vous l'entendrez comme il vous plaira ; » (ce fut la conclusion de l'entretien) mais je vous » annonce que je ne retourne plus chez mes pa- » rens ; et, dès ce soir, il faut bien que vous me » donniez un lit ».

Cette ingénuité, dans un homme de condition, plut beaucoup aux nouveaux solitaires : ils en conférèrent entre eux ; et leur réponse fut qu'il étoit leur ami, leur frère ; qu'il demandoit les choses de trop bonne grâce pour être refusé ; que dès ce moment donc, ils le regardoient comme un d'entre eux. L'affaire se termina ainsi ; et ce fut au gré de toute la communauté, que M. de Bassancourt, dès sa première visite, s'attacha à cette maison pour y demeurer.

XIV. *Le cardinal de Richelieu lui offre sa maison de Rueil. Il le remercie.*

La réunion de ces ecclésiastiques, presque tous hommes de qualité, dans une des plus pauvres habitations de Vaugirard, fit beaucoup de sensation à Paris et à la Cour. On ne pouvoit comprendre un dessein si extraordinaire. Le cardinal de Richelieu l'eut bientôt appris. Il connoissoit le mérite et la naissance de ceux qui s'étoient joints à M. Olier. Dans les entretiens qu'il avoit eus plus d'une fois avec le P. de Condren quelques années auparavant, pour connoître les sujets les plus dignes de l'épiscopat, (car il étoit jaloux de n'en point présenter d'autres au Roi) cet homme de Dieu lui en avoit nommé un certain nombre ; mais il avoit eu soin d'ajouter qu'il en connoissoit quelques-uns dont il n'osoit lui faire mention, parce que notre Seigneur avoit sur eux des vues particulières, et qu'il ne paroissoit pas les appeler aux prélatures. Lorsque la nouvelle de l'établissement fait à Vaugirard parvint aux oreilles de ce ministre, il jugea que les ecclésiastiques qui le composoient étoient ceux dont le P. de Condren lui avoit parlé, sans les vouloir désigner personnellement. Il résolut aussitôt de les appeler auprès de lui, pour les placer dans la suite selon ses vues, et pour former un séminaire d'évêques dont il avoit tracé le plan. Dans ce dessein, il donna ordre à la duchesse d'Aiguillon, sa nièce, d'aller trouver M. Olier et les prêtres de sa compagnie, à Vaugirard; de leur témoigner l'estime qu'il faisoit de leurs personnes et du genre de vie qu'ils venoient d'embrasser; d'ajouter qu'il étoit fort édifié de leur retraite, mais qu'il vouloit être pour quelque chose dans leur établissement; que sachant combien ils étoient mal logés, il leur offroit sa maison de Rueil pour en faire une solitude, où ils continueroient tous leurs exercices avec une liberté entière, promettant d'appuyer leur entreprise de tout son crédit, et de la faire goûter au Roi dont la protection leur étoit assurée. Une offre aussi généreuse étoit digne de la religion du cardinal et de sa grandeur d'ame. Elle fut reçue de M. Olier et des compagnons de sa retraite, avec autant de respect que de reconnoissance; mais ils prièrent la duchesse d'Aiguillon de lui représenter qu'ils étoient venus à Vaugirard pour y vivre dans la solitude; qu'il leur seroit bien difficile, pour ne pas dire impossible, de suivre leur attrait dans la maison et dans la compagnie d'un premier ministre; qu'ils se trouvoient infiniment honorés d'une proposition aussi inattendue; qu'ils ne savoient enfin par où ils avoient pu mériter une telle faveur; mais qu'ils supplioient très-humblement Son Eminence de les laisser dans le lieu qu'ils occupoient, précisément parce qu'il étoit pauvre et caché.

Ce refus, loin d'offenser le cardinal et de lui déplaire, ne fit qu'augmenter son estime et sa vénération pour M. Olier et ses prêtres. Le bruit s'en répandit parmi les seigneurs : la plupart l'admirèrent; mais quelques-uns de ceux que l'ambition auroit pu conduire à Rueil, si la maison du premier ministre avoit été convertie en un séminaire d'évêques, firent plus. M. de Gondrin, neveu de M. de Bellegarde, archevêque de Sens, auquel il succéda dans la suite, vint à Vaugirard, et demanda d'y être reçu. Sa grande piété, bien plus que sa naissance, lui gagna aussitôt tous les suffrages. Il fut donc admis avec applaudissement. Son exemple fut bientôt suivi par M. de Poussé, qui, après avoir été plusieurs années directeur du séminaire de Paris sous M. Olier, gouverna pendant vingt ans la paroisse de Saint-Sulpice. M. d'Heurtevant, qui est mort supérieur du séminaire de Lyon, y entra aussi dans la même année, ainsi que M. de Cambiac, frère de M. du Ferrier, et plusieurs autres.

A mesure que la communauté naissante de M. Olier se multiplioit et s'enrichissoit de prêtres distingués par leurs vertus, il redoubloit ses prières et faisoit beaucoup prier pour attirer la bénédiction du ciel sur sa maison et sur tous ceux qui la composoient. En homme plein de défiance de lui-même, pour mieux assurer le succès de l'œuvre, il consultoit les personnes les plus éclairées et les plus prudentes. Saint Vincent de Paul, le P. Hayneuve et le P. Saint-Jure, deux Jésuites pleins de l'esprit de saint Ignace, et dont les ouvrages ont mérité l'estime universelle, étoient ceux qui l'encourageoient à persévérer dans son dessein, quelques contradictions qu'il eût à essuyer de la part de plusieurs qui ne l'approuvoient pas. Sa confiance fut soutenue encore et fortifiée par les conseils d'un grand serviteur de Dieu, le P. Térisse, supérieur général des Bénédictins de la congrégation de Saint-Maur, qui lui avoit été montré en esprit, dix-huit mois avant qu'il eût pu le connoître, avec ordre de se mettre sous sa direction.

XV. M. Olier éprouve de nouvelles contradictions.

Cependant le dessein de M. Olier ne tarda pas à être traversé et combattu par des personnes du plus grand poids. Sans parler des plaisanteries qu'on faisoit sur le lieu qu'il avoit choisi pour jeter les fondemens de son séminaire; parmi les ecclésiastiques les plus sensés, il s'en trouvoit qui, tout jaloux qu'ils étoient de voir son entreprise réussir, ne pouvoient goûter les moyens qu'il prenoit, ni en augurer favorablement. D'autres disoient tout haut, et débitoient partout, qu'il étoit contre le bon sens de laisser là ces missions dont les fruits avoient été si abondans, pour tenter au hasard une œuvre si incertaine, et pour s'opiniâtrer à reprendre un édifice dont les premières pierres s'étoient écroulées presque aussitôt qu'on les avoit employées. Le serviteur de Dieu écoutoit tout avec sa tranquillité ordinaire; et content d'être devenu encore un sujet de risée, pourvu que les desseins de Jésus-

Christ son maître s'accomplissent, il s'appuya uniquement sur lui, ne doutant pas qu'après lui avoir inspiré la bonne œuvre, il ne la conduisît à une heureuse fin, quand il en seroit temps, et qu'il n'en tirât sa gloire.

<small>XVI. Il est encouragé par le P. Térisse.</small> Comme il informoit un jour le P. Térisse de tout ce qui se passoit, cet ange de lumière le confirma, lui et tous les ecclésiastiques de sa compagnie, dans la résolution qu'ils avoient prise, leur assurant avec toute la confiance et la fermeté que donnent les lumières intérieures de l'Esprit saint, qu'ils faisoient la volonté de Dieu, et les engageant de tout son pouvoir à ne point retourner en arrière. Il leur fut aisé de reconnoître que c'étoit Dieu lui-même qui leur avoit parlé par sa bouche; car à peine eurent-ils reçu cette réponse, que tout hors d'eux-mêmes, ils se sentirent plus fortement portés que jamais à poursuivre leur établissement. Ce fut peu de jours après cette entrevue avec le P. Térisse, que, prenant avec lui deux de ses prêtres, M. Olier fit un pélerinage à Montmartre, où ils s'offrirent et se dévouèrent à la très-sainte Trinité, pour la servir invariablement jusqu'à la mort, en travaillant à l'instruction des ecclésiastiques, selon les vues qui leur étoient manifestées par notre Seigneur, et en faisant tout ce qui dépendroit d'eux, pour former des prêtres selon le cœur de Dieu. Voici les termes dans lesquels ils firent cette consécration, tels que je les trouve dans les manuscrits de M. Olier. « Trois prêtres se trouvant » appelés dans l'unité d'esprit au service de Dieu » et de sa très-sainte Eglise, pour lui former

» des ministres qui servent dignement son infi-
» nie majesté, qui honorent son Fils Jésus-
» Christ, et qui aiment ses membres, ont cru
» qu'en l'honneur de la société divine des trois
» Personnes inséparables par l'unité de leur es-
» sence, ils devoient s'unir avec promesse de ne
» se quitter jamais, ni de se départir du des-
» sein qu'il a plu à Dieu de leur faire connoî-
» tre, et même de leur confirmer par plusieurs
» témoignages. Si quelqu'un d'eux se croit ap-
» pelé par la volonté de Dieu à le servir sépa-
» rément, il ne pourra le faire qu'avec le con-
» sentement mutuel et l'agrément commun des
» autres. C'est ce qu'ils ont cru devoir promettre
» à Dieu, en la présence des trois martyrs saint
» Denis, saint Rustique et saint Eleuthère, pour
» se vouer et consacrer comme des hosties vi-
» vantes, à l'honneur de la très-sainte Trinité,
» à la gloire de Jésus-Christ, et à l'utilité de
» son Eglise ».

XVII. On lui offre la cure de S. Sulpice.

Il n'y avoit pas encore quatre mois que M. Olier demeuroit à Vaugirard avec sa communauté, lorsque Dieu lui fit connoître que ce n'étoit point le lieu où devoit se consommer l'établissement du séminaire. Car en éclairant les ames privi-légiées, il leur laisse toujours assez d'obscurités et d'incertitudes pour exercer leur foi : c'est de quoi cette histoire a fourni déjà plusieurs exem-ples ; et ce que j'ai maintenant à raconter, en sera une nouvelle preuve. Pour qu'il parût mieux que l'entreprise étoit moins l'ouvrage des hommes, que celui de sa droite, Dieu choisit et prépara un moyen qui n'étoit jamais venu en l'esprit de

M. Olier, mais qui lui ouvrit un vaste champ, et à la faveur duquel il put faire beaucoup plus encore qu'il n'avoit espéré. M. de Fiesque, alors curé de Saint-Sulpice de Paris, affligé, pour ne pas dire rebuté des désordres de sa paroisse, et surtout des obstacles que mettoient plusieurs prêtres de son église à la réforme qu'il désiroit ardemment d'y introduire, conçut le dessein de quitter sa cure et de s'en démettre en faveur de celui qui lui en paroîtroit le plus digne. Comme il avoit souvent entendu parler des vertus de M. Olier, de son grand zèle, et de ses lumières pour la conduite des ames; qu'il savoit d'ailleurs que tous ses prêtres étoient animés de son esprit; et que parmi eux, plusieurs, à son défaut, seroient capables de remplir dignement la place qu'il étoit résolu d'abandonner; la pensée lui vint de s'adresser à eux pour trouver un successeur. Une procession qu'il faisoit avec sa paroisse, le jour de saint Marc, à l'église de Vaugirard, fut l'occasion dont il profita pour en faire la proposition. Entrant en conversation avec quelques-uns des prêtres de M. Olier, dont il suffisoit de voir le maintien et la modestie pour en concevoir la plus haute estime, il leur demanda si dans leur compagnie il ne s'en trouveroit pas un qui voulût accepter sa cure. L'offre ne fut point accueillie. M. Olier étoit trop éloigné de toute entreprise d'éclat; et chacun de ses prêtres redoutoit trop un fardeau si pesant, pour oser s'en charger. M. de Fiesque ne se rebuta point. Il pressa beaucoup M. Olier de s'en occuper devant Dieu, et fit agir auprès de lui plusieurs personnes de considération pour obtenir son consentement. On lui fit les plus vives instances. L'homme de Dieu se voyant pressé de toutes parts, craignit de résister aux ordres du ciel, et se crut obligé de réfléchir sérieusement sur la proposition qui lui avoit été faite. Il recommanda l'affaire à notre Seigneur et à la très-sainte Vierge. Ses prêtres se joignirent à lui pour prier, et invoquer les lumières du Saint-Esprit. Plusieurs, touchés de l'espérance des grands fruits que pourroit opérer dans une si vaste paroisse une compagnie d'ecclésiastiques gouvernée par un homme dévoré de zèle et rempli de sagesse, lui représentèrent que, toutes choses mûrement pesées, la volonté du Seigneur paroissoit trop se manifester, pour faire de plus longues résistances. Les mouvemens secrets de son cœur s'accordoient parfaitement avec l'avis qu'ils lui donnoient: car depuis qu'il avoit consulté Dieu par de fréquentes oraisons, il ne ressentoit plus la même opposition intérieure; il lui sembloit au contraire que Dieu s'étoit servi de M. de Fiesque pour ouvrir une voie à la consommation de son projet d'établir un séminaire où l'on recevroit des ecclésiastiques de toutes les provinces du royaume, pour les préparer au sacerdoce. Il lui répondit donc, à la fin, qu'il entreroit volontiers dans ses vues, et eut avec lui plusieurs entretiens particuliers.

Mais trop petit à ses yeux pour n'être pas effrayé d'une charge aussi considérable que le gouvernement de la paroisse de Saint-Sulpice, une des premières de Paris, et la plus nombreuse, peut-être, du monde entier, il eut la pensée de

XVIII.
Il l'accepte.

la faire accepter à celui de ses prêtres qu'on jugeroit le plus capable de la conduire. Tous ceux à qui il s'adressa s'accordèrent d'eux-mêmes à refuser l'offre qu'il leur faisoit, et il n'y eut qu'une voix pour conclure que personne n'en étoit autant digne que lui. Après avoir pris encore quelques jours pour consulter Dieu et les hommes remplis de son esprit, il se rendit enfin, et accepta la cure. Il devoit s'attendre à n'être pas aussi applaudi, soit au dehors, par toutes les personnes du monde accoutumées à envisager les bénéfices avec l'œil de la chair, soit même au sein de sa famille, que par les amis vertueux avec qui il vivoit. Dès que la nouvelle du parti qu'il venoit de prendre fut répandue, chacun en parla à sa manière. Ses parens furent les premiers à le censurer et à s'en plaindre. Non contens de blâmer sa conduite, ils résolurent de la traverser de tout leur pouvoir, et dans cette espèce de guerre domestique, sa mère ne fut pas la moins ardente. Elle n'épargna point les reproches, regardant la place qu'il venoit d'accepter, plus selon la prudence du siècle que selon l'esprit de Dieu qui dirigeoit toutes les démarches de son fils ; et comme la plupart des mères, de celles même qui font profession de piété, se laissant séduire à l'éclat des dignités ecclésiastiques, elle ne pouvoit comprendre comment il acceptoit une place qui répondoit si peu à ses espérances. Ce qui l'irritoit surtout, c'étoit de le voir renoncer pour toujours à l'épiscopat. Son frère aîné ne fut pas moins choqué que sa mère. Comme il ne désespéra point de le persuader et de le faire reve-

XIX.
Il en est blâmé de ses proches.

nir sur ses pas, il usa de tous les motifs, et fit jouer tous les ressorts que pouvoit employer un homme du monde en pareille circonstance, et un frère jaloux de l'avancement de sa famille. Ils eurent ensemble plusieurs entretiens, où jamais M. Olier ne perdit rien de cet esprit de modération et de paix qui est la marque du vrai zèle. Combien d'autres, pour ne point contrister une mère et un frère qui lui avoient rendu les plus grands services, et sembloient mériter toute condescendance, eussent succombé à la tentation, en se rendant à leurs désirs! On vit arriver tout le contraire. Dieu changea le cœur de son frère, qui cessa bientôt de l'importuner, et consentit même, quoique par des vues temporelles, à le voir persévérer dans sa résolution. Sa mère ne se rendit pas si facilement, parce qu'elle ne connoissoit ni le prix du ministère pastoral auquel Dieu l'appeloit, ni la fermeté de son ame; car dans une affaire de cette importance, il étoit invariablement déterminé à n'écouter que la voix de notre Seigneur, sans nul égard pour celle de la chair et du sang. Un homme qui avoit appris si souvent aux autres à quitter père et mère, et à tout abandonner, lorsqu'il s'agissoit d'obéir à Dieu, loin de se laisser ébranler par les sollicitations de la tendresse maternelle, devoit les regarder plutôt comme un moyen de s'affermir dans la fidélité qu'il avoit vouée à Jésus-Christ. Il usa donc du droit que donne à un fils la qualité d'enfant de Dieu, de s'opposer à ceux qui lui ont donné le jour, dès que leurs volontés ne s'accordent pas avec les desseins du ciel. Il représenta à sa mère, avec tant de respect et de douceur, mais aussi avec tant de caractère et de force, l'obligation où il étoit de ne point résister à la volonté de Dieu, qu'elle ne put s'empêcher de lui donner son consentement. Ce fut toutefois avec un reste de répugnance et de ressentiment, dont elle ne fut jamais parfaitement guérie.

« Dans l'affaire de la cure, écrivoit-il quelque
» temps après à un de ses amis, à laquelle ma
» mère ne pense toujours qu'avec aversion, de
» grands serviteurs de Dieu m'ont dit qu'elle par-
» loit selon l'esprit du monde et le langage de la
» chair. Ils ont raison, et je le dis comme eux.
» Dieu, en nous accordant la grâce du baptême,
» nous a ordonné de renoncer à la chair toujours
» contraire à l'esprit, comme l'esprit est toujours
» opposé à la chair; ce qui a fait dire à saint Paul:
» *Depuis que j'ai été appelé à la prédication de*
» *l'Evangile, je n'ai point adhéré à la chair et*
» *au sang.* Je le confesse de même par la divine
» miséricorde, qui seule nous donne la grâce de
» la persévérance, que dans toute rencontre où
» Dieu m'appeloit à lui, je n'ai cessé d'être con-
» tredit par mes proches: jamais je n'ai rien en-
» trepris pour la gloire de notre Seigneur, sans
» en être blâmé; et en remontant jusqu'aux an-
» nées de ma jeunesse, excepté le temps où j'ai
» voulu paroître dans le monde, (temps qui a fort
» peu duré) ma mère m'a toujours regardé d'un
» mauvais œil. Aussi ai-je éprouvé ce que Jésus-
» Christ nous a promis dans l'Evangile; car sou-
» vent il a plu à Dieu de m'unir à des personnes
» d'une sainteté éminente, qui m'ont tenu lieu

» de père, de mère, de frères et de sœurs. J'ai
» presque toujours reçu ces grâces avec étonne-
» ment, sans en pénétrer la raison, comme je la
» pénètre aujourd'hui : je ne faisois pas attention
» à la bonté de Dieu, qui se plaît à rendre aux
» siens, dès ce monde, tout ce qu'ils ont quitté
» pour lui, n'attendant pas, pour récompenser
» nos sacrifices, que le dernier jour soit venu :
» *Nunc in tempore hoc*, nous dit-il dans l'E-
» vangile ».

Le mécontentement et les reproches de son frère avoient cessé; mais ce ne fut pas pour long-temps. Il s'étoit rendu au parti qu'il avoit d'abord hautement désapprouvé, parce qu'il se flattoit qu'au moins étant curé dans une grande paroisse de Paris, M. Olier ne mèneroit plus un genre de vie si austère; et que, contraint de sortir de l'état de pauvreté auquel il s'étoit réduit depuis plusieurs années, il reparoîtroit avec un train mieux assorti à sa naissance, et plus conforme aux vues de sa famille. S'il eût bien connu son génie et ses principes, il eût conjecturé tout autrement; mais cette fausse persuasion servit au moins à faire réussir plus facilement l'œuvre de Dieu, entreprise par son serviteur : trait de Providence sur lequel il s'exprimoit ainsi long-temps après dans une autre lettre : « C'est une chose
» singulière, que mon frère ait goûté alors le
» parti que je pris, d'accepter la cure de Saint-
» Sulpice. Si la considération de l'avantage que
» j'en espérois, et sur lequel j'insistai dans l'ouver-
» ture que je lui fis, l'amena à mon sentiment; la
» raison de son changement, ce fut encore plus

» l'espérance qu'il avoit de son côté de me voir
» reparoître dans Paris riche bénéficier, et y re-
» prendre tous les usages du monde. Mais comme,
» depuis que je suis curé, j'ai toujours voulu être
» aussi simple et aussi pauvre, croyant qu'un
» prêtre doit être mort au monde et à ses livrées,
» encore plus qu'un religieux, qui se rendroit
» ridicule s'il prenoit le train d'un homme du
» siècle; comme d'ailleurs mon frère n'a jamais
» pu s'accommoder à l'idée d'une cure, titre qui
» ne lui paroissoit pas digne d'un homme à qui
» l'on a offert plusieurs évêchés, est-il éton-
» nant qu'il ne puisse plus me souffrir, ni ma
» condition »?

XX.
Des envieux le traversent en secret.

Les traverses qu'éprouva M. Olier de la part de sa famille, ne furent pas les seules qu'il eut à surmonter. Quelque redoutable que soit un bénéfice auquel est attachée la charge des ames, dès qu'il est d'un revenu considérable, il est difficile qu'il ne réveille pas la cupidité de plusieurs, et ne les porte pas à faire quelques démarches, pour supplanter celui qui est mis le premier sur les rangs. Ce fut aussi une seconde espèce de batterie que l'ennemi dressa contre M. Olier. On eut grand soin de la préparer dans les ténèbres; mais Dieu la renversa comme toutes les autres, en découvrant à une ame favorisée de lumières extraordinaires, ce que l'on concertoit secrètement contre lui, et en détournant ainsi les coups qu'on vouloit lui porter. Voici ce qu'on trouve écrit à ce sujet dans une de ses lettres : « Deux jours
» après le fait que vous savez, cette bonne ame
» vit dans une lumière intérieure deux ecclésias-

tiques, qui, à l'autre bout de Paris, prenoient
» ensemble leurs mesures pour faire échouer l'af-
» faire, et sur l'heure fit part de cette vue à quel-
» qu'un qui avoit toute sa confiance. Le lende-
» main un d'eux venant la voir, comme elle fut
» avertie intérieurement de sa visite, au moment
» qu'il se présenta, elle sort de son appartement
» pour aller au-devant de lui; et, dès qu'elle le
» voit entrer, elle lui dit en toute simplicité :
» Hé bien, Monsieur, vous allez remuer beau-
» coup, vous voulez donc empêcher l'œuvre de
» notre Seigneur; hier, entre quatre et cinq,
» vous et telle autre personne, vous vous en oc-
» cupiez vivement. Je vis bien le démon qui s'en-
» tendoit avec vous, et qui, travaillant à la
» rompre, sut faire une forte impression sur votre
» esprit; mais, croyez-moi, prenez garde à ce que
» vous allez faire ». Il n'en fallut pas davantage
pour déconcerter toute la manœuvre : on avoua
tout, et l'on n'osa plus rien entreprendre.

Il n'y eut pas jusqu'à des amis de M. Olier, qui, croyant l'obliger en lui conseillant de refuser la cure de Saint-Sulpice, favorisoient, sans le vouloir, les sourdes entreprises du prince du monde contre lui. Quelques-uns vinrent lui représenter que pour gouverner une si vaste paroisse, il ne suffisoit pas d'avoir un grand zèle; qu'il falloit encore une santé robuste, et beaucoup plus de secours qu'il ne pouvoit s'en promettre. De tous les obstacles, celui-ci ne fut peut-être pas le plus facile à aplanir : il est quelquefois plus aisé de résister à une persécution violente, ou de rompre les intrigues d'une cabale, que de

XXI.
Ses propres amis travaillent à le dissuader d'accepter la cure de S. Sulpice.

se mettre en garde contre les piéges tendus par l'amitié. Mais Dieu, qui avoit commencé l'œuvre, la protégea jusqu'à la fin; et plein de confiance en lui, à tous ceux qui craignoient pour sa santé, M. Olier se contenta de répondre avec sa douceur ordinaire : « C'est assez de connoître la » volonté de Dieu pour l'exécuter, et pour mé- » priser toutes les difficultés qui se présentent. » Puisque notre Seigneur m'a placé dans cette » cure, je dois espérer qu'il me donnera tout ce » qu'il faut pour en remplir les devoirs. Après » tout, ne serois-je pas trop heureux de m'épui- » ser pour son amour? Le vœu que j'ai fait il y » a long-temps, ne m'oblige-t-il pas de me » sacrifier incessamment pour sa gloire? Quel » plus grand bonheur, que de mourir dans » l'exercice de la charité, et d'achever son sa- » crifice dans l'accomplissement des volontés di- » vines? J'appartiens à notre Seigneur et à son » Eglise; je dois donc leur rendre tous les ser- » vices dont je suis capable, sans aucune réflexion » sur moi-même ni sur ma santé. Oh! qu'il est » glorieux à un serviteur de se perdre pour la » gloire de son maître! Si Jésus-Christ s'est » trouvé heureux de donner sa vie pour la gloire » de son Père, et pour le salut des hommes, qui » m'empêchera d'exposer la mienne pour la gloire » de ce même Dieu, et pour procurer aux ames » les biens infinis qu'il leur a mérités par sa mort »?

« Si les martyrs, disoit-il encore à ce sujet, ont » soutenu l'Eglise par l'effusion de leur sang, de- » vons-nous craindre de nous sacrifier pour le » bien de cette même Eglise, l'épouse chérie de

» Jésus-Christ ? Il faut perdre son ame pour la
» trouver. Il faut s'oublier, et mourir au désir de
» la vie; il nous empêcheroit d'entreprendre plu-
» sieurs choses que Dieu demanderoit de nous.
» En la méprisant, nous en rendons notre Sei-
» gneur le maître et le protecteur : voyant qu'on
» l'abandonne pour lui, il la conserve autant qu'il
» est nécessaire pour l'accomplissement de ses
» desseins en nous ».

Lorsqu'on lui objectoit qu'avec le petit nombre de prêtres qui s'étoient joints à lui, il étoit impossible de convertir un peuple aussi nombreux que celui qui habitoit le faubourg Saint-Germain : « Dieu, répondoit-il, qui m'a inspiré ce désir
» par sa bonté infinie, ne peut-il pas l'inspirer à
» d'autres, et leur donner la pensée de venir se
» joindre à nous ? aura-t-il pour eux moins de
» tendresse et de force que pour nous ? Au reste,
» quand il nous laisseroit seuls, celui qui a su
» gagner tout le monde avec douze apôtres, ne
» pourra-t-il pas attirer à soi cette paroisse avec
» ce que nous sommes ? Souvent les sujets les
» plus foibles sont ceux qu'il choisit, et qu'il pré-
» fère à tous les autres, pour faire voir que la
» conversion des ames est son ouvrage, et pour
» nous apprendre à lui donner les louanges qu'il
» mérite, en le reconnoissant seul auteur du bien
» qu'il fait par sa créature. Plus l'instrument qu'il
» emploie est vil et abject, plus il nous fait admirer
» sa puissance. Nous n'avons qu'une chose à faire,
» c'est de nous abandonner à lui, afin qu'il fasse
» en nous tout ce qu'il lui plaît ; et de lui de-

» meurer fidèles, sans mettre d'obstacle aux des-
» seins de sa miséricorde sur nous ».

XXII.
Il en prend possession.

M. Olier, plein de ces grands sentimens, et uniquement appuyé sur le bras de Dieu, après avoir foulé aux pieds toutes les considérations humaines, et être parvenu, avec autant de force que de douceur, au but où il aspiroit, en vue seulement d'obéir à Dieu, prit enfin possession de la cure de Saint-Sulpice, le 10 d'août 1642. Dès le même jour, accompagné des prêtres qu'il s'étoit associés à Vaugirard, il alla occuper le presbytère; et cinq jours après, le quinze du même mois, sous les auspices de la sainte Vierge, dont l'Eglise célébroit le triomphe, il commença l'établissement de la communauté avec laquelle il devoit partager les fonctions pastorales, la réforme de sa paroisse, et l'exécution du plan de son séminaire; trois objets dont il s'entretenoit sans cesse avec Dieu dans ses oraisons. Il lui avoit été révélé intérieurement qu'il présideroit le jour de l'Assomption à la procession solennelle qui se fait en cette fête. Ce fut pour lui un grand sujet de consolation, de faire cette cérémonie, pendant laquelle tout le monde admira le profond recueillement et la modestie angélique du nouveau pasteur.

A peine fut-il établi dans son presbytère avec ses premiers coopérateurs, que plusieurs ecclésiastiques vinrent se présenter à lui pour entrer dans sa communauté. Les principaux de ceux qu'il reçut dans cette même année et la suivante, furent Antoine Raguier de Poussé, dont j'ai déjà parlé,

parlé; Alexandre le Ragois de Bretonvilliers, dont on aura souvent lieu de parler dans la suite; Claude Joly, qui ne quitta la communauté de Saint-Sulpice que pour être curé de Saint-Nicolas-des-Champs, à Paris, et ensuite évêque d'Agen; Louis Philippe, qui passa pour avoir été guéri miraculeusement par le crucifix de la mère Agnès, comme on l'a rapporté au premier livre; Gabriel de Caylus, abbé du Loc-Dieu, qui, en 1657, passa en Canada pour y faire des missions, et revint en 1659 à la communauté.

XXIII. Il reçoit intérieurement l'explication de l'ancienne apparition de saint Grégoire et de saint Ambroise.

Ce fut quatre mois après avoir été mis en possession de sa cure, que M. Olier reçut intérieurement la parfaite explication d'un songe qu'il avoit eu autrefois, et qu'il n'avoit encore compris qu'à demi. Il avoit vu dans le ciel saint Grégoire le Grand et saint Ambroise, sur deux trônes fort élevés, au-dessous desquels il en paroissoit un troisième qui étoit vide. Quand il eut cette vision, il ignoroit qu'un jour il seroit chargé d'une grande cure, et que le troisième siége inférieur aux deux autres lui étoit réservé. Notre Seigneur, pour lui découvrir ce secret, attendit le temps où il se trouva placé à la tête d'une vaste paroisse; et au mois de décembre de la même année, il rendit compte ainsi à son directeur de ce qui venoit de se passer dans son esprit.

« A la gloire de Dieu, le 7 décembre, jour de
» saint Ambroise, lorsque j'étois à table, notre
» Seigneur, me montrant cette belle jeunesse qui
» prenoit son repas avec modestie et tempé-
» rance, (il désigne ici les jeunes clercs qui dès-
» lors faisoient partie de son clergé et de sa

» communauté) me donna l'interprétation en-
» tière du songe que j'eus, il y a quelques années,
» lorsqu'il me fit voir les deux saints docteurs
» assis au-dessous de lui; et bien plus bas, l'ordre
» des Chartreux où je désirois d'entrer; désir
» qui cessa aussitôt; car, depuis cette vision, je
» ne puis y penser. Tout cela signifioit, comme
» mon père me l'a appris, qu'il falloit m'asseoir
» dans un lieu bien inférieur à celui qu'avoit oc-
» cupé saint Ambroise, lequel lieu étoit vacant, et
» avoir à ma droite un ordre de prêtres, curés,
» et autres ecclésiastiques qui serviroient l'Eglise
» et rempliroient le clergé. Je me voyois établi dans
» cette confiance, que Dieu vouloit se servir de
» moi pour former des ministres de son sanc-
» tuaire; confiance accompagnée de grâces qui
» surpassent toute pensée; car les lumières que
» Dieu daigne répandre dans un sujet aussi in-
» digne que je le suis, et les paroles d'amour
» qu'il me fait entendre intérieurement, je les
» regarde comme un miracle perpétuel ».

Le nombre des sujets augmentoit tous les jours dans la communauté de M. Olier; et outre les prêtres qui l'aidoient dans le gouvernement de sa paroisse, il y venoit de toutes parts des clercs qui désiroient se former sous sa direction à la science et aux vertus de leur état. Il prit donc le parti d'employer plusieurs des premiers à l'éducation des aspirans au sacerdoce, et de les placer avec leurs élèves dans un bâtiment séparé. Il consentit qu'on reçût dans sa maison les bénéficiers et autres ecclésiastiques obligés à résidence, qui auroient obtenu de leurs prélats ou supérieurs la permission de venir pour quelque temps s'y former au saint ministère, en exigeant d'eux qu'ils fussent appliqués, comme les autres, à toutes les fonctions, et en ne les admettant que sous cette condition. Le bâtiment des clercs, qui communiquoit avec celui des prêtres destinés au service de la paroisse, fut désigné et connu dès-lors sous le nom de séminaire. Les principaux exercices des deux corps, comme l'oraison et les entretiens spirituels, étoient communs, et tous prenoient leurs repas au même réfectoire; car la séparation que venoit de faire M. Olier, n'empêcha point qu'ils ne formassent une même compagnie. Il voulut que tous les membres, étroitement unis par les liens de la charité de notre Seigneur, pussent, selon l'attrait que Dieu leur en donneroit, ou selon le besoin, passer d'une maison à l'autre. Le but de cette communication réciproque, qui dans un temps si heureux ne pouvoit qu'opérer les plus grands fruits, se reconnoît dans ces paroles de M. Olier. « C'étoit, » disoit-il, de manifester l'esprit intérieur du » séminaire, qui autrement demeureroit caché, » sans donner exemple à l'Eglise, ni mettre en » pratique, pour l'édification des fidèles, les vertus » et les grâces qu'on y auroit reçues ». Il assuroit que cela lui avoit été dit plusieurs fois dans son oraison, par notre Seigneur, contre l'opinion de quelques-uns qui étoient d'un avis opposé.

Quelque occupé qu'il fût au gouvernement de sa paroisse, il voulut encore partager lui-même, avec les prêtres du séminaire, l'éducation des jeunes clercs qui venoient tous les jours se mettre

XXIV.
Soin qu'il prend des jeunes clercs.

entre ses mains. Non content de leur donner des réglemens pleins de sagesse, il consacroit une grande partie de son temps et de ses soins à les préparer aux saints ordres. C'est sans doute au zèle qu'il mit à les instruire, que l'on est redevable du livre excellent qu'il a composé, sous le titre de *Traité des saints Ordres*, que je ferai connoître plus particulièrement à la fin de cette Vie.

XXV. Mesures qu'il prend pour réformer sa paroisse.

Comme il devoit toutefois ses principales sollicitudes au troupeau que Dieu venoit de lui confier, dès qu'il eut donné une première forme à sa communauté et à son séminaire, qui n'étoit que comme le berceau de celui qu'il se proposoit d'établir dans la suite, il ne pensa presque plus qu'à se dévouer tout entier au salut de ses ouailles. Jamais pasteur ne vit autour de lui plus de scandales à déraciner, qu'il n'en trouva dans sa paroisse. Le faubourg de Saint-Germain, qui en compose la plus grande partie, étoit comme l'égout, non-seulement de la capitale, mais encore de toute la France. Depuis long-temps c'étoit le rendez-vous de tous ceux qui vouloient vivre dans le désordre. Impies, libertins, athées, tout ce qu'il y avoit de plus corrompu se trouvoit donc réuni dans sa paroisse, comme si c'eût été un lieu destiné à servir de théâtre aux plus grands excès. La dépravation, enhardie par l'impunité, y étoit portée à un tel excès, que jusqu'aux portes de Saint-Sulpice, on vendoit publiquement des instrumens de superstition, et tout ce qu'on employoit pour les opérations diaboliques. Une terre si difficile à défricher avoit de quoi effrayer l'homme le plus laborieux et le plus habile à manier les esprits. La basse opinion qu'avoit de lui-même M. Olier, lui faisoit envisager sa nouvelle mission comme une entreprise beaucoup au-dessus de ses forces ; mais plus il étoit convaincu de son impuissance, plus il se reposoit sur l'assistance du Seigneur et sur ses promesses. Le premier moyen dont il usa pour remplir dignement la charge que Dieu lui avoit imposée, fut d'invoquer continuellement les lumières du Saint-Esprit et le secours de sa grâce, pour ne point se laisser décourager soit par l'immensité des travaux que lui montroit sa nouvelle carrière, soit par la multitude innombrable des soins qui devoient se succéder dans son esprit.

XXVI. Grâces particulières ; comment il y répond.

Dieu, non content de lui témoigner qu'il agréoit ses dispositions, lui promit de bénir son travail, et lui donna cette instruction si peu connue, mais si nécessaire pour semer et cultiver avec fruit, de ne regarder que sa gloire en toutes choses, et de mettre en lui tout son appui, sans rien attendre ni des créatures, ni des moyens suggérés par la sagesse humaine ; leçon qu'il pratiqua tant qu'il put servir l'Eglise. On jugera de l'impression qu'elle fit sur son esprit, par cet extrait d'une lettre qu'il écrivit alors à un de ses amis. « Dernièrement, lui disoit-il, lorsque je » venois de me mettre à genoux devant notre » Seigneur, sa bonté parla ainsi à mon cœur : » *Tu vois comme je bénis ton travail.* Je me » prosternai aussitôt, les larmes aux yeux et l'af-» fliction dans l'ame. *O mon bon maître !* lui ré-» pondis-je aussitôt, *que m'avez-vous dit? Non,*

» *pour votre amour, ne me dites jamais rien de*
» *semblable; je ne suis que boue et pourriture,*
» *que malice et malédiction. Hélas! c'est vous qui*
» *faites tout. Pour moi, que fais-je dans votre*
» *œuvre? Non, mon maître, non, ne me parlez*
» *plus ainsi. Toute gloire vous soit rendue, et*
» *qu'il n'y ait pour moi que confusion.* Ce qui
» m'obligeoit encore plus, continue-t-il, à
» former ce sentiment, c'est que dans mon
» oraison du matin, j'avois vu si distinctement
» mon néant, et j'en étois si fortement convaincu,
» que je disois à notre Seigneur : *Tenez ma*
» *place, ô mon Jésus, dans la charge que vous*
» *m'avez donnée. Si je n'espérois de vous cette*
» *grâce, je fuirois au bout du monde plutôt que*
» *de la garder, ne trouvant rien en moi, que*
» *néant, aveuglement, ignorance et incapacité*
» *universelle* ».

Nous apprenons encore, par une de ses lettres à son confesseur, jusqu'où Dieu se rendoit à ses désirs, et combien la Providence étoit attentive à le prévenir. « Me présentant aujourd'hui à mon
» maître, écrivoit-il, pour le servir en la cure, il
» m'a dit : *Je te reçois.* Ce n'est pas tout, il a
» disposé toutes les choses si favorablement, lors-
» que je suis entré en exercice, que cela me
» paroît tenir du prodige. Par exemple, lorsque
» j'étois en peine de trouver une personne chari-
» table, qui, pour l'importante négociation que
» vous savez, pût faire les visites indispensables,
» au moment même que j'y pensois, Dieu fait ve-
» nir au-devant de moi un homme d'esprit et d'in-
» telligence, qui avoit tout ce qu'il falloit pour

» ce que je désirois. Quand je l'eusse choisi entre
» mille, je n'aurois pas mieux rencontré : tant la
» bonté divine sait disposer les événemens de la
» manière la plus conforme à ses desseins, et
» prend plaisir à nous faire remarquer dans ses
» œuvres les traits de sa sagesse infinie. Hier il
» m'arriva encore une chose non moins surpre-
» nante ; c'est que madame la duchesse d'Aiguillon
» s'offrit à moi d'elle-même pour aller adoucir
» l'esprit de ma mère, dans la compagnie de ma-
» dame la Princesse et des dames de la paroisse,
» pour lui rendre autant d'honneur, qu'elle se
» plaignoit d'en avoir perdu par le prétendu ra-
» valement où elle voyoit son fils depuis qu'il étoit
» curé. J'admire encore ici les soins de la bonté
» de Dieu sur ce qui me regarde ».

XXVII. Deux autres moyens qu'il prend pour réformer sa paroisse.

Un autre moyen que prit M. Olier pour réformer sa paroisse, fut celui dont il avoit le modèle dans la personne du Sauveur, qui commença sa mission par la pratique des vertus qu'il venoit enseigner aux hommes. Il se proposa de retirer du désordre tous ceux qui vivoient dans l'éloignement de Dieu, plutôt par ses exemples que par toute autre voie ; aimant mieux attirer par la douceur qu'intimider par des poursuites ou par les reproches et les menaces. Cette résolution de mener la vie la plus conforme à l'Evangile, lui inspira la pensée de faire un vœu, qu'il alla offrir à Dieu dans l'église de Notre-Dame de Paris, par les mains de celle qu'il ne cessoit d'invoquer comme sa protectrice et comme sa mère ; c'étoit de faire, le reste de ses jours, ce qu'il croiroit être le plus parfait.

Le troisième moyen fut de demander à Dieu un nombre suffisant d'ouvriers capables de partager avec lui les travaux de la moisson où il venoit d'entrer, et surtout des hommes pleins de l'esprit de désintéressement; qui, nullement occupés de leur fortune, regardassent sa communauté non comme une voie pour s'avancer et pour parvenir à quelque dignité dans l'Eglise, mais comme une école de science et de vertus sacerdotales, où l'on ne cherchoit que Dieu et sa gloire. Le ciel l'exauça encore ici de la manière la plus sensible. Outre ceux qu'on a déjà nommés, il eut la joie de recevoir chaque année de nouveaux prêtres qui ne respiroient que le zèle le plus pur, en sorte que sa communauté fut en peu de temps comme un collége apostolique, dont il étoit tout à la fois le chef, l'ame et le modèle. On n'y voyoit d'oisifs que ceux qui, se trouvant épuisés de travaux et d'années, édifioient autant par leur patience dans les infirmités, que les autres par leur vie active et infatigable.

XXVIII. *Sa conduite à l'égard des prêtres de sa communauté.*

Redevable de son zèle à toutes les ouailles répandues dans sa paroisse, M. Olier se croyoit encore plus obligé à ceux que Dieu lui avoit donnés pour coopérateurs. Aussi, ses plus ardentes prières et ses soins les plus tendres étoient pour tous les membres de sa communauté: il supplioit continuellement notre Seigneur de les guider lui-même en leur montrant la lumière de son esprit, et en les remplissant, comme ses premiers disciples, de la sagesse et de la force nécessaires pour éviter ou surmonter les dangers qui accompagnent les fonctions les plus saintes. Voulant aussi qu'ils lui fussent unis par tous les liens intérieurs et extérieurs, il se fit une loi de vivre en communauté avec eux, de suivre les mêmes exercices, et d'être à leur tête comme un d'entre eux. Sa profonde humilité le rendoit même si petit et si bas à ses yeux, qu'il se regardoit comme le dernier de tous, ne se distinguant de ses inférieurs que par la douceur et la déférence avec laquelle il les traitoit. Comme il fondoit toute son espérance, pour le salut de son troupeau, sur la pureté de leurs vues et la sainteté de leur vie, il n'omettoit rien pour les établir solidement dans toutes les vertus dont saint Paul veut que les évêques, les prêtres et les diacres, soient ornés devant Dieu et devant les hommes. La bonne intelligence qui régnoit parmi eux faisoit sa joie: aussi avoit-il pour eux toute l'affection d'un ami et le cœur d'un père. Ceux-ci, à la vérité, savoient s'en rendre dignes, et mériter qu'il les chérît autant par inclination que par devoir : trop modestes pour se prévaloir de la confiance qu'il aimoit à leur témoigner, et trop sages pour en abuser jamais; loin d'étudier l'art de se soustraire à son autorité ou aux réglemens de la maison; loin de prétendre, à plus forte raison, le gouverner lui-même, ils recevoient toujours ses avis et suivoient tous ses conseils avec une soumission d'enfant.

Dans les fréquentes exhortations qu'il leur faisoit, son attention particulière étoit de leur rappeler l'obligation de se dévouer uniquement au salut des ames, et de leur faire sentir l'impossibilité d'y réussir jamais, s'ils ne vivoient dans une union continuelle avec Dieu. « Notre Seigneur,

XXIX. Les maximes qu'il leur enseigne.

» leur disoit-il, étoit la sainteté même; cependant
» pour envoyer au monde le Saint-Esprit, qui
» seul pouvoit en dissiper les ténèbres et en dé-
» truire les vices, il falloit qu'il quittât la terre
» et fût glorifié dans le ciel. Il a voulu nous en-
» seigner par là, que jamais nous ne ferions
» régner cette personne adorable dans le cœur
» des hommes, si nous ne vivions tout en Dieu,
» par un commerce habituel de notre esprit et
» de notre cœur avec le ciel, dans l'oraison ».

C'étoit l'exercice qu'il leur recommandoit avant toutes choses, et le fondement sur lequel il vouloit qu'ils édifiassent. Sur ce principe, il les rappeloit sans cesse à la vie de recueillement et de retraite, désirant qu'aucun des ecclésiastiques de sa communauté ne parût au dehors que pour les fonctions du saint ministère, ou pour remplir les devoirs attachés à son emploi. C'étoit à ce dessein qu'il leur disoit souvent : *Prenons garde, Messieurs; faute de retraite et de recollection, tout se dissipera.*

Il s'appliquoit aussi à leur inspirer un détachement universel; assurant que celui qui tient encore à quelque chose sur la terre, n'est pas capable de rendre de grands services à notre Seigneur et à son Eglise. Ce qu'il demandoit entre autres dispositions, dans ceux qu'il associoit à sa communauté, c'étoit qu'ils fussent tellement morts à tout et à eux-mêmes, qu'ils montrassent une parfaite indifférence pour les emplois, et qu'on les trouvât toujours prêts à accepter les derniers, comme ceux où l'on avoit plus lieu de se produire, sans aucun égard au jugement ou à l'estime

des hommes. « Ayons horreur, disoit-il, des
» louanges et des applaudissemens; aimons les
» offices les plus vils et les plus bas, quoiqu'il n'y
» ait rien de petit dans la maison de Dieu. Lorsque
» nous sommes appelés au service du prochain,
» supportons avec une charité à toute épreuve
» les incommodités des pauvres, et tout ce qu'il
» y a de pénible dans nos fonctions auprès des
» malades et des mourans. Souvenons-nous,
» Messieurs, que notre Seigneur a choisi les
» pauvres pour servir de témoignage à la divinité
» de sa mission, et en tirer la preuve la plus indu-
» bitable de la vérité de sa doctrine : les plus dé-
» goûtans sont ses membres plus particulière-
» ment que tous les autres; ils ont donc un droit
» de préférence à notre tendresse et à notre affec-
» tion ». Il vouloit enfin que tous ses prêtres
vécussent ensemble dans la plus parfaite harmonie, comme étant toujours sous les yeux et
réunis dans la maison du Dieu de paix, dont
l'esprit n'aime à se communiquer qu'aux hommes
de paix. Il regardoit cette union réciproque
comme un des moyens les plus efficaces, et comme
une disposition essentielle pour détruire les
œuvres du démon. Dans cette vue, il leur proposa pour modèle de la douceur et de la paix
évangélique, qui est le propre caractère du bon
pasteur, saint Martin, saint Sulpice et saint François de Sales.

Non content d'avoir inculqué aux ecclésiastiques qui vivoient avec lui, les principes et les
maximes qui devoient les diriger, soit pour leur
sanctification, soit pour celle des peuples, il

XXX.
Il dresse
plusieurs ré-
glemens pour
sa commu-

nauté et sa dressa plusieurs réglemens dont l'expérience du saint ministère lui avoit fait connoître l'importance et la nécessité. Ainsi, pour ôter aux libertins toute occasion de décrier la communauté, et la rendre inaccessible à la calomnie, il défendit qu'on laissât entrer les femmes dans la maison, sous quelque prétexte et pour quelque raison que ce fût. Il nomma un supérieur, qu'il chargea de veiller particulièrement sur tous les points de discipline, qui furent arrêtés de concert, et auxquels tous promirent de se conformer. Il lui confia la distribution des emplois et le soin de les faire remplir d'une manière irréprochable. Pour faire comprendre aux fidèles que tout est grand dans le service de Dieu, il voulut que, sans aucune espèce de distinction, tous fussent également appliqués aux différentes fonctions; en sorte que chacun, selon son rang d'ancienneté, exerçoit à son tour celles qui aux yeux du monde sembloient peu honorables, comme de porter la croix aux enterremens, accompagner le prêtre qui étoit appelé pour administrer les saintes huiles, marcher devant le saint sacrement, la clochette à la main, lorsqu'on portoit le saint viatique aux malades. Il en étoit ainsi des autres.
paroisse.

XXXI.
Il partage la paroisse en divers quartiers.

Il partagea la paroisse en divers cantons, et assigna à chacun de ses prêtres celui où il devoit travailler, en le lui représentant comme un champ que Dieu lui confioit, et ceux qui l'habitoient comme autant de brebis dont il rendroit compte à notre Seigneur. Ces prêtres devoient visiter assidûment les malades de leur quartier, les confesser, les assister jusqu'à la mort, et proportionner le nombre de leurs visites à la nature de la maladie ; en sorte que ceux qui approchoient de leur fin fussent visités tous les jours, et que ceux qui seroient seulement en danger ne demeurassent pas deux jours entiers sans être vus de leur confesseur, pour recevoir de sa bouche quelques paroles de salut. Il leur enjoignit enfin de prendre des informations sur les nécessités des habitans de leur quartier, spirituelles ou temporelles ; de se faire informer des divisions et des inimitiés qui pourroient être dans les familles, des maisons de débauche, et des différentes causes de la corruption des mœurs auxquelles il étoit nécessaire d'apporter un prompt remède ; enfin de ceux de la paroisse qui vivoient dans l'éloignement des sacremens, et dont la conduite scandaleuse mettroit plusieurs autres en danger de se perdre.

XXXII. Il assigne à chacun de ses prêtres son emploi particulier.

Outre la distribution des différens quartiers du faubourg, il fit lui-même pour la première fois, celle des divers emplois, nommant les uns pour porter aux malades les sacremens de l'eucharistie et de l'extrême-onction ; les autres pour administrer le baptême, ou célébrer les mariages ; quelques-uns pour faire les petites sépultures ; plusieurs pour écouter ceux des paroissiens qui auroient besoin, dans les cas difficiles, de venir prendre conseil ; d'autres enfin, pour aider les prêtres des quartiers, lorsqu'ils seroient infirmes ou trop chargés de travail. Tout le reste fut ordonné avec la même sagesse, tant pour le service de la paroisse, que pour le gouvernement de la communauté. Une des règles sur laquelle il montra le plus de sévérité, fut l'esprit de désintéressement dans l'exercice des saintes fonctions. Il défendit en particulier de rien exiger pour l'administration du saint viatique, et ordonna de refuser absolument tout ce qu'on offriroit pour le sacrement de pénitence; abus que la cupidité avoit introduit alors dans un grand nombre de paroisses.

Pour honorer et faire honorer le sacerdoce, dont la gloire est de marcher sur les traces des apôtres, que notre Seigneur lui-même a donnés pour modèles aux prêtres de tous les siècles, il voulut encore que toutes les rétributions ou offrandes que les ecclésiastiques de sa communauté recevroient des fidèles, fussent mises en commun, en sorte que chacun se contentât de la nourriture et du vêtement.

A la faveur de ce bel ordre, que M. Olier sut mettre dans sa paroisse et dans sa maison, on vit bientôt que si un pasteur sans zèle est pour le troupeau qu'il est chargé de conduire, le plus terrible châtiment de la justice divine; un pasteur plein de sagesse et de vigilance, est au contraire le plus riche présent de sa miséricorde. Celui dont j'écris la vie ne gouverna la paroisse de Saint-Sulpice que pendant dix ans; et avant de se retirer, il eut la satisfaction d'en voir la face entièrement renouvelée, à l'aide d'une communauté si solidement établie, qu'elle est encore aujourd'hui un modèle pour le clergé de Paris: tant elle a su conserver son premier esprit.

FIN DU TROISIÈME LIVRE.

LIVRE IV.

Comme il ne s'agissoit plus, lorsque M. Olier se vit établi dans la cure de Saint-Sulpice, de porter la doctrine du salut de province en province ou d'une paroisse à une autre, mais de sanctifier et de créer comme de nouveau une paroisse qui seule demandoit autant de travail qu'une province entière, il lui falloit une compagnie d'ouvriers, sur les lumières, les vertus et la prudence de qui il pût se reposer. C'étoit principalement de leur vie édifiante et de leur zèle à seconder ses efforts, qu'il attendoit le succès de la mission stable et permanente qui le fixoit au faubourg Saint-Germain.

On a vu qu'il eut bientôt une communauté toute formée et remplie selon le vœu de son cœur. Tous ceux qui la composoient n'ayant été attirés auprès de lui que par les vues les plus pures, il n'eut besoin, pour mettre leur zèle en action, et les trouver prêts à toutes sortes de bonnes œuvres, que de leur montrer d'une part les maux qu'il falloit guérir et les plaies affreuses qui affligeoient tout le troupeau; de l'autre les remèdes qu'il étoit nécessaire d'y apporter. Persuadé néanmoins que Dieu l'ayant placé à la tête de la paroisse, c'étoit à lui surtout à porter ce qu'il y avoit de plus pénible dans le gouvernement de son peuple; jamais il ne se déchargea sur d'autres de ce qu'il pouvoit faire par lui-même, et sa sollicitude embrassoit tous les détails.

I.
M. Olier travaille à la conversion des hérétiques.

Ce qui lui parut le plus urgent, fut la conversion des hérétiques, qui se trouvoient en fort grand nombre dans sa paroisse. Pour les préparer à la grâce qu'il désiroit ardemment leur procurer, et faire luire à leurs yeux la vérité qu'ils méconnoissoient, il établit des conférences publiques, sut se ménager des entrevues avec ceux qui jouissoient de la principale considération dans leur secte, faisant l'accueil le plus charitable à ceux qui revenoient de leurs erreurs; et pourvut aux besoins de ceux qui, en rentrant dans le sein de l'Eglise, n'avoient plus de ressource que dans les aumônes des fidèles. Dieu bénit les démarches de son serviteur, et toucha le cœur de plusieurs qui abjurèrent solennellement l'hérésie de Calvin, dans laquelle ils avoient été élevés.

II.
A l'instruction des catholiques.

Les catholiques eux-mêmes avoient le plus grand besoin d'être instruits sur les vérités de la foi. Plusieurs ignoroient profondément jusqu'aux élémens de la religion qu'ils professoient, et l'on eût dit que la plupart n'avoient jamais entendu parler du symbole de notre foi; tant on en trouvoit, dans toutes les conditions, qui ne comprenoient rien aux questions de la doctrine chrétienne les plus faciles à résoudre. Il falloit annoncer et expliquer l'Evangile tout de nouveau aux grands comme aux petits. Le moyen qu'il prit pour réussir dans une affaire si difficile, fut d'établir des catéchismes en différens quartiers. On ne tarda pas à en voir les fruits, non-seulement

ment dans les enfans pour qui ils se faisoient principalement, mais encore dans les personnes avancées en âge, qui y assistoient en grand nombre.

Comme on n'étoit point accoutumé à voir les prêtres de la paroisse se répandre avec le plus grand zèle, et, la clochette à la main, parcourir les rues et visiter les maisons pour appeler les enfans à l'instruction, rien n'étoit plus édifiant que ce spectacle tout nouveau. Rien aussi ne consoloit tant le zélé pasteur, que les nouvelles qu'il recevoit tous les jours du changement qu'opéroit de toutes parts cette dispensation si bien ordonnée du pain de la parole. Depuis long-temps ce ministère étoit si négligé, que les pères et mères, aussi ignorans dans la science du salut, que leurs enfans, ressembloient à ceux dont l'Ecriture a dit : *Ils ont demandé du pain, et il ne se présentoit personne pour le leur rompre.* Dès la première année, l'on vit succéder l'abondance à la plus affreuse stérilité. Dieu fut tellement avec ceux qui l'apportèrent, que les grands biens qui se firent alors avec le secours des catéchismes, ainsi multipliés et répartis dans la paroisse, s'y sont perpétués jusqu'à ce jour. Personne dans Paris n'ignore avec quel ordre et quel fruit plus de soixante ecclésiastiques du séminaire de Saint-Sulpice travaillent pendant dix mois de l'année à instruire, en douze ou quinze quartiers, les enfans du faubourg Saint-Germain. M. Olier, d'après l'expérience qu'il avoit acquise dans l'exercice du ministère de la parole, sur la méthode d'enseigner la doctrine chrétienne, composa lui-

III.
Son zèle pour les catéchismes.

même et fit imprimer un petit Catéchisme, où il sut réunir à l'exactitude que demande un ouvrage de cette nature, la clarté et la précision; car il vouloit qu'à l'exemple de l'apôtre, un catéchiste, quelque savant et quelque éloquent qu'il fût, proportionnât toutes ses instructions à la foiblesse de l'âge des enfans, ne leur donnant que du lait, en attendant qu'ils fussent capables de porter un aliment plus solide. Il exhortoit surtout les ministres chargés de cette fonction à se catéchiser eux-mêmes, avant que d'enseigner la loi de Dieu aux autres, leur recommandant sur toutes choses, d'observer fidèlement les devoirs de leur état, et d'invoquer dans l'oraison l'esprit de Dieu, pour parler avec vérité, sagesse et sobriété; précautions sans lesquelles le zèle le plus actif et le plus empressé ne peut être qu'un faux zèle, où il entre plus d'effervescence que de vraie ferveur, et plus de vaine recherche de soi-même que de charité.

Entre toutes les institutions dont on est redevable à M. Olier, il n'en est point de plus propre à faire honorer la religion, ni de plus attendrissante, que le spectacle de la première communion qui se fait dans l'église de Saint-Sulpice, le jeudi de la seconde semaine après la quinzaine de Pâque, et le premier jeudi d'après l'octave de la Fête-Dieu. Aussi ne renouvelle-t-on jamais cette cérémonie, où environ six cents enfans se rangent tour à tour à la sainte table avec le plus bel ordre, sans que les assistans, toujours en grand nombre, n'en soient émus et attendris jusqu'aux larmes. Le soin avec lequel les enfans sont instruits, soit avant, soit après leur première communion (1), est regardé avec raison comme une des principales sources des bénédictions répandues sur la paroisse de Saint-Sulpice: et c'est là la raison qu'on aime à donner ordinairement de la piété qui s'y est toujours soutenue, depuis que M. Olier l'a gouvernée; comme de l'éclat avec lequel on y voit régner la dévotion à la sainte Vierge, patronne de tous les catéchismes; dévotion que le serviteur de Dieu semble avoir léguée à ses successeurs avec celle qu'il avoit au très-saint sacrement de l'autel, comme le plus précieux héritage qu'il pût leur laisser, soit pour leur troupeau, soit pour eux-mêmes.

IV.
Il inspire à ses paroissiens une dévotion particulière au très-saint sacrement.

Cette dévotion à la très-sainte eucharistie, fut comme un moyen qu'il employa avec succès pour renouveler l'esprit de son peuple, et relever l'éclat de la religion dans son église. La majesté des divins offices, et le culte du mystère de foi et de charité, qui fait la gloire de nos temples, se ressentoient de la décadence universelle. Comme jamais la foi de la divine eucharistie ne fut plus vive ni plus enflammée que dans le cœur de M. Olier, jamais aussi l'on ne vit plus de zèle à réparer les profanations commises contre les sacrés mystères. Tout annonçoit, parmi son troupeau, le dépérissement de la religion, qui trouve son plus délicieux aliment à la table sainte, et ses plus douces consolations au pied des tabernacles.

(1) Le plus grand nombre des enfans, après leur première communion, fréquentent toujours les catéchismes, où on les entretient dans les dispositions qu'on leur a inspirées, et où on les prépare à la communion générale qui se fait tous les mois.

La communion n'étoit point fréquentée, et l'on ne connoissoit point la pratique si salutaire de l'adoration de Jésus-Christ, présent dans le très-saint sacrement. M. Olier rétablit l'une et l'autre par ses exhortations, qui n'étoient jamais si pathétiques, que lorsqu'il traitoit cette matière. Pour imprimer dans le cœur de ses paroissiens le respect dû à notre Seigneur dans l'eucharistie, il ordonna que ce fût toujours un prêtre qui portât la clochette, lorsqu'on iroit administrer le saint-viatique aux malades. L'office de ce prêtre l'obligeoit à veiller particulièrement pour que Jésus-Christ fût honoré sur son passage. Si quelques-uns ne s'arrêtoient pas ou négligeoient de fléchir le genou, il devoit les avertir; règle qui s'est toujours observée jusqu'à présent, et qu'on voit pratiquer encore aujourd'hui avec autant de fidélité que dans les premiers temps.

<small>V.
Ce qu'il fait pour rendre au culte sa dignité.</small>

Les autels étoient nus et sans décoration; plusieurs même étoient mutilés et à demi-brisés; il les fit construire et revêtir proprement. La sacristie se trouvoit dépourvue d'ornemens; elle fut bientôt aussi richement fournie qu'elle avoit été depuis long-temps pauvre et négligée. Les vases sacrés y étoient en si petit nombre, que pour le clergé qui étoit nécessaire à la paroisse, et pour les messes qui s'y devoient célébrer à toute heure, elle ne possédoit que trois calices. Le vertueux pasteur n'épargna ni dépenses, pour fournir de ses propres revenus de quoi relever aux yeux des peuples la magnificence et la pompe des saintes cérémonies, ni démarches pour intéresser dans la bonne œuvre la générosité des grands de la paroisse, qui étoient riches en biens et en piété. En peu d'années, son église fut une des mieux servies parmi celles de la capitale. La décence et la dignité avec laquelle on y voit concourir aujourd'hui, à la gloire de la religion, tout ce qui peut entrer dans l'appareil auguste des cérémonies qui forment l'extérieur du culte divin, est un monument trop connu de l'esprit qu'il a su transmettre aux héritiers de son ministère, pour ne pas rendre sa mémoire aussi chère aux enfans de ceux dont il a été le pasteur et le père, qu'elle est universellement respectée.

VI. Il fonde l'office canonial dans son église.

Un autre fruit de son zèle pour l'honneur du très-saint sacrement, fut l'établissement de l'adoration perpétuelle et d'une confrérie qui subsiste toujours, à la grande édification de toute la paroisse, et dont l'objet est de rendre assidument à notre Seigneur, réellement présent dans la divine eucharistie, les hommages de l'esprit et du cœur, qui sont dus à son immense charité pour les hommes. Dans le même esprit, et pour attirer des adorateurs en plus grand nombre autour des saints autels où Jésus-Christ repose continuellement, il fonda l'office canonial dans son église. Jaloux de le voir célébrer avec toute la décence qui doit accompagner les prières publiques, il ordonna que les chantres fussent tous ecclésiastiques, et logeassent dans la maison des prêtres. Son zèle, qui embrassoit tout ce qui intéressoit la gloire de Dieu, lui fit trouver les moyens d'entretenir dans la communauté six enfans de chœur, qui, étant toujours sous les yeux d'un sage surveillant, se formoient à la piété, en même temps qu'ils contribuoient à la décence des

saints offices et à la beauté du chant, autant par le mérite de leur voix, que par leur modestie. Une de ses plus douces pensées étoit que la plupart des prêtres de sa communauté se répandoient dans la paroisse pour le salut du prochain, pendant que les autres, rassemblés dans le chœur de son église, offroient à Dieu, au nom de tout son clergé et de tout son peuple, le sacrifice de louange qui est dû sans cesse à la souveraine majesté. S'étant occupé un jour de la fondation qu'il venoit de consommer pour procurer ce tribut de gloire à Dieu, il en écrivoit ainsi à une personne de piété: « Maintenant je viens de voir le grand
» soin qu'il faut prendre pour trouver de saints
» ecclésiastiques qui résident au chœur continuelle-
» ment, et chantent les louanges de notre Seigneur;
» puisqu'avec le secours que nous a fourni la
» sainte Providence, toutes les heures canoniales
» y sont fondées. On verra alors dans notre église
» une image du paradis, où retentissent sans cesse
» les hymnes et les cantiques des bienheureux. C'est
» le devoir des prêtres, qui ne vaquent point aux
» fonctions du zèle, de louer Dieu pour suppléer
» au peuple qui n'en a pas le loisir, quoiqu'il dût
» le faire, s'il le pouvoit, pour reconnoître les
» grandes et continuelles faveurs qu'il reçoit de
» sa bonté: celui d'un pasteur est de veiller pour
» que ces louanges se rendent au Seigneur par
» les prêtres, à qui il commet cette fonction, avec
» tout le respect dont il doit être pénétré lui-
» même lorsqu'il prie ». On voit ici que le vœu de M. Olier ne seroit nullement rempli, si les prêtres de la communauté qu'il a établie abandonnoient

entièrement le chant de l'office de chaque jour à quelques chantres appelés et réunis uniquement pour les aider dans cette fonction : en est-il, pour un digne ministre du Seigneur, de plus propre à le délasser saintement des travaux du ministère extérieur ?

Comme un curé se doit à tous ceux qui composent son troupeau, M. Olier, après avoir réglé sa communauté, réparé et orné son église, fondé l'office perpétuel, procuré des instructions et des catéchismes aux enfans, pensa aux besoins spirituels des domestiques et des pauvres. Outre les secours qui leur étoient communs avec les autres paroissiens, et qu'ils trouvoient dans les fréquentes exhortations qui se faisoient à l'église, il établit pour eux des catéchismes et des instructions particulières. Trois fois par semaine, il faisoit rassembler les laquais ou autres domestiques, et trois autres jours les mendians, pour les disposer aux sacremens de pénitence et d'eucharistie. Chaque exercice fait pour ces derniers, étoit suivi d'une distribution d'aumônes qu'il proportionnoit au mérite des réponses qu'ils avoient données aux interrogations. C'étoit ordinairement trois ou quatre cents pauvres à instruire et à soulager : la charité du pasteur trouvoit dans sa paroisse de quoi pourvoir à tout ; et d'année en année, on voyoit le bien se multiplier sensiblement dans tous les quartiers du faubourg.

VII.
Il pourvoit à l'instruction des pauvres et des domestiques.

Le zèle du serviteur de Dieu ne se borna point encore à tous ces établissemens. Il avoit appris par expérience que parmi les fidèles arrivés à un grand âge, beaucoup avoient besoin d'être instruits comme de nouveau sur les vérités du salut qu'on leur avoit enseignées dans leur enfance. Il établit donc pour les vieillards un catéchisme qui se faisoit tous les vendredis; et pour les engager plus efficacement à en profiter, il leur fit distribuer des secours qui se mesuroient aussi sur la manière dont ils satisfaisoient aux demandes qu'on leur faisoit tour à tour.

Outre ces différens catéchismes, il en fit faire un autre dans l'église pour toutes sortes de personnes; mais afin que la honte n'en éloignât pas les personnes âgées qui avoient cependant besoin d'être instruites, il crut à propos de le faire dans un langage un peu plus relevé que les autres, sans rien dire toutefois qui ne fût à la portée de tous; car il ne recommandoit rien tant que d'éviter dans les catéchismes, comme dans les prônes, un style recherché, et tout ce qui est plus propre à faire briller l'esprit de celui qui parle, qu'à édifier les auditeurs. Enfin il envoyoit de temps en temps plusieurs ecclésiastiques de la communauté dans les familles où il savoit qu'on vivoit dans l'ignorance des vérités du salut, sans oser venir aux instructions publiques: il y faisoit distribuer des feuilles imprimées où étoient écrits les principaux actes du chrétien, les prières du matin et du soir, avec l'offrande que doit faire à Dieu tout fidèle, des actions de la journée, recommandant aux pères et aux mères d'en faire usage tous les jours pour ceux de leur maison et pour eux-mêmes. Souvent il faisoit ces visites en personne, prenant surtout plaisir à aller jusque dans les chaumières des habitans de la paroisse, les plus pauvres et les plus éloignés; car elle s'étendoit alors assez loin dans la campagne. On se figure aisément avec quelle affection il leur parloit; c'étoit un père qui portoit la nourriture spirituelle à ses enfans, et qui mettoit son plus doux plaisir à les entretenir des choses de Dieu.

Le soin que prit M. Olier de multiplier les instructions dans sa paroisse, y produisit un si grand changement, et la piété y devint bientôt si florissante, qu'il fallut augmenter le nombre des ouvriers évangéliques. Les confessionnaux y étoient aussi fréquentés qu'ils avoient été déserts avant lui. On y vint avec un si grand concours, que les confesseurs étoient occupés tous les dimanches et fêtes, depuis cinq heures du matin, jusqu'à une heure après midi, et le soir jusqu'à la nuit; ce qui continuoit encore, après les grandes solennités, deux ou trois jours entiers. Le zélé pasteur se vit contraint d'aller inviter les supérieurs des communautés religieuses du faubourg, à leur prêter du secours pendant la quinzaine de Pâque. Chaque maison lui fournit deux confesseurs, qui, durant tout ce temps, partagèrent avec lui et avec les prêtres de sa communauté, les travaux du ministère de la pénitence. Il témoignoit beaucoup d'estime et de respect à tous les ordres religieux; mais il chérissoit particulièrement les deux maisons de noviciat des Dominicains et des Jésuites, où la doctrine étoit aussi pure que la piété y étoit florissante. On l'entendit répéter plus d'une fois que si la divine miséricorde prodiguoit tant de grâces dans sa paroisse, et y faisoit tous les jours de nouvelles conversions, c'étoit le fruit de leurs prières.

<small>VIII. Il fait plusieurs établissemens nouveaux en l'honneur du très-saint sacrement.</small>

Le progrès qu'avoit fait depuis deux ans la dévotion au très-saint sacrement, et les bénédictions qu'elle attiroit sur son peuple, engagèrent M. Olier à ajouter de nouvelles pratiques aux anciennes, et à perfectionner ou étendre celles qui étoient susceptibles d'accroissement. Il en parloit dans tous ses sermons et tous ses prônes. L'adoration perpétuelle établie déjà pour le jour, le fut encore pour la nuit. Il institua et fit célébrer avec beaucoup de solennité, les prières de quarante heures pendant les trois jours qui précèdent le Carême. Afin d'arrêter les désordres qui se commettoient aux fêtes de l'Epiphanie et de saint Martin, il établit pour ces deux jours l'exposition du très-saint sacrement. C'est à la même époque que remontent la messe solennelle et le salut qui se célèbrent encore les premiers jeudis du mois. Pour toutes ces fondations et plusieurs autres, il fut beaucoup aidé par les libéralités de la duchesse d'Aiguillon. A tous les présens qu'il avoit déjà faits à son église, il y en ajouta un nouveau d'une grande beauté ; c'étoit une lampe d'argent à sept branches, qui, pour représenter les sept esprits montrés à saint Jean autour du trône éternel, demeuroit toujours allumée devant le tabernacle où reposoit le très-saint sacrement. Aux deux côtés de l'autel il fit brûler continuellement deux cierges qu'il fournissoit à ses dépens, avec les flambeaux qu'il fit porter devant la sainte eucharistie, lorsqu'on alloit l'administrer aux malades; pratique qui s'est toujours observée jusqu'à présent.

Lorsqu'il sortoit du presbytère, ou qu'il y rentroit, jamais il ne manquoit d'entrer dans l'église pour y adorer notre Seigneur; et lorsqu'il faisoit ses visites pastorales, pour se trouver toujours plus près de lui, il choisissoit les rues où, sans s'écarter beaucoup de son chemin, il devoit rencontrer plus d'églises. Enfin, pour répandre la dévotion au saint sacrement, il fit graver une estampe où on le voyoit représenté sous la forme la plus propre à ranimer la foi, et la distribua dans toutes les maisons. Ce fut une personne de haute qualité qui lui proposa de donner à son église de quoi fonder la messe et le salut de chaque premier jeudi du mois. Quelque louable que fût cette fondation, dans la crainte cependant qu'une pratique aussi fréquente ne portât préjudice à la dévotion qu'on se proposoit d'entretenir et d'augmenter, il se montra très-difficile à y consentir: exemple qui apprend à régler par la prudence les meilleures institutions, et à se précautionner contre tout ce qui peut les faire dégénérer en abus. Par respect pour la divine eucharistie, et pour le lieu saint où elle reposoit, il recommanda et ordonna même que les ecclésiastiques de sa communauté ne parussent jamais à l'église qu'en habit de chœur, ou au moins en manteau long; que jamais aussi ils n'y entrassent et n'en sortissent, sans faire à genoux quelques momens d'adoration devant l'autel. Il fut réglé encore qu'on ne donneroit pas l'entrée du chœur aux laïques, pour quelque raison que ce fût; règle toujours convenable, mais quoiqu'elle ait été négligée dans un temps, devenue comme nécessaire, depuis que le clergé de la paroisse, considérablement augmenté, présente un spectacle dont le mélange des personnes séculières défigureroit la beauté. M. Olier excepta seulement les princes et princesses du sang qui viendroient assister à quelque cérémonie extraordinaire. Il voulut aussi que le sacristain et le clerc de l'œuvre fussent ecclésiastiques, ou du moins, si cela ne se pouvoit pratiquer, que jamais ils n'entrassent dans le chœur, ou à plus forte raison dans le sanctuaire, ce qu'il ne permettoit pas même hors le temps des saints offices. Enfin il ne souffrit point que les chantres, qui n'avoient pas la tonsure cléricale, fussent admis et portassent le surplis dans son église: tant il étoit jaloux de ne laisser voir au peuple fidèle rien qui ne répondît à la majesté du culte divin et à la dignité des saintes fonctions.

IX.
Il projette la construction d'une nouvelle église.
1645.

Il y avoit trois ans que M. Olier gouvernoit la paroisse de Saint-Sulpice, lorsqu'il conçut un projet qui devoit relever encore l'éclat des cérémonies qui accompagnent les sacrés mystères, et exciter de nouveau la piété de ses paroissiens. Ce fut de construire une église qui répondît mieux au bel ordre qu'il avoit mis dans les solennités, au clergé nombreux qu'il venoit de former et qui augmentoit tous les jours, enfin à la multitude des fidèles qui fréquentoient Saint-Sulpice avec empressement, soit pour entendre la parole de Dieu, soit pour assister aux divins offices. Dès son entrée dans la paroisse, on avoit rehaussé le terrein de celle qui existoit, on l'avoit pavée à neuf, et le grand autel avoit été reconstruit. L'année suivante 1643, il avoit tenu plusieurs assemblées des marguilliers et des notables pour délibérer sur le dessein qu'il méditoit. La principale fut celle du mois de mars, où assista le prince de Condé; mais tout demeura suspendu jusqu'en 1645. Il fut arrêté alors qu'on bâtiroit un nouveau chœur, qui, étant ajouté à l'ancienne église, l'augmenteroit considérablement. Le plan en ayant été tracé sous les yeux de M. Olier, dès le lendemain on commença à creuser les fondemens. Ce fut un grand sujet de joie pour le pasteur et pour son troupeau. La Reine mère posa la première pierre avec une grande pompe, en février 1646. Elle vint à l'église, accompagnée de la princesse de Condé, de la duchesse d'Aiguillon, de la comtesse de Brienne, des ducs de Guise et d'Uzès. Elle y fut reçue par M. Alain de Solminihac, évêque de Cahors, homme d'une piété éminente, et mort, comme il avoit vécu, en odeur de sainteté. M. Olier l'accompagna avec tout son clergé. Jamais spectacle dans cette paroisse n'avoit plus honoré la religion : tant la dignité de la personne auguste qui fixa tous les regards, rehaussée par la modestie qu'elle fit paroître, imprima de recueillement et de respect à tous les spectateurs. Les mesures furent prises à propos pour accélérer l'exécution du plan qu'on avoit arrêté; on commença par construire la chapelle de la sainte Vierge, qui, malgré tout le zèle et tous les soins de M. Olier, ne put être achevée et élevée à la hauteur qu'elle a maintenant, qu'en 1657.

Les obstacles qui retardèrent la consommation de son entreprise, et qui n'ont pu être levés enfin

X.
Ses soins pour les pau-

vres de sa paroisse.

qu'après un siècle, ne ralentirent point son ardeur à édifier les temples vivans, ni son attention à soutenir corporellement les membres souffrans de Jésus-Christ. A peine en possession de sa cure, il avoit fait dresser un rôle des pauvres honteux qui étoient au nombre de quinze cents. Pour leur porter les aumônes, il employa deux hommes doués de toutes les vertus qui peuvent assurer en quelque sorte une place au livre de vie. Le premier étoit un prêtre de la communauté nommé Gibily, plus connu sous le nom de *Confesseur des pauvres*. On peut juger de l'opinion qu'on en avoit dans la paroisse, par l'espèce d'éloge funèbre dont fut décorée sa sépulture. On y vit une grande multitude de pauvres, qui, par leurs gémissemens et leurs sanglots, le célébrèrent bien mieux que n'eût pu faire le plus éloquent orateur de la capitale. Le second étoit un laïque nommé Jean Blondeau, qu'on connoissoit sous le nom de frère Jean de la Croix. Il avoit été domestique du *pauvre prêtre Bernard*, dont on a écrit la vie et dont on voit le tombeau dans l'église *des Frères de la Charité*, à Paris. Celui-ci l'avoit pris parmi les mendians, et se l'étoit attaché pour l'aider dans le service des malheureux, auxquels personne n'ignore qu'il voua tous ses services jusqu'à la mort. Il s'étoit acquitté de cette fonction avec tout le zèle et toute la charité que peut inspirer l'esprit du christianisme. Ce fut avec les mêmes dispositions qu'il aida M. Olier pour la distribution des aumônes dans sa paroisse, et après lui M. de Bretonvilliers; car tant qu'il eut des forces, il voulut être le serviteur des pauvres. La grande estime dont il jouissoit universellement, alloit jusqu'à la vénération. Quand les années et l'épuisement l'eurent mis hors d'état de visiter et de secourir les indigens, il se retira au séminaire, où l'on s'estima heureux de le posséder tant qu'il vécut ; comme on se glorifie d'y conserver son corps, qui repose dans une des chapelles souterraines.

M. Olier, accompagné de M. Gibily ou du frère Jean de la Croix, faisoit souvent des visites générales, dans lesquelles, pour l'ordinaire, il distribuoit environ quatre cents livres. Se faisant tout à tous, il entroit dans les plus grands détails, ne craignant rien tant que de laisser un seul de ses paroissiens dans les besoins de l'indigence, faute de bien connoître sa situation. Aimant les pauvres comme une mère aime ses enfans, et les portant tous dans son sein, il payoit les mois de nourrice, plaçoit les orphelins, procuroit du travail aux filles qui manquoient de pain ; et à la fin de chaque semaine, il leur faisoit donner une somme réglée par de vertueuses paroissiennes, chargées de veiller sur leurs nécessités et sur leur conduite. Deux fois la semaine, quand on eut bâti le séminaire dont il sera parlé au livre suivant, il y faisoit donner la nourriture à un grand nombre de mendians, qu'on y a vus quelquefois jusqu'à neuf cents. Autant de fois l'année, il faisoit acheter de la toile et des étoffes pour les vêtir. Toutes ces aumônes l'obligeoient à mettre des sommes considérables dans les mains du frère Jean de la Croix, et jamais il ne lui refusoit rien de ce qu'il demandoit : tant il se confioit en la divine Providence. Souvent, à la vérité, il se voyoit sans argent ; mais la vivacité de la foi avec laquelle il recouroit alors à l'assistance de la sainte Vierge, faisoit bientôt venir les secours nécessaires. Il disoit alors que la bourse du Père des pauvres étoit inépuisable pour ceux qui se reposoient sur lui.

XI.
Il entreprend la conversion des personnes de mauvaise vie.

Quelque sensible qu'il fût au sort des indigens, en grand nombre dans sa paroisse, il étoit encore plus touché des désordres qu'y causoit dans certains cantons la corruption des mœurs. Entre ceux qui alarmèrent son zèle, celui qui l'affecta le plus fut la multitude des maisons qui servoient de retraite aux femmes publiques, et de rendez-vous aux libertins, parce qu'il ne connoissoit point de vice aussi désastreux ; et que depuis long-temps il n'avoit fait nulle part plus de ravage que dans le faubourg Saint-Germain : ce fut aussi celui qui exerça le plus sa vigilance. Il seroit impossible de rapporter ici tout ce qu'il entreprit pour délivrer son troupeau de cette contagion, mille fois plus meurtrière que tous les fléaux ensemble. Tantôt il exhortoit ses paroissiens, et lorsque ses conseils ne suffisoient pas, il leur défendoit, au nom du souverain juge, de louer leurs maisons à toutes personnes vendues au libertinage ; défense qu'il accompagnoit des menaces les plus terribles, d'éprouver, au moment qu'ils y penseroient le moins, toute la sévérité des vengeances divines, et qu'il appuyoit des exemples les plus effrayans. Tantôt, pour proscrire les lieux de prostitution aussi funestes à l'honneur et à la prospérité des familles, qu'au salut des ames, il réclamoit le devoir des magistrats

trats. Avec toute la vigueur que donne le zèle de Dieu à un ministre de la religion, il leur représentoit, qu'à titre de protecteurs des lois, ils répondroient au tribunal devant lequel comparoîtront tous les hommes, des scandales publics qu'ils entretiendroient par leur négligence, ou qu'ils autoriseroient par l'impunité. Tantôt il appeloit à son secours les personnes les plus vertueuses des différens quartiers de la paroisse, et les engageoit à prendre toutes les voies de la persuasion et de la douceur, pour retirer les victimes infortunées de l'incontinence du gouffre où les avoit précipitées la misère. On le trouvoit toujours prêt à fournir de quoi lever le plus grand obstacle à leur retour vers Dieu, en leur procurant quelque moyen de subsister. Tantôt enfin il les faisoit enlever de gré ou de force, pour les confier à des personnes charitables à qui il payoit leur pension, et pour les mettre à portée de recevoir des instructions capables d'en faire autant de conquêtes de la grâce. Cette œuvre ne lui coûtoit pas moins de dépenses que de travaux et de soins : « mais, disoit-il, si le Fils de Dieu a donné pour » cette ame, que je veux retirer du vice, sa vie » et son sang ; et si pour la sauver il n'exige pas » que je donne mon sang comme lui, n'est-il pas » bien raisonnable que j'y contribue au moins de » mon argent »? Souvent il essaya de travailler par lui-même, à la conversion de plusieurs, mêlant à propos l'huile avec le vin dans les corrections qu'il leur faisoit ; c'est-à-dire, imprimant la terreur, et frappant par la crainte, lorsqu'il ne pouvoit réussir à émouvoir par le langage de la compassion et de la bonté. S'il eut la douleur d'en laisser plusieurs dans l'endurcissement, il eut aussi la consolation d'en gagner un grand nombre.

Il y avoit dès-lors dans Paris une maison connue sous le nom de *la Madeleine,* près du *Temple*, qui servoit d'asile aux filles pénitentes, et touchées de la grâce. Il en plaça plusieurs dans cette communauté ; mais le nombre de celles qui profitèrent des saintes impressions que ses discours opéroient dans les ames, devenant trop considérable pour les réunir toutes au même endroit, il résolut de faire un établissement semblable dans le faubourg : c'étoit l'unique moyen de préserver du péril celles qui, faute de ressource assurée, retomboient par foiblesse dans leurs premiers désordres. Parmi les grands et les riches de sa paroisse, il en trouva plusieurs qui applaudirent à son projet, et qui offrirent généreusement de contribuer à une œuvre si importante ; mais Dieu permit que son serviteur trouvât encore ici des obstacles qu'il ne pût aplanir. Des personnes prévenues contre cette nouvelle fondation, sous prétexte qu'elle pouvoit préjudicier beaucoup à l'établissement qui existoit déjà, formèrent une opposition à laquelle il fut contraint de céder. Il n'en vint cependant à cette extrémité, qu'après avoir tenté toutes les voies de réussir ; en sorte qu'il eut devant Dieu tout le mérite de l'entreprise que lui avoit inspiré son zèle, sans goûter dans cette vie la joie d'en recueillir les fruits. Cette contradiction donna lieu d'admirer combien il savoit posséder son ame dans la paix, et sa parfaite conformité à la volonté de Dieu dans les mauvais succès. Lorsqu'on vint lui annoncer qu'enfin il ne falloit plus penser à cet établissement; « Hé bien, répondit-il, Dieu » soit béni : il est le maître; sa très-sainte volonté » soit faite en toutes choses (1) ».

Une autre fois, lorsqu'une personne de piété lui représentoit que tout ce qu'il entreprenoit à si grands frais pour les jeunes débauchées, étoit peine perdue, puisque tous les jours on en voyoit qui, après leur conversion, retournoient à leurs premiers désordres, il répondit tranquillement : « Non, la peine que l'on prend pour notre Sei- » gneur n'est point perdue : elle n'a pas toujours » le succès que nous nous proposons; mais elle » ne laisse pas d'en avoir un autre sur lequel nous » pouvons toujours compter, c'est de nous avan- » cer nous-même dans le bien, d'augmenter nos » mérites, de nous procurer une plus grande » gloire dans le ciel, et sur la terre le plus haut » point d'honneur auquel puisse aspirer une créa- » ture, qui est de travailler pour Dieu ». Après avoir fait cette réponse, il demanda si toutes celles qui avoient été retirées du désordre y étoient retombées; et comme on lui eut avoué que non : « Ah! reprit-il, que vous devez être content ! » quand dans toute votre vie vous n'auriez gagné » qu'une ame, elle auroit été bien employée, » puisque le Fils de Dieu eût donné la sienne pour

---

(1) La maison des Pénitentes établie dans la paroisse de Saint-Sulpice, selon le vœu et le projet de M. Olier, sous le nom de *communauté du Bon Pasteur*, ne fut fondée qu'en 1684, par les soins de M. de la Barmondière, un de ses successeurs.

» cette seule ame, quand il n'auroit créé qu'elle
» dans le monde ».

M. Olier n'étoit pas moins attentif à préserver les ames innocentes des dangers de la corruption, qu'à sauver celles qui s'étoient perdues. Il se faisoit informer des piéges auxquels se trouvoient exposées celles qui avoient le plus à craindre de leur âge et de leur sexe. Dès qu'il y avoit du risque à courir pour quelques-unes, si elles étoient pauvres, leurs parens recevoient aussitôt de sa part les secours nécessaires pour mettre leur salut et leur honneur à couvert. On auroit peine à croire le nombre des jeunes personnes qui, sans les soins de ce charitable pasteur, seroient devenues la proie de l'enfer. Ayant appris un jour qu'une mère devoit vendre sa fille pour une somme très-considérable, et que dans un lieu marqué de sa paroisse, elle devoit la livrer à un homme gagné pour exécuter le complot, il prit aussitôt des mesures pour le faire échouer; et voici comme il y réussit. Il demanda quelques gardes qui lui furent accordés; et après avoir tout concerté avec une personne de considération, qui consentit à se transporter elle-même au lieu où devoit se faire l'enlèvement, il les envoya munis du pouvoir et des instructions dont ils avoient besoin pour seconder ses vues. Tous s'étant trouvés à propos au moment et au lieu du rendez-vous, cette innocente fille, moins coupable que malheureuse d'appartenir à une marâtre, fut au comble de sa joie de rencontrer une mère dans celle qui venoit la délivrer; et se jetant avec transport entre ses bras, après avoir échappé des mains de ses ravisseurs, alla mettre son ame et ses mœurs en sûreté dans la maison de sa libératrice (1). Ce n'est là qu'un exemple entre mille. M. Olier, inconsolable de la perte de tant d'ames que la pauvreté seule jetoit dans le précipice, médita long-temps la fondation d'une communauté, où les dames de charité placeroient toutes les filles de la paroisse élevées chrétiennement, qui, faute de secours, se verroient exposées aux derniers malheurs; mais il vécut trop peu pour former cet établissement; et lorsqu'il s'en occupoit le plus, il fut attaqué de la maladie qui l'obligea de remettre sa cure en d'autres mains.

XII. Il précautionne ses paroissiens contre l'hérésie.

Malgré les mesures qu'il avoit prises dès les premiers temps pour préserver ses paroissiens du poison de l'hérésie, il étoit encore si répandu dans le faubourg, par le grand nombre des Protestans qui l'habitoient, que les catholiques étoient continuellement exposés à faire naufrage dans la foi. Il redoubla son zèle pour guérir, ou du moins pour diminuer la plaie. Comme il falloit plus d'une sorte de remède à un mal si contagieux et si funeste, le premier qu'il employa fut d'ordonner qu'on lui fît connoître toutes les maisons occupées par les sectaires, et qu'on ne négligeât rien pour découvrir les personnes d'entre les catholiques qui les fréquentoient. Ses ordres furent exécutés, et ses avis furent suivis avec autant de prudence que de zèle et d'activité. Dès qu'on lui faisoit connoître quelqu'un qui montroit de l'inclination pour les erreurs du temps, il le visitoit lui-même ou le faisoit visiter par quelqu'un de

(1) Mlle de Polaillon.

ses prêtres, pour l'affermir dans la foi de la sainte Eglise Romaine.

Un autre moyen, ce fut d'exhorter vivement ses paroissiens, soit en chaire, soit dans les entrevues particulières, à ne point louer leurs maisons aux hérétiques, et à les fuir comme des pestiférés. Mais celui de tous les remèdes qu'il préféroit à tous les autres, c'étoit de tenter la voie de la douceur, et d'attirer les enfans rebelles à l'Eglise, par les témoignages de cette tendre charité qui ne s'irrite jamais que contre les vices, non contre les personnes qui ont eu le malheur de s'y laisser entraîner ou surprendre. Ce fut dans cet esprit qu'il désigna particulièrement deux prêtres de sa communauté, pleins de lumières et de sagesse, M. de Vayron et M. de Beaumais, soit pour instruire par des conférences publiques (qui se faisoient à certains jours de la semaine dans son église) ceux qui n'avoient besoin que d'être détrompés sur les préventions dans lesquelles ils avoient été élevés dès l'enfance, soit pour éclairer dans des entretiens particuliers ceux qui n'oseroient pas se trouver aux instructions communes. Il voulut même que tous ceux qui travailloient avec lui fussent très-versés dans la controverse, pour être en état de ramener les personnes séduites qu'ils rencontreroient dans l'exercice de leur ministère; et lorsque le séminaire fut établi, toutes les semaines on y faisoit, sur les matières du temps, une conférence où se rendoient en grand nombre les prêtres des différentes paroisses de la ville.

Le zèle avec lequel M. Olier se livroit à toutes

sortes de bonnes œuvres, en faveur de ses paroissiens, ne lui faisoit point perdre de vue le projet qu'il avoit conçu depuis plusieurs années, de fonder un séminaire qui pût être d'une utilité universelle pour l'Eglise de France. Persuadé que Dieu ne l'avoit pas tiré du travail des missions pour qu'il se bornât au gouvernement d'une paroisse, quelque vaste qu'elle fût, il portoit sans cesse dans son cœur le désir de former des prêtres qui se répandissent dans tous les diocèses du royaume, soulageassent les curés des villes et des campagnes, et rendissent tous les services dont les ministres de Jésus-Christ sont redevables aux peuples. Mais, pour exécuter cette entreprise, il falloit, avec le consentement des supérieurs ecclésiastiques, des lettres-patentes du Roi ; ce qui demandoit du temps et de longues négociations. J'en ai différé le récit jusqu'à présent, pour ne point interrompre celui des différentes œuvres auxquelles il s'appliqua sans relâche, jusqu'à ce qu'il eût donné une nouvelle forme et communiqué un nouvel esprit à sa paroisse.

XIII. Il s'occupe particulièrement de l'établissement du séminaire.

Dès l'année 1643, il avoit fait pour cet établissement plusieurs démarches, qui avoient trouvé de grandes oppositions. C'est le sort des saintes entreprises d'être traversées. M. Olier étoit trop versé dans les voies de Dieu, pour se laisser abattre par les difficultés, quelque considérables ou quelque multipliées qu'elles fussent; loin de le faire retourner en arrière, elles servoient plutôt à l'encourager, et ne faisoient qu'augmenter sa confiance. Voici comme la divine Providence daigna enfin les aplanir.

XIV.
On lui offre l'évêché de Rodez.

Il y avoit plus d'un an que M. de Corneillan, évêque de Rodez, pensoit à se retirer, et désiroit avoir M. Olier pour successeur, lorsqu'il envoya son neveu à Paris pour lui en faire la proposition; trait aussi honorable à la mémoire de ce prélat, qu'au mérite du serviteur de Dieu. Ce choix fut agréable à la Reine régente; mais M. Olier n'ayant point changé de dispositions à l'égard des hautes dignités de l'Eglise, cette nomination alarma sa modestie, et fut pour lui un nouveau sujet de peine. Comme il douta cependant si Dieu n'avoit pas suggéré lui-même à M. de Corneillan, la pensée de quitter son siége en sa faveur; et si ce n'étoit pas un moyen préparé par la Providence, pour l'exécution de son dessein, après avoir consulté notre Seigneur dans la prière, il s'adressa aux supérieurs auxquels il appartenoit de lui accorder ou de lui refuser le consentement sans lequel il ne pouvoit rien entreprendre.

Henri de Bourbon, évêque de Metz, étoit alors abbé de Saint-Germain, et se trouvoit à Paris. M. Olier alla lui faire part de ses dispositions, en l'assurant que si ses travaux lui étoient agréables, il continueroit de les employer pour le salut du troupeau dont il étoit chargé, et ne penseroit nullement à l'évêché de Rodez; que si au contraire il ne le jugeoit pas propre à gouverner la paroisse de Saint-Sulpice, il s'en retireroit aussitôt, n'ayant rien plus à cœur que de se conformer aux ordres de la Providence, qu'il reconnoîtroit dans les siens. Un langage si désintéressé ne pouvoit qu'inspirer à l'abbé de Saint-Germain la plus grande estime pour M. Olier. Il admira son humilité, lui témoigna la plus grande joie de le voir curé du faubourg, le pria de ne point penser à un changement, l'assura de sa protection, et lui promit de seconder l'œuvre excellente dont il lui tardoit d'avancer l'exécution. La grâce qu'il venoit de lui faire espérer suivit de près la promesse. Au mois de septembre 1644, il lui donna tout pouvoir de faire bâtir, dans le jardin du presbytère, trois corps de logis pour y placer les prêtres appliqués au service de la paroisse, qui composoient sa communauté, et les clercs qui venoient de toutes parts se ranger sous sa conduite. Cette permission fut confirmée dans le même mois par l'assemblée des principaux habitans de la paroisse, où se trouva l'abbé de Saint-Germain, et dans le mois suivant par Gaston, duc d'Orléans, qui, n'ayant pu se rendre à l'assemblée, donna des lettres d'approbation signées de sa main.

M. Olier, après avoir refusé l'épiscopat pour la quatrième fois, se sentit plus porté que jamais à suivre son ancien projet. Il prit ses mesures pour l'exécuter, avec d'autant plus d'empressement, que la maison où il avoit logé ses clercs étoit trop petite et fort mal distribuée. Pour satisfaire tous ceux qui s'y présentoient, il avoit été contraint de pratiquer dans les greniers des cellules fort étroites, où l'on souffroit beaucoup de la chaleur en été et de la rigueur du froid en hiver. Mais il parut bientôt que Dieu et la sainte Vierge le protégeoient encore plus que les hommes dans son entreprise. Comme le terrain sur lequel il se proposoit de construire son séminaire ne lui paroissoit pas d'une assez grande étendue, au mois de mai de l'année 1645, il en acheta un autre beaucoup plus vaste, qui se trouva à vendre fort à propos, et qui étoit situé près de l'église. Dès qu'on sut qu'il avoit renoncé au plan arrêté dans l'assemblée des paroissiens, et qu'il s'agissoit d'en dresser un nouveau qui seroit incomparablement plus dispendieux, il essuya plusieurs reproches sur la témérité prétendue d'une opération si difficile et si hasardeuse. On s'efforça de l'en détourner: on ne se lassoit point de lui dire, qu'à peine il auroit jeté les fondemens de l'édifice, qu'il seroit dans la nécessité de l'abandonner. Aux plaintes et aux murmures, quelques-uns ajoutèrent les railleries les plus indécentes: mais sa réponse étoit toujours la même. « Jésus-Christ » notre Seigneur, disoit-il avec sa douceur et sa » confiance ordinaire, qui a commencé l'œuvre, » l'achevera par sa miséricorde. Il ne faut pas se » défier de sa bonté; ses trésors sont toujours » pleins, et jamais ils ne s'épuisent. Prenons cou- » rage, la sainte Vierge nous secourra »..

Ce dernier sentiment lui avoit été mis dans l'ame par une faveur spéciale qu'il avoit reçue tout récemment de la mère de Dieu. Etant allé un jour à Notre-Dame, pour y célébrer la sainte messe, accompagné d'un de ses prêtres; pendant qu'il étoit en oraison, elle lui apparut tout d'un coup, tenant dans les mains un vaste bâtiment, qu'elle lui présentoit, en lui ordonnant d'en faire construire un semblable. Voici ce que je trouve à ce sujet, écrit de sa main. « J'espère que le » nom de Marie sera béni dans notre maison, » et tout mon désir est de l'imprimer dans l'esprit

de mes frères. Elle en est la conseillère, la pré-
» sidente, la trésorière, la princesse, la reine, et
» toutes choses. C'est elle qui nous a donné le
» dessin du bâtiment. Pendant cet été, lorsque
» nous étions allés la consulter sur cette affaire à
» Notre-Dame, il lui plût nous apparoître, portant
» en main le modèle d'un édifice qu'elle me donnoit
» pour m'en charger. Je n'osois presque l'accepter,
» n'ayant pas de quoi l'entreprendre. Je la priai
» de le mettre dans les mains de celui qui étoit
» auprès de moi ; mais sa bonté me témoigna
» qu'elle vouloit que ce fût moi-même qui le
» prisse pour l'exécuter ».

Avant de raconter ce que fit le serviteur de Dieu en conséquence de cette apparition, c'est ici le lieu de faire connoître une seconde protestation, qu'il avoit faite cette même année dans l'église de Montmartre, de ne vivre plus que comme une hostie entièrement dévouée à la très-sainte Trinité, au service de Jésus-Christ et de son Eglise. Il la renouvela avec les mêmes ecclésiastiques qui l'avoient accompagné la première fois sur cette montagne. Elle est conçue en termes si énergiques, et la plus ardente charité y respire avec tant d'abondance et d'élévation tout à la fois, que j'ai cru devoir n'en presque rien omettre.

XV. Nouvelle protestation qu'il fait à Montmartre, d'être tout au service de Dieu et des peuples.

« Ce vendredi 24 février 1645 (c'est lui-même
» qui rapporte ses propres paroles) à la gloire de
» Dieu, trois pauvres esclaves dépouillés de tout
» honneur et de tout bien, ayant perdu tout droit
» sur leur être, leur vie, leur liberté, se sont
» offerts à la sainte Trinité, sous la protection des
» trois saints martyrs saint Denis, saint Rustique

» et saint Eleuthère, à Montmartre, s'aban-
» donnant à Dieu en Jésus-Christ, pour être ce
» qu'il voudroit en son Eglise.

» En ce même abandon, s'ils osoient, ils se
» dévoueroient à Jésus-Christ vivant en eux, tout
» indignes et tout misérables qu'ils sont, pour
» être immolés à la gloire de Dieu, et souffrir
» à son service telle persécution, telle croix qu'il
» lui plaira porter en eux, pour la satisfaction
» de son père. Dans cette vue, si leur indignité
» ne s'y opposoit, ils feroient volontiers profession
» d'hostie et de servitude entre les mains de leur
» souverain maître.

» S'ils osoient encore, ils iroient chercher de
» tout leur cœur les peuples infidèles et barbares,
» pour servir et mourir au milieu d'eux à la gloire
» de Dieu, leur portant l'Evangile de Jésus-Christ.
» Ils désireroient, si c'étoit toujours le bon plaisir
» de Dieu, de se voir particulièrement appliqués
» au culte du très-saint sacrement, se consacrant
» à le faire honorer, servir, glorifier, partout où
» sa bonté les établiroit, tâchant d'y faire con-
» noître ce qu'il est, ce qu'il peut, ce qu'il opère
» dans cet auguste mystère d'amour, en faveur
» de ses vrais adorateurs.

» Dans la même intention, nous nous sommes
» mis sous le domaine entier de Jésus-Christ,
» notre Seigneur, en son adorable sacrement, le
» suppliant d'établir dans nos ames la vie, l'es-
» prit, les dispositions qu'il désire de nous, et re-
» connoissant que nous ne pouvons rien qu'en lui,
» nous avons laissé à ce divin Seigneur à con-
» sommer en nous tout esprit propre, toute vo-

» lonté particulière, toute propriété, le faisant
» maître absolu du bien, de l'honneur, de la vie,
» du corps, de l'ame et de tout ce que nous avons
» dans notre intérieur, mettant en Jésus-Christ
» dans ce sacrement toute notre confiance, et
» espérant qu'il consommera en nous tout le vieil
» homme. *Je demande à Dieu votre consom-*
» *mation*, dit saint Paul [1]. Il disposera ainsi
» de tout le bien qu'il a attaché à nos personnes,
» et nous établira, selon son bon plaisir, dans une
» désappropriation entière de nous-mêmes.

» A l'honneur de la très-sainte Trinité, dont
» les trois personnes ne sont qu'un entre elles,
» nous ne voulons être tous trois qu'un en Jésus-
» Christ, le consommateur des fidèles, *in con-*
» *summatorem Jesum* [2]. Il accomplira en nous,
» par son divin sacrement, ce qu'il promet dans
» l'Evangile : *Afin, ô mon père, qu'ils soient con-*
» *sommés en un, comme vous êtes en moi et moi*
» *en vous* [3]. Il rendra tous nos biens communs,
» à la manière des premiers chrétiens, et à
» l'exemple des trois personnes divines, selon
» ce qu'il dit lui-même à son père : *Omnia mea*
» *tua sunt, et tua mea sunt* [4]. Nos véritables ri-
» chesses sont Dieu seul, comme il est le seul
» trésor de nos frères aînés, les bienheureux du
» ciel, qui ne veulent posséder que lui ; et les ri-
» chesses extérieures seront pour nous comme la
» balayure de la terre et de viles ordures.

» Nous nous donnons à Jésus-Christ pour qu'il
» use de nous sans réserve, à la manière qu'il lui

---

[1] *II. Cor.* xiii. 9. — [2] *Hebr.* xii. 2. — [3] *Joan.* xvii. 23. —
[4] *Ibid.* 10.

» plaira, soit qu'il veuille endurer en nous toutes
» sortes de croix et la mort même, soit qu'il
» veuille agir par nous et continuer en nous
» l'exercice de son divin sacerdoce. Il disposera
» donc de nous pour offrir ou pour prier, pour
» souffrir ou pour pleurer, pour instruire ou pour
» sanctifier; car voilà les différentes fonctions des
» prêtres. S'il nous ordonne de travailler au salut
» des peuples, nous ne vivrons que pour les
» peuples au milieu desquels il nous appellera:
» s'il demande nos services pour ceux de nos
» frères qu'il destine pour son Eglise, les clercs
» seront l'objet continuel de nos travaux et de
» nos soins. Nous sommes à lui pour tout, espé-
» rant tout de lui pour l'accomplissement de son
» œuvre et pour l'exécution du divin ministère
» du sacerdoce, qui ne peut se remplir qu'en la
» vertu de son esprit ».

Non content d'avoir fait deux fois cette protestation en particulier, ils voulurent encore la réitérer solennellement deux mois après, entre les mains de celui que Dieu leur avoit donné pour conseil et pour guide. Ils la firent en des termes qui enchérissent encore sur la première; c'est ainsi que M. Olier la traça sur le papier, de sa propre main. « A la gloire de Dieu, le 2 mai 1645,
» jour de saint Athanase, étant allé à Mont-
» martre, avec deux de nos messieurs, pour faire
» promesse sur l'Evangile, entre les mains du
» R. P. Bataille (1), de ne nous départir jamais
» du dessein qu'il a plu à Dieu de nous inspirer,
» de nous lier ensemble pour lui servir d'organes

(1) Procureur-général de la congrégation de Saint-Maur.

» et d'instrumens, lui disposer des prêtres qui
» l'adorassent en esprit et en vérité, qui hono-
» rassent tous les jours son fils sur les autels, et
» s'employassent avec charité au salut de ses
» membres; je me trouvai alors tout occupé d'une
» connoissance que je n'avois jamais eue, quoique
» je la désirasse beaucoup depuis long-temps,
» celle de la nature d'hostie, dont il plaisoit à
» Dieu m'inspirer de faire profession.

» Je vis donc d'abord qu'être hostie du Dieu
» vivant, c'étoit être entièrement mort à soi-
» même et vivre à Dieu seul; en sorte que l'on
» n'agit plus pour se contenter soi-même, mais
» seulement pour contenter sa souveraine ma-
» jesté.... *Ce qui reste à faire à ceux qui vivent* (1),
» dit saint Paul, *c'est de ne vivre plus pour eux-*
» *mêmes, mais pour celui qui est mort pour eux*
» *et qui est ressuscité.* Jésus-Christ, par la grâce
» du baptême, nous apprend à l'imiter en mou-
» rant intérieurement à nous-mêmes pour ne
» vivre qu'à Dieu seul, n'ayant d'autre désir et
» d'autre intention dans le cœur, que de lui
» plaire et de le servir; ne faisant non plus de
» cas des désirs de l'honneur, des richesses et
» du plaisir que la chair fait naître en nous, que
» si nous étions morts. *Vous avez été ensevelis*
» *avec Jésus-Christ dans le baptême, et vous*
» *êtes ressuscités en lui par la foi de l'opération*
» *toute-puissante de Dieu qui l'a ressuscité du*
» *tombeau.* Nous apprenons, par ces paroles, que
» comme notre Seigneur dans le tombeau n'a-
» gissoit point pour le monde, étoit mort en tous

(1) *II. Cor.* v. 15.

» ses membres, qui portoient les stigmates de
» sa passion; il faut de même que nous soyons
» des hosties mortes à toutes nos inclinations, et
» que tout soit mortifié en nous. Nous devons,
» selon la doctrine du même apôtre, être morts
» à nous-mêmes et au monde, pour vivre à Dieu
» seul. *Je vous en prie, mes frères, par la misé-*
» *ricorde de Dieu, offrez-lui vos corps, comme*
» *des hosties vivantes, saintes, agréables à ses*
» *yeux, avec une religion intérieure et un culte spi-*
» *rituel* (1), en sorte que vous les portiez comme
» des temples où Dieu soit glorifié, et que, loin
» de gouverner l'ame en la faisant obéir aux dé-
» sirs de la chair, ils laissent au contraire agir
» l'ame sur eux comme maîtresse absolue; qu'ainsi
» l'ame n'agisse point pour satisfaire le corps, et
» ne le conduise pas toujours où il veut; qu'elle
» ne lui permette pas de parler quand il veut,
» de converser, d'agir, de se reposer quand il
» veut, ce que saint Paul appelle *faire la vo-*
» *lonté de la chair et de nos pensées* (2); mais
» qu'elle réduise toutes ses volontés en servitude,
» et qu'elle réprime tous ses mouvemens.

» Ce qui est bien remarquable en notre Sei-
» gneur, c'est qu'il dit de lui-même qu'il n'agis-
» soit point pour lui, qu'il ne faisoit rien pour
» contenter sa volonté propre, mais uniquement
» pour se conformer à celle de son père; et après
» avoir dit à l'homme, *qu'il se renonce lui-même,*
» il ajoute, *qu'il porte sa croix.* N'est-ce pas une
» merveilleuse croix, que de rompre sans cesse
» sa volonté, de mortifier sa chair en tout, et de

(1) *Philip.* IV. 8. — (2) *Eph.* II. 3.

» réprimer

» réprimer continuellement les inclinations de la
» nature qui se recherche en tout, mais que le
» vrai chrétien ne se lasse jamais d'attaquer et de
» combattre. Désire-t-elle des choses honnêtes et
» nécessaires, il rompt ce motif et rectifie cette
» intention, les désirant, non pour se satisfaire,
» mais pour plaire à Dieu. Souhaite-t-elle des
» choses inutiles et superflues, il les retranche
» absolument. Ainsi, sous l'empire de Jésus-
» Christ et de sa grâce, la nature est toujours
» captive et la chair toujours crucifiée.

» Ces prêtres n'agiront donc jamais pour eux;
» jamais ils ne se rechercheront dans leurs
» œuvres, s'il plaît à Dieu leur en donner la grâce.
» Ils ne chercheront et ne regarderont que lui en
» toutes choses; pratique dont ils tâcheront de
» faire l'essai pendant un an, après lequel cha-
» cun laissera à juger à son directeur s'il est en
» état d'en faire le vœu. C'est une chose de mer-
» veilleuse perfection et de grande importance,
» de n'agir jamais pour soi, mais pour Dieu en
» Jésus-Christ; ce qui est néanmoins une partie
» de la vocation des chrétiens, puisque le de-
» voir des membres est d'établir dans leur cœur
» la vie de leur chef, de former en eux ses sen-
» timens et ses inclinations, d'imiter ses mœurs
» et ses vertus, d'agir dans le même esprit, en
» sorte qu'ils aient la même aversion et la même
» horreur du monde, la même estime des mépris,
» la même soif de la confusion, de la pauvreté,
» des souffrances, les mêmes inclinations, les
» mêmes intentions de glorifier Dieu : car voilà
» proprement la vie d'hostie spirituelle. C'est

» aussi ce que disoit saint Paul aux Colossiens (1) : *»Je travaille incessamment, non par mes forces, » mais par la sagesse de Jésus-Christ qui » agit en moi, à corriger et à instruire tous les » hommes dans la sagesse de Dieu, pour les » lui présenter parfaits en Jésus-Christ.* Ce qui » ne veut dire autre chose qu'établir en chacun » de nous les mouvemens, les inclinations, les » sentimens de Jésus-Christ notre Seigneur, non-» seulement dans une chose, mais dans toutes ».

» Notre Seigneur ne doit pas avoir moins de » pouvoir en nous, que le vieil homme; et son » esprit ne doit pas produire de moindres effets » que notre concupiscence : or les désirs de cette » vie sont si ardens, qu'elle ne dit jamais, C'est » assez. L'avare par exemple, ne dit jamais, C'est » assez de richesses; le voluptueux, C'est assez de » plaisirs; l'ambitieux, C'est assez de gloire. Telle » fut la passion d'Alexandre, qui pleuroit de ce » que le monde étoit trop petit pour satisfaire le » désir qu'il avoit d'étendre ses conquêtes. Ainsi » tous les désirs de l'homme charnel vont presque » jusqu'à l'infini, tout fini et borné qu'il est en » lui-même. Pourquoi ayant les inclinations de » Jésus-Christ en nous, et de son esprit qui les » répand dans nos ames, ne souffrirons-nous pas » quelque sorte d'excès? Pourquoi n'aurons-nous » pas des désirs infinis de la pauvreté? pourquoi » n'aurons-nous pas une faim et une soif insa-» tiables des mépris et des rebuts? pourquoi » n'aurons-nous pas des dispositions toutes sem-» blables à l'égard des souffrances? Car voilà les

(1) *Coloss.* 1. 28.

» désirs du nouvel homme, formé par l'esprit de
» Dieu; comme ceux des honneurs, des plaisirs
» et des richesses, sont les désirs du vieil homme
» et de la concupiscence. Nous n'avons qu'Adam
» pour père et pour auteur de ces derniers désirs.
» L'auteur des premiers est Jésus-Christ notre
» maître, qui nous fait part de ses inclinations,
» et fait passer en nous ses mouvemens, quand
» nous voulons le laisser faire. Il me semble donc
» qu'il faut s'abandonner entièrement à son es-
» prit, et le laisser agir en nous, pour nous por-
» ter à tout ce qu'il voudra, et jusqu'où il vou-
» dra, ne mettant point d'obstacle ni de bornes
» à ses divines impressions ».

Tels furent les sentimens héroïques que Dieu mit dans l'ame de son serviteur, avant de consommer les grands desseins qu'il avoit sur lui, et auxquels il le préparoit depuis long-temps. Il l'éclaira dès-lors sur les épreuves rigoureuses où il devoit mettre bientôt sa vertu, et lui fit connoître que dans peu il auroit à souffrir une cruelle persécution. Autant de fois que M. Olier vit la verge avec laquelle notre Seigneur devoit le frapper, il la baisa humblement en esprit, et adora ses décrets éternels, s'abandonnant sans réserve à toutes les peines qu'il plairoit à la justice divine de lui faire endurer dans cette vie, pourvu qu'elle fût satisfaite de sa soumission, et qu'après avoir été puni dans les jours de sa juste colère, il trouvât grâce pour lui et pour son peuple, devant le trône de sa miséricorde.

Peu de jours après qu'il avoit été mis en pos-

XVI.
Il se pré-

pare à une grande croix.

session de sa cure, Dieu lui avoit fait connoître que dans trois ans il en seroit honteusement chassé, et qu'il falloit de bonne heure se préparer à cette croix. Avant qu'elle arrivât, deux personnes fort intérieures, que Dieu favorisoit de ses plus intimes communications, d'après une révélation particulière, en avoient parlé à M. de Bretonvilliers, « et de temps en temps, ajoute celui-ci, » dans ses Mémoires, M. Olier nous disoit : *Pré-* » *parons-nous à ce que Dieu nous réserve, et* » *demandons beaucoup son Saint-Esprit, afin de* » *supporter saintement la croix qu'il nous a pro-* » *mise.* Nous en étions tellement certains, continue-t-il, parlant de trois ou quatre prêtres » avec qui il étoit fort lié, que nous nous en entretenions assez souvent, quoique nous ignorassions la manière dont elle devoit lui arriver. » Plusieurs fois nous lui avons entendu dire : *De* » *bon cœur, mon Dieu, de bon cœur; je ne suis* » *pas digne de cette grâce : non, je ne mérite* » *pas cette miséricorde avec laquelle vous vou-* » *lez me traiter, par le grand désir que vous* » *avez de faire du bien au plus ingrat des hommes.* » Chaque jour il s'offroit avec Jésus-Christ par » avance, embrassant la croix qui lui étoit destinée, et se regardant comme une hostie qui ne » devoit plus vivre que dans l'esprit et la vue de » son sacrifice, en attendant le moment de s'immoler réellement entre ses mains quand il lui » plairoit : car il étoit toujours dans l'attente de » cette visite, qu'il préféroit aux plus douces faveurs du ciel; parce que dans celles-ci il ne

» faisoit que ressentir les consolations d'en haut, » et dans l'autre il étoit participant des douleurs » et des souffrances de son maître ».

Ce fut le jeudi d'après la Pentecôte, en 1645, que l'on vit éclater enfin l'orage qui se formoit contre lui depuis long-temps. Contre toutes les apparences, le coup lui fut porté par ceux de qui il devoit craindre le moins une persécution. Les premiers qui se liguèrent contre lui furent des amis et même des parens de M. de Fiesque, qui lui avoit résigné sa cure. Irrités de voir entre ses mains un bénéfice qu'ils désiroient pour un d'entre eux, ils cherchoient depuis long-temps une occasion d'agir contre lui, et de lui susciter une affaire qui l'obligeât d'abandonner sa paroisse. N'en trouvant point qui secondât leurs vues, ils la firent naître, en persuadant, à force de flatteries et d'importunités, à celui-là même qui avoit pressé le plus M. Olier d'accepter sa cure, que le bénéfice qu'on lui avoit donné lors de sa démission, étoit d'un revenu fort inférieur à ce qu'on lui avoit promis, et à ce qu'il avoit droit d'attendre; qu'on l'avoit trompé; qu'il étoit de son honneur, autant que de son intérêt, de revenir sur ses pas, et de faire ses démarches pour rentrer en possession de sa cure : exemple bien remarquable de ce que peut la voix des proches sur l'esprit d'un prêtre, qui, dans les conjonctures délicates où il ne doit prendre conseil que de Dieu et de sa conscience, a la foiblesse d'écouter les suggestions de la chair et du sang, et par une molle condescendance pour ceux qu'il devroit gouverner, se fait leur es-

XVII. On forme un parti contre lui pour lui faire abandonner sa cure.

clave, au préjudice des règles de l'Eglise et de son salut éternel.

Parmi les ecclésiastiques que M. de Fiesque avoit laissés après lui, et que M. Olier avoit conservés pour servir la paroisse à titre d'habitués, sans qu'ils fussent membres de la communauté, plusieurs, dont la vie ne répondoit pas à la sainteté de leur état, osèrent bien se mettre de la partie. Ce n'étoit parmi eux que plaintes et murmures contre celui qu'ils auroient dû chérir et respecter comme leur père. Ils étoient venus à bout de persuader à l'ancien curé, que depuis sa démission tout étoit bouleversé dans sa paroisse, et qu'il avoit perdu son troupeau en l'abandonnant. Ils prétendirent qu'il avoit été joué, et lui firent entendre que s'il demandoit justice, ce qu'il ne pouvoit différer davantage, il ne manqueroit pas d'amis qui l'appuieroient. Celui-ci, toujours trop crédule et trop peu en garde contre la séduction, donna dans le piége. Les ennemis de M. Olier l'ayant gagné une fois, ne gardèrent plus de mesure. Pendant qu'ils échauffoient les esprits, et faisoient sonner bien haut, de tous côtés, la prétendue injustice dont ils chargeoient le digne pasteur, il se forma contre lui une autre faction. Les libertins, dont il étoit le fléau le plus redoutable et le plus inflexible, trouvèrent la circonstance très-favorable pour se venger, et résolurent sa perte. Il avoit déjà banni de sa paroisse beaucoup de filles vendues au crime, qui y avoient multiplié les lieux de débauche; mais il n'avoit pu guérir tout le mal. Plusieurs de celles qui restoient encore, furieuses de se voir continuelle-

XVIII. Une troupe de libertins se liguent au même temps contre lui.

ment veillées et poursuivies par l'homme de Dieu, firent aussi leur complot. Elles eurent la hardiesse de s'assembler, et de se rendre bien parées au palais d'Orléans, plus connu aujourd'hui sous le nom de Luxembourg, pour y porter leurs plaintes à la princesse qui l'occupoit. Elles la prièrent d'obtenir l'éloignement de M. Olier, qui devenoit tous les jours, disoient-elles, plus incommode aux paroissiens par ses vexations, et qui troubloit lui seul tous les habitans du faubourg. Une démarche aussi insensée eut tout le succès qu'elle devoit avoir. La duchesse d'Orléans estimoit trop M. Olier pour ne pas repousser avec indignation une calomnie si atroce, et la vile troupe qui s'en faisoit gloire. Mais cette entreprise, toute mal concertée qu'elle étoit, fit connoître qu'il avoit dans sa paroisse des ennemis en grand nombre, et que la fermentation y étoit extrême.

Les émissaires des deux factions, quoique dirigés par des intérêts bien différens, après s'être enhardis mutuellement durant plusieurs jours, des plaintes et des murmures en vinrent jusqu'à ameuter la populace, et à faire un seul parti de tous les mécontens. En moins d'une semaine l'esprit de révolte s'accrut et se communiqua, au point de former contre la personne de M. Olier une conjuration qui mit sa vie dans le plus grand danger. Le 8 juin, une troupe de scélérats, armés de bâtons, et de tout ce qu'ils avoient pu trouver sous la main, vint fondre au presbytère avec un bruit et un tumulte qui mirent l'alarme dans tout le quartier. Pendant que les uns vont faire le pillage dans la maison, brisent et enfon-

XIX.
On en vient aux dernières violences contre sa personne.

cent les portes des chambres, les autres montent en furieux à celle de M. Olier, se saisissent de lui, le tirent avec violence de son appartement, sans nul égard, ni pour son caractère et sa qualité de pasteur, ni pour le saint habit dont il étoit encore revêtu, mettent son surplis en pièces, le chargent de coups, et lui font souffrir les plus indignes traitemens.

XX. Il n'y oppose que la douceur et la prière.

Quelques heures avant cette catastrophe, M. Olier avoit appris de M. Dufour, gentilhomme de la duchesse d'Orléans, qu'il se tramoit une conspiration contre lui. Il avoit profité de cet avis, non pour écarter le coup, mais pour s'y préparer. Dès qu'il avoit vu entrer les rebelles chez lui, il s'étoit mis à genoux, adressant à Dieu les paroles de notre Seigneur au jardin des Oliviers, comme une victime toute prête à être immolée à sa gloire pour le salut de son peuple et de ses persécuteurs. Dieu le fortifia aussitôt par une apparition du bienheureux patron de son église. Saint Sulpice le consola en lui faisant connoître que cette persécution, loin de ruiner l'œuvre qu'il avoit commencée, ne serviroit qu'à l'affermir et à la perfectionner. Le serviteur de Dieu se laissa prendre, imitant la conduite de l'Agneau de Dieu lié et garotté par les Juifs; il regarda ceux qui lui faisoient violence, comme les instrumens de la divine volonté, et n'ouvrit pas même la bouche pour se plaindre. Après l'avoir jeté rudement hors du presbytère, en le frappant et en lui montrant un pistolet prêt à être tiré sur lui, de la rue, où il fut donné en spectacle à un grand peuple que cette tragique scène venoit de rassembler, on le traîna jusqu'à la porte du palais du Luxembourg, toujours en l'accablant de coups et d'injures.

Pendant tout ce temps-là, il ne pensoit qu'à adorer la main invisible qui le frappoit, et à se perdre en Dieu, afin que sa sainte volonté fût accomplie dans toute son étendue. Quelques-uns de ses amis accoururent à son secours, le tirèrent de la foule, et pour le mettre en sûreté, le firent entrer dans le palais. Les scélérats qui s'étoient saisis de lui, ne l'ayant plus entre leurs mains, retournent au presbytère, où ils s'emparent de tout ce qu'ils trouvent, volent l'argent et les meubles, emportent les vivres, et après s'être emparés du vin qui s'y gardoit, ils ont la fureur d'en répandre des pièces entières dans le jardin, l'emploient à faire du mortier pour boucher deux portes qu'ils avoient intérêt de fermer. L'homme de Dieu fut reçu au Luxembourg avec tout le respect que méritoit sa vertu. La maréchale d'Etampes se signala en cette occasion, par les bons offices qu'elle lui rendit. L'affaire ayant été portée le lendemain au Parlement, dès le troisième jour on y rendit un arrêt qui le rétablissoit dans la pleine jouissance de sa cure, et deux conseillers furent nommés pour le remettre en possession de la maison presbytérale. Mais le jour même où l'arrêt fut rendu, la sédition recommença; une nouvelle troupe, ramassée de la lie du peuple par les principaux auteurs de la première émeute, vint en armes au presbytère pour destituer et chasser de force celui qu'ils ne voyoient qu'avec une sorte de rage, rétabli par les mi-

XXI. On pille le presbytère.

XXII. Il est rétabli dans sa cure.

nistres de la justice. Sans respect pour l'autorité des magistrats et pour le jugement dont ils étoient venus en personne assurer l'exécution, plusieurs s'efforcèrent de renverser les portes. Ne pouvant en venir à bout, un d'eux y mit le feu : on l'éteignit aussitôt, pour prévenir de nouveaux désastres ; mais on ne put appaiser la fureur des séditieux. Désespérant de forcer l'entrée de la maison, ils essayèrent d'escalader les murs; ce qui ne leur réussit pas mieux.

<small>XXIII. On veut mettre le feu au presbytère.</small>

<small>XXIV. On met fin à la sédition.</small>

Durant tout ce tumulte, M. Olier n'eut point d'autre défense et ne permit point qu'on employât d'autres armes que la prière. Le secours vint à propos. La Reine régente, dès qu'elle eut été informée de la triste extrémité où il se trouvoit réduit, ordonna qu'on envoyât une compagnie du régiment des Gardes, qui vint aussitôt mettre les rebelles en fuite, et dissipa la sédition. Le serviteur de Dieu douta d'abord s'il n'étoit pas expédient pour lui et pour sa paroisse qu'il renonçât à la cure de Saint-Sulpice. S'il balança sur le parti qu'il avoit à prendre, ce ne fut que pour mieux discerner les vues de Dieu. Il crut les reconnoître dans l'avis que lui donnèrent les personnes les plus vertueuses, de ne point abandonner le troupeau que Jésus-Christ lui avoit confié. Mettant donc toute son espérance pour l'avenir dans la bonté divine, dès le lendemain, qui étoit un dimanche, il monta en chaire, et parla à son peuple avec autant de dignité que d'affection et de zèle. A voir la paix et la présence d'esprit qui se faisoient remarquer dans tout son extérieur, on eût dit qu'il ne lui étoit rien arrivé. On mit néanmoins des gardes au presbytère, pour éviter les accidens dont il fut menacé plus d'une fois durant la nuit. Cette précaution fut jugée nécessaire durant six semaines; car ce ne fut qu'après quarante jours, que les hostilités intentées de la part des parens et des amis de M. de Fiesque cessèrent entièrement, moins toutefois par la voie de l'autorité, que par la générosité avec laquelle M. Olier rendit le bien pour le mal. En dédommagement de la prétendue injustice qu'il lui avoit faite, il lui donna beaucoup plus qu'on ne lui avoit demandé; car, au lieu d'une pension de dix-huit cents livres, qu'il s'étoit engagé à lui payer, des revenus de la cure, il fit monter son revenu annuel à dix mille livres.

On ne peut mieux faire connoître dans quelles dispositions M. Olier essuya cette horrible tempête, qu'en rapportant ce qu'en a écrit son plus intime ami, M. de Bretonvilliers. « M'étant rendu, » dit-il, au palais d'Orléans, je le trouvai dans » un calme aussi parfait que s'il n'avoit eu que » des sujets de consolation et de joie. Il ne me » parut nullement ému, et je n'aperçus pas en » lui la moindre altération. Ce fut pour moi une » très-forte conviction de la plénitude de l'esprit » qui le possédoit ; mais ce qui m'étonna singu- » lièrement, ce fut la manière dont il parla des » auteurs de la persécution. Pendant que chacun » les condamnoit, et qualifioit leurs procédés » comme ils le méritoient; non-seulement il les ex- » cusoit, mais il témoigna tant d'estime et d'af- » fection pour leurs personnes, que j'en conçus de » la peine. Je crus même devoir lui dire à l'oreille,

» que les louanges qu'il leur donnoit étoient ca-
» pables de faire retomber sur lui tout le blâme
» de cet événement : m'ayant entendu, il se con-
» tenta de sourire à ce que je lui disois, et con-
» tinua de parler d'eux aussi favorablement ».

Quoique le fort de la tempête fût appaisé, l'agitation des esprits étoit encore si grande, que dans la crainte de quelque grand scandale, on engagea M. Olier à ne point porter le saint sacrement à la procession de la Fête-Dieu qui étoit fort proche. Il se contenta en effet d'y assister; et ce fut le cardinal Bagni, alors nonce du pape en France, qui fit la cérémonie. Plusieurs amis du serviteur de Dieu, effrayés des suites que pouvoit avoir la scène affreuse qui venoit de se passer, et des mouvemens que faisoient encore les partisans de M. de Fiesque, voulurent l'engager à lui remettre sa cure. On lui représentoit les difficultés insurmontables qu'il rencontreroit à toutes les bonnes œuvres qu'il entreprendroit, et l'impossibilité d'exercer son zèle avec fruit, au milieu des contradictions infinies auxquelles il devoit s'attendre. Les réponses qu'il faisoit étoient d'un homme qui, regardant toutes choses en Dieu, ne craignoit ni les persécutions ni la mort. « Quand nous
» considérons, disoit-il, Jésus-Christ en croix,
» abattu sous le faix de ses souffrances, couvert
» de mépris et de confusions qui ne se peuvent
» exprimer, il semble que toutes les nôtres
» doivent paroître douces et aimables. Si le Fils
» de Dieu n'avoit considéré que soi, il n'auroit
» pas embrassé les peines qu'il a endurées; mais
» le désir de la gloire de son Père et du salut du

XXV.
On l'engage à se démettre de sa cure, mais en vain.

» monde, lui a fait oublier ses propres intérêts :
» c'est pourquoi l'Ecriture nous dit que jamais il
» ne s'est recherché ni satisfait en rien. Il faut
» suivre l'exemple qu'il nous a donné, et chérir
» les peines qui sont attachées à l'emploi dont il
» a plu à la bonté divine de nous charger. Quand
» on s'y consomme, c'est une mort glorieuse,
» puisqu'on meurt dans l'accomplissement des
» volontés de Dieu sur nous ». Quant au dédommagement excessif qu'on exigeoit de lui, et auquel ceux qui le conseilloient vouloient qu'il se refusât : « Si Jésus-Christ, répondit-il, veut que nous
» donnions notre tunique à celui qui nous demande notre manteau, pourquoi ne nous dé-
» pouillerions-nous pas de quelque chose en faveur
» de celui qui nous demande trop et sans raison ?
» comment serions-nous prêts de donner notre
» vie pour l'amour de notre Seigneur, si nous
» appréhendons de nous défaire des choses qui
» nous touchent beaucoup moins » ? On le vit agir, en cette occasion, avec sa générosité ordinaire, dans la persuasion où il étoit, que Dieu le vouloit toujours dans la cure de Saint-Sulpice, pour l'établissement du séminaire. Il trouva de grandes difficultés à tenir la promesse que lui inspira son détachement, de satisfaire M. de Fiesque beaucoup au-delà de ce que l'équité permettoit d'exiger de lui ; mais la Providence ne lui manqua jamais. Il ne pensa donc plus qu'à reprendre la conduite de son troupeau avec un nouveau zèle, et à solliciter la grâce des coupables, dont on poursuivoit la punition.

Il l'avoit obtenue pour quelques-uns, en considération de leur état, des services qu'ils avoient rendus à la paroisse, et des emplois qu'ils y avoient occupés. Mais Dieu, qui frappe souvent dès cette vie ceux qui l'outragent dans la personne de ses ministres, au mépris de cette défense: *Gardez-vous de toucher à mes oints* (1), vengea son serviteur d'une manière éclatante, par les châtimens qu'il exerça sur plusieurs. Je n'en rapporterai qu'un exemple, où il est impossible de méconnoître le bras de sa justice. Un an, jour pour jour, après l'horrible scène qu'on a rapportée, comme un de ceux qui avoient montré le plus d'acharnement contre le saint prêtre entroit dans une maison de la paroisse, un chien, qui n'avoit jamais blessé personne, se jeta sur lui avec fureur, sans avoir été irrité, et le déchira si cruellement, qu'il en fut malade à l'extrémité. Le danger devint en peu de jours de telle nature, qu'on lui administra les derniers sacremens. M. Olier le visita souvent dans sa maladie, le traita avec la bonté d'un ami et d'un père, pria pour lui avec tant de charité et de larmes, que la santé lui fut rendue; mais il n'en jouit pas long-temps. Lorsqu'il passoit un jour, à l'entrée de la nuit, dans une rue toute voisine de la cure, il rencontra un cavalier, qui, dans un accès d'emportement dont on ignore la cause, lui déchargea dans la tête un coup de pistolet dont il mourut sur-le-champ. Cette mort tragique jeta M. Olier dans une peine dont il lui fut beaucoup plus difficile de se consoler, que des affronts et des violences dont elle lui rappeloit le souvenir. Sa

(1) *Ps.* civ. 15.

grande inquiétude, lorsqu'on l'avoit persécuté, étoit le malheureux état que se préparoient ses persécuteurs; et pendant qu'il sollicitoit en leur faveur les juges de la terre, il prioit ardemment le souverain juge de changer les dispositions de leur cœur. S'étant arrêté un jour dans l'église de Notre-Dame, il y passa deux heures dans cet exercice de charité; encore fallut-il que celui de ses prêtres qui l'accompagnoit, le tirât de la contemplation où il étoit comme absorbé devant notre Seigneur et l'image de sa très-sainte Mère.

Dieu ne laissa pas sans récompense les travaux et les souffrances de son serviteur. Pour les injures, les calomnies et les cruautés qu'il avoit essuyées de la part de ses ennemis, il le fit jouir non-seulement de l'estime et de l'affection universelle des gens de bien, mais encore de la vénération et de l'attachement de ceux de sa paroisse qui avoient paru le plus envenimés contre lui. Le changement qui se fit en lui-même ne fut pas moins admirable, que celui qu'on remarqua dans l'esprit de ses paroissiens, car Dieu lui donna un accroissement de santé et de force qui le rendit capable du travail le plus pénible et le plus soutenu. Il en profita pour étendre et pour perfectionner dans sa paroisse le bien qu'il y avoit commencé: il gagna à notre Seigneur un grand nombre de ses habitans, et fit régner la plus solide piété dans les familles. On vit des magistrats, des seigneurs, des dames de la plus haute qualité s'appliquer tous les jours à l'oraison mentale, à la lecture spirituelle, et adopter l'usage des exercices les plus édifians, sans toutefois que les de-

XXVI.
Il se livre à ses fonctions avec un nouveau zèle.

voirs propres de chaque condition en souffrissent le moindre préjudice, et qu'une dévotion mal entendue donnât lieu de décrier la vertu. Il avoit le don d'en inspirer le goût, et de faire embrasser les pratiques de la vie chrétienne aux personnes du monde les plus engagées dans le siècle, ou les plus exposées à en prendre l'esprit. Il rassembla une fois cent gentilshommes, à qui il persuada de faire les exercices de la retraite. Il exhorta avec le même succès un grand nombre de ses paroissiens à suivre un réglement de vie qu'il traça pour eux, et leur assigna certaines heures, soit pour de pieuses lectures, soit pour visiter le très-saint sacrement, soit pour aller assister les pauvres, les malades et les prisonniers.

Il recommandoit à tous les maîtres de veiller fidèlement sur la conduite et sur les mœurs de leurs domestiques, de respecter et faire respecter par leur exemple les lois de l'Eglise, en particulier celles du jeûne, de l'abstinence, de la sanctification des dimanches et des fêtes; rappelant à ce sujet les peines terribles dont Dieu avoit puni souvent le mépris de ses ordonnances, et menaçant des plus grands malheurs, ceux qui, non contens de les transgresser, les faisoient ou les laissoient transgresser par les autres. Il exhortoit les pères de famille, surtout les riches et les grands, à régler leur maison, leur table, leurs ameublemens, toute leur dépense, en un mot, selon les lois de la modestie chrétienne et de la sobriété évangélique; de travailler à pacifier les différends, de racheter leurs péchés par des aumônes proportionnées à leurs facultés, de remplir fidèlement

lement et les devoirs communs à tous les chrétiens et ceux qui étoient propres de leur état; enfin de sanctifier toutes leurs journées par le bon usage d'un temps dont ils devoient rendre un jour à Dieu le compte le plus rigoureux.

Ses travaux fructifièrent sensiblement; et en peu d'années la paroisse Saint-Sulpice devint comme une image de la société des premiers chrétiens. Ce qu'on y admiroit, entre beaucoup d'autres sujets d'édification, c'étoit le saint empressement des dames les plus distinguées à visiter elles-mêmes les familles indigentes, à les secourir souvent, à leur rendre les services les plus abjects aux yeux du monde, et les plus pénibles à la nature.

Entre les abus à réformer dans les différentes classes des habitans de sa paroisse, ceux qui se perpétuoient dans les corps de métiers réunis en confréries, ne pouvoient échapper à sa vigilance. Voyant avec la plus grande peine que les jours où les confrères célébroient la fête de leur patron, étoient moins de pieuses solennités, que des débauches et des profanations, il demanda long-temps à Dieu les secours de sa grâce, pour remédier à un désordre si profondément enraciné et si universel. Le moyen de réforme qu'il imagina, fut de rassembler les différens corps, quelque temps avant la fête du patron, et de les instruire sur la manière de les sanctifier. Ne se bornant pas à ces instructions, il fit imprimer et distribuer, soit par les clercs de sa paroisse, pour les enfans des confrères, soit par les prêtres de sa communauté, pour les pères et mères, ou autres

XXVII.
Il réforme les abus des différens corps de métiers.

personnes âgées, des maximes, des pratiques et des actes, avec de pieuses estampes, qui ne tardèrent pas à porter les fruits qu'il en espéroit. Il abolit ainsi plusieurs superstitions qui depuis long-temps se perpétuoient dans les différentes confréries de sa paroisse. Un grand nombre de ceux qui y étoient fortement attachés, y renoncèrent solennellement ; et non contens de les avoir bannies de leur maison, ils travaillèrent efficacement à en purger beaucoup d'autres où elles s'étoient introduites.

Comme il ne pouvoit ignorer les désordres qui se commettoient à la foire de Saint-Germain, et que partout où le démon exerçoit son empire, il se croyoit obligé d'opposer toute la force de son zèle, il y alloit souvent en personne. Sa vertu lui donnoit assez d'autorité pour en faire disparoître les tableaux, les sculptures et toutes les images qui blessoient l'honnêteté. Lorsqu'il ne pouvoit s'y transporter lui-même, il se faisoit suppléer par d'autres ecclésiastiques capables d'en imposer ; et si les premiers avis étoient inutiles, il réclamoit le ministère des officiers de justice, qui étoient toujours prêts à le seconder. Plus d'une fois ceux-ci saisirent les objets dangereux pour les mœurs, qu'on avoit mis en vente, poursuivirent les coupables, et les condamnèrent à des aumônes rigoureuses.

XXVIII. *Le secours qu'il tire de l'habileté de M. de Gaches dans les affaires.*

Partout où il savoit que l'esprit de division avoit mis le trouble et entretenoit le désordre, il s'empressoit d'y rétablir la concorde et la paix. M. de Gaches, ancien président du siége d'Aurillac, homme d'une insigne piété et d'une mortification extraordinaire, l'aida beaucoup dans ce genre de bonnes œuvres. Ce magistrat, aussi éclairé que vertueux et intègre, qui l'avoit connu pendant les missions de l'Auvergne et du Velay, en se retirant du siècle pour servir l'Eglise, s'attacha tellement à lui, qu'il ne le quitta jamais, et que la communauté de Saint-Sulpice fut son unique séjour jusqu'à la mort. Il parut que la divine Providence l'avoit mis dans le barreau et formé à la science des lois pour le préparer au ministère que lui confia son ancien ami. La connoissance qu'il avoit des affaires, son intelligence dans les causes les plus épineuses, et le don qu'il avoit de persuader les esprits, lui servirent beaucoup à terminer les procès au gré de toutes les parties, comme sa charité et son zèle, à réconcilier les cœurs.

Ce qu'on vient de rapporter des actions de M. Olier, depuis la persécution dont il fut sauvé comme par miracle, n'est que la moindre partie des œuvres de toute espèce qui l'occupèrent sans relâche, depuis son entrée dans la cure de Saint-Sulpice jusqu'en 1647; c'est-à-dire, dans l'espace d'environ cinq ans : mais comme elles ont beaucoup de ressemblance avec celles qu'on l'a vu pratiquer jusqu'ici, ce ne sera manquer ni à l'intégrité de son histoire, ni à l'édification qui en doit être le fruit, que d'en omettre le détail, pour passer à un autre genre d'événemens non moins dignes que ceux dont on termine le récit, de trouver place dans cet ouvrage.

FIN DU QUATRIÈME LIVRE.

LIVRE V.

I.
M. Olier fait un voyage au tombeau de S. François de Sales.

Il y avoit long-temps que M. Olier désiroit pouvoir accomplir la promesse qu'il avoit faite à Dieu d'aller à Anneci, visiter le tombeau de saint François de Sales, et lui rendre grâces de la santé qu'il avoit recouvrée par son intercession en 1637, comme il a été rapporté au second livre. Quoique depuis le temps où cette faveur lui avoit été accordée, il eût cherché d'année en année les moyens de remplir son engagement, il avoit toujours été arrêté par de nouveaux obstacles. Les besoins extrêmes des ames au salut desquelles il avoit travaillé continuellement, lui avoient paru une raison légitime de différer le voyage, et de ne l'entreprendre que lorsque des obligations plus urgentes n'en souffriroient pas. L'occasion qu'il attendoit se présenta lorsqu'il y pensoit le moins. Après avoir travaillé dans sa paroisse l'espace d'environ cinq ans, avec un courage et un zèle infatigable, il se trouva si épuisé, qu'on lui ordonna de prendre du repos, en lui annonçant que s'il refusoit le prompt soulagement qui étoit jugé nécessaire, il étoit impossible que bientôt il ne succombât tout-à-fait, et ne se vît dans la nécessité de renoncer à sa cure. Croyant devoir condescendre à cet avis, il consentit à suspendre ses travaux et à s'éloigner de son troupeau pour un temps. Mais comme il crut avoir assez de force pour faire le voyage qu'il avoit promis à Dieu, et que d'ailleurs on lui recommandoit l'exercice corporel, il profita de la conjoncture; et au lieu d'aller chercher du délassement dans quelque maison de campagne, il prit le parti de faire le voyage d'Anneci. Ce fut au mois de septembre 1647, qu'il l'entreprit. Le regret qu'il avoit de quitter son cher troupeau, fut tempéré par la joie qu'il goûtoit à se voir en pleine liberté, durant toute son absence, de jouir de la compagnie de son Dieu. Il espéroit, avec les forces du corps, reprendre dans l'oraison, qui étoit son plus doux repos, toute la vigueur d'esprit nécessaire à un pasteur des ames. On verra bientôt que ce pélerinage ne se fit point sans une providence particulière de Dieu qui avoit de nouvelles œuvres à exécuter par ses mains, et de nouvelles grâces à lui communiquer.

II. Il s'arrête à Chatillon sur Seine, où il reçoit des grâces particulières.

Avant de sortir de Paris, il alla prendre dans l'église de Notre-Dame, la bénédiction de notre Seigneur et de sa très-sainte Mère; puis il commença sa route par la Bourgogne. Il passa à Chatillon, petite ville célèbre par le culte qu'on y rend à la très-sainte Vierge, et par les miracles qui s'y sont opérés en grand nombre. On assure qu'elle y favorisa saint Bernard de plusieurs grâces extraordinaires. M. Olier, instruit de cette tradition, fut à peine arrivé, qu'il se rendit à l'église où elle est spécialement honorée. Prosterné devant son image, il y demeura quelque temps en oraison, lui demandant une participation de l'esprit et des dons qu'elle avoit obtenus autrefois au saint abbé de Clairvaux. Il en sortit si pénétré des impressions secrètes qu'il y avoit ressenties, et si profondément anéanti à ses yeux, que ne se croyant pas digne de célébrer le lendemain la sainte messe à l'autel consacré sous l'invocation de Marie, il en choisit un autre, et laissa le premier à M. de Bretonvilliers qui l'accompagnoit. Il lui en fit l'ouverture au sortir de l'église. Dans un sentiment tout semblable à celui que témoigna saint Pierre à notre Seigneur, lorsqu'il lui dit : *Retirez-vous de moi, ô mon maître, et n'approchez pas d'un pécheur tel que je suis*, il pensa qu'un serviteur si infidèle ne méritoit pas d'approcher d'un lieu aussi sacré. « Il faut, dit-il, » le réserver à des ames parfaitement pures et moins » indignes que la mienne ». Dès le lendemain, Dieu récompensa son humilité. Il lui fit connoître que la sainte Vierge désiroit le voir offrir à l'autel où reposoit son image, et qu'elle le feroit entrer en participation de la vie intérieure de son Fils. Il obéit à cette inspiration, et dit la sainte messe à l'autel consacré sous son nom. La consolation et la joie qu'il éprouva furent si sensibles, qu'il fut aisé de s'en apercevoir. Jamais dans ses entretiens, et sur les traits de son visage, on ne vit plus éclater et l'on ne ressentit mieux de ces vives flammes qui partent d'un cœur tout brûlant du pur amour.

A cette première faveur, Dieu en ajouta deux autres. L'une regardoit M. de Bretonvilliers, que M. Olier chérissoit comme un père chérit son enfant : il ne cessoit de l'offrir à notre Seigneur, comme la personne du monde qui lui étoit unie le plus intimement, et qu'il croyoit capable, plus que tout autre, de le remplacer auprès de son maître. « Car je ne suis rien, disoit-il au » Seigneur dans sa simplicité, je n'ai rien en moi » qui soit de quelque prix devant vous ; et celui » que je vous présente en ma place, je ne puis » douter qu'il ne soit très-agréable à votre cœur » par son enfance spirituelle, son innocence, et le » désir qu'il a de vous plaire ». Dieu parut agréer ce langage, en donnant plusieurs fois à son serviteur le mouvement de croire avec une forte conviction qu'il lui destinoit M. de Bretonvilliers pour l'aider dans ses entreprises et pour lui succéder. L'autre faveur consistoit dans une assurance que Dieu lui donna intérieurement sur la vocation d'une jeune personne qui vouloit entrer dans l'ordre des Carmélites. Il avoit à ce sujet de grandes inquiétudes dont la très-sainte Vierge le délivra en cette circonstance. « Je me sou-» viens, dit-il, d'une précieuse grâce qu'il plut » à la Mère de Dieu de me faire devant sa sainte » image à Chatillon-sur-Seine. Comme cette tendre » mère ne peut souffrir la moindre agitation » dans le cœur de ses enfans ; pour me mettre » en repos d'une peine qui me pressoit, elle me » découvrit l'état d'une ame qui étoit à Paris, » et que je croyois être troublée dans sa vocation. » Il me sembla la voir dans une dilatation » de cœur, dans une joie et une jubilation merveilleuse ; » ce qui me fit dire aussitôt à M. de » Bretonvilliers : *Je ne suis plus en peine de* » *mademoiselle de V..... Elle est en paix et en* » *grande joie*. En effet, deux jours après je reçus

» de ses lettres, qui me firent connoître ses dis-
» positions toutes semblables à celles que j'avois
» ressenties en moi-même devant le Seigneur ».

III.
Il passe à Clairvaux.

De Chatillon, M. Olier se rendit à Clairvaux, voyage qu'il fit en esprit de pélerinage par respect pour ce saint monastère, que depuis long-temps il désiroit visiter et connoître. N'en étant plus qu'à une demi-lieue, il descendit de cheval avec ceux qui l'accompagnoient, et voulut aller à pied jusqu'à l'abbaye, faisant oraison dans le silence et le recueillement le plus profond. La nature du lieu l'y invitoit, et sembloit lui fournir un sujet continuel de méditation. C'étoit un bois fort couvert et fort épais, comme ceux qui environnoient la plupart des anciens monastères. Rien n'est plus propre à distraire l'esprit d'un voyageur qui voudroit méditer, que la vue de tout ce qui se présente à lui sur la route. Rien, au contraire, ne favorisoit mieux la sainte habitude qu'il avoit de marcher en la présence de Dieu, que l'aspect de la forêt où il s'enfonçoit à chaque pas. Les arbres, qui par leur multitude, leur élévation et l'étendue de leurs branches, formoient une ombre approchante des ténèbres de la nuit, rappeloient à sa mémoire les anges terrestres qui les avoient plantés. Il lui sembloit entendre leurs voix se reproduire autour de lui, et l'inviter à bénir avec eux l'auteur des beautés des campagnes. Jamais dans ses voyages il n'avoit éprouvé un sentiment plus doux que celui qui l'accompagna jusqu'au monastère.

Il y arriva la veille de la Nativité de la sainte Vierge, bien consolé de voir la solitude qu'avoit choisie autrefois saint Bernard, pour y passer sa vie dans les douces austérités de la pénitence; et admirant comment, par le grand nombre de saints qu'il avoit formés, d'un désert rempli de bêtes féroces, il avoit fait une image du paradis. Il y demeura deux jours, si étroitement uni à Dieu, qu'on avoit peine à le tirer de ses entretiens avec lui. Ce fut toute son occupation le jour de la fête. Le lendemain il célébra la sainte messe dans l'ancienne chapelle de saint Bernard, et visita ensuite tous les endroits du dedans et du dehors du monastère, que le bienheureux avoit rendus recommandables par sa présence ou par quelque trait particulier de sa vie. Ayant été conduit à la petite cellule qu'on montroit alors au bout du dortoir des religieux, il fut tellement saisi de l'esprit de Dieu, qu'il y demeura long-temps en prière, et qu'il ne fut pas facile de l'en faire sortir.

De Clairvaux il partit pour Cîteaux, où il arriva après avoir séjourné dix jours à la chartreuse de Dijon. Sa première pensée fut, selon sa coutume, d'aller à l'église pour y adorer notre Seigneur, versant de la plénitude de son esprit dans l'ordre qui y avoit pris naissance, et qui de là s'étoit répandu dans l'Eglise avec tant d'édification pour la France et les Etats voisins. Outre les grâces personnelles qu'il reçut de Jésus-Christ dans ce lieu de bénédiction, l'abbé du monastère, supérieur général de tout l'ordre, lui accorda, pour lui-même et pour le séminaire de Saint-Sulpice, l'avantage d'être spécialement associé à toutes les prières et bonnes œuvres de ses religieux.

IV.
Il s'arrête à la chartreuse de Dijon, puis à Cîteaux: de là il va à Beaune, visiter la sœur du S. Sacrement.

Comme M. Olier devoit passer près de Beaune,

M. de Renti, et quelques autres grands serviteurs de Dieu, l'avoient engagé de s'y arrêter pour s'entretenir avec la sœur Marguerite du Saint-Sacrement, religieuse Carmélite, qui, dans tout le royaume, étoit en réputation de sainteté. Autant pour satisfaire sa propre inclination, que pour condescendre à leurs désirs, il se détourna un peu de son chemin, se rendit dans cette ville, et y conversa plusieurs fois avec la servante de Dieu, dont il avoit si souvent entendu parler avec admiration. Une lumière intérieure avoit fait connoître à cette sainte fille, que le Seigneur vouloit l'unir spirituellement à une ame qui lui étoit fort agréable; c'étoit celle de M. Olier. Dès sa première conversation avec lui, elle n'en douta point; tant elle y éprouva de consolations. Outre cette impression secrète qui fut si extraordinaire et si abondante, qu'elle avoua au serviteur de Dieu que jamais elle n'en avoit ressenti une semblable, notre Seigneur lui assura que celui qui étoit venu la visiter, étoit l'homme de son cœur qu'il lui avoit fait connoître. Il seroit difficile de rapporter ce qui se passa entre ces deux grandes ames. « Non, a dit plusieurs fois M. Olier, ja-
» mais je ne me suis trouvé plus perdu en Dieu,
» ni plus hors de moi-même, que dans mes en-
» tretiens avec la sœur Marguerite ».

Son séjour à Beaune ne fut pas seulement utile à cette religieuse; toutes celles du couvent voulurent conférer avec lui, et ce fut avec le plus grand fruit; car la supérieure a souvent témoigné que si l'esprit de ferveur s'étoit renouvelé sensiblement dans la maison, c'étoit à ses entretiens spirituels avec toutes les religieuses qu'il falloit attribuer ce changement. M. Olier fut si édifié des saintes dispositions où il les avoit trouvées, et plus encore de celles où il les laissa, qu'en sortant de Beaune il dit à M. de Bretonvilliers, que leur communauté étoit une des plus ferventes qu'il y eût en France. Non content d'y avoir répandu, soit par les discours qu'il y adressa à toutes les religieuses en commun, soit par ses entretiens particuliers, la bonne odeur de notre Seigneur, sachant que le monastère étoit pauvre, il lui fit une aumône considérable.

V. Il visite le corps de S. Claude.

Sa dévotion aux différens saints, dont on montroit les précieux restes dans les villes qui étoient sur sa route, lui donna un grand désir de voir et d'honorer le corps de saint Claude. Ce fut pour lui une nouvelle consolation de visiter une relique aussi célèbre. La peine qu'il avoit à s'en séparer, lorsqu'il étoit en oraison devant la châsse où elle repose, fit juger à ceux qui l'accompagnoient qu'il y reçut de nouvelles faveurs du ciel. Ce fut là encore que notre Seigneur renouvela la sainte union qui s'étoit formée à Beaune, entre lui et la sœur Marguerite du Saint-Sacrement. Pendant qu'il étoit à Saint-Claude, il reçut de sa part une image, au bas de laquelle ces paroles se trouvoient écrites de sa main : « Mon révérend Père, » Jésus qui est notre liaison, notre vie et notre » tout, consommera la grâce qu'il nous a faite » aujourd'hui ».

VI. Il arrive à Anneci, et visite le tom-

M. Olier quitta la ville de Saint-Claude pour se rendre à Anneci, où il lui tardoit d'arriver et d'acquitter son vœu. Il eut à peine mis pied à

beau de S. François de Sales.

terre, qu'il alla visiter le tombeau de saint François de Sales. La tendre amitié qu'avoit eue pour lui le bienheureux, depuis le moment où il lui avoit été présenté à Lyon par sa mère, fut alors trop présente à son esprit, pour ne pas réveiller dans son cœur les plus vifs sentimens de reconnoissance, et lui inspirer la confiance la plus étendue. Aussi pendant les trois jours qu'il demeura à Annecy, excepté le temps des repas, et de quelques visites qu'il fit aux religieuses de la Visitation, on le vit toujours en oraison, non au tombeau du saint évêque, mais devant le tabernacle où reposoit le très-saint sacrement. Ce qui l'arrêta ainsi près de notre Seigneur, ce fut un mouvement secret accompagné d'une lumière intérieure, qui lui avoit fait connoître que ce seroit dans le mystère adorable de l'Eucharistie, et au pied des autels qu'il ressentiroit le plus les effets de l'intercession du bienheureux. Dès cette première journée, il en reçut une visite qui l'inonda de joie, avec une excellente instruction sur sa conduite intérieure. Il le vit en esprit, et l'entendit prononcer ces paroles avec la bonté d'un père qui reprend et exhorte son enfant : « Votre défaut, mon fils, et ce qui vous empêche d'entrer » dans la plénitude de la divinité, comme vous » le désirez, c'est que vous n'aimez pas Dieu assez » purement, et que vous avez trop d'attache à ses » dons ». C'est ainsi que le saint rendoit après sa mort, à celui dont il auroit voulu faire son élève, les services qu'il n'avoit pu lui rendre pendant sa vie. M. Olier, après avoir rapporté ce trait, ajoute : « C'étoit à la vérité ce qui me causoit de

» grandes peines, et m'ôtoit le repos, la simpli-
» cité et la dilatation du cœur. Je connus donc
» dès-lors que je devois aimer Dieu purement
» pour lui-même et en lui-même; que je devois
» l'aimer en son esprit qui est charité, mais la
» charité pure; que je devois enfin embrasser
» tous mes frères en Jésus-Christ, pour désirer à
» tous la plénitude de la divinité. Je ne puis
» pourtant, ajoute-t-il, espérer cette grâce que
» par le mystère sacré de l'autel; car lorsque je
» veux m'adresser à ce grand saint pour avoir
» part à l'amour dont il brûloit pour Jésus, je le
» trouve comme insensible à mes demandes,
» quoique sur la terre il fût la douceur même,
» et comme une vive expression de la bonté di-
» vine. Plus consommé en Dieu au ciel, et en
» ses perfections, qu'il ne l'étoit ici-bas, paroî-
» troit-il si indifférent pour une ame qui le re-
» cherche, qui a l'honneur de lui appartenir par
» alliance spirituelle, et qui reçoit même de lui
» de saintes instructions pour son salut, si Jésus-
» Christ lui-même ne s'étoit réservé d'opérer, dans
» son très-auguste mystère, cette consommation
» qu'il me fait espérer, et me promet tous les
» jours, comme il a fait dès le commencement
» de ma vocation »?

M. Olier avoit rempli le but principal de son voyage, en visitant le tombeau du saint évêque de Genève; mais Dieu voulut qu'au lieu de revenir sur ses pas, pour reprendre les fonctions qu'il avoit été obligé d'interrompre, il prît une autre route pour porter de ville en ville l'odeur de ses vertus. Il sortit donc d'Anneci pour aller à Gre-

VII.
Il va à Grenoble, puis à Valence, pour y visiter la sœur de ce nom.

noble, où la mère supérieure de la Visitation lui persuada de demeurer cinq jours entiers. Par respect et par reconnoissance pour le saint fondateur de cet ordre, il se rendit facilement à ses désirs. Il passa presque tout son temps à faire comme une petite mission aux religieuses du couvent, achevant dans les conversations particulières ce qu'il avoit commencé dans les exhortations communes. Comme il n'avoit que quelques lieues à faire pour voir la sœur Marie de Valence, autre religieuse célèbre par ses vertus et ses dons extraordinaires, il ne voulut pas laisser échapper une occasion si favorable de s'édifier avec elle. Cette sainte fille, que saint François de Sales appeloit une relique vivante, conservoit toujours une vénération singulière pour M. Olier; et sa confiance en ses lumières étoit sans bornes depuis qu'elle l'avoit connu pendant ses missions d'Auvergne. Celui-ci s'estima trop heureux de pouvoir renouveler son ancienne liaison avec cette sainte épouse de Jésus-Christ. Ses écrits nous apprennent que ce fut une des plus douces consolations qu'il eût goûtées dans toute sa vie. « Les entre-
» tiens, dit-il, de cette servante de Dieu me tou-
» chèrent si vivement, que je croyois converser
» plutôt avec un ange du ciel, qu'avec une créa-
» ture encore vivante sur la terre : elle me parut
» si remplie de Dieu, et la modestie ravissante
» de son visage qui avoit quelque chose de sur-
» naturel, me fit une telle impression, qu'au-
» jourd'hui même, quoiqu'il se soit écoulé déjà
» plusieurs années depuis notre entrevue, j'en suis
» tout aussi ému, quand j'y songe, que si je l'en-

» tendois encore ». Avant qu'ils se séparassent, la sœur de Valence dit à M. Olier que notre Seigneur la tireroit bientôt de son exil; ce qui se vérifia environ six mois après. Une de ses nièces vouloit embrasser la vie religieuse, mais elle ne pouvoit fournir ce qui étoit nécessaire pour suppléer à l'indigence du couvent où elle désiroit d'être reçue : le saint prêtre le donna généreusement, autant pour concourir à la gloire de Dieu par cette bonne œuvre, que par vénération pour la personne dont elle étoit nièce.

Lorsqu'il eut quitté Valence, il visita tous les lieux voisins qui étoient devenus célèbres par les pélerinages de dévotion qui s'y faisoient, comme la sainte Baume, saint Maximin, Tarascon, la grande Chartreuse, où il passa deux jours dans une oraison continuelle, et l'abbaye de Saint-Antoine où reposoient les reliques de ce saint patriarche des solitaires d'Orient. Une des plus chères pratiques de M. Olier dans ses voyages, c'étoit d'honorer notre Seigneur répandu dans les saints qui sont honorés partout où l'on conserve les précieux restes de leur mortalité. Il respectoit la grâce que leur avoit communiquée l'Esprit de Dieu, selon les divers desseins qu'il avoit eus sur eux dans son Eglise; et il aimoit à louer la bonté divine pour les merveilles qu'elle avoit opérées en eux, s'efforçant d'en attirer en lui de semblables pour n'être pas infidèle à son maître.

VIII.
Il fait le pélerinage de la Ste. Baume et plusieurs autres.

En retournant à Paris, il visita encore les reliques de saint Martial, que possède l'église de

Limoges. De là traversant un diocèse qu'il trouva comme un champ sans culture, tant les ames y étoient négligées, il en fut si affligé, que s'arrêtant dans une des églises qu'il rencontra sur sa route, il y demeura l'espace de cinq heures en oraison. Tout baigné de larmes, il supplia avec tant d'instance le Père des miséricordes d'avoir pitié du pauvre peuple, qu'il voyoit dans le délaissement le plus affreux, qu'il fut bientôt exaucé. La divine Providence suscita, peu de temps après, de dignes ouvriers qui travaillèrent dans plusieurs cantons de ce diocèse, avec le plus grand fruit.

IX. Ses pratiques dans ses voyages.

Ce voyage, qui dura trois mois, loin de diminuer son union avec Dieu, et de ralentir sa ferveur, effet assez ordinaire dans les ames d'une vertu peu solide, ne servit au contraire qu'à le perfectionner dans les voies du pur amour, et à faire paroître son éminente piété avec un nouvel éclat. L'action la plus sanctifiante pour un prêtre, et aussi la plus consolante, est la célébration des saints mystères. Quelque incommodité qu'il eût essuyée, ou quelle que fût sa lassitude, il n'y manqua pas un seul jour. Plusieurs fois il se vit obligé de partir de grand matin, et de supporter des chaleurs excessives pour arriver à quelque église où il pût satisfaire sa dévotion : rien n'étoit capable de l'arrêter. « Nous sommes trop heu-
» reux, disoit-il alors, d'entrer à ce prix en par-
» ticipation de l'amour et du zèle avec lequel
» Jésus-Christ se donne à nous dans le très-saint
» sacrement. S'il a pour nous un amour si géné-
» reux et si tendre, que ne devons-nous pas
» souffrir

» souffrir et entreprendre pour lui? Si son désir
» est si ardent pour venir en nous, quel doit être
» le nôtre pour le recevoir »?

La première chose qu'il faisoit partout où il s'arrêtoit, c'étoit d'aller à l'église du lieu pour y adorer notre Seigneur. Son sentiment étoit que nous devions lui rendre ce devoir dans tous les endroits où nous pouvons le visiter, non-seulement pour nous-mêmes, mais aussi pour tous ceux qui les habitoient; la plupart ne songeant presque jamais à lui offrir les hommages qui lui sont dus dans son auguste sacrement. Quand il passoit devant un village, ou qu'il apercevoit un clocher, il faisoit réciter à tous ceux qui l'accompagnoient, *Tantum ergo Sacramentum, etc.*; et s'unissant à toutes les louanges que Jésus-Christ rend continuellement à son Père : « Ah! disoit-il,
» ne laissons pas notre Seigneur rendre seul
» gloire à Dieu dans les tabernacles où le retient
» son amour pour nous. N'est-il pas juste de satis-
» faire aux désirs de ce cher Fils, qui, non con-
» tent de louer son Père éternel en sa propre
» personne, souhaite multiplier ses louanges, en
» le glorifiant dans tous ses membres? Ce désir
» d'ailleurs nous est trop profitable pour n'y pas
» condescendre de tout notre cœur. Dans cette
» vue unissons-nous à lui, et demeurons en lui
» dans un grand repos intérieur, acquiesçant avec
» simplicité à ce qu'il veut opérer en nous, sans
» même vouloir découvrir ce qui est en lui; mais
» nous contentant de dire, *Ainsi soit-il;* selon ce
» que nous lisons dans l'Apocalypse : *Adorave-*
» *runt Deum, dicentes : Amen* ».

Après qu'il avoit adoré le très-saint sacrement, lorsqu'il entroit dans les villages ou dans les villes, sa coutume étoit encore de saluer les anges qui en étoient les protecteurs. Il se recommandoit à leurs prières; lorsqu'il devoit y travailler, il se donnoit à eux pour obtenir plus facilement, par leur crédit, le don de s'insinuer dans les cœurs qu'il vouloit gagner à Dieu. Il ne perdoit pas une seule occasion, dans ses voyages, de rendre au prochain quelque service corporel ou spirituel. Lorsqu'il étoit appelé dans quelque monastère de religieuses, il s'y rendoit aussitôt, écoutant toutes celles qui le consultoient avec une bonté toujours égale, et comme s'il n'eût pas eu d'autre ministère à remplir. S'il rencontroit quelque pauvre sur le chemin, après lui avoir fait une aumône, il lui parloit de Dieu et de son salut, avec toute l'affection d'un père. Les gens de la campagne qui se trouvoient sur son passage, les maîtres et maîtresses des auberges où il logeoit, les enfans et les domestiques, tous se ressentoient de son zèle et de sa charité. C'étoit surtout avec les curés et autres prêtres des paroisses, qu'il aimoit à s'entretenir. Après avoir gagné leur cœur par son affabilité, il ranimoit en eux l'esprit ecclésiastique, et leur inspiroit des sentimens dignes de la sainteté de leur vocation; il leur faisoit estimer et goûter les œuvres du saint ministère, et leur rappeloit que les prêtres sont les images vivantes de Jésus-Christ dans son Eglise. Il saisissoit enfin toutes les occasions qui se présentoient de faire quelque bien; de sorte que son voyage, depuis qu'il quitta Paris jusqu'à son retour, fut comme une mission continuelle.

Son oraison pendant le même temps, n'étoit presque jamais interrompue. Dès le matin il y consacroit une heure entière, selon le réglement qu'il s'étoit prescrit, et qu'il faisoit observer à ceux qui voyageoient avec lui. Il la faisoit à cheval, pour ne pas trop retarder sa marche; ensuite il récitoit son office, et faisoit tous les exercices de piété qui lui étoient ordinaires en tout autre temps. Il en donnoit bien peu à la récréation; encore le plus souvent ce n'étoit que pour parler de choses saintes et édifiantes. Pendant qu'il logea à Mâcon, une demi-heure après son coucher, dix heures sonnèrent; n'ayant entendu que les cinq derniers coups, il crut être à cinq heures du matin; il se lève aussitôt, et veut réveiller un de ceux de la compagnie qui couchoit dans la même chambre : celui-ci, qui ne s'étoit pas encore endormi, lui fit remarquer son erreur. Il descend pour s'informer de l'heure qu'il étoit; ayant reconnu sa méprise, il remonte sur-le-champ, et lui dit de continuer son repos : pour lui il se mit en oraison, et y passa la plus grande partie de la nuit; ce qui lui est arrivé plus d'une fois en d'autres circonstances.

Pendant tout son voyage, on admira souvent jusqu'où il portoit l'humilité. Il se faisoit le serviteur des autres; il les réveilloit le matin, portoit derrière lui, sur son cheval, ce qui étoit à leur usage, prévenoit tous leurs besoins, leur rendoit enfin toutes sortes de bons offices, et les humilioit en quelque sorte par son empressement à les assister en toute rencontre. Au sortir de Saint-Claude, comme on passoit par une montagne fort rude, un cheval s'étant déferré, celui qui le montoit en descendit aussitôt, de peur qu'il ne se blessât. M. Olier fut aussi prompt à mettre pied à terre, et l'obligea de changer avec lui; celui-ci, après avoir résisté d'abord par respect, céda par obéissance, et ne put l'empêcher de faire à pied le reste du chemin, jusqu'au premier village, éloigné de cinq quarts de lieue. Ce ne fut pas même assez; comme le cheval couroit risque de se faire quelque plaie, il prit la peine d'envelopper son pied avec un gant fort épais, et le conduisit ainsi lui-même, comme s'il eût été le valet de la compagnie. Il arriva au lieu du repos accablé de fatigue et tout baigné de sueur. « Comme je lui représentois, dit M. de Breton- » villiers, qu'il devoit s'épargner davantage; Vous » le savez, me répondit-il, ma vocation est de » vivre dans une servitude continuelle, non- » seulement à l'égard de Dieu, mais encore à » l'égard des hommes ».

Cet esprit de dépendance lui faisoit demander conseil à M. de Bretonvilliers dans les petites choses comme dans les grandes; et celui-ci, presque affligé de cette déférence, qui lui paroissoit excessive et comme déplacée, lui ayant demandé une fois pourquoi il consultoit ainsi un homme qui avoit beaucoup plus besoin d'apprendre et de recevoir des conseils, qu'il n'étoit capable d'en donner, voici la réponse qu'il lui fit. « Agissez, » mon cher enfant, avec simplicité, et dites-moi » tout naïvement ce que vous pensez; car, si » j'étois seul avec Jean, (c'étoit son domesti- » que) je lui demanderois son avis, et je ferois

» simplement ce qu'il me diroit. Ne faisons ja-
» mais notre volonté, s'il est possible, jusque
» dans les plus petites choses; vivons, à l'exemple
» du Fils de Dieu, dans une dépendance uni-
» verselle. Lorsque nous pouvons prendre avis
» de nos directeurs, soyons dans leurs mains
» comme des flèches entre les mains de celui qui
» tire de l'arc; elles vont sans résistance et avec
» force partout où on les lance; voilà comme il
» faut que nous obéissions à ceux que Dieu nous
» a donnés pour guides; c'est-à-dire que, pour
» rompre notre volonté et la plier à celle d'au-
» trui, nous devons suivre le sentiment des per-
» sonnes avec lesquelles nous nous rencontrons.
» Oh! qu'il y a peu d'hommes sur la terre, dont la
» volonté propre soit pleinement anéantie »! Il comparoit cette volonté à la jeune fille que ressuscita
notre Seigneur : elle dormoit, mais elle n'étoit pas
morte. Il vouloit donc qu'on travaillât incessamment à la détruire. « Pour peu de vie qu'elle
» ait, ajoutoit-il, elle se réveille facilement, dès
» qu'on lui accorde ce qu'elle demande, et bientôt
» elle redevient la maîtresse; c'est pourquoi il la
» faut toujours tenir en bride et sous la puissance
» de l'esprit ». Dans cette vue, il conseilloit, surtout pour le temps des voyages, où la nature est
portée à prendre plus de liberté, de se choisir
un de ceux avec qui l'on voyageoit, pour dépendre de lui, comme nous tenant la place de
Dieu, et lui obéir en toutes choses avec une entière soumission. Il assuroit que, par ce moyen,
notre volonté s'anéantissoit à chaque moment;
qu'à force de la traiter ainsi, elle s'affoiblissoit

peu à peu, en sorte qu'à la fin elle se trouvoit réduite à un état de mort, où elle n'avoit plus de propriété; tant elle se laissoit gouverner à l'esprit de Dieu, qui la possédoit toute entière. Il regardoit cette pratique, dès qu'on y étoit fidèle, comme une voie infaillible de parvenir à une entière liberté.

Une autre vertu qu'on remarqua en lui, dans ses voyages, fut la mortification des sens. Jamais on ne le vit s'arrêter à considérer les choses curieuses qui se rencontroient sur sa route; on eût dit que tous ses sens étoient morts. Un de la compagnie voyant un magnifique château, ne put s'empêcher de le faire apercevoir en disant: *Voilà une belle maison*; M. Olier lui répondit doucement: *A quoi vous amusez-vous ?* Quelques momens après, il ajouta : « Toute cette » beauté qu'est-ce autre chose qu'un peu de » terre ? Hélas ! que toutes les beautés de ce » monde sont peu de chose, et que l'on en doit » faire peu de cas ! Si nous avions bien de la foi, » nous ne les regarderions même pas ». Il fit plus de six cents lieues sans permettre qu'on s'arrêtât à voir les choses remarquables et curieuses qui attiroient les voyageurs, et qui, dans plusieurs des provinces où il passa, étoient en grand nombre. Dans ces occasions, il exhortoit à vivre en esprit de sacrifice. « Soyons pour les choses » terrestres, disoit-il, comme des hommes ense» velis dans leur tombeau; c'est le moyen de nous » élever à Dieu, et de vivre en lui ».

Il faut avouer ici que si M. Olier, pendant les trois mois qu'il mit à voyager, fut fidèle à son

Dieu, ce ne fut pas sans éprouver combien Dieu est fidèle à ceux qui le servent. Cent fois on eut lieu d'admirer les soins de la Providence sur lui; ils étoient si fréquens et si sensibles, qu'il dit lui-même une fois : « Je crois vraiment que Dieu a » envoyé ses anges pour être toujours avec nous ». Et après son retour, écrivant à un de ses amis, il lui dit : « Ces divins esprits m'ont tellement » servi dans tout ce voyage, qu'on pourroit » presque user ici à la lettre de ces paroles de » David : *Angelis suis mandavit de te, ut custo-* » *diant te in omnibus viis tuis.* En toutes ren- » contres où nous avions besoin de guide, nous » en trouvions au moment, qui faisoient pour nous » l'office des anges gardiens. Il n'étoit pas possible » de méconnoître la bonté du Seigneur envers nous; » et c'étoit le sujet continuel de nos louanges ».

M. Olier, rendu à sa paroisse, se livra avec son zèle ordinaire au salut de son peuple, et aux autres œuvres qui demandoient sa présence. On ne le vit jamais plus attentif à faire honorer le très-saint sacrement et le lieu où il réside. Il ne souffroit pas que, pendant la célébration des saints mystères, on se mît à genoux sur des bancs ou sur des chaises : outre qu'il parloit souvent dans ses prônes contre cet usage, qu'il regardoit comme une irrévérence, souvent il visitoit en personne les fidèles rassemblés dans son église, pour s'assurer de leur modestie, et recommandoit à tous ses prêtres d'y veiller comme lui-même. Il chargea quelques-uns d'entre eux d'examiner assidument pendant les saints offices, si l'on s'y tenoit avec religion, et de contenir dans le devoir ceux qui

X.
Il reprend le gouvernement de sa paroisse.

n'y garderoient pas le silence. Plusieurs dames de qualité se faisoient porter la queue dans l'église; il parvint à réformer cet abus, en leur faisant comprendre que, dans la maison de Dieu, grands et petits, tous devoient s'humilier profondément, et n'y paroître que comme de vils serviteurs, indignes d'être admis en sa présence. Dans les cérémonies ecclésiastiques, telles que l'adoration de la croix et la distribution des cierges bénis ou des rameaux, il voulut que tous ceux de son clergé eussent le pas sur ses paroissiens, de quelque rang qu'ils fussent, même sur les princes du sang. Comme ils savoient que personne n'honoroit la dignité des grands, et ne les respectoit plus que lui, parce qu'il voyoit en eux une image de la souveraine grandeur, loin d'être offensés de cette conduite, tous y applaudirent; et les princes eux-mêmes furent les premiers à l'appuyer de leur suffrage et de leur exemple.

Ce fut dans le même esprit, que jaloux de se montrer partout avec l'extérieur le plus conforme aux saints canons, et de ne s'écarter en rien de la discipline de l'Eglise, jamais il ne quitta l'habit long; pratique qu'il a transmise à ses successeurs dans la cure de Saint-Sulpice, et qu'ils ont toujours fidèlement observée: soit à la Cour, soit dans leurs voyages, tous jusqu'à présent se sont fait une loi de ne paroître qu'en soutane. On ne verroit qu'avec peine quelqu'un des prêtres qui composent la communauté, oublier dans ses vêtemens et dans tout son extérieur la simplicité dont on y a toujours fait profession.

Ils sont persuadés que rien n'en impose plus au peuple, que cette décence dans les ministres de Jésus-Christ; comme rien ne les rend plus méprisables à ses yeux que l'amour de la parure et le goût des modes du siècle.

XI. *Il est inconsolable d'une horrible profanation commise dans son église. Ce qu'il fait pour la réparer.*

Pendant que le zélé pasteur travailloit à réparer de toutes parts ou à soutenir l'édifice spirituel que Dieu avoit commis à ses soins, en procurant à l'Eglise de dignes ouvriers, des exemples de vertu à sa communauté, et à notre Seigneur de parfaits adorateurs du sacrement de son amour, Dieu permit que son ame fût noyée dans la douleur la plus amère, par un événement qui lui fit verser des torrens de larmes, et qui jeta la consternation dans toute la paroisse. Dans la nuit du 27 au 28 juillet 1648, des voleurs entrèrent dans l'église par une fenêtre de la chapelle de sainte Barbe, forcèrent la porte du balustre de celle de la sainte Vierge, et après avoir rompu le tabernacle, où reposoit le très-saint sacrement, emportèrent le saint ciboire, dont ils profanèrent les saintes hosties, en les répandant au même endroit par où ils étoient entrés. Un attentat si exécrable mit l'alarme de tous côtés; mais personne n'en conçut une douleur si profonde que M. Olier. Il ne se contenta pas de gémir amèrement au pied de l'autel où le crime venoit de se commettre. Pour réparer une profanation si énorme et si outrageuse à l'amour du Fils de Dieu envers les hommes, du consentement, et après avoir pris les ordres de l'évêque de Metz, seigneur spirituel et temporel du faubourg Saint-Germain, il indiqua pour le lundi suivant, troisième jour d'août, un jeûne qui fut observé fidèlement dans toute la paroisse. On fit à Saint-Germain-des-Prés, en habits de pénitence, une procession qu'on accompagna des chants les plus propres à inspirer la componction. Les trois jours suivans furent sanctifiés par les prières de quarante heures. Au jeudi, sixième jour du même mois, toute œuvre servile fut interrompue; on le célébra par une autre procession très-solennelle, composée de tout le clergé séculier et régulier de la paroisse. Tous avoient un flambeau à la main. Le saint sacrement y fut porté par le Nonce du Pape, avec toute la pompe qu'on put y mettre. La duchesse d'Orléans signala sa piété par un magnifique reposoir, qu'elle fit dresser à l'entrée de son palais. La reine régente, Anne d'Autriche, suivit la procession, accompagnée d'une grande partie de sa Cour en habit de deuil. On y vit aussi une multitude innombrable d'assistans de toutes les conditions. La cérémonie se termina par une amende honorable, qui fit verser des larmes en abondance à tout le peuple assemblé dans l'église. Le saint sacrement fut mis ensuite dans la chapelle où le sacrilége avoit été commis, et renfermé dans un nouveau tabernacle magnifiquement orné. Trois mois après cette réparation publique, un des auteurs du crime, soldat du régiment des Gardes, fut exécuté à mort. M. Olier voulut l'assister lui-même, et l'accompagna sur l'échafaud. C'est en mémoire de cette amende honorable, que le premier dimanche d'août est consacré par une solennité particulière, dans l'église de Saint-Sulpice, et par l'exposition du très-saint sacrement, sous le nom de fête de la Réparation des outrages faits à Jésus-Christ dans la sainte eucharistie.

Comme M. Olier ne laissoit pas écouler une seule année sans prendre quelques jours pour aller hors de Paris vaquer aux exercices spirituels; autant pour rétablir ses forces corporelles, épuisées de nouveau par le travail de cette année, que pour se renouveler intérieurement, il choisit au mois d'octobre le monastère de Meulan, occupé par les religieux de saint François, et s'y retira, dans le dessein d'y vivre seul avec Dieu, et d'y être uniquement occupé à sa propre sanctification. Le spectacle des saints solitaires qui habitoient cette maison fut pour lui un grand sujet d'édification, et contribua beaucoup au contentement intérieur qu'il y ressentit pendant tout le temps de sa retraite. Après y avoir joui, dans une parfaite solitude, des douceurs de la contemplation, il en vint trop peu rétabli pour soutenir long-temps la fatigue du saint ministère, qui d'année en année, par la multitude des œuvres qu'il avoit entreprises, lui devenoit plus pénible.

XII. Il va faire une retraite à Meulan.

L'état de foiblesse et d'infirmité où il se trouva réduit bientôt après son retour, l'obligea encore à cesser entièrement l'exercice de ses fonctions. Comme on lui ordonna de reprendre le remède dont il avoit usé l'année précédente avec succès, et que l'exercice corporel lui étoit fort salutaire, il crut ne pouvoir mieux entrer dans les vues de la Providence, qu'en faisant un nouveau voyage en Bretagne, où il espéroit que son séjour pourroit être utile au prochain et procurer quelque gloire à Dieu. Son goût pour les pélerinages le détermina

XIII. Il fait un nouveau voyage en Bretagne.

à prendre la route qui lui donneroit plus de moyens de satisfaire sa dévotion. C'est pourquoi il passa par Chartres, lieu qui étoit trop cher à son souvenir, depuis les grâces particulières qu'il en avoit rapportées à différentes époques de sa vie, pour ne pas se sentir attiré, dans cette conjoncture, à porter encore ses hommages aux pieds de la Mère de Dieu. Il suivit son attrait, et mit quelques jours à répandre son cœur devant la célèbre image de Marie, qu'il ne revoyoit jamais sans arroser la terre de ses larmes.

XIV.
Il visite à Tours l'église de S. Martin.

En sortant de Chartres, il lui vint dans la pensée de faire le pélerinage de Saint-Martin de Tours, l'un des plus anciens et des plus connus du monde chrétien. Au lieu de suivre la route de Bretagne, il prit donc celle de la Touraine. Arrivé dans cette province, il visita d'abord l'abbaye de Marmoutier qui possède une partie de ses reliques, et où l'on voit une grotte creusée dans un rocher, qui servoit d'oratoire au saint évêque, fondateur de ce monastère. Il se rendit ensuite dans la ville, qui n'en est éloignée que d'une demi-lieue, pour visiter son tombeau. En entrant dans le temple auguste où reposent ses cendres, et où l'on conserve quelques restes de son corps échappés à la fureur des Calvinistes, qui, en 1562, mirent tout à feu et à sang dans cette province, il éprouva une terreur secrète mêlée d'une douce consolation, sentiment tout semblable à celui qui saisissoit saint Martin, lorsqu'il mettoit le pied dans les basiliques où reposoient les sacrés ossemens des martyrs. Cette impression fut encore plus vive, lorsqu'on lui fit voir le lieu où avoit été brûlé le corps du saint. Aux hommages de respect et de confiance qu'il offrit intérieurement à celui qu'il étoit venu honorer, il joignit celui dont les ames contemplatives ne peuvent se défendre à la vue des monumens précieux, qui, après le corps adorable du Sauveur, composent le plus riche trésor de nos églises. On le vit humblement prosterné, durant des heures entières, devant l'autel qui couvre le tombeau du saint, y célébrer le saint sacrifice avec la religion d'un ange, et donner toutes les marques de la foi la plus vive, comme de la piété la plus tendre. Il y resta une fois l'espace de sept heures sans s'en apercevoir. Voici comme le fait est rapporté par le P. Constantin, alors correcteur ou supérieur des Minimes d'Angers, qui le tenoit de la personne même chez qui avoit logé à Tours M. Olier. L'heure du souper étant venue, on l'attendit long-temps; et comme il tardoit beaucoup, on le chercha en différens endroits : les recherches furent sans succès; ce qui donna beaucoup d'inquiétude. A force d'informations, on sut qu'à une certaine heure après midi, il étoit entré dans l'église de Saint-Martin : on y courut aussitôt; mais les portes étoient fermées depuis long-temps. Après qu'on les eut fait ouvrir, on fut fort surpris de voir le serviteur de Dieu près du tombeau, dans la posture d'un homme qui sembloit avoir perdu tout usage de ses sens extérieurs. On le trouva en effet sans parole. C'étoit M. de Razilly qui lui donnoit l'hospitalité : il fut conduit chez lui; mais à peine le reconnut-il et se connut-il lui-même, tant il étoit absorbé en Dieu. La nourriture invisible qu'il venoit de goûter dans le lieu saint, lui fit oublier les besoins du corps; on lui proposa en vain de prendre son repas ordinaire. Ce ne fut que le lendemain qu'on le trouva revenu à lui; comme si, depuis le moment de son oraison dans l'église de Saint-Martin, son esprit eût été moins sur la terre que dans le ciel.

XV. Il s'arrête à Candes.

Non content d'avoir vu la grotte et le tombeau du thaumaturge des Gaules, M. Olier voulut encore visiter l'église de Candes, petite ville de Touraine, située aux confins de l'Anjou, sur le bord de la Loire, où le saint est mort. Ce fut pour lui une très-grande consolation de répandre son ame devant Dieu, au même endroit où saint Martin avoit rendu la sienne dans un accès et un transport d'amour qui n'a presque point d'exemple. Plus il goûtoit de plaisir à contempler tout ce qui lui rappeloit quelque trait de sa vie, ou quelque circonstance de sa mort, plus il lui en coûtoit de s'en séparer.

XVI. Il visite à Saumur Notre-Dame des Ardilliers.

La peine qu'il eut à sortir de la Touraine, province chère à la France, moins par les beautés qui en font un des pays les plus rians de l'Europe, que par le riche dépôt qu'elle possède dans la basilique de Saint-Martin, et les vestiges de ses pas qu'on y montre en cent endroits différens, fut adoucie par l'espérance de retrouver, à la distance de quelques lieues, un nouvel objet propre à satisfaire sa tendre dévotion envers la très-sainte Vierge. Notre-Dame de Saumur, recommandable par le grand nombre de miracles qui s'y sont opérés depuis long-temps, est la première église de cette ville, qu'on aperçoit en venant de Candes.

Dès qu'il la vit, il sentit renaître au dedans de lui-même les impressions de joie et les sentimens de piété qu'il avoit coutume d'éprouver dans tous les pélerinages qu'il consacroit à l'honneur de la très-sainte Vierge. Il saisit avec empressement cette occasion de lui rendre ses devoirs, et s'y arrêta aussi long-temps que les circonstances purent le lui permettre, pour soulager le désir ardent qu'il avoit de s'épancher dans son sein.

De Saumur il descendit à Nantes, où il ne fit que passer pour se rendre à son prieuré de Clisson ; mais dans le dessein d'y revenir bientôt. Dieu, qui sait tirer sa gloire de tous les pas de ses élus, conduisit ainsi son serviteur pour la consolation de plusieurs ames qui avoient déjà retiré de grands fruits de ses premiers voyages en Bretagne. A l'exemple des apôtres, qui ne revenoient jamais sur les terres qu'ils avoient arrosées de leurs sueurs, que pour conserver leurs premières conquêtes, ou pour en faire de nouvelles ; tout le temps qu'il ne donnoit point à l'oraison, il le consacroit, soit à ramener à Dieu des ames égarées, soit à perfectionner et affermir les conversions qu'il avoit laissées imparfaites.

XVII. Il va à son prieuré de Clisson, puis au tombeau de S. Vincent-Ferrier, et enfin à Notre-Dame d'Auray.

Au sortir de Clisson, il alla, comme il l'avoit résolu en quittant Paris, visiter à Vannes le tombeau de saint Vincent-Ferrier, l'apôtre de la Bretagne au quinzième siècle. Il y fit d'ardentes prières pour obtenir du Seigneur, par son intercession, les vertus apostoliques, et surtout le zèle du salut des ames le plus pur et le plus généreux. Les faveurs qu'il y reçut, comme on le voit dans ce qu'il a écrit de sa main en faisant un petit journal de ce voyage, ajoutèrent encore à la dévotion qu'il avoit toujours eue pour ce grand saint. Il regarda même comme un des fruits de ce pélerinage l'établissement d'un séminaire dans la ville de Nantes, qui le suivit de près.

Sa piété envers la mère de la sainte Vierge ne lui permit pas de quitter la Bretagne, sans visiter l'église de Sainte-Anne d'Auray, qui n'est qu'à une petite journée de Vannes, autre pélerinage très-renommé dans la même province. Il paroît encore par ses écrits qu'il y reçut des grâces considérables.

XVIII. Il établit un séminaire à Nantes.

N'ayant plus d'autres lieux de dévotion à visiter, il revint à Nantes, où il ne demeura que le temps nécessaire pour traiter avec M. de Beauveau, évêque de cette ville, du projet que celui-ci avoit conçu de fonder un séminaire. Il lui promit de lui envoyer au plus tôt quelques prêtres de sa compagnie dans ce dessein ; ce qui ne tarda pas à s'effectuer. Mais ce premier établissement ne fut pas de durée. Ce n'est qu'en 1728, sous l'épiscopat de M. de Sanzay, qu'il a repris la forme et la consistance dont il jouit. M. Olier se trouvoit trop près du monastère où quelques années auparavant il avoit opéré un si heureux changement, pour ne le pas visiter de nouveau. Il se transporta donc à la Regripière, et il eut la consolation de revoir cette maison dans l'état de régularité et de ferveur où il l'avoit laissée en 1642. La supérieure et les religieuses n'avoient point assez d'expressions pour lui témoigner la joie que leur causoit sa présence, et la vénération qu'elles conservoient toujours pour sa personne. Elles

surent

surent profiter de ses entretiens pour se fortifier dans l'esprit de leur vocation qu'il y avoit comme ressuscité autrefois, et ne négligèrent rien pour se perfectionner dans les vertus de la vie religieuse. Retraites, communications de leur intérieur, confessions extraordinaires, tels furent les moyens qu'elles employèrent avec un très-grand succès, pour assurer leur salut de plus en plus sous sa direction, et par où il s'appliqua lui-même à les confirmer dans leurs anciennes résolutions.

Il ne s'éloigna d'elles que pour se rendre à Paris, et voler au secours d'un de ses amis qui touchoit à sa fin. Il eut à peine reçu la nouvelle de sa maladie, qu'il se hâta de se mettre en route. Il arriva assez tôt pour l'assister à la mort, et lui rendre tous les offices qu'inspire en pareille circonstance la tendre charité d'un ami chrétien : nouveau trait de la Providence entre mille autres qu'il ne se lassoit point d'admirer et de faire admirer à ses prêtres. La douleur que lui causa cette perte fut bientôt soulagée par un nouvel établissement qui se forma dans sa paroisse. De l'extrémité de la France, le souffle de l'Esprit saint fit sortir un essaim de bénédiction qui vint se reposer près de son église, et augmenter autour de lui le nombre des chastes épouses du Sauveur. Le récit de cet événement demande à être repris de plus haut. La grande opinion que l'on avoit de la sainteté de M. Olier, et les exemples de vertu que donnoient les prêtres de sa communauté, y avoient attiré plusieurs ecclésiastiques d'une éminente piété, entre lesquels se trouvoit le père Yvan,

XIX. Son retour à Paris. Il y procure un établissement dans sa paroisse aux religieuses de la Miséricorde.

fondateur des religeuses de la Miséricorde. Cet homme, d'une mortification extraordinaire, étant venu à Paris pour y établir une maison semblable à celles qu'il avoit fondées à Aix en Provence, et dans quelques autres villes voisines, logea d'abord à l'hôpital des Incurables; mais à peine eut-il connu par lui-même M. Olier et les prêtres qui travailloient avec lui dans la paroisse de Saint-Sulpice, qu'il se joignit à eux, soit pour profiter des leçons de perfection qu'ils recevoient de leur père commun, soit enfin pour avancer, de concert avec lui, la fondation pour laquelle il avoit quitté la Provence, sa patrie et son séjour ordinaire. Les obstacles qu'il rencontra le firent retourner à Aix, où M. Olier, dans son voyage d'Anneci, eut avec lui de fréquentes entrevues. La connoissance que prit celui-ci du mérite et des fruits de cet institut, augmenta le désir que lui avoit inspiré le P. Yvan, pendant son séjour à la communauté de Saint-Sulpice, de voir une maison de son ordre établie dans sa paroisse. De retour à Paris, il travailla à consommer l'œuvre suspendue et presque abandonnée par le P. Yvan. Le succès paroissoit d'autant plus désespéré, que le cardinal Mazarin, archevêque d'Aix, frère du cardinal premier ministre, refusoit constamment de permettre à quelques religieuses d'Aix, de venir faire la fondation de Paris. Mais elles trouvèrent dans M. Olier tout l'appui dont elles avoient besoin pour aplanir les difficultés. Aidé lui-même par M. de Montmort, maître des Requêtes, fort zélé pour cet établissement, il profita de l'absence du cardinal archevêque d'Aix, qui venoit de faire un voyage à Rome, pour solliciter à la Cour en faveur du nouvel établissement. Il en obtint tout. Le Roi et la Reine régente firent expédier un ordre aux religieuses d'Aix, d'envoyer quelques-unes de leurs sœurs à Paris, pour y former une communauté. Le grand-vicaire (car il n'y en avoit qu'un alors dans presque toutes les villes épiscopales) reçut en même temps l'ordre de délivrer toutes les permissions nécessaires, et le gouverneur de la province, celui de faciliter leur départ. Ce succès inopiné parut d'autant mieux être l'ouvrage de la divine Providence, de laquelle M. Olier attendoit et espéroit tout, que les ordres furent expédiés au jour même de la mort du cardinal, qui s'y étoit le plus fortement opposé. Avant son départ pour Rome, il leur avoit dit en riant : « Vous » aurez beau faire des mouvemens pour vous » établir à Paris, et me dire que c'est la volonté » de Dieu, je me porte bien et je suis encore » jeune. Si vous ne devez faire votre établisse- » ment qu'après ma mort, ce ne sera pas si tôt ». Une d'entre elles avoit osé lui répondre, que « les créatures ne pouvoient empêcher l'exécu- » tion des desseins de Dieu; et qu'après tout, s'il » continuoit de s'opposer à son œuvre, il pourroit » bien dans peu de temps n'être plus en état de s'y » opposer davantage ». Etoit-ce là un trait d'indiscrétion, parti d'un zèle qui peut-être ne fut ni assez assuré ni assez respectueux, ou bien une sorte d'inspiration et comme une menace du grand maître, qui a compté tous nos momens ? c'est ce qu'il ne nous appartient pas de décider. Quoi qu'il en soit, redevables à M. Olier du suffrage du Roi et de son conseil, elles partirent à la fin de l'année 1648; et après un long voyage, où elles coururent les plus grands dangers de périr, elles arrivèrent à Paris le 2 de janvier suivant. M. Olier leur avoit envoyé des voitures à quelques lieues de la ville. Il les reçut lui-même dans son église, où elles se rendirent aussitôt qu'elles furent descendues; et ce qu'il y eut de remarquable, c'est que dans le temps même où les religieuses de plusieurs couvens de Paris se voyoient contraintes, par les troubles de la guerre civile, de se disperser dans les provinces pour sauver leur vie et leur état, il eut la consolation de mettre celles-ci en possession paisible de la maison qu'elles habitent encore aujourd'hui, près de l'église Saint-Sulpice. Jamais temps ne dut paroître moins propre que celui où l'on se trouvoit alors, à consommer une telle entreprise. L'extrémité où la capitale étoit réduite en rendit l'exécution si difficile, que beaucoup d'autres eussent désespéré du succès. Il se confia en Dieu, et son espérance ne fut point confondue.

XX.
Sa conduite durant la guerre civile.

La tranquillité qui régnoit dans tout le faubourg S.-Germain, pendant que tout étoit en désordre dans les autres quartiers de Paris, fut regardée comme le fruit des oraisons de M. Olier. L'esprit de subordination et de paix s'y conserva tellement, qu'on n'y vit point de barricades comme ailleurs. Les habitans de la paroisse firent voir par leur fidélité au service du Roi, combien ils avoient su profiter des instructions de leur pasteur. En public et en particulier, il ne cessoit de recommander l'obéissance et la soumission la plus incorruptible à l'autorité du prince; sentiment qui ne s'est point encore affoibli dans les paroissiens de Saint-Sulpice, malgré le progrès qu'a fait dans notre siècle l'esprit d'indépendance ; parce qu'à l'exemple du serviteur de Dieu, ni ses successeurs, ni les prêtres de sa communauté, n'ont séparé dans leur enseignement l'obéisssance due à César de celle qui est due à Dieu. Ce fut principalement dans ce temps de calamité et de désolation, qu'il fit paroître son zèle pour le maintien de la paix et la prospérité de l'Etat, sa tendre charité pour les pauvres, sa compassion pour les malheureux, et toutes les vertus qu'inspire la religion dans un fléau général. Non content d'adorer la justice divine et d'accepter ses arrêts; pour fléchir le ciel, il se condamna à faire chaque jour des austérités extraordinaires. Il exhorta continuellement son peuple à la pénitence. Il le rassembla tous les jours devant le très-saint sacrement, pour demander à grands cris miséricorde au juste juge; et souvent après avoir employé tout le jour à porter lui-même des secours à ses paroissiens, à les instruire, à les consoler, il passoit les nuits entières en oraison dans son église, fondant en larmes au pied du tabernacle.

Le nombre excessif des pauvres, qui croissoit tous les jours, ne put lasser sa patience. Loin d'en rebuter un seul, il ouvroit à tous son cœur et ses mains avec tant de générosité, que plus d'une fois on l'accusa de ne savoir pas mettre assez de bornes à ses aumônes. Il ne pouvoit se refuser à aucune espèce de besoin. Pain, viande, bois, linge, habits, instrumens de travail pour les artisans, tout étoit fourni à ceux que la disette avoit mis dans l'impuissance de subsister autrement que par les soins et les efforts de la charité chrétienne. Il les faisoit visiter par les deux aumôniers des pauvres, dont il a déjà été parlé, M. Gibily, et le frère Jean de la Croix. Ces deux hommes, qui consommèrent leur vie dans l'exercice des œuvres de charité, alloient porter les secours spirituels ou temporels, partout où M. Olier ne pouvoit se transporter en personne. Outre ces visites particulières, il faisoit rechercher toutes les familles indigentes; et dans chaque tournée, la somme qui se trouvoit distribuée par ses ordres, montoit ordinairement à deux mille livres. « Je » l'ai vu, dit M. de Bretonvilliers, donner jusqu'à » cent livres à une personne seule, dont la pau- » vreté n'étoit pas connue, et qui, pour de bonnes » raisons n'osoit pas la découvrir. Frère Jean, » ajoutoit-il, m'a assuré qu'il ne refusoit per- » sonne; et que si dans les autres temps il étoit » libéral, dans l'hiver de 1649, qui fut très-ri- » goureux, on pouvoit en quelque sorte lui re- » procher d'être prodigue ».

Les aumônes qu'il distribua, et celles qu'y ajoutoient les paroissiens ne suffisant point aux besoins de son peuple, il se vit contraint de chercher du secours hors de Paris. La Cour étoit à Saint-Germain-en-Laye; il s'y rendit pour faire une quête, et il y alla à pied; ce qui l'exposa beaucoup, à cause du péril extrême qu'il y avoit à sortir de la ville, et de la quantité extraordinaire de neige qui couvroit les chemins. Dieu bénit le zèle qui lui avoit inspiré cette résolution : il revint à sa paroisse sans avoir éprouvé le moindre accident, et rapporta de grandes aumônes.

Sa charité ne se borna pas au soulagement de ses propres paroissiens; elle s'étendit encore à ceux de la campagne qui venoient se réfugier dans le faubourg. Ayant un jour rencontré une pauvre fille qui mendioit, et qui lui fit connoître qu'elle étoit venue à Paris pour mettre sa vie et son honneur en sûreté, il lui donna de quoi soulager sa misère: mais touché du péril où elle se trouvoit exposée avec beaucoup d'autres de même condition, il forma un nouveau projet; celui de réunir dans une même maison toutes les pauvres filles qui venoient de la campagne et qui se voyoient sans ressource. C'étoit le seul moyen de les soustraire au danger qu'elles couroient pour leur salut. Malgré les représentations qu'on lui fit, sur l'impossibilité qu'on croyoit voir, au milieu de la confusion universelle, à l'exécution de cette entreprise, il espéra d'y réussir. Il loua une maison où il en retira plus de deux cents. Tant que les troubles durèrent, il leur fournit la nourriture et le vêtement. Ne donnant pas moins d'attention à leurs besoins spirituels, il leur fit faire les exercices de la retraite, qui, en les éclairant sur les principaux devoirs du christianisme, leur apprirent à faire un saint usage de l'adversité et des tribulations. Un grand nombre de religieuses de différens ordres, ne sachant plus où trouver un asile, étoient accourues dans la capitale. Celles qui erroient dans sa paroisse, il les rassembla dans une maison que lui fournit à propos la divine Providence. Il leur fit observer une règle commume, et en leur procurant toutes sortes de secours, il les préserva du risque qu'elles auroient couru dans le monde, de perdre, avec les pratiques de la vie religieuse, le goût et l'esprit de leur vocation.

Sa paroisse avoit été le refuge de plusieurs Anglais et Irlandais catholiques qui ne pouvoient plus demeurer en sûreté dans leur patrie. Il voulut être aussi leur protecteur et leur père. On eût dit qu'il avoit des ressources inépuisables et toujours prêtes pour quelque classe de malheureux que ce fût. Plus d'une fois on lui prédit qu'il tomberoit lui-même dans une indigence qui le réduiroit à une extrémité fâcheuse. Sa réponse alors étoit, que dans toute circonstance où il s'agissoit de soulager le prochain, il n'y avoit qu'à commencer, parce que la Providence ne manquoit point à ceux qui se jetoient entre ses bras. On voit, dans un de ses écrits, qu'elle proportionna en effet les secours au grand nombre d'infortunés qui, de toutes parts, venoient réclamer son assistance. C'étoit le Vendredi saint qu'il trouvoit le temps de mettre sur le papier plusieurs choses, entre lesquelles on lit : « Dans
» ce temps de calamités et de misères publiques,
» j'ai éprouvé tout ce que peut la confiance en
» Dieu, puisqu'il m'a fourni pleinement et abon-
» damment de quoi subvenir aux besoins pres-
» sans de nos peuples. Il s'agissoit de soulager
» quatorze ou quinze cents familles; et pendant
» tout ce temps, je n'ai reçu aucun secours de
» mes bénéfices, que je n'avois gardés avec peine
» que pour assister les pauvres, et ne pas aban-

» donner le saint œuvre que la divine majesté
» m'a mis dans les mains ».

Ce fut ce même jour qu'il exécuta enfin le projet, qu'il méditoit depuis long-temps, de renoncer à deux bénéfices qu'il possédoit encore. En 1640, deux ans avant de prendre la cure de Saint-Sulpice, il avoit remis au Roi son abbaye de Pébrac, qui étoit passée entre les mains de Félix Vialart, évêque de Châlons (1); mais il lui restoit encore avec le prieuré de Basainville, au diocèse de Chartres, un autre bénéfice, le prieuré de Clisson, au diocèse de Nantes. Il ne les avoit retenus que de l'avis de son directeur; ce qui toutefois n'empêcha pas qu'il n'eût à ce sujet de fréquentes inquiétudes, et que depuis long-temps il ne pensât très-sérieusement à s'en défaire. Voici dans quels termes il écrivit l'acte particulier de sa démission. « Par reconnoissance
» pour le bénéfice de la foi dont j'ai expérimenté
» les avantages et recueilli les fruits, dans ces
» temps de calamités publiques; puisque Dieu
» m'a fourni abondamment de quoi subvenir aux
» besoins pressans de nos peuples qui montoient à
» quatorze ou quinze cents familles; puisque d'ail-
» leurs durant toutes ces dernières années je n'ai
» reçu aucun secours de mes bénéfices, que je n'a-
» vois gardés que pour le soulagement des pauvres,
» et pour achever l'œuvre que m'a mis la divine
» majesté entre les mains; voyant sensiblement
» l'inutilité et la charge superflue de ces mêmes
» bénéfices que la bonté de Dieu m'a laissés jus-
» qu'à présent, en attendant celui que j'espère

XXI.
Il se démet de ses bénéfices, et ne conserve que sa cure.

(1) Voyez *Gallia christiana*, tom. VII, pag. 1016 et seq.

» pour l'autre vie, je m'en démets aujourd'hui
» entre les mains du Pape, l'image visible de
» Dieu mon père, qui m'a mis en possession de
» tous ses biens, par le trésor qu'il a caché dans
» mon cœur ».

M. Olier, après avoir pourvu aux besoins de sa paroisse, et remis les bénéfices qu'il n'avoit conservés jusqu'alors que pour venir au secours des pauvres dont il étoit environné, s'occupa avec plus d'activité que jamais de l'établissement d'un séminaire. Dès l'année 1645, il avoit acquis pour le construire un terrain considérable qui touchoit à l'église. L'abbé de Saint-Germain l'avoit autorisé à bâtir la nouvelle maison dont le plan étoit tout formé, avec une chapelle où l'on pourroit célébrer la sainte messe, faire l'office divin et les autres exercices spirituels. Louis XIV, par lettres-patentes de la même année, avoit tout confirmé. Ce ne fut pas sans une providence particulière que l'on travailla à la construction du séminaire tel qu'on le voit aujourd'hui, dans le temps même des troubles qui affligèrent la capitale. Comme tous les arts languissoient alors, et que les ouvriers étoient oisifs; comme d'ailleurs les matériaux se vendoient à un très-bas prix, parce que nulle part on n'osoit entreprendre de nouveaux bâtimens pendant la guerre civile, les dépenses furent beaucoup moindres qu'elles ne devoient l'être. Ce qui augmenta la joie de M. Olier pendant cette construction, ce fut le secours qu'elle procura à un grand nombre d'artisans que l'indigence eût réduits à la dernière extrémité; circonstance qui parut tellement ménagée par la sagesse et la bonté divine, que ceux même qui d'abord avoient blâmé hautement l'entreprise, ne purent s'empêcher d'y applaudir, et d'y reconnoître le doigt de Dieu.

La majeure partie du bâtiment étant achevée au mois de septembre 1648, on jeta les fondemens de la chapelle. M. Olier voulut en poser lui-même la première pierre, le jour de l'octave de la Nativité de la sainte Vierge, qui devoit en être la patronne. Il fit cette cérémonie en son nom ; car il n'entreprenoit rien d'important, que sous ses auspices ; et il fit graver une médaille, qui d'une part représentoit le séminaire de Saint-Sulpice avec l'image de Marie, et de l'autre portoit ces paroles : *Per ipsam, cum ipsa et in ipsa, omnis œdificatio constructa crescit in templum sanctum Domino.* Les travaux furent interrompus quelque temps, et repris le jour de l'octave de la Purification, l'année suivante. En 1650, la fête de la Présentation de la sainte Vierge fut choisie pour la principale fête du séminaire. On fit en ce jour la bénédiction de la chapelle, et la sainte messe y fut célébrée solennellement par le Nonce du Pape, connu depuis sous le nom du cardinal Bagni. Il bénit aussi toutes les chambres et toutes les salles. Après les vêpres, qui furent chantées avec la solennité convenable, Isaac Habert, évêque de Vâbres, prélat célèbre dans l'Eglise de France, y prêcha avec autant d'édification que de dignité.

XXII. Il pose la première pierre de la chapelle du séminaire.

Entre plusieurs faveurs que reçut ce jour-là M. Olier, de l'auguste Reine du ciel, à qui il venoit d'offrir sa maison et tous ceux qui devoient l'habiter, en voici une qu'il rapporte avec sa naïveté ordinaire en ces termes : « Le soir de la » solennité, remerciant la grande bonté de la très-» sainte Vierge, d'avoir été présente à la céré-» monie; et comme plusieurs me témoignoient » en avoir été touchés extraordinairement, je lui » demandai ce qu'elle désiroit de moi, et ce que » je pourrois faire qui lui fût agréable. *Prépa-» rez-moi des cœurs,* me répondit-elle; me fai-» sant sentir que ce qui la satisferoit davantage, » ce seroit de voir des cœurs se donner et s'atta-» cher à son service ».

Le jour qu'il avoit fixé pour la fête principale du séminaire, il voulut le consacrer encore par une cérémonie qui devoit se renouveler tous les ans, et qui se pratique encore aujourd'hui par tous les ecclésiastiques qui y habitent. Elle consiste à répéter solennellement, entre les mains d'un évêque qui représente le pontife éternel, la profession qu'ils ont faite en recevant la tonsure cléricale, et à se consacrer de nouveau, à l'exemple de la très-sainte Vierge se présentant au grand prêtre dans le temple de Jérusalem, au service de Jésus-Christ, l'héritage des prêtres et des clercs. Le vœu de M. Olier étoit qu'on entrât alors dans les dispositions intérieures et extérieures de la fille bien-aimée du Roi des rois, lorsqu'elle s'offrit à lui devant le peuple d'Israël assemblé; dispositions dont il eût voulu faire participans tous les ministres du sanctuaire, et plus particulièrement les pontifes du Seigneur qui possèdent la plénitude du sacerdoce. Il désiroit qu'en ce beau jour, auquel on se dispose en jeûnant la veille, tous les prêtres de la communauté qui gouvernent la paroisse vinssent se réunir à ceux du séminaire; et que tous, dans un même esprit, lorsqu'ils prononçoient ces paroles : *Dominus pars hæreditatis meæ, etc.*, se dévouassent à notre Seigneur et à son Eglise, par le dépouillement du cœur le plus sincère et le renoncement le plus universel : qu'on se livrât à lui tout entier et pour toujours, sans jamais se reprendre pour soi-même; qu'on lui demandât au pied de l'autel où on le choisissoit pour son héritage, un esprit de mort à toutes les créatures, afin de ne plus vivre ni agir que pour sa gloire; qu'enfin, pour en devenir les dignes instrumens, nous le fissions maître absolu de tout ce que nous sommes, et fussions prêts d'aller au bout du monde répandre notre sang pour lui et pour les ames qu'il a rachetées.

Quand les bâtimens du séminaire furent entièrement achevés, M. Olier, avant qu'on y logeât, eut le mouvement intérieur d'aller à Chartres pour en offrir les clefs à la patronne de cette ville. Il céda à son attrait, en faisant encore cette fois le pélerinage qu'il avoit fait si souvent. Il y célébra la sainte messe dans la chapelle de la Mère de Dieu, et lui dédia l'œuvre qu'il venoit enfin de consommer sous ses auspices. Il avoit déjà fait présent à l'église de Chartres d'un riche ornement en son honneur; pour décorer son image, il y laissa une robe de satin blanc toute brodée en or, qu'il lui offrit comme à l'Epouse du Père éternel.

XXIII. Il va offrir les clefs du séminaire à Notre-Dame de Chartres.

Sa grande dévotion à la sainte Famille, lui fit prendre pour les patrons et protecteurs du séminaire, saint Joseph, et saint Jean, donné pour fils par notre Seigneur à sa très-sainte mère. Aussi fit-il placer leurs statues aux deux côtés de celle de la sainte Vierge, dans la grande cour en face du portail, comme on les voit encore aujourd'hui. Plus jaloux de ces sortes d'ornemens, que de ceux qui pouvoient donner de l'éclat à l'édifice qu'il venoit de construire, il s'opposa au dessein de l'architecte, qui vouloit en décorer l'entrée par divers embellissemens, et par des colonnes travaillées avec art. Il ordonna que tout fût disposé dans la forme la plus simple; et ses intentions furent remplies.

Il ne lui restoit plus qu'une chose à faire pour achever l'œuvre qu'il venoit d'exécuter si heureusement. C'étoit d'obtenir l'enregistrement des lettres-patentes accordées par le Roi, en 1645. On l'engageoit à faire des démarches pour mettre le premier président du Parlement dans ses intérêts. Il balança s'il prendroit ce parti. « J'étois » en peine, dit-il, si je devois prendre un pro- » tecteur visible de la maison, vu la protection » visible et efficace que nous ressentions tous les » jours de la part de la sainte Vierge ». Mais l'esprit de Dieu, qu'il consulta dans l'oraison, le fit sortir de son incertitude en le portant intérieurement à suivre le conseil qu'on lui avoit donné et sur lequel il délibéroit depuis longtemps. Il alla donc, accompagné de quelques directeurs du séminaire, faire une visite au premier président, « rendant hommage, dans la » personne de ce grand magistrat, (ce sont ses » expressions) à la puissance et à la grandeur de

» Dieu même, dont les juges sont les images sur » la terre », et sanctifiant par les vues de foi qui animoient toutes ses œuvres, une action qui lui avoit paru d'abord tenir trop de la prudence humaine. Le bon accueil qui lui fut fait, et les marques d'estime qu'il reçut, hâtèrent le succès de ses démarches, pour l'enregistrement qu'il désiroit. On avoit eu jusque-là de grands obstacles à vaincre : dès que le premier président eut entendu M. Olier, les dispositions favorables qu'il témoigna aux autres magistrats, jointes aux motifs sur lesquels il appuya son avis, firent consentir sans peine ceux même qui avoient témoigné le plus d'opposition ; et les lettres-patentes furent enregistrées.

XXIV. Il harangue Louis XIV, qui vient entendre à S. Sulpice le sermon de M. Joly.

On ne sait ce qui détermina, dans cette même année, Louis XIV à venir à Saint-Sulpice pour y entendre le sermon, si ce n'est que ce religieux prince y fut attiré par l'odeur de sainteté que répandoit depuis plusieurs années, dans la ville et à la Cour, la vie de M. Olier et des prêtres qui composoient sa communauté. Quoi qu'il en soit, le jour de Noël, Sa Majesté s'y rendit accompagnée du duc d'Anjou, son frère, et du duc d'Orléans. Après avoir été haranguée à l'entrée par le serviteur de Dieu, elle alla se placer sous un dais qu'on avoit dressé au milieu de la nef, et entendit prêcher M. Joly, prêtre de la communauté, qui fut depuis évêque d'Agen. Après le sermon, ce prince assista aux vêpres avec une piété et une modestie qui fut pour le peuple une seconde prédication, non moins éloquente que la première.

La joie qu'avoit M. Olier de voir son séminaire achevé, et l'établissement de sa compagnie également agréable aux évêques et aux premiers magistrats du royaume, n'étoit pas comparable à celle que lui donnoit l'édifice spirituel qui tous les jours prenoit de nouveaux accroissemens entre ses mains et celles de ses coopérateurs. Notre Seigneur en étoit la pierre angulaire, et la très-sainte Vierge s'en étoit montrée la protectrice. Sur des fondemens aussi solides, il eut bientôt la consolation de voir s'élever une des communautés les plus fertiles en excellens ouvriers pour l'Eglise. La ferveur y étoit si grande, la fidélité aux exercices et aux règles qui s'y pratiquoient, règles tracées selon le plan du concile de Trente, y étoit si exemplaire, que le séminaire ne le cédoit en rien aux plus saintes maisons ecclésiastiques et religieuses de la capitale. La charité fraternelle sembloit y avoir fait sa demeure. On eût dit que tous ceux qui l'habitoient n'avoient qu'un cœur et qu'une ame. Chacun des nouveaux membres qui venoient s'y incorporer en grand nombre, goûtoit une consolation singulière à vivre dans une société semblable à celle des premiers disciples du Sauveur. La mortification des sens et les austérités que l'esprit de pénitence y avoit introduites, s'y trouvoient réunies avec une douceur et une affabilité qui charmoient tous les étrangers. On y observoit les saints canons avec une exactitude et une sévérité comparables à celles des plus beaux jours de l'Eglise. La pratique de l'oraison et du recueillement y mettoit les prêtres qui aidoient à servir la paroisse, en garde contre les dangers du ministère. Après avoir vaqué aux fonctions extérieures, tous savoient se retirer en Dieu, soit pour puiser la science sacerdotale dans l'étude des saintes lettres et des antiquités ecclésiastiques, soit pour se renouveler dans l'esprit intérieur qui se perd si facilement en se répandant trop au dehors; comme aussi, après avoir joui du repos de la solitude, ils savoient se dévouer avec un zèle infatigable aux besoins des ames et aux travaux extérieurs. Cette société naissante de ministres et d'élèves du sanctuaire, gouvernée par la sagesse et sanctifiée par les vertus de M. Olier, étoit un spectacle aussi agréable qu'édifiant. Il étoit difficile de trouver une plus vive image du paradis; tant on y remarquoit de conformité avec la société des saints.

XXV. Il invite M. Eudes à donner à sa paroisse une mission, dont elle retire beaucoup de fruit.

Après les établissemens de toute espèce et les travaux continuels qui avoient occupé M. Olier depuis qu'il avoit été chargé de la cure de Saint-Sulpice, il voulut, au commencement de l'année 1651, procurer un nouveau moyen de salut à son peuple, dont l'expérience lui avoit fait connoître les grands fruits, en appelant dans sa paroisse une compagnie de missionnaires qui fît pour elle ce qu'il avoit fait lui-même pour tant d'autres. Il ne connoissoit personne qui eût mieux le don d'annoncer la parole de Dieu et d'opérer de grandes conversions, que M. Eudes, instituteur et supérieur général de la congrégation des Eudistes, à laquelle il a donné son nom. Il l'invita donc à venir, avec les compagnons ordinaires de ses travaux évangéliques, l'aider à sauver le troupeau immense qu'il avoit sur les bras, et dont la sollicitude devenoit pour lui un poids qui étoit plus que jamais au-dessus de ses forces. M. Eudes reçut cette invitation avec toute la modestie d'un ministre de Jésus-Christ, qui, au milieu des plus grands succès, n'oublie jamais qu'il n'est qu'un serviteur inutile; mais aussi avec toute la bonne volonté qu'inspire la charité de Jésus-Christ et la confiance en sa grâce; saintement jaloux de partager avec M. Olier les mérites et les fruits de la moisson qu'offroit en tout temps le champ dont le père de famille lui avoit confié le soin. Celui-ci s'estimant fort heureux d'en avoir obtenu ce qu'il lui avoit demandé, fut jaloux à son tour de partager la récompense promise à celui qui loge chez lui les prophètes du Seigneur. Il ne voulut accepter les services que M. Eudes et sa compagnie de missionnaires consentoient à lui rendre, qu'à condition de les recevoir tous au presbytère. Ceux-ci se rendirent à ses offres, et par-là firent un double bien; car en même temps qu'ils répandirent la semence de la divine parole sur le peuple fidèle, avec le plus grand succès, la sainteté de leur vie et de leur conversation fut pour les prêtres de la communauté une autre espèce de mission qui porta son fruit, comme la première. M. Olier eut la consolation de faire une abondante récolte. Ce fut peut-être aux bénédictions que Dieu versa alors sur sa paroisse, qu'il fut redevable de la victoire remportée enfin, vers cette même époque, par l'esprit de paix sur l'ange de Satan, qui, tous les jours, souilloit la terre du sang de ses victimes.

La fureur des duels n'étoit pas un vice ren- | XXVI.
fermé dans les bornes de sa paroisse ; mais nulle | Il bannit les duels de sa
part ils n'étoient aussi fréquens: et le mal y étoit | paroisse.
porté à un tel excès, que dans une semaine dix-
sept personnes avoient péri dans ces malheureux
combats. Chaque meurtre qu'apprenoit M. Olier,
faisoit une plaie cruelle à son cœur. Inconsolable
de ne pouvoir remédier à cette frénésie, après
avoir tonné en chaire contre les maximes diaboliques qui l'accréditoient depuis long-temps,
il réclamoit la sévérité des lois contre ceux qui
la favorisoient, en coopérant à l'effusion du sang
de leurs frères. Plusieurs de ceux qui avoient péri
ainsi furent privés par ses ordres de la sépulture
ecclésiastique, selon les décrets des saints canons.
Mais comprenant que jamais il ne réussiroit à
bannir ce désordre de sa paroisse, que par l'exemple et le crédit des grands, ce fut avec eux qu'il
concerta les moyens de l'arrêter. Il les visita, dans
le dessein de leur faire goûter les principes de la
religion sur le vice qu'il s'agissoit de détruire,
et de leur faire entendre la voix même de la nature que la plupart des hommes sembloient avoir
étouffée entièrement, pour ne suivre que la bru-
talité de leur haine contre leurs ennemis et le
préjugé barbare du faux point d'honneur. Il fut
écouté, et il persuada. Plusieurs seigneurs se rendirent à la force de ses représentations, soit publiques, soit particulières, et firent ensemble
devant lui une protestation solennelle de ne jamais
donner ni accepter aucun défi, comme de n'é-
pouser jamais les querelles d'aucun ami résolu
de venger une injure par l'épée. Pour rendre

hommage à la religion en cette circonstance, avec tout l'éclat que demandoit la nature de la convention, et la qualité des personnes qui l'avoient souscrite, ils la prononcèrent authentiquement le jour de la Pentecôte, dans la chapelle du séminaire de Saint-Sulpice. En voici les termes :

Déclaration publique et protestation solennelle de plusieurs gentilshommes, de refuser toutes sortes d'appels, et de ne se battre jamais en duel, pour quelque cause que ce puisse être, faite en 1651.

« Les soussignés font, par le présent écrit, déclaration publique et protestation solennelle de refuser toutes sortes d'appels, et de ne se battre jamais en duel, pour quelque cause que ce puisse être, et de rendre toute sorte de témoignage de la détestation qu'ils font du duel, comme d'une chose tout-à-fait contraire à la raison, au bien et aux lois de l'Etat, et incompatible avec le salut et la religion chrétienne; sans pourtant renoncer au droit de repousser par toutes voies légitimes, les injures qui leur seront faites, autant que leur profession et leur naissance les y oblige; étant aussi toujours prêts de leur part d'éclairer de bonne foi ceux qui croiroient avoir lieu de ressentiment contre eux, et de n'en donner sujet à personne ».

Les noms de ceux qui signèrent cet acte se voient dans l'original de ladite déclaration, qui fut autorisée et enregistrée au tribunal des maréchaux de France. Ils l'observèrent fidèlement, et leur exemple eut bientôt grand nombre d'imitateurs.

Ce fut peu de temps après, que Louis XIV porta contre les duels une déclaration qui guérit, du moins pour un temps, l'horrible épidémie dont on n'avoit pu encore arrêter les ravages, et qui n'enlevoit tant d'enfans à l'Eglise, à l'Etat tant de citoyens, que pour les faire tomber sous les coups de la justice divine.

M. Olier, dont le zèle embrassoit toutes les bonnes œuvres qui s'offroient à lui, forma dans le même temps une société de gentilshommes, dont la fin étoit de travailler à la sanctification personnelle des sujets qui la composoient, et de contribuer à celle de toute la noblesse, selon les moyens que Dieu leur en donneroit ; comme aussi d'empêcher le mal et de procurer tout le bien qu'ils pourroient, soit dans leur profession, soit dans les autres, toutes les fois que cela ne pourroit se faire que par eux. Leur but étoit encore, « de faire revivre en eux, par l'union la » plus sincère et la plus cordiale, l'esprit des pre- » miers chrétiens ». Ils s'engagèrent à faire « une » profession publique, mais discrète, de renoncer » aux maximes du monde contraires à celles de » l'Evangile ; menant toutefois à l'extérieur une » vie commune, chacun selon ses obligations par- » ticulières, eu égard à son état, à sa condition et » à ses emplois ». Ils convinrent aussi d'honorer par une dévotion particulière le mystère de la passion de notre Seigneur ; ce qui leur fit prendre le nom de *Compagnie de la Passion.* Cette dénomination devoit les faire ressouvenir d'être toujours « prêts de condamner, à l'exemple de Jésus- » Christ, les maximes du monde, aux dépens » même de leur sang, afin de s'opposer avec force à

» tous ceux qui, pour les soutenir, sont si prompts
» à répandre le leur ». Ce sont les termes du réglement qui fut dressé à ce dessein, et dont tous les articles, au nombre de trente-six, ne respirent que piété et sagesse.

Un serviteur de Marie aussi zélé que M. Olier, ne pouvoit oublier les intérêts de cette Reine du ciel dans le plan de vie qu'il leur donna. Aussi la dévotion à la très-sainte Vierge leur étoit-elle particulièrement recommandée; et les membres de la compagnie ne devoient point « faire de
» voyage, soit à l'armée, soit dans les provinces,
» sans aller, en partant de Paris, implorer son
» assistance à Notre-Dame ». Ils devoient y aller encore à leur retour, pour la remercier des grâces et des faveurs qu'ils en avoient reçues. L'emploi principal et le plus ordinaire de la compagnie devoit être de ne rien négliger « pour abolir les
» duels, les blasphêmes et les juremens si com-
» muns dans leur profession ». On leur recommandoit encore de « fortifier les foibles contre
» la honte qui les empêcheroit de se déclarer
» pour le service de Dieu », surtout dans le commerce de la Cour, et contre la tyrannie du siècle, qui sembloit faire du libertinage une nécessité pour vivre et paroître dans le monde. Les principaux membres de cette compagnie furent le baron de Renti, le duc de Liancourt, M. Dufour, M. Desgraves, M. d'Alzan, M. le vicomte de Montbas, maréchal-de-camp, M. de Bourdonnet, mestre-de-camp, M. de Souville, et M. Duclusel.

FIN DU CINQUIÈME LIVRE.

LIVRE VI.

L'ANNÉE 1651, qui étoit la neuvième depuis que M. Olier gouvernoit la paroisse Saint-Sulpice, toute pénible qu'elle fut par les œuvres laborieuses et les sollicitudes continuelles qui la remplirent, comparée aux précédentes, peut être regardée comme une année de repos. C'est au moins l'idée qu'en donnent les mémoires sur lesquels j'écris sa vie. Ils nous le représentent jusqu'au temps de sa démission, uniquement occupé à conserver les fruits de son zèle, et à soutenir les établissemens qu'il avoit faits. Un serviteur aussi fidèle ne devoit pas, ce semble, penser si tôt à quitter une administration qu'il avoit remplie avec tant de consolation pour l'Eglise et de profit pour les ames. Mais l'épuisement de ses forces ne lui permettoit pas de la garder plus long-temps; et Dieu vouloit lui ouvrir une nouvelle carrière, où, par une succession continuelle d'infirmités et de bonnes œuvres, il fît voir à tous ceux qui savent s'abandonner à lui, de quoi l'on est capable avec le secours de sa grâce, lors même qu'on semble n'être plus propre à rien.

Notre Seigneur, en l'appelant à la cure de Saint-Sulpice, avoit borné à dix ans les services qu'il exigeoit de lui dans cette paroisse. Depuis long-temps il en avoit eu révélation; et il en avoit fait part à quelques-uns de ses prêtres, qui lui étoient

I.
Il fait part à quelques-uns de ce que Dieu lui avoit révélé, qu'il ne seroit cu-

liés plus particulièrement. Un d'entre eux, voyant le terme approcher, lui dit : « Voilà, Monsieur, » les dix ans bientôt expirés, et cependant il n'y » a nulle apparence que vous deviez quitter si tôt » votre cure. C'est à Dieu, lui répondit M. Olier, » à vérifier ses paroles : pour nous, ce que nous » avons à faire, c'est de nous abandonner à sa » conduite, sans aucun retour sur nous-mêmes. Je » ne connois rien de meilleur que cet abandon. » Par ce moyen l'ame est dans un parfait repos » entre les mains de Dieu, et sa bonté en prend » d'autant plus de soin, que l'abandon est plus » parfait; si l'on s'oublie surtout jusqu'à se perdre » en lui pour son amour ».

ré que dix ans.

II.
Il tombe dangereusement malade.

On ne tarda pas à reconnoître la vérité de sa prédiction. Vers le mois de mars 1652, sa santé éprouva un dépérissement considérable, qui l'obligea de recourir aux remèdes. Le principal étoit le repos; mais son zèle et la multitude des soins qui l'assiégeoient, ne lui permettoient pas d'en prendre assez pour son rétablissement. Au mois de juin, il se vit contraint de renoncer, pour un temps, à toutes les fonctions de son ministère. Le besoin extrême où étoit alors la capitale, d'implorer la protection du ciel pour écarter le fléau de la guerre civile, ayant fait indiquer, pour le jour de saint Barnabé, la cérémonie qui s'observe dans les grandes calamités; dès qu'il sut qu'on devoit déplacer la châsse de sainte Geneviève, pour l'exposer à la vénération des fidèles et ranimer leur dévotion, il oublia l'abattement où il étoit, pour aller répandre son cœur aux pieds de la patronne de Paris. La veille de saint Barnabé, la relique fut retirée du lieu où elle repose ordinairement, et mise à portée d'être vue et honorée plus particulièrement. Il passa la nuit entière en oraison devant le saint dépôt. Vers les cinq heures du matin, il se contenta d'aller prendre deux heures de repos dans une maison voisine. Depuis ce moment son corps s'affoiblit tellement, que peu de jours après il fut attaqué d'une violente fièvre, qui, devenant continue, donna les plus grandes inquiétudes. Le mal fut bientôt de nature à laisser peu d'espérance de le conserver. On lui administra les sacremens. Entre les sentimens qu'il fit paroître, celui qu'on admira le plus en ce moment fut son parfait abandon entre les mains de Dieu. Il ne vouloit et ne désiroit autre chose que l'accomplissement de ses volontés adorables, et de ses desseins éternels. « Vous seul, » ô mon Jésus, au ciel et sur la terre »; c'étoit le langage continuel de son cœur et de ses lèvres. Sa patience dans le cours de sa maladie fut inaltérable, et la violence de la fièvre ne lui fit jamais perdre son égalité d'ame. Quelqu'un de ceux qui le visitoient lui témoignant compatir beaucoup à ses souffrances, et faisant des vœux pour sa guérison; « Ah! j'aime mieux, lui dit-il, l'état » où il plaît à Dieu de me mettre, que la plus » forte santé ». Son indifférence pour la vie ou pour la mort lui faisoit répéter sans cesse : « Faites » de moi, ô mon Dieu, tout ce qu'il vous » plaira ». Dans cet esprit de résignation, il obéissoit à ceux qui le gouvernoient dans sa maladie, comme à Dieu même, ne regardant que sa volonté dans celle des médecins qui ordonnoient les remèdes, ou des personnes qui les lui présentoient.

<small>III.
Il se démet de la cure de S. Sulpice.</small>

L'extrémité où le réduisit cette rechute, dont il eut beaucoup de peine à se relever, le détermina à remettre sa cure entre les mains de l'abbé de Saint-Germain. Il la possédoit depuis le 10 août 1642. Ce fut le 28 juin 1652 qu'il en fit la démission. Le choix de son successeur tomba sur M. de Bretonvilliers, selon ce que le serviteur de Dieu lui-même avoit prédit; car, peu de temps après qu'il fut entré au séminaire, l'ayant trouvé dans sa chambre au sortir de l'oraison, avec trois ou quatre ecclésiastiques, il dit tout haut, en le montrant: *Voilà mon successeur*. Plusieurs fois, depuis cette époque, il lui avoit annoncé la même chose, quoique les circonstances, loin de la rendre vraisemblable, la fissent au contraire juger comme impossible. Cette conformité de l'événement avec la prédiction, ne fut pas la seule chose extraordinaire qu'on admira pendant cette maladie. Une personne de grande piété, étant en peine sur le dangereux état où il se trouvoit, il la fit prier de venir le voir. Elle fut fort surprise de l'entendre dire: « Ne craignez point pour ma santé; la sainte » Vierge m'a assuré que je n'étois point à la fin » de ma carrière, et que Dieu me vouloit encore » pour quelque temps dans le monde. Mais une » autre chose qu'elle m'a découverte, c'est une » faute dans laquelle vous êtes tombée, en négli» geant cette pratique qui vous étoit fort salu» taire, et qui étoit très-agréable à notre Seigneur ». Elle seule savoit l'omission que lui reprochoit M. Olier: « car elle m'a assuré, dit M. de Breton-

» villiers, que personne au monde ne pouvoit en
» avoir connoissance ».

C'est encore d'après le témoignage de cet intime ami et successeur du serviteur de Dieu, qu'on a su que la très-sainte Vierge avoit demandé à son Fils sa guérison pour deux fins : la première, afin qu'il continuât d'offrir à Dieu le saint sacrifice selon toutes ses intentions; car il avoit coutume depuis long-temps de s'unir au saint autel à toutes les dispositions de Marie, sacrifiant notre Seigneur entre les mains du Père éternel, et de se conformer actuellement aux intentions dans lesquelles elle désiroit qu'il célébrât: la seconde étoit de travailler au salut d'une personne qu'elle lui désigna, et dont elle vouloit qu'il prît un soin tout particulier. La fièvre cessa peu de jours après qu'il eut reçu tous les sacremens de l'Eglise, et on le vit bientôt hors de danger.

IV. A demi-rétabli, il ressent les douleurs de la pierre.

Dieu, qui récompense la patience de ses élus dans les croix par de nouvelles croix, pour augmenter leurs mérites en les rendant plus semblables à son Fils, ne rendit à M. Olier une partie des forces qu'il avoit perdues dans sa maladie, que pour l'aguerrir à de nouveaux combats, et l'éprouver encore par de nouvelles souffrances. Il ressentit les douleurs de la pierre, qui devinrent bientôt si aiguës, qu'aux efforts qu'il faisoit pour soutenir son courage, on avoit peine à comprendre comment il pouvoit jouir toujours de la même tranquillité d'esprit. « Il faut avoir éprouvé
» tout ce qu'il enduroit, dit M. de Bretonvilliers,
» pour savoir combien ses maux étoient insup-

» portables » : et cependant, au lieu de s'inquiéter et de se plaindre, il se contenta d'offrir ses souffrances à notre Seigneur, ne lui parlant jamais que le langage de la plus pure charité, et ne se soulageant, dans les violentes tranchées qui déchiroient ses entrailles, qu'en répétant, les yeux fixés sur son crucifix : Amour, amour, amour ; paroles qui, comme des traits de flamme, ne sortoient point de sa bouche, sans faire sur ceux qui étoient présens, les plus vives impressions. Ils en étoient si touchés, que ressentant en eux-mêmes le plus ardent désir de se renouveler dans le service de Dieu, ils ne le quittoient point sans avoir pris la résolution de mener une vie nouvelle.

Dès qu'il fut délivré des douleurs de la pierre, Dieu voulut l'éprouver encore par une autre maladie qui le trouva toujours aussi patient et aussi résigné que les deux précédentes. On n'en sait ni les caractères, ni les détails. Loin que tant de souffrances eussent énervé son ame, jamais il ne parut plus embrasé du zèle de la gloire de Dieu et du salut du prochain. Il eût voulu attirer tous les hommes à notre Seigneur, et lui gagner tous les pécheurs. Il parut même, à en juger par tout ce qu'il eut la générosité d'entreprendre après ces longues maladies, que plus sa santé s'affoiblissoit, plus l'homme intérieur se fortifioit en lui, avec le désir de rendre tous les jours de nouveaux services à notre Seigneur et à son Eglise.

V.
Il prend l'habit du

Quand il fut assez convalescent pour aller respirer l'air de la campagne, on lui conseilla de s'éloigner de la paroisse et du séminaire, où il ne pouvoit se rétablir, faute de repos. Il se rendit à ce conseil; mais il voulut auparavant satisfaire le mouvement qui depuis plusieurs années le pressoit de s'attacher à l'ordre de saint Dominique, pour lequel il avoit toujours montré la plus grande estime. Ce qui l'engageoit encore à contracter avec les enfans de ce saint patriarche un lien spécial de communion, c'étoit l'union qu'il avoit eue avec la mère Agnès de Jésus, religieuse du même ordre. Les Frères Prêcheurs avoient depuis peu dans la paroisse une maison qui servoit de noviciat à la congrégation. La vie sainte qu'on y menoit, la parfaite soumission à l'Eglise, et l'intégrité de la foi dont on y faisoit profession; l'esprit de subordination et la pratique de la plus parfaite obéissance à l'autorité des supérieurs; l'harmonie et le concert admirable qui régnoient entre tous les membres, encore plus que la sagesse et la sainteté des règles qui dirigeoient leur conduite, en faisoient autant de dignes disciples de saint Dominique. M. Olier, témoin des beaux exemples de vertu que donnoit cette maison à toute sa paroisse, s'affectionna d'autant plus à l'institut, que plusieurs religieux l'aidoient beaucoup dans ses travaux. Il se souvenoit d'ailleurs de ce que lui avoit dit souvent la mère Agnès, des grands biens spirituels qu'elle avoit trouvés dans la religion fondée par saint Dominique. Il se rappeloit enfin le nom de frère qu'elle avoit toujours aimé à lui donner, soit dans ses pieux entretiens avec lui, soit dans ses lettres; nom qu'il croyoit devoir mériter plus particulièrement que le com-

tiers-ordre de S. Dominique.

mun des chrétiens, qui forment dans l'Eglise une même famille dont Dieu est le père, en formant un nœud plus particulier avec l'ordre où elle s'étoit sanctifiée. Il pensa donc à prendre l'habit, non du premier ordre; sa vocation et les desseins de Dieu sur lui ne le permettoient pas; mais du tiers-ordre, dont les règles pouvoient se concilier avec les devoirs de son état. Il pria le P. Jean Turpon, alors sous-prieur du couvent établi au faubourg Saint-Germain, de l'aggréger dans la congrégation des prêtres du tiers-ordre de Saint-Dominique. Ce religieux, plein de l'esprit du saint fondateur, après l'avoir entretenu long-temps sur les obligations de l'institut, se rendit avec lui dans la chapelle du séminaire de Saint-Sulpice. Ce fut là qu'après avoir fait les cérémonies ordinaires, en présence de plusieurs ecclésiastiques que la piété de l'un et de l'autre y avoit attirés, il lui donna le petit scapulaire, et le reçut à la profession du tiers-ordre; le dispensant des pratiques recommandées dans les constitutions, qui ne pouvoient s'allier avec les devoirs de sa charge et les fonctions de son ministère. Depuis que M. Olier se fut associé à l'ordre des Frères Prêcheurs, il leur témoigna en toute occasion la joie qu'il avoit de participer à toutes leurs bonnes œuvres. « Je suis bien aise » et bien consolé, leur disoit-il, de me voir en- » fant de saint Dominique, et plus étroitement » que jamais, frère de la révérende mère Agnès » de Jésus, à qui j'ai de si grandes obligations ». Son exemple fut suivi par plusieurs prêtres du séminaire.

Peu de jours après, il se retira à la campagne pour y reprendre les forces nécessaires à l'exécution des nouveaux projets qu'il méditoit depuis long-temps. Pensant toujours à l'œuvre des séminaires, comme à celle qu'il devoit étendre et perfectionner de tout son pouvoir, tant qu'il vivroit, selon l'attrait que Dieu entretenoit toujours dans son cœur, il résolut d'aller en fonder un au Puy. Henri de Maupas, qui en étoit évêque, désiroit depuis long-temps le voir jeter lui-même les fondemens et placer les premières pierres de l'édifice, en lui donnant quelques prêtres de sa compagnie. Dans ce dessein il partit pour le Velay, avec d'autant plus d'ardeur, que son zèle, pendant ses dernières maladies, étoit demeuré comme captif. Jamais il n'avoit mieux ressenti en lui-même la sainte impatience que donne l'esprit de zèle, à ceux qui en sont animés, de servir Dieu et de le glorifier, en procurant de dignes ministres à son Eglise. Il partit au mois d'août, prit la route d'Orléans et de Blois, et s'écarta un peu de son chemin pour aller faire un pélerinage à Montrichard, petite ville de Touraine, et visiter la chapelle qui y est dédiée sous l'invocation de la très-sainte Vierge; car il s'informoit avec soin de tous les endroits où elle étoit spécialement honorée dans les différentes provinces où il voyageoit : et comme jamais il ne s'y arrêtoit sans quelque profit pour son ame, il ne pouvoit résister à l'impulsion secrète qui l'y conduisoit. Revenu sur ses pas, après avoir satisfait sa dévotion à Montrichard, il prit la route ordinaire pour se rendre d'abord à Mou-

VI.
Il va fonder un séminaire au Puy.

lins. A quelque distance de cette ville, il trouva un pauvre à demi-nu, qui paroissoit malade et qui étoit couché sur un tas de fumier. Il descend aussitôt de cheval, avec un autre ecclésiastique qui l'accompagnoit. Il s'approche de ce mendiant, et voyant auprès de lui des haillons, il l'aide à s'en revêtir, et l'engage à se faire porter à l'hôpital où il s'offroit de le faire recevoir. Celui-ci lui représentant qu'il ne pouvoit marcher, le serviteur de Dieu appelle auprès de lui son compagnon de voyage pour le secourir. Tous deux chargent le mendiant sur leurs bras; et quelque rebutant qu'il fût par la malpropreté de son corps et de ses habits, ils ne rougissent point de le porter ensemble jusque près de la maison des Frères de la Charité, fort éloignée de la porte par où ils étoient entrés. Lorsqu'ils eurent fait une partie du chemin, ne pouvant soutenir la fatigue plus long-temps, ils le laissèrent prendre quelque repos, après lui avoir dit quelques mots de consolation, et se rendirent avec empressement à l'hôpital, d'où ils envoyèrent une chaise avec des porteurs pour l'y transporter. Ils ne savoient pas qu'ils obligeoient un homme habile à tromper les ames charitables, en feignant de souffrir pour surprendre des aumônes; car ils ne le trouvèrent plus au lieu où ils avoient été contraints de le laisser pour quelques momens. Mais le service qu'ils lui rendirent fut trop semblable à celui que reçut notre Seigneur dans la personne de l'homme blessé que rencontra le Samaritain de l'Evangile, pour demeurer sans récompense; le mérite de l'aumône étant tout entier dans les dispositions

de

de celui qui la fait, et non dans la droiture de ceux qui la reçoivent.

Pendant son voyage, M. Olier apprit qu'on faisoit à Lyon les prières et les exercices du Jubilé accordé pour l'année sainte qui venoit de partager le siècle courant. Il se pressa de s'y rendre pour participer à cette grâce. Arrivé à Pontcharat, comme il prenoit quelque délassement en faisant une petite promenade aux environs, il rencontra quelques bergers qu'il aborda selon sa coutume, et qu'il interrogea. Les ayant trouvés parfaitement instruits, il conçut l'opinion la plus avantageuse du curé du lieu. Par estime pour la personne d'un pasteur qui paissoit ses ouailles avec tant de soin, il prit le chemin de la cure pour lui faire une visite. Après l'avoir abordé avec toutes sortes de marques de vénération, il eut avec lui un long entretien, lui demanda son agrément pour offrir le lendemain dans son église le saint sacrifice, et lui fit sa confession. Le bel ordre qu'il remarqua dans son église, dans la sacristie et dans sa maison, le consola beaucoup et augmenta encore la haute idée qu'il avoit de sa vertu : aussi lui témoigna-t-il, en le quittant, combien il se réjouissoit de le connoître; et après l'avoir comblé de témoignages de respect et d'attachement, le supplia-t-il de se souvenir particulièrement de lui devant le Seigneur: tant il considéroit un prêtre qu'il savoit rempli de l'esprit sacerdotal, et tant il avoit de confiance en ses prières.

VII. Il rencontre un vertueux curé. Comment il en use avec lui.

Dans cette même route, étant à quelques lieues de Lyon, il trouva un homme et une femme qui

VIII. Trait de charité.

marchoient à grands pas. Celle-ci, chargée d'un fardeau considérable, avoit beaucoup de peine à suivre son mari. Touché de la voir accablée de fatigue, M. Olier fait arrêter le carrosse dont il étoit obligé de se servir, parce qu'il ne pouvoit plus supporter le mouvement du cheval, et dit à cette pauvre femme de remettre ce qu'elle portoit à son domestique, qui décharge tout dans la voiture. De là il prend occasion d'adresser à ceux qui l'accompagnoient quelques paroles d'édification sur l'amour de Jésus-Christ pour l'Eglise, et de l'Eglise pour son divin Epoux; sur celui que doivent témoigner à Jésus-Christ les ames qu'il a aimées jusqu'à mourir pour elles, en le suivant partout où il va, et en portant son joug après lui; enfin sur la bonté avec laquelle il est venu nous décharger du poids de nos péchés et des misères de cette vie.

IX.
Il s'arrête à Lyon pour le jubilé.

Arrivé à Lyon, il n'eut rien de plus pressé que de faire les exercices du jubilé. La lassitude que le voyage avoit ajoutée à ses infirmités, devoit faire craindre qu'il ne pût les suivre sans augmenter son mal; mais en pareilles circonstances son zèle lui faisoit entreprendre sans hésiter tout ce qu'il croyoit agréable à Dieu. Le lendemain de son arrivée, il se rendit à l'église des Feuillans, s'adressa au premier religieux qui se rencontra, et se mit, pour se réconcilier, dans un côté du confessionnal, en faisant placer dans l'autre un des ecclésiastiques de sa compagnie qui vouloit obtenir la même grâce. On tient de celui-ci que M. Olier pleura alors avec une si grande abondance de larmes, et qu'il s'accusa avec des sanglots et des gémissemens si extraordinaires, qu'on l'eût pris pour un homme coupable des plus grands crimes. On l'entendoit se lamenter et se confondre tout haut, de ce que pendant dix ans il avoit été curé d'une immense paroisse, sans avoir les vertus et les qualités nécessaires pour remplir dignement de si redoutables fonctions. La crainte qu'il avoit de s'être rendu coupable d'une infinité de fautes grièves, le rendoit inconsolable; en sorte que le confesseur, qui ne pouvoit calmer ses inquiétudes, eut besoin, pour lui rendre la paix, de lui rappeler tout ce que la foi nous enseigne de plus consolant sur les miséricordes du Seigneur envers ceux qui le craignent.

X. Il visite à Valence le tombeau de la sœur Marie. Forte correction qu'il fait à un peintre.

De Lyon il prit la route de Valence, où il fut attiré par le désir de visiter le tombeau de la sœur Marie, cette grande servante de Dieu, qu'il avoit vue environ six ans avant sa mort, et à qui notre Seigneur avoit découvert ses desseins sur lui. Après avoir passé un temps considérable en oraison dans l'église des Minimes, où reposent ses cendres, pour remercier Dieu des grâces privilégiées dont il l'avoit favorisée pendant sa vie, et lui en demander la participation, il alla chez un peintre qui vendoit son portrait, et l'acheta pour s'exciter plus efficacement, en se le remettant sous les yeux, à imiter ses vertus. L'artiste achevoit un tableau qui offensoit la modestie; M. Olier ne put le voir sans indignation. Son zèle lui suggéra les paroles les plus véhémentes contre le talent diabolique de corrompre les mœurs par la peinture, et de faire entrer, par des représentations lascives, le poison le plus subtil dans les cœurs. Il menaça le peintre des châtimens les plus terribles de la justice divine, s'il osoit produire au jour l'ouvrage auquel il mettoit la dernière main, et lui déclara que toutes les blessures mortelles dont ce tableau seroit la cause, retomberoient sur sa tête au jugement de Dieu. L'ouvrier prétendit se défendre en alléguant le nécessité où il se trouvoit, pour ne pas tomber dans l'indigence, de travailler selon le goût du siècle. Il crut par cette excuse, qui trompe encore aujourd'hui tant d'artistes, satisfaire pleinement M. Olier, et se mettre à couvert de tout reproche; ajoutant qu'il désiroit bien vendre son tableau à quelque particulier qui en connût le prix, mais que son dessein n'étoit pas de le rendre public, et de le répandre en multipliant les copies. M. Olier lui en demanda la valeur. Ce sera un ouvrage de trois louis, répondit-il, quand j'aurai mis le dernier coup de pinceau; (somme considérable alors, pour un objet de cette nature.) L'homme de Dieu les tire aussitôt de sa bourse; et quoique le portrait ne fût pas achevé, il le retient, en recommandant au peintre de le lui livrer dans le même jour. Il étoit à table, lorsqu'on l'apporta. Il se lève aussitôt, et après avoir reçu le tableau d'une main, avec le couteau qui étoit près de lui, et qu'il prend de l'autre, il le perce en vingt endroits différens, et le met en pièces. Le peintre ne put voir, sans verser des larmes, traiter si brusquement un ouvrage qui lui avoit coûté beaucoup de temps et de soins. Mais ce fut pour lui un surcroît de chagrin et d'humiliation, lorsque M. Olier, après s'être fait apporter du bois qu'il ordonna d'allumer sur-le-champ, acheva de déchirer la toile du tableau, et en jeta les morceaux dans les flammes; « Voilà, dit-il, le cas qu'on doit faire des ouvrages de Satan. L'honneur dû à Dieu veut qu'on ne les touche que pour les détruire ». Combien de scandales du même genre n'auroit-on pas à faire disparoître aujourd'hui; s'ils n'avoient pas cessé en quelque sorte d'être des scandales, tant ils sont fréquens !

Au sortir de Valence, M. Olier prit le chemin de Viviers, et s'embarqua sur le Rhône, ayant avec lui deux pauvres qu'il avoit admis dans sa compagnie pour l'amour de notre Seigneur, lorsqu'il avoit quitté Lyon, et qui cherchoient du secours pour se rendre au même terme que lui. Pendant tout le voyage il les nourrit mieux que lui-même, et les traita avec une charité sans exemple, se figurant que sous les haillons dont ils étoient vêtus, il assistoit la personne même de notre Seigneur. Lorsqu'il n'étoit qu'à quelques pas de Viviers, il aborda un jeune ecclésiastique. Après quelques mots d'entretien, il lui demanda à quoi il pensoit. Celui-ci répondit qu'il ne pensoit à rien ? « Eh, Monsieur, faut-il, reprend M. Olier, qu'un clerc marche ainsi, sans penser à Dieu, et lui rendre quelque devoir dans son cœur »?

XI. Il s'arrête à Viviers, où il entreprend la fondation d'un séminaire.

On l'attendoit à Viviers depuis long-temps, et il y étoit ardemment désiré. Louis de Suze, évêque de cette ville, pensoit à y fonder un séminaire, et M. Olier n'avoit rien plus à cœur que de seconder ses vues. Il suivit avec empressement son goût pour ces sortes de bonnes œuvres; car, ne respirant que le salut des ames, il ne se lassoit point de répéter qu'on ne pouvoit y réussir, qu'en donnant de bons ministres à l'Eglise par l'établissement des séminaires.

Outre les mouvemens secrets que Dieu lui avoit fait ressentir depuis long-temps, pour consacrer plus particulièrement ses travaux à la sanctification des peuples du Velay, de l'Auvergne, et du Vivarais, où il avoit déjà travaillé avec tant de fruit, il savoit que plusieurs cantons fort étendus de ces provinces avoient le plus grand besoin d'excellens ouvriers. La négligence des pasteurs et leur mauvais exemple y avoient tellement défiguré la face de la religion, qu'on avoit peine à y reconnoître des chrétiens; tant l'ignorance et la corruption y étoient générales. Dans ses différentes missions, il n'avoit pu voir une si grande calamité, sans verser beaucoup de larmes. Il lui en étoit resté une profonde impression dans le cœur; et plus d'une fois il avoit dit en gémissant : « Ah! si l'on pouvoit travailler » efficacement au rétablissement de la discipline » ecclésiastique dans ces diocèses, et si on y » formoit de bons prêtres, on y verroit bientôt » renaître la piété parmi les peuples ». Les dispositions dans lesquelles il trouva l'évêque de Viviers, le remplirent de joie. Il les regarda comme une nouvelle ouverture préparée par la divine providence pour exécuter le dessein qu'il avoit formé d'étendre dans les provinces le bien qu'il venoit de consommer à Paris, en fondant le séminaire de Saint-Sulpice. Dès l'année précédente, il avoit envoyé à Viviers trois ecclésiastiques de sa communauté, du nombre desquels étoit Gabriel de Caylus, abbé du Loc-Dieu (1). L'œuvre ne fut terminée que deux années après, au mois de juin 1653, lorsqu'on tenoit le synode du diocèse. M. de Suze y publia l'ordonnance par laquelle il établissoit le séminaire, et en prescrivoit les réglemens. Ce fut l'abbé de Caylus qui en eut la supériorité.

Ce nouvel établissement éprouva, comme tous les autres, des contradictions de la part même de ceux à qui il devoit être plus agréable, parce qu'il leur offroit les plus grands avantages pour la gloire de Dieu et le bien de l'Eglise. Plusieurs ecclésiastiques du diocèse, voyant avec peine les mesures qu'on prenoit pour réformer les mœurs du clergé, qui étoient fort scandaleuses, représentèrent le séminaire qu'on venoit d'instituer, comme une honnête prison où l'on seroit contraint de vivre dans une servitude continuelle; mais ce préjugé ne subsista pas long-temps, et l'on reconnut bientôt combien il y avoit peu de ressemblance entre le régime de la maison confiée aux ecclésiastiques de M. Olier, et la peinture qu'en avoient faite les esprits prévenus. Ceux-ci

---

(1) M. l'abbé de Caylus, frère du comte de Caylus, avoit quitté la Cour, où il étoit fort considéré du cardinal Mazarin, pour se retirer au séminaire de Saint-Sulpice. On le vit pratiquer, dans cette maison, tous les exercices de la communauté avec la plus grande exactitude, et remplir les offices les plus bas avec le plus grand empressement. Lorsqu'il fut envoyé à Viviers, il travailloit avec un zèle infatigable au service de la paroisse dans la communauté de M. Olier. Il alloit souvent, la clochette à la main, rassembler les enfans pour leur faire le catéchisme.

regardoient ces dignes prêtres comme des hommes qui n'avoient rien que de dur dans leur gouvernement, et se figuroient la vie qu'on menoit avec eux comme un joug que la plupart n'auroient pas le courage ni même la force de supporter. On fut bien surpris d'apprendre, au contraire, de la propre bouche de ceux qui vinrent les premiers habiter le séminaire, que la conduite de ceux qui le dirigeoient ne respiroit que douceur et charité. Le contentement réciproque des directeurs et des jeunes clercs qui s'étoient mis sous leur conduite, la cordialité des premiers, et la tendre affection qu'ils avoient pour leurs élèves, la confiance et la docilité avec laquelle ceux-ci leur obéissoient, firent juger dès le commencement, que l'établissement de cette maison étoit l'ouvrage de Dieu, et qu'elle étoit gouvernée par des hommes selon son cœur. Au lieu d'y venir avec crainte et défiance, dès qu'elle fut connue, on n'eut plus que de l'empressement à s'y rendre; et les exemples de vertu qu'on y admira dans le supérieur et ses coopérateurs; la sagesse de leurs décisions, lorsqu'on alloit les consulter pour la direction intérieure; la parfaite union qu'on voyoit régner entre eux et tous ceux qu'ils avoient à conduire; enfin les grands fruits que retiroient ceux-ci de leurs instructions et de leurs conseils, la firent regarder comme une excellente école, et comme un lieu de bénédiction. L'estime qu'on en conçut dans le diocèse fut si universelle, que plusieurs ecclésiastiques, qui n'étoient point tenus d'y aller passer le temps prescrit par le mandement de M. de Suze, pour tous ceux qui aspiroient aux saints ordres, s'y présentèrent de leur propre mouvement, dans le désir de mieux se former aux connoissances et aux vertus de leur état. En moins de six mois on compta environ cinquante curés ou autres prêtres du diocèse, qui, voulant se renouveler dans l'esprit de leur vocation et apprendre plus parfaitement le grand art de sanctifier les peuples, soit en se sanctifiant eux-mêmes, soit en leur traçant la véritable voie du salut, y firent quelque séjour; ce qui opéra des changemens sensibles dans les pasteurs et dans le troupeau.

Un avantage particulier qu'on retira de cette conduite, et qu'il importe de remarquer ici comme un des fruits les plus essentiels de l'expérience du saint ministère, c'est que, pendant leur séjour au séminaire, les curés, d'après l'avis plein de sagesse qui leur fut donné selon l'esprit du concile de Trente [1], envoyoient dans leurs paroisses de bons ecclésiastiques pour diriger les ames en leur absence. Ils y faisoient comme une petite mission, prêchant les peuples, écoutant leurs confessions, et les exhortant à en faire de générales ou d'extraordinaires : pratique nécessaire à plusieurs, qui, se confessant toujours à leur curé, et n'ayant pas quelquefois le courage de lui découvrir toutes les plaies de leur conscience, deviennent, s'ils n'abandonnent pas la confession, des hypocrites sacriléges. Par cette voie,

[1] C'est pour prévenir les grands maux qui naîtroient de la gêne des consciences, que le saint concile ordonne que trois ou quatre fois l'année, on envoie dans les couvens de religieuses des confesseurs extraordinaires.

qu'on ne sauroit trop recommander à tous les prêtres chargés du gouvernement d'une paroisse, des âmes furent gagnées à Dieu en grand nombre; et pour mieux assurer l'usage d'une méthode si salutaire pour les consciences que la honte retenoit dans l'habitude du vice, on choisit deux prêtres qui, uniquement appliqués à cette œuvre, n'avoient d'autre emploi que d'aller au besoin suppléer, dans les différentes paroisses, les prêtres qui s'absentoient pour aller faire une retraite au séminaire.

La différence qui se fit remarquer entre les ecclésiastiques formés au séminaire, et préparés au sacerdoce sous la direction des prêtres de M. Olier, et ceux qui avoient été ordonnés sans ce secours, étoit si sensible, qu'on applaudissoit de toutes parts à cet établissement. Outre que ceux qui sortoient du séminaire devenoient, par leurs lumières et leurs vertus, l'édification et le modèle des peuples; entre ceux qui y étoient venus pour se disposer aux saints ordres, plusieurs, conduits par des vues criminelles, ou aveuglés faute d'instruction sur les suites d'une entrée illégitime dans le sanctuaire, se retiroient et embrassoient un autre état, ce qui préservoit le diocèse de tous les maux que traînent après eux, dans l'Eglise, les prêtres intrus. On vit encore plusieurs prêtres des provinces voisines, imiter ceux du diocèse qui venoient s'y instruire, et y faire les exercices spirituels. Ainsi les bénédictions que le Seigneur répandoit sur cette maison, se communiquant au loin, devinrent une source féconde de grâces pour de vastes cantons de l'Auvergne, du Dauphiné, de la Provence et du Comtat.

XII. Il entreprend de convertir les hérétiques de Privas.

M. Olier eut la consolation de voir de ses propres yeux l'heureuse transformation qui s'opéroit dans le clergé comme dans le peuple. Mais en travaillant au salut des catholiques, à qui il devoit ses premiers soins, il imita la conduite de l'apôtre, qui, principalement occupé à soutenir dans la foi, ou à confirmer dans la grâce les fidèles qu'il avoit engendrés à notre Seigneur, ne négligeoit point la nation perfide qui s'étoit réprouvée elle-même, en rejetant Jésus-Christ et son Eglise. Il prit les ordres et les conseils de l'évêque de Viviers, pour entreprendre en même temps la conversion des hérétiques du diocèse, dont la perte lui causoit de grandes peines intérieures. Muni des pouvoirs qui lui étoient nécessaires pour mettre la faux dans la nouvelle moisson qui se présentoit à son zèle, il crut que le meilleur moyen d'y réussir seroit de faire les premières tentatives dans Privas, celle de toutes les villes occupées par les Protestans qu'il importoit le plus de réunir à l'Eglise, parce que c'étoit comme la métropole du parti huguenot dans toute la province; et que, celle-là une fois convertie, les autres se rendroient bien plus facilement. Dans cette vue, il proposa à l'évêque de Viviers, de confier la cure de Privas à M. de Caylus, supérieur du séminaire. Ce choix, que le prélat goûta beaucoup, fut agréable à tous ceux qui en eurent connoissance. La nouvelle qui en parvint aux habitans de Privas, prépara les esprits à recevoir la lumière de la vérité: tant M. de Caylus avoit su, depuis son séjour à Viviers, gagner l'estime des catholiques et même des protestans. On lui associa plusieurs prêtres recommandables par leur science et leur sagesse, qui ne tardèrent pas à se concilier comme lui la vénération universelle. Ce qui fit le plus d'impression sur les ennemis de l'Eglise, ce fut de voir un ecclésiastique d'un nom distingué, se charger de la conduite d'une paroisse. On étoit fort surpris de voir un abbé du Loc-Dieu, qui pouvoit prétendre aux plus hautes dignités, curé d'une petite ville; et on regardoit cet emploi comme fort au-dessous de sa qualité. Cette opinion, toute humaine et toute fausse qu'elle étoit, puisqu'il n'est point de charge dans l'Eglise, quelque inférieure qu'on la suppose, qui n'honorât les anges mêmes, Dieu la fit tourner à sa gloire, comme on le verra bientôt; mais ce ne fut, selon la conduite ordinaire de sa providence, qu'après avoir levé plusieurs contradictions suscitées par quelques hérétiques, contre le nouveau curé et ses coopérateurs.

Il y avoit tout à espérer de leurs premières démarches et de la disposition favorable des esprits dans la multitude, lorsque le prince de la discorde arma contre eux les ministres de la ville et le consistoire. Ils firent tous leurs efforts pour persuader aux habitans, que ces nouveaux venus étoient des ennemis très-dangereux et très-suspects, qui, sous une apparence de zèle vouloient tout renverser, et ne prétendoient pas moins que d'anéantir leur religion; et que bien loin de les loger dans leur ville, il falloit plutôt leur en fermer l'entrée.

Ces remontrances eurent leur effet. Personne, dans Privas, ne voulut louer une maison aux hommes apostoliques qui venoient leur offrir la paix du Seigneur. Ce refus dura six mois, pendant lesquels ils se contentèrent de gémir devant Dieu, et d'attendre avec patience les momens de sa miséricorde. Ils arrivèrent enfin, et malgré toutes les réclamations du consistoire, un des principaux même du parti protestant, fut celui qui consentit à leur louer sa maison.

A peine se virent-ils à portée d'exercer leur ministère, qu'ils tentèrent tous les moyens de retirer leurs frères égarés depuis si long-temps, des voies de la perdition. Instructions publiques, conférences particulières, douceur et charité envers tous, l'exemple d'une vie irrépréhensible, et la pratique de toutes les vertus qu'ils prêchoient dans la chaire de vérité, tel fut le genre d'attaque qu'ils livrèrent à l'hérésie, et à ceux qui s'étoient rangés sous ses étendards. Avec le secours de la grâce, et cette confiance en Dieu qui triomphe du monde et de ses erreurs, ils eurent bientôt soumis un grand nombre d'hérétiques au joug de la foi. On comptoit à peine dans Privas quarante catholiques, lorsqu'ils y commencèrent leur mission, et quelque temps après, ils étoient plus de trois cents. Dès-lors notre Seigneur, exilé de cette ville depuis tant d'années, fut remis sur son trône et commença de reposer dans son tabernacle, en faveur de ceux qui croyoient la vérité du mystère de l'autel. Lorsqu'on vit les esprits assez calmes pour n'avoir plus à craindre ni profanations, ni scandales, on rendit au très-saint

XIII.
La religion catholique rétablie dans Privas.

sacrement les hommages solennels qui lui étoient dus. Le jour de la Fête-Dieu on le porta en triomphe dans les rues et dans les places, avec toute la pompe et tout l'appareil que permettoient les conjonctures. Il y avoit environ soixante ans qu'on ne voyoit plus dans cette ville, ni prêtres, ni offices, ni processions, ni autres cérémonies en l'honneur de Jésus-Christ présent dans la sainte eucharistie. On ne put voir un spectacle si consolant, sans verser des larmes de joie. Il attira des lieux voisins plus de cinq mille personnes, qui assistèrent religieusement à la solennité; et depuis cette heureuse époque, elle s'est renouvelée sans trouble tous les ans, et sans aucune insulte de la part de ceux qui sont demeurés attachés à l'hérésie des Sacramentaires.

On conçoit aisément que les prêtres envoyés par M. Olier ne parvinrent à remporter une victoire si glorieuse à la foi, qu'après avoir soutenu de grands combats et essuyé beaucoup d'affronts. Mais plus les ennemis de l'Eglise et de sa doctrine vomissoient contre eux de malédictions, plus la main invisible de celui au nom duquel ils évangélisoient, répandoit de bénédictions sur tous leurs pas. Ils eurent la joie de voir l'église de Privas fréquentée, l'ignorance de la doctrine catholique bannie de cette ville, les sacremens de pénitence et d'eucharistie devenus aussi chers aux paroissiens nouvellement ramenés des ténèbres à la lumière, qu'ils leur avoient été en aversion depuis leur enfance. Les Protestans opiniâtres et endurcis ne purent, en quelques occasions particulières, retenir leur fureur contre les Catholiques, et surtout contre ceux qui venoient de se convertir. Ils les traitoient d'apostats et de traîtres. Plusieurs s'ameutèrent contre eux, jusqu'à menacer de mettre le feu à leurs maisons, et de les faire périr eux-mêmes dans les flammes. Dieu ne permit pas qu'ils en vinssent à une telle extrémité. La noirceur de leurs procédés et l'excès de leur emportement ne servirent qu'à faire éclater davantage la douceur, la patience et la fermeté de ceux qu'ils persécutoient. L'on vit une fille, maltraitée par son père, pour avoir abandonné la secte dans laquelle il l'avoit élevée, donner un bel exemple du respect et de la soumission que la religion commande aux enfans de pratiquer envers ceux qui leur ont donné le jour. Pendant que cet homme intraitable la chassoit de sa maison, loin de se plaindre, elle se mit à genoux pour lui demander sa bénédiction.

XIV. M. Olier envoie des missionnaires en différens endroits du Vivarais.

Quand M. Olier vit la religion catholique si bien rétablie dans Privas, que le lieu qui auparavant servoit de prêche fut changé en une église, où le regret d'avoir si long-temps outragé notre Seigneur faisoit répandre souvent bien des larmes, il entreprit la conversion des autres hérétiques dispersés dans le diocèse. De concert avec l'évêque de Viviers, et par son autorité, il usa du même moyen qu'avoit employé saint François de Sales pour celle des trois bailliages voisins de Genève. Ne pouvant plus soutenir le travail du saint ministère, auquel il auroit voulu pouvoir se livrer en personne, il envoya des prêtres dans les paroisses du Vivarais, où les Calvinistes avoient le plus de partisans. Il leur procura à ses dépens des missions, qui, dans l'espace de cinq ans, renouvelèrent entièrement la face du diocèse. Viviers, Montpezat, Meyras, Burzet, Thueyts, le Béage, Jaujac, Valgorge, Largentière, Pradelles, Fay, Saint-Agrève, Villeneuve de Berg, furent successivement le théâtre du zèle des missionnaires. Partout où ils allèrent prêcher la foi catholique, on vit la grâce opérer des prodiges qui firent admirer les immenses miséricordes du Seigneur, et le pouvoir de sa parole, lorsqu'elle est annoncée par des hommes remplis de son esprit. Ils n'avoient, pour ainsi dire, qu'à se montrer dans une paroisse peuplée d'enfans des apostats dans la foi, pour en faire des troupeaux de brebis fidèles, et de véritables enfans de la sainte Eglise Romaine.

Un des missionnaires marqua à M. de Bretonvilliers, que pendant tout le temps que dura la mission de Jaujac, toutes les maisons étoient fermées, parce que les habitans passoient toute la journée dans l'église, soit pour y entendre les instructions, soit pour prier et faire leur confession générale. La mission de Viviers, qui se fit dans l'hiver, fut si efficace et si édifiante qu'il n'y eut point de carnaval. De tout côté on parloit avec étonnement du grand nombre de conversions, de réconciliations, de restitutions que la grâce opéroit tous les jours dans les différentes paroisses. « J'avoue, disoit M. de Bretonvilliers,
» peu d'années après, que je n'aurois jamais cru
» tout ce que j'ai su et vu par moi-même, lorsque
» par l'ordre de la divine Providence, je me suis
» trouvé dans la nécessité de faire un voyage
» dans

» dans le Vivarais. Passant par Thueyts, où l'on
» compte environ dix-huit cents communians, je
» vis M. de la Coré, docteur de Sorbonne, lequel
» tout ému encore, et tout attendri des grands
» biens qu'avoit produits la mission dans cette
» petite ville, me disoit : Avant la mission, on
» ne voyoit nulle marque de piété dans les habi-
» tans; mais aujourd'hui, c'est un peuple tout
» différent de ce qu'il étoit : l'Eglise, les saints
» offices et les sacremens sont aussi fréquentés
» maintenant qu'ils étoient négligés alors et aban-
» donnés ». Trois ans après cette mission, la piété
s'y étoit si bien conservée, qu'aux dimanches et
fêtes solennelles, il n'y avoit pas assez de prêtres
pour satisfaire tous ceux qui désiroient se confesser et communier. Ce qu'on vit dans cette paroisse, on le remarqua dans toutes les autres qui
avoient reçu le même secours : tant les bénédictions du Père des miséricordes paroissoient accompagner partout M. Olier, qui fut regardé,
avec raison, comme un nouvel apôtre du Vivarais.

XV. Il établit un séminaire au bourg Saint-Andéol.

L'homme de Dieu, tout infirme qu'il étoit, ne
borna pas là ses travaux. Comme il avoit appris
que dans le diocèse de Nîmes il se trouvoit une
petite ville nommée Alais (1), voisine de quatre
diocèses, qui tous ensemble pouvoient se ressentir d'une mission qu'on y entreprendroit, il s'y
transporta, loua une maison pour y placer des
missionnaires, et procura aux habitans la même
grâce qui, en différens quartiers du Vivarais,
avoit porté des fruits si abondans. Le bourg Saint-
Andéol et la paroisse de Chalançon, ne furent

(1) Cette ville ne fut érigée en évêché qu'en 1692.

pas moins favorisés. Il travailla dans le premier à l'érection d'un séminaire pour l'étude de la philosophie, établissement qui subsiste encore, et qui a rendu jusqu'ici les plus grands services pour l'éducation des ecclésiastiques, soit au diocèse de Viviers, soit à plusieurs autres des provinces voisines.

<small>XVI. Il visite la sœur de la mère Agnès.</small>

Pendant son séjour à Viviers, il visita la mère de Jésus, religieuse de Sainte-Catherine, au couvent de Notre-Dame du Rhône, qui étoit sœur de la mère Agnès de Langeac. Dans le peu d'entretiens qu'ils eurent ensemble, et où ils ne parlèrent que le langage des saints, M. Olier (selon ce qu'elle rapporta à M. de Bretonvilliers, qui alla aussi la visiter dans son voyage en cette province) lui parut si embrâsé de l'amour de Dieu, qu'il lui sembloit moins converser avec un homme vivant sur la terre, qu'avec un séraphin du ciel. Il y avoit long-temps que cette vertueuse fille désiroit jouir de sa conversation; elle l'avoit même demandé à sa sœur, qu'elle croyoit dans le séjour de la gloire, et assez puissante pour obtenir de Dieu cette faveur. Celle-ci lui avoit fait connoître qu'elle auroit la consolation de voir M. Olier, mais que ce ne seroit qu'en passant; promesse qui fut accomplie à la lettre; car ils n'eurent que des entretiens fort rapides, et beaucoup moins fréquens qu'ils ne l'eussent désiré. Le saint prêtre fit bien espérer à la religieuse qu'il la reverroit une autre année; mais comme il ne revint plus à Viviers, elle ne put s'entretenir avec lui davantage.

<small>XVII. Il quitte le Vivarais pour</small>

Il tardoit beaucoup au serviteur de Dieu de se rendre au Puy, où il étoit attendu de Henri de Maupas, évêque de cette ville, pour entreprendre un établissement tout semblable à celui qu'il venoit de consommer à Viviers. Ce fut de Privas qu'il partit, après avoir confirmé dans la foi les nouveaux catholiques qu'il y avoit ramenés à l'Eglise, avec le secours de M. de Caylus et de ses autres coopérateurs. Il passa par Notre-Dame de Saint-Agrève, pour y rendre ses devoirs à la très-sainte Vierge; car il ne laissoit échapper aucune occasion de l'honorer, selon l'attrait qu'il portoit continuellement dans son cœur. En témoignage de son respect et de sa dévotion pour Marie, il fit présent à cette chapelle d'un riche tableau ; et ce ne fut qu'après avoir satisfait, par de longues oraisons et par le saint sacrifice de la messe, la piété filiale qui l'attachoit à cette auguste Reine des anges, qu'il se remit en route pour le Puy. Après les longues maladies qu'il avoit essuyées, il lui en coûta de grandes fatigues pour sortir des chemins qu'il étoit obligé de suivre. Vu l'épuisement où il étoit réduit, on eut peine à comprendre qu'il eût pu soutenir une marche aussi laborieuse; mais chaque jour il retrouvoit dans son amour pour Dieu, et dans l'ardeur de son zèle, les forces qui l'abandonnoient à la fin du jour précédent. Il arriva au Puy comblé de joie, de revoir une ville où régnoit depuis tant de siècles la dévotion la plus tendre envers la Mère de Dieu, et où il se ressouvenoit d'avoir reçu, par son intercession, des grâces très-abondantes. Il commença le nouveau séjour qu'il y venoit faire par une visite au très-saint sacrement et à la très-sainte Vierge, se rendant de corps, avec

se rendre au Puy.

empressement, dans l'église cathédrale où il étoit si souvent en esprit. Après s'y être offert de nouveau au fils et à la mère, au pied de l'autel principal devant lequel il demeura quelque temps en oraison, il visita le premier pasteur du diocèse, « en qui, disoit-il, j'honore Jésus-Christ lui-» même, le souverain pasteur des ames, et le » conducteur de son peuple au royaume de Dieu ».

<small>XVIII. Il refuse l'évêché de cette ville.</small>

Le séjour de quelques mois qu'il fit dans cette ville, fut pour lui une source de bénédictions, et un grand sujet d'édification pour les habitans. On le voyoit très-assidu dans l'église de Notre-Dame, pour laquelle il avoit une singulière vénération. C'étoit même, de tous les lieux de piété qu'il avoit visités dans la France, celui pour lequel il témoignoit le plus d'attrait; « parce que, disoit-» il, je n'en connois point où Dieu se commu-» nique si intimement, et où il répande ses grâces » avec plus de libéralité. Tout y porte à Dieu, » tant ce lieu est saint; en sorte que, pour en sor-» tir tout pénétré de son amour et de son esprit, » on n'a qu'à se laisser aller au mouvement inté-» rieur qu'on y éprouve, dès qu'on s'y présente » avec foi ». Il se rappeloit avec une douce joie les grâces extraordinaires qu'avoit reçues autrefois la mère Agnès dans cette ville, et les sublimes vertus qu'elle y avoit pratiquées. Le premier entretien que M. Olier eut avec l'évêque du Puy fit éclater les vertus de l'un et de l'autre, mais surtout leur profonde humilité. Le prélat ayant commencé par lui donner toutes sortes de marques de respect et de confiance, finit par lui dire : « Il y a » déjà quelque temps, Monsieur, que je pense

» à me retirer. Je n'attendois plus que votre ar-
» rivée pour remettre au Roi mon évêché; et c'est
» pour le supplier de vous nommer en ma place,
» que je désirois une entrevue avec vous. Comme
» je suis assuré de son consentement, et qu'il ne
» s'agit plus que d'avoir le vôtre, voici enfin le
» moment d'exécuter mon projet de retraite, et de
» laisser mon diocèse entre vos mains ». M. Olier,
aussi étonné que confus de cette ouverture, répondit, comme il avoit fait déjà tant de fois, en
homme invariablement décidé à ne jamais accepter l'épiscopat. Son refus ne fit qu'augmenter
le désir qu'avoit M. de Maupas de l'avoir pour
successeur; car tout épuisé qu'il étoit, comme il
n'avoit que quarante-quatre ans, on pouvoit espérer qu'il reprendroit assez de forces et de
santé, pour être en état de gouverner le diocèse
pendant plusieurs années. Le prélat le désiroit
tellement, que se jetant à ses pieds, il lui dit :
» Ne me refusez pas, Monsieur, le service que
» je vous demande; je le regarderai comme le
» plus grand que vous puissiez me rendre dans
» votre vie ». Sa réponse fut toujours la même.
Il étoit si peu disposé à accepter un siége épiscopal, qu'il s'étoit toujours jugé indigne des
moindres emplois dans l'Eglise. « Comment, di-
» soit-il à ce vertueux évêque, comment oserois-je,
» moi le plus misérable des hommes, accablé du
» poids de mes péchés, me charger d'un minis-
» tère qui demande des vertus si éminentes, et
» des lumières si étendues? de quoi serois-je ca-
» pable, étant d'ailleurs aussi infirme que je le
» suis? Au nom de Dieu, Monseigneur, ne pen-

» sez plus à moi ». M. de Maupas, jugeant qu'il feroit en vain de nouvelles instances, céda enfin et ne voulut pas presser l'homme de Dieu plus long-temps, mais il conçut dès-lors pour lui de nouveaux sentimens d'estime et de vénération.

<small>XIX.
L'évêque de Grenoble le veut aussi pour son successeur.</small>

Pierre Scarron, évêque de Grenoble depuis 1620, lui fit les mêmes offres l'année suivante, et ce fut avec aussi peu de succès. La résistance de M. Olier étoit toujours fondée sur la basse opinion qu'il avoit de lui-même, et sur l'éloignement qu'il avoit montré de tout temps pour les dignités de l'Eglise. Son ambition étoit moins pour les grandeurs et les postes honorables, que pour les humiliations et les croix. Peu de jours après l'entrevue avec l'évêque du Puy, qu'on vient de raconter, ce prélat lui annonça quelque triste événement qui l'intéressoit en personne, et qui étoit de nature à l'affliger beaucoup; les mémoires de sa vie ne le font point connoître en particulier. Il en reçut la nouvelle en disant : « Hé bien, » Dieu soit béni et glorifié à jamais, de ce qu'il » nous a trouvés dignes de boire dans son calice, » de porter sa croix, et de souffrir confusion pour » son amour » : paroles qu'il prononça, selon les termes de M. de Maupas, *avec joie et exaltation*.

Dès qu'on sut dans la ville du Puy que M. Olier y devoit faire quelque séjour, on le pria d'y prêcher, en témoignant le plus grand désir de l'entendre. Dans la bouche d'un homme si plein de l'esprit de Dieu, les discours les plus simples, et les paroles les moins étudiées eussent fait les plus vives impressions; mais on fut aussi surpris que satisfait et édifié du langage sublime qu'il savoit prendre, selon la qualité et la portée des personnes à qui il parloit. Il se fit un devoir de charité et de zèle d'aller exhorter et instruire partout où on le demandoit, se faisant tout à tous, et captivant ses auditeurs dans les conférences particulières autant que dans les sermons. Un jour, (c'est d'après le rapport de M. l'évêque du Puy que M. de Bretonvilliers nous a conservé ce trait) il se trouva dans une assemblée des personnes de la ville les plus distinguées, qui l'invitèrent à leur faire un petit discours de piété. M. de Maupas, qui présidoit dans cette compagnie, l'en ayant prié lui-même, il regarda et reçut son invitation comme un ordre auquel il ne pouvoit se refuser. Il s'y soumit avec le plus grand respect ; et après s'être recueilli pendant quelques momens pous s'offrir à notre Seigneur, et lui demander son assistance, il parla avec une onction et tout à la fois avec une dignité, qui donnèrent à tous ses auditeurs la plus haute opinion de son talent pour la chaire. Ce discours, si l'on en croit ce que rapportoit le prélat, quelques années après, à M. de Bretonvilliers, n'étoit pas seulement plein de lumière et d'éloquence, mais encore de cette chaleur de l'Esprit saint qui échauffe les cœurs les plus glacés, et remue les ames les plus insensibles.

Au sortir de cette assemblée, l'évêque du Puy déclara la résolution qu'il avoit prise d'établir un séminaire, et pria M. Olier de lui donner quelques ecclésiastiques qui fussent capables de seconder ses intentions. Celui-ci y consentit d'autant plus volontiers, qu'outre le motif qui l'avoit déjà engagé à entreprendre plusieurs fon-

XX.
Il établit le séminaire du Puy.

dations de cette nature, il étoit porté à celle-là par une considération particulière; c'étoit l'avantage qu'il s'en promettoit pour lui et sa compagnie, qu'il avoit vouée spécialement au culte de la sainte Vierge. Il trouvoit une grande satisfaction à penser que sa petite société auroit un établissement dans une ville où la dévotion à Marie étoit si célèbre, et dont les habitans mettoient leur gloire à se dire ses serviteurs et ses enfans. « Ne pouvant, disoit-il un jour, demeurer conti-
» nuellement à ses pieds, devant sa sainte image,
» dans l'église consacrée sous son invocation,
» ne convenoit-il pas d'avoir auprès d'elle quel-
» ques-uns des membres de notre compagnie,
» qui tinssent notre place pour lui rendre leurs
» devoirs en notre nom; qui travaillassent sous
» ses auspices à la sanctification des ministres
» de Jésus-Christ son Fils, destinés à conduire
» les peuples d'un diocèse qu'elle honore d'une
» protection particulière »?

M. Olier étoit encore fortement excité à l'érection de ce nouveau séminaire, par l'estime et la vénération singulière qu'il portoit à la vertu du grand évêque qui lui en faisoit la demande. Ravi de trouver cette occasion de le servir et de contribuer à l'exécution de ses bons desseins, il lui promit de faire venir incessamment le nombre de prêtres qui lui étoit nécessaire; et il fut si fidèle à sa promesse, que dès l'année suivante, le séminaire fut établi. Nulle part la bénédiction du Seigneur ne parut se répandre avec plus d'abondance ni d'une manière plus sensible que dans cette communauté. Elle fut, à proprement parler,

la semence féconde d'une génération de savans et fervens ecclésiastiques, qui, en peu d'années, changèrent la face du diocèse. C'est ce que témoignoit avec effusion de cœur M. de Maupas, après la mort de M. Olier, lorsque M. de Bretonvilliers, son successeur, passa au Puy. « Depuis l'é-
» tablissement du séminaire, lui dit ce prélat, mon
» clergé n'est pas reconnoissable ».

XXI. On calomnie les directeurs du séminaire du Puy; ce qu'ils font pour dissiper la calomnie.

L'ennemi de tout bien ne tarda pas encore ici à traverser l'œuvre de Dieu. Il mit dans l'esprit de plusieurs, que les directeurs qui étoient à la tête du séminaire, n'étoient pas venus de Paris dans la pure intention de servir notre Seigneur et son Eglise, mais dans le dessein de se servir eux-mêmes. On les accusa de vouloir profiter de l'estime que leur témoignoit l'évêque du Puy, et d'avoir su déjà s'insinuer si adroitement dans ses bonnes grâces par leurs flatteries, qu'ils espéroient bien n'avoir pas la dernière part dans la distribution des bénéfices dont il avoit la collation. C'étoit le bruit qu'avoient répandu les ecclésiastiques du pays, qui, accoutumés à rechercher leurs propres intérêts plus que ceux de Jésus-Christ et de son Eglise, prêtoient aux prêtres de M. Olier les mêmes sentimens que la cupidité nourrissoit dans leur cœur. Comme le mal se croit facilement parmi ceux qui n'ont ni le cœur assez pur et assez droit pour présumer favorablement du prochain, quand il leur fait ombrage, ni l'œil assez simple et assez net pour ne voir en lui que du bien, le préjugé ne laissoit pas de s'accréditer de jour en jour; et si l'on eût cru ces langues malignes, qui étoient intéressées à le faire adopter, le nom seul des nouveaux directeurs seroit devenu bientôt une qualité odieuse, comme leur présence un sujet continuel d'alarme et d'inquiétude. Ceux que l'on calomnioit avec tant d'injustice ne savoient se défendre que par le témoignage de leur conscience et la droiture de leur cœur. Dieu connoissoit leur désintéressement; il ne leur en falloit pas davantage pour remplir avec autant de confiance que de tranquillité, la mission qu'ils avoient reçue. Aussi le silence et une parfaite égalité d'ame, accompagnée de la plus grande affabilité envers tous, furent leur unique apologie. Mais Dieu ne tarda pas à venger leur cause. Pour écarter tous les nuages et faire triompher la vertu contre les fausses imputations de ses ennemis, il permit que le doyenné de la cathédrale vînt à vaquer par la mort du titulaire; ce qui donna lieu au supérieur et aux directeurs du séminaire de faire connoître leurs intentions, et de mettre leurs sentimens à découvert. L'évêque du Puy, soit pour leur donner un témoignage public de leur affection, soit pour honorer la place qu'il s'agissoit de remplir, en y appelant un ecclésiastique de grande vertu, y nomma M. de Lantage, que M. Olier lui avoit envoyé pour conduire le nouvel établissement. Les talens d'ailleurs se trouvoient réunis à la vertu, dans la personne de ce supérieur, de manière à ne laisser à M. de Maupas nulle inquiétude dans sa conscience sur le choix qu'il avoit fait. Mais ce digne prêtre, résolu de servir gratuitement Jésus-Christ, en travaillant à l'éducation des ministres de son sanctuaire, et préférant l'espérance des trésors éternels aux plus riches bénéfices du monde, refusa le doyenné, dont le revenu étoit considérable. En remerciant son bienfaiteur, il l'assura qu'outre plusieurs autres considérations, son dessein, lorsqu'il étoit venu travailler sous ses ordres, avoit été uniquement de gagner des ames à Dieu, et non des biens ecclésiastiques. Il ajouta que, loin d'être tenté par la douceur du repos que pouvoit lui procurer ce bénéfice, après quelques années de travail au séminaire, il ne soupiroit qu'après les peines et les fatigues, qu'il espéroit soutenir, tant qu'il lui resteroit des forces. M. de Maupas, ne pouvant faire accepter le doyenné de son église à M. de Lantage, s'adressa à un des directeurs, en lui témoignant que son refus le mortifieroit; mais il le trouva tout aussi désintéressé et aussi ferme que le premier. Cependant, comme il étoit jaloux de voir un des ecclésiastiques de son séminaire en possession de ce doyenné, il eut recours successivement à tous ceux qui dirigeoient la maison : tous, animés du même esprit, lui firent la même réponse, et les poursuites réitérées qu'il leur fit n'en purent gagner un seul. L'évêque, voyant le présent qu'il leur avoit destiné revenu dans ses mains, après avoir passé dans celles de tous les directeurs de son séminaire, sans avoir pu demeurer dans aucune, voulut au moins qu'ils lui nommassent eux-mêmes le sujet qu'ils croyoient le plus digne d'en être pourvu et le plus capable d'en remplir les obligations. Comme en choisissant celui qui auroit le plus de mérite, ils étoient assurés de faire une œuvre très-agréable à Dieu, et de n'exciter nulle plainte en le cherchant, non parmi les prêtres de la compagnie de M. Olier, qui travailloient à Paris ou ailleurs, mais dans le clergé même du diocèse, ils lui désignèrent un ecclésiastique de la ville, qui possédoit toutes les qualités convenables à la dignité de doyen. Dès ce moment la calomnie fut tellement étouffée, qu'on n'entendit plus parler des directeurs du séminaire qu'avec éloge et applaudissement.

XXII. *Il va visiter le tombeau de la mère Agnès.*

Après avoir satisfait aux désirs de l'évêque du Puy, en laissant dans son séminaire des ouvriers et un esprit propres à en faire une école de science et de vertu pour les aspirans au sacerdoce, M. Olier se mit en chemin pour revenir à Paris. Il passa par Langeac, où il visita le tombeau de la mère Agnès de Jésus, qu'il appeloit un prodige de grâce et de perfection. Sans la voir des yeux du corps, et sans converser visiblement avec elle, comme il avoit fait si souvent durant son premier séjour en Auvergne, il ressentit une joie intérieure, qui surpassoit tout ce qu'il avoit éprouvé alors dans ses différens entretiens. C'étoit le fruit de la charité consommée de cette grande ame, qui, vivant dans la société de Jésus-Christ et des saints, comme il est bien permis de le conjecturer, avoit beaucoup plus de pouvoir pour attirer à Dieu son ancien directeur, et lui obtenir de nouvelles faveurs du ciel, que lorsqu'ils étoient ensemble en oraison au pied des saints autels. L'évêque de Saint-Flour lui ayant permis de faire ouvrir son tombeau, ce fut pour lui une nouvelle consolation de voir son corps, qui fut trouvé sans corruption, à la réserve d'une partie de son visage qui paroissoit avoir été rongée. Il ne put, sans une vénération singulière et une sorte de ravissement, considérer surtout sa main droite, se rappelant avec quel courage elle en avoit usé pour maltraiter sa chair et la réduire en servitude.

De Langeac il se rendit à Paris, où il s'appliqua sans relâche à soutenir les établissemens qu'il y avoit faits, et à perfectionner les ames que Dieu lui avoit confiées; mais au bout de quelques mois il fut contraint de suspendre encore ses travaux. Quoiqu'il ne fût âgé que de quarante-quatre ans, il se trouvoit trop épuisé et par les œuvres pénibles qu'il avoit entreprises, en tout genre, depuis ses premières missions, et par les austérités corporelles qu'il y avoit ajoutées, pour suivre plus long-temps la même carrière. Dieu, qui l'avoit conduit à la plus haute perfection par la voie des souffrances, voulut que les dernières années de sa vie ne fussent plus qu'un état de croix; et lui fit trouver, dans de longues infirmités, de quoi remplir, par un exercice continuel de patience, la mesure abondante de mérites qu'il se réservoit de récompenser dans le ciel. Au printemps de 1653, comme il se rendoit à la campagne pour traiter d'une affaire importante, une personne de grande piété, qui l'accompagnoit dans le carrosse où il voyageoit, revenue d'un profond recueillement, lui dit : « Il faut, Monsieur, que » je vous fasse part de ce qu'il a plu à Dieu de » me faire connoître à votre sujet; c'est que vous » serez bientôt dans un état qui vous fera de» meurer dans le monde, comme si vous n'y étiez » pas ». Cette prédiction ne fut pas la seule qui le prépara au calice de tribulation par où il devoit

XXIII.
Il se rend à Paris, où Dieu le prépare à de grandes souffrances.

consommer sa carrière. Il en fut averti intérieurement par la très-sainte Vierge. A cette faveur, notre Seigneur en ajouta une autre bien précieuse, le rendant participant du désir de souffrir, qu'il avoit témoigné lui-même à ses apôtres avant sa passion, et remplissant son cœur de ses propres dispositions à l'égard de la croix. Aussi, pendant son séjour à la campagne, qu'il abrégea de peur de retarder les desseins de Dieu sur lui, il ne cessa de parler des avantages de la croix, des biens qu'elle avoit apportés au monde, de l'amour que nous lui devions, et des merveilles qu'elle opéroit dans les ames.

Au commencement de septembre, ce digne disciple de Jésus crucifié eut la pensée de faire exécuter de petits berceaux, où la sainte Vierge étoit représentée portant dans sa main des croix qu'elle distribuoit aux ecclésiastiques, selon la mesure de leur ferveur. Il se plaisoit à faire remarquer, à tous ceux qui s'entretenoient avec lui, le grand amour que Marie avoit eu pour les croix. Il leur disoit, qu'étant entrée dans toutes les dispositions du cœur de son fils, elle avoit plus participé que tous les hommes à la soif des souffrances dont il avoit brûlé durant sa vie mortelle. Il trouvoit même, dans cette parfaite conformité du fils et de la mère, une des raisons pour lesquelles l'Eglise, qui règle tout avec sagesse, célébroit l'Exaltation de la sainte Croix pendant l'octave de la Nativité de la sainte Vierge. « Notre Seigneur » a permis, disoit-il, que ce sacré bois fût honoré » en ce temps, afin de faire voir que sa très-sainte » mère avoit parfaitement exalté la croix; non-

» seulement parce qu'elle a plus souffert que tous
» les martyrs, mais aussi parce qu'elle a porté la
» croix dans son cœur avec plus de respect, plus
» de soumission et de charité ». C'étoit là-dessus
principalement, et sur les vertus, les grâces et la
gloire de la sainte Vierge, que rouloient ses conversations avec les personnes de piété qui le visitoient. Jamais on ne l'avoit entendu parler si souvent, ni avec tant d'effusion de cœur, de l'estime
qu'un chrétien, à plus forte raison un ministre
de Jésus-Christ, devoit faire des souffrances.
Tout ce qu'il disoit sur cette matière étoit plein
d'énergie; et pendant le séjour qu'il fit dans cette
maison, c'étoit presque la seule sur laquelle il
s'entretenoit.

XXIV.
Il devient paralytique.

Dieu l'ayant ainsi préparé à l'état d'épreuve
dans lequel il vouloit qu'il finît ses jours, il le
visita, non plus dans la douceur de ses consolations, mais dans l'amertume de la tribulation.
Le 26 de septembre, pendant qu'il étoit seul en
oraison dans sa chambre, vers huit heures du
matin, il fut attaqué d'une apoplexie, qui le
rendit paralytique de tout le côté gauche. Cet
accident lui ayant laissé la liberté de l'esprit et
l'usage de l'autre côté du corps, il fit quelque
bruit pour appeler du secours. Personne ne parut
alors; mais peu de temps après quelqu'un étant
venu chez lui le trouva étendu par terre, et incapable de se relever. On s'empressa de lui procurer
tous les secours nécessaires dans une extrémité
si affligeante. La première pensée de M. Olier,
lorsqu'il se vit frappé de la main de Dieu, fut de
s'offrir à notre Seigneur en qualité d'hostie, selon

le vœu qu'il en avoit fait depuis long-temps, et de s'abandonner à lui sans réserve, pour recevoir le coup de la mort de la manière et dans le temps qu'il lui plairoit. Il s'unit aux dispositions intérieures de Jésus-Christ mourant, le suppliant de les mettre dans son cœur, afin qu'il rendît son ame à Dieu son père, dans le même esprit de résignation et de sacrifice qu'il avoit montré sur la croix. Il adora la justice divine qui punissoit, disoit-il, le mauvais usage qu'il avoit fait de sa vie, et bénit en même temps le Dieu des miséricordes, qui lui offroit un moyen si efficace d'expier ses péchés. Les grands sentimens que témoigna alors le serviteur de Dieu, furent recueillis de sa bouche même par M. de Bretonvilliers, à qui il ne cachoit rien de ce qui se passoit dans son cœur. La paix dont il jouissoit ne parut pas seulement dans les premiers momens de cette maladie. Les suites de l'accident qu'il venoit d'essuyer montrèrent jusqu'où l'esprit de sacrifice que respirent ses écrits, et qu'il ne cessoit d'inspirer aux personnes intérieures, vivoit dans son ame, et agissoit en lui dans toute sa conduite. Dès qu'on l'eut relevé et mis au lit, on appela les médecins, qui ordonnèrent des remèdes très-pénibles. Loin de les refuser et de s'en plaindre, il les prenoit avec joie, s'abandonnant aux dispositions adorables de la Providence, et faisant, avec une soumission d'enfant, la volonté de ceux qui le gouvernoient. Pour rendre le mouvement à la partie de son corps et aux membres paralysés, on lui fit subir des opérations fort douloureuses. Plusieurs fois on lui enfonça des lancettes dans la chair. Il les ressentoit vivement

vivement, n'ayant pas perdu le sentiment par cette apoplexie, qui n'étoit qu'à demi formée, et qui avoit dégénéré en paralysie trop imparfaite pour engourdir ses sens. Il ne souffroit donc pas moins des traitemens qu'on lui faisoit, que s'il eût joui de la meilleure santé. Dans la crainte d'une nouvelle apoplexie, dès qu'on le voyoit s'assoupir hors les temps du sommeil, on le tourmentoit tout de nouveau. L'usage des médecines qu'on lui ordonna devint très-incommode, par la nécessité où le mettoit sa paralysie de les garder cuillerée par cuillerée dans sa bouche avant de les pouvoir avaler. Le gosier n'ayant pas le jeu et le ressort ordinaire, il ne les prenoit que goutte à goutte et fort lentement; ce qui ajoutoit beaucoup à l'amertume et au dégoût que causoit déjà la nature des remèdes.

Non-seulement il montroit une patience toujours égale dans une si rude situation, mais il souriot agréablement à tous ceux qui lui apportoient quelque chose à prendre, les encourageant ainsi à ne le point épargner et à lui offrir sans crainte tout ce qui répugnoit le plus au goût, dès qu'il étoit prescrit par le médecin. Cette douceur et cette affabilité faisoient l'étonnement de tous ceux qui l'approchoient. Ils ne pouvoient comprendre comment le malade seul étoit si content et si joyeux, tandis que tous les autres avoient peine à se consoler de ses souffrances. La paralysie, qui avoit gagné toute une moitié de son corps, le rendoit tellement immobile, qu'il ne pouvoit plus se tourner d'un côté sur l'autre, ni prendre ses alimens. Il falloit le servir comme

XXV.
Sa douceur et sa docilité pendant sa maladie.

un enfant à qui on met les morceaux dans la bouche ; extrémité qui, loin de paroître l'affliger, quelque humiliante qu'elle fût, étoit pour lui une source abondante de joie et de mérites, par les pieux sentimens qu'elle lui donnoit lieu de former dans son cœur. Il adoroit alors notre Seigneur Jésus-Christ enfant, et se conformoit aux saintes dispositions dans lesquelles ce modèle parfait d'obéissance, tant qu'il voulut être assujetti aux foiblesses de l'enfance, recevoit ce que lui présentoit sa très-sainte Mère.

XXVI.
Il éprouve de grandes peines intérieures.

Les douleurs et les autres incommodités corporelles qu'eut à endurer M. Olier, du moment où il tomba malade, n'étoient cependant rien, en comparaison des peines d'esprit dont Dieu voulut qu'elles fussent bientôt accompagnées. Car peu de jours après qu'il eut été ainsi visité du Seigneur par cette affliction extérieure, il le fut par des croix intérieures beaucoup plus difficiles à porter que toutes les maladies. Sans lumière dans l'esprit ; n'ayant plus le moindre sentiment de joie dans le cœur ; en proie à la tristesse, à l'ennui, au trouble même et aux frayeurs d'une ame qui craint d'avoir encouru la disgrâce de son Dieu, il ne pouvoit s'empêcher de demander quelquefois à ceux en qui il avoit le plus de confiance, s'ils ne croyoient pas que notre Seigneur et sa très-sainte Mère se fussent retirés de lui. On remarqua dans lui, à la vérité, une impuissance et une privation de grâces sensibles si extraordinaire, qu'il n'étoit plus capable de parler de Dieu comme auparavant, sinon dans certains momens, où, pour le bien de quelques ames qui avoient recours à lui, notre Seigneur lui rendoit ses premiers dons; car il parloit alors avec toute l'onction et tout le pathétique qu'on avoit admiré dans les plus beaux jours de son ministère. En toute autre circonstance, il étoit comme privé de toute l'activité de son ame et de l'usage même de ses sens, ne pouvant presque ni s'expliquer ni comprendre. Dieu seul sait combien la charité de son serviteur se perfectionna dans ce nouveau creuset. L'épreuve dura environ trois semaines. Après ce temps écoulé, on le transporta à Paris. Il n'y fut pas plutôt arrivé, que Dieu le remplit de consolation par une lettre qu'il reçut d'un de ses amis les plus chers. Celui-ci l'assuroit que son état, quelque pénible qu'il fût à la nature, étoit très-saint et infiniment utile à son ame. Il ajoutoit que ces infirmités dès qu'il les supportoit en esprit de sacrifice le rendoient bien plus agréable à notre Seigneur, que s'il avoit à essuyer pour sa gloire toutes les fatigues du ministère évangélique; enfin que sa situation actuelle étoit celle des ames d'élite et appelées à la plus haute perfection. M. Olier regarda cette lettre comme un présent venu du ciel, et la conserva comme la chose la plus précieuse. Elle lui inspira un nouveau courage, et servit beaucoup à le fortifier dans la résolution de tout souffrir en union à notre Seigneur attaché à la croix. Se rappelant que cette innocente victime ne s'en étoit point détachée d'elle-même, il s'abandonna à la volonté divine, pour demeurer sur le lit de douleur autant de temps qu'il lui plairoit, et n'être délivré de ses souffrances que par ses ordres. « Son amour pour la croix où la main de

» Dieu le retenoit étoit si grand, dit M. de Bre-
» tonvilliers, que je l'ai vu pleurer une fois très-
» amèrement, parce qu'on venoit de lui pro-
» mettre, avec assurance, une prompte guérison ».
Comme je lui demandois, ajoute-t-il, le sujet
de ses larmes : « Ils m'assurent, répondit-il, que je
» guérirai; mais ne serois-je pas trop heureux de
» demeurer sur la croix le reste de mes jours,
» pour rendre quelque chose à notre Seigneur,
» qui a tant souffert pour moi »? Plus Dieu pro-
longeoit son infirmité et ses langueurs, plus l'esprit d'anéantissement croissoit en lui. Il regardoit
son lit comme la croix sur laquelle il devoit remettre son ame entre les bras de son cher maître,
et comme l'autel où il devoit s'immoler continuellement sous la main de la justice de Dieu, en
attendant le moment d'être reçu entre les bras
de sa miséricorde. On l'entendoit dire quelquefois en soupirant : « Ah ! quand viendra l'heure
» où Dieu portera le dernier coup sur la victime?
» et quand me fera-t-il la grâce de consommer
» mon sacrifice » ?

XXVII. *Saint Vincent de Paul le visite dans sa maladie.*

Vers la fin de décembre, saint Vincent de Paul, qui depuis plus de vingt ans étoit intimement lié avec M. Olier, et qui étoit rempli d'estime pour sa vertu, lui fit une visite. Ce fut lorsqu'il se trouvoit dans le fort de son mal. Le saint admira la parfaite tranquillité de son ame et la sérénité de son visage. « Vraiment, » dit-il, après avoir passé quelque temps auprès de son lit, en s'approchant de M. de Bretonvilliers, « c'est une merveille de voir
» un malade qui souffre tant, conserver cette
» égalité d'esprit, et ne rien perdre de sa paix ».

Tous ceux qui le visitoient ne se lassoient point de faire remarquer ce que sa vertu avoit d'extraordinaire, et combien étoient édifiantes, aimables même et souvent instructives, les paroles qu'il prononçoit de temps en temps. L'habitude qu'il avoit contractée de parler le langage des saintes Ecritures et d'en méditer les sentences, lui rendoit familières celles qui étoient les plus propres à consoler sa foi et à nourrir sa piété. Un jour notre Seigneur, avec qui il s'entretenoit continuellement lorsqu'il étoit seul, lui fit connoître, par un de ces traits de lumière dont il l'avoit souvent favorisé, que le temps des croix étoit le plus avantageux, soit parce qu'il purifioit l'ame et la nettoyoit de toutes les taches du péché, soit parce que rien n'aidoit mieux à marcher dans les voies de la sainteté et de la perfection, soit parce qu'il donnoit le dernier degré de mérite à notre union avec Dieu : trois avantages qui sont comme l'abrégé de la vie spirituelle. Et non-seulement Dieu lui montra cette vérité dans tout son jour, mais il lui en donna l'expérience et le sentiment, par une communication plus abondante de la vie et de l'esprit de notre Seigneur. « Voilà, dit » M. de Bretonvilliers, ce qu'il nous confessa un » jour, lorsque nous nous consolions l'un l'autre, » en nous entretenant de Dieu ».

Une autre fois, comme il formoit dans son cœur les désirs les plus ardens de procurer la gloire de Dieu, une lumière intérieure lui donna l'intelligence la plus étendue de cette parole de saint Paul : « Faites tout au nom de notre Seigneur » Jésus-Christ »; ce qui veut dire, selon l'explication qu'il en donna : « Faites tout premièrement pour Jésus-Christ, lui rapportant toutes vos œuvres, comme à votre dernière fin ; car, soit que nous vivions, soit que nous mourions, nous sommes entièrement à Jésus-Christ. Secondement, faites tout par Jésus-Christ, puisque nous ne pouvons rien que par ses mérites. Troisièmement, faites tout en Jésus-Christ, non en vous-même ; car étant pécheurs, et par conséquent privés de tout, nous n'avons plus rien dans notre propre fonds. Ce n'est donc que dans Jésus-Christ, qui est tout, que nous trouvons tout ce qui est nécessaire pour notre sanctification, selon ce qu'il dit lui-même en saint Jean : *Sans moi vous ne pouvez rien* ».

XXVIII. Il se reproche d'avoir demandé à Dieu la santé.

La pensée de notre Seigneur et de sa très-sainte Mère lui étoit si habituelle et si présente, qu'il lui sembloit les voir sans cesse auprès de lui. Tous les jours, c'étoient de nouvelles visites intérieures de l'un et de l'autre, qui le soutenoient dans l'état de langueur où il traînoit le reste de sa carrière. Il se trouva une fois si accablé d'ennui, que se plaignant amoureusement à son divin maître, et lui exposant avec simplicité son extrême affliction, il le supplia de lui rendre la santé, si ce devoit être pour sa gloire, lui promettant de l'employer toute à son service et à celui de son Eglise. Au même instant, notre Seigneur lui apparut courbé et presque étendu par terre, sous la pesanteur d'une grande croix qu'il portoit sur ses épaules. Ce spectacle lui fit une si forte impression, que, tout incommodé qu'il étoit, il se leva, se prosterna, comme s'il eût été réellement aux pieds de Jésus-Christ portant le bois du salut. Tout confus de la prière qu'il avoit faite, et qu'il se reprochoit comme une foiblesse et une lâcheté, il lui en demanda pardon avec larmes, s'accusant de n'avoir ni courage ni amour; au lieu d'imiter ces véritables disciples du Sauveur, qui se réjouissoient d'être attachés à la croix, et ne craignoient rien tant que de ne point souffrir. Du moment qu'il eut ainsi répandu son ame et rétracté sa première demande, il ne se permit jamais de désirer la délivrance ou même la diminution de ses peines. Au contraire, il ressentoit souvent une joie extrême de se voir conforme à Jésus-Christ souffrant; et pour mieux s'affermir dans la disposition de tout endurer, et aussi long-temps qu'il plairoit à Dieu, il fit faire un tableau où étoit peint notre Seigneur abattu sous la croix, comme il l'avoit vu dans la dernière apparition, pour l'avoir toujours devant les yeux. Ne croyant pas encore souffrir assez, et voulant expier la prétendue lâcheté qui lui étoit échappée, lorsqu'il avoit prié pour son rétablissement, il demanda à son directeur la permission d'exercer par l'usage de la discipline, ses mortifications ordinaires sur le côté de son corps que la paralysie avoit épargné. Cette même pénitence, il venoit de la recommander à un ecclésiastique qui lui avoit découvert son intérieur, comme un excellent moyen de satisfaire à Dieu pour ses péchés, et d'amortir le feu de ses passions dans la chair. Celui-ci s'excusoit, et demandoit une pénitence moins rude, alléguant que le sacrifice de la messe étoit bien plus agréable à Dieu que toutes les mortifications corporelles. « Oui, répondit M. Olier, mais n'est-ce pas une chose bien étrange, que les hommes veuillent être plus prodigues du sang de leur Dieu, que de leur propre sang; qu'ils répandent tout entier celui qui a déjà coulé sur la croix pour leur amour, sans avoir le courage d'en verser une seule goutte du leur pour l'amour de Jésus-Christ ».

XXIX. Il va aux eaux de Bourbon.

Au mois de mai de l'année 1654, comme il y avoit déjà huit mois que M. Olier demeuroit dans le même état, sans que les remèdes qu'on avoit employés fissent espérer son rétablissement, les médecins jugèrent qu'il falloit profiter de la belle saison pour aller prendre les eaux de Bourbon (1), et lui ordonnèrent le voyage. Regardant leur ordonnance comme celle de Dieu même, qui a voulu nous diriger par eux dans l'ordre corporel, de même qu'il nous dirige par l'organe de ses ministres dans l'ordre de la vie spirituelle, il leur obéit avec sa simplicité ordinaire, et partit de Paris dans un parfait abandon à la divine providence. Pendant le voyage, qu'il étoit obligé de faire à petites journées, malgré ses infirmités, il ne laissa passer aucun jour sans communier; et lorsqu'il fut arrivé à Bourbon, pour n'être pas privé de cette grâce, qui faisoit toute sa consolation et toute sa joie, il demanda un logement aux pères Capucins de cette ville. Ils lui donnèrent une chambre située près d'une chapelle, où il continua d'entendre la sainte messe et de communier tous les jours.

(1) Bourbon-l'Archambault, petite ville, d'où le Bourbonnois a pris son nom.

L'usage des eaux et des autres remèdes qu'on lui avoit ordonnés, lui procurèrent peu de soulagement. Il n'en parut pas moins content ni moins joyeux, que s'il eût été parfaitement rétabli. Sa grande maxime sur les maladies étoit, « que nous devons être tellement perdus et abîmés en Dieu, que nous ne voyions rien que sa sainte volonté; parce que toutes choses, considérées dans ce miroir si pur et si lumineux aux yeux de la foi, deviennent justes et raisonnables, toutes fâcheuses qu'elles nous paroissent; et que les plus désagréables, par l'union qu'elles ont avec cette sainte volonté, prennent un attrait qui les rend douces et aimables ». Les médecins voulurent qu'il prît encore les eaux de Bourbon dans la seconde saison de la même année. Le peu de succès du premier voyage ne l'empêcha pas de condescendre à leur jugement. Au lieu de retourner à Paris, il se retira à Saint-Pourçain, et ne s'en écarta quelquefois, que pour aller faire quelques bonnes œuvres dans les lieux voisins.

Pendant un petit séjour qu'il fit à Moulins, la très-sainte Vierge lui ordonna de visiter trois fois l'église dédiée sous son nom. Il obéit, et le troisième jour il la vit venir à lui avec une majesté qui ne se peut peindre, pour lui donner des marques de tendresse et de bonté, au-dessus de toutes celles qu'il en avoit reçues jusque-là. Cette visite lui parut être l'accomplissement d'une promesse que lui avoit faite depuis long-temps notre Seigneur, de régner sur lui par sa très-sainte Mère, quand il auroit régné lui-même dans son

XXX.
La sainte Vierge le visite intérieurement durant un petit séjour qu'il fait à Moulins.

cœur par les croix : ce sont les paroles que M. de Bretonvilliers assure lui avoir été rapportées par le serviteur de Dieu. « Après que j'aurai régné » sur toi par la croix, j'y régnerai par ma mère ». Fortifié par cette faveur dans la parfaite indifférence où il étoit à l'égard de la santé et de la maladie, au mois d'août il se rendit encore à Bourbon, où il reprit l'usage de ses premiers remèdes, et toujours avec aussi peu de fruit.

XXXI.
Il revient à Paris. Combien il y édifie.

A la fin de septembre, il se remit en chemin pour Paris, beaucoup plus consolé des grâces intérieures dont le ciel l'avoit favorisé pendant tout ce voyage, que s'il en avoit rapporté la santé la plus vigoureuse. Le séjour qu'il fit depuis son retour, au séminaire de Saint-Sulpice, fut un exercice continuel de patience et des autres vertus. Pendant six mois, il fut contraint de garder la chambre, sans en sortir, sinon pour aller dire la sainte messe à la tribune de la chapelle; ou, si son état ne lui permettoit pas de la célébrer, pour l'entendre et y communier. Lorsqu'il ne pouvoit se lever, on lui portoit la sainte communion, qu'il recevoit au lit ou dans un fauteuil, selon que la disposition actuelle de son corps le permettoit. Jamais on ne l'entendit témoigner de regret de ne pouvoir plus, comme autrefois, honorer Dieu et servir le prochain en travaillant au salut des ames. A la fin de l'hiver il ne parut pas plus ennuyé d'être demeuré si long-temps comme immobile, et privé de tout commerce au dehors, que si cette espèce de solitude et de captivité n'avoit duré qu'un jour. Il trouvoit un préservatif toujours efficace contre la tristesse, dans cette considération, que l'obéissance est préférable au sacrifice; et qu'en ne faisant rien, dès que Dieu le vouloit ainsi, on le servoit mieux et on lui étoit plus agréable qu'en travaillant beaucoup, même pour sa gloire et dans les intentions les plus pures. Souvent on lui a entendu dire que la disposition dont Dieu étoit le plus jaloux de la part de sa créature, étoit une dépendance absolue de sa providence; en sorte qu'on ne voulût jamais faire autre chose que ce qu'il vouloit de nous. « Car, ajoutoit-il, il n'est point rare » que le démon nous trompe par des apparences » de piété, nous faisant désirer ardemment la » santé pour travailler, tandis que Dieu voudroit » être glorifié par nos infirmités et nos souffran- » ces ». Il remarquoit là un piége de l'amour-propre, qui, sous prétexte d'un grand bien, cherche à se contenter par un état qui plaise à la nature, au lieu de se laisser conduire au pur amour de Dieu, qui ne se plaît que dans l'accomplissement de son bon plaisir.

Pour ne rien laisser dans le cœur de M. Olier, qui pût mettre le moindre obstacle à sa parfaite union avec Dieu, notre Seigneur le dégoûta de toutes les satisfactions humaines qu'on essaya de lui procurer pour le distraire et le récréer. On lui apporta, par exemple, quelques instrumens avec lesquels on pensa qu'il pourroit se délasser par un travail des mains très-facile. Il accepta ce bon office avec reconnoissance; mais ni cet expédient, ni les autres moyens de le récréer qu'on imagina, ne purent produire autre chose en lui, qu'un dégoût extrême de tout ce qui ne l'élevoit pas à Dieu. Tout le reste lui paroissoit si fade, qu'il ne pouvoit plus, sans une sorte de tourment, y donner la moindre attention. Pendant les beaux jours de l'été, si on le conduisoit dans quelque jardin, ou à l'entrée de la campagne, pour réjouir sa vue, on s'apercevoit aussitôt qu'il avoit l'esprit ailleurs, et qu'il ne goûtoit ni la promenade ni les autres divertissemens qu'on tâchoit de lui procurer. Aussi a-t-il fait l'aveu, plus d'une fois, que « notre Seigneur » ne vouloit pas qu'il prît aucune récréation dans » cette vie, et qu'il devoit finir ses jours sevré » de toutes les joies qu'il auroit pu goûter, même » innocemment, dans le monde ». Quoiqu'il lui arrivât assez souvent de demeurer seul durant une partie considérable de la journée, chacun pensant qu'il ne restoit pas sans compagnie dans sa chambre; jamais il n'appeloit personne, à moins qu'il n'eût quelque chose à ordonner pour la gloire de Dieu. Et, comme on lui demandoit quelquefois pourquoi il ne faisoit pas venir quelqu'un auprès de lui, ainsi qu'on l'en avoit prié, il répondoit toujours en homme également satisfait, soit qu'il fût seul ou avec quelqu'un, parce que tout son contentement étoit dans ce qu'il plaisoit à Dieu de régler et de permettre à son égard.

XXXII.
Il établit le séminaire de Clermont.

Pendant que M. Olier achevoit en lui, par un dépouillement universel, ce qui manquoit à la perfection où Dieu vouloit le conduire avant de l'appeler à lui, son zèle lui donna encore assez de force pour faire de nouveaux établissemens. Louis d'Estain, évêque de Clermont, voulant fonder un séminaire dans son diocèse, lui demanda des sujets capables de le gouverner. Il y avoit plus de vingt ans que Dieu lui avoit donné l'attrait de travailler particulièrement pour trois provinces, le Vivarais, le Velay et l'Auvergne. Il fut ravi de joie à la proposition qu'on lui fit, parce qu'il avoit fort à cœur de rendre à la ville et au diocèse de Clermont le service qu'il avoit rendu à ceux du Puy et de Viviers. Il ne seconda toutefois les désirs de M. d'Estain, qu'après avoir beaucoup consulté Dieu dans la prière, et s'être assuré, en prenant l'avis du directeur de sa conscience, que c'étoit la volonté de Dieu. Cet établissement eut le même succès que les premiers, et fut bientôt suivi d'une entreprise beaucoup plus difficile, que Dieu fit réussir encore selon les vœux de son serviteur.

En 1655, une colonie de Français passa dans l'Amérique septentrionale, pour habiter l'île de Montréal, qui faisoit partie de la Nouvelle France, et qui est aujourd'hui sous la domination de l'Angleterre. On s'adressa à M. Olier pour avoir des hommes capables de faire honorer la religion dans les nouvelles terres qu'on alloit occuper, en travaillant tout à la fois à la sanctification des Catholiques qui devoient s'y établir, et à la conversion des peuples sauvages qui habitoient les forêts voisines. Il choisit pour cette mission des ecclésiastiques détachés de tout, qui s'empressèrent de suivre la voie qu'on leur ouvroit pour étendre la foi, et qui, en consumant leur vie dans les travaux de l'apostolat, eurent la consolation de voir une nation féroce embrasser la

XXXIII. Il fonde aussi celui de Montréal en Canada.

vraie religion et prendre l'esprit de la douceur évangélique qui change les loups en brebis.

XXXIV.
Comme il use de ses infirmités, et supplée à l'impuissance où il est d'exercer le saint ministére.

Une des privations qui exerçoient le plus la vertu de M. Olier, étoit l'impuissance où il étoit de faire de temps en temps quelques pélerinages de dévotion. Il aimoit surtout à visiter les lieux consacrés sous l'invocation de la très-sainte Vierge. Dès qu'il pouvoit faire quelques pas dans les beaux jours, il se faisoit conduire à ceux qui étoient le moins éloignés du séminaire; et ce n'étoit jamais sans ressentir beaucoup de joie intérieure. Lorsqu'il étoit retiré dans sa chambre, son plus doux plaisir, après avoir conversé avec Dieu, étoit de porter à son amour ceux qui venoient le visiter. Il avoit le talent de mêler, dans ses entretiens, toutes sortes de petits discours, qui plaisoient autant qu'ils édifioient. Ce fut durant cette vie de solitude et d'union avec Dieu, dans son état d'infirmité habituelle, qu'il fit graver deux belles estampes en l'honneur de la très-sainte Vierge; l'une qui représente son intérieur sacré, par une image du Saint-Esprit qui repose sur sa poitrine, d'où partent en tout sens des rayons de lumière, et avec les plus beaux traits du visage, les yeux saintement fixés vers le ciel, expression la plus heureuse de la vie de contemplation et d'amour. Au bas de l'estampe on lit: *Puteus aquarum viventium* (1). Dans l'autre, on la voit soutenir amoureusement sur son sein l'ame fidèle qui languit de la durée de son exil, et qui soupire après le moment d'embrasser et de posséder son époux dans le séjour du repos éternel, où

(1) *Cant.* IV. 1.

elle doit puiser à sa source les eaux de la vie qu'elle ne peut trouver ici bas; bonheur dont elle a l'assurance dans ces paroles que lui adresse Marie, et qui se lisent au-dessous de la figure : *Qui me invenerit, inveniet vitam, et hauriet salutem à Domino* (1). Dieu, qui a inspiré à son Eglise le culte des saintes images, auxquelles il a attaché des grâces particulières, quand on s'en sert en esprit de foi et de religion, semble avoir pris plaisir à accréditer l'usage de ces pieuses inventions de M. Olier, par les grandes bénédictions dont elles ont été l'instrument et la source. A peine furent-elles connues, que toutes les ames pieuses voulurent les avoir devant les yeux. Il est difficile, à la vérité, de les considérer avec une religieuse attention, sans être touché de quelque sentiment de dévotion envers Marie, et de confiance en elle. Chacune même peut aisément tenir lieu d'un excellent sujet de méditation. Dieu sembloit avoir suggéré cette sainte industrie à son serviteur, pour récompenser et remettre en activité le zèle qui s'entretenoit toujours dans son cœur. Se voyant incapable de l'exercer comme autrefois par la prédication et les autres travaux évangéliques, il le produisoit, et soulageoit en quelque sorte les violences qu'il étoit obligé de se faire, par les différens ouvrages qui sortoient de ses mains. On désira beaucoup alors profiter de ceux qu'il avoit écrits, et on le pressoit de consentir qu'ils fussent imprimés. Son humilité, qui jusqu'alors l'avoit rendu fort secret sur ce qu'il avoit composé, souffrit d'abord de cette de-

(1) *Prov.* viii. 35.

mande; mais le désir de procurer la gloire de Dieu et l'édification du prochain, le fit condescendre aux sollicitations réitérées qu'on lui fit, soit par lettres, soit de vive voix. On mit donc ses œuvres à l'impression; en sorte que, ne pouvant plus instruire ni exhorter par ses prédications, il continua de le faire par ses écrits, avec autant de fruit et d'onction pour les ames vraiment chrétiennes, que de solidité et d'élévation.

Il sut rendre encore utile sa vie de retraite et de souffrances, en dictant plusieurs emblêmes que lui suggéroit sa tendre piété envers la très-sainte Vierge, et des dessins qu'il avoit imaginés pour représenter ses différens mystères. C'est d'après ses propres idées, et conformément aux plans tracés sous sa dictée, qu'ont été peints les riches tableaux qui décorent la chapelle du séminaire de Saint-Sulpice. Enfin, pour l'édification des ecclésiastiques, il faisoit écrire de temps en temps de fort belles instructions sur différens sujets, mais particulièrement sur le sacerdoce de notre Seigneur et sur les obligations des prêtres.

A mesure qu'il approchoit du terme de sa carrière, on s'apercevoit que Dieu lui donnoit de fréquentes pensées du mystère de la résurrection, pour lequel il avoit eu de tout temps un attrait particulier. Il fit acheter et placer dans sa chambre un tableau qui le représentoit. Ce sentiment avoit beaucoup augmenté en lui, depuis la grâce extraordinaire qu'il avoit reçue à Moulins deux ans auparavant. Rien n'occupoit tant son cœur que le désir d'aller jouir de Dieu dans la bienheureuse éternité. Il demandoit souvent à notre Seigneur

Seigneur d'être délivré des liens de son corps; et le jour de Pâque de l'année 1656, il pria instamment la sainte Vierge de l'appeler à elle, pour célébrer dans sa compagnie et celle des bienheureux, la résurrection de son divin Fils. Cette tendre Mère lui fit intérieurement une réponse qui laissa dans son ame un grand sentiment de paix. « Attendez un peu, lui dit-elle; car c'est la » volonté de mon Fils que vous souffriez encore » quelque temps ». Il se soumit aux dispositions de la divine providence, qu'il adora; et en attendant l'accomplissement de ses desseins sur lui, il continua de s'offrir à notre Seigneur et à sa très-sainte Mère, comme une hostie qui ne vouloit plus vivre que pour s'exercer tous les jours à mourir, en demeurant sur la croix autant qu'il lui plairoit. « Si je faisois, dit-il un jour, autant de » fruit en souffrant qu'en prêchant, j'aimerois » mieux le faire par les souffrances, parce que » je donnerois davantage à Dieu ». Il ajoutoit que nous devions aimer tendrement la croix, parce que notre Seigneur lui devoit sa qualité de sauveur des hommes.

Ses infirmités l'obligèrent, jusqu'à la mort, de faire tous les ans le voyage de Bourbon. Il l'avoit fait deux fois en 1654; il y retourna les deux années suivantes, sur la parole des médecins, toujours avec la même docilité, quoique ce fût toujours avec aussi peu de succès. Dans un de ces voyages, il fit le pélerinage de Notre-Dame du Puy, éloigné de Bourbon d'environ quarante lieues. Son dessein étoit de s'y offrir encore à notre Seigneur, par les mains de sa très-sainte

Mère, avant de mourir, et de se renouveler dans les bons désirs que Dieu lui avoit inspirés, lorsqu'il avoit fait ses premiers voyages en cette ville. Les grâces qu'il y avoit reçues plusieurs fois, et qu'il y reçut encore dans cette circonstance, l'y attachoient si fortement, qu'il ne s'apercevoit pas de la longueur du temps qu'il passoit en oraison devant le saint sacrement ou l'image de la sainte Vierge; il falloit l'en avertir, et ce n'étoit qu'avec peine qu'il s'en séparoit. Lorsqu'il sortoit du lieu saint, aux traits de son visage on connoissoit que son ame venoit d'être comme inondée des dons de Dieu. Ce dernier séjour au Puy fut de quarante-quatre jours. Durant presque tout ce temps, il eut la consolation de dire la sainte messe, et ne se vit que deux fois hors d'état de monter au saint autel; ce qu'il regarda comme une grâce particulière: car depuis qu'il avoit été arrêté par son infirmité, jamais il n'avoit eu l'usage de ses membres assez libre pour célébrer aussi souvent le saint sacrifice. Dans le désir de perpétuer son séjour auprès de Notre-Dame du Puy, dont il avoit tant de peine à se séparer; comme il lui étoit impossible d'y demeurer toujours de corps, il voulut au moins le faire, autant qu'il dépendroit de lui, en esprit. C'est pourquoi il laissa, à côté de son image, un tableau où il s'étoit fait représenter dans la posture d'un suppliant, qui, prosterné devant elle, lui faisoit hommage de tous les sentimens que doit un sujet à sa souveraine, et un fils à sa mère. C'étoit comme un supplément à l'impuissance où il étoit de lui rendre ses devoirs sans interruption, en priant jour et nuit à ses pieds. Non content de cette offrande, il laissa encore une riche médaille d'or, sur laquelle il avoit fait graver le séminaire de Saint-Sulpice de Paris, qu'il lui présentoit, la conjurant de le prendre sous sa protection, et de faire de tous ceux qui l'habitoient autant d'instrumens de la gloire de son Fils.

Du Puy, le serviteur de Dieu retourna aux eaux de Bourbon pour la quatrième fois. Dans le cours de ce dernier voyage, souvent on l'entendit répéter ces paroles : « Misérable que je suis! qui me » délivrera de ce corps mortel? ah! ce sera la » grâce de mon Dieu qui m'a été acquise par » notre Seigneur ». Lorsqu'il eut exécuté l'ordonnance des médecins, il revint à Paris avec un nouveau désir de sortir de ce monde, et de passer à une autre vie; mais Dieu prolongea encore ses jours jusqu'en 1657. Il ne demeura plus sur la terre que pour soupirer vers le ciel; car il ne languissoit pas moins dans son ame, impatiente de se réunir à celui qu'elle aimoit uniquement, que dans son corps qui s'affoiblissoit tous les jours de plus en plus. Sa vie ne lui étoit plus rien que par l'offrande qu'il en faisoit continuellement au Seigneur. Il disoit qu'il eût voulu avoir en sa disposition une infinité de vies pour lui en faire le sacrifice, puisque Jésus-Christ en avoit livré une pour nous, qui étoit infiniment plus précieuse que toutes celles qu'on pouvoit lui présenter. De temps en temps on l'entendoit dire : « Ah! chère éternité, tu n'es pas loin; corps de » péché, tu périras bientôt ». Comme un jour, pour lui procurer quelques momens de récréation, un ecclésiastique vint l'entretenir de nouvelles; il lui imposa silence, en disant « que cela n'avoit » pas le goût de l'éternité ».

1657. Plus il approchoit de sa fin, plus il se sentoit attiré à une privation universelle de tout ce qui pouvoit le satisfaire, même spirituellement, de la part des hommes. Il étoit si fidèle à suivre ces mouvemens de la grâce, que soit qu'on vînt converser avec lui, soit que par oubli on le laissât seul, il montroit toujours une égale indifférence. Ce n'est pas qu'il ne fît toujours bon accueil à ceux qui le visitoient; mais content de recevoir avec affabilité ceux que la Providence conduisoit auprès de lui, il ne demanda jamais à voir personne, pas même ses plus intimes amis.

XXXV. Il prédit sa mort prochaine.

Dieu ayant achevé de purifier son serviteur depuis trois ans, par les maladies, les privations, les peines intérieures; et durant tout ce temps, l'ayant fait, malgré ses infirmités continuelles, l'instrument d'un grand nombre d'œuvres saintes, il lui fit connoître enfin qu'il avoit exaucé ses prières, et qu'il ne tarderoit pas à le retirer de ce monde, pour le mettre en possession des biens éternels. Il lui révéla même que ce seroit vers la fête de Pâque. Plein de cette pensée qui le combloit de joie, au premier jour de carême, lorsqu'il s'entretenoit avec M. de Bretonvilliers, son successeur dans la cure de Saint-Sulpice, et dans le gouvernement du séminaire, il lui dit : « Pré- » parons-nous; car bientôt nous ne nous verrons » plus, et à Pâque il faudra nous séparer ». M. de Bretonvilliers prit cet avertissement pour lui-même; et ne pensant point à la mort prochaine de M. Olier, il songea à prendre ses mesures pour se disposer à son dernier passage. Mais il comprit le sens de ces paroles, lorsqu'après l'avoir désigné son successeur dans la supériorité du séminaire, par un billet écrit de sa main, il eut avec lui tous les jours de ce carême de longs entretiens sur la conduite, l'esprit et les réglemens du séminaire.

L'assurance qu'avoit M. Olier de se voir délivré dans peu de temps des misères de cette vie, augmenta beaucoup sa dévotion au mystère de la résurrection ; en sorte que l'image en demeura plus fortement que jamais imprimée dans son esprit. Tout accablé qu'il étoit sous le poids de ses maux, il se leva une fois de son fauteuil, et se mettant à genoux devant le tableau de sa chambre qui représentoit ce mystère, il demeura une heure entière dans cette posture, tout absorbé en Dieu. Celui qui le gardoit l'avertit enfin de ne pas se fatiguer plus long-temps, et l'aida à se relever. Par obéissance, pendant la maladie, il se remit dans sa première situation, en disant : « Hélas ! peut-on » s'ennuyer, quand on pense au mystère de la « résurrection. »?

XXXVI. *Trait singulier de privation.*

Ce parfait disciple de Jésus crucifié, après avoir si fidèlement imité son maître et son modèle durant tout le cours de sa vie, voulut encore lui être semblable aux approches de la mort. Le considérant sur la croix, privé de toute consolation, il se priva de celle même qui étoit comme la seule qu'il goûtât depuis long-temps. Il avoua une fois à M. de Bretonvilliers qu'il ne lui restoit plus de plaisir dans le monde, que celui de converser de temps en temps avec un grand serviteur de Dieu qu'il chérissoit tendrement en notre Seigneur, à cause des grâces privilégiées qu'il avoit découvertes en lui, et des secours qu'il en avoit reçus pour plusieurs œuvres importantes que la bonté divine lui avoit confiées. Or, quelques mois avant sa mort, il cessa de l'inviter à venir s'entretenir avec lui, se privant de la joie qu'il ressentoit à jouir de sa présence, et à lui parler de Dieu. Il cacha long-temps à ce vertueux ami la cause de cette conduite, usant à son égard d'une réserve qui ne répondoit pas à son ancienne amitié pour lui; mais il lui avoua un jour que c'étoit pour se dépouiller de toute consolation sur la terre : ce fut la surveille de sa dernière rechute. Croyant alors ne pouvoir plus dissimuler sa mort prochaine, il lui découvrit aussi le motif secret de la manière plus froide en apparence dont il en usoit avec lui. Comme celui-ci lui demandoit pourquoi il le traitoit avec tant de sévérité : « Mon enfant, lui répondit-il, je mourrai bientôt; je suis donc bien aise de me priver de tout, et de ne plus prendre aucune consolation dans ce monde. Il faut attendre celle que j'attends, et que j'espère de la divine miséricorde dans la bienheureuse éternité (1) ».

Une dame de condition, qu'il avoit dirigée, lui fit une visite, et désirant se confesser, lui dit que, pour faire sa confession, elle prendroit le

(1) Cette expression, *mon enfant*, dont M. Olier avoit toujours coutume de se servir, soit en parlant, soit en écrivant à M. de Bretonvilliers, fait présumer que c'étoit lui qui étoit l'ami qu'il n'a pas voulu nommer.

temps qui lui conviendroit, et qui lui seroit le moins incommode : « Il faut donc, lui répondit » M. Olier, que ce soit avant le jour de Pâque ». Une autre dame, dont il avoit aussi la direction, se retirant de sa chambre après avoir conversé avec lui, il se retourna vers elle au moment où elle le quittoit, et lui dit adieu, en lui donnant sa bénédiction, sans qu'elle s'en aperçût ; ce qu'il n'avoit pas coutume de faire aux personnes qui le visitoient.

Le 26 de mars, qui étoit le lundi de la semaine sainte, lorsqu'il voulut se lever il fut saisi d'un tremblement qui se communiqua à tous ses membres, et attaqué d'une légère apoplexie qui ne lui fit pas perdre connoissance. Il étoit à la campagne, d'où on le transporta au séminaire de Paris ; il y ressentit quelque soulagement, qui fut de peu de durée. On s'y aperçut dès-lors qu'il perdoit la mémoire de presque tout, excepté de Dieu. Le jeudi suivant, une personne de la ville étant venue le visiter, il lui parla avec une grande charité, et lui découvrit, sur l'état de sa conscience, des choses qu'il ne pouvoit savoir que par révélation. Il s'entretint aussi en secret avec un directeur du séminaire, à qui il donna d'excellentes instructions pour sa propre conduite et celle de la maison, l'exhortant surtout à ne jamais agir selon les maximes de la prudence humaine, mais toujours dans la simplicité de la foi. Il lui témoigna qu'il mouroit avec toute confiance que Dieu soutiendroit le séminaire, parce que c'étoit son œuvre, et qu'il la laissoit entre les mains de la très-sainte Vierge, qui s'en étoit montrée la protectrice. Ce directeur, à qui peu de temps auparavant il avoit annoncé plusieurs choses qui étoient arrivées comme il les avoit prédites, ayant prié le serviteur de Dieu de l'assister à la mort, pour le défendre des attaques de l'ennemi si redoutable en ce dernier moment, il lui répondit : « La très-sainte Vierge vous assistera, soyez-en bien assuré. Je ne cesserai jamais, ajouta-t-il, de prier pour vous, et je me tiendrai toujours devant le trône de Dieu, pour lui demander l'abondance des grâces qui vous seront nécessaires pour l'accomplissement de ses desseins ». Parlant à une autre personne, il lui dit : « Dans peu de jours vous verrez une pauvre ame toute absorbée dans la chair ». Il vouloit sans doute lui annoncer l'état où il devoit se trouver le jour de Pâque.

XXXVII. *Il reçoit le saint viatique et l'extrême-onction.*

Les symptômes de sa maladie varièrent pendant deux jours; mais l'esprit paroissant s'affoiblir, on lui administra le saint viatique : il le reçut avec une entière connoissance, et demeura long-temps tout appliqué à Dieu, n'ouvrant les yeux que pour les tenir fixés vers le ciel, où il étoit déjà en esprit; et montrant sur son visage le parfait repos qu'il possédoit dans son ame avec le pain de vie. Le samedi saint, à neuf heures du matin, il perdit tout-à-coup la parole qu'il ne recouvra plus. Vers midi, il entra dans un profond assoupissement, qui fit juger que sa fin étoit prochaine. Au moment où il parut capable de recevoir avec connoissance le sacrement de l'extrême-onction, on lui procura ce secours, qui fit éclater de plus en plus sa tendre piété et sa grande paix. Pendant son assoupissement il s'occupoit encore des moyens de faire honorer la très-sainte Vierge. Ne pouvant plus rendre ses désirs par ses paroles, il fit signe à une personne qui étoit auprès de lui de faire achever au plus tôt les décorations qui devoient représenter, dans la chapelle du séminaire, les principaux mystères de Marie.

Dans la nuit du samedi au dimanche de Pâque, les fréquentes absences d'esprit qu'il éprouva, donnèrent de nouvelles alarmes. Il revint cependant à lui; et voyant près de son lit un de ceux avec qui il avoit toujours été lié étroitement, il l'embrassa avec une affection toute particulière, en lui disant adieu. Le bruit du danger extrême où on le voyoit s'étant répandu dès le matin dans la paroisse, il fut visité de plusieurs personnes qu'il salua par signes, avec des regards de douceur et d'honnêteté, qui annonçoient tout à la fois et la plus vive reconnoissance pour les marques de charité qu'on lui donnoit, et le calme parfait qui régnoit dans son ame.

A trois heures après midi, il perdit toute connoissance, en sorte qu'il ne put répondre en aucune manière à l'honneur qu'il reçut, peu de momens après, du prince de Conti, de M. l'archevêque de Bourges, et de quelques autres personnes de qualité qui le visitèrent successivement. Jusqu'au lendemain il parut de temps en temps avoir recouvré l'usage de la raison, mais toujours sans pouvoir rien articuler. Saint Vincent de Paul, qui l'avoit déjà visité pendant sa maladie, et qu'il avoit désiré de voir avant de quitter la terre,

XXXVIII.
Sa mort.

ayant appris l'extrême défaillance où il étoit, vint le visiter de nouveau le lundi de Pâque, qui devoit être son dernier jour; et ce fut sous les yeux de cet ange tutélaire, auquel il avoit eu recours tant de fois durant sa vie, qu'il rendit son ame à son Créateur vers cinq heures du soir, le second jour d'avril, fête de saint François de Paule, auquel il avoit eu une dévotion particulière. Il avoit vécu quarante-huit ans six mois et douze jours. « Il a plu à Dieu, » écrivoit le six du même mois, à M. Joly qui étoit à Rome, le saint instituteur de la Congrégation de Saint-Lazare, « il a plu à
» Dieu de disposer de M. l'abbé Olier, qui a établi
» le séminaire de Saint-Sulpice, et de qui notre
» Seigneur s'est servi pour beaucoup de bonnes
» œuvres. J'ai eu, ajoutoit-il, le bonheur de me
» trouver auprès de lui lorsqu'il a rendu l'esprit ».

Sa mort fut à peine connue dans Paris, qu'on montra un grand désir de le voir : il fut exposé dans la chapelle du séminaire, où il demeura trois jours revêtu des habits sacerdotaux. Chacun s'empressoit de témoigner la plus grande vénération pour sa personne. L'opinion qu'on avoit de sa sainteté inspiroit aux uns de se recommander humblement à lui, en priant à ses pieds; aux autres de solliciter et de se procurer quelque chose qui lui eût appartenu; à plusieurs de faire toucher à son corps des médailles et des chapelets. Tant qu'il fut exposé, son visage parut si beau et si serein, qu'on l'eût pris pour un homme qui sommeilloit : aussi personne en le considérant n'éprouvoit rien de cette horreur secrète qu'on ressent ordinairement aux approches d'un cadavre.

Entre les choses extraordinaires dont sa mort fut accompagnée, ou qui la suivirent, on remarqua sur son front la forme d'une croix, qui depuis plusieurs années y étoit imprimée en traits fort sensibles. « Elle y demeura (c'est ainsi que s'exprime M. de Bretonvilliers) presque aussi visible » que de son vivant, comme je puis l'assurer moi-» même pour l'avoir vue. Le second ou le troi-» sième jour, après qu'on l'eut exposé dans la cha-» pelle, je voulus savoir, ajoute-t-il, si ce qu'on » m'avoit dit étoit vrai, et je vis la croix peinte » sur son front, comme elle l'avoit été durant sa » vie : plusieurs autres personnes en ont été té-» moins comme moi ». Ce signe fut regardé comme une marque de prédilection du Père des miséricordes, qui depuis tant d'années l'avoit fait passer par la voie des croix, et comme un signe particulier de ressemblance avec Jésus crucifié. Un de ses enfans spirituels (M. de la Pérouse) a souvent raconté que malgré le soin qu'il avoit eu de cacher cette faveur pendant tout le temps que ses dernières infirmités l'avoient retenu dans sa chambre, ne découvrant jamais son front, on s'en aperçut néanmoins plusieurs fois. Comme il lui parloit lui-même avec beaucoup de familiarité, et qu'il lui tenoit souvent compagnie, il remarqua qu'une des branches de cette croix, de couleur rouge, et qui s'élevoit du milieu d'un cœur comme enflammé, n'étoit presque pas formée. « Mon père, lui dit-il, » votre croix n'a qu'un travers ? Mon enfant, ré-» pondit M. Olier, c'est que ma croix n'est pas

» encore achevée » : voulant dire qu'il avoit encore beaucoup à souffrir.

XXXIX. Ses obsèques.

Ce qui donna une nouvelle surprise, c'est que le troisième jour, quoique son corps eût demeuré si long-temps dans la chapelle, au milieu d'une grande affluence d'assistans qui se succédoient continuellement, et de plusieurs flambeaux dont la chaleur devoit en accélérer la corruption, il n'exhaloit aucune mauvaise odeur. Après qu'on l'eut embaumé, et que la curiosité des ames pieuses eut été satisfaite, on l'ouvrit; c'étoit le quatrième jour : on trouva gâtée la partie de la cervelle qui occupoit le dessus de la tête, et l'autre partie fort saine. Il fut mis ensuite dans une bierre de plomb qu'on renferma dans un cercueil de chêne. Plus de deux cents ecclésiastiques se trouvèrent à ses obsèques. MM. les curés de Paris y assistèrent en surplis et en étole. Henri de Maupas, qui étoit alors évêque du Puy, et qui en 1661 fut transféré au siége d'Evreux, prononça son oraison funèbre dans l'église de Saint-Sulpice. Il n'oublia pas de louer son désintéressement, et la constance avec laquelle il avoit refusé tant de fois l'épiscopat. « Je connois un évêque, dit-il en
» frappant sa poitrine, (et c'étoit de lui-même
» qu'il parloit) je connois un évêque qui s'est
» mis à genoux devant lui, pour le prier, les mains
» jointes, de recevoir son évêché, sans que ja-
» mais il ait pu l'y faire consentir ». Trait qui montre combien l'un et l'autre étoient dignes d'occuper les premiers rangs dans l'Eglise. On l'inhuma dans la chapelle du séminaire, à quel-

que distance de l'autel, du côté de l'Evangile; on y mit une grande pierre, avec cette inscription :

>Pugnent alibi mœrores et gaudia ;
>Huc conspirant,
>Ubi suo Christus triumphat in milite;
>Ubi Sacerdos apostolicus jacet
>JOANNES JACOBUS OLIER,
>Pastor sancti Sulpitii, seminarii institutor,
>Fundator et primus superior ;
>Quem suspexit Lutetia
>In animi simplicitate prudentem,
>In cordis humilitate magnanimum,
>In operationis suavitate potentem.
>Hoc in suburbio
>Suis Babylonem sudoribus curavit,
>Clerum suis in Gallia provocavit exemplis,
>Novi orbis saluti suo zelo providit ;
>Seminarii tandem erectione,
>Scriptis, et verbi energiâ,
>Clericalis ubique splendorem dignitatis
>Mirificè propagavit.
>Tum diuturnæ morbo paralysis
>Christo confixus cruci,
>Dum superioris munus obiret,
>Parisiis obiit, anno Domini 1657, ætatis 48.

Son cœur, qu'on avoit séparé de son corps, fut mis dans un cœur de plomb, d'où on le retira quelques années après, pour le renfermer dans un cœur de vermeil : sa langue fut aussi enlevée, et mise dans une boîte d'argent. Ces deux portions du corps de M. Olier sont toujours restées entre les mains de M. le supérieur du séminaire de Saint-Sulpice de Paris. Les prêtres de la compagnie, dont l'homme de Dieu fut l'instituteur, quelque jaloux qu'ils soient de garder et d'honorer des restes aussi précieux, le sont encore plus de conserver son esprit, et de pratiquer ses vertus; sentiment qu'ils ont reçu comme un héritage de ceux qui les ont précédés, ainsi que la dévotion à son tombeau, qui fut célèbre pendant long-temps. On verra, au livre suivant, plusieurs traits qui feront connoître combien le bruit de sa sainteté avoit inspiré de confiance en son intercession : hommage bien légitime, tant que ce n'est qu'un culte secret et privé, qui ne prévient en rien le jugement de l'Eglise, à qui seule il appartient de décerner les honneurs qu'elle rend publiquement aux saints. L'auteur de la vie de saint Vincent de Paul, écrite en 1748, assure que le bienheureux demandoit à Dieu des grâces importantes par l'intercession de M. Olier (1). Témoignage d'un trop grand poids, pour n'en pas faire ici mention avec toute la reconnoissance due au pieux et savant écrivain à qui nous en sommes redevables.

Vers le temps de sa mort, le serviteur de Dieu apparut en songe à une personne fort éloignée de Paris, qui lui avoit été saintement unie depuis long-temps, revêtu d'une robe de pourpre, et accompagné d'un autre qui prononça ces paroles: « Il est martyr et plus que martyr ». Au même

(1) Vie de saint Vincent de Paul, par M. Collet, liv. vii, tom. ii, in-4.°, pag. 144.

moment elle eut connoissance de son passage à l'éternité. Elle ne craignit point de confier le songe qu'elle venoit d'avoir à plusieurs de ses amis. Les nouvelles de sa mort, qui se répandirent bientôt, justifièrent la vérité de l'apparition.

Il y avoit cinq mois qu'on l'avoit inhumé, lorsque, pour conserver plus décemment sa cervelle, qu'on avoit séparée du reste de son corps, et mise en terre dans la chapelle souterraine, sans l'avoir enveloppée et renfermée dans un vase convenable, M. de Bretonvilliers y descendit avec deux ecclésiastiques ; et la déterra. On craignoit de n'en plus trouver de vestiges, et l'on pensoit qu'elle seroit tombée en corruption ; mais ils furent bien surpris de la retrouver tout aussi saine que lorsqu'elle avoit été déposée dans la terre, et sans aucune altération, sinon dans la partie du derrière de la tête, qui étoit déjà corrompue lorsqu'on fit l'ouverture du corps.

Deux jours après M. Olier, mourut M. Blanlo, sous-diacre du séminaire, homme d'une éminente piété, qui, le 29 du même mois d'avril, fut suivi de M. Pommiers. Le serviteur de Dieu étant près de sa fin, avoit demandé à quelques-uns des ecclésiastiques qui étoient autour de son lit, lequel d'entre eux vouloit faire le voyage de l'éternité avec lui. « C'est moi, lui répondit M. Blanlo. » Faites donc vos préparatifs, reprit M. Olier ». Il tomba malade dès le lendemain, et mourut avant que M. Olier fût enterré ; ce qu'on regarda comme l'accomplissement de ce qu'il avoit prédit, lorsque peu de temps avant de sortir de ce monde, il disoit « qu'il ne tarderoit pas à quitter » la terre, et qu'il ne s'en iroit pas seul ».

M. Baudrand, son quatrième successeur dans la cure de Saint-Sulpice, qui l'avoit vu et connu dans sa jeunesse, nous a laissé son portrait à peu près dans ces termes. Il étoit d'une taille médiocre, avoit le port libre, les manières nobles et aisées. Il étoit né sanguin, fort et robuste; mais sa complexion fut affoiblie par les jeûnes, les veilles et les autres rigueurs de la pénitence. Son teint net et blanc étoit relevé par un mélange de vermeil qui rendoit sa figure agréable, et ajoutoit à la bonne grâce qui lui étoit naturelle. Il la devoit encore aux traits de son visage. Il l'avoit plein, le nez aquilin, le front large et découvert, les yeux vifs, la bouche d'une grandeur médiocre et bien proportionnée, la voix belle, la prononciation facile et insinuante, le geste naturel, le ton mâle, et parfaitement d'accord avec le génie fort et élevé qu'il montroit dans ses discours. Il avoit le don de parler avec intérêt, quoique sans étude et sur-le-champ. Ses prônes et ses sermons plaisoient à l'esprit, et touchoient les cœurs les plus insensibles. Orné d'une douce modestie, son maintien avoit quelque chose de si imposant et de si attrayant tout à la fois, qu'on ne pouvoit l'approcher, l'entendre, converser avec lui, sans éprouver un sentiment extraordinaire de vénération et d'attachement pour lui. On a toujours remarqué en lui un esprit vif et pénétrant, prompt à concevoir, et d'une grande étendue. Avec beaucoup d'inclination naturelle pour les sciences,

rien

rien ne lui manquoit pour s'y distinguer; mais les lumières qu'il sut puiser dans l'oraison, et les leçons intérieures que lui faisoit tous les jours le maître des cœurs, l'emportèrent infiniment sur les dons de la nature, quoiqu'il les eût toujours cultivés et perfectionnés par le travail. Ses pensées étoient grandes, et ses sentimens pleins de cette noblesse que donne l'usage familier des divines Ecritures. On étoit toujours ravi de l'entendre; et souvent, après avoir assisté à ses prédications, on ne pouvoit s'empêcher d'y reconnoître quelque chose de plus qu'humain, tant elles étoient remplies de conceptions sublimes, et riches en mouvemens dignes des prophètes.

Si les bornes qu'il faut mettre à cet ouvrage l'eussent permis, j'aurois entrepris de donner un extrait des livres qu'il a composés; rien ne faisant mieux connoître le caractère et le génie des personnages célèbres que leurs écrits: mais je me contenterai de les indiquer selon l'ordre dans lequel ils furent mis au jour. Le premier qu'il fit paroître, ou plutôt qu'on publia avec son consentement, fut un *Traité des saints Ordres*, fait pour ceux qui aspirent à la cléricature et au sacerdoce. Sur l'ordre en général, et sur chaque ordre en particulier, ils y trouvent la pure doctrine des divines Ecritures, le langage des saints conciles, des Pères et des Docteurs de l'Eglise, enfin celui des meilleurs écrivains qui aient traité cette matière. Cet ouvrage mériteroit d'être plus connu. M. Olier y parle avec beaucoup de profondeur de l'esprit de sacrifice et d'anéantissement. C'est la raison sans doute pour laquelle peu de personnes aujourd'hui

XL.
Ses écrits.

en font usage. Mais avec le goût de l'oraison, la connoissance du sens allégorique des livres saints, et cette vie pure qui obtient l'intelligence des mystères de Dieu, que les hommes du siècle ne peuvent comprendre, tout devient intelligible dans ce traité, aussi propre à édifier et à toucher, qu'à faire admirer les grandes lumières de son auteur.

Le second ouvrage de M. Olier est une *Introduction à la vie et aux vertus chrétiennes*. On croiroit, à en juger par le titre, qu'il ne renferme que des instructions élémentaires sur les vertus du christianisme, et qu'il est fait pour des commençans dans les voies de la piété. C'est toute autre chose. Dès les premiers chapitres, M. Olier étonne et trompe en quelque sorte son lecteur, en parlant le langage le plus sublime. On s'aperçoit bientôt qu'il n'eut jamais une connoissance médiocre du christianisme, et qu'à ses yeux un chrétien étoit une fidèle copie de Jésus-Christ, ou du moins un disciple qui en étudie continuellement tous les traits. D'après cette idée, qui devroit être aussi familière aux chrétiens qu'elle est étrangère à la plupart, il montre dès les premiers pas, à celui qu'il se propose d'instruire et de former, une voie plus excellente que celle qui est enseignée dans les livres ordinaires. Ce n'est pas qu'il ne sût, comme saint Paul, bégayer pour les enfans quand il le falloit, et se faire tout à tous; on le voit dans le Catéchisme qu'il a composé pour sa paroisse: mais il paroît avoir fait l'*Introduction à la vie chrétienne*, moins pour des commençans que pour les ames qui aspirent à la perfection. C'est pourquoi il s'y élève, comme saint Paul, lorsqu'il disoit : *Avec les parfaits, nous parlons selon la haute doctrine de la sagesse de Dieu* (1).

Il en est de même du troisième ouvrage de M. Olier, qui a pour titre, *Catéchisme chrétien pour la vie intérieure*. Il y instruit par demandes et par réponses. C'est apparemment la raison pour laquelle il est ainsi intitulé ; car il faut avouer encore ici que le corps du livre ne répond point à l'idée qu'on se forme ordinairement d'un catéchisme, et qu'en plusieurs endroits ce qu'il y enseigne surpasse la portée du plus grand nombre des fidèles. Qu'on ne s'imagine pas toutefois qu'on n'y rencontre que ténèbres et obscurités. Tout lecteur capable de comprendre les ouvrages de sainte Thérèse, le *Traité de l'Amour de Dieu*, composé par saint François de Sales, les Lettres spirituelles du P. Surin, les Écrits de M. Bossuet où il réfute le livre des *Maximes des Saints* de M. de Fénélon, et ceux du même genre qui parurent en grand nombre dans le siècle dernier, loin d'être effrayé par la spiritualité de la doctrine de M. Olier, y sera moins arrêté que dans ceux-là. Tout homme médiocrement versé dans la doctrine de l'Évangile et la morale de saint Paul, l'y reconnoîtra presque à chaque page, et la trouvera expliquée avec autant de clarté que de justesse et de solidité ; car, en dernière analyse, c'est à quoi se réduit toute la mysticité de M. Olier. Ceux qui s'en forment une autre opinion, ou n'ont jamais lu ses ouvrages, ou sont moins encore que novices dans le langage de la vie intérieure.

(1) 1. *Cor.* 11, 6.

Son quatrième ouvrage, sous le titre de *Journée chrétienne*, est une méthode pratique pour passer saintement la journée. On y trouve, avec des réflexions fort élevées, et quelques actes de la plus haute perfection, pour honorer notre Seigneur dans ses principaux mystères, beaucoup de règles, de maximes et d'exercices convenables, soit aux différentes actions de la journée, comme le lever, la prière, le repas, la conversation ; soit aux différens états qui peuvent se succéder dans tout chrétien, comme la maladie, la convalescence, la santé, etc.

Le cinquième est le recueil de ses *Lettres*. J'ai déjà remarqué, dans la Préface, que M. Bossuet en avoit fait une mention honorable dans un des ouvrages qu'il publia sur la controverse du quiétisme. On peut les regarder comme un abrégé des maximes, des sentimens et des règles de conduite, qui se trouvent répandus dans ses autres ouvrages. Il y porte tous ceux qui veulent vivre dans la piété, à la pratique de l'oraison ; il y enseigne souvent l'amour des croix et la patience dans les maladies, les revers et les différentes épreuves de cette vie. Il y donne aux princes et aux grands des leçons de détachement du monde et de mépris d'eux-mêmes. Des engagemens qu'ils ont contractés par leur naissance ou leur rang, et des autres avantages dont ils jouissent sur la terre, il tire de fort belles instructions sur l'usage qu'ils doivent faire de leur grandeur, de leur pouvoir et de leurs richesses. Il y exhorte les ecclésiastiques et les personnes qui ont embrassé la vie religieuse, à la perfection de leur état. Tout y respire l'abnégation, l'esprit de sacrifice et d'anéantissement; car c'étoit comme sa vertu favorite et dominante. Mais il y discerne avec tant de sagesse les voies du Seigneur sur les ames dont il lui a confié la direction, qu'il ne règle sa conduite à leur égard que selon les impressions de la grâce, dont il étoit attentif à suivre les progrès, et selon le degré de perfection dont elles lui paroissoient capables.

Le sixième et dernier ouvrage est l'*Explication des Cérémonies de la grand'Messe de Paroisse*. La doctrine en est sublime et répond à la grandeur du sujet qu'il y traite. On y admire particulièrement, et plus encore que dans les autres livres, la connoissance profonde qu'il avoit des saintes Ecritures. On y trouve quelques explications qui paroissent un peu forcées et arbitraires; mais combien d'allusions semblables dans la plupart des écrits des Pères de l'Eglise! Ils n'ont pas cru s'éloigner des vues du divin Esprit qui a dicté les saints oracles, en faisant un usage presque continuel du sens allégorique et accommodatif. Avec leurs lumières et leur esprit, nous serions plus modérés dans notre critique, lorsque nous lisons les auteurs modernes qui ont imité leur langage. Le goût de la manne du désert varioit à l'infini, selon les dispositions et le désir des Israélites, pour qui les anges l'avoient préparée: image de la fécondité des sens renfermés dans les livres saints, et de la variété infinie des explications qu'ils offrent à la piété de ceux qui savent les méditer. Dans les faits et les cérémonies, tout est allégorie et mystère; c'est à quoi l'on ne fait pas assez d'attention, lorsqu'on blâme si légèrement l'usage des sens spirituels, et qu'on ne veut s'attacher qu'au sens littéral. Si les plus petites cérémonies ordonnées dans l'ancienne loi signifioient quelque chose de mystérieux, pourquoi ne seroit-il pas permis de trouver des allusions spirituelles ou morales dans celles qui ont été prescrites par l'Eglise, avec qui Jésus-Christ a promis d'être jusqu'à la fin des siècles, non-seulement pour l'assister dans ses décisions doctrinales, mais encore pour la diriger dans la forme de ses rits et dans le choix de ses cérémonies, qu'elle regarde comme un langage qui ne frappe les sens que pour éclairer l'esprit, élever l'ame et nourrir la piété dans le cœur? Au reste, quand il seroit vrai que M. Olier, dans ses explications des cérémonies de la messe solennelle, eût donné une trop libre carrière à son imagination, on ne peut lui refuser le mérite d'avoir enrichi cet ouvrage de pensées qui donnent la plus haute idée du sacerdoce et du sacrifice de la loi nouvelle. La préface en est admirable, et l'on ne peut guère la lire sans se sentir porté à connoître la doctrine dont elle est comme l'introduction.

Quoique dans la plupart des écrits de M. Olier, qu'on a mis au jour, le style soit assez négligé, on ne peut s'empêcher d'y reconnoître un esprit élevé, riche et fécond en pensées sublimes et pleines de noblesse. Quelque répandus qu'ils aient été pendant long-temps, ils trouveroient aujourd'hui, si l'on en faisoit une nouvelle édition, beaucoup moins de lecteurs que dans le siècle où ils parurent; mais c'est le sort de tous les ouvrages du même âge qui parlent le langage de la perfection et de la haute spiritualité. On goûtoit alors les maximes de la vie mystique, parce qu'on y étoit versé, et que la France avoit de grands maîtres dans cette science, qui est la science des saints, comme la fausse mysticité est le langage inintelligible des visionnaires et des illuminés. Maintenant que la philosophie, tant de fois réprouvée par Jésus-Christ et ses apôtres, comme un vent brûlant, a desséché les sources de l'onction divine, que respirent les auteurs ascétiques du dernier siècle, faut-il s'étonner qu'on connoisse à peine des livres que tout le monde, il y a cent ans, avoit entre les mains?

M. Olier avoit le don d'écrire avec une facilité et une rapidité extraordinaire, comme de rendre ses pensées avec une grande clarté, et de soutenir très-long-temps, sans en être incommodé, le travail de la composition. On l'a vu souvent écrire à genoux durant cinq ou six heures de suite. Il écrivoit pour l'ordinaire après son oraison du matin, parce que c'étoit alors que Dieu le favorisoit davantage des lumières de son Saint-Esprit. Souvent aussi notre Seigneur se communiquoit à lui avec tant d'abondance pendant la nuit, qu'après s'être fait apporter de la lumière, il écrivoit jusqu'à sept ou huit heures du matin.

Outre les ouvrages imprimés qui sont sortis de ses mains, il a écrit les principaux traits de sa vie, et les faveurs particulières qu'il a reçues de Dieu en différens temps. Ce fut pour obéir à son confesseur, le P. Bataille, religieux de l'abbaye

Saint-Germain, qu'il entreprit ce travail. A mesure qu'il avoit achevé un cahier, il le mettoit entre les mains de ce sage directeur. Celui-ci, dont la mémoire est en bénédiction dans la congrégation de Saint-Maur, dont il étoit membre, après la mort de son pénitent, les remit tous écrits de la main du serviteur de Dieu, à M. de Bretonvilliers, au nombre de quatre-vingts. On en a perdu une grande partie. Voici ce qu'on y lit dès les premières pages. « Avant de racon-
» ter les dons et les miséricordes du Seigneur
» sur moi, je veux dire ici ce que je voudrois
» publier partout : c'est que notre Seigneur me
» faisant lire dernièrement saint Augustin avec
» goût et profit, il me montroit l'avantage du
» don de l'écriture sur celui de la parole. Celui-
» ci passe avec la vie ; combien d'excellentes in-
» structions prononcées par ce grand docteur,
» dont il ne reste plus rien ou presque rien dans
» l'Eglise ! au lieu que, par les ouvrages qu'il a
» écrits, il instruira l'Eglise jusqu'à la fin des
» siècles. Je ne pensois point à laisser rien par
» écrit, et ce n'est que depuis ce moment que
» j'en ai reçu le commandement ».

Jamais il ne composoit sans adorer Dieu comme la lumière universelle qui se répand sur son Fils, et par son Fils sur les anges et sur les saints. Pénétré de reconnoissance pour un don aussi précieux que la communication de cette lumière, il s'anéantissoit devant notre Seigneur, s'estimant indigne d'être éclairé d'en haut, après avoir fait un si mauvais usage des lumières de la foi. Il ne se regardoit que comme un misérable pécheur, qui méritoit plutôt d'être enseveli dans les plus épaisses ténèbres. Avant d'écrire, il supplioit la bonté divine de le purifier entièrement, et de ne rien laisser en lui qui pût mettre obstacle à ses grâces. Il la supplioit encore d'imprimer dans le fond de son ame, pour sa propre sanctification, tout ce qu'il devoit tracer pour l'édification du prochain, et de le remplir de son onction cachée sous la lettre des vérités saintes, de peur d'être vide des vertus et des grâces, en paroissant les posséder abondamment; comme ces marchands qui étalent au dehors beaucoup d'or et d'argent, mais qui n'ont de grandes richesses qu'en apparence. M. Olier vouloit que tout homme qui écrivoit sur des matières spirituelles, non content de connoître la vertu et les voies de la sainteté, non content même de les goûter et de les aimer, surmontât fortement tous les obstacles, et redoublât sans cesse d'efforts pour devenir vertueux, et marcher sur les traces des saints. Sans cela, disoit il, il sera devant Dieu tout autre que ce qu'il paroît dans ses écrits et devant les hommes.

Une autre qualité qu'il en exigeoit encore, c'étoit de dépendre entièrement d'un directeur sage et éclairé par rapport à ce qu'il mettoit au jour, et d'être prêt à jeter au feu ce qu'il ne lui conseilleroit ou permettroit pas de laisser paroître. Il regardoit l'attache à ses propres productions, comme un piége du démon, qui anéantissoit par-là tout le fruit qu'on en devoit tirer pour soi-même, en travaillant pour les autres; piége contre lequel il sut si bien se mettre en garde, que tout ce qui sortoit de sa plume, il le remettoit entre les mains de son directeur, avec la simplicité d'un enfant qui donne ses essais à corriger à son maître. Il lui donnoit toute liberté de les déchirer ou de les mettre en cendres, comme la chose du monde la plus vile; tant il en faisoit peu de cas, et tant il étoit mort à lui-même! A l'entendre parler des livres qu'il avoit permis de rendre publics, on eût dit qu'ils n'étoient bons à rien. Il les méprisoit tellement, qu'un jour il avoit pris la résolution de les brûler. Ce qui l'engagea à faire ce sacrifice, (si toutefois c'en étoit un pour lui) ce fut la peine qu'il ressentoit à laisser subsister après sa mort quelque chose de ce qu'il avoit composé. Dieu permit que son dessein fût découvert et ses mesures rompues au moment où il alloit en venir à l'exécution. Il étoit occupé à rassembler tous ses manuscrits pour les jeter au feu, lorsque M. de Bretonvilliers entra dans sa chambre, et devina son dessein. Il eut assez d'empire sur son esprit, pour l'en détourner; et c'est aux représentations qu'il lui fit alors, que nous sommes redevables des livres spirituels qui portent son nom.

Il ne reste plus qu'à peindre ses vertus, et à placer dans le tableau de chacune beaucoup de traits particuliers dont on n'a point fait mention dans la suite chronologique de son histoire. C'est de quoi sera composé le dernier livre, qui se terminera par le récit des grâces extraordinaires qu'il a reçues de Dieu, soit pour sa propre sanctification, soit pour celle des autres; comme de plusieurs événemens qui paroissent être au-dessus des lois ordinaires de la nature et des voies communes de la grâce. On lira cette dernière partie, qui ne sera pas la moins étendue, avec d'autant plus d'intérêt, qu'on y verra une diversité également agréable et utile de faits et de maximes qui achèveront de faire connoître parfaitement le véritable esprit de M. Olier.

FIN DU SIXIÈME LIVRE.

LIVRE VII.

Où l'on expose les principales vertus de M. Olier, avec les traits de sa vie qui y ont rapport, et dont on n'a pas fait mention dans les livres précédens.

CHAPITRE PREMIER.

SA FOI.

C'est sur la foi, comme sur le fondement de toutes les vertus, que les saints ont élevé l'édifice de leur perfection; et plus ils ont fait de progrès dans les voies de la sainteté, plus ils ont montré d'attachement à la doctrine de la sainte Eglise catholique, apostolique et romaine, appelée par saint Paul la colonne et le soutien de la vérité, parce qu'elle est seule dépositaire et interprète fidèle des dogmes sacrés dont la croyance est nécessaire au salut. M. Olier, inébranlable dans sa foi, montra toujours le plus grand zèle à combattre l'erreur, à ramener dans le sein de l'Eglise ceux qui avoient été élevés dans l'hérésie, ou à les écarter de son troupeau. On a vu les mesures qu'il prit dès qu'il fut en possession de la cure de Saint-Sulpice, pour garantir ses paroissiens du péril auquel ils se trouvoient exposés par le grand nombre de Protestans qui étoient répandus alors dans sa paroisse. En 1652, ayant appris un jour que beaucoup de Luthériens, au mépris des lois du royaume, se rassembloient dans une maison du faubourg Saint-Germain pour y faire le prêche, il demanda du secours au duc d'Orléans, et pour mieux assurer le succès de la démarche qu'il se proposoit de faire, il le supplia de lui donner deux gardes. Le prince les ayant accordés, il se fait accompagner encore du bailli, et se transporte lui-même au lieu de l'assemblée, où, ayant trouvé le ministre en chaire avec trois ou quatre cents auditeurs de la secte, il mit le prédicant et tout l'auditoire en déroute. Depuis long-temps cette troupe clandestine se déroboit adroitement à ses recherches, changeant souvent de maison et de quartier pour tenir ses assemblées. Ils tentèrent encore de continuer leurs conventicules secrets dans la paroisse, mais ils ne purent échapper à sa vigilance. Il les fit observer de si près, qu'enfin ils se virent forcés de s'en éloigner pour toujours.

Comme Jérémie assis sur les ruines de Jérusalem et les baignant de ses larmes, il ne pouvoit, sans la plus vive douleur, penser aux ravages que faisoit l'hérésie en Angleterre, où il étoit souvent en esprit, et qu'il eût voulu, au prix de son sang, arracher des mains du prince des ténèbres. Il promit à Charles II, roi de la Grande-Bretagne, qui étoit passé en France, et qui faisoit alors sa demeure dans Paris, pendant que Cromwell exerçoit sa tyrannie dans ses Etats, de lui procurer et de faire entretenir dix mille hommes de troupes réglées pour le rétablir sur son trône, s'il vouloit s'engager à rétablir la foi catholique dans son royaume.

Les Protestans n'étoient pas les seuls ennemis de l'Eglise contre lesquels il eut à se tenir en garde. Une nouvelle secte, qui, en faisant profession de venger la pure doctrine de saint Augustin, reproduisoit sous une nouvelle forme plusieurs hérésies condamnées par le saint concile de Trente, se répandoit trop, soit parmi les simples fidèles, soit dans les communautés ecclésiastiques et religieuses, pour ne pas mettre sa sollicitude en alarme et son zèle en activité. Comme il étoit en possession de la réputation la plus irréprochable sur sa foi, tant qu'on ne s'efforça pas de l'obscurcir, il se borna au témoignage de sa conscience, et au langage ordinaire d'un enfant et d'un ministre de l'Eglise, dont on n'a jamais suspecté la doctrine ; mais une imputation qu'il étoit bien éloigné de soupçonner et de prévoir, le contraignit bientôt de manifester avec éclat sa soumission à l'Eglise, et d'élever la voix pour faire taire le mensonge. Le zèle avec lequel il travailloit à la réforme des mœurs et au rétablissement de la discipline de l'Eglise, fut le prétexte de la calomnie. Quelques personnes du parti où l'on affectoit le langage le plus édifiant, à la manière des sectaires de tous les temps, et où l'on faisoit, en apparence, les vœux les plus ardens pour voir revivre les mœurs de la primitive Eglise, se glorifioient de l'avoir attiré parmi eux, jusqu'à le mettre au nombre des plus zélés défenseurs de ce qu'ils appeloient la vraie et la pure doctrine de la grâce. Ceux qui connoissoient les véritables sentimens de M. Olier ne pouvoient être la dupe d'un bruit si mal fondé.

Mais plusieurs y crurent trop légèrement, et publièrent que le curé de Saint-Sulpice inspiroit à sa compagnie l'amour des nouveautés. C'est prudence de se taire pour ne point aigrir le mal, quand on a lieu d'espérer qu'avec les ménagemens et la douceur, on y remédiera efficacement; mais dès que la foi d'un chrétien est devenue suspecte, quoique sans raison et contre toute vérité, il n'est plus permis de garder le silence. A plus forte raison, pour tout homme chargé d'enseigner et de défendre la doctrine catholique contre ceux qui sèment l'erreur, c'est une obligation rigoureuse de rendre hautement témoignage de la foi qu'il porte dans son cœur, par une profession ouverte de sa soumission aux décisions de l'Eglise. M. Olier eut à peine entendu dire qu'on l'accusoit de n'être point assez déclaré contre la nouvelle doctrine, ou même de l'accréditer parmi les ecclésiastiques qui vivoient avec lui et qui le fréquentoient, que, sans être arrêté par aucune considération, il repoussa fortement la calomnie. Il profita de la première occasion où il avoit à parler dans la chaire de son église, pour manifester ses sentimens, et s'exprimer de la manière la moins équivoque, soit en faveur du dogme catholique, soit contre les erreurs contraires. Ce fut en présence d'un nombreux auditoire qu'il rendit hommage à Jésus-Christ et à son Eglise. Il n'eut pas de peine à persuader la fausseté du bruit qu'on avoit répandu contre lui, et à convaincre de sa catholicité tous ceux qui ne lui rendoient pas justice. Mais il prévit qu'en rendant sa foi aussi publique, il donneroit lieu à ses ennemis de lui susciter de nouvelles persécutions. Ils ne tardèrent pas à faire éclater leur ressentiment. On le calomnia de nouveau sur différens chefs. On l'accusa surtout de vouloir dominer, et d'entreprendre toutes sortes de bonnes œuvres aux dépens de celles qu'avoient commencées ou projetées des personnes très-considérables dans l'Eglise. Sur tous les griefs dont on le chargeoit, il se justifia toujours avec beaucoup de ménagement et de modération; mais, à l'exemple de saint Vincent de Paul, il ne ménagea rien dans la cause de la foi. Dès qu'il eut connu comme lui le génie artificieux des Jansénistes, qui, sous les dehors imposans de la réforme, faisoient avaler aux simples le poison de la doctrine de Luther et de Calvin sur la grâce, sur le libre arbitre, sur la volonté de Dieu et la mort de Jésus-Christ pour le salut de tous les hommes, il prit toutes sortes de mesures pour en garantir son troupeau, sa communauté et sa compagnie. La principale fut de se séparer lui-même, et de recommander avec instance qu'on se séparât de tout ecclésiastique qui ne faisoit pas profession d'obéissance, et de l'obéissance la plus universelle, aux décisions de l'Eglise. Il ne cessoit d'inspirer à tous ceux qui travailloient avec lui la plus grande défiance des dehors de la piété, quelque imposante qu'elle fût, dès qu'elle n'avoit pas pour fondement une parfaite soumission au saint siége. Il ne redoutoit rien tant, pour les vrais fidèles, que le commerce avec les partisans de la nouvelle doctrine. Il vouloit

loit même qu'ils s'éloignassent de leur voisinage, s'il étoit possible, pour ne pas s'exposer à tomber dans leurs piéges.

A la persuasion de la Reine régente, le Roi vouloit qu'il quittât la cure de Saint-Sulpice, pour prendre celle de Saint-Jacques-du-Haut-Pas, ou qu'au moins, à son refus, un de ses prêtres l'acceptât. Le principal motif d'Anne d'Autriche, qui venoit de faire construire et de fonder le Val-de-Grâce, où elle alloit souvent se retirer pour s'occuper plus particulièrement de son salut, étoit de l'avoir auprès d'elle, soit pour sa propre édification, soit pour celle des saintes filles qui composoient son établissement. Elle étoit comme assurée qu'avec un guide aussi ferme dans la foi et aussi habile dans l'art de diriger les consciences, l'esprit de ferveur et de soumission s'y conserveroit.

Une personne de considération qu'il dirigeoit, s'étant laissé gagner par le parti naissant, il lui écrivit en ces termes : « Je ne puis, ma très-honorée
» fille, vous exprimer la douleur de mon cœur,
» et la confusion de mon ame sur la nouvelle que
» j'ai apprise. On m'assure que vous entretenez
» une correspondance particulière avec MM. les
» Jansénistes, et que vous leur témoignez, par vos
» lettres, un grand zèle pour le soutien de leur
» société. J'ai combattu plus de huit mois, avant
» d'ajouter foi aux divers avis qu'on m'en don-
» noit, me fiant plus à vos propres assurances,
» qu'à tous les témoignages contraires; mais de-
» puis peu les preuves m'en ont été communi-
» quées avec tant d'évidence, que je ne puis plus

» en douter. Ma très-chère fille, que vous plaît-il
» que je fasse pour vous, si vous avez perdu
» créance en moi? Vous jugez bien que je vous
» suis à charge et inutile. On ne peut pas servir
» deux maîtres, dit notre Seigneur, ni obéir en
» simplicité à deux personnes opposées dans leurs
» sentimens et dans leurs maximes..... Je sais bien
» que la charité de Jésus-Christ est entière dans
» mon ame pour vous aider et vous servir; mais
» je doute fort que je doive exposer davantage
» votre cœur à la duplicité de sa confiance et de
» sa soumission. Je puis vous dire que jamais je
» n'ai abandonné une ame que Jésus-Christ m'a
» confiée, et que j'ai toujours été soigneux de lui
» ôter tout sujet légitime de s'éloigner de moi;
» tant je respecte les ordres du divin Maître.
» Mais aussi quand je vois une ame marcher par
» deux chemins différens, et joindre la finesse
» au déguisement; après lui avoir fait connoître
» mes intentions et mes pensées, je la laisse aller
» dans ses voies, sachant qu'elle ne peut suivre
» un plus mauvais parti que celui du mélange en
» sa conduite, surtout si elle penche davantage
» du mauvais côté. Ma très-chère et très-honorée
» fille, si vous me promettez en Jésus-Christ de
» n'avoir plus aucun commerce avec ce parti,
» qui fait aujourd'hui un schisme formé dans
» l'Eglise, et qui malgré l'autorité supérieure
» s'obstine à défendre les nouvelles opinions, je
» puis vous assurer en notre Seigneur, que je vous
» rendrai tous les devoirs et tous les services que
» vous pouvez attendre de ma condition. Mais il
» ne m'est ni possible ni permis de servir les

» âmes qui se jettent en un parti contraire et in-
» jurieux à l'épouse de Jésus-Christ, la sainte
» Eglise, dont il souffre les plaies et les outrages
» avec plus de douleur que celles qu'il reçoit en
» sa propre personne.

» Que diriez-vous, ma fille, de personnes qui
» avancent que l'Eglise est dans l'erreur, et qu'elle
» se nourrit d'hérésies ; qui prétendent venir
» pour la réformer, et qui, au lieu de combattre
» ses ennemis pour les convertir ou pour les ex-
» terminer, clabaudent incessamment contre leur
» mère, lui déchirent le cœur, et la divisent avec
» une désolation non pareille ? Vous ne voyez
» rien où vous êtes. On ne vous envoie que de
» beaux livres, comme ceux qui vous recomman-
» dent l'aumône, parce que vous y êtes portée.
» Sous les prétextes les plus imposans, ces Mes-
» sieurs négligent les œuvres les plus essentielles,
» pour établir leurs malignes opinions, mépri-
» sent tous ceux qui n'y entrent pas, les qualifient
» même d'hérétiques et de schismatiques. Parce
» qu'on prêche que Jésus-Christ est mort pour
» tous, ils en sont scandalisés. Ils osent bien se
» plaindre et murmurer tout haut dans les
» églises, comme ils firent dans la nôtre il y
» a trois jours. Bref, en tous leurs procédés ils
» donnent des signes effroyables de passion, de
» colère et de fureur qui font frémir. Ma fille,
» il ne faut pas croire à tout esprit, comme dit
» saint Jean, ni surtout, comme dit saint Paul,
» aux maximes singulières et nouvelles. Prenez-y
» garde, les erreurs se sont toujours glissées dans
» l'Eglise sous le masque de la réforme. Les der-

» niers hérétiques prétendoient que leur doctrine
» étoit celle de la primitive Eglise, fondée sur la
» parole de Jésus-Christ, accompagnant leurs
» discours de grandes aumônes, et annonçant
» partout une réformation de mœurs qui l'empor-
» toit sur celle même de l'Eglise. Quand on leur
» demandoit : Qui vous envoie ? Personne, répon-
» doient-ils ; c'est nous-mêmes : et lorsqu'on ajou-
» toit : Où sont donc les marques de cette mis-
» sion extraordinaire ? quelle approbation avez-
» vous du saint siége ? ils ne répondoient rien,
» parce qu'ils ne pouvoient rien répondre : et
» néanmoins ils ne laissoient pas de continuer à
» débiter leur doctrine, sans mission, sans l'ap-
» probation de leurs supérieurs ; condition abso-
» lument nécessaire, et qui l'a toujours été dans
» l'Eglise. Saint Paul lui-même, tout apôtre qu'il
» étoit, prit les ordres de saint Pierre. Non,
» sans la soumission, il n'y a plus rien d'assuré. Je
» vois enfin dans les personnes qui vous ont attiré
» à leur parti, tant d'opiniâtreté, d'emporte-
» ment, de mépris de tous ceux qui ne pensent
» pas comme elles, tant d'estime d'elles-mêmes
» au préjudice du corps de l'Eglise et du com-
» mun des fidèles, que cela m'effraie pour vous.
» Gardez-vous donc de ce levain dangereux ; et
» quelque belle apparence que vous remarquiez
» dans ceux dont je parle, éloignez-vous-en au
» plus tôt, pour vous attacher uniquement à Jésus-
» Christ et à la pureté de la foi, qui sera toujours
» la même dans l'Eglise, parce que Jésus-Christ
» sera toujours avec elle ». J'ai rapporté cette
lettre presque en entier, parce qu'on y voit, d'une

part, l'attachement de M. Olier à la doctrine de l'Eglise, et la droiture qu'il mettoit dans toute sa conduite; de l'autre, l'esprit de duplicité et les voies artificieuses de l'hérésie, toujours semblable à elle-même.

Dieu avoit donné à son serviteur une telle aversion des nouvelles erreurs, que s'il lui tomboit entre les mains quelque livre qui en fût infecté, quelque caché que fût le poison, il se sentoit comme repoussé intérieurement de la lecture de cet ouvrage, et ne pouvoit même pas y arrêter la vue; impression qu'il regardoit comme un don particulier du Seigneur, qui vouloit par-là le préserver de tout ce qui auroit pu mettre sa foi en danger.

Le duc et la duchesse de Liancourt, ses paroissiens, et M. de Schomberg, venoient de se lier avec les chefs du parti; il fit faire des conférences en leur présence pour les en retirer. Il prit la même voie pour ramener M. l'abbé de Bourzeis, et il eut la consolation d'y réussir. Il se joignit à M. de Bretonvilliers pour fournir aux frais du voyage des trois docteurs députés à Rome, et du séjour qu'ils y firent pour plaider en faveur de la bonne doctrine, et solliciter le jugement du saint siége contre les nouvelles erreurs.

La dernière prédication qu'il fit dans son église, avant la maladie qui l'obligea de renoncer à sa cure, fut un discours plein de force contre le progrès que les nouveautés faisoient tous les jours dans la capitale, et contre toute opinion réprouvée par l'Eglise. Il y rassembla tout ce que put lui suggérer son zèle, pour affermir son peuple dans l'obéissance due à cette sainte épouse du Sauveur; et il s'appliqua surtout à lui faire comprendre qu'on n'étoit plus dans la voie du salut, quoiqu'on demeurât extérieurement au milieu d'elle, et avec ses véritables enfans, dès qu'on refusoit d'adhérer d'esprit et de cœur à ses jugemens; celui-là ne pouvant avoir Dieu pour père, qui ne vouloit pas reconnoître l'Eglise pour sa mère.

Il demanda un jour au P. Innocent de Catagironne, général des Capucins, qui est mort en odeur de sainteté, et de qui l'on rapporte plusieurs miracles, ce qu'il pensoit des nouvelles opinions. La réponse de ce saint religieux fut qu'il les regardoit comme une semence d'hérésies : *seminarium multarum hæresum*. Trois mots qu'il répéta souvent depuis, comme sortis d'une bouche qu'il regardoit presque comme inspirée, et qui augmentèrent l'horreur qu'il avoit toujours eue de l'hérésie du temps. Cette horreur étoit si forte, qu'il ne put s'empêcher de la témoigner à la Reine mère, régente du royaume. Elle lui avoit envoyé de grandes aumônes pour ses pauvres. Il usa de la confiance avec laquelle cette princesse lui avoit souvent permis de lui parler ou de lui écrire, pour lui demander une seconde grâce, après l'avoir remerciée de la première. Le second article de sa lettre, où il s'expliquoit aussi avec beaucoup d'étendue sur les malheurs actuels de l'Etat et de la religion en France, étoit conçu en ces termes : « J'ajoute, Madame, à ces remercîmens, » une prière très-instante de la part de toutes » les personnes qui soutiennent et favorisent la

» sainte doctrine de l'Eglise contre les nouveau-
» tés; c'est de vouloir encore défendre que le
» P. *** monte au carême prochain dans la chaire
» de Saint-Merry. La régence du Roi votre fils,
» ne doit pas être moins vigoureuse à étouffer
» le nouveau monstre qui menace le royaume,
» que les rois ses prédécesseurs ne l'ont été à le
» délivrer des dernières hérésies. Votre conseil,
» Madame, vous donnera les voies d'exécuter
» une chose si importante. Un carême des pré-
» dications de celui que je viens de nommer à
» votre Majesté, détruiroit plus qu'on n'auroit
» édifié dans toute une année ».

Non content de faire hautement profession de la foi de l'Eglise, et d'en soutenir les intérêts avec un zèle que rien ne pouvoit intimider, M. Olier savoit faire toutes ses œuvres en esprit de foi. Tout ce qu'il entreprenoit, tout ce qui arrivoit dans le monde, tout ce qu'il voyoit ou entendoit l'élevoit à Dieu. S'il conversoit avec un grand, la pensée de la grandeur de Dieu le tenoit dans un respect et une modestie qui inspiroit une singulière vénération pour sa personne. S'il par-loit à des personnes de qualité, imitant encore ici saint Vincent de Paul, son ami et son mo-dèle, qui, dans la personne de madame de Gondi, avec qui il avoit traité si souvent, s'étoit accou-tumé à considérer l'auguste Mère de Dieu; il se représentoit la très-sainte Vierge, la plus élevée en dignité de toutes les femmes, aussi vivement pour ainsi dire, que s'il l'avoit vue des yeux du corps. S'il se soumettoit aux supérieurs, c'étoit à Dieu même qu'il se proposoit d'obéir. S'il traitoit avec le prochain, il considéroit Dieu régnant dans les ames, en qui il vouloit se préparer un trône. Si les inférieurs lui rendoient quelque service, il regardoit Dieu le secourant par les mains de ses serviteurs. Enfin toutes les créatures étoient pour lui comme autant de voix qui lui rappeloient la divinité. Jamais il ne voyoit les beautés des campagnes, qu'il ne s'en servît pour élever son esprit à la pensée des beautés et des perfections infinies du Créateur de toutes choses. Lui parloit-on de grands édifices; « Souvenons-nous, » disoit-il, de ce que la foi nous apprend, que » tous les palais de la terre seront un jour réduits » en poudre, et que nous n'avons point ici de de- » meure permanente; elle ne se trouve que dans » le ciel ». Mais ce qu'il avoit le plus à cœur, c'étoit de fermer les yeux à tout être sensible, pour contempler les choses célestes et invisibles. Une personne de qualité lui ayant demandé à quoi il s'occupoit étant seul et infirme; il répondit par cette parole d'un grand martyr [1]: *Nihil horum quæ videntur desiderans.* « Je ne désire » rien de ce qui frappe les yeux ». Il fit un voyage de plus de six cents lieues, sans vouloir considérer aucune des choses curieuses qui attirent ordinairement les regards des voyageurs. Pour accoutumer les ecclésiastiques qui se formoient dans sa compagnie, à sanctifier les actions les plus communes par quelque motif surnaturel, il leur faisoit souvent cette demande: *Par quelle vue de foi faites-vous cela?*

Sa foi étoit si pure et si parfaite, qu'il n'avoit

[1] Saint Ignace, évêque d'Antioche.

aucun désir des goûts sensibles, des lumières extraordinaires, des visions, des révélations et des autres dons de l'Esprit saint, que Dieu, selon les oracles des prophètes, a promis de répandre sur les ministres et sur les enfans de son Eglise, selon son bon plaisir. Il disoit que de s'attacher à ces sortes de grâces, plutôt qu'à la pratique des vertus chrétiennes, c'étoit une illusion très-périlleuse; et que les désirer c'étoit une foiblesse, une curiosité blâmable, inspirée par l'amour-propre, et une espèce d'infidélité; puisque c'étoit croire que Dieu n'avoit pas suffisamment pourvu au salut de ses enfans, en leur donnant la foi.

Voici ce qu'on a trouvé écrit de sa main sur ses dispositions intérieures, par rapport à cette vertu. « A la gloire de Dieu, (c'étoit ainsi qu'il commen- » çoit tout ce qu'il mettoit sur le papier) ce sa- » medi 4 juin 1644, m'étant réveillé à l'heure » du lever, notre Seigneur me fit voir que, depuis » mon retour dans ma maison, je ne vivois plus » en la simplicité de la foi; ce qui lui déplaisoit » beaucoup. J'en fus couvert de confusion. Je vis » alors combien, à force d'agir pour mes propres » intérêts et non par les mouvemens de la foi, qui » devoit seule me diriger dans mes œuvres, je me » trouvois reculé et éloigné de la perfection. La » vie des enfans de Dieu, c'est de voir toujours » en sa lumière, pour agir en tout selon sa vo- » lonté, sans consulter ni la raison ni les désirs » et les inclinations de la nature. Ils aiment mieux » souffrir tous les martyres intérieurs qu'on a » coutume d'endurer lorsqu'on renonce à sa chair

» et à ses concupiscences : martyres qu'il faut
» porter toute sa vie, selon ce que déclare notre
» Seigneur à celui qui veut être son disciple :
» *Tollat crucem suam quotidie, et sequatur me.*
» Car celui-là se laisse conduire à l'esprit de Dieu,
» qui remplissant son ame des lumières de la foi,
» la fait marcher à la suite de celui qui éclaire
» tout homme venant au monde. La foi, con-
» tinue M. Olier, est la lumière de Jésus-Christ
» même, puisqu'elle est une participation de la
» lumière de gloire qui le conduisoit lui-même,
» et du divin esprit qui étoit en lui, pour diriger
» tous ses pas. Jamais notre Seigneur n'adhéroit
» aux désirs de la chair, comme il est aisé de le
» comprendre par la prière qu'il fit au jardin :
» *Non mea voluntas, sed tua fiat.* La chair vou-
» loit éviter la mort, et se soustraire à la violence
» des peines effroyables qu'il prévoyoit que les
» hommes lui feroient endurer. A son exemple,
» il faut donc être ferme dans la résolution de
» renoncer à tout intérêt particulier, à son propre
» jugement, à ses propres désirs, à sa propre
» volonté, en un mot, à tout ce que la chair de-
» mande; en sorte que nous soyons prêts à sup-
» porter par la foi, toute la rigueur des croix
» intérieures et extérieures que nous rencontrons,
» en nous laissant gouverner à l'esprit de Jésus-
» Christ, et en marchant sur ses traces. En toutes
» choses, notre Seigneur ne regardoit que le bon
» plaisir de son Père, sans arrêter la vue sur la
» peine ou la satisfaction qu'il pouvoit trouver
» en lui obéissant. C'est ainsi qu'il veut que nous

» sachions nous renoncer et nous mépriser, nous
» haïr nous-mêmes, pour ne voir que lui et la
» volonté de son Père.

» Notre Seigneur me fit voir ensuite qu'il vou-
» loit que je fusse brisé, broyé et mis en poudre,
» comme le grain sous la meule. Je me voyois par
» terre, foulé aux pieds de tout le monde, au
» moins en esprit, méprisé, regardé comme de
» la boue, et traité comme le néant. Il me semble
» que cela plaisoit à Dieu, qui me faisoit con-
» noître que c'étoit le moyen de parvenir à cette
» vie de foi, dont le saint sacrement de l'autel est
» le modèle et la source. Aux yeux des hommes,
» notre Seigneur dans ce mystère porte un exté-
» rieur de néant, puisqu'il y est caché sous les
» espèces du pain, dont la substance, auparavant
» broyée et mise en poudre, se trouve anéantie,
» convertie en sa propre substance. Ainsi, par
» une perte totale et par l'anéantissement de notre
» propre fond, pour nous convertir en notre
» Seigneur, devons-nous n'avoir de l'homme que
» l'apparence et les dehors; mais par la vertu de
» la foi, tout l'esprit, toutes les inclinations, toute
» la vie de Jésus-Christ. C'est la vocation d'un
» chrétien d'être mort à soi, à toute créature,
» pour vivre caché en Jésus-Christ. » *Mortui estis, et vita vestra abscondita est cum Christo in Deo.*

CHAPITRE II.

SA CONFIANCE EN DIEU.

La foi est le commencement de la vie du juste ; la confiance en Dieu en est l'accroissement. Cette vertu est à son plus haut degré de perfection, quand, loin de se laisser abattre par les mauvais succès, et de douter des soins de la divine providence, au milieu des obstacles et des contradictions, on s'appuie tellement sur la bonté du Seigneur et sur sa fidélité à remplir ses promesses, que jusque dans les derniers délaissemens, on redouble ses cris vers le ciel, en disant comme David : *Pour moi, j'espèrerai toujours* (1), ou comme Job : *Quand Dieu m'ôteroit la vie, jamais je ne perdrai l'espérance que j'ai mise en lui* (2). C'est la disposition qu'on a eu lieu plus d'une fois d'admirer dans M. Olier. Appelé à la plus haute perfection, il falloit que sa vertu fût mise à ces épreuves qui opèrent dans les saints la patience héroïque, dont le propre est d'engendrer, sans effusion de sang, de nouveaux martyrs à Jésus-Christ. Une fois seulement, on a vu son courage s'affoiblir dans les langueurs où Dieu voulut qu'il passât les dernières années de sa vie. Il montra alors quelque désir de recouvrer la santé ; mais outre qu'il ne la demanda à Dieu que dans cet esprit de dépendance qui soumet

---

(1) *Ps.* LXX. 14.   (2) *Job.* XIII. 15.

tout à sa volonté suprême, il eut à peine fait cette prière qu'il la rétracta, et s'en repentit comme d'une grande lâcheté. Le sacrifice qu'il lui avoit fait si souvent de sa santé et de tout son être, il le renouvela, sans aucune restriction, les larmes aux yeux et la componction dans le cœur.

S'il est rare de voir des ames aussi dépouillées que le fut, pendant deux années entières, celle de M. Olier, de tout appui et de toute consolation sensible, il n'est pas moins rare de trouver un abandon de soi-même à la providence, à la sagesse et à la bonté divine, aussi universel que celui qui le soutint dans toutes ses croix; abandon qu'il sut pratiquer dans toutes sortes de conjonctures, et que Dieu sembloit prendre plaisir à établir ou à récompenser en lui par les traits les plus sensibles d'une assistance toute particulière.

Un des obstacles à la confiance que Dieu voudroit trouver en nous pour l'exécution de ses desseins, c'est l'empressement et un désir trop ardent de voir nos entreprises suivies du succès. Lorsqu'après un séjour de huit mois dans la ville de Chartres, pour y fonder un séminaire, M. Olier, loin de réussir, se vit abandonné de plusieurs de ceux qui s'étoient attachés à lui, il auroit cru, s'il n'avoit eu qu'une vertu commune, ne devoir consulter que la prudence humaine, et y renoncer comme eux; mais il savoit que Dieu a ses momens, et que souvent, après nous avoir demandé un service, il fait naître des empêchemens pour nous éprouver, ou rompt lui-même nos mesures, pour nous apprendre à ne pas regarder son œuvre comme la nôtre. Appuyé sur ce grand principe de conduite, dont

il voyoit des exemples sans nombre dans l'Ecriture et dans les histoires des saints, jamais il ne perdit de vue le projet que lui avoit inspiré l'esprit de Dieu, par la bouche du P. de Condren, son directeur; et des obstacles mêmes, il sut tirer les moyens de le faire réussir : car il n'abandonna le lieu où il avoit fait inutilement ses premières tentatives, que pour profiter d'une ouverture bien plus favorable, que la divine providence ménageoit à Paris, où l'établissement eut bientôt le plus grand succès: Aussi, depuis ce temps-là surtout, on l'entendit souvent bénir le Seigneur des soins admirables qu'il prenoit de ses serviteurs dans les plus petites choses, et recommander l'abandon de ses intérêts les plus chers à son infinie bonté, comme le plus sûr moyen de réussir dans tout ce qu'on entreprend. « Il semble, disoit-
» il à ce sujet, que tout le monde soit fait pour
» ceux que Dieu veut favoriser de ses grâces. Et
» comme sa puissance est sans bornes, comme
» sa sagesse et son amour sont inépuisables, il
» supplée à nos besoins avec d'autant plus d'a-
» bondance, en allant beaucoup au-delà de nos
» désirs et de nos efforts, que sa puissance et
» sa sagesse, ainsi que son amour, surpassent
» les nôtres, qui ne sont plutôt qu'impuissance,
» que folie et aversion de nous-mêmes; tant nous
» savons mal conduire toutes choses à une heureuse
» fin. Il est vrai que depuis qu'il a plu à la bonté
» de Dieu m'enseigner ce divin abandon, loin que
» rien m'ait jamais manqué, au contraire, tout a
» travaillé pour moi. Il semble qu'on craigne de
» ne pas m'obliger assez tôt. Ceux mêmes qui
» sembloient plus réservés à mon égard, sont au-

» jourd'hui les plus prompts et les plus portés à
» m'offrir toutes les commodités nécessaires. C'étoit
» à quoi la divine providence me préparoit, lors-
» que le Seigneur me retiroit toutes les créatures.
» Il m'ôtoit tout appui, pour m'apprendre à me
» reposer sur lui seul ».

Dieu se plaît à prévenir jusqu'aux moindres désirs de ceux qui mettent en lui leur confiance; et ce n'est pas une petite consolation, pour les ames qui étudient ses voies, de reconnoître presque à chaque pas, de nouvelles traces de sa bonté, comme si elle étudioit elle-même nos plus petits besoins, et se tenoit toujours prête à venir à notre secours. C'est ce qu'on verra dans le trait suivant, qui ne paroîtra minutieux qu'à ceux qui ne savent pas mettre de prix, où la sagesse divine ne dédaigne pas d'en mettre en faveur des justes. On y verra aussi la sainte familiarité dont le Seigneur permet d'user avec lui, à ceux de ses enfans qui le servent par amour. « Dernièrement, dit-il, étant sorti
» de la maison pour aller voir un malade, et me
» trouvant sur le chemin de Vaugirard, j'étois en
» peine si j'irois visiter nos clercs à la campagne,
» pour les instruire, selon la pensée et le désir que
» j'en avois. Je craignis d'y aller par mon propre
» esprit et par ma volonté. Je craignois encore
» de donner de l'inquiétude à nos Messieurs, que
» je n'avois pas avertis de ce petit voyage. Dans
» l'incertitude où j'étois sur ce que j'avois à faire,
» je m'élève à Dieu et je lui dis : Mon bon maître,
» si vous trouvez bon que j'aille jusque-là, vous
» m'enverrez quelqu'un qui puisse en porter la
» nouvelle à la maison. J'ai fait à peine quelques

» pas, que le curé de Vaugirard vint à ma ren-
» contre. Il alloit à Paris. Averti intérieurement
» que Dieu m'avoit ménagé cette heureuse con-
» joncture, comme s'il l'eût envoyé à dessein de
» me tirer d'embarras, je le prie de donner avis
» au presbytère, de la visite que je faisois à nos
» jeunes clercs. Il se chargea de la commission, et
» l'exécuta fidèlement. Ce petit événement où
» beaucoup d'autres n'auroient vu que ce qu'ils
» appellent un heureux hasard, fut pour moi
» une consolation. Je ne pus voir le soin que prend
» la bonté de Dieu, d'assister ceux de ses enfans
» qui désirent faire sa volonté en toutes choses,
» sans me sentir encouragé à entreprendre mon
» pélerinage, et sans y trouver un nouveau plaisir.

» Ce que fait ce tendre père, ajoute M. Olier,
» pour la conduite extérieure, il le fait encore
» pour nos besoins intérieurs. Autant j'étois dé-
» laissé de son divin esprit, pendant mes deux
» années de tribulation, autant j'en suis secouru
» et assisté aujourd'hui; autant il me tenoit dans
» l'obscurité, autant il me découvre de lumière;
» autant il me faisoit essuyer de rebuts, autant
» il me fait sentir les douceurs de sa présence;
» enfin, autant j'éprouvois de sécheresses et d'ari-
» dités, autant je goûte les onctions de sa grâce:
» et dans tout cela son dessein est de me faire
» connoître que, depuis le péché originel, nous
» ne sommes de notre propre fonds qu'attache à
» nous-mêmes, qu'impuissance à nous élever vers
» lui, qu'inquiétude, que légèreté, que misère,
» qu'aveuglement, pauvreté, néant et péché;
» tandis qu'avec le secours de sa grâce, nous
» sommes

» sommes toujours élevés, toujours appliqués,
» toujours unis à Dieu ; ce que nous ne pouvons
» que par lui, qui est lumière, ardeur, onction,
» paix, fermeté, amour, tout bien en un mot, et
» le seul vrai bien ».

Aux peines intérieures, par où Dieu purifia le cœur et perfectionna la confiance de son serviteur, succédèrent, quand il fut curé de Saint-Sulpice, les croix dont on a parlé dans le quatrième livre. A peine eut-il fait les premiers essais du ministère pastoral, qu'il eut toutes sortes d'ennemis à repousser et d'obstacles à aplanir, pour faire l'œuvre que Dieu venoit d'abandonner à son zèle. Sa confiance en Jésus-Christ le défendit toujours contre tout ce qui eût été capable d'affoiblir son courage et de le faire retourner en arrière. Une personne de piété lui représentoit qu'il seroit bien difficile d'établir dans sa paroisse l'ordre qu'il espéroit d'y mettre, et de déraciner les abus qui y régnoient. « Hélas, répondit-il, il faut donc
» tout laisser et ne rien entreprendre ; car où
» pourra-t-on faire le bien sans contradiction ?
» Non, il ne faut pas tout quitter pour les
» grandes difficultés qu'on y rencontre, mais se
» jeter plus fortement en Dieu pour y trouver la
» force et le courage. Si l'on nous attaque, il nous
» défendra ; si l'on veut mettre opposition à nos
» œuvres, il viendra à notre secours, et ce que
» nous sommes incapables de faire par nos pro-
» pres forces, il le fera lui-même en nous et par
» nous. Il n'est pas moins fort dans ses mem-
» bres, quand on le laisse agir, qu'il ne l'étoit

» dans sa propre personne; il ne faut que l'avoir
» bien établi dans notre cœur ».

Celui à qui il avoit tenu ce discours lui dit :
« Hé bien, Monsieur, préparez-vous donc à bien
» souffrir. — Ce sera ma joie et ma consolation,
» reprit-il; il y a long-temps que notre Seigneur
» m'en donne le désir et l'amour ».

Dans un autre endroit, après avoir rapporté ce
qui se passa dans son ame le 1.er juin 1644,
« représentant à Dieu, dit-il, l'extrémité où je me
» voyois réduit au milieu de tant de contradic-
» tions et de renversemens; lorsque je croyois
» tout perdu, je me trouvai tout-à-coup entière-
» ment rassuré. Il me fut répondu que malgré les
» traverses et les obstacles, il falloit travailler
» sans jamais se rebuter; que les œuvres de Dieu
» ne se faisoient pas autrement dans le monde;
» qu'on ne devoit y attendre que troubles, com-
» bats et agitations; qu'on ne verroit tout pai-
» sible et parfait que dans le ciel; que la terre
» enfin étoit un lieu de tentation, où il falloit être
» à l'épreuve de tout, souffrir à toute heure mille
» contre-temps, et qu'à chaque pas, dès qu'on
» vouloit faire le bien, l'on trouvoit de nouvelles
» contradictions; mais qu'elles nous servoient à
» honorer Dieu par le sacrifice continuel de nous-
» mêmes et la confiance en la force de son bras ».

Aussi dès qu'il étoit assuré qu'une œuvre seroit agréable à Dieu, rien ne pouvoit l'ébranler.
On a vu souvent des personnes d'autorité s'opposer à ses entreprises, user même de menaces
pour le contraindre à les abandonner; c'étoit

alors qu'il espéroit le plus. Il disoit que Dieu pouvoit en un moment dissiper tous ces nuages, faire succéder le calme à la tempête, et changer tellement les cœurs, que nos plus grands persécuteurs devinssent nos meilleurs amis. Il a toujours regardé cette confiance comme un des premiers dons de son Esprit, et des plus fermes appuis de sa compagnie. « Si je pouvois, disoit-il à » ceux qui la composoient, vous laisser cette » vertu, en sorte que vous missiez toute votre » espérance en Dieu, oh! que je vous laisserois de » grâces et de trésors! Non, rien ne vous man- » queroit, ni pour l'intérieur, ni pour l'extérieur; » ni pour le spirituel, ni pour le temporel. Nous » avons tout, si nous avons la confiance en Dieu. » Au contraire, à proportion du défaut de con- » fiance que Dieu verra en nous, il nous man- » quera dans le besoin, et nous retranchera son » secours ».

Rien n'eût été plus facile à M. Olier, que d'engager des personnes riches à faire de grands dons à son séminaire; il se garda bien de recourir à de tels moyens. Il en étoit si éloigné, qu'un particulier qui possédoit de grands biens, étant venu de lui-même lui offrir pour sa communauté des fonds très-considérables, qu'il étoit résolu d'employer en bonnes œuvres, il lui conseilla de différer et d'attendre que Dieu eût manifesté davantage sa sainte volonté. Il ne se lassoit point de dire à ses ecclésiastiques, que souvent l'on travailloit trop pour enrichir les communautés, et trop peu pour les sanctifier; ajoutant qu'au lieu de les établir en prenant cette voie, on les ruinoit de fond en

comble. « On veut de la terre, disoit-il, on veut
» de l'or : hé bien, Dieu permet qu'on en trouve;
» mais il retire son esprit, le plus riche trésor
» dont nous puissions jouir dans ce monde. Quel-
» quefois même il laisse tout périr; au lieu que
» si l'on pensoit, lorsqu'on établit une maison, à
» y faire régner Jésus-Christ, on la verroit pro-
» spérer, parce que Jésus-Christ y établiroit tout
» le reste ».

CHAPITRE III.

SON AMOUR POUR DIEU.

Tout ce qu'on a vu jusqu'ici, et tout ce qu'on verra encore dans l'histoire de M. Olier, peut être regardé comme l'histoire de sa charité. Il n'est donné qu'aux ames parvenues à la perfection de cette vertu, d'exceller dans toutes les autres, d'entreprendre les travaux les plus pénibles, de faire les plus grands sacrifices, d'endurer comme un martyre continuel pour Jésus-Christ, en un mot, de vivre uniquement et de se consumer tout-à-fait pour sa gloire. On ne peut donc mieux connoître l'amour de ce grand serviteur de Dieu pour son maître, qu'en se rappelant tout ce qu'il a fait et souffert pour lui. Mais on verra encore mieux combien le feu du saint amour possédoit son cœur, et par le récit de quelques traits dont on ne voit des exemples que dans les saints, et par le langage dans lequel il rendoit les impressions qu'opéroit en lui cette divine flamme dont son ame étoit embrasée.

Un jour, pendant qu'il étoit en oraison, (c'est lui-même qui rend compte de ce fait) il sentit comme une flèche qui vint lui percer le cœur, et qui laissa en lui des ardeurs si impétueuses, que sans un secours particulier de Dieu, jamais peut-être il n'auroit eu assez de force pour les supporter. On l'a vu se promener à grands pas dans un jardin, comme un homme qui, tout hors de lui-même, est absorbé en Dieu. On l'entendit alors dire en regardant le ciel, et répéter avec transport : *Oh! qu'heureux est celui qui est appelé à l'amour de Dieu!* Dans les visites qu'il rendoit aux grands, dans les conversations familières et dans toutes les affaires qu'il traitoit, jamais il ne manquoit d'y faire entrer quelque réflexion, ou d'y placer quelque mot propre à inspirer le saint amour; mais avec tant de prudence et de bonne grâce, que personne n'en témoignoit moins de satisfaction à s'entretenir ou à traiter avec lui.

Sa vie, depuis surtout que Dieu l'eut appelé à la cure de Saint-Sulpice, fut si traversée, que sans une protection du ciel toute particulière, il eût été forcé, dès les premières années, de la remettre en d'autres mains. Ce fut la pureté de son amour qui le soutint jusqu'à la fin; et si jamais les eaux de la tribulation ne purent éteindre ni même affoiblir les flammes de la charité qui embrasoient son grand cœur, c'est que dans ses peines il retrouvoit toujours Dieu, et qu'il ne cherchoit que lui, s'estimant trop heureux de le trouver aux dépens de ses propres intérêts, même les plus louables. Il disoit souvent qu'il ne falloit pas regarder les contradictions du dehors ou les peines du dedans en elles-mêmes, mais en Dieu seul, en qui nous trouvions les croix toutes aimables et toutes belles, puisque sa bonté ne nous les envoyoit que pour sa gloire. « C'est » l'amour de Dieu, ajoutoit-il, qui permet les » oppositions que nous rencontrons dans son » œuvre. Notre Seigneur les fait servir à purifier » notre cœur, et à relever l'éclat de notre cou- » ronne. Il nous fait accomplir ses desseins par les » mêmes voies qu'il a prises pour l'œuvre de son » Père; voies les plus aimables, puisque elles nous » apprennent à agir en vue de Dieu seul et pour » son pur amour. Ne nous amusons donc point à » regarder ce que nous souffrons; mais pour- » suivons, avec confiance en Dieu et en sa pro- » tection, ce que nous avons commencé pour son » amour et pour sa gloire. Quand nous sommes » combattus, réjouissons-nous; c'est alors que » nous sommes en possession de ce qu'il y a de » plus précieux dans son service ».

L'amour de Dieu a mille manières d'opérer, qui ne peuvent être comprises que par ceux qui les éprouvent. En voici un exemple, dans le récit que fait M. Olier de ce qu'il ressentit un jour, lorsqu'il méditoit sur les croix. « Après avoir » passé, dit-il, une grande partie du jour et de » la nuit dans les souffrances, avec des joies » extrêmes, de ce qu'il plaisoit à la bonté divine » de me faire souffrir pour son amour, je me suis » trouvé tellement anéanti devant lui, que je ne » paroissois plus rien. Je ne me regardois que

» comme une fourmi et un atôme. Cette grâce
» d'anéantissement, je la sentis agir par la vertu
» de notre Seigneur Jésus-Christ qui la répandoit
» en moi. A quelque temps de là, je me suis vu
» entièrement abîmé en lui, ne pouvant me dé-
» fendre de m'écrier : *O tout! ô mon tout! je ne
» suis plus moi-même; je ne suis plus que vous.*
» Je me sentois comme englouti en notre Sei-
» gneur : ce qui n'a pas duré; car je ne pouvois
» souffrir ce nouveau feu. Je l'ai ressenti même
» tous ces jours-ci, en parlant de *mon amour*. Dès
» que je m'entretiens de lui, je sens une ardeur
» qui me saisit, jusqu'à m'incommoder la poi-
» trine, et m'obliger à prendre des rafraîchisse-
» mens pour tempérer la chaleur qui me pénètre.
» Ce sont comme des éclats de feu qu'il me semble
» voir sortir de mon Jésus, reposant dans mon
» cœur. Quand il sort de cette espèce de sommeil
» qu'il veut bien prendre sur mon sein, je le vois
» jeter sur moi des regards d'amour qui m'en-
» vironnent de lumière, et me mettent tout en
» flamme ».

Il ne craignoit rien tant que de découvrir les faveurs qu'il recevoit du ciel, n'en voulant d'autre témoin que celui qui en étoit l'auteur. Mais, d'un autre côté, l'ardeur de son amour lui donnoit un si grand désir de faire aimer Dieu, que pour l'édification du prochain, il étoit comme impatient de communiquer une partie des faveurs qu'il en avoit reçues. Pendant long-temps l'amour de l'abjection l'emporta sur cet attrait : mais Dieu ayant inspiré à son directeur de lui ordonner d'écrire les grâces principales dont le ciel daignoit l'ho-

norer, il prit le parti de l'obéissance; et dans la seule intention de rendre gloire à Dieu en manifestant ses grandes miséricordes, il mit par écrit plusieurs opérations secrètes de la grâce dont il avoit conservé la mémoire. Voici comment il s'exprime à ce sujet. « Que ne puis-je encourager
» tout le monde à aimer Jésus-Christ mon maître,
» et entraîner tous les hommes à son service? Je
» sens que c'est lui qui veut que j'écrive ses bontés
» et ses miséricordes, pour laisser aller après moi
» et pour multiplier hors de moi les moyens de
» suppléer à tout ce qui me manque pour le glo-
» rifier. Pendant long-temps, je n'ai point eu la
» pensée d'écrire; je le ferai donc, puisque j'en
» ai reçu le commandement, dans l'espérance
» d'augmenter ses louanges et sa gloire. Béni soit
» Dieu, de suppléer avec tant de douceur et de
» charité au zèle de ses pauvres serviteurs, qui
» meurent de langueur de ne pouvoir le servir, lui
» qui est un si grand maître, que pour si peu de
» temps et d'une manière si imparfaite. Mille et
» mille millions d'hommes remplis de votre amour
» et du zèle de vous servir, ô mon Dieu! vien-
» droient donner à ma joie ce qui lui manque.
» Cent mille et encore cent mille ans durant les-
» quels je pusse répandre la sainte passion de pro-
» curer votre gloire, celle de votre Fils et de sa
» sainte Mère; ce seroit de quoi commencer du
» moins l'accomplissement du désir qui me tour-
» mente. Je ne sais ce que j'écris dans l'état où je
» me trouve. Oui, je voudrois que toutes les créa-
» tures fussent converties en langues et en bouches
» pour vous bénir et vous aimer, ô mon Dieu et

» mon tout. Je voudrois que toute l'étendue de la
» terre et des cieux fût pleine et inondée de votre
» gloire ; que tous les élémens ne cessassent de
» publier votre grandeur, votre majesté sainte et
» votre puissance infinie. Mon cœur se console,
» quand je pense combien la Mère du pur amour
» vous loue, vous glorifie, vous bénit dans l'éter-
» nité. Que béni soit le nom de Marie, qui exalte
» si magnifiquement la grandeur de mon Dieu.
» Que béni soit Jésus, ce trésor infini de louanges,
» qui répand devant son Père les richesses im-
» menses de sa religion, et qui en remplit tous
» les saints. Que le ciel est petit pour un Dieu
» si grand ! Que toutes choses confessent qu'il n'y
» a rien de semblable à Dieu : *Quis ut Deus ?*
» *Quis ut Deus ?* Qu'à tout jamais, disoit-il un
» jour dans un de ces accès de charité qui embra-
» soient son ame et se répandoient jusque dans
» tous ses sens, qu'à tout jamais, mon Dieu, je
» vous loue et vous bénisse. Qu'à jamais je vous
» adore et je vous aime. Oh ! si j'avois autant de
» cœurs qu'il y a de maudits et de malheureux
» esprits qui vous blasphêment, que je les em-
» ploierois volontiers à chanter vos louanges et à
» vous rendre les honneurs qu'ils vous refusent !
» Comme je multiplierois ma langue en autant
» de créatures que vous en avez formées sur la
» terre, pour vous glorifier ! Mais, ô mon Dieu !
» pour y suppléer, que je me perde en mon
» Jésus, votre louange éternelle, qui vous rend
» des honneurs infiniment infinis ; que je me
» plonge et que je m'abîme dans les cœurs de vos
» saints ; que je fasse comme David, invitant toutes

» les créatures à vous louer ; que je fasse, autant
» qu'il est en moi, concourir le monde entier à
» votre gloire ! C'est pour mon Jésus et pour ses
» membres ; c'est pour lui et pour moi que tout a
» été fait dans l'univers ; et tout a été destiné pour
» être, dans Jésus-Christ votre fils, et dans ses
» membres, une victime de louanges, à la gloire
» de votre nom, pendant toute l'éternité. O Dieu
» mon amour ! que je commence dès à présent,
» pour ne finir jamais ».

Ce langage, que le serviteur de Dieu avoit souvent sur les lèvres, partoit d'un cœur disposé à faire au Seigneur les plus grands sacrifices. On vint un jour lui offrir quatre-vingt mille livres pour son séminaire ; mais on mit à cette offre une condition qu'il ne pouvoit remplir sans manquer à ce qui lui paroissoit plus parfait ; d'un autre côté, il ne pouvoit refuser cette donation sans déplaire à plusieurs personnes puissantes qui le pressoient de l'accepter, et sans encourir leur disgrâce. Dans une pareille alternative, celui qui prend conseil du pur amour a bientôt pris son parti. Il refusa constamment le bienfait, aimant mieux déplaire aux hommes, que de ne pas assez plaire à Dieu. C'étoit trop peu pour lui que ses œuvres fussent irréprochables ; il ne les jugeoit telles que lorsqu'elles étoient les plus parfaites.

Quelques jours avant d'apprendre la mort de l'évêque d'une ville, où l'on désiroit beaucoup l'avoir pour successeur de ce prélat, Dieu lui parla intérieurement dans son oraison, et lui dit : *Au lieu d'un évêché, je te donnerai un grand amour.* Quand la nouvelle lui en fut parvenue,

« je ne m'étonne pas, dis-je en moi-même, (c'est
» ainsi qu'il s'exprime) pourquoi *mon amour* me
» faisoit entendre ces paroles.... Je ne sais, ajoute-
» t-il, pourquoi, en parlant d'un si grand maître,
» j'ai la hardiesse de l'appeler ainsi; c'est un mou-
» vement qui se forme en moi sans moi ».

Il nous apprend encore, que, vers les années 1634 et 1636, temps où il commença d'éprouver tout ce que les croix intérieures ont de plus accablant pour la nature, souvent il ressentoit de si grands assauts d'amour, qu'il étoit réduit à se jeter par terre, n'en pouvant plus supporter les impressions. « Il est vrai, ajoute-t-il, que je dé-
» sirois trop ces sortes de visites du Seigneur. Je
» me souviens même que ce tendre maître, pour
» condescendre à mes désirs, et me faire goûter
» les délices de son amour, interrompit alors
» pendant quelque temps mes tribulations. Un
» grand serviteur de Dieu, à qui je n'avois rien
» découvert des consolations que Dieu versoit
» ainsi dans mon ame au milieu de mes afflictions,
» et qui connoissoit toutes mes peines, m'exhorta
» de ne les plus désirer, pour ne point contraindre
» Dieu dans les opérations de sa sagesse. Car
» voyant quelquefois l'ardeur avec laquelle nous
» désirons ses caresses, il veut bien nous accorder
» quelque petite douceur, quoiqu'elle nous soit
» contraire; comme fait une mère qui, pour ap-
» paiser les cris de son enfant, lorsqu'il demande
» du sucre, lui en donne, quoiqu'il lui soit nui-
» sible. On demande ces consolations sans y penser;
» ou même sans les demander, et faute d'avoir été
» sevré de bonne heure, on s'y porte par un

» certain appétit intérieur, comme les enfans se
» jettent d'eux-mêmes sur le sein de leur nour-
» rice, sans demander le lait expressément: ils
» le demandent plus fortement par les mouve-
» mens qu'ils se donnent, que si c'étoit par pa-
» roles ». On voit ici combien M. Olier étoit avancé dans les voies du pur amour, puisqu'il regardoit comme nuisible à sa perfection les caresses mêmes et les douceurs qui en sont dès cette vie la récompense.

C'étoit dans son amour pour Dieu, que M. Olier trouvoit le remède le plus efficace à ses tentations, et le soulagement des peines que lui causoient en particulier celles de l'amour-propre; car il en étoit souvent attaqué: et pour la consolation des ames qui ont continuellement à lutter contre cet ennemi secret, je rapporterai encore ici ses propres paroles: « Mon bien-aimé,
» dit-il, je me souviens que dans les tentations
» qui me pressoient dernièrement, le soulage-
» ment m'est venu de vous et des sentimens de
» votre amour. Entre plusieurs autres, je sentois
» en moi de la jalousie des grands talens et de
» la vertu d'autrui. Maintenant je ressens, au
» contraire, une grande joie, parce que je les
» considère en eux comme étant vos dons, et
» faisant par eux la gloire de votre Père. O mon
» Seigneur, que je suis content de voir ainsi
» votre Père glorifié par vos œuvres. Opérez
» tout ce qu'il vous plaira, et par qui il vous
» plaira, pourvu que votre Père soit honoré de
» vos créatures. Non, je ne prétends rien autre
» chose; servez-vous de ceux qui vous agréent

» le plus, et par qui vous prenez le plus de
» plaisir à exécuter vos desseins éternels. C'est
» votre contentement que je cherche, avec l'hon-
» neur de votre Père. Qu'il en soit donc ainsi
» à jamais. Si vous trouvez votre gloire à m'enle-
» ver tout, et à le donner à d'autres qui seront
» plus agréables à vos yeux, me voilà pleinement
» satisfait. Votre plaisir, votre gloire, c'est tout
» pour moi : votre amour est le remède à tout.
» Lorsque je pense qu'en vous sont tous les tré-
» sors de la sagesse et de la science de Dieu, ô
» mon Jésus, je suis ravi de joie, et je n'en goûte
» pas de plus solide, que lorsqu'il plaît à la bonté
» de votre Père, de me découvrir quelqu'une de
» vos perfections, non pour la satisfaction que j'y
» trouve, mais parce que mes plus pures délices
» sont de savoir que vous êtes parfait et adorable
» dans toutes vos œuvres et dans tout ce qui est
» en vous ».

Les écrits que le serviteur de Dieu mit entre les mains de son directeur, sont pleins de traits semblables qui ne respirent que charité, et la charité la plus généreuse comme la plus affective. « Prosterné à vos pieds, dit-il ailleurs, je me
» souviens, avec une humble reconnoissance, ô
» mon Dieu ! de cette grande grâce que vous me
» fîtes l'année dernière (il écrivoit ceci en 1642)
» au jour de l'octave de la fête du sacré Corps de
» votre Fils. Quelles vives lumières vous répan-
» dîtes alors dans mon esprit, et quel plaisir
» votre amour fit goûter à mon cœur ! Je m'é-
» veillai de grand matin; c'étoit à Chartres, où
» entendant le doux bruit et cette belle harmo-

» nie des cloches de Notre-Dame, vous me fîtes
» voir en esprit la grande gloire qu'on vous ren-
» doit partout en ce beau jour, et les magnifiques
» louanges que vous receviez de Jésus-Christ,
» cette hostie sainte et si pure, reproduite une
» infinité de fois dans tout le monde; car ce di-
» vin Fils vous loue dans le saint sacrement
» comme dans le ciel, puisqu'il est tout ce qu'il
» est dans le ciel. Cette pensée m'inondoit de
» joie. Mais ce qui y mit le comble, c'est qu'il
» me sembloit que mon cœur avoit part à tout
» ce qu'on vous rendoit d'honneurs dans l'uni-
» vers; et qu'étant répandu et multiplié par-
» tout, il vous louoit partout. Plût à Dieu que
» cela fût comme je le sentois! Ce sentiment me
» fit verser des larmes; et une heure entière,
» que je demeurai à le goûter en moi-même,
» ne me parut qu'un moment. Ce bon Jésus
» ayant daigné une fois venir me visiter, il en-
» tra dans mon cœur comme une hostie divine.
» Souvent, depuis ce temps-là, je le sens aussi
» réellement que si je le touchois. Il a daigné
» me dire intérieurement, lorsque je demeurois
» à Chartres, vers la fin de mes peines, que je
» devois être perdu en lui, et tout consommé
» dans son amour. Presque tous les jours, je le
» sens encore louer et bénir Dieu en moi; ce
» qui me fait répéter sans fin : *Loué et béni soit*
» *Dieu à jamais.* Le considérant en moi-même
» comme une hostie qui veut me faire partici-
» pant de sa religion et de son amour pour son
» Père, je me regarde comme une autre hostie par
» qui il veut être servi invariablement jusqu'au

» dernier soupir. C'est en cette qualité que dans ce
» saint temps de carême, je vous fis vœu de ser-
» vitude il y a un an. Aussi, comme j'étois conti-
» nuellement persécuté et tourné en dérision, soit
» par quelques-uns du dedans, soit par des per-
» sonnes de condition du dehors, je prenois plai-
» sir, mon Dieu, à me présenter devant vous en
» qualité d'hostie, et à vous dire : O le Dieu de
» mon cœur, que tout ceci serve à mon sacrifice.
» Ne m'épargnez point ; coupez, brisez, mettez
» en pièces la victime ; retranchez-moi tout hon-
» neur et toute estime, et arrachez-moi tout ce
» que je pourrois prétendre sur la terre ; c'est tout
» que de vous aimer ».

Après avoir entendu M. Olier parler le langage des plus grands saints, on ne sera point étonné que le feu de l'amour divin ait souvent opéré jusque dans ses sens les impressions merveilleuses dont nous voyons beaucoup d'exemples dans les vies d'un saint Philippe de Néri, d'un saint François Xavier, d'une sainte Thérèse, etc. Comme il se promenoit un jour après le dîner, et s'entretenoit de Dieu, (car il ne connoissoit point d'autre récréation) il sentit son cœur si brûlant, et se trouva saisi d'une chaleur si extraordinaire dans sa poitrine, qu'il fut contraint de s'arrêter tout-à-coup, de peur de s'évanouir, ou d'essuyer quelque autre accident qui eût passé ses forces. « Je n'avois encore,
» dit-il, rien éprouvé de semblable : le feu qui me
» brûloit alors est bien autrement pur et actif
» que le feu naturel. J'avois beau chercher à me
» rafraîchir, et changer d'air ; remède inutile : l'air

» le plus sain et le plus frais ne soulage guère en
» pareille rencontre ».

Ce feu intérieur trouvoit de quoi se nourrir et s'accroître dans les paroles de la sainte Ecriture dont il étoit rempli. « Seigneur, dit David (1), » vos oracles sont autant de charbons ardens, et » votre serviteur en fait ses délices ». Tel fut à la lettre le sentiment qu'éprouva M. Olier, en méditant les paroles du prophète Osée, que cite l'Evangile : *J'ai appelé mon Fils de la terre d'Egypte* (2). Dieu lui fit connoître que saint Joseph avoit été, à l'égard de notre Seigneur, ce que fut autrefois Moïse à l'égard du peuple d'Israël ; c'est-à-dire, que comme Moïse avoit retiré de l'Egypte ce peuple qui étoit le Fils de Dieu en figure, et que l'Ecriture même compare au Fils de Dieu jusqu'à le dire égal à lui (3) ; ainsi Jésus-Christ avoit été retiré de cette terre par saint Joseph. Cette conduite si paternelle de Dieu sur son peuple, qu'il chérissoit comme l'image de son Fils, le ravissoit. Il y trouvoit des motifs de l'aimer, qui agissoient si vivement sur son cœur, qu'il ne savoit comment les exprimer. « A ces marques
» si visibles, disoit-il, de la bonté de Dieu, je me
» trouvai si fortement convaincu et si vivement
» pénétré de son amour ; je me sentis si rempli
» de sa grâce, que je fus réduit à crier tout haut
» pour soulager mes sens ; car je n'en pouvois
» plus. Cette faveur me fut accordée, après que
» j'eus prononcé ces paroles de mon office : *Be-*

---

(1) *Ps.* cxviii. 140.   (2) *Osee.* xi. 1. *Matt.* ii. 15.
(3) *Quem coæquasti primogenito tuo.* Eccli. xxxvi. 14.

nedictione

» nedictione perpetuâ benedicat nos Pater æter-
» nus. La main libérale de Dieu versa sur moi
» ses dons avec tant d'abondance, que pendant
» un quart-d'heure ou davantage, je ne fis que
» pleurer, soupirer, crier et répéter : *O amour, ô*
» *amour, que ferai-je pour vous ? Pourquoi m'ai-*
» *mez-vous tant ? et pourquoi tant de grâces ?*
» *O amour ! soyez béni. Mon Père, que ferai-je ?*
» *dites, faut-il mourir ? ô mon tendre Père ! me*
» *voilà tout prêt. Mourir mille et mille fois,*
» *ô mon amour ! mon bien-aimé, mon tout pour*
» *jamais.* Dans l'état de peine où j'étois pour
» me soulager, après avoir fermé la porte de ma
» chambre, de peur d'être entendu, je me jetai
» sur mon lit, tant l'assaut étoit excessif et pas-
» soit mes forces. Hier au soir je commençai à
» sentir les mêmes impressions; mais mon bon
» maître les appaisa, pour me donner la liberté
» d'écrire ce qui m'avoit été commandé ».

C'étoit surtout au pied des autels, que M. Olier se sentoit attiré à parler à son Dieu le langage de l'amour le plus tendre et le plus fort. Après avoir consacré le jour à travailler pour notre Seigneur, il eût désiré passer toutes les nuits en oraison devant le très-saint sacrement, afin d'y répandre en liberté tous les sentimens que la charité nourrissoit dans son cœur. « Si mon père spirituel,
» disoit-il, ne veut pas me permettre de jouir de
» cette grâce si long-temps désirée, pour tous les
» jours de ma vie, je le conjure au moins de con-
» sentir que ce soit pour quelques jours. Combien
» de fois j'ai souhaité d'être lampe pour consumer
» ma vie, comme celles qui brûlent jour et nuit

« dans les églises, à la gloire de mon Jésus, et
» passer les nuits entières dans sa compagnie ».

Ce qu'il désiroit si ardemment de devenir pour satisfaire son amour, il l'étoit réellement devant celui qui voit les cœurs à découvert. On voit, à chaque page de ses écrits, que son ame étoit une lampe qui jetoit continuellement des torrens de flammes, moins semblables à une lampe qu'à une fournaise. « Ce matin, écrivoit-il en 1646, (temps
» à peu près où il cessa de mettre sur le papier
» tout ce qui se passoit dans son intérieur) ce
» matin, la divine miséricorde me faisoit ressentir
» une grande ardeur dans l'oraison. Je me suis
» trouvé surpris d'un feu pur et d'abord insen-
» sible, mais très-actif et très-puissant, qui s'est
» répandu ensuite dans tous mes membres, et
» qui me faisoit aimer Dieu dans toute l'étendue
» de moi-même; car il me sembloit que l'amour
» agissoit en moi jusques à l'extrémité des pieds
» et des mains : tant le sentiment de la pré-
» sence de Dieu, que j'aimois, m'affectoit tout
» entier : amour répandu dans toute mon ame,
» qui aimoit dans tout et partout ce qu'elle anime.
» De là un désir ardent de souffrir des peines in-
» concevables pour Dieu, d'endurer la mort en cent
» mille manières et en cent mille corps différens.
» Je ne trouvois rien d'assez parfait pour un Dieu
» si grand et si bon. Je sentois en moi-même une
» force qui me faisoit dire, comme saint Martin :
» *Medius hostium cuneos penetrabo*: Je passerois
» au milieu des escadrons et des ennemis de Dieu.
» Cet amour n'étoit point un amour de tendresse,
» mais de magnanimité. La chair vouloit y prendre

» sa part; mais tout aussitôt l'ame se retiroit en
» Dieu et demeuroit en sa vertu. Me trouvant
» alors en cet amour par la miséricorde divine,
» à qui je demandois incessamment ce qu'elle
» vouloit de moi pour son Eglise, (car je me pré-
» sentois toujours à Dieu comme une hostie,
» quoique très-indigne) les peines que j'avois
» ressenties pendant quinze jours, je vis qu'elles
» n'étoient qu'une préparation à cet amour plus
» parfait, qui vouloit me dépouiller de toute créa-
» ture et même de tout secours spirituel de la
» part des hommes, pour ne vivre plus qu'en
» Dieu, et chercher toutes choses uniquement en
» lui. Les conversations de piété me devenoient
» interdites, non pour m'ôter la charité du pro-
» chain, mais au contraire pour m'unir à lui plus
» étroitement et plus purement; car plus je me
» séparois de toute créature et de toute commu-
» nication spirituelle, plus je m'attachois en Dieu
» aux saintes ames dont je m'éloignois sensible-
» ment, et plus j'aimois Dieu en elles. Cette so-
» ciété, ou plutôt cette unité en Dieu ne peut se
» comprendre, sans l'avoir expérimentée. Elle
» tient de la communion des saints dans le ciel,
» où ils aiment Dieu les uns dans les autres, par
» cette consommation, qui de tous les cœurs n'en
» fait qu'un même cœur en Dieu, leur vie et leur
» amour ».

« C'est ce pur amour de Dieu », continue
M. Olier, dans le langage sublime que Dieu inspire à qui il lui plaît, « c'est lui qui tient les
» ames saintement liées entre elles sur la terre;
» sans que ni le corps, ni la chair, ni les sens y

» entrent pour rien. Plus elles sont séparées, plus
» elles ont de charité et sont étroitement unies;
» parce qu'étant moins répandues hors d'elles-
» mêmes, elles sont plus concentrées en Dieu.
» Comme à la faveur de cette retraite, elles ne
» s'épanchent point en affections humaines et
» naturelles, leur union est infiniment plus pure
» et leur charité plus forte. O merveille du saint
» amour, qui prend sa source en Dieu et qui se
» consomme en Dieu! amour paisible et invinci-
» ble tout à la fois; amour libre et sans mélange
» d'amour-propre; amour qui est la vraie vie de
» notre ame. Cette charité toute céleste de Dieu,
» qui est Dieu même en nous, dilate tellement
» notre cœur, qu'il est prêt d'embrasser le monde
» entier, comme s'il tendoit les bras à toute créa-
» ture pour faire du bien à tous les hommes.
» L'ame ainsi dilatée cherche à porter dans les
» autres le feu dont elle brûle, pour les remplir du
» pur amour; ou plutôt, elle n'est qu'une avec
» elles; elle demeure cachée en elles par son union
» intime avec Dieu présent et agissant dans les
» ames, s'efforçant, par l'ardeur de ses désirs et
» de ses prières, d'y allumer la charité dont elle-
» même se sent embrasée ».

Quelque étendu que soit déjà l'endroit des écrits de M. Olier où sa plume a rendu les sentimens de son cœur sur la charité, il m'a paru trop édifiant et trop instructif, pour ne pas en rapporter au moins les principaux traits; et celui que j'ajouterai encore ici, ne le cède point à ceux qu'on vient de lire. « C'est, dit-il, un grand malheur pour
» l'Eglise, et pour toute compagnie attachée à

» son service, lorsque le chef, qui doit être un
» flambeau, et souffler le feu divin par ses orai-
» sons, ses entretiens et ses œuvres, se trouve
» dans la langueur, en sorte que l'on puisse lui
» appliquer ces paroles de l'Ecriture : *Omne cor*
» *mœrens ; omne caput languidum.* Tout le corps
» s'en ressent. Dieu avoit mis son esprit en lui,
» pour allumer sa charité dans tous les membres.
» Mais comment échauffera-t-il les autres, dès
» qu'il est lui-même sans chaleur? et comment
» portera-t-il dans les ames le feu de la charité,
» s'il est tout de glace? Au contraire, c'est une
» merveille dans l'Eglise, que cette dilatation de
» charité qu'opère la communion des saints. Une
» ame qui croît en ferveur, enrichit toute l'Eglise,
» en augmentant les flammes de l'amour divin
» dans ses membres, comme un membre glacé le
» refroidit. Par-là, on comprend aisément le sujet
» des larmes de tant de saintes ames qui s'accu-
» soient des crimes de leurs frères et s'en disoient
» coupables, parce que, disoient-elles, si elles
» eussent augmenté en amour, ils s'en seroient
» ressentis et eussent été fortifiés dans la crainte
» de Dieu; au lieu que leur langueur a produit en
» eux cette tiédeur et cette foiblesse qui les a
» conduits enfin dans le péché.

» J'ai eu, ajoute-t-il, le bonheur de ressentir
» mon ame aujourd'hui présente à quelques-uns
» que j'aime en notre Seigneur; et il m'a fait cette
» miséricorde, de les échauffer de son amour, ce
» qui se fait sans avoir besoin de leur être présent
» de corps. Tout au contraire, il vaut mieux ne

» les point voir, ni converser avec elles, sans un
» besoin exprès. On en devient plus fort, et la
» charité en devient plus parfaite, parce qu'on
» demeure plus perdu en Dieu, en l'union duquel
» il faut agir pour opérer le bien spirituel de ses
» frères. Par la présence corporelle, on s'épanche
» l'un dans l'autre, même en communiquant des
» choses les plus intérieures. On se répand en
» affections sensibles, parce qu'on suit, presque
» sans y prendre garde, les impressions de son
» cœur de chair; et ainsi l'on sort de Dieu,
» à mesure qu'on se laisse attirer à la créature.
» L'ame doit donc toujours se tenir en Dieu, et
» s'éloigner autant qu'elle peut des occasions, où,
» trouvant son propre agrément à s'épancher au
» dehors, elle ne peut manquer de se refroidir.
» Elle est déjà si froide par elle-même, que pour
» peu qu'elle sorte de la fournaise de charité qui
» est en Dieu et ne peut être hors de lui, il faut
» qu'elle souffre un grand dommage, et qu'elle
» perde beaucoup de sa chaleur, comme le fer, si
» froid de sa nature, lorsqu'on le retire du four-
» neau. Les créatures avec qui l'on converse ont
» beau être saintes, elles ont toujours la maligne
» propriété d'engendrer je ne sais quel sentiment
» de plaisir qui attiédit l'ame en affectant le
» cœur. On profitera bien davantage, si on va
» puiser en Dieu seul, source immense de tout
» bien, où l'on trouve sans péril ce que les créa-
» tures ne peuvent donner qu'avec perte du pur
» amour. C'est l'état des ames choisies que Dieu
» appelle à cette union intime et sans alliage de

» l'affection humaine, où l'on possède Dieu pour
» tout; mais Dieu uniquement, mais Dieu en lui-
» même et pour lui-même, mais Dieu sans divi-
» sion et sans partage ».

CHAPITRE IV.

SA CHARITÉ POUR LE PROCHAIN.

Selon la doctrine de saint Jean, le disciple bien-aimé du Sauveur, on ne peut mieux connoître si l'on aime Dieu et jusqu'où on l'aime, que par les offices de charité qu'on rend au prochain. D'après ce principe, qu'il avoit appris de la bouche même de Jésus-Christ, il est aisé de découvrir, dans la conduite de M. Olier, une charité vraiment héroïque. On en jugera par les traits, en grand nombre, que je vais rapporter, et que j'ai pris soit dans les Mémoires de M. de Bretonvilliers, soit dans ses propres écrits. Ce qu'on y remarque d'abord en mille endroits, c'est la plus tendre affection pour l'Eglise et pour tous ses membres, mais surtout pour les communautés ecclésiastiques et les ordres religieux. Souverainement éloigné de cet esprit de parti qui porte envie au bien que l'on voit faire aux autres et à la réputation qu'ils se sont acquise, jamais il ne sentoit plus de plaisir, que lorsqu'il voyoit les différentes sociétés, qui, comme les diverses tribus de l'ancien peuple, composent le peuple chrétien, et marchent sous un même chef à la conquête du royaume éternel, se rendre utiles à l'Eglise ou à l'Etat, et mériter par leurs services l'estime publique. Il n'avoit rien plus à cœur que de conserver avec toutes les congrégations des divers ordres, l'union la plus inaltérable; et ne craignoit rien tant que de les voir dégénérer de leur première ferveur, et perdre ainsi la considération, le respect et la vénération dont elles jouissoient. Dans le désir de les voir toujours florissantes, il adressoit au ciel les plus ardentes prières pour la conservation et le maintien de l'esprit de leur institut, sans lequel il étoit impossible que les monastères ne tombassent bientôt en ruine.

« Pendant les incertitudes où j'étois, dit-il, sur
» ma vocation, étant encore jeune, j'eus quelques
» mouvemens et inclinations pour un autre ordre
» que celui des Chartreux. Je m'y présentois quel-
» quefois pour être reçu; mais ce sentiment ne
» durant pas, je cessai mes poursuites, conser-
» vant une grande affection et pour leur fonda-
» teur et pour tout l'ordre. Entendant dire par-
» tout, dans les premières années qui suivirent
» mon ordination à la prêtrise, qu'il commençoit
» à déchoir, je me sentis porté et comme obligé,
» au jour de la fête de leur saint patron, de dire
» pendant toute l'octave la sainte messe, pour
» demander à Dieu le renouvellement de son esprit
» dans ses enfans. Après l'octave, pendant que je
» priois à Notre-Dame, je vis notre Seigneur assis
» sur son trône, et la sainte Vierge debout à son
» côté, qui intercédoit pour cet ordre, et qui lui
» recommandoit particulièrement douze reli-
» gieux. Il leur donna sa bénédiction. J'eus la

» confiance que notre Seigneur les bénissoit pour
» qu'ils travaillassent à rétablir l'esprit du saint
» fondateur et de sa première institution ; ce que
» je le prie de tout mon cœur d'exécuter par sa
» grâce, à la gloire de Dieu son Père ».

Considérant dans la sainte Eglise la variété des ordres qui la servent, et l'unité d'esprit, de fin, comme l'uniformité de maximes qui les dirigent, M. Olier regardoit la charité du Père céleste et l'amour de notre Seigneur au saint sacrement de l'autel, comme le principe et le lien de cette parfaite union, qui est l'image de celle des saints dans la gloire. « Chose admirable, di-
» soit-il, dans l'Eglise il n'y a plus ni Juif, ni
» Gentil, ni Scythe, ni Barbare ! Nulle diversité
» d'esprit et de vues dans la diversité des mœurs
» et des réglemens pratiqués par les prêtres et
» les religieux. Tous ne font qu'un. Quoique l'ex-
» térieur soit différent, l'ame, qui donne le mou-
» vement à ces différens corps, est la même. Fasse
» le ciel que le clergé reçoive toujours en union
» de ses travaux, ces saintes ames que Dieu a
» choisies pour le secourir et pour lui servir de
» supplément dans les jours de la désolation de
» l'Eglise. Hélas ! il n'y a qu'à procéder en cha-
» rité, en simplicité, en humilité, tout le monde
» est gagné. Rien ne résiste à l'esprit de Dieu ; il
» est le centre où tout vient se réunir. On n'est
» plus qu'un en lui ».

Quoique M. Olier fût rempli d'estime et d'affection pour tous les ordres religieux et pour toutes les congrégations qui servent l'Eglise, il avoit des liaisons fort étroites avec l'ordre de saint

Benoît, dont il ne parloit jamais qu'avec une vénération singulière. Il étoit aussi lié intimement avec MM. les prêtres de la congrégation de la Mission et les révérends Pères de l'Oratoire. Il honoroit et il aimoit les uns et les autres comme ses pères, depuis les grands services qu'il avoit reçus de saint Vincent de Paul et du P. de Condren. Il regardoit sa compagnie comme un petit rejeton de ces deux grands arbres, s'estimant trop heureux d'aller glaner dans le champ de l'Eglise, et d'y ramasser quelques épis, après de si habiles moissonneurs.

Il travailloit surtout à établir une parfaite charité dans le cœur des prêtres qu'il avoit formés, et qui vivoient sous sa conduite. Il les exhortoit à vivre ensemble avec beaucoup de simplicité, à se traiter les uns les autres avec une grande ouverture, et avec toute la cordialité que se doivent réciproquement des amis et des frères. Il leur recommandoit de n'avoir tous qu'un cœur et qu'une ame, et de se revêtir des mœurs, des sentimens, de la douceur et de la charité de Jésus-Christ : maximes qu'il enseignoit autant par ses exemples que par ses discours. On n'a jamais vu personne montrer plus d'affabilité, plus d'inclination à servir tout le monde, ni plus de compassion sur les besoins et les misères du prochain. C'est le témoignage qu'en ont rendu tous ceux qui l'ont fréquenté, surtout ceux qui l'ont accompagné dans les visites qu'il rendoit aux malades et aux pauvres. Il avoit pour ceux-ci un cœur de père. Il les a toujours secourus avec tant de générosité et d'affection, qu'à voir tout ce qu'il faisoit pour eux, on eût dit qu'il s'étoit dévoué uniquement à leur service. Car, sans parler de la charité et de l'assiduité avec laquelle il les instruisoit en toute occasion, il lui étoit ordinaire de les servir à table, de manger leurs restes, et de baiser leurs pieds. On l'a vu plusieurs fois coller sa bouche sur leurs plaies. Quand il ne pouvoit les approcher, il faisoit en esprit ce qu'il ne pouvoit faire réellement, les honorant et les chérissant comme les membres de notre Seigneur.

Jamais personne n'a mieux fait voir combien la charité est patiente au milieu des rebuts. *Elle souffre tout,* dit l'apôtre, *elle endure tout.* M. Olier en donna mille preuves dans sa conduite. Un jour qu'il catéchisoit un pauvre à la porte de Notre-Dame, un homme fort bien vêtu s'approcha d'un domestique qui le suivoit, et lui dit : *Tu diras à ton maître qu'il est un fou.* M. Olier, qui l'avoit entendu sans en rien faire paroître, continua d'instruire ce mendiant avec une douceur et une charité capables de faire tomber à ses pieds, par respect, celui qui l'outrageoit ainsi s'il avoit su estimer la vertu. Il n'étoit pas rare d'entendre des personnes du monde le traiter d'homme simple qui avoit perdu l'esprit. « A quoi pense-t-il, » disoit-on, de s'amuser ainsi avec la populace »? Mais ni ces discours, ni beaucoup d'autres encore plus injurieux, ne pouvoient lui faire abandonner le service des pauvres.

Une personne de condition qui l'accompagnoit quelquefois, mais qui étoit peu avancée dans la pratique des maximes de l'Evangile, avoit honte de paroître dans la compagnie des pauvres qu'il catéchisoit, et se cachoit à l'entrée de la première maison, lorsqu'elle apercevoit quelqu'un de sa connoissance. M. Olier, au contraire, n'étoit jamais plus hardi à faire le bien, qu'en pareille conjoncture. Il disoit que c'étoit une chose indigne d'un chrétien, que d'avoir honte de faire une bonne action; et que Jésus-Christ n'ayant pas rougi de nous avouer pour ses membres, en la présence de son Père; à plus forte raison, nous ne devions pas rougir de reconnoître les pauvres pour nos frères devant les hommes. A ce sujet, il faisoit une belle réflexion; c'est que les pauvres ressemblent au saint sacrement: car, aux yeux de la chair, rien de plus commun qu'un peu de pain, mais aux yeux de la foi, rien de plus auguste ni de plus grand sur la terre ou dans le ciel, que ce qu'il contient; puisque c'est Jésus-Christ même avec toute sa gloire et toutes ses richesses. Il en est ainsi du pauvre, dont l'extérieur nous rebute, et qui semble être la chose du monde la plus abjecte; mais si avec la lumière divine nous pénétrons au-delà de ce que nous voyons des yeux du corps, le même Dieu qui règne dans les cieux et qui conserve l'univers par sa toute-puissance, nous le verrons caché sous ces haillons en quelque sorte, comme sous les espèces du très-saint sacrement, selon ce qu'il nous dit: « Ce que vous » avez fait à un de mes membres, c'est à moi que » vous l'avez fait (1) ».

Il ne savoit ce qu'il falloit admirer le plus, de la charité du Fils de Dieu dans la sainte eucharistie, ou de son humilité dans la personne des pauvres.

(1) *Matt.* xxv. 40.

« Il est dans ce divin sacrement, disoit-il, comme
» un grand roi qui distribue ses grâces, ou comme
» un père qui enrichit ses enfans. Dans le pauvre,
» il y est comme manquant de tout et demandant
» l'aumône; mais il y est également plein de cha-
» rité, ne demandant que pour donner, et ne
» recevant que pour enrichir ». Aussi montra-t-il
un jour combien il honoroit les pauvres, ou plutôt
notre Seigneur caché dans les pauvres comme
dans le très-saint sacrement. Ce fut au moment
de son arrivée dans la ville de Saint-Claude. Sa
première visite, selon sa coutume, fut à l'église
pour y adorer Jésus-Christ; de là il se rendit
aussitôt à l'hôpital, disant qu'après avoir rendu
ses devoirs à notre Seigneur résidant sur son
trône d'amour, il falloit le visiter dans la personne des pauvres, où il demeuroit caché. Enfin,
c'étoit dans sa pensée une étrange ingratitude,
qu'un homme eût la main fermée pour Dieu,
qui lui demandoit par la bouche des pauvres,
lorsque Jésus-Christ avoit les siennes toujours
ouvertes pour donner ce qu'il a de plus cher et
de plus précieux.

Plein de ces sentimens, parce qu'il étoit plein
de foi et de charité, M. Olier rendoit aux pauvres
tous les services qu'ils pouvoient en attendre,
comme aux membres et aux amis de son maître.
Sa maison étoit cette grande salle où l'homme de
l'Evangile rassembloit toute espèce de misérables,
les boîteux, les sourds, les aveugles, les infirmes.
On en voyoit se rendre chez lui en foule, les
uns appuyés sur des potences, et traînant avec
peine un corps à demi brisé; les autres presque

sans vêtement, et exhalant la mauvaise odeur qui s'attache à l'indigence. Non-seulement il les recevoit avec la douceur et l'affabilité d'un père qui fait accueil à ses enfans, mais il les invitoit, alloit au-devant d'eux, et les cherchoit pour leur fournir toutes sortes de secours corporels et spirituels. Il n'y avoit pas un an qu'il étoit curé de Saint-Sulpice, lorsque sa tendre compassion pour les malheureux lui fit établir une confrérie de charité, dont il traça lui-même les réglemens. On les conserve imprimés au presbytère. C'est un des monumens les plus précieux du zèle de l'homme de Dieu pour le soulagement des pauvres (1).

Il ne se contenta pas de leur faire du bien pendant sa vie, il voulut encore les servir après la mort, et médita long-temps les moyens de perpétuer, autant qu'il étoit possible, les secours qu'ils trouvoient toujours dans ses mains. Pour y réussir, outre la confrérie dont je viens de parler, il pensa à former dans sa paroisse une compagnie de dames aussi vertueuses que puissantes, qui toutes dévouées au service des pauvres honteux, devoient les assister avec discernement, et qui, en les visitant ou en les faisant visiter, pour prendre connoissance de leur conduite, étendroient leur charité jusqu'à leur procurer des secours pour le salut. Après avoir long-temps recommandé son projet à Dieu, il le communiqua à quelques personnes de piété, et les exhorta à y coopérer avec lui. Il ne fut pas secondé d'abord comme il le désiroit; il trouva même dans plusieurs beaucoup

(1) Voyez la collection imprimée des *Remarques historiques sur la paroisse de Saint-Sulpice*, tom. II, 2.ᵉ part. jusqu'à la pag. 11.

d'opposition à ses vues; mais après quelques lenteurs, il eut la consolation de les voir concourir à son entreprise, et l'appuyer de tout leur pouvoir. L'assemblée de charité, composée enfin selon son plan, commença ses séances et ses délibérations l'an 1651, avec un applaudissement universel et une abondance de bénédictions dont il ne pouvoit assez louer Dieu, ni témoigner assez sa joie. On sait combien cette année et la suivante furent désastreuses, par l'extrémité où la famine réduisit un grand nombre des habitans de la capitale. Beaucoup d'artisans du faubourg Saint-Germain, auparavant fort aisés, se voyoient obligés de coucher sur la paille, et vivoient de la chair des chevaux qu'on traînoit à la voirie. Les premiers soins de la compagnie de charité établie par M. Olier, furent de vérifier le rôle des pauvres honteux. On trouva huit cent soixante-six familles dont l'indigence étoit si affreuse, qu'aucune des relations venues de Picardie, de Champagne et des autres provinces de la France, ravagées par la guerre, ne présentoit rien de plus effrayant. (Ce sont les termes des paroissiens qui furent chargés de la visite générale.) On en vit beaucoup qui n'avoient même pas de paille pour se coucher; d'autres languissoient dans de mauvais lits, et voyoient languir ou expirer à leurs côtés deux ou trois enfans qu'ils ne pouvoient, manquant de pain, arracher des bras de la mort. Plusieurs de ceux qui, avant cette calamité, se trouvoient en état de secourir les familles sans ressources, faute de vêtemens, traînoient leurs jours dans des greniers ou des caveaux, sans oser en sortir, même pour assister à la messe. Dans le quartier des Incurables, on en rencontra qui avoient passé plusieurs jours sans manger. Quelques-uns vivoient d'un peu de son cuit dans de l'eau de morue, et n'avoient pour adoucir l'aigreur de leur pain, que la chair d'animaux qu'ils alloient ramasser dans les chemins ou hors des murs de la ville. Les monumens déposés dans les archives de la paroisse, qui m'ont fourni ce détail, apprennent encore qu'on trouva des enfans, qui, faute de lait, que les mères n'étoient plus capables de leur donner, tant elles étoient desséchées par les ardeurs de la faim, tiroient le sang de leurs mamelles, et se sentoient plutôt défaillir que revivre sur leur sein. Enfin le désespoir de survivre à leurs maux, et d'être témoins des derniers soupirs de leurs enfans, porta des pères et mères à se pendre au plancher de leur chambre, où ils eussent été suffoqués sans de prompts secours. Voilà ce qu'ont déclaré et attesté par écrit des témoins irréprochables, choisis par M. Olier lui-même pour faire la visite de sa paroisse.

Ce fut cette désolation qui l'anima à redoubler ses soins pour former la célèbre compagnie à laquelle tant de malheureux durent le salut de leur corps et celui de leur ame. Les personnes les plus distinguées voulurent avoir part à cette grande œuvre, qui s'est perpétuée jusqu'à ce jour, et à l'exemple de laquelle on a vu naître successivement, dans les différentes paroisses de Paris, plusieurs autres compagnies de charité, qui, uniquement dirigées par la religion, toujours ennemie de l'ostentation et du faste,
répandent

répandent sans bruit, comme sans appareil, des biens infinis dans le sein des pauvres. C'étoit ce qu'avoit prévu le serviteur de Dieu, lorsqu'il disoit un jour à M. de Bretonvilliers : « J'espère » que Dieu se servira de cette compagnie pour » donner à d'autres paroisses la pensée d'en » former de semblables ». Il traça, pour cette pieuse société, des réglemens qui ont encore servi de modèle à plusieurs autres établies dans cette ville (1).

Le sort des enfans orphelins affectoit trop ses entrailles, pour ne pas lui inspirer une sollicitude toute particulière. Aussi le vit-on s'en occuper avec un tendre empressement. « Il faut, disoit-il, » leur porter du secours avec d'autant plus de » zèle, qu'ils sont privés de toute assistance et » incapables de se secourir eux-mêmes ». Dieu bénit tellement ses démarches, qu'il obtint d'un riche habitant de la paroisse, une maison propre à loger un nombre d'enfans assez considérable, à qui il procura, avec une éducation chrétienne, les moyens de subsister de leur travail. Cet établissement s'est beaucoup perfectionné par les soins qu'en ont pris les successeurs de M. Olier; et il en est peu, dans la capitale, qui fasse plus honorer la philosophie de l'Evangile.

On a déjà vu, en plus d'un endroit de cette vie, combien l'amour que portoit le serviteur de Dieu à l'Eglise de Jésus-Christ, le rendoit zélé et industrieux à lui former de bons ministres. C'étoit le principal objet de sa charité, parce qu'il regar-

(1) Ils se trouvent dans le recueil cité ci-dessus, depuis la page 18 jusqu'à la page 75.

doit l'éducation des jeunes clercs comme la première de toutes les œuvres. Depuis qu'il avoit été appelé au sacerdoce, il montra toujours la plus tendre affection pour cette portion du troupeau du souverain pasteur des ames : sentiment que ni le temps, ni la multitude de ses occupations n'affoiblirent jamais. Ecrivant en 1653 à M. de Bretonvilliers, « C'est une chose si rare, lui disoit-
» il, et si recherchée partout, dans les diocèses
» d'où je viens, que des sujets véritablement
» appelés de Dieu pour le service des peuples,
» que nous devons, je crois, bénir Dieu de tout
» notre cœur, de nous envoyer avec tant d'amour
» et de libéralité, des enfans de bénédiction dont
» il tient privées universellement des provinces
» entières. Abîmons-nous dans notre indignité,
» lorsque nous les servons ; et croyons-nous rede-
» vables à des élèves si chers à l'Eglise, des grâces
» que Dieu nous fait ; car il les répand sur nous,
» pour que nous leur rendions service, comme à
» ceux qui méritent le plus tous nos soins ».

Je ne puis m'empêcher de faire ici une réflexion qui pourra être de quelque utilité, et que je prie le Seigneur de faire servir à sa gloire. Aujourd'hui que la difficulté extrême d'assurer une bonne éducation aux enfans fait le désespoir des parens chrétiens, et que de toutes parts on invoque le ciel et la terre pour trouver le remède à la plaie générale; que ne doivent pas tenter ceux qui aiment Jésus-Christ et son Eglise, pour préserver dès le berceau, s'il est possible, les enfans destinés au sacerdoce, de la corruption des mœurs si universellement repandue! Quels vœux ne formeroit pas M. Olier, s'il étoit au milieu de nous? et quel exercice ne donneroit-il pas à son zèle, pour engendrer de dignes ministres du Seigneur : seul moyen de ramener les beaux jours du christianisme, ou au moins de diminuer le torrent des scandales, qui a franchi toutes les bornes? On ne manque pas de séminaires pour les clercs qui se disposent aux saints ordres : mais depuis que, par un progrès du mal qui est sans exemple dans les siècles passés, le vice ne respecte plus l'innocence et la simplicité de l'âge le plus tendre, peut-on venir trop tôt au secours des enfans en qui l'on découvre de l'inclination et des dispositions pour la sainte cléricature? Les Pères du saint concile de Trente ont désiré ardemment qu'on recueillît les élèves du sanctuaire dès l'âge de douze ans, et qu'on les confiât à des ecclésiastiques remplis de lumière, de piété, de sagesse et de zèle, qui leur fissent sucer le lait de la vertu avec celui de la bonne doctrine. De tous les genres d'institution, il n'en est point qu'il importe tant de multiplier, surtout dans la capitale, celle de toutes les villes du royaume qui depuis trente ans est devenue la plus stérile en sujets dignes de servir l'Eglise. Dans la disette actuelle, plus il a été nécessaire de confier le gouvernement des paroisses de Paris à des prêtres étrangers, plus le sort des enfans qui doivent y former la génération future a de quoi intéresser le zèle des curés, et réclamer tous leurs efforts. La plupart d'entre eux et de leurs coopérateurs sont nés dans les provinces; ce qu'on ne voyoit pas avant la génération actuelle, parce que le premier diocèse du royaume étoit riche de son propre fonds en ouvriers savans et vertueux. Dieu veuille inspirer aux personnes puissantes la pensée et la volonté de concourir à la renovation de la jeunesse, de celle principalement qui est destinée à servir dans le sanctuaire; car le salut de tout le troupeau est comme assuré, s'il n'est gouverné que par de saints pasteurs. On ne peut donc mieux travailler pour le bien de l'Eglise et de l'Etat, qu'en formant, en faveur des humanistes qui aspirent à la cléricature, de petites communautés sagement dirigées par des maîtres uniquement guidés par le pur désir de la gloire de Dieu. Il n'est point d'entreprise plus digne d'intéresser les grands zélateurs du bien public, c'est-à-dire, ceux qui, en étudiant moins les systêmes nouveaux que la morale sublime de l'Evangile, soit dans sa source, soit dans les ouvrages qui en sont comme autant de ruisseaux destinés à arroser le champ de l'Eglise, y ont appris à étudier et à enseigner avant tout cette leçon capitale du Sauveur: *Cherchez le royaume de Dieu et sa justice* (1).

(1) Lorsque j'écrivois ceci, j'ai lu avec plaisir, dans le *Journal ecclésiastique*, une observation digne de l'auteur de cet ouvrage. (M. l'abbé Barruel.) Après avoir rendu compte d'une lettre au clergé extraordinairement assemblé, où l'on propose l'usage qu'il faudroit faire des biens des monastères supprimés déjà ou à supprimer, il forme à son tour un vœu qui est celui de tous les vrais enfans de l'Eglise, et de tous les vrais amis de l'Etat : « Je désirerois bien, » dit-il, et il me semble que l'état actuel des choses exigeroit assez » que quelqu'un pensât aussi à destiner une partie de ces biens, » que l'on s'obstine à regarder déjà comme vacans, au profit de » l'éducation de la jeunesse. Quelques-uns de ces monastères ne » pourroient-ils pas être consacrés à former un corps d'ecclésias- » tiques enseignans, élevés de manière à remplir une fonction si » utile? La religion et l'Etat pourroient en peu de temps y gagner

La charité de M. Olier ne se montroit pas moins dans les occasions particulières de soulager le prochain, que dans les besoins généraux et les grandes calamités. Pendant le dernier séjour qu'il fit au Puy, M. de Beget, chanoine de la cathédrale, lui fit connoître la pauvreté d'un prêtre qui n'avoit qu'une très-mauvaise soutane. Il lui remit aussitôt la sienne, en le priant de ne pas faire connoître celui qui la donnoit. M. de Beget, qui avoit déjà beaucoup d'estime et de vénération pour M. Olier, voulut, par respect même pour tout ce qui lui appartenoit, garder cet habit que sa charité lui avoit fait tomber entre les mains, et il en donna au prêtre une autre de même valeur. Notre Seigneur permit cet événement pour faire voir un jour combien la charité de son serviteur lui avoit été agréable ; car, après sa mort, plusieurs miracles ont été opérés par l'attouchement de cette même soutane, qu'on fut obligé de partager en une infinité de morceaux : tant les pieux habitans de cette ville étoient jaloux d'en posséder au moins quelques parcelles. On remarqua encore un autre trait de son affection pour les pauvres. Comme il demeuroit à l'évêché, et que tous les jours il passoit par la cour qui séparoit le palais épiscopal de l'église cathédrale, jamais il ne manquoit de donner l'aumône de sa propre main à un très-grand nombre de mendians qui se rassembloient autour de lui, comme

---

» beaucoup. Puisse l'ange qui veille sur la France, inspirer des pro-
» jets qui nous préparent une génération plus sainte, et les con-
» duire enfin à une parfaite exécution » ! *Journal ecclésiastique.* Juillet 1788, p. 276.

des enfans autour de leur père, au moment qu'il sortoit. Jamais on ne vit pratiquer avec plus d'effusion de cœur cette maxime de l'Esprit saint, qui doit être chère surtout aux ministres de Jésus-Christ : *Rendez-vous affable dans l'assemblée des indigens* (1). Aussi, dans la ville, toutes les bouches le bénissoient à l'envi, comme le *père des pauvres;* et c'étoit l'éloge qu'il entendoit répéter lui-même partout où il alloit.

Un jour, étant à Montferrand, il vit passer une grande foule à la suite d'un malheureux que l'on conduisoit en prison, pour une dette de soixante écus à laquelle il n'avoit pu faire honneur. Emu de compassion, il se fit donner sur-le-champ des éclaircissemens sur cette affaire; et dès qu'il eut appris que tout le crime de celui qu'on venoit de saisir étoit l'indigence, il le fit délivrer en payant aussitôt la somme qu'il devoit. « Je l'ai
» vu, dit M. de Bretonvilliers, donner en ma
» présence une grosse somme à un gentilhomme
» de sa paroisse, qui vint lui découvrir la misé-
» rable situation où il étoit réduit; et si quelque-
» fois il se trouvoit sans argent, lorsqu'on venoit
» lui demander quelque secours, il donnoit sur-
» le-champ ce qu'il avoit sur lui, comme un livre,
» un mouchoir, ou autre chose qu'on pouvoit
» vendre pour avoir du pain ».

Dans un de ses premiers voyages en Auvergne, Dieu récompensa une fois sa charité par une assistance et une guérison bien remarquable. Sa mère ayant su qu'il y étoit malade se rendit promptement auprès de lui, comme je l'ai dit au livre II, pour lui

---

(1) *Congregationi pauperum affabilem te facito.* Eccli. IV. 7.

porter des secours, et se consoler, dans sa compagnie, de l'affligeante nouvelle qu'elle venoit d'apprendre. A quelque distance de la maison où elle le croyoit encore étendu sur un lit de douleur, elle fut bien surprise de le voir arriver à sa rencontre, accompagné d'une troupe nombreuse de pauvres. « C'est chose admirable, dit-il lui-
» même, que ma mère étant venue en Auvergne
» avec le plus grand empressement, fort inquiète
» sur ma santé, elle me trouva guéri par le secours
» de Dieu. Pour lui montrer quel étoit celui à
» qui je devois ma guérison, et qui vouloit me
» garder à son service, je menai au-devant d'elle
» ses serviteurs et ses membres. Je lui présentai
» trois à quatre cents pauvres, qui me suivirent
» hors de la ville. Là, elle vit l'amour et l'affection
» qu'ils me portoient. Elle vit encore que le mé-
» decin qui m'avoit rendu une santé si prompte
» étoit notre Seigneur. Ce que toute ma famille
» n'auroit pu me rendre, avec tout son argent
» et tous ses soins, je l'avois obtenu par les prières
» des pauvres, ses amis les plus chers. Je bénis
» Dieu qui daigne ainsi prendre soin de con-
» server les siens, quoique très-misérables et très-
» infidèles ».

« Je lui ai ouï dire une fois, (ce sont les paroles
» de M. de Bretonvilliers) que les pauvres étoient
» une véritable échelle du paradis, comme celle
» de Jacob, où nos anges montent pour aller pré-
» senter à Dieu nos aumônes, et descendent pour
» nous apporter des trésors de grâce. Si l'on
» savoit, ajoutoit-il, les biens que nous nous pro-
» curons par l'aumône, et l'honneur que Dieu nous

» fait de vouloir bien accepter quelque chose de
» nous, il n'en est pas un seul qui ne donnât tout
» ce qu'on lui demande, et qui osât jamais rien
» refuser à un pauvre. En recevant de notre main,
» Dieu s'oblige à nous donner le centuple; sa pa-
» role y est engagée. Il nous demande peu, dans
» le dessein toujours de nous donner beaucoup.
» Pour devenir riche, le monde amasse; avec Dieu
» c'est tout le contraire : le moyen de s'enrichir
» est de se dépouiller de tout et de tout donner ».

Il vouloit qu'après avoir donné l'aumône, on rendît grâces au Seigneur de ce qu'il n'avoit pas dédaigné de recevoir quelque chose de nous, lui à qui appartient l'univers, avec toutes les richesses qu'il renferme. Il comparoit Jésus-Christ à un bon père qui, voulant connoître l'amour de ses enfans, leur confie une portion de ses biens, feignant ensuite d'être pauvre, pour voir s'ils l'assisteront : ainsi notre Seigneur, après avoir fait le ciel et la terre, a donné celle-ci aux hommes; puis se cachant sous les vils habits du pauvre, il demande l'aumône à ceux qu'il a comblés de biens, et qui tiennent tout de sa libéralité. « Quelle
» honte à un chrétien au jour du jugement, di-
» soit-il, d'avoir refusé à Dieu un peu d'argent,
» un rien, à lui qui, dès auparavant la création
» du monde, avoit préparé à l'homme les biens
» immenses du paradis » !

Un jour, pendant l'octave de Noël, quelqu'un de sa compagnie parlant du mystère d'un Dieu fait homme, admiroit l'humilité de notre Seigneur dans la dépendance où il avoit voulu vivre de la sainte Vierge, jusqu'à recevoir d'elle tous les

jours l'aumône que sa charité lui faisoit en le nourrissant. « Cela est vrai, répondit-il; mais
» l'humiliation du Fils de Dieu me paroît beau-
» coup plus grande, lorsque je le considère vivant
» tous les jours dans la personne des pauvres, et
» dépendant ainsi des aumônes qu'on leur fait.
» Tout lui étoit agréable dans la sainte Vierge.
» Elle étoit incapable de lui refuser le lait ou le
» pain qui lui étoit nécessaire. Il savoit qu'elle
» l'aimoit jusqu'à être prête de donner pour lui
» tout son sang, et de perdre une infinité de vies,
» si elle les avoit eues. Mais de s'abaisser devant
» les hommes, qui très-souvent sont ses ennemis,
» jusqu'à leur demander une aumône, qu'il sait
» qu'on lui refusera; et de s'abaisser ainsi lorsqu'il
» est assis à la droite de son Père, où il possède,
» avec tous ses biens, le pouvoir de créer mille
» et mille mondes, pour récompenser ce qu'il
» demande; c'est une humilité si grande, une
» charité si excessive, qu'il est difficile de pro-
» noncer laquelle des deux excelle au-dessus de
» l'autre. Il faut, ajouta-t-il, que notre Seigneur
» ait un grand désir de sauver les hommes, pour
» que la soif de notre salut l'ait réduit à un si pro-
» fond abaissement ».

On lui parloit une autre fois d'une personne qui jouissoit d'une très-grande fortune. Il demanda si elle faisoit l'aumône. « Cela ne paroît pas, lui
» répondit-on. Ah! reprit-il, que cet homme est
» pauvre et misérable avec tout son bien! Qu'il
» est à plaindre de posséder tant de trésors, puis-
» qu'ils seront peut-être un jour le sujet de sa
» condamnation! A l'heure de la mort, comme il

» se trouvera nu devant Jésus-Christ ! Oh que
» la pauvreté de saint Martin (on venoit de cé-
» lébrer sa fête) est bien plus glorieuse que toute
» cette opulence! On ne dira pas du riche dont
» vous parlez, s'il ne devient riche en charité, ce
» que l'Église chante depuis tant de siècles en
» l'honneur de ce grand imitateur de la pauvreté
» de Jésus-Christ : *Martinus pauper et humilis*
» *cœlum dives ingreditur, hymnis cœlestibus*
» *honoratur* ».

M. Olier n'étoit pas moins empressé à donner l'aumône spirituelle que celle du corps; et les gens les plus grossiers étoient ceux qu'il recherchoit avant tous les autres pour exercer cette sorte de charité, la plus précieuse aux yeux du Seigneur; parce qu'elle est la plus pure, et celle dont il tire le plus de gloire. « Les riches et les grands,
» disoit-il, ne manquent pas d'instruction, mais
» seulement de bonne volonté. Il y a presse pour
» eux, tandis qu'on laisse là les pauvres ». Il ajoutoit que souvent on couvre de l'apparence du zèle ce qui n'est qu'amour-propre et orgueil très-subtil; que les pauvres étoient pour l'ordinaire bien mieux disposés que les autres aux impressions de la grâce, mais qu'on les négligeoit trop, parce que rien d'agréable à la nature et aux sens n'attiroit à eux; qu'on ne pouvoit au contraire y être porté que par le pur amour, vertu si rare parmi les hommes.

« Celui, disoit-il même, qui ne se sent pas
» attiré également à instruire les pauvres et les
» riches, ni à quitter ceux-ci pour aller au se-
» cours des autres quand leur besoin est plus

» pressant à cette seule marque fait voir qu'il
» est vide de l'esprit de Dieu, par qui Jésus-
» Christ a été envoyé pour annoncer aux pauvres
» le royaume des cieux : *Evangelizare paupe-*
» *ribus misit me.* Quels cris de désespoir ils feront
» entendre au dernier jour, à la voix des pauvres
» qui leur diront : *Nous avons eu faim de la*
» *justice, et nous n'avons trouvé personne pour*
» *nous rassasier.* Si Jésus-Christ doit punir
» avec tant de sévérité ceux qui auront refusé
» l'aumône temporelle, quel sera donc le châti-
» ment de ceux qui n'auront pas fait l'aumône
» spirituelle » !

Pour servir indifféremment le riche et le pauvre, M. Olier vouloit que, dans les œuvres de charité, on n'envisageât que Jésus-Christ, puisqu'il est dans tous les deux; qu'il est même plus parfaitement caché sous les habits vils et grossiers du pauvre ; et que son salut est aussi cher à Dieu que celui du plus grand prince de la terre. Il disoit enfin que l'instruction des pauvres devoit être quelque chose de bien noble, puisque notre Seigneur l'avoit donnée comme un des caractères qui devoient le faire reconnoître pour le Messie, en disant : *Allez et rapportez à Jean que les pauvres reçoivent de moi la parole de l'Evangile* [1]. Aussi M. Olier les catéchisoit avec prédilection, et n'épargnoit rien pour eux. Il alloit les chercher dans les trous des rochers et des montagnes, comme dans les lieux les plus rians et les plus agréables. Avec les ignorans, il étoit aussi patient et montroit autant de paix qu'avec les esprits les plus pénétrans. Si

[1] *Matt.* xi. 5.

une première ou une seconde instruction n'avoit pas été suffisante pour leur enseigner ce que tout chrétien ne peut ignorer sans être hors de la voie du salut; il y revenoit jusqu'à ce qu'il les vît assez éclairés pour n'être pas exclus du royaume de Dieu. Les difficultés qui auroient fait abandonner l'œuvre à beaucoup d'autres, loin de ralentir son zèle, ne faisoient que l'enflammer davantage. Il disoit alors que nous devons trouver notre joie dans les choses les plus pénibles, comme notre Seigneur avoit pris son repos dans les amertumes et entre les bras de la croix; ajoutant que c'étoit surtout en ces occasions qu'il falloit témoigner notre amour au divin Sauveur, dans la personne des siens.

Les persécuteurs du saint prêtre n'éprouvèrent pas moins l'étendue de sa charité que ses meilleurs amis. Bien loin d'avoir aucun ressentiment contre eux, il les combloit d'honneurs et de bienfaits, suivant, comme par une inclination naturelle, le précepte de l'Evangile, *Faites du bien à ceux qui vous haïssent.* Un de ceux qui avoient suscité contre lui la sédition dont j'ai parlé au quatrième livre, étant tombé malade, et se voyant dans un état où l'on ne pouvoit guère méconnoître la main de Dieu, il le visita avec plus d'assiduité et d'empressement qu'aucun autre de sa paroisse. Une personne qui l'avoit cruellement calomnié se trouva engagée dans une affaire qui ne pouvoit manquer de lui causer de grands chagrins et beaucoup de dépenses. A peine en fut-il instruit, qu'il fit pour solliciter en sa faveur les démarches les plus promptes: et comme on lui demanda ce qu'il falloit dire aux juges; « Dites, » je vous prie, répondit-il, que c'est une per- » sonne à qui j'ai de grandes obligations ». Après avoir rapporté, dans ses Mémoires, ce reproche échappé à quelqu'un de sa compagnie, dans les jours de ses grandes épreuves : *Pour vous, allez où vous voudrez, nous n'avons pas besoin de vous;* il ajoute : « Le sentiment d'où étoit partie » cette parole, je le voyois toujours dans le cœur » de celui qui me l'avoit adressée, et je ne pouvois » le trouver mauvais; tant je sentois qu'il disoit » vrai. Je voyois au contraire que j'étois le déshon- » neur et l'opprobre de toute la compagnie : je » ne craignois que d'en être chassé. La même » personne m'avoit déjà déclaré que je n'étois bon » à rien : il avoit bien raison; car notre Seigneur » m'avoit tellement retiré son secours, que tout » en moi devenoit ridicule. Rien cependant de » ce qu'on me disoit ne m'offensoit. Tous les jours » je disois la messe pour celui qui m'avoit parlé » ainsi, non comme on a coutume de la dire pour » ses ennemis et ses persécuteurs, car je ne le regar- » dois pas comme tel, mais comme pour mon ami » le plus intime; m'intéressant dans les biens que » Dieu lui faisoit comme dans les miens propres, » et mille fois davantage. Admirant ses lumières » et les dons de Dieu en lui, j'en rendois grâces » à Dieu, et le prioís de l'en combler de plus » en plus ». C'est ainsi que les saints ont appris à se venger à l'école d'un Dieu, qui, au moment de rendre le dernier soupir, crioit pour ses bourreaux : *Pardonnez-leur, mon Père, ils ne savent ce qu'ils font.*

CHAPITRE V.

SA RELIGION.

La religion de M. Olier répondoit à la grandeur de sa foi et à la ferveur de sa charité. Le souverain respect avec lequel il étudioit les saintes Ecritures et conservoit les livres sacrés où elles sont mises en dépôt (1); les termes dans lesquels il s'exprimoit, lorsqu'il traitoit des choses saintes et des cérémonies de l'Eglise; les dépenses qu'il a faites en toute occasion et en cent endroits différens, pour relever la majesté du culte divin; les livres qu'il a composés pour procurer à Dieu de parfaits adorateurs, en sont des témoignages non suspects. Jaloux de pratiquer dans les bâtimens, dans les vêtemens, dans les ameublemens, toute la simplicité de l'Evangile, il ne trouvoit rien de trop magnifique, dès qu'il s'agissoit de faire honorer Dieu et ses mystères. Si, comme saint Bernard, il eût été à la tête d'une communauté de religieux ensevelis par état dans la solitude d'un cloître, il eût pris la pauvreté de ce saint abbé pour modèle, et l'eût imité jusque dans les

---

(1) Il donna cinq cents francs, somme alors très-considérable, pour acquérir et laisser au séminaire une Bible d'une rare beauté. Elle est de la plus belle édition qui put se trouver alors, reliée en maroquin du Levant, garnie au milieu et sur les coins de plaques d'argent où sont représentés en relief des chérubins qui adorent la parole éternelle. Pour conserver cette précieuse reliûre, elle est enveloppée d'une couverture de velours relevée en broderie et doublée de satin.

ornemens et la décoration des églises; mais suscité de Dieu pour inspirer aux élèves du sanctuaire la plus haute estime de tout ce qui appartient au service des autels, il croyoit devoir nourrir et ranimer leur foi, en consacrant à la pompe du culte sacré, tout ce qu'il y avoit de plus riche, et à l'appareil de la religion tout ce qu'il jugeoit le plus propre à frapper les sens. Ce fut dans cet esprit qu'il travailla à la construction d'un nouveau temple, où les saintes cérémonies pussent se faire avec plus de dignité que dans celui qui existoit, lorsqu'il prit possession de la cure de Saint-Sulpice; qu'il y fit placer dans le chœur sept lampes toujours allumées devant le très-saint sacrement, pour représenter les sept esprits qui sont toujours en adoration devant le trône de la majesté divine, et appliqués à ses louanges; qu'il fit présent à son église de plusieurs ornemens de prix, d'un grand nombre de vases sacrés, d'un riche tabernacle et d'une infinité de choses très-précieuses.

Ce goût de la décoration des églises lui étoit principalement inspiré par sa grande dévotion au très-saint sacrement de l'autel. Rien ne l'affectoit aussi vivement et ne ranimoit autant sa religion, que cet ineffable mystère, l'objet le plus présent de la religion de toute l'Eglise, comme la source la plus féconde de tous les sentimens qu'elle peut inspirer à ses ministres et à ses enfans. Non content de rendre à notre Seigneur des visites très-fréquentes et de passer des heures entières en sa présence, toutes les fois qu'il sortoit de la maison ou qu'il y rentroit, il alloit se prosterner devant son tabernacle pour lui demander sa bénédiction. Dans tous ses voyages, avant de chercher un logement, il ne manquoit jamais d'aller à l'église pour l'y adorer. Il n'en sortoit qu'avec le regret de ne pouvoir demeurer jour et nuit en la compagnie de son divin maître, pour s'y consumer en actions de grâces, en amour et en louanges.

« Je n'ai jamais rien vu, dit-il, dans la vie et
» dans la mort de mon Sauveur, que je n'aie désiré d'imiter de point en point, et que je ne me
» sois résolu de pratiquer sous l'obéissance due à
» mon directeur. Entre autres choses, je désirerois l'imiter dans un point; ce seroit de passer
» la nuit en prières, après avoir passé le jour
» au travail. Je voudrois le faire devant le saint
» sacrement; et si mon père spirituel ne vouloit
» pas me permettre cette pratique, le grand objet
» de mes vœux, pour tous les jours de ma vie,
» je le conjure au moins que ce soit pour quelques-uns. Oh! que j'aurois de plaisir de veiller
» toutes les nuits comme une lampe ardente devant lui, faisant ainsi la fonction de saint Jean-
» Baptiste, que notre Seigneur appelle une lampe
» ardente et luisante. Que ne m'est-il permis de
» porter la clochette, et d'imiter encore par là
» l'emploi du saint précurseur qui alloit devant
» notre Seigneur, pour préparer ses voies et le
» faire honorer de ses sujets »?

« Je me souviens, dit-il dans un autre écrit,
» d'une chose qui m'est arrivée plusieurs fois avec
» beaucoup de consolation intérieure. Lorsque
» j'arrivois à Paris, de la province ou de la cam-
   » pagne,

» pagne, et qu'allant saluer notre Seigneur à
» Notre-Dame, je trouvois les portes fermées;
» je prenois plaisir à regarder dans l'église au
» travers des fentes de la porte; et voyant les
» lampes allumées, *Hélas!* disois-je, *que vous
» êtes heureuses de vous consumer entièrement
» à la gloire de Dieu, et de brûler perpétuelle-
» ment pour l'honorer!* C'est l'office des prêtres
» de se consumer ainsi, puisqu'ils doivent être
» tout à la fois, comme notre Seigneur, sacrifica-
» teurs et hosties. S'il est dit à tous les chrétiens,
» *Faites de vos corps une hostie vivante,* combien
» plus cette parole est-elle écrite pour les prê-
» tres, qui disent tous les jours: *Ceci est mon
» corps.*

» Ordinairement, continue-t-il, quand il y a
» deux voies pour aller dans un lieu où m'ap-
» pelle quelque affaire, je passe par les rues où il
» se trouve plus d'églises, pour être toujours plus
» proche du saint sacrement. Je suis heureux
» quand je vois un lieu où repose mon maître. Je
» ressens des joies nompareilles. Je dis en mon
» cœur: *Vous êtes là, mon Dieu et mon tout!
» soyez adoré par vos anges, et loué à jamais*».

Un cœur si embrasé d'amour pour notre Seigneur présent dans la sainte eucharistie, devoit brûler du désir de le faire honorer par tous les hommes, et d'attirer à ses pieds des adorateurs sans nombre. Aussi étoit-ce son vœu le plus ardent. « Je désire tant, disoit-il, d'avoir mille
» sujets à ma disposition pour les envoyer partout
» répandre l'amour de Jésus-Christ et l'honneur
» dû au très-saint sacrement! Et quand je pense

» que la cure qui m'est offerte pourra me servir
» à en donner le zèle, non-seulement à Paris,
» mais dans toute la France, je suis ravi de joie.
» Car mon plus grand désir est de faire glorifier
» mon maître, surtout dans ce mystère où il a été et
» est encore si méprisé. Je disois il y a long-temps,
» en pensant à cette cure : Oh ! si jamais j'étois là, je
» ferois bien honorer le sacrement de son amour;
» je m'abandonnerois tout entier à son service ».

Ce fut aussi le principal motif qui le porta à l'établissement du séminaire. « Une des raisons,
» dit-il, qui m'y détermina, fut ce qui m'arriva
» lorsque je faisois oraison devant le saint sacre-
» ment. Il me fut dit intérieurement, qu'il falloit
» former des prêtres auxquels on inspireroit la
» dévotion au mystère de l'autel, et le zèle de la
» porter dans tous les cœurs. Je me figurois avoir
» devant les yeux un homme qui seroit toujours
» en prières devant notre Seigneur, pendant que
» les prêtres qu'on auroit formés et instruits,
» iroient de tous côtés prêcher et publier cette
» dévotion. Je considérois en même temps cet
» homme à genoux aux pieds de Jésus-Christ re-
» posant sur l'autel, et les autres grimpant sur
» les montagnes et pénétrant jusque dans les vil-
» lages les plus abandonnés, pour y faire con-
» noître et adorer le très-auguste sacrement. Le
» P. de Condren me disoit qu'il falloit avoir une
» grande dévotion à cet Ange de l'Apocalypse,
» qui, vers les derniers temps de l'Eglise, répandra
» sur la terre le feu du ciel, qu'il dit avoir pris
» sur l'autel dans son encensoir. Il croyoit que ce
» seroit un homme angélique qui donneroit à l'E-

» glise l'amour du saint sacrement, et me témoi-
» gnoit souhaiter beaucoup que je travaillasse à
» répandre cette dévotion ».

M. Olier entra parfaitement dans les sentimens et les intentions du P. de Condren. Dès qu'il fut curé de Saint-Sulpice, il prit des mesures pour que le très-saint sacrement ne demeurât jamais seul dans l'église. Il disoit que c'étoit une chose bien indécente, qu'un aussi grand seigneur que Jésus-Christ ne fût pas toujours environné de ses vassaux qui lui rendissent visiblement tous les devoirs que leur impose la religion. Pour lui procurer cet honneur, il assembla plusieurs personnes de piété, qui convinrent avec lui de partager entre elles toutes les heures du jour, pour aller successivement rendre leurs devoirs à notre Seigneur; en sorte que chacune allant à son tour l'adorer au nom de toutes les autres, il n'y eût pas de moment dans la journée où il ne vît quelqu'un à ses pieds pour l'adorer dans le silence et s'entretenir avec lui. Il leur indiqua les dispositions dans lesquelles on devoit demeurer ainsi en sa présence; l'offrande qu'il falloit faire de soi-même à notre Seigneur, pour n'être qu'une même hostie avec lui devant son Père, et la manière d'entrer dans toutes les louanges qu'il lui rend, de s'unir à toutes ses demandes. Il établit, comme on l'a vu, cette pratique dans le séminaire, où elle s'est toujours conservée et continue encore de s'observer fidèlement. Il exhorta ses ecclésiastiques et ses paroissiens, d'avoir chez eux une image du très-saint sacrement. Il en fit graver une à ce dessein, et la fit répandre partout. Il recommandoit beaucoup de suivre notre Seigneur quand on le rencontroit, et de l'accompagner autant qu'il étoit possible jusqu'à la maison du malade ou jusqu'à l'église. Enfin dans ses prédications, dans les conférences des jeudis, où assistoient les dames de la paroisse pour le soulagement des pauvres, et dans ses entretiens ordinaires, il parloit souvent du très-saint sacrement de l'autel, et toujours avec tant d'onction, que ses auditeurs en étoient attendris jusqu'aux larmes.

C'étoit surtout lorsque notre Seigneur avoit reçu quelque outrage dans cet auguste sacrement, que son zèle et sa charité s'enflammoient. Pour le réparer autant qu'il étoit en lui, il redoubloit alors ses oraisons, ses jeûnes, ses veilles, et ses autres mortifications. On a vu comment il s'efforça d'expier l'horrible profanation des saintes hosties qui fut commise en 1648. On sera bien aise de l'entendre rapporter lui-même ce qui se fit alors pour l'honneur du très-saint sacrement. « Ces
» jours passés, dit-il, dans notre église de Saint-
» Sulpice, notre Seigneur et adorable Maître
» a bien voulu souffrir l'attentat effroyable de
» douze voleurs qui ont porté leurs mains sacri-
» lèges sur le saint ciboire, et par un mépris hor-
» rible de sa personne, ont jeté par terre son sacré
» corps. C'est ce qui a donné lieu à douze habi-
» tans de la paroisse, de s'unir en esprit aux
» douze apôtres pour réparer ce crime abomi-
» nable, par tout ce que leur inspirera la religion
» dont leur cœur est rempli. Ils se sont associés
» douze autres adorateurs pour doubler leur ré-
» paration; et par cette réunion de vingt-quatre,

» ils ont voulu imiter la fonction religieuse des
» vingt-quatre vieillards de l'Apocalypse, qui
» adorent continuellement Jésus-Christ, proster-
» nés et abîmés devant son trône. Ces vingt-
» quatre personnes se partageront les vingt-quatre
» heures du jour, demeurant chacune, l'une après
» l'autre, l'espace d'une heure devant le très-au-
» guste sacrement de l'autel, afin d'y être en ado-
» ration perpétuelle, et de pouvoir en leur ma-
» nière, toute pauvre qu'elle est, honorer Dieu
» sur la terre, comme il est honoré par les an-
» ges et les bienheureux dans le ciel. Leur des-
» sein ne sera pas seulement de réparer l'injure
» commise extérieurement contre lui dans l'église
» de Saint-Sulpice, et en tant d'autres lieux où
» il a souffert le même attentat; mais des injures,
» des crimes et des sacrilèges sans nombre com-
» mis dans les ames, et connus de Dieu seul. Elles
» se consacreront à Jésus-Christ comme autant
» de victimes qui font amende honorable perpé-
» tuelle pour les profanations de la très-sainte
» eucharistie, commises non-seulement par les hé-
» rétiques, mais encore par les catholiques eux-
» mêmes. A cette association qui est plus en esprit
» que de corps, sont admises des personnes de
» tout sexe et de toute condition, qui, prenant
» chacune dans son particulier une des vingt-
» quatre heures, se joignent aux vingt-quatre
» pour entrer dans leur dévotion, et suppléer
» aussi celles qui, par infirmité ou par une pres-
» sante nécessité, ne pourroient remplir actuelle-
» ment l'heure d'adoration ».

M. Olier regardoit la communion du corps et

du sang de Jésus-Christ, dans la sainte eucharistie, comme l'invention la plus admirable de sa religion envers son Père; et dans la religion de Jésus-Christ il trouvoit le plus doux aliment comme le modèle le plus parfait de celle qu'il portoit lui-même continuellement dans son cœur. Il disoit que les desseins du Fils de Dieu, dans la multiplication de sa chair adorable au saint sacrifice de la messe et dans la sainte communion, avoient été, en la donnant à l'Eglise, d'avoir autant de corps, autant de bouches et de cœurs, qu'il y a de justes au monde, pour s'immoler en eux à la gloire de son Père, l'adorer, l'aimer, le glorifier en tous les lieux et dans tous les temps; pour perpétuer et étendre son culte autant que l'univers; pour ne faire enfin du monde entier qu'un seul temple; de tous les peuples et de tous les hommes, qu'un seul adorateur du vrai Dieu; de toutes les voix, qu'une même louange toujours subsistante; de tous les cœurs, une seule et même victime, en lui qui est la parfaite et universelle religion, l'unique religion même de son Père, comme il est l'unique prêtre, l'unique victime et l'unique temple de la vraie religion.

Il est difficile de trouver rien de plus édifiant que ce qu'il disoit sur les dispositions avec lesquelles nous devons approcher de la sainte table. « La merveille du mystère de la communion (ce
» sont ses paroles) est que Jésus-Christ nous
» communique sa chair adorable, pour nous faire
» participans de son esprit, et nous faire entrer
» en communion de tout son intérieur. Or, quelle
» grande merveille n'est-ce pas que notre ame

» soit unie à la consécration que notre Seigneur
» Jésus-Christ a faite de son humanité à son Père!
» Quelle merveille que nous soyons admis en unité
» de cette divine opération! Combien notre dévo-
» tion seroit vive et enflammée, humble, res-
» pectueuse et profonde, si nous faisions notre
» consécration dans le même esprit et dans les
» mêmes dispositions de notre Seigneur! Combien
» seroit étroite notre union et notre adhésion à
» Dieu! Quel transport continuel! quelle élé-
» vation, quel amour! quel dévouement à le
» contempler, à le louer, à le bénir! Hélas! Dieu
» désire tout cela de nous : il le veut ; c'est pour
» cette fin qu'il nous donne son Fils ; qu'en nous
» faisant manger sa chair et boire son sang, il
» nous fait entrer en communion de son esprit,
» de son intérieur, de sa qualité d'hostie, de cette
» opération ineffable qui le consacre et le dédie
» à sa gloire. Hé, pourquoi ne nous laissons-nous
» pas posséder et pénétrer à Jésus-Christ, pour
» entrer dans toutes ses dispositions intérieures »?

La religion de M. Olier paroissoit surtout dans la manière dont il célébroit le saint sacrifice. Il s'y préparoit ordinairement en demandant à Dieu une communication abondante des dispositions merveilleuses qu'il avoit mises dans l'ame de la sainte Vierge, puisque c'étoit le même Jésus qu'il devoit recevoir; non plus dans l'état d'infirmité où on l'avoit vu sur la terre lorsqu'il étoit venu habiter parmi les hommes, mais dans l'état de sa gloire, quoique cachée et couverte des ombres de la foi. Il s'unissoit à la religion des saints qui l'adorent dans le ciel, et des justes qui lui rendent leurs hommages dans ce monde, afin que, revêtu de leur sainteté et de leurs mérites, fruit admirable de la communion qui lie tous les membres vivans de Jésus-Christ, il fût moins indigne de recevoir son créateur et son souverain maître. Dans ces sentimens, il montoit à l'autel, et célébroit les saints mystères avec tant de piété et de recueillement, qu'il en inspiroit aux assistans les moins religieux. On peut juger quelle étoit alors sa modestie, par ce qu'on trouve écrit de sa main sur la fonction du prêtre à l'autel : « Dès l'âge de sept ans, » disoit-il, j'avois une telle idée de la sainte messe, » que, dans mon pauvre esprit d'enfant, lorsque » je voyois un prêtre à l'autel, je croyois qu'il ne » vivoit plus que de la vie de Dieu. Je me le figu- » rois si appliqué et si consommé en lui, que je » m'étonnois de le voir cracher. C'étoit pour » moi une grande peine de le voir tourner la tête, » pensant qu'il avoit perdu alors l'usage de la vie » corporelle et terrestre, comme les saints dans » le ciel, qui sont entièrement séparés de la terre. » Je croyois les prêtres transformés en des anges, » depuis qu'ils étoient revêtus des habits sacer- » dotaux, et du moment surtout qu'ils étoient » montés à l'autel ».

Ses sentimens sur la sainteté des prêtres étoient proportionnés au respect qu'il avoit pour leurs sublimes fonctions. Il se représentoit un ministre de Jésus-Christ comme une image abrégée des perfections divines. Il disoit que le Fils de Dieu, lorsqu'il venoit reposer dans son sein, devoit le trouver semblable à celui de son Père, afin que, voyant cette ressemblance, il prît en lui ses délices sur la terre, comme il fait ses délices d'habiter en son Père. Il ajoutoit que le sein du prêtre devoit être toujours ouvert à Jésus-Christ, et se dilater sans cesse pour le recevoir aussi souvent, et le posséder aussi intimement qu'il le désiroit ; que le cœur de Jésus étant si vaste, puisqu'il est immense, il demandoit aussi dans les prêtres une ame capable, par l'ardeur et l'étendue de ses désirs, de le recevoir avec tous ses trésors, et selon la magnificence dont veut user un si grand Roi en faveur de ceux qu'il honore de sa confiance et qu'il revêt de son autorité; que le cœur d'un prêtre devoit encore être un temple où tous les jours Jésus-Christ offrît à son Père des sacrifices de louange, et immolât intérieurement quelque victime à sa gloire; qu'enfin il devoit être lui-même une victime d'amour, et ressembler à une fournaise dont la chaleur se fait sentir à tous ceux qui en approchent.

« Un prêtre, disoit-il, doit être un feu si ar-
» dent, qu'il consume toutes les imperfections de
» ceux avec qui il vit. Il doit être si saint, et
» pour ainsi dire si divin, que sa religion attire
» en lui Jésus-Christ, jusqu'à lui faire désirer ar-
» demment de venir dans son ame, comme dans
» le lieu de sa joie et de ses complaisances. Si
» tous les chrétiens doivent être saints, car c'étoit
» leur premier nom, *vocatis sanctis,* combien
» plus, concluoit-il, doivent l'être ceux qui
» entrent tous les jours dans le Saint des saints! Et
» si autrefois le grand-prêtre, pour entrer un seul
» jour dans toute l'année en un lieu qui n'étoit
» que la figure de celui où nous entrons tous les

» jours, se séparoit si soigneusement de toute
» créature pour être tout appliqué à Dieu, com-
» bien plus les prêtres doivent-ils se sanctifier, en
» se séparant du monde, et en renonçant à tout,
» d'esprit et de cœur, pour ne s'attacher qu'à Dieu
» seul! »

Convaincu que rien ne contribue tant à la gloire de Dieu et à l'accroissement de la religion, que la sainteté de ses ministres, M. Olier ne cessoit de former les vœux les plus ardens pour qu'il plût au ciel de renouveler l'esprit de ferveur dans le clergé. « Je crois, disoit-il à ses prêtres, que nous de-
» vons, dans ces malheureux temps, prier beau-
» coup pour l'Eglise, et demander instamment à
» Dieu qu'il fasse revivre la piété en beaucoup
» de lieux où l'on diroit presque qu'elle est non-
» seulement affoiblie et languissante, mais entiè-
» rement éteinte et abolie. C'est le défaut de reli-
» gion qui laisse déchoir en tant d'endroits des
» villes et des campagnes la beauté des églises, la
» décoration des autels, le respect dû au saint sa-
» crifice, la gravité du chant, la majesté des céré-
» monies; la sainteté des prélats, la décence, la
» modestie et la vie édifiante des autres ministres;
» la richesse et la propreté des ornemens, le soin
» des vases ou instrumens qui touchent de plus
» près la personne adorable du Sauveur, comme
» les ciboires, les calices, les soleils, et les lampes
» qui doivent brûler jour et nuit devant sa sainte
» présence. Demandons beaucoup à Dieu qu'il
» rétablisse dans tout le monde chrétien la di-
» gnité du culte extérieur; mais qu'il lui plaise
» avant toutes choses réformer dans les ecclé-

» siastiques l'intérieur de sa religion. Vous savez
» que c'est là notre vocation, et ce que notre
» Seigneur attend de nous ».

Voici quelques instructions particulières que laissa le serviteur de Dieu à ceux de sa communauté et de sa compagnie : « Un de nos principaux
» devoirs, leur disoit-il, est de nous occuper
» beaucoup devant Dieu des besoins et de la
» sanctification des ministres de Jésus-Christ,
» dans tous les rangs et dans toutes les conditions
» du clergé. C'est pourquoi vous demanderez à
» Dieu, pour les prélats de son église, l'esprit de
» sainteté et de séparation du siècle ; l'esprit d'o-
» raison et d'application à Dieu ; l'esprit de fru-
» galité dans leur table, de simplicité dans leurs
» meubles et de modestie en leur train ; l'esprit
» de libéralité envers le prochain, de vigilance
» sur leurs ouailles, de zèle, de force, de pa-
» tience à les servir ; l'esprit de haine du monde
» et de ses maximes ; l'esprit de magnanimité
» pour combattre, sans être arrêté par la crainte
» des hommes, le péché, les hérésies, les scan-
» dales et toutes les œuvres du démon ; l'esprit
» d'humilité et de mépris d'eux-mêmes, qui les
» tienne toujours vils, petits et abjects à leurs
» propres yeux.

» Pour les chapitres, vous demanderez la con-
» corde avec leurs prélats, la parfaite intelligence
» et union de tous les membres du corps entre
» eux ; une grande assiduité au chœur ; un pro-
» fond respect dans l'église, qui fasse éviter tout
» ce qui scandaliseroit les peuples ; une grande
» recollection, et beaucoup d'esprit intérieur, sur-

» tout pendant les saints offices; une vie labo-
» rieuse et sacerdotale, en sorte que tous soient
» des exemples de piété et des modèles de reli-
» gion pour les fidèles et les prêtres du diocèse.

» Pour les curés, vous prierez Dieu de leur
» donner l'esprit de pénitence, afin qu'ils expient
» avec leurs propres péchés ceux de leur trou-
» peau; tout le zèle qui doit animer un pasteur
» pour le salut de ses brebis; une charité ardente,
» tendre et compatissante aux maux du prochain,
» prompte à les secourir, soit pour l'ame, soit
» pour le corps; enfin l'oubli d'eux-mêmes, l'a-
» bandon à Dieu, et l'amour des croix.

» Vous demanderez pour les prêtres et vicaires
» des paroisses, le dépouillement de leur propre
» esprit, en sorte qu'ils soient toujours dans les
» mains du pasteur, et agissent par ses conseils;
» un profond anéantissement, une entière pau-
» vreté; une activité continuelle, mais accom-
» pagnée de paix, et gouvernée par la douceur,
» la charité, la patience; une perte totale d'eux-
» mêmes, pour n'être occupés que du service de
» Dieu et du prochain.

» Pour tous les ministres des saints autels,
» vous demanderez une vie ornée de toutes les
» vertus, une sainteté entière et parfaite, une foi
» vive, une ardente charité.

» Comme tous ceux que je viens de nommer
» sont les principaux instrumens de la religion,
» et les vertus dont je viens de parler, celles que
» Jésus-Christ demande surtout dans les ministres
» de son Eglise; faites-en tous les jours le sujet
» de vos prières, principalement lorsque vous de-

» meurez devant le très-saint sacrement, où notre
» Seigneur n'a point de plus grande joie que de
» pourvoir aux besoins de son peuple, et d'en
» traiter avec ses ministres ».

Un jour notre Seigneur lui fit connoître intérieurement que son désir étoit qu'il vécût, jusqu'à sa dernière heure, dans un esprit de servitude et de dépendance continuelle; expressions qu'il faut entendre, non dans le sens imparfait que l'apôtre reprochoit aux Juifs, qui servoient Dieu moins en enfans conduits par l'amour, qu'en esclaves dominés par la crainte; mais dans le sens de l'apôtre lui-même, qui s'appelle serviteur et esclave de Jésus-Christ. Ce fut dans la chapelle de Notre-Dame de Saint-Maur qu'il reçut cette lumière intérieure; et voici dans quels termes il la rapporte. « Je commençois, dit-il, à célébrer la
» sainte messe, sans m'attendre à recevoir aucune
» consolation, ni caresse de mon maître, qui
» m'avoit comme rebuté depuis si long-temps,
» et de qui je n'osois presque plus rien espérer,
» lorsque tout d'un coup, ce divin époux de nos
» ames me dit : *Faites-moi vœu de servitude;*
» mais avec un témoignage de bonté et d'amour
» si extraordinaire, que rien ne le peut exprimer.
» Plusieurs fois j'ai tenté de les rendre par quelque
» comparaison, mais inutilement. Je me souviens
» que tout saisi et ravi de joie, je lui répondis :
» *Je le veux, Seigneur, si vous le voulez; je le*
» *veux : mais donnez-moi permission de ne rien*
» *faire sans le consentement de celui qui me tient*
» *votre place; car je n'entends pas même à quoi*
» *je m'engagerois.* Si dans le moment ce bon

» maître m'eût expliqué la nature de ce vœu, je ne
» crois pas que jamais j'eusse osé l'entreprendre.
» Pendant mon action de grâces, il me dit : *Etre*
» *serviteur d'un maître, c'est faire tout dans ses*
» *intentions*; ce qui est, je le puis dire, presque
» la moindre partie de ce que ce vœu comprend; et
» s'il étoit proposé dans toute son étendue, il n'y
» auroit personne au monde qui voulût s'y en-
» gager. Cette servitude demande une telle dé-
» pendance de corps et d'esprit, qu'on ne peut la
» concevoir. En vertu de mon vœu, je n'oserois
» entreprendre la moindre chose, que selon la
» volonté et dans l'intention de mon maître. Je
» ne puis donc plus ni parler ni agir; je n'oserois
» même penser à lui, que dans la dépendance de
» son esprit qui me possède et me gouverne, pour
» ne me laisser rien faire par moi-même. C'est
» un assujettissement extraordinaire, et toutefois
» admirable dans sa douceur, sa suavité, sa paix.
» Rien ne montre mieux la puissance et la bonté
» de l'Esprit de Dieu, qui, tout grand qu'il est,
» s'accommode si charitablement à la foiblesse
» de sa créature, et descend à tout ce qu'il y a de
» plus bas, en daignant prendre la conduite de
» l'homme le plus vil et le plus méprisable, d'un
» pécheur indigne de voir le jour ».

M. Olier eût cru ne pas agir dans une dépendance assez parfaite, à l'égard du vœu qui devoit le lier si étroitement à Jésus-Christ, s'il n'eût pas consulté son directeur. Celui-ci jugea qu'avant de prononcer son vœu, il devoit s'y disposer pendant une année entière, en demandant instamment à Dieu sa grâce pour l'accomplir fidèlement, et en s'exerçant, pour l'obtenir, à une plus grande mortification. « Outre l'obéissance, dit-il, qui me défend de m'engager sans l'approbation de mon confesseur, j'avois encore besoin d'apprendre mieux jusqu'où je devois m'engager; car je ne l'entendois pas assez. Quand l'année de préparation qui m'avoit été donnée pour terme fut écoulée, je fis le vœu. Je reçus alors de grandes grâces; et ce que notre Seigneur ne m'avoit expliqué encore qu'en termes généraux, *Il faut qu'un serviteur fasse tout dans l'intention de son maître*, je le compris enfin, à la faveur des lumières intérieures qu'il daigna me communiquer. Depuis ce temps-là, notre Seigneur a commencé de me faire sentir des mouvemens que je n'avois jamais éprouvés, et m'a traité avec une bonté que je ne connoissois pas encore ».

Ce vœu de servitude, qui avoit la charité la plus pure pour principe, et pour fin une charité encore plus parfaite, étant ce qui découvre mieux l'éminente sainteté où parvint l'homme de Dieu, ce seroit priver les ames qui aspirent à la perfection, des consolations et des encouragemens qu'elles cherchent dans les vies de ses serviteurs, que de ne pas entrer ici dans le détail des dispositions où fut établi M. Olier, du moment qu'il l'eut formé, et où il persévéra jusqu'à la mort.

La première consistoit à se renoncer soi-même en toutes choses, pour n'agir que dans les intérêts de notre Seigneur. Sur quoi il s'exprimoit ainsi, écrivant un jour ce qui s'étoit passé et ce qui se passoit encore dans son cœur : « Hier, veille de saint Marc, comme je m'offrois pour réciter le

» saint office, je sentois en moi l'esprit de notre
» Seigneur, agir comme s'il l'eût récité pour moi;
» et lorsque je me préparois à dire la sainte messe,
» je me trouvai si rempli des intentions de mon
» maître, que je ne sentois plus en moi de liberté
» pour en avoir d'autres. Il a plu à la divine bonté
» de me manifester les vues dans lesquelles je
» dois offrir le saint sacrifice. Mais comme un
» serviteur ne sait pas ce que fait son maître, selon
» la parole du Fils de Dieu, je me sentois porté à
» refuser cette manifestation des desseins de mon
» cher maître, me regardant indigne d'entrer
» dans ses divins secrets, moi pauvre esclave,
» qui ne trouve en moi que néant et péché. Ce
» qui me confirmoit encore dans cette pureté de
» dépouillement et d'anéantissement, c'est que
» notre Seigneur lui-même, en cette qualité de
» serviteur, avoit ignoré le grand jour du juge-
» ment. Cependant, lorsque j'étois encore au bas
» de l'autel, Dieu me découvrit son très-saint et
» très-juste dessein sur le saint sacrifice que j'allois
» offrir. C'étoit qu'il fût présenté par mes mains
» à la souveraine majesté, pour qu'elle accordât
» au Pape l'esprit de saint Léon, dont on faisoit la
» fête en ce jour ».

Le serviteur de Dieu étoit si fidèle à agir uniquement dans les intentions de notre Seigneur, qu'il se fût cru coupable d'une grande infidélité s'il eût admis dans son esprit aucune autre fin que celle qui lui étoit montrée intérieurement; ou quand il n'en discernoit point de particulière, il s'approprioit en général toutes celles que notre Seigneur vouloit qu'il eût, et qu'il auroit eues lui-même,

s'il

s'il avoit agi en sa place et dans la même circonstance où il se trouvoit.

La seconde disposition qu'avoit opérée dans M. Olier le vœu de servitude fait à notre Seigneur, étoit de ne rien entreprendre que pour sa plus grande gloire, ne cherchant d'autres intérêts que les siens. « L'esprit de ce vœu, dit-il, est la
» pureté d'intention, avec un désir ardent de la
» gloire de Dieu, c'est-à-dire de le voir honoré,
» connu et aimé des créatures. Loin donc que
» nous ressentions de la jalousie, lorsque les autres
» l'honorent et l'aiment plus que nous, nous de-
» vons au contraire en concevoir un grand sen-
» timent de joie, et trouver notre plaisir dans le
» travail de nos frères, lorsqu'il fructifie mieux
» que le nôtre. Ce n'est pas seulement l'orgueil
» et l'amour-propre qui nous rendent jaloux de
» l'excellence d'autrui, c'est encore l'esprit mer-
» cenaire, et une sorte d'avarice qui nous fait dé-
» sirer ce que possèdent les autres au-dessus de
» nous. De là vient que nous désirons leur mi-
» nistère, dans la vue de la récompense qui
» leur est destinée : mais le moyen de n'en avoir
» qu'une petite, c'est de travailler pour elle ; car
» Dieu récompense nos services à proportion de
» l'amour avec lequel nous le servons. Et quel
» amour peut-il y avoir dans celui qui ne cherche
» pas purement la gloire de son maître »?

La troisième disposition qu'on remarqua en lui, depuis qu'il eut fait vœu de servitude, fut un abandon total et universel de lui-même aux volontés de son maître, qui lui faisoit dire en toute rencontre, comme il est écrit de saint Paul,

Seigneur, que voulez-vous que je fasse? « Le
» devoir d'un bon serviteur, disoit-il, c'est d'avoir
» toujours les yeux ouverts et tournés vers son
» maître, pour obéir au premier signe de ses
» mains; c'est d'être prêt à exécuter ses ordres,
» et de s'y porter sans la moindre opposition,
» faisant dépendre uniquement de la volonté de
» celui qui lui commande, l'usage de sa liberté,
» de ses talens, de ses membres ». On voit jusqu'où l'homme de Dieu pratiquoit cette soumission, dans la peinture qu'il fait de son état intérieur. « Cette grande dépendance, disoit-il,
» que j'éprouve en toute occasion, soit intérieu-
» rement, soit extérieurement, est une des dispo-
» sitions attachées à la qualité de serviteur et d'es-
» clave, que j'ai vouée à mon maître ». Il ajoutoit :
« Le serviteur de Dieu n'est plus qu'un merce-
» naire, s'il n'embrasse pas de tout son cœur les
» difficultés et les amertumes de son service. Il
» faut que les travaux et les peines lui soient des
» roses, dès qu'il s'agit de servir son maître. Ce n'est
» pas tout; il n'est pas fidèle à Dieu, s'il ne souffre
» pas amoureusement tous les rebuts qu'il en
» reçoit, et tous les châtimens de sa justice. Quand
» son maître ne le regarde pas; quand il paroît
» l'oublier et ne faire aucun cas de lui; quand il
» le laisse dans de grandes obscurités d'esprit et
» sécheresses intérieures, il doit être aussi joyeux,
» aussi content que s'il ne lui faisoit goûter que
» des consolations. Quand notre Seigneur, dans
» l'oraison, ne lui communique aucun sentiment
» de sa présence; lors même qu'il le traite avec
» la plus grande rigueur, et qu'il semble avoir

» oublié à son égard toute la tendresse d'un père,
» pour ne montrer plus que la sévérité d'un juge;
» lorsqu'il permet que l'ame soit agitée de ten-
» tations, et troublée de peines intérieures ; en
» un mot, dans toutes sortes d'épreuves, il faut
» non-seulement qu'il se soumette avec patience,
» mais encore qu'il baise la main qui le frappe,
» et que son cœur embrasse les afflictions, à
» l'exemple de notre Seigneur, qui, en qualité de
» serviteur de son Père, embrassa la croix, accepta
» toutes les rigueurs de sa passion, et endura la
» mort avec un si grand amour, qu'il l'eût endurée
» une infinité de fois ».

Comme Jésus-Christ ne fait qu'un même corps avec son Eglise, dont il est le chef, dont il vivifie tous les membres par son esprit, selon la doctrine de saint Paul [1], M. Olier, dans son vœu, ne voulut pas séparer l'épouse de l'époux. Il se voua au service de l'Eglise, en se vouant à notre Seigneur, et s'obligea de procurer sa gloire, en travaillant au salut de ses enfans, par toutes les voies possibles. « Nous devons, disoit-
» il, considérer l'Eglise comme une seule chose
» avec Jésus-Christ. Il est au milieu d'elle et en
» elle, répandant son esprit, sa vie, ses sentimens
» dans ses membres. Il la chérit comme son épouse;
» et ses membres, comme ses enfans qu'il a en-
» gendrés dans les douleurs, sur le lit de la croix.
» Je ne puis donc servir Jésus-Christ, sans me
» consacrer tout entier au service de l'Eglise, me
» consumant pour elle, et n'épargnant pour ceux
» qu'elle renferme dans son sein, ni mes biens,

[1] *Membra sumus corporis ejus.* Eph. v. 30.

» ni mes soins, ni ma santé, ni ma vie, à l'exem-
» ple de Jésus-Christ lui-même, qui l'a aimée,
» dit l'apôtre, jusqu'à se livrer pour elle à la
» mort (1) ».

Ses dispositions à l'égard de l'Eglise, en vertu du vœu de servitude qu'il avoit fait pour elle, comme pour Jésus-Christ son époux, étoient respect et amour : respect qu'il portoit à chacun de ses frères, de quelque condition qu'il fût, comme à une image vivante de Dieu le Père, sanctifiée par la grâce, et vivifiée par l'esprit de Jésus-Christ. « Il faut, dit-il, tenir pour certain que, dans
» l'Eglise de Dieu, et par conséquent dans les
» fidèles, Jésus-Christ y habite par son esprit,
» ses grâces, ses dons, ses vertus. Tout ce qui est
» de Jésus-Christ étant saint, grand, divin, mé-
» rite notre vénération et nos hommages. Le
» devoir d'un chrétien envers toute l'Eglise et
» chacun de ses membres, est donc un devoir de
» culte et d'honneur. Il n'y a pas un membre dans
» l'Eglise, pas un fidèle, qui en cette qualité n'ait
» été fait enfant de Dieu, qui ne soit membre de
» Jésus-Christ et rempli du Saint-Esprit; pas un
» qui ne porte en soi le sceau de Jésus-Christ,
» qui n'ait imprimé dans son ame la beauté du
» Père éternel, puisqu'il a imprimé son image
» en nous; image conforme à celle qu'il a imprimée
» dans son Fils, par sa génération éternelle. Ainsi
» toute l'Eglise dans ses membres, depuis la per-
» sonne du souverain pontife et des évêques qui
» la gouvernent, jusqu'au simple fidèle, mérite

(1) *Christus dilexit Ecclesiam, et seipsum tradidit pro eâ.* Eph. v. 25.

» un grand honneur et un grand respect. Celui
» qui sait ce qu'il est en lui-même, et ce que l'E-
» glise est en Jésus-Christ, doit donc se tenir à
» ses pieds, comme devant la plus puissante des
» reines et la plus élevée en gloire ». De ces principes, M. Olier en tiroit une conséquence dont il s'étoit fait une règle de conduite. C'étoit de ne recevoir jamais de service de personne, que dans la nécessité, et de ne le recevoir jamais qu'avec peine et confusion, se jugeant plus obligé de servir les autres, que digne d'en être servi.

Au respect qu'il portoit à tous ses frères, se regardant comme leur serviteur, il joignoit en cette même qualité un amour et une charité sans bornes. « Le vœu de servitude, disoit-il, nous
» oblige à aimer tellement tous les membres de
» Jésus-Christ, que nous entrions dans tous leurs
» intérêts, et que nous les préférions même aux
» nôtres. Le chrétien qui vit dans cet esprit,
» ajoutoit-il, doit avoir une si grande charité pour
» tous les fidèles, qu'il soit prêt à tout sacrifier
» et à souffrir tout pour leur salut. Si nous sommes
» vraiment serviteurs de nos frères, comme saint
» Paul se glorifioit d'être le serviteur des pre-
» miers chrétiens (1), nous ne leur parlerons ja-
» mais qu'avec bonté et douceur; nous nous étu-
» dierons à les contenter en tout; nous éviterons
» avec grand soin de les contrister et de leur
» donner la moindre peine; nous les soulagerons
» dans leurs besoins; nous supporterons leurs
» infirmités; nous les traiterons enfin comme un
» serviteur traite son maître ».

(1) *Nos autem servos vestros.* II. Cor. IV. 5.

CHAPITRE VI.

SA DÉVOTION A LA SAINTE VIERGE ET AUX SAINTS.

La dévotion à la Mère de Dieu, que les saints ont toujours regardée comme un signe de prédestination, ou comme un moyen infaillible d'assurer son élection à la gloire, fut, avec la dévotion au très-saint sacrement de l'autel, l'attrait dominant de M. Olier. Dans la capitale, peut-être même dans le monde chrétien, il n'est point de paroisse où le culte de Marie attire plus de fidèles, soit au pied de ses images, soit devant l'autel consacré sous son invocation, que celle de Saint-Sulpice. On ne peut douter que ce ne soit le fruit du zèle de M. Olier à répandre cette dévotion dans les cœurs. Il eût voulu pouvoir faire retentir le nom de Marie par toute la terre. Jamais il n'étoit plus content que lorsqu'il la voyoit honorée, ou qu'il avoit pu lui procurer quelque nouveau degré de gloire. Il communiqua le même esprit à la communauté et au séminaire dont il fut le fondateur. On a vu combien il fit entrer la médiation de la sainte Vierge dans leur établissement. Il voulut que le séminaire de Saint-Sulpice l'honorât comme sa patronne. Outre qu'on y a toujours fait la profession la plus solennelle de son culte, on y remarque partout des monumens de la tendre piété de M. Olier envers Marie. Les mystères de sa vie mortelle et de sa vie glorieuse y sont peints avec magnificence, et représentés sous toutes sortes d'emblêmes, aussi propres à inspirer la dévotion, qu'ingénieux et agréablement variés. On ne sera point étonné d'y retrouver à chaque pas des traces de son tendre amour pour cette sainte mère, lorsqu'on l'aura entendu parler lui-même, et rendre quelques-uns des sentimens que faisoit naître le nom de Marie dans son cœur.

« Dès ma jeunesse, dit-il, j'étois poussé par un
» mouvement secret à porter la vue sur toutes les
» figures de la très-sainte Vierge, qui reposoient
» en des lieux très-cachés aux yeux du monde. J'aurois voulu être prosterné dans le ciel à ses pieds,
» pour chanter continuellement ses louanges,
» selon toute l'étendue de mes désirs, et pour
» les faire entendre à tout le paradis. Lorsque
» j'entrai dans l'église qui renferme la chapelle
» de Lorette, en Italie, je fus vivement touché,
» jusqu'à verser des larmes en abondance; et
» d'abord que j'aperçus l'édifice de loin, je me
» sentis fort attendri..... Ce que je ressentis à l'aspect de Notre-Dame de Lorette, je l'éprouvai,
» au sortir d'une de mes retraites, à la vue de
» Notre-Dame de Paris; ce qui me remplit du
» divin amour ».

Dans toutes les missions, il faisoit tout ce que peut inspirer un zèle aussi ardent que sage et éclairé, pour porter les peuples à honorer Marie. Jamais il ne parloit avec plus d'effusion de cœur, que lorsqu'il en faisoit l'éloge pour lui gagner des serviteurs. Rien ne le consoloit davantage, que d'apprendre les fruits de ses exhortations sur ce sujet. Parlant de sa mission d'Auvergne, faite

en 1636, il prenoit plaisir à répéter ce qu'on lui avoit dit, que « l'on voyoit les pauvres gens qui y
» assistoient, porter toujours leur chapelet à la
» main, et le réciter lorsqu'ils alloient à leur tra-
» vail ou qu'ils en revenoient ».

Ne voulant point mettre de bornes à sa dévotion pour Marie, ni à sa reconnoissance pour ce qu'il lui devoit, il lui fit, comme à Jésus-Christ son fils, vœu de servitude perpétuelle. En qualité d'esclave de la très-auguste Reine du ciel, (esclavage qui ne le retenoit captif auprès d'elle, que pour mieux dilater son cœur et l'embraser du pur amour) il fut toujours fidèle à ces deux pratiques : la première, de lui offrir tout ce qu'il avoit de plus cher et de plus précieux ; la seconde, de ne rien refuser à ceux qui lui demandoient quelque chose en son nom. « Une de mes parentes,
» c'est ce qu'on lit dans ses Mémoires, en se faisant
» Carmélite, avoit laissé dans mon coffre, dont
» elle m'avoit demandé la clef, mille belles choses
» qui étoient les restes de son ancienne vanité.
» Elle croyoit par-là reconnoître les petits services
» que je lui avois rendus pour Dieu, contre l'avis
» de ses proches, des mains desquels je l'avois dé-
» gagée, pour la placer dans l'ordre et avec les
» filles de sainte Thérèse. Je fis présent de tout à
» la très-sainte Vierge; car ma coutume, depuis
» long-temps, étoit de lui offrir tout ce que
» j'avois de plus riche et de plus précieux, en ar-
» genterie, diamans et autres choses, dont j'ornai
» plusieurs églises ou chapelles dédiées sous son
» nom ».

« Je me souviens, écrit-il ailleurs, d'avoir été

» un des premiers qui ait contribué quelques
» sommes notables pour la décoration de l'église
» de Notre-Dame de Paris. Depuis ce temps-là, je
» lui ai fait quelques présens par intervalles, et
» bien souvent je les ai faits presque sans le vou-
» loir ou comme nécessairement. Dès que j'avois
» quelque chose de beau, je me sentois fortement
» pressé d'aller lui en faire hommage dans cette
» église; et quand j'aurois voulu résister à ces
» mouvemens intérieurs, il me semble que je
» n'aurois pu; tant ils étoient véhémens. Je ne sais
» comment on peut refuser quelque chose à cette
» grande Reine. Je souffre beaucoup, lorsque je
» ne puis rien donner à un pauvre que j'entends
» nommer la sainte Vierge ».

Plus de vingt ans avant sa mort, il avoit fait vœu de ne rien refuser à ceux qui lui demande-roient au nom de Marie. « Quand ils me parlent
» ainsi, ce sont ses termes, il faut, pour leur pou-
» voir refuser, que je ne puisse leur donner en au-
» cune manière, ni leur procurer quelque se-
» cours, ni emprunter de quoi subvenir à leur
» indigence, ni enfin les mener à la maison ».

Depuis qu'il eut fait une protestation particulière d'être esclave de la sainte Vierge, il porta toujours une petite chaîne pendue à son cou. C'étoit dans cet esprit de dépendance universelle de la Mère de Dieu, que dès sa jeunesse il avoit contracté l'habitude de n'user de rien, sans lui avoir demandé son consentement ; et que tout ce qu'il avoit de neuf, il le lui présentoit comme pour le lui consacrer. « Jamais, dit-il, je n'ai
» osé me servir d'aucune chose, comme d'habits,

» de livres, de mes revenus, sans lui en offrir le
» premier usage. Il y a, je crois, plus de neuf ou
» dix ans que j'ai toujours eu cette pratique : au-
» trefois je faisois plus; car je n'osois rien entre-
» prendre pour moi, sans aller auparavant la
» prier de me le commander, comme un esclave
» qui ne dispose de rien par lui-même, ou
» comme un enfant qui en toutes choses dépend
» des volontés de sa mère. Ainsi, dans ma jeu-
» nesse, lorsque j'avois de nouveaux habillemens,
» j'allois à Notre-Dame me présenter à elle, en
» la priant de ne pas souffrir que pendant tout
» le temps qu'ils seroient à mon usage, j'eusse
» le malheur d'offenser son Fils. Il m'est bien
» arrivé quelquefois, je l'avoue, de croire que
» cette pratique étoit une puérilité, ou de la
» regarder comme un trop grand assujettisse-
» ment, surtout lorsque je faisois réflexion que
» de tous ceux que je connoissois, personne ne
» pratiquoit rien de semblable; mais c'étoit pour
» moi une sorte de nécessité : tant il m'en coûtoit
» de résister au mouvement qui m'y portoit, et
» tant ma conscience m'accusoit d'infidélité, lors-
» que j'avois refusé à la sainte Vierge mon tribut
» ordinaire. J'ai dans mon cœur une preuve que
» ces petits devoirs lui sont très-agréables, quand
» ils se font purement pour lui plaire ».

Il n'y a presque point en France de lieu considérable consacré au culte de la sainte Vierge,
qu'il n'ait visité. Tous ses voyages commençoient
ou finissoient par la visite d'une église ou chapelle de Notre-Dame. Jamais il ne manquoit de
saluer cette Reine du ciel, lorsqu'il sortoit de la

maison ou qu'il y rentroit. Tout le temps qu'il avoit de libre, après les travaux des missions, étoit sanctifié par quelque pélerinage en son honneur. Chaque jour il récitoit le chapelet, mais avec tant de goût et de ferveur, qu'il y trouvoit le plus grand soulagement dans ses peines, et une source inépuisable de grâces. Il s'y étoit obligé par un vœu, qu'il renouveloit tous les ans. « Le » premier jour d'octobre, dit-il dans ses Mé- » moires, j'allai renouveler le vœu qu'il plaît à » Dieu me permettre de faire tous les ans en ce » même jour, de dire le chapelet toute l'année à » la gloire de la très-sainte Vierge. M'étant aban- » donné à l'Esprit saint, je commençai de re- » marquer en moi la suavité de son opération. » Je me sentis intérieurement élevé à Dieu ; et » je lui offris mon vœu dans l'intention d'hono- » rer tous les jours de l'année, par cette prière, » la sainte Vierge, comme la Reine des anges ».

Sa méthode, en récitant le chapelet, étoit de se renouveler, au *Credo*, dans la foi de tous les mystères contenus dans le symbole ; d'honorer la sainte Vierge aux trois *Ave Maria*, dans les trois états de sa vie voyagère, son enfance, son mariage et son veuvage. Le premier *Pater* et la première dixaine étoient consacrés à remercier le Père éternel de ce qu'il l'avoit prise pour son épouse ; la seconde dixaine, à rendre grâces au Fils de Dieu de l'avoir choisie pour sa mère ; la troisième, à louer et à glorifier le Saint-Esprit de ce qu'il en avoit fait son plus riche temple sur la terre, après l'humanité sainte de notre Seigneur ; la quatrième, à honorer Marie comme la Reine de l'Eglise triomphante dans le ciel; la cinquième, à l'invoquer comme Reine de l'Eglise militante sur la terre; la sixième, comme la consolatrice de l'Eglise souffrante dans le purgatoire. Quelquefois il récitoit les trois dernières dixaines en l'honneur de Jésus, Marie et Joseph, se donnant par la première en servitude perpétuelle à Jésus, s'offrant par la seconde à la sainte Vierge comme son esclave, et par la troisième faisant hommage de ses services à saint Joseph.

Dans tous ses besoins, M. Olier avoit recours à la très-sainte Vierge, la regardant comme le trône de la bonté et de la miséricorde de Jésus son cher fils, où l'on ne pouvoit essuyer de refus, lorsqu'on s'y présentoit avec une humble confiance. « C'est là, disoit-il, tout mon refuge et » toute mon espérance; c'est là où je n'ai jamais » manqué de trouver notre Seigneur favorable à » mes demandes ». Comme toutes les grandeurs de Marie viennent de Jésus, et que le Fils de Dieu n'a point eu sur la terre de séjour plus agréable que le sein de sa Mère, il s'occupoit encore avec une singulière consolation de Jésus vivant en la très-sainte Vierge. Il aimoit à le considérer résidant dans ce magnifique temple, préparé et orné par le Saint-Esprit avec tout l'éclat de sa beauté, l'immensité de ses richesses, et la gloire de sa vie divine; objet de l'admiration et des hommages de tous les esprits bienheureux. « Quoi de plus doux, disoit-il, quoi de plus » agréable à Jésus, que de se voir chercher dans » le lieu de ses délices, et au milieu de cette » fournaise d'amour »?

Pour s'approcher plus sûrement de Jésus-Christ, il tâchoit de s'unir à sa Mère, et de se revêtir de ses dispositions, disant que la sainte Vierge étoit la voie pour aller à Jésus-Christ, comme Jésus-Christ est la voie pour aller à Dieu le Père et pour se présenter à lui. « Nous sommes trop mi-
» sérables, ajoutoit-il, pour avoir accès auprès de
» Dieu; mais dès qu'il nous voit revêtus de son
» Fils, il nous est favorable. Ainsi quand Jésus
» nous voit revêtus de sa très-sainte Mère, nous
» sommes sûrs qu'il nous écoutera ».

La dévotion qu'il avoit pour la sainte Vierge, il s'efforçoit de l'inspirer à tous les ecclésiastiques, qui étoient l'objet principal de son zèle. Voici ce qu'il répondit à un prêtre qui l'avoit consulté sur cette matière : « Je ne puis, Monsieur, qu'ap-
» prouver tous les devoirs envers la sainte Vierge,
» dont vous me parlez dans votre lettre, et dont
» vous usez tous les jours depuis quelque temps.
» Vous ne sauriez croire combien elle agrée tous
» ces petits hommages, et combien ces justes re-
» connoissances plaisent à son cher Fils. L'état
» du sacerdoce, où Dieu vous a élevé, vous oblige
» à un amour tout particulier pour cette Reine
» du ciel; et il me semble que tous les prêtres et
» tous les clercs ont des raisons bien pressantes
» pour embrasser cette dévotion.

» La première est l'amour que porte notre
» Seigneur à sa très-sainte Mère. Car si l'esprit de
» Jésus-Christ vit dans un prêtre; comme il ne
» peut y être oisif, et qu'il remplit les ames où
» il habite, de ses inclinations, il doit vivifier et
» animer son cœur de sentimens d'amour envers

» la sainte Vierge, parce que c'est l'amour le plus
» puissant et le plus fort qui anime Jésus-Christ
» lui-même, après celui qu'il porte à Dieu son
» Père.

» La seconde est l'amour immense qu'elle porte
» à Jésus-Christ. Comme elle n'a d'être, de vie et
» de mouvement que pour lui, les prêtres doivent
» être ravis de se pouvoir lier à l'intérieur de la
» sainte Vierge, parce que dès qu'une ame lui
» est bien unie, elle se sent attirée par son
» amour à Jésus-Christ : elle entre dans ses voies
» saintes et ardentes du pur amour envers Jésus-
» Christ, qui est tout le trésor d'un prêtre.

» La troisième est le charme qu'elle a en soi,
» selon le sentiment des Pères et selon l'expé-
» rience de l'Eglise, pour attirer les ames à Jé-
» sus-Christ; c'est pourquoi ils l'appellent l'ap-
» pât de la Divinité (1). Dieu qui veut tirer les
» ames à son Fils, se sert de la douceur et de la
» suavité de la sainte Vierge, comme d'un appât
» qu'on met au bout d'une ligne pour y prendre
» les hommes; de sorte qu'en cette divine créa-
» ture, les prêtres trouvent l'attrait qui leur est
» nécessaire pour gagner les ames à Jésus-Christ.
» C'est pour cela qu'ils doivent se tenir inti-
» mement unis à elle, et comme se perdre en
» elle.

» La quatrième est sa qualité de Mère de Jésus-
» Christ. Comme mère, elle a la fécondité pour
» le produire dans les ames. C'est pourquoi les
» prêtres, qui sont obligés de l'engendrer dans
» les cœurs, doivent vivre continuellement en

(1) *Esca spiritalis hami qui est divinitas.*

» elle, afin qu'étant rendus participans de cette
» divine vertu de Dieu le Père, qui la rend fé-
» conde, ils puissent remplir dignement un si
» saint ministère.

» Vous savez, Monsieur, les grâces que vous
» avez reçues par la médiation de la sainte Vierge,
» et combien elle vous aide en tout; continuez
» donc à la servir comme vous avez fait jusqu'à
» présent; et quoi que le monde vous dise, n'in-
» terrompez point les exercices dont vous vous
» êtes fait un devoir. Notre Seigneur, qui se plaît
» dans l'amour de sa Mère, et dans le culte
» qu'on lui rend, justifiera avec le temps votre
» conduite ».

La sainte Vierge, qui, à l'exemple de son Fils, prend plaisir à humilier les superbes en s'éloignant d'eux, et qui aime à descendre vers les humbles pour les élever, récompensa le zèle du serviteur de Dieu à étendre sa dévotion, en lui inspirant d'offrir au Père éternel l'auguste sacrifice de nos autels dans ses propres intentions. C'est la principale raison pour laquelle il se disoit, usant d'une expression qui ne peut déplaire qu'à une critique peu sensée, le chapelain de la Reine des vierges; titre qu'il ajoutoit lui être commun avec le Disciple bien-aimé, et sur lequel il rendoit ainsi les sublimes pensées qui étoient le fruit de ses profondes méditations. « Le Fils de Dieu,
» disoit-il, qui vouloit, après sa mort, confier
» à sa sainte Mère l'établissement et la conduite
» de son Eglise, n'eut pas de moyens plus propres
» à l'exécution de ses desseins, que de lui mettre
» entre les mains le sacrifice adorable. Mais comme

» cette divine Mère, quoique remplie de la plé-
» nitude de l'esprit du sacerdoce, n'en avoit
» point le caractère, et par conséquent ne pou-
» voit en exercer par elle-même les fonctions, le
» Sauveur lui donna saint Jean au Calvaire; non-
» seulement pour qu'il fût son supplément, et
» lui tînt lieu de fils en sa place, mais encore
» pour lui donner, par les saints mystères qu'il
» célébroit pour elle, et selon ses intentions, le
» moyen de satisfaire aux désirs ardens de son
» cœur; c'est-à-dire, de rendre au Père éternel
» des hommages dignes de lui; de faire passer
» dans le sein et dans les membres de l'Eglise,
» le fruit du sacerdoce de Jésus-Christ son Fils;
» et enfin de se consoler de son absence, par le
» bonheur qu'elle auroit de s'en nourrir tous les
» jours, en recevant dans un état de gloire, et
» revêtu de la souveraine puissance, celui qu'elle
» avoit porté autrefois dans son sein, dans un
» état de foiblesse et d'infirmité ».

Les traits suivans, que je trouve toujours écrits de sa propre main, font voir combien ses communications avec la sainte Vierge étoient douces et privilégiées. « Je me souviens, dit-il, mais
» non sans confusion, d'un témoignage de bonté
» que me donna cette tendre Mère; c'est que
» m'ayant accordé quelque intervalle dans une
» fièvre assez fâcheuse, elle me mit dans l'esprit
» d'aller visiter une sainte chapelle, voisine de
» mon prieuré où j'étois alors, qui étoit consa-
» crée sous son invocation. C'étoit une petite
» église de Bretagne, nommée Notre-Dame *de*
» *toute Joie*. Tout infirme que j'étois, je m'effor-
» çai

» çai d'y aller à pied; et comme je me préparois à
» dire la sainte messe, j'entendis cette parole in-
» térieure : *Fais-moi vœu de dire une messe tous*
» *les samedis, pour remercier Dieu de ce qu'il*
» *m'a fait mère de son Fils.* Je lui promis sur
» l'heure ce qu'elle me demandoit; et depuis ce
» temps, j'ai tâché de remplir ma promesse, sans
» jamais y manquer ».

« Un jour, dit-il ailleurs, formant mes in-
» tentions avant de monter à l'autel, je l'entendis
» me parler ainsi intérieurement : *Donnez-moi*
» *votre sacrifice.* Elle ne me fit pas connoître en
» détail pourquoi; mais je voyois seulement dans
» ce qui se passoit en moi, que c'étoit pour une
» affaire très-importante à l'Eglise. Dans ces oc-
» casions, je n'ose même rien désirer de savoir;
» trop honoré déjà qu'une si grande Reine daigne
» s'adresser à un si pauvre esclave, elle qui a tout
» pouvoir, pour obtenir par ses mains ce qu'il lui
» est si aisé d'obtenir par elle-même ».

« C'étoit, dit-il encore, une des dévotions
» de la sainte Vierge, de remercier Dieu par le
» saint sacrifice, de toutes les grâces qu'il a faites
» à son Eglise; et d'intercéder pour elle par les
» mérites infinis de la victime de l'autel. Je con-
» nus une fois qu'elle désiroit que j'offrisse les
» saints mystères, pour présenter à Dieu par no-
» tre Seigneur les louanges et les hommages du
» monde entier ».

Dans sa maladie de 1652, la sainte Vierge, en
l'assurant qu'il se rétabliroit, lui fit connoître
qu'une des raisons pour lesquelles la santé lui
avoit été accordée par son Fils, c'étoit afin qu'il

continuât d'offrir à Dieu tous les jours le saint sacrifice selon ses intentions. Outre cette pratique, chaque jour il faisoit dire trois messes : la première, pour honorer la sainte Vierge comme la reine et la joie de l'Eglise triomphante, mettant la sainte hostie en esprit dans ses mains, afin qu'elle l'offrît dans toutes les intentions réunies des bienheureux : la seconde, pour l'honorer comme la reine et l'avocate de l'Eglise militante, et afin qu'elle l'offrît pour toutes les nécessités de cette sainte épouse du Sauveur : la troisième, pour l'honorer comme la reine et la consolation de l'Eglise souffrante, et afin qu'elle l'offrît pour le soulagement des ames du purgatoire, ou pour demander à Dieu leur délivrance par les mérites de son Fils. Ce sont les mêmes intentions que nous lui avons vu prendre pour les trois dernières dixaines du chapelet. Il désiroit enfin que tout se fît par la sainte Vierge, et qu'après notre Seigneur la gloire de toutes choses lui fût donnée, soit au ciel, soit sur la terre, comme à celle par qui toute grâce descend sur nous, et toute demande parvient jusqu'à Dieu.

L'Ecriture représente les chrétiens comme faits participans de la royauté et du sacerdoce de Jésus-Christ leur chef, dans le sens que l'Eglise a toujours donné à ces paroles de saint Jean : Par sa grâce Jésus-Christ *nous a faits le royaume et les prêtres de Dieu son Père* (1). M. Olier, considérant la sainte Vierge comme remplie de l'esprit du sacerdoce, regardoit le séminaire de Saint-Sulpice comme un cénacle d'où devoit se répandre par

(1) *Apoc.* 1. 6.

elle la plénitude de cet esprit sur les ecclésiastiques qui voudroient se disposer aux saints ordres; c'est-à-dire, de l'esprit de sacrifice qui doit en faire autant de victimes spirituelles et d'hosties sanctifiées, avant qu'ils soient trouvés dignes de consacrer, en vertu du caractère sacerdotal, et d'offrir la victime du salut. Idée sublime, qu'il a su rendre sensible dans le magnifique tableau de l'autel du séminaire. On y voit la sainte Vierge placée au-dessus des apôtres, et recevant au jour de la descente du Saint-Esprit, sous la figure d'une langue de feu, l'esprit de son Fils avec plénitude, comme pour le communiquer aux premiers prêtres de la nouvelle alliance. S'il falloit une main aussi habile que celle du célèbre Le Brun, pour exécuter ce dessin avec le succès qui lui fit dès-lors une si grande réputation; ne peut-on pas dire qu'il falloit pour l'inventer, un génie aussi fécond en grandes images, que celui de M. Olier, et aussi riche en expressions dans l'ordre des sujets spirituels, surtout lorsqu'il s'agissoit de relever la gloire de la sainte Vierge? On n'admire pas moins le plafond de la chapelle, dont il fournit aussi l'idée au même peintre. Il représente la sainte Vierge triomphante dans les cieux, couronnée par Dieu, respectée et louée par les anges, honorée enfin par l'Eglise militante peinte sous la figure des Pères du concile général d'Ephèse, où Marie fut solennellement proclamée Mère de Dieu, et l'impiété de Nestorius frappée d'anathême.

Il laissa aussi pour l'ornement de cette chapelle plusieurs autres dessins qui furent exécutés par différens peintres. Son désir étoit qu'on y

trouvât tout ce qui pouvoit exciter la dévotion envers cette auguste Reine du clergé, remplie de la grâce de l'ordre ecclésiastique, et établie comme le canal qui la répand sur les ministres de l'Eglise: sentiment très-conforme à celui qu'exprimoit saint Bernard, osant bien dire que tout don descendoit sur l'Eglise par Marie: *Totum nos habere voluit per Mariam* (1). Enfin il fit mettre ses images en différens endroits de la maison, afin que les ecclésiastiques qui l'habitoient n'en perdissent jamais le souvenir. « J'espère, disoit-il une fois,
» que le saint nom de Marie sera béni à jamais
» dans notre pauvre maison. Tout mon désir est
» de l'imprimer dans l'esprit et dans le cœur de
» nos frères; elle est notre conseillère, notre pré-
» sidente, notre trésorière, notre reine et toutes
» choses ».

Jamais il ne voulut consentir qu'une personne de grande qualité, qui désiroit faire un bien considérable à cette maison, prît le titre de fondatrice, parce qu'il avoit réservé cet honneur à la sainte Vierge. Ce fut à ce dessein qu'il fit placer sa statue sur le haut du frontispice du séminaire au fond de la grande cour; comme pour apprendre à tous ceux qui y entreroient, qu'elle en étoit la protectrice et la patronne. On a vu qu'il en fit jeter les fondemens pendant l'octave de sa Nativité; que les travaux de la construction furent repris dans celle de sa Purification, et que la chapelle fut bénie au jour de sa Présentation dans le temple. C'étoit sa dévotion de ne rien entreprendre de considérable, qu'aux

(1) *Serm. in Nativ. B. M. V. n.* 7.

jours de ses fêtes; ou, s'il ne le pouvoit alors, du moins dans les octaves.

« Vous savez, écrivoit-il à une personne de » grande piété qu'il exhortoit à prier pour le sé- » minaire, comment la maison des clercs de Saint- » Sulpice doit être vivifiée, nourrie et abreuvée » de la suavité, de la plénitude et de la fécondité » de la vie de Jésus en Marie. Vous savez que ce » qui l'a formée, est la diffusion de l'esprit et de » la grâce de la très-sainte Vierge. C'est elle aussi » qui doit donner progrès à la vertu des sujets de » cette famille ».

Comme il avoit ses pratiques pour honorer la sainte Vierge à titre de son serviteur, il en avoit aussi pour l'honorer comme son enfant. La plus ordinaire étoit de ne sortir jamais de la ville, de la maison, de sa chambre, et de n'y rentrer jamais sans lui demander sa sainte bénédiction. « J'ai, » dit-il, une pratique inviolable que je ne puis » abandonner; c'est qu'en quittant ma chambre, » ou lorsque j'y rentre, et même avant que de » prendre mon repas, ou de sortir du lieu où je » l'ai pris, il faut que je demande la bénédiction » de ma très-sainte Mère, pour laquelle je me » sens un cœur d'enfant. Jamais je n'ai osé sortir » d'un endroit, ni y arriver, sans lui rendre mes » devoirs. J'admire comment tout le monde ne » fait pas la même chose ».

« Cette bénédiction que je vais recevoir à l'é- » glise, écrit-il ailleurs, avant que de partir pour » mes voyages, me réussit tellement, que jamais » je n'y éprouve de disgrâce et que tout y va heu- » reusement pour moi. Il en est de même de mes

» autres pratiques de piété : tout ensuite me réus-
» sit. Quand j'ai manqué à ces petits devoirs, je
» suis bientôt puni par quelque accident. Si au
» contraire je m'y rends fidèle, je ne tarde pas à
» en être récompensé par une assistance toute
» particulière ».

Semblable à un enfant qui ne peut se séparer de sa mère, M. Olier vouloit être toujours en la présence de Marie, et comme attaché continuellement à ses côtés. Aussi, pour ses oraisons, pour la célébration des saints mystères, il choisissoit autant qu'il lui étoit possible les églises ou les chapelles dédiées sous son invocation. Après son retour de Rome, il alla pendant long-temps visiter tous les jours Notre-Dame de Paris. De cette ville, il fit deux fois, et à pied, le pélerinage de Notre-Dame de Liesse au diocèse de Laon. Et outre celui de Chartres, qu'il a fait ainsi plusieurs fois, il eut la dévotion d'en faire beaucoup d'autres de la même manière.

Il remercioit souvent la bonté divine des grâces et des faveurs singulières qui distinguent la sainte Vierge entre toutes les autres créatures ; et disoit que nous avions, comme ses enfans, la plus grande obligation d'y prendre part, et que nous devions en être plus contens que si nous les possédions nous-mêmes. Il ajoutoit que nous devions rendre à Dieu de fréquentes actions de grâces de ce qu'il nous l'avoit donnée pour mère, et tout à la fois pour avocate qui nous défend puissamment contre toutes sortes d'ennemis. Un enfant, s'il est éloigné de sa mère, aime à trouver son portrait devant ses yeux. M. Olier fit graver deux estampes qui expriment admirablement les dispositions intérieures de Marie, soit à l'égard du Père céleste, soit à l'égard des chrétiens rachetés par son Fils, dont elle est la mère la plus tendre. La première est une représentation des beautés de la sainte Vierge en son intérieur. Il la fit peindre élevée dans les cieux, où elle est environnée de lumière et de clarté. Le Saint-Esprit y paroît déployé sur elle, couvrant sa poitrine, échauffant son cœur et y répandant ses dons, surtout le pur amour de Dieu le Père, et de Jésus son Fils, dont elle contemple le nom gravé au-dessus d'elle, et sur lequel sa vue paroît amoureusement fixée. Au bas de l'image, il fit écrire ces paroles : *Benedic, anima mea, Domino; et omnia quæ intra me sunt, nomini sancto ejus* (1). La seconde représente la sainte Vierge embrassant une ame, qui, pleine de confiance en sa bonté, paroît mettre toute sa joie à reposer entre ses bras, toute transportée du désir de vivre perdue en elle. Au-dessous on lit ces paroles, tirées des Proverbes (2) : *Qui me invenerit, inveniet vitam, et hauriet salutem à Domino;* avec ces autres du Cantique des Cantiques (3) : *Puteus aquarum viventium.*

Tout ce qui avoit quelque rapport à la sainte Vierge, étoit pour lui un sujet de consolation, et mettoit la joie dans son ame. « Je m'estime heu» reux, disoit-il, d'être né d'une mère qui porte » le nom de *Marie*, et dans une rue qu'on appelle » *Notre-Dame d'argent* ». Il tâchoit, autant qu'il étoit possible, d'avoir toujours quelque image de la sainte Vierge devant lui, et soit qu'il fût seul ou en compagnie, il ne manquoit jamais de saluer

---

(1) *Ps.* ch. 1. (2) *Prov.* viii. 35. (3) *Cant.* iv. 15.

respectueusement toutes celles qu'il rencontroit; ce qu'il a pratiqué jusqu'à la mort. On a remarqué qu'il passoit de préférence par les rues où il s'en trouvoit un plus grand nombre, pour avoir occasion de lui rendre plus souvent ses devoirs. « Je » me sentois porté, dit-il, à lever la tête par les » rues où je me trouvois, pour découvrir quelques » nouvelles images de Notre-Dame. Je savois » presque le nombre de celles qui étoient dans » mon chemin à Paris. Si je rencontre ces images, » je les salue encore, quoique je ne les voie ou ne » les regarde pas. Je sais pour l'ordinaire où elles » sont, sans qu'il soit nécessaire d'y jeter les » yeux; une sorte d'instinct m'en avertit ».

De toutes les pratiques par où M. Olier s'attachoit le plus à honorer la très-sainte Vierge et à lui plaire, aucune ne lui paroissoit comparable à l'imitation de ses vertus. Dans le désir de se rendre semblable à elle, il s'appliquoit continuellement à l'étude de ses actions et à la méditation de ses mystères. « Si nous aimions Marie » comme il faut, disoit-il, nous tâcherions sans » cesse de nous conformer à ses désirs: et comme » son grand désir est de voir honorer son Fils; » comme elle voudroit qu'il régnât dans tous les » cœurs, nous n'aurions point aussi de pratique » plus inviolable, que d'aimer ce même Fils. Sans » cela nous n'aimons point la Mère du pur amour, » puisque l'amour tend toujours à satisfaire la » personne qu'on aime ».

« Cette divine Mère, disoit-il encore, attire » tout le monde à son service et à son amour; » mais ce n'est que pour porter tout le monde à

» l'amour de son Fils. Sa grande étude regarde
» l'honneur et la gloire de son bien-aimé. Elle veut
» que tous lui obéissent, et se soumettent à cette
» parole qu'elle prononça aux noces de Cana,
» figure de l'Eglise et du ciel même : *Faites tout*
» *ce qu'il vous dira;* car rien n'exprime mieux
» le désir dominant de son cœur ».

M. Olier ne faisoit presque jamais de discours de piété, sans dire quelque chose à la louange de la sainte Vierge. Son ame se dilatoit en quelque sorte, et entroit dans une espèce de ravissement, lorsqu'il trouvoit occasion de parler d'elle; aussi avoit-il peine à s'arrêter. « Quand je parle sur
» cette matière, disoit-il, j'en sors difficilement,
» tant j'ai de choses à dire ».

Plus on aime Dieu, plus on le trouve aimable; par une conséquence bien douce à ceux qui en font l'expérience, plus on s'afflige de l'aimer si peu et de ne pas l'aimer davantage. On voudroit alors pouvoir élargir son cœur à proportion des amabilités qu'on découvre en lui tous les jours, et du plaisir toujours nouveau qu'on goûte à l'aimer de plus en plus. On regrette de n'avoir qu'un cœur à lui offrir; et si l'on étoit maître de tous les cœurs, on les rassembleroit dans son propre cœur, pour suppléer, par cette réunion, à l'impuissance où l'on est de l'aimer dignement. C'est ce qu'éprouvent avec proportion les serviteurs de Marie, à l'égard de leur auguste Reine. Ils sont tellement épris de ses beautés et de ses charmes, que plus ils l'aiment, plus ils regrettent qu'elle ne soit pas plus aimée. C'étoit la disposition habituelle de M. Olier. Malgré

tout ce qu'il avoit fait pour l'honneur de la sainte Vierge; comme il ne trouvoit rien en soi-même qui fût digne d'elle, et comme tous ses efforts ne pouvoient le satisfaire, il se dédommageoit de son indigence, en s'unissant à notre Seigneur, pour rendre à sa sainte Mère tous les hommages et tous les devoirs que le divin cœur de Jésus lui rendoit incessamment. « Sans cela,
» a-t-il dit souvent, comment pourroit se con-
» tenter un cœur tout brûlant d'amour? Que
» peuvent toutes nos petites dévotions pour ho-
» norer une si grande Reine? Tout ce que nous
» pouvons faire par nous-mêmes n'est-il pas in-
» finiment au-dessous de ce qu'elle mérite? C'est
» donc à Jésus-Christ qu'il faut remonter pour
» honorer dignement sa très-sainte Mère ».

On l'invita un jour, de parler à la gloire de cette Reine des vierges; c'étoit le jour de son Annonciation. « Comme je n'avois pas le temps, disoit-
» il, de rien préparer, je ne savois par où com-
» mencer, lorsque tout-à-coup notre bon maître
» me mit une pensée dans l'esprit, qui répandit
» tant d'onction dans mon ame, qu'elle me fit
» verser des larmes. C'étoit sur la grandeur im-
» mense où Marie avoit été élevée par sa dignité
» de mère. Car si avant d'être mère, elle étoit
» déjà parvenue à un tel degré d'élévation, qu'elle
» avoit pour ministre un de ces anges du premier
» ordre qui se tiennent debout devant la majesté
» divine, et qui composent une hiérarchie parti-
» culière, dépendante de Dieu seul; et si cette
» sublime intelligence s'estima trop heureuse d'a-
» border Marie, de la saluer, d'avoir à honorer

» en elle des prodiges de grâce qu'il ne pouvoit
» comprendre, parce qu'ils la mettoient au-dessus
» de tout ce qu'il y a de dons célestes répandus
» dans tous les ordres des anges et des saints ;
» quel dut être l'accroissement de sa grandeur et
» de son élévation, du moment qu'elle conçut et
» porta dans son sein le Fils de Dieu? Jésus mon
» Dieu ! si l'ame de votre bienheureuse Mère est
» si sainte, si pleine et si inondée de grâces avant
» votre demeure en elle, que sera-ce après cette
» visite surabondante du Saint-Esprit? *Spiritus*
» *sanctus superveniet in te.* Que sera-ce encore
» après la descente de votre Esprit sur elle,
» dans la compagnie de vos apôtres? O grand
» Jésus ! quelle capacité vous avez donnée à cette
» ame pour recevoir ces fleuves et ces torrens
» de grâces ! N'est-ce pas une mer, un océan,
» un abîme? *Maria*, dit saint Bernard, *maria*
» *gratiarum.* Saint Denis remarque qu'en Dieu,
» il se fait de temps en temps des épanchemens et
» des débordemens de grâces sur les anges; sem-
» blables à ceux qu'on voit dans la mer, lorsqu'elle
» se dégorge sur les sables avec tant d'abondance et
» d'impétuosité, qu'elle semble, par la multitude et
» la précipitation de ses vagues, vouloir tout en-
» gloutir. Comment donc se figurer ces écoulemens
» divins, ces débordemens de lumière et d'amour
» qui se sont faits de Jésus en Marie, dont le sein
» n'est pas rétréci, comme celui d'un ange, mais
» d'une étendue capable de recevoir un océan
» tout entier, en recevant celui dans lequel habite
» corporellement la plénitude de la divinité même?
» N'est-ce pas comme un ciel renfermé dans un

» autre ciel ? O sein de Marie ! abîme inépui-
» sable qui contient les trésors immenses et infinis
» de la science divine ! Ange du Seigneur, c'est
» à présent surtout, que vous devez rendre cet
» hommage à Marie, de l'appeler pleine de grâce:
» *Ave, gratiâ plena.* Car si vous l'honoriez ainsi,
» lorsqu'elle n'étoit encore que servante du Sei-
» gneur ; aujourd'hui qu'elle n'est pas remplie
» seulement comme un canal qui reçoit les eaux
» d'une fontaine, ni comme un fleuve formé par
» le rejaillissement des eaux de la mer, mais plutôt
» comme un abîme sans fond et sans limites, qui
» comprend l'océan de la divinité; quelle louange
» pouvez-vous lui donner, qui ne soit au-dessous
» de ce qu'elle mérite ? C'est une chose qui vous
» surpasse, que cette immensité de grâces, et qui
» vous oblige de la révérer dans le silence, sans
» oser entreprendre de célébrer ses grandeurs. Et
» de même que vos yeux ne purent soutenir l'é-
» clat de sa gloire au jour de son Assomption, la
» grandeur de sa grâce est infiniment au-dessus
» de la capacité de votre esprit. Ce que je dis de
» la gloire et de l'assomption de Marie, je l'ai
» appris d'une ame à qui Dieu l'a révélé. Après
» que cette Reine des cieux eut été enlevée de
» terre, elle fut tellement engloutie en Dieu, et
» portée à un point de gloire si incompréhen-
» sible, que les célestes intelligences ne purent
» l'atteindre et la perdirent de vue. Etant l'Epouse
» du Père, elle devoit entrer jusqu'au plus intime
» de son cœur, et être admise dans le plus secret
» de ses communications : ce qui n'est pas vu de
» tous, ni révélé à tous, mais seulement au Fils et

» à la Mère, avec laquelle le Père a engendré son
» Fils dans le temps; *et virtus Altissimi obum-*
» *brabit tibi.* La vertu du Très-haut, c'est-à-dire,
» du Père, ainsi nommé dans l'Ecriture, vous
» couvrira de son ombre, c'est-à-dire vous épou-
» sera, selon le langage de cette même Ecriture,
» dans laquelle les termes *obumbrare* et *nubere*
» ont un même sens. Ainsi, par exemple, au livre
» de Ruth, cette fille dit à Booz, qui la vouloit
» épouser : *Jetez sur moi votre manteau, pour*
» *signe de mariage*: et c'est encore ce qui s'ob-
» serve quand on marie dans l'église; car on met
» sur la tête des deux époux un voile, qui forme
» comme un nuage pour les couvrir, d'où est venu
» le mot *nubere*. C'est donc comme si l'ange eût
» dit : Le Très-haut et sa vertu vous ombragera,
» vous épousera, et celui qui naîtra de vous sera
» nommé le Fils de Dieu. Ces termes de l'Ecri-
» ture sont remarquables; parce que le Très-haut
» vous prendra pour son épouse, *ce qui naîtra de*
» *vous et sera saint, s'appellera le Fils de Dieu.*
» Or il n'y a que la vertu du Père éternel qui
» puisse produire un fils et lui donner ce nom.
» Le Saint-Esprit ne peut être nommé par l'Eglise
» père de Jésus-Christ. Il étoit donc nécessaire
» que ce fût le Père qui épousât la sainte Vierge:
» d'où il suit qu'elle est véritablement l'épouse
» du Père. Pour le Saint-Esprit, c'est lui qui a
» préparé la venue de l'Epoux, et sanctifié le lieu
» où devoit descendre avec lui la fécondité du
» Père, pour la conception du Fils : *Spiritus*
» *sanctus superveniet in te, et virtus Altissimi*
» *obumbrabit tibi. Ideoque et quod nascetur ex*

» te *Sanctum, vocabitur Filius Dei.* C'est-à-dire,
» parce que le Saint-Esprit sera survenu en vous,
» et que la vertu du Très-haut vous aura épousée,
» ce qui naîtra de vous, sanctifié par la divinité
» et l'onction du Saint-Esprit, sera appelé le Fils
» de Dieu. *Fils*, à raison de la vertu du Père qui
» l'aura produit; *saint*, à cause du Saint-Esprit
» qui sera descendu en Marie, pour sanctifier
» son fruit, par la plénitude de l'onction divine:
» *Unxit te, Deus, Deus tuus oleo lætitiæ.*

» O inconcevable grandeur! elle suppose dans
» Marie des trésors qui surpassent toute pensée.
» Epouse du Père, Mère du Fils, temple du
» Saint-Esprit! ô sainteté incompréhensible!
» puisque le Saint-Esprit forme sur la terre un
» sein qui est semblable au sein de Dieu même.
» O sainteté! tu me ravis; tu m'arraches des
» larmes; tu m'ôtes la parole du cœur, la pensée
» de l'esprit. Je t'adore (1), et je ne puis plus.
» O sein formé sur le sein du Père! quel océan
» de sainteté vous renfermez en vous-même,
» étant fait sur celui de la sainteté infinie! C'est
» du sein éternel du Père que part la plénitude
» de la divinité; c'est aussi du sein de Marie
» qu'elle partira dans neuf mois. Dans le premier
» sein, le Fils repose de toute éternité, jouissant
» de sa béatitude invariable; et toutefois il s'en
» laisse arracher par les soupirs et les larmes des
» hommes, qui, à force de crier et de gémir,
» lui font avancer son départ pour la terre. Dans

(1) On sait que le terme adoration est pris souvent dans l'Ecriture, en un sens bien différent de celui qu'on lui donne à l'égard de Dieu, c'est-à-dire, pour une vénération singulière. C'est le sens de M. Olier.

» le second, il trouve tellement son repos et sa
» joie, que les larmes de Siméon et des autres
» justes ne lui font point accélérer sa sortie pour
» paroître dans le monde. Il n'en part point avant
» le temps; il attend jusqu'au dernier instant
» marqué par son Père, ne pouvant en quelque
» sorte quitter plus tôt Marie, son temple bien-
» aimé, son paradis sur la terre, où il prend ses
» délices à s'offrir à son Père, et qu'il prend plai-
» sir à lui offrir avec soi-même. Ce qui le retient
» dans ce sanctuaire formé de toutes les richesses
» du ciel, c'est qu'au sortir d'un lieu si délicieux,
» il ne trouvera rien de semblable. Il entrera dans
» le monde, où il ne verra que péché et abomi-
» nation; au lieu qu'en sortant du sein de son
» Père, il a trouvé le sein de cette incomparable
» mère vierge. Il trouve un séjour de sainteté,
» semblable, par l'opération du Saint-Esprit, à
» celui qu'il quitte. Il est dans la maison de son
» Père, puisque c'est dans la maison de l'Epouse
» de son Père. Il est avec le Saint-Esprit dont
» elle est toute remplie; en sorte que le voilà dans
» sa demeure naturelle, dans un lieu qui ne lui
» est point du tout étranger. C'est pourquoi il y
» habite tout son temps, sans retrancher un seul
» moment. Conçu dans la nuit du 25 mars, sa
» sainte Mère l'enfante au milieu de la nuit le
» 25 décembre. Elle le conçoit dans la ferveur
» de sa prière; elle l'engendre dans un transport
» d'amour et de zèle de la gloire de Dieu. Elle
» conçoit et engendre son Fils, comme son Père
» l'a conçu et engendré dans l'éternité. Elle le
» conçoit par la pensée, de même que le Père

» éternel. Le Père ne souffre aucun dommage en
» engendrant son Fils unique; la sainte Vierge
» ne reçoit aucune atteinte dans sa pureté en le
» concevant et en l'engendrant : comme le verre
» reçoit et renvoie les rayons du soleil, qui, au
» lieu de le rompre et de le ternir, l'éclairent,
» l'embellissent, et le rendent tout semblable à
» l'astre d'où ils sont partis. O beauté! ô sainteté
» de Marie! vous êtes ce miroir divin, parfaite-
» ment pur, qui recevez non pas seulement les
» rayons du soleil, mais le soleil même, lequel
» prend plaisir à se reproduire en vous, et à vous
» rendre toute semblable à lui avant de sortir de
» vous!

O bonté de Jésus! puisque votre Esprit a fait
» dans Marie un sein tout semblable à celui du
» Père, pour vous préparer une demeure digne
» de votre divinité, nous devons dire que vous
» l'avez rendue l'image parfaite de vous-même.
» Qui voit le Père, voit le Fils; et qui voit le Fils,
» voit le Père. Ainsi qui voit la Mère, voit le Fils;
» et qui voit le Fils, voit la Mère ».

La crainte de passer les bornes m'oblige de supprimer beaucoup d'autres traits, et beaucoup de riches pensées qui se trouvent dans les manuscrits de M. Olier. Ce que je viens de rapporter montre jusqu'où il respectoit et aimoit celle qui, après Jésus-Christ, étoit l'objet continuel de ses méditations. A en juger par les effusions de son ame, aussi affectueuses qu'élevées et éloquentes, jamais peut-être aucun disciple de Jésus-Christ n'a montré plus de zèle à l'honorer, et à le faire honorer dans la personne de sa très-sainte Mère.

La

La dévotion singulière qu'il eut pour cette Reine des vierges, lui inspira la plus grande vénération pour saint Joseph, son époux, et pour saint Jean l'Évangéliste, qu'il regardoit comme le modèle des prêtres. C'est pour perpétuer dans le séminaire de Saint-Sulpice, les sentimens dont il fut pénétré pour la mémoire du Père nourricier de Jésus et de son Disciple bien-aimé, qu'ils y sont honorés tous deux comme patrons, après la sainte Vierge.

M. Olier honoroit encore spécialement saint François de Paule, dont il embrassa le tiers ordre. Il alloit souvent prier dans son église de *Nigeon-lès-Paris*, à l'extrémité du village de Passy; et portoit le respect le plus profond à l'humilité de ce grand saint, qui a voulu être appelé le plus petit de tous ses frères, à l'exemple de saint Paul, qui se disoit le moindre des chrétiens (1). Il prenoit plaisir à lui témoigner sa reconnoissance, de ce qu'il avoit fait honorer la Mère de Dieu en cette église, sous le nom de *Notre-Dame de toutes Grâces*. Aussi a-t-il eu le bonheur de remettre son ame à Dieu, au jour où l'Eglise célèbre la fête de ce saint fondateur.

Entre les autres saints qu'il honoroit, et qu'il invoquoit plus particulièrement, outre saint Sulpice et saint Pierre, patrons de son église, on remarque surtout saint Martin, évêque de Tours. Sa dévotion pour ce grand thaumaturge des Gaules parut en 1653, par la ferveur avec laquelle on le vit dans le pélerinage dont on a parlé au sixième livre, demeurer en oraison, et célébrer

---

(1) *Mihi omnium sanctorum minimo.* Eph. III. 8.

le saint sacrifice sur son tombeau. Il en remporta le désir de s'unir particulièrement avec le chef et les membres qui composent le célèbre chapitre, dévoué depuis tant de siècles à honorer sa mémoire et à perpétuer son culte. La piété qu'il avoit remarquée dans cette illustre compagnie, son attachement à la doctrine de l'Eglise et sa soumission au saint siége, dont elle a toujours fait la profession la plus ouverte comme la plus invariable, lui faisoient espérer, soit pour lui-même, soit pour sa communauté et son séminaire, s'il en obtenoit des lettres d'association, une protection spéciale du saint évêque de Tours, qu'elle invoque dans la basilique dédiée sous son nom. Le trésorier, les chanoines et chapitre de cette insigne église, lui écrivirent au mois de décembre de la même année, selon le vœu de son cœur. Les lettres d'association dont ils l'honorèrent, sont conçues en ces termes : « Les trésorier, cha-
» noines et chapitre, le doyenné vacant, de l'in-
» signe église de Saint-Martin-de-Tours; au ré-
» vérend messire Jean-Jacques Olier, supérieur
» de la communauté ecclésiastique du séminaire
» des clercs, établi au faubourg de Saint-Germain-
» des-Prés à Paris; salut. Nous avons mûrement
» considéré ce que vous nous avez remontré à
» Tours au mois de novembre dernier, que vous
» avez désiré que la communauté et compagnie
» que Dieu vous a inspiré d'établir, fût sous la
» protection du bienheureux saint Martin, notre
» patron; et que depuis que vous aviez formé
» cette résolution, vous en aviez reçu tant d'as-
» sistance, que vous ne doutez point qu'elle ne

» prospère, et que votre dessein ne réussisse, si
» nous voulons joindre nos vœux aux vôtres, et
» vous associer aux prières, saints sacrifices, et
» aux bonnes œuvres qui se font dans notre église
» journellement.

» Nous, désirant de notre part contribuer à
» une si bonne œuvre, et faire ce que nous
» pourrons pour la gloire de Dieu et réputa-
» tion de notre bienheureux patron, nous avons
» octroyé votre demande, et associé à toutes les
» prières, saints sacrifices et bonnes œuvres qui
» se font et feront en notre église, non-seulement
» vous, sieur Olier, mais vos successeurs supé-
» rieurs de ladite communauté, et les prêtres et
» ecclésiastiques du séminaire des clercs dudit
» faubourg Saint-Germain-des-Prés de ladite ville
» de Paris ; souhaitant que vos prières et les
» nôtres jointes ensemble, nous puissent obtenir
» de Dieu, par l'intercession de notre bienheu-
» reux patron, la gloire éternelle ; et que votre
» communauté soit si bien établie pour le service
» de Dieu et de la sainte Eglise, que rien ne
» puisse la troubler ; ce sont les souhaits de notre
» compagnie. Donné à Tours, le 20 décembre
» 1653 ».

M. Olier reçut ces lettres avec beaucoup de joie, et témoigna sa reconnoissance à MM. les dignitaires, chanoines et autres membres du chapitre de Saint-Martin, par la lettre suivante qui se conserve dans les archives de cette église.
« Messieurs, comme nous avons passionnément
» souhaité la grâce d'être associé aux prières et
» aux bonnes œuvres de votre illustre compagnie,

» nous l'avons reçue aussi avec la joie et le res-
» pect que nous devons à une faveur si consi-
» dérable. Notre petite communauté, qui en a
» rendu publiquement action de grâces à Dieu,
» vous supplie encore d'agréer les très-humbles
» remercîmens que nous vous en rendons. Le
» grand saint Martin, au culte duquel cette as-
» sociation nous lie plus étroitement, sera le té-
» moin et le garant de notre très-profonde et
» sincère reconnoissance. Nous l'honorons déjà
» comme un des patrons et des protecteurs de
» cette maison; mais la liaison qu'il vous plaît
» que nous ayons à un corps qui le reconnoît
» pour chef, nous le fera révérer encore avec
» une dévotion particulière; et nous unissant par
» un nouveau lien à votre chef, nous attachera
» aussi plus intimement aux intérêts et au ser-
» vice de votre corps, de qui nous demeurons,
» Messieurs, par devoir et par inclination, les
» très-humbles, très-obéissans et très-obligés ser-
» viteurs en notre Seigneur Jésus-Christ.

OLIER, LE RAGOIS DE BRETONVILLIERS, etc. »

CHAPITRE VII.

SON ZÈLE.

LE zèle de la gloire de Dieu et du salut des ames, est une vertu inséparable de la charité, ou plutôt c'est la charité elle-même qui ne peut aimer Dieu, sans être jalouse de le voir glorifié

par toute la terre, ni aimer le prochain sans faire tout ce qui dépend d'elle pour procurer son salut. M. Olier, plein de cet esprit, vécut comme une hostie toute dévouée à l'œuvre qui avoit attiré Jésus-Christ dans le monde; c'est-à-dire, à former de dignes ministres des autels pour son sanctuaire, et de parfaits chrétiens pour son Eglise. Pendant qu'on vouloit l'élever à l'épiscopat, il brûloit du désir d'aller sacrifier sa vie pour la conversion des infidèles. La passion d'étendre le royaume de Dieu le transportoit souvent en esprit jusqu'aux extrémités de la terre, où il eût voulu partager les travaux des hommes apostoliques, qui avoient tout quitté pour gagner des peuples à Jésus-Christ. Il s'offrit plusieurs fois au père de Rhodes, de la Compagnie de Jésus, pour porter la foi dans les pays idolâtres. « Ce qui me
» faisoit soupirer dernièrement, écrivoit-il à un
» pieux ami, lorsque j'entendois le récit de ce
» qui se passe dans la Chine, au Tonquin et en
» Cochinchine, c'est la disette d'ouvriers. Dans
» l'un de ces royaumes, il n'y en a que neuf pour
» trois cent mille personnes; dans un autre,
» quatre cent mille ames n'ont pas un prêtre ni
» un évêque. On vient chercher en France des
» Missionnaires; et je me sentirois bien porté à
» secourir ces pauvres Etats, selon les anciennes
» espérances que j'en ai toujours eues; mais je
» n'ai que des larmes de douleur pour cette
» grande affaire, craignant que mon infidélité à
» la grâce ne me rende indigne d'un si grand
» bonheur. Si l'on y met obstacle, j'en serai in-
» consolable toute ma vie; car j'aspire depuis

» long-temps à l'honneur d'aller donner ma vie et
» mon sang pour le salut des pauvres Gentils (1) ».

Dieu ne voulant point l'accomplissement de son désir pour les missions d'Asie, M. Olier espéroit du moins pouvoir aller en Angleterre, travailler à la conversion des hérétiques (2), et se consoler par-là de la peine amère qu'il ressentoit des obstacles insurmontables qui s'opposoient à son premier dessein. Mais les conseils de Dieu ne s'accordoient point encore ici avec les vues de son zélé serviteur; ce qu'il regarda comme une punition de ses péchés. « Il y a huit jours, écrivoit-il à la même
» personne que je vous fis connoître combien l'or-
» gueil règne dans mon cœur, en vous témoignant
» le désir que j'avois de suivre ce grand apôtre du
» Tonquin et de la Cochinchine (3). Mais après
» lui avoir parlé à fond de ce projet, le saint
» homme, ou notre Seigneur en lui, m'a jugé
» indigne d'une si grande grâce. Ainsi je me vois
» obligé de demeurer ici dans mon néant, attaché

---

(1) Lettre v.

(2) En parlant de la foi de M. Olier, au chap. I.ᵉʳ de ce livre vii, j'ai fait mention de son zèle pour la conversion des hérétiques. Mais un trait particulier qui y a été omis, et qu'il est bon de faire connoître, c'est que le fameux ministre Edme *Aubertin*, étant tombé malade sur la paroisse Saint-Sulpice, de la maladie dont il mourut le 5 avril 1652, M. Olier alla le visiter, pour le porter à rentrer dans le sein de l'Eglise catholique. Les principaux de la secte s'opposèrent de tout leur pouvoir à ce que le zélé pasteur pût voir le ministre. Il parvint néanmoins, quoique avec beaucoup de peine, à pénétrer jusqu'à lui, et fit tous ses efforts pour le ramener à la foi; mais inutilement. A cette occasion, les écrivains protestans n'ont pas épargné M. Olier; entre autres Bayle, et surtout Blondel, qui le qualifie de *præfervidi sed tumultuosi zeli vir; sodalitatis, quæ* de propaganda fide *dicitur, primipilus*, etc. De pareilles injures sont des éloges pour un ministre de Jésus-Christ.

(3) Le père de Rhodes.

» à l'emploi que m'a donné la divine majesté,
» rempli de la vue de ma misère et de mon in-
» dignité. Je gémirai, je soupirerai toute ma vie
» pour m'être privé de cet honneur par mes in-
» fidélités. Si dans le néant où la grâce me retire
» et me renferme, j'osois encore aspirer à quelque
» chose de la solide gloire qu'on peut trouver
» dans le service du divin Maître, en donnant
» sa vie et répandant son sang pour lui, je re-
» garderois l'Angleterre comme mon espérance;
» et comme ce grand homme dont je vous parle
» m'a dit que toutes les vues de sa jeunesse avoient
» été toujours d'aller du côté de la Chine, ou, s'il
» ne pouvoit l'obtenir, d'aller du moins en An-
» gleterre; je me suis offert à lui pour entrer dans
» les desseins de son zèle, par tous les services
» que je pourrois rendre à ce royaume et à toute
» l'Eglise. Je l'ai prié que de son côté il nous
» associât à ses travaux, et nous portât en esprit
» dans tous ces pays éloignés où l'Eglise est si
» magnifique en dons, en grâces et en richesses
» du Saint-Esprit. Mais, après tout, je vois qu'il
» faut nous tenir dans notre néant, recevant avec
» amour et avec joie les croix et les souffrances
» qui se trouvent dans le service de Dieu. La
» charité crucifiée est la plus sûre; demandez à
» Dieu qu'il me rende fidèle à ma vocation (1) ».

Les Indes orientales et l'Angleterre n'étoient pas les seuls lieux du monde où M. Olier eût voulu pouvoir aller se consumer pour le salut des ames. Il désira toute sa vie de passer en Canada pour y faire connoître Jésus-Christ aux peuples

(1) Lettre LVI.

sauvages qui y vivoient au milieu des forêts, moins en hommes qu'en bêtes. « Etant instruit,
» disoit-il, des biens qui se font en Canada, et
» me trouvant lié comme de société miraculeuse
» à celui à qui notre Seigneur a inspiré le mou-
» vement et commis l'entreprise de Ville-Marie,
» dans l'île de Montréal, je me suis senti toujours
» porté d'aller finir mes jours en ces quartiers,
» avec un zèle continuel d'y mourir pour mon
» maître. Qu'il m'en fasse la grâce, s'il lui plaît;
» je continuerai tous les jours de l'en solliciter ».

Ce fut le zèle seul qui le détermina à accepter la cure de Saint-Sulpice. Ses proches le virent avec peine prendre cette charge, après avoir refusé plusieurs évêchés; parce qu'ils ne la considéroient que selon les avantages temporels, qui leur paroissoient fort au-dessous de ceux auxquels il pouvoit prétendre; mais il la reçut avec joie, parce qu'il savoit que dans cette place il auroit beaucoup à travailler et à souffrir pour le service de l'Eglise. « Je sens en moi-même, dit-il dans
» une lettre à un de ses amis, une sainte fureur
» qui m'anime contre le monde. C'est un ressen-
» timent de l'horreur qu'a Jésus-Christ dans son
» cœur, des folies, des vanités, des erreurs du
» siècle. Je sens tant de désir de pouvoir en dés-
» abuser les hommes, que je ne sais comment
» le satisfaire, sinon dans la circonstance pré-
» sente, où la divine providence m'appelant au
» gouvernement d'une paroisse habitée par les
» plus grands du siècle, j'aurai l'occasion pour
» laquelle je soupire depuis long-temps, de leur
» découvrir combien ils se trompent en prenant

» tant de soin pour les choses périssables de la
» terre ».

Une autre fois, il écrivoit ainsi. « Quand il n'y
» auroit que cette obligation de servir l'Eglise de
» Dieu, je serois tenu de me vouer à elle tout
» entier, prêt à verser jusqu'à la dernière goutte
» de mon sang pour elle, et de me laisser dévorer
» à ses enfans, s'il le falloit, à l'exemple de notre
» Seigneur qui a fait l'un et l'autre ; puisqu'après
» avoir donné son sang pour nous en mourant, il
» nous a donné après la mort, au très-saint sacre-
» ment de l'autel, sa chair pour nourriture. Ah!
» continuoit-il, si les martyrs ont soutenu l'Eglise
» par l'effusion de leur sang, pourquoi crain-
» drions-nous de donner notre vie pour le bien
» de cette même Eglise, l'épouse de Jésus-Christ,
» si aimable et si chère à son cœur ? Après que
» le Fils de Dieu s'est trouvé heureux de donner
» sa vie pour son Père, comment n'exposerois-je
» pas la mienne dans la même vue ; et aussi pour
» procurer aux ames la gloire qu'il leur a méritée
» par sa mort »?

M. Olier se regardoit comme une victime
chargée des péchés de son peuple, et livrée à la
justice divine, pour qu'elle fît en lui et de lui tout
ce qu'il lui plairoit, à l'exemple de notre Seigneur,
l'hostie universelle qui étoit chargée des péchés
du monde entier. « En cette qualité d'hostie,
» disoit-il, outre la peine de mes péchés, je dois
» porter celle des péchés des peuples que Dieu
» m'a confiés. Je me suis déjà offert à lui mille
» fois, comme la victime sur laquelle je le priois
» de satisfaire à sa justice, afin que mon cher trou-

» peau obtienne par Jésus-Christ la victime du
» monde, pardon et miséricorde ».

Il trouvoit dans le sacrement de la très-sainte eucharistie, le motif et tout à la fois le modèle du zèle qui devoit dévorer les pasteurs des ames. « C'est par ce sacrement, disoit-il, que notre
» Seigneur épouse son Eglise; et il me semble
» que c'est à l'imitation de notre Seigneur, en ce
» divin mystère, que doivent vivre tous les pas-
» teurs de son troupeau. Notre Seigneur, dans la
» sainte eucharistie, est une hostie vivante qui loue
» Dieu pour le monde entier; et le pasteur n'est
» pas moins obligé de le louer pour tout son
» peuple. Notre Seigneur rend grâces à Dieu, dans
» le sacrement de l'autel, pour tous les biens qu'il
» a faits et qu'il ne cesse de faire aux hommes.
» C'est pour cela qu'il est appelé hostie d'actions
» de grâces; et le pasteur doit le remercier conti-
» nuellement pour tous les biens qu'il fait à
» son troupeau. Le Fils de Dieu au saint sacre-
» ment, est hostie pour les péchés du monde; et
» le pasteur doit de même crier sans cesse misé-
» ricorde pour les péchés des ames qui sont sous
» sa conduite. Enfin Jésus-Christ demande à son
» Père les grâces temporelles et spirituelles qui
» sont nécessaires à son Eglise pour son service:
» de même aussi le pasteur doit demander à Dieu
» avec instance, qu'il lui plaise faire ses libéra-
» lités pour le soulagement spirituel et les néces-
» sités corporelles de son peuple. Notre Seigneur
» en sa retraite au fond du tabernacle voit tout,
» entend tout, connoît tout, quoiqu'il semble
» mort à tout. De son cœur amoureux et par ses

» mains toutes puissantes, il fait tout, il soulage
» tout, il gouverne tout, sans que l'on voie qu'il
» y pense, et que le bien vienne de lui: ainsi le
» bon et fidèle pasteur retiré tout près de Dieu,
» éclairé de sa lumière et embrasé de son amour,
» secourt tout par ses soins, donne ordre à tout,
» dispose tout. De même que notre Seigneur
» envoie ses anges visiter son Eglise et la soulager
» dans ses afflictions, leur donnant la vertu né-
» cessaire pour leur mission; de même le vrai pas-
» teur envoie çà et là ses chers coopérateurs, leur
» mettant dans le cœur et à la bouche les senti-
» mens et les paroles convenables. Comme le chef
» dirige tous les membres, qui dépendent de lui
» dans leurs fonctions, et ne peut faire lui seul
» ce qu'ils peuvent faire; ainsi le pasteur applique
» chacun des ministres que Dieu lui associe, pour
» faire ce qu'il sait être utile à sa gloire, se con-
» tentant de les diriger, sans prétendre tout exé-
» cuter par lui-même, faisant néanmoins de son
» côté tout ce qu'il peut pour Dieu; et s'il se
» trouve seul, en sorte que sa mesure de travail
» ne surpasse pas ses forces, il faut que lui seul
» fasse ce qu'un autre moins capable que lui seroit
» obligé de faire par d'autres; c'est-à-dire, que
» le chef devient pieds et mains pour faire ce
» que feroient les membres, s'il plaisoit à Dieu
» de lui en donner. Mais comme le propre du
» chef est de vivifier les membres, c'est au pas-
» teur de communiquer aux prêtres qui tra-
» vaillent avec lui, son esprit et sa vie intérieure;
» en sorte que ce soit lui-même qui agisse et tra-
» vaille en eux, comme s'ils étoient tous le pas-

» teur multiplié, qui prie et qui loue Dieu, qui
» prêche et qui exhorte les peuples par leur
» bouche ».

Le zèle de M. Olier étoit si tendre et si vigilant, qu'il regardoit comme des négligences et des fautes impardonnables, jusqu'à des accidens qu'il n'avoit pu prévoir. En voici un exemple. « Allant, dit-il, à mon prieuré de Bazainville,
» qui se trouvoit sur le chemin d'une paroisse où
» l'on alloit faire une mission, j'arrivai une heure
» plus tard que je ne devois, parce que je m'étois
» arrêté en quelque endroit où ma présence n'étoit
» point nécessaire. Le curé de la paroisse s'étoit
» absenté l'après-dînée, ne croyant pas qu'aucun
» malade dût avoir besoin de lui. Sur l'heure on
» m'avertit que deux malades sont en danger ; j'y
» cours aussitôt. J'arrivai à temps pour administrer le premier ; mais rendu ensuite auprès
» de l'autre, je le trouvai si mal, qu'il pouvoit à
» peine demander par signes l'absolution. Après la
» lui avoir donnée, je lui administrai seulement
» l'extrême-onction ; car il ne put communier.
» Quand je l'eus administré, je retournai à l'église,
» inconsolable et saisi de douleur à en mourir,
» de n'avoir pu lui faire recevoir notre Seigneur.
» *Eh! malheureux que je suis*, disois-je, *il faut*
» *donc que ces pauvres gens souffrent pour mes*
» *péchés* » : (il parloit de la faute qu'il se reprochoit d'avoir commise, en s'arrêtant une heure dans le chemin) « *falloit-il que par ma négligence cette*
» *pauvre âme fût privée du secours qui lui étoit*
» *si nécessaire ?* Ma peine étoit si grande, que
» fondant en larmes et jetant de grands cris, je

« ne savois où j'en étois. *Rugiebam à gemitu*
« *cordis mei. Ah!* mon Dieu, disois-je encore,
« *faites tomber sur moi seul le malheur de mes*
« *crimes. Oui, Seigneur, punissez-moi; perdez-*
« *moi si vous le voulez; mais que les pauvres*
« *ames n'en souffrent point. Pardon, mon Dieu,*
« *appaisez votre colère, et ne me traitez pas*
« *comme je le mérite; mais faites-moi miséri-*
« *corde* ».

Dieu prépara de bonne heure M. Olier aux fonctions du zèle, en lui accordant un don particulier pour la prédication. Il n'étoit pas encore prêtre, qu'il commença d'exercer ce ministère dans les chaires de Paris, et avec un applaudissement qui lui eût été funeste, s'il n'avoit étouffé de bonne heure le germe d'ambition que le prince de l'orgueil cherchoit à faire éclore dans son esprit. L'étude qu'il fit dès sa jeunesse, de la science de l'Evangile et des vertus apostoliques, en fut le contre-poison. Il y apprit à réprouver la fausse éloquence de la sagesse humaine, pour ne prêcher que Jésus-Christ et sa doctrine.

Les principes et les règles de conduite qu'il suivit touchant la prédication, étoient, 1.º qu'un prédicateur doit principalement puiser en Dieu tout ce qu'il annonce aux peuples, à l'exemple de notre Seigneur, qui disoit aux Juifs : *Ma doctrine n'est pas de moi, mais de celui qui m'a envoyé* [1]; et qui ajoutoit : *Ce que j'ai appris de mon Père, c'est ce que je vous ai enseigné* [2].

2.º Rendre la parole de Dieu simplement; le grand art de parler étant de parler sans art, de

[1] *Joan.* vii. 16.   [2] *Ibid.* xv. 15.

peur de corrompre les vérités émanées du Saint-Esprit, par ses propres pensées; et de défigurer le langage de la sagesse éternelle, par les ornemens d'une sagesse toute mondaine. A ce sujet, il citoit cette maxime de saint Pierre : *Si quelqu'un parle, qu'il paroisse que c'est la parole de Dieu qu'il annonce* (1).

3.º Prêcher en la vertu de Jésus-Christ et de son divin Esprit, comme parlant en son nom et en sa présence, selon ce qu'ajoute le même apôtre : *Si quelqu'un exerce le ministère de la parole, qu'il le fasse comme n'agissant que par la vertu que Dieu lui donne*. Et selon cette maxime de saint Paul : *Nous sommes* dans les chaires chrétiennes *les ambassadeurs de Dieu pour Jésus-Christ* (2).

4.º Prêcher dans une dépendance entière de l'Esprit de Dieu, à l'exemple des apôtres, de qui il est dit, qu'*ils alloient partout où ils étoient conduits par l'esprit de Dieu* (3); et dans un autre endroit : *Ils commencèrent à parler, selon que le Saint-Esprit leur accordoit le don de la parole* (4).

5.º Ne point chercher sa propre gloire, mais la gloire de Dieu, à l'exemple du Sauveur qui disoit : *Pour moi, je ne cherche point ma propre gloire* (5).

6.º Annoncer la parole de Dieu avec courage, sans rien craindre de la part des hommes, comme Jean-Baptiste, qui ne fut point intimidé par la puissance d'Hérode; et les apôtres, de qui il est

---

(1) I. *Pet.* IV. 11.
(2) II. *Cor.* V. 20.
(3) *Ezech.* I. 12.
(4) *Act.* II. 4.
(5) *Joan.* VIII. 50.

écrit : *Ils préchoient la parole de Dieu avec toute assurance* (1).

7.º Attendre le succès de ses discours, de Dieu seul, et non de la force de ses raisonnemens ou de la beauté de ses pensées. *J'ai planté*, dit l'apôtre, *Apollon a arrosé; mais c'est Dieu qui a donné l'accroissement* (2).

8.º S'être bien rempli des vérités qu'on annonce, et convaincu de leur importance; autrement, l'on ressemblera *à un airain sonnant*, comme parle l'apôtre, et l'on ne sera que *comme une cymbale retentissante* (3).

9.º Joindre l'exemple à la prédication, imitant notre Seigneur, *qui commença*, dit l'Ecriture, *par faire ce qu'il enseignoit* (4); et s'y préparer dans la retraite. « Jésus-Christ, disoit M. Olier, a passé » trente ans dans la solitude, et n'en a mis que trois » à prêcher. La plupart des prédicateurs font peu » de fruit, parce que souvent ils mettent plus de » trente ans à prêcher, et n'en passent pas trois » dans la solitude ».

M. Olier s'est peint lui-même en donnant ces règles sur la prédication. Jamais il ne parla que de l'abondance d'un esprit éclairé des plus vives lumières d'en haut, et d'un cœur plein des sentimens que sa bouche s'efforçoit d'inspirer à ses auditeurs. Il s'est vu souvent dans la nécessité de prêcher au moment qu'il y pensoit le moins. Après s'être mis en oraison, il montoit en chaire sans autre préparation qu'une fervente invocation de l'Esprit saint, et jamais il ne parloit avec

(1) *Act.* IV. 24.   (3) I. *Cor.* XIII. 1.
(2) I. *Cor.* III. 6.   (4) *Act.* I. 1.

plus de fruit. « Je me souviens, écrivoit-il une fois à son confesseur, que lorsque je devois prêcher, je me préparois en priant; et mon plus grand secours étoit lorsque j'allois me présenter pour recevoir la bénédiction de mon maître au très-saint sacrement; car, après l'avoir reçue, je ressentois une onction qui embaumoit mon ame, et la fortifioit pour annoncer la parole à son peuple ».

« Je me souviens encore, dit-il ailleurs, d'avoir parlé des jours entiers sans avoir presque rien écrit. Les prédicateurs étant incommodés, on venoit m'avertir au confessionnal de monter en chaire; et je n'avois que le temps de me mettre aux pieds de notre Seigneur devant son tabernacle. Là, par un trait de sa bonté, je voyois en un moment ce que j'avois à dire. D'autres fois la pensée m'étoit donnée de lire certains endroits d'un livre où je trouvois ce qui me convenoit; de recourir à certaines personnes qui me lisoient quelque pièce d'où je tirois le fond de l'instruction que j'avois à faire. Je prêchois alors avec autant de consolation pour les peuples que pour moi-même; et au sortir de chaire, je me mettois en prières, me servant de l'onction de la parole de Dieu que j'avois annoncée, pour ma propre recollection. L'année dernière, je fus obligé de monter en chaire deux fois le jour pendant un mois entier; et je passois presque le reste du temps au confessionnal: ce que je ne pus faire sans un secours particulier du Saint-Esprit, auquel je m'étois entièrement abandonné. Depuis ce temps-là, la lumière

« lumière s'est toujours accrue en moi ; et Dieu
» a voulu qu'avec la facilité d'exprimer ce qu'il
» m'inspiroit, j'aie ressenti le premier, avec abon-
» dance, la consolation dont je voyois que la sainte
» parole remplissoit tous ceux qui m'écoutoient ».

Son confesseur lui fit dire une fois, lorsqu'il étoit à l'autel, (c'étoit le jour des Cendres) de monter en chaire pour expliquer la cérémonie. Il le fit, et avec tant de bénédiction, qu'il vit tout son auditoire fondre en larmes, et se jeter à genoux pour demander pardon à Dieu. « Je ne sa-
» vois rien dire en commençant; (c'est ainsi qu'il
» s'exprime, en adressant la parole au Seigneur)
» et cependant, par votre secours, je parlai mille
» fois mieux alors, que je n'eusse fait après toute
» l'étude du monde, laquelle depuis sept ou huit
» ans m'est interdite, par l'impuissance où je suis
» de faire de moi-même aucun raisonnement. Je
» reçois simplement ce que me donne l'oraison,
» avec le peu de lumières qu'il a plu à votre bonté
» de m'accorder de temps en temps, sans savoir
» pourquoi vous me les accordez, ni à quoi elles
» doivent servir ».

Dieu lui fit voir un jour combien il étoit jaloux de le trouver toujours dans cette disposition de dépendance de son Esprit et de renoncement à ses propres pensées. L'événement est une leçon pour les prédicateurs, qui se préparent plus, avant de monter en chaire, par les efforts de leur esprit, que par les gémissemens du cœur et par la ferveur de leurs oraisons aux pieds du crucifix. Comme c'étoit en présence de la Reine qu'il devoit prêcher, et devant une assemblée considérable par la qualité des auditeurs, autant que par leur nombre, il prit un soin particulier de préparer son discours, au lieu de suivre sa méthode ordinaire, en s'abandonnant à l'Esprit de Dieu. Le succès répondit aux mesures qu'il avoit prises ; c'est-à-dire que notre Seigneur lui ayant retiré son assistance, il éprouva en chaire la plus grande stérilité de pensées et de sentimens, avec une difficulté extrême à s'énoncer. Il ne put parler qu'avec beaucoup de contrainte, et *en usant son esprit,* (c'est l'expression dont il se sert) par les violens efforts qu'il fit, depuis l'exorde même jusqu'à la fin. Cet accident l'humilia d'autant plus, que notre Seigneur lui montra ensuite ce qu'il lui auroit mis dans l'esprit et sur les lèvres, s'il l'avoit trouvé fidèle à son ancienne pratique, en se préparant uniquement dans la prière. M. Olier regarda cette punition comme une grâce, et protesta qu'il ne s'éloigneroit jamais de la conduite qu'il savoit si bien par son expérience, être la seule agréable à Dieu.

A l'exemple de saint Augustin, qui disoit : « J'ap» prends de notre Seigneur ce que je dois dire, et » je me repais moi-même avant de paître mes » ouailles (1) »; non content de puiser tout à la source des lumières, et de n'enseigner que ce qu'il tenoit de notre Seigneur, il s'unissoit intérieurement à lui dans l'exercice de la prédication, convaincu que sans cela il ne pouvoit opérer aucun bien dans les ames, et qu'au contraire la parole sainte, à la faveur de cette union, prendroit dans sa bouche la vertu de toucher les cœurs les plus insensibles, et les pécheurs les plus endurcis. C'est ce qu'il assure

(1) *Unde disco, inde dico; unde pascor, inde ministro.*

avoir éprouvé un jour. « Je n'avois rien, dit-il, dans
» la mémoire, lorsque j'entrai dans la chaire ; mais
» comme je ne pensois alors qu'à m'unir à mon Jé-
» sus et au divin Esprit qui l'inspiroit, lorsqu'il
» évangélisoit sur la terre, j'entretins le peuple
» avec plus de force et de succès, que si j'avois
» travaillé mon discours avec le plus grand soin.
» J'avois à tout moment lumière sur lumière ; et
» j'abondois en mouvemens pour faire impression
» sur mes auditeurs. Descendu de chaire, je me
» trouvai moi-même si touché et si pénétré, qu'ayant
» eu à parler à un homme de condition qui vint s'en-
» tretenir avec moi, ce n'étoit plus moi en quel-
» que sorte qui lui parlois, mais un autre esprit
» que le mien qui lui parloit par ma bouche. Béni
» soit ce divin Esprit, qui ne dédaigne pas d'habiter
» dans des vases de boue tels que nous sommes ».

On a vu plusieurs fois M. Olier, soit lorsqu'il
falloit parler en public, soit dans les entretiens
particuliers, et avec des personnes de grande
qualité, réduit à garder le silence, comme si le
don de la parole lui eût été retiré; en sorte qu'on
l'eût pris pour un homme sans talent : mais
comme il ne cherchoit point sa propre gloire dans
l'exercice de ses fonctions, loin de perdre alors
la paix de l'ame, il paroissoit aussi content que si
Dieu l'avoit favorisé des plus hautes communications. Dans ces momens de ténèbres, notre Seigneur et la sainte Vierge lui tenoient lieu de tous
les talens. « Gardons-nous bien, disoit-il, de
» désirer parler, quand il plaît à Dieu que nous
» nous taisions. Notre Seigneur, plein de sagesse
» et de science, a gardé le silence durant trente

» ans, quoique son cœur brûlât d'envie de faire
» connoître son Père par tout le monde, et qu'une
» seule de ses paroles fût capable de convertir
» tous ceux qui l'auroient entendu. Il se taisoit,
» parce que son Père le vouloit ainsi, et que cette
» volonté souveraine étoit son unique règle en
» toutes choses. Nous devons donc adorer son
» silence, autant que les discours qui sont sortis de
» sa bouche. Mais ce n'est pas assez; nous devons
» l'imiter, en lui rendant les lumières de notre
» esprit, ou le talent de la prédication et des en-
» tretiens édifians, lorsqu'il lui plaît de les re-
» prendre ».

Il faut être bien mort à soi-même, et avoir un zèle bien pur, pour pratiquer cette maxime au point de perfection où l'a su porter le serviteur de Dieu. Plusieurs fois il lui est arrivé de demeurer comme muet au milieu d'un discours, sans pouvoir articuler une parole sur le sujet qu'il avoit entrepris; Dieu le permettant ainsi pour éprouver la force de son amour, et l'avancer dans les voies de l'abnégation. Content alors d'adorer les ordres de son maître, M. Olier se retiroit, après avoir confessé ingénuement qu'il n'étoit plus capable de rien dire, parce que notre Seigneur ne lui fournissoit plus rien. Mais à cet embarras de langue, et à ces ténèbres de l'esprit, Dieu faisoit succéder un langage si éloquent, avec une si grande facilité d'expressions, qu'après l'avoir entendu, on ne pouvoit s'empêcher de lui appliquer ce mot de l'Evangile: *Non, jamais homme n'a parlé ainsi* (1). Rien n'étoit plus commun que de voir les peuples

(1) *Joan.* vii. 46.

si touchés de ses prédications, que la plupart fondoient en larmes dans son auditoire, et qu'au sortir du sermon, les pécheurs couroient se jeter aux pieds d'un confesseur, pour décharger leur conscience et obtenir grâce devant le Père des miséricordes.

On sera édifié de l'entendre lui-même raconter ce qui lui est arrivé souvent en ce genre. « Le » soir, dit-il, parlant à notre Seigneur, vous m'en- » voyâtes dire, par un de vos serviteurs, de venir » exhorter le peuple pour le préparer à la fête, et » le rendre digne de la communion. J'y allai aussi- » tôt, quoique rien ne me vînt à l'esprit; et vous » prîtes plaisir, ô mon maître, à me faire expéri- » menter ma foiblesse et mon ignorance naturelle; » car je ne pus rien trouver à dire. N'est-il pas » vrai que vous avez voulu me faire oublier tout » ce que j'avois appris par mon étude et ma cu- » riosité, pour me donner tout ce qui étoit né- » cessaire, par grâce et par miséricorde, et ne » me rien laisser que vous. Je fus deux fois sur le » point d'aller dire à celui qui m'avoit fait avertir, » que rien ne m'étoit venu, et que je ne savois » que dire. Mais comme je suis accoutumé à cela, » je m'abandonne à celui qui éclaire les aveugles, » et qui fait parler les muets. Je montai dans la » chaire; et aussitôt je sentis la lumière, avec l'im- » pression de la grâce qui me fut donnée pour » toucher les auditeurs; ce que je fis avec tant de » bénédiction, que le lendemain on vint en foule » pour se confesser et communier, jusque-là que » nous ne pûmes tout achever qu'à une ou deux » heures après midi, et que depuis cinq ou six

» heures du matin, le pauvre peuple demeura
» dans l'Eglise ».

On lui a souvent entendu dire, que ce qui empêchoit les prédicateurs de s'abandonner à l'Esprit de Dieu, c'étoit l'amour-propre, qui leur faisoit craindre d'essuyer quelque mortification en suivant cette méthode. « N'ayant pas une par-
» faite confiance en Dieu, disoit-il, nous appré-
» hendons de nous appuyer sur son assistance, et
» nous craignons que son secours venant à nous
» manquer, nous ne recevions de la honte, de
» nous trouver arrêtés au milieu d'un discours,
» sans pouvoir l'achever. Mais quand une fois
» nous connoissons le grand soin que prend le
» Seigneur, des ames qui s'abandonnent à lui, et
» le grand amour qu'il leur porte; quand avec
» cela nous sommes morts à notre réputation et à
» notre propre estime, nous parlons sans peine
» et libres de tout soin ». Il expliquoit sa pensée par une comparaison. « Qu'un homme veuille se
» jeter dans une rivière, il n'ose s'y précipiter,
» s'il n'en connoît pas le fond; mais dès qu'il l'a
» bien connu, il s'y livre sans crainte, et se fait
» un jeu de ce qu'il n'osoit tenter. Ainsi nous
» n'avons pas le courage de nous mettre entre les
» mains de Dieu, tant que nous ignorons le soin
» qu'il prend de nous. Mais quand nous en avons
» fait l'expérience, c'est alors que nous nous aban-
» donnons à lui, avec plus d'assurance que si nous
» avions tous les secours humains. Toutefois,
» ajoutoit-il, prenons garde qu'il faut pratiquer
» cet abandon avant que de ressentir la protec-
» tion particulière de notre Seigneur, et être prêt

» à subir toute la confusion qu'il voudra ou qu'il
» permettra qui nous arrive ».

De cette disposition, naissoit dans M. Olier la force de dire tout ce que Dieu lui inspiroit, sans être jamais effrayé par aucune considération humaine, et sans craindre autre chose que de retenir la parole de Dieu captive dans un silence qui ne pouvoit manquer d'irriter sa colère contre les hommes lâches et pusillanimes. Un jour qu'il passoit par une place publique en visitant sa paroisse, il rencontra une grande multitude rassemblée autour d'un charlatan, qui divertissoit le peuple par des bouffonneries indécentes. Son zèle fut affligé de voir tant d'empressement à entendre le langage obscène des histrions, tandis qu'on en témoignoit si peu pour les chastes vérités de l'Evangile. Un mouvement intérieur le porta alors à faire une action, qui, toute inusitée et toute hardie qu'elle parût, ne pouvoit être blâmée, dans un homme établi de Dieu pour arracher les scandales du milieu de son troupeau, que par *les insensés, dont le nombre est infini*, dit l'Ecriture [1]; et la sainte hardiesse dont il usa lui réussit. Il s'arrête à quelque distance du charlatan, et après avoir appelé auprès de lui plusieurs de ceux qui l'environnoient, leur adresse la parole, les prêche avec force, et par le nombre de ceux qu'il captive auprès de lui, pique tellement la curiosité des autres, que tout le peuple attroupé autour du bouffon l'eut bientôt abandonné. Ce ne fut pas sans beaucoup de confusion et de dépit que le ministre de Satan vit tous ses admirateurs le

[1] *Eccle.* 1. 16.

déserter et le laisser seul, pour se rendre auprès du ministre de Jésus-Christ. Mais la confusion qu'il essuya lui devint salutaire, par la pénitence où elle le conduisit. A la scène scandaleuse qui venoit d'être interrompue par l'homme de Dieu, succède un prodige de la grâce : le baladin se rend lui-même au discours de M. Olier, l'écoute, et se convertit.

Comme Jean-Baptiste, le serviteur de Dieu n'eût pas été moins intrépide devant les princes et les rois, que devant les derniers du simple peuple. Sa qualité de prêtre et de pasteur des ames le mettoit au-dessus de toutes les craintes ; et tout petit qu'il étoit à ses yeux, lorsqu'il ne considéroit que sa personne, dès qu'il agissoit au nom de son maître, il faisoit paroître toute la dignité, et savoit prendre, quand il étoit nécessaire, le ton magnanime des prophètes, qui ne voyoient que Dieu au-dessus d'eux. Cette timidité qui rend la parole de Dieu si foible et si peu efficace dans la plupart de ceux que Dieu envoie pour l'annoncer, il la regardoit comme un effet de l'ambition et de l'envie de plaire aux hommes ; ce qu'il jugeoit être un des plus grands maux de l'Eglise, et un des crimes que Dieu jugeroit un jour avec le plus de sévérité. « Quand je parle de » Dieu, disoit-il, je ne me sens plus : je ne sens » rien que lui ; il me donne tant de force et de » courage, qu'il n'y a ni prince, ni potentat, ni » monarque, que je n'allasse attaquer ; il n'y a » grandeur que je ne fusse prêt à renverser en sa » puissance ; et il n'y a canton sur la terre où je ne » voulusse aller planter la foi, au risque de ma vie ».

« Dieu nous demandera, dit-il dans un autre
» endroit, si nous n'avons point affoibli sa parole
» par notre lâcheté, ou si nous ne l'avons pas cor-
» rompue par notre vaine complaisance en nous-
» mêmes. S'il est vrai, ajoutoit-il après Origène
» et saint Augustin, que ce n'est pas un moindre
» mal de laisser tomber sans fruit la parole sainte,
» que de laisser tomber par terre une sainte hostie
» par sa négligence; il n'est pas moins vrai que
» c'est un aussi grand mal dans un prêtre, de
» souiller la parole de Dieu, que de profaner le
» corps de Jésus-Christ; et de la tenir cachée,
» que de laisser notre Seigneur renfermé dans
» les tabernacles, pendant qu'il voudroit en sor-
» tir pour se communiquer à ses membres. Or
» voilà le crime de ceux qui taisent les vérités qui
» déplairoient à leurs auditeurs, ou qui usent
» de la prédication pour s'attirer l'estime des
» hommes : c'est un sacrilége aussi horrible, que
» de faire servir le corps de Jésus-Christ à ses
» propres intérêts, ou de ne le distribuer aux
» chrétiens que selon les avantages qu'on en peut
» retirer. C'est donc prostituer tout ce qu'il y a
» de plus saint dans le monde, à la fin la plus
» basse et la plus indigne d'un chrétien, qui est
» l'amour de soi-même ».

Tel étoit le langage du serviteur de Dieu. Aussi recommanda-t-il instamment à M. de Bretonvilliers, lorsqu'il commença d'exercer le ministère de la parole, de ne regarder que Dieu seul en qui l'on peut tout, et non la créature, dont la crainte ne fait que des esclaves qui n'osent prêcher avec tout l'empire que donne la mission de Jésus-

Christ. Il disoit encore, en parlant des prédicateurs qui cherchent l'estime des hommes, qu'ils imitent l'Antechrist: car de même que celui-ci placera son siége dans le lieu saint, et voudra s'y faire rendre les hommages dus à Dieu; ceux-là veulent s'établir eux-mêmes dans les cœurs des hommes, qui sont les temples où veut habiter Jésus-Christ, au lieu de l'y faire régner comme le seul maître à qui ils appartiennent: bien différens de saint Jean-Baptiste, qui s'anéantissoit pour élever le Messie, ils anéantissent Jésus-Christ et sa parole, pour s'élever eux-mêmes.

Il blâmoit ceux qui pensoient qu'en criant et en faisant de grands gestes, ils toucheroient leurs auditeurs, qui ne peuvent être émus autrement que par l'onction de l'Esprit saint. C'étoit pour obtenir le don de toucher les cœurs, qu'à la prière il joignoit souvent les mortifications corporelles. Il ne pouvoit souffrir qu'on adoptât le faux principe de ceux qui prétendent que pour travailler utilement dans l'Eglise, il est nécessaire d'avoir de la réputation; comme si le fruit de la prédication devoit être d'entendre dire au sortir du sermon: Voilà un prédicateur; voilà un homme d'esprit. « Pour moi, disoit-il, je pense au con- » traire qu'il faut éviter avec le plus grand soin » de se faire un nom et de rechercher l'estime de » ses auditeurs. Désirons plutôt que personne ne » fasse cas de nous, afin que n'occupant point » l'esprit des créatures, et notre esprit ne s'oc- » cupant point d'elles, nous ne fassions vivre que » Dieu dans notre cœur et dans ceux de nos » frères ».

Notre Seigneur voulant attirer son serviteur au ministère de la prédication, lui avoit donné la vue la plus élevée de la parole de Dieu. Il la regardoit comme l'expression du Verbe engendré par le Père dans l'éternité; et le temple où on la prêche, comme le dehors du mystère de Dieu conversant de toute éternité en lui-même. Mais voulant aussi s'établir dans la vertu d'humilité, sans laquelle on ne peut prêcher avec fruit, il avoit cette vérité profondément imprimée dans son esprit, que le talent de la prédication est un don gratuit, qui nous est accordé beaucoup plus pour le salut des autres, que pour nous-mêmes. A ce sujet, il faisoit le plus grand cas de cette pensée du P. de Condren, que souvent le fruit d'un sermon étoit dû aux prières de quelque femme inconnue, qui en aura la récompense; tandis que le prédicateur, qui est le canal de la grâce venue du ciel, n'emporte de la chaire où il a prêché, que beaucoup de vaine complaisance et d'amour-propre.

Le trait suivant fera voir comment l'Esprit saint gouvernoit sa langue et éclairoit son esprit, pour lui faire dire comme par inspiration tout autre chose que ce qu'il avoit préparé. Prêchant un dimanche dans son église, il vit entrer un religieux de l'ordre de saint François qui avoit eu le malheur d'apostasier, et qui avoit quitté son habit de religion pour prendre celui des ecclésiastiques séculiers. Aussitôt le serviteur de Dieu, qui ne le connoissoit pas, soit par inspiration, soit par une impulsion, qui n'étoit pas dans l'ordre commun, fit l'éloge de la sainteté du grand patriarche dont ce religieux avoit abandonné l'esprit et l'institut. Il en parla avec tant d'éloquence, que l'apostat déconcerté en demeura tout saisi de frayeur, et tout couvert de confusion. Le même jour il fit une visite à M. Olier. Il parut devant lui en homme déchiré de remords; et l'aborda, sans oser prononcer une seule parole, ni même lever les yeux. Pour le faire revenir de la honte qui lui fermoit la bouche, et du désespoir secret qui tourmentoit son ame, il fallut toute la charité de celui qui venoit, sans le savoir, d'y jeter le trouble. M. Olier, d'après le rapport duquel je raconte le fait, nous laisse ignorer quel fut le fruit de cette entrevue et des paroles de salut que Dieu avoit suggérées à son ministre au moment où le religieux avoit pris place dans son auditoire. Mais on peut conjecturer que la miséricorde divine lui accorda la grâce d'en profiter, et que, dirigé par celui qui venoit de le faire rentrer en lui-même, il reprit la voie du royaume de Dieu.

Après les maximes de M. Olier sur la prédication, j'ai cru devoir placer ses principes sur la manière de faire les missions. On verra, dans son langage et dans sa conduite, combien son zèle étoit sage et éclairé. Il disoit qu'allant travailler à une mission, l'on devoit commencer par adorer en Dieu le grand amour qu'il avoit pour les hommes, et qui l'avoit attiré sur la terre. Il vouloit qu'on fût pénétré fortement de cette pensée, afin de se dévouer avec courage au salut des ames, devenues si chères à Dieu depuis que son Fils s'est incarné et qu'il est mort pour elles. Il exhortoit à honorer ensuite, 1.º le zèle immense qui étoit en

Jésus-Christ, et le désir de gagner tout le monde à Dieu son Père, afin de lui procurer autant de serviteurs occupés à le louer éternellement, qu'il y avoit d'hommes sur la terre; 2.º le pouvoir de sa grâce et la vertu de ses paroles, dont une seule étoit capable de convertir tout un grand peuple; 3.º la plénitude des dons et des trésors qui étoient cachés en lui, non-seulement pour sa divine personne, mais pour la sanctification de ses membres; en un mot, les dispositions admirables de son ame, lorsqu'il prêchoit aux Juifs et travailloit doucement à les attirer à son Père.

Ce premier devoir rempli, il vouloit qu'on se regardât comme incapable de rien faire pour le prochain, et de le porter à Dieu, sans le secours de son Esprit, qu'il faut donc, concluoit-il, demander avec humilité et confiance, comme le principe des bénédictions que nous pouvons espérer du Seigneur, sans nous appuyer jamais sur nos talens. « Dieu permet souvent, disoit-il, » qu'avec toute notre science et toutes nos belles » paroles, nous ne fassions point ou très-peu de » fruit; tandis qu'au contraire beaucoup d'autres » avec moins de talent touchent les cœurs par des » discours simples et communs, parce qu'ils sont » remplis de piété. Cette conviction de notre in- » capacité, disoit-il encore, doit nous faire aimer » et pratiquer l'oraison, pour trouver en notre » Seigneur tous les secours dont nous avons be- » soin dans l'exercice du saint ministère ». Il désiroit qu'un missionnaire ne connût presque d'autre délassement, après les fatigues de la prédication et de la confession. Il exhortoit ceux qui travailloient avec lui, à y persévérer, tant pour leur propre sanctification que pour le salut du prochain, aussi long-temps qu'il leur étoit possible durant la mission, afin d'obtenir de notre Seigneur quelque part dans ses dispositions intérieures, et surtout la grâce d'agir en sa vertu, soit au confessionnal, soit dans la chaire ; en sorte que leurs paroles fussent comme autant de dards enflammés, qui allumassent le feu de la charité dans les cœurs. On lui a ouï dire plus d'une fois, que dans les missions l'oraison étoit encore nécessaire pour préserver les missionnaires de la dissipation à laquelle les exposent toutes les fonctions extérieures qu'ils ont à remplir ; « car toutes » saintes qu'elles sont, ajoutoit-il, il est difficile » qu'à force de s'occuper pour les autres, on ne » s'oublie soi-même, et l'on ne perde beaucoup de » l'esprit de recueillement nécessaire pour mettre » son propre salut en sûreté ». Le serviteur de Dieu pratiquoit fidèlement ce qu'il recommandoit aux missionnaires. La plus grande partie du temps que lui laissoient les intervalles des exercices des missions, il l'employoit à converser avec Dieu ; et il y demeuroit si long-temps, que souvent il falloit le retirer de la contemplation comme d'un profond sommeil. Il exigeoit aussi des missionnaires la plus grande pureté de cœur ; de peur que Dieu, trouvant souillés les canaux par où il vouloit faire couler ses grâces sur son peuple, il ne les retînt dans ses trésors, et ne laissât périr les ames, par un jugement terrible de sa justice sur elles et sur les ministres de son Eglise.

A la pureté de cœur il recommandoit de joindre

la pureté d'intention, qu'il faisoit consister à travailler dans la vue de glorifier Dieu, et de lui gagner des adorateurs qui le louassent éternellement, à ne regarder que notre Seigneur dans toutes ses œuvres, à se livrer entièrement à son esprit, à s'attacher et à se lier à lui si fortement, qu'on n'agît plus qu'en lui et que pour lui : union nécessaire pour ne pas se décourager, en beaucoup d'occasions où les soins et les peines paroissent au-dessus des forces de l'homme le plus rempli de zèle, comme lorsqu'il s'agit de convertir un pécheur invétéré. Car en se jetant avec confiance en notre Seigneur, et en demeurant bien persuadé que si l'on ne peut rien sans lui, on peut tout en sa vertu; loin de se rebuter des difficultés, on sent au contraire son courage renaître, au milieu même des obstacles et des contradictions.

Il vouloit qu'après les travaux de la mission, on renvoyât à Dieu la gloire de tout le fruit qui s'y étoit fait, sans en rien retenir pour soi. « Une » des choses, disoit-il, contre laquelle nous devons nous précautionner le plus, c'est une secrète complaisance à laquelle on laisse prendre » son cœur, lorsqu'on voit ses travaux accompagnés de bénédictions. Il n'en faut pas davantage » que cette vaine satisfaction, pour faire entrer » le poison de l'orgueil et de la propre estime » dans notre esprit. Nous ne pouvons donc trop » arrêter la vue sur notre néant; et c'est alors qu'il » faut confesser humblement de cœur et de bouche, que toutes les merveilles qui s'opèrent dans » les ames sont uniquement l'ouvrage de la main » de Dieu ».

Il ajoutoit que ce n'étoit pas assez de prier pour les peuples qui venoient à la mission, mais qu'il falloit faire pénitence et macérer son corps pour eux, selon ses forces et la liberté qu'on avoit de le faire; que les missionnaires devoient se regarder comme chargés et responsables du salut des ames; qu'ils ne devoient donc épargner ni peines ni mortifications, mais s'estimer heureux, au contraire, et regarder comme une grande grâce d'avoir à souffrir beaucoup, et de mourir même pour elles, à l'exemple de notre Seigneur qui a souffert jusqu'à expirer pour nous sur une croix, au milieu des tourmens les plus affreux.

Il disoit enfin qu'en quittant la mission, il falloit rendre grâces à Dieu pour tout le bien qu'il avoit fait, et aux missionnaires, et aux peuples qu'ils avoient instruits; souhaiter à ceux-ci toutes sortes de bénédictions; leur faire l'adieu le plus charitable et le plus tendre; les remettre entre les bras de la divine bonté, en la suppliant de les conserver dans leurs bonnes résolutions; les assurer qu'on ne les oubliera point; et les conjurer, par tout ce qu'il y a de plus capable de les émouvoir, de demeurer fidèles à Dieu jusqu'au dernier soupir.

CHAPITRE VIII.

SON ORAISON.

L'ORAISON est la plus douce occupation du juste sur la terre et la source de tous les dons de Dieu,
comme

comme le moyen d'acquérir toutes les vertus. Dès sa jeunesse, M. Olier s'y sentit fortement attiré; et quoique dès-lors le goût du monde eût retardé en lui l'opération de l'Esprit saint qui vouloit posséder son cœur sans partage, il ne s'y livra point assez, pour renoncer au commerce intérieur avec Dieu, qui le rendit dans la suite un des hommes les plus consommés dans la vie spirituelle. Ce fut surtout après son élévation au sacerdoce qu'il y fit les plus grands progrès. « Etant revenu de » Bretagne à Paris en janvier 1639, c'est lui- » même qui s'exprime ainsi, je continuai l'étude » de la théologie et de la sainte Bible. Je me » sentis alors plus porté à l'exercice de l'oraison. » Au lieu d'une fois que je la faisois auparavant, » j'obtins permission de la faire deux fois; une » demi-heure seulement le soir aux jours d'étude, » et les autres jours une heure entière. Dieu m'a » fait cette miséricorde, de ne jamais omettre » celle du matin, qui duroit toujours une heure, » en quelque état déplorable que je me trouvasse » dans mes peines intérieures et extérieures: c'étoit » même le temps où je priois davantage ».

Son oraison devint continuelle, par l'habitude qu'il contracta de s'élever à Dieu sans effort et comme naturellement, dans toutes ses actions. Il ne pouvoit souffrir la conduite de ceux qui, sous prétexte de s'être recueillis le matin en consacrant quelque temps réglé à la méditation, passent le reste du jour sans presque se retirer au fond de leur cœur, et sans penser à Dieu. L'oraison du matin étoit pour lui comme une préparation au recueillement et à l'union avec

Dieu, qu'il savoit toujours conserver dans les différentes occupations de la journée. Non content de faire toutes ses œuvres dans cet esprit d'oraison, qui le tenoit sans cesse en la présence de Dieu, et de le porter soit dans ses différens entretiens avec les hommes, soit dans toutes les affaires qu'il avoit à traiter avec eux, il s'y renouveloit souvent dans le jour ; car outre les deux heures qu'il ne manqua jamais d'y employer, depuis qu'il eut fait plus particulièrement la résolution de servir Dieu ; aux grandes fêtes, il y donnoit tout le temps dont il pouvoit disposer, après avoir satisfait aux devoirs indispensables de son état. Son amour pour l'oraison lui faisoit changer ses jours de repos et de récréation en des jours de prière. Il lui en eût coûté autant pour oublier Dieu, dont la pensée faisoit les délices de son cœur, qu'il en coûte à la plupart des hommes pour penser à lui et demeurer en sa présence. Dans ses pélerinages, qui ont été très-fréquens, on l'a vu souvent passer huit ou dix heures à genoux et comme immobile au pied des autels.

Le jour lui paroissant trop court pour satisfaire pleinement son attrait, de temps en temps il passoit les nuits entières devant le très-saint sacrement. Rien ne le consoloit et ne le délassoit autant, après les travaux de la journée, que de se retirer, dans le temps où tout le monde prenoit son repos, derrière le maître-autel, pour y jouir, comme un autre saint Jean près du sein de son bien-aimé, du sommeil de la contemplation. C'étoit là qu'il puisoit toutes les lumières et toutes les saintes ardeurs qu'il exhaloit dans ses écrits, ses lettres, ses discours et ses entretiens. S'abîmant alors dans les profondeurs de la charité de son Dieu, ou dans les sacrés cœurs de Jésus et de sa sainte Mère, il commençoit à jouir sur la terre des pures voluptés dont le Seigneur enivre ses élus dans le ciel. Souvent, au milieu de la nuit, on le trouva dans sa chambre prosterné contre terre en oraison.

Il conseilloit cet exercice à tout le monde, et le recommandoit comme un moyen infaillible d'assurer son salut éternel. Il en fit à tous ses enfans un devoir et une pratique nécessaire pour conserver l'esprit de leur vocation, voulant qu'ils y consacrassent au moins une heure par jour. Son grand principe étoit que toutes les œuvres d'un prêtre devoient commencer par l'oraison. Pour lui, il sembloit n'avoir d'autre fin, dans tout ce qu'il entreprenoit, que de s'unir plus intimement à notre Seigneur; de combattre la chair, afin que l'esprit devenu plus libre, pût s'élever facilement à Dieu; et de détruire le vieil homme, pour faire naître le nouveau. Plus d'une fois il entendit cette voix intérieure : « Je veux que tu vives dans une con-
» templation perpétuelle ». Quoique l'oraison fût devenue comme son élément et sa vie, tous les ans il faisoit les exercices spirituels de la retraite; et il y étoit si fidèle, que n'ayant pu les faire pendant deux années, à cause des travaux continuels des missions, dans la troisième, il fit, en six semaines, trois retraites de dix jours. Il en usoit de même pour ses oraisons de chaque jour. Si des affaires pressantes l'avoient empêché d'y vaquer au temps ordinaire, il se seroit privé du sommeil ou de

son repas, plutôt que d'y manquer. Il profitoit alors des momens qui lui restoient à la fin de la journée, ou il prenoit une heure sur la nuit.

L'oraison étoit encore son conseil dans toutes les difficultés, comme son recours et son asile dans les extrémités où il avoit le plus de besoin de l'assistance de Dieu et des hommes. Comme Salomon, qui demanda instamment à Dieu le don d'intelligence et de sagesse pour gouverner son peuple, c'étoit aux pieds du Seigneur qu'il alloit solliciter les lumières qui lui étoient nécessaires pour la direction des ames. « Ce matin, » écrivoit-il en 1647, lendemain de la sainte » Nativité de Notre-Dame, étant en oraison, je » me suis uni si intimement à mon maître, qu'il » m'a ôté les forces, m'attirant tout à lui avec » tant de véhémence, que je me suis perdu en sa » sainte personne. Après cela, il lui a plu de com- » mencer à m'instruire de l'ordre que j'avois à » tenir pour régler la paroisse ».

Manquoit-il de moyens pour soulager les pauvres, il supplioit pour eux dans l'oraison, toujours assuré de ne le pas faire en vain. Il sembla même que notre Seigneur prenoit plaisir à le mettre dans le besoin, pour lui donner lieu d'exercer sa confiance, et l'obliger de venir déposer ses peines dans son sein. S'il lui survenoit quelque tribulation intérieure ou quelque affliction de dehors, l'oraison étoit tout son remède. « Ayant souffert pendant la nuit, écrivoit-il un » jour, dans la crainte que Dieu ne fût lassé » de mon service, et ne voulût mettre dans la » cure quelque autre personne en ma place, sans

» y penser, le soir à l'oraison, lorsque je soupirois
» en lui, afin de vivre pour lui dans une perpé-
» tuelle solitude intérieure, ce bon maître, qui est
» tout amour, me dit : *Tu ne veux que moi seul;*
» *et moi, je ne veux que toi dans mon œuvre;*
» me faisant comprendre par-là, qu'il vouloit que
» je fusse encore chargé du soin des ames qu'il
» m'avoit confiées ».

« Le jour de saint Charles, écrivoit-il une autre
» fois, je vis en l'oraison que le devoir d'un curé
» étoit de combattre incessamment, par Jésus-
» Christ et en Jésus-Christ, la malice du démon;
» que son oraison devoit être très-ardente et très-
» efficace. Ce n'est pas tout; il faut encore qu'elle
» soit universelle. Comme notre Seigneur a prié
» sur la terre et prie encore dans le ciel pour
» toute son Eglise; le bon pasteur, retiré et perdu
» en Jésus-Christ, entre intérieurement dans
» toute l'étendue de son zèle, quoiqu'à l'extérieur
» il ne travaille que dans l'étendue de sa mission.
» Combien d'ennemis il a en tête! Il faut qu'il
» combatte, mais avec force; tantôt contre les
» puissances du monde poussées et inspirées par
» les anges de ténèbres, qui ont encore en eux la
» nature de Principauté dont ils abusent dans la
» personne des princes, usurpant la principauté
» de Dieu et de Jésus-Christ en terre; tantôt
» contre les magistrats qui abusent de leur pou-
» voir et de leur autorité dans le gouvernement
» du monde. Un pasteur, tout anéanti qu'il est en
» soi, doit être revêtu intérieurement de la force
» de Jésus-Christ; et c'est dans l'oraison qu'il la
» trouve. Saint Paul, après l'avoir représenté tout

» armé depuis les pieds jusqu'à la tête, ajoute, en
» parlant de l'oraison comme d'une armure toute
» puissante : *Invoquez Dieu en esprit et en tout*
» *temps, par toutes sortes de supplications et de*
» *prières; vous employant avec une vigilance et*
» *une persévérance continuelle à prier pour tous*
» *les saints* (1); voulant qu'on prie pour tous les
» chrétiens, même pour les justes et pour les par-
» faits, afin que Dieu les fortifie; et que lui-même
» dans ses ministres, il détruise les ennemis de sa
» gloire par le glaive de son esprit, c'est-à-dire,
» par la parole du salut qui réside en leur bouche ».

Ce fut dans sa retraite de 1636 que Dieu commença à se communiquer à son serviteur dans l'oraison d'une manière plus privilégiée et plus extraordinaire que jamais. « Comme j'avois, dit-il,
» changé de directeur, celui qui me conduisoit
» alors m'abandonna plus que le premier à l'esprit
» de Dieu, et me laissa faire tous mes exercices
» spirituels. Il ne me fit en tout qu'une visite,
» parce qu'il m'avoit conseillé de faire une retraite
» à la campagne, et que sa charge ne lui permet-
» toit pas de me venir voir plus souvent. Je com-
» mençai alors d'éprouver manifestement la con-
» duite du divin Esprit, et le grand soin qu'il a
» toujours eu depuis, de mon intérieur; car ordi-
» nairement, ou au moins pendant quelques jours,
» dès le matin, notre Seigneur me montroit dans
» l'esprit les sujets de mes oraisons. Il m'en don-
» noit quatre pour quatre heures que je faisois
» par jour. Je me souviens qu'entre autres grâces,
» ce bon maître me visita intérieurement avec

(1) *Ephes.* vi. 18.

» une intimité toute nouvelle. Il me sembloit
» venir du ciel, entrer en moi, et me remplir de
» lui-même, pendant que je m'anéantissois de-
» vant lui. Il me dit en ce temps-là une chose que
» j'aurois eu bien de la peine à croire, si elle m'é-
» toit venue d'une autre bouche. *Je suis,* disoit-il,
» *réellement présent aux ames.* Je consultai mon
» directeur sur cette parole, dans la visite qu'il
» me fit. *Cela est vrai,* me répondit-il, selon ce
» que dit saint Paul [1], *que notre Seigneur ha-*
» *bite par la foi dans nos cœurs :* c'est-à-dire, la
» foi est le principe de sa demeure en nous; et
» c'est son divin Esprit qui le forme dans nos
» cœurs avec ses vertus, selon ce que dit encore
» le même apôtre [2] : *Mes chers enfans, pour*
» *qui je sens de nouveau les douleurs de l'enfan-*
» *tement, jusqu'à ce que Jésus-Christ soit formé*
» *en vous.* Puisque cela est ainsi, poursuivit le
» P. de Condren, il faudra, dans la suite, que vous
» unissiez toutes vos œuvres à celles du Fils de
» Dieu, en l'une de ces trois manières; ou par *le*
» *sentiment,* ou par *disposition,* ou par *la foi* seu-
» lement. Si vous avez le sentiment de Jésus-Christ
» présent, unissez-vous à lui par sentiment; sinon,
» unissez-vous par disposition, c'est-à-dire, tâchez
» d'avoir en vous les mêmes pensées et les mêmes
» dispositions intérieures dans lesquelles il faisoit
» ses œuvres. Quand vous ne saurez point enfin
» ses dispositions particulières, et que vous ne
» pourrez les former en votre ame, contentez-
» vous de vous unir à lui par l'esprit de la foi;
» c'est-à-dire, joignez en esprit vos œuvres à

[1] *Ephes.* III. 17.   [2] *Galat.* IV. 19.

» celles du Fils de Dieu; et offrez-les à son Père
» avec les vôtres. Ces trois états sont ceux que
» j'éprouve de temps en temps, en particulier
» aujourd'hui. (Il écrivoit ceci en 1643.) Notre
» Seigneur m'a montré l'intention que je devois
» avoir en offrant le saint sacrifice, qui est de
» remercier le Père éternel d'avoir donné son Fils
» au monde.

» Je me souviens encore d'une autre grâce que
» je reçus en cette retraite de 1636. Etant un jour
» anéanti par le poids de la grâce, j'entendis au
» fond du cœur ces paroles de saint Pierre (1):
» *Le Seigneur nous a appelés pour nous faire*
» *entrer dans son admirable lumière.* Je les com-
» pris comme si elles m'eussent signifié que la
» bonté de Dieu m'appeloit pour me communi-
» quer d'admirables lumières. Hélas! Seigneur,
» je ne pouvois le croire, me voyant si misérable,
» et ayant été traité si rudement, pendant toute
» une année, que je croyois tout perdu. Car je
» me regardois alors comme abandonné de vous;
» en sorte que je n'entreprenois le bien que par
» la pureté de la foi, et ne vous servois qu'en
» crainte et en sécheresse ».

C'étoit dans l'oraison qu'il cherchoit l'intelligence des saintes Ecritures; et nous apprenons encore de lui-même qu'il y trouvoit beaucoup plus de lumière que dans tous les livres des interprètes et des commentateurs. Notre Seigneur lui avoit inspiré une fois, pendant qu'il méditoit en sa présence la résolution de lire une heure par jour les livres saints; une demi-heure l'ancien

(1) I. *Petr.* 11. 9.

Testament, et autant le nouveau. Ce qui l'affermit dans cette résolution, ce fut le grand sentiment de confiance dont elle fut accompagnée, que l'esprit de Jésus-Christ lui en donneroit l'intelligence. « De tout temps, dit-il, j'ai cherché, sans le sa» voir, le moyen d'être éclairé de Dieu seul; et » en effet les hommes n'ont rien avancé près de » moi, lorsqu'ils ont voulu m'enseigner. C'étoit » la même chose, lorsque je désirois m'appliquer » par moi-même. Si je n'étois soutenu de quel» que aide surnaturelle, ou je demeurois stupide » et j'avois l'esprit bouché; ou je me trouvois » si distrait que je ne pouvois rien apprendre. » Je puis bien assurer que c'est mon Dieu, mon » Jésus qui est mon maître. Ayant croupi long» temps dans l'ignorance de l'Ecriture, que je ne » pouvois me résoudre d'apprendre à force d'é» tude et de commentaires; un jour, (c'étoit en » 1638) lorsque je priois Dieu, un rayon de lu» mière pénétra mon esprit, comme perçant au » travers des ténèbres qui l'enveloppoient. Dès» lors je commençai de la comprendre; et ce fut » avec une grande facilité, qui depuis a toujours » été en croissant, dans les choses même les plus » difficiles. Je dirai ici, à la gloire de Dieu mon » unique et fidèle maître, qu'il m'a paru toujours » très-jaloux de m'instruire lui-même; car souvent » je m'étonnois le matin, que ce divin docteur » me donnât l'intelligence de quelques passages » des livres saints que je n'entendois pas aupa» ravant...... Jalousie admirable de mon Jésus, » qui veut être quelquefois l'unique maître de ses » disciples! Je me souviens encore, qu'une per-

» sonne de piété, il y a environ quinze jours, pro-
» posoit devant nos messieurs une difficulté sur
» l'interprétation d'un passage de l'Ecriture; et
» l'on m'ordonna sur l'heure d'y répondre, quoi-
» que je fusse le plus ignorant de la compagnie.
» Je satisfis par obéissance; mais cela me parut
» très-facile. Deux ou trois jours auparavant,
» dans l'oraison, notre Seigneur m'avoit arrêté
» l'esprit sur ce passage, et m'en avoit donné
» l'explication. La même chose m'est arrivée plu-
» sieurs fois ».

Plus M. Olier touchoit à la fin de sa carrière, plus on remarqua en lui de goût pour la contemplation, et d'union avec Dieu. Comme son corps étoit trop affoibli, vers les dernières années de sa vie, pour soutenir les communications intimes qu'il avoit souvent avec lui, et les grâces sensibles qu'il en recevoit, on lui donna quelques ecclésiastiques pour le distraire d'une application trop continuelle. Il faisoit bien tout ce qu'il pouvoit pour leur obéir; mais la pente de son cœur étoit trop forte pour supporter long-temps cette interruption. Elle ne duroit que quelques momens, et laissoit insensiblement ce cœur languissant d'amour reprendre son premier mouvement vers son bien-aimé. Ces saints épanchemens ne cessèrent qu'avec sa vie, lorsque son ame, invitée par l'époux céleste à quitter le lieu de son exil, se sépara de son corps, pour aller se perdre dans le sein de Dieu.

CHAPITRE IX.

SON HUMILITÉ.

La merveille de la grâce dans la plus sainte des créatures, c'est qu'avec les plus augustes prérogatives, la plénitude des dons de Dieu, les titres magnifiques qui la mettoient au-dessus des anges mêmes, et surtout avec le titre incomparable de Mère de Dieu, elle ait su réunir la plus basse opinion d'elle-même et la vue continuelle de son néant. Ce qu'il y a de plus admirable dans les saints, c'est leur ressemblance avec celle qui fut tout à la fois la plus humble des servantes du Seigneur et la plus parfaite de ses images, ou plutôt avec le Fils de Dieu humble jusqu'à l'anéantissement. Dans la conduite et les écrits de M. Olier, on trouve des traits sans nombre de cette conformité de sentimens avec Jésus et Marie anéantis devant Dieu et devant les hommes. Il se regardoit comme la plus vile de toutes les créatures, et ne recevoit qu'avec une extrême confusion tous les services qu'on lui rendoit. Plein de la pensée de son néant, qu'il ne perdoit jamais de vue, il se mettoit au-dessous de tous les autres, n'aimoit rien tant qu'à les servir; et les offices les plus bas étoient ceux qu'il rendoit avec le plus d'empressement. Dans un de ses voyages, étant à l'auberge, il se retira pour quelques momens à l'écart dans l'écurie. Comme le lieu étoit obscur, un autre voyageur l'ayant pris pour un des valets de la maison, lui ordonna d'avoir soin de son cheval, et sortit aussitôt. M. Olier, ravi de trouver cette occasion de servir le prochain et de pratiquer la vertu que notre Seigneur étoit venu enseigner au monde par ses anéantissemens, tout abbé qu'il étoit dès-lors, s'empressa de faire l'office du valet d'écurie. Il n'avoit pas encore fini, lorsque le cavalier rentra. Celui-ci le trouvant en cette fonction, et reconnoissant sa méprise, fut fort étonné de voir un ecclésiastique exécuter un ordre qu'il croyoit avoir donné à un domestique, avec autant de docilité que s'il l'eût été réellement. C'étoit assez, pour lui faire toutes sortes d'excuses, de s'apercevoir qu'il avoit parlé à un prêtre; mais sa surprise et sa confusion augmentèrent bien davantage, lorsqu'il apprit quel étoit celui qu'il avoit trouvé si obéissant. La scène se termina comme se terminent ordinairement les aventures de ce genre qui arrivent aux saints; c'est-à-dire, que plus le voyageur fut affligé de l'affront qu'il venoit de faire, sans le savoir, à M. Olier, et lui en témoigna ses regrets; plus le serviteur de Dieu le combla d'honnêtetés, et l'édifia par le ton agréable qu'il sut y mettre.

On a peine à concevoir comment les premiers en vertu et en sainteté aux yeux de Dieu, se regardent et s'estiment comme les premiers des pécheurs, et se comparent aux plus scélérats des hommes. C'est un secret de l'humilité chrétienne, dont les exemples ne sont pas rares dans les histoires des saints; et c'est dans M. Olier un nouveau trait de ressemblance avec eux. Voici ce qu'on trouve écrit de sa main. « Je n'ai qu'à dire

» avec sainte Thérèse. *Je chanterai éternellement*
» *les miséricordes du Seigneur,* qui fait en moi de
» si grandes choses, et qui me fait du bien, pour
» ainsi dire, à proportion de ma misère et de ma
» malice. Je ne puis que penser de cet excès de
» miséricorde, sinon que Dieu se plaît à être seul
» l'auteur de tous les biens, et qu'il n'a point
» d'autre raison d'en faire, que sa seule bonté et
» son amour pour nous, qui, loin de les mériter,
» sommes pires que les démons ».

« Ayant traité, écrivoit-il à un de ses amis, avec
» un de nos jeunes messieurs qui m'avoit appelé
» pour que je lui permisse quelque mortification
» et pénitence extérieure, je suis revenu dans ma
» chambre tout consolé et tout rempli de joie,
» voyant dans cette ame tant de zèle et tant d'a-
» mour. Au moment que je me suis mis à genoux
» devant l'image de notre maître, sa bonté m'a
» fait entendre ces paroles : *Tu vois comme Dieu*
» *bénit ton travail.* Je me suis prosterné aussitôt,
» les larmes aux yeux et l'affliction dans l'ame. *O*
» *mon maître,* ai-je répondu en gémissant, *ne me*
» *parlez jamais ainsi; ó mon amour! je ne suis*
» *que boue et pourriture, que péché et malédic-*
» *tion. Hélas! c'est vous qui faites tout, et non*
» *pas moi; je ne contribue en rien à votre œuvre.*
» *A vous tout honneur, à moi confusion.* Ce qui
» m'obligeoit encore plus à former ce sentiment
» dans mon cœur, c'est que j'avois vu clairement
» la bonté de Dieu opérer dans l'ame de ce jeune
» homme, lorsqu'il me parloit; et le matin j'avois
» vu si distinctement mon néant, j'en étois si for-
» tement pénétré, que je priois mon maître de

» tenir ma place dans la charge qu'il m'avoit don-
» née, ajoutant que si je n'espérois de lui cette
» grâce, je fuirois au bout du monde, plutôt que
» de la garder, n'ayant rien en moi que le néant,
» qu'aveuglement, qu'ignorance, impuissance et
» incapacité de le servir ». Il parle de la cure de
Saint-Sulpice, dont il avoit pris possession depuis quelques jours.

« Hélas! mon Dieu, disoit-il sur le même sujet,
» quelle grâce de m'avoir choisi du milieu des pé-
» cheurs, du bourbier infect et infâme de mes
» péchés, pour m'élever à cette sainte et sublime
» dignité de curé, de pasteur, d'époux de l'Eglise!
» Eh! que le monde est aveugle! et que celui-là
» est perdu, misérable, ignorant, qui juge comme
» lui des grandeurs véritables de Dieu, et les ra-
» vale si pitoyablement par le mépris qu'il en fait!
» qui pense qu'une cure n'est rien; qu'elle avilit
» un homme de naissance! comme si un enfant
» d'Adam, avec une origine accompagnée de
» biens, de richesses et d'honneurs imaginaires,
» étoit quelque chose d'estimable. Oh! qu'il sache
» que Dieu seul est grand, et son Eglise; que les
» vrais biens sont sa grâce, ses sacremens, ses
» vertus, et non les honneurs, les richesses, les
» plaisirs. L'un est du vent, l'autre de la boue et
» de la fange, le dernier une infâme corruption ».

Les hommes les plus humbles ne sont point exempts des attaques de l'orgueil. M. Olier rapporte ainsi celles qu'il eut à repousser plus d'une fois. « Au sortir d'une mission, dit-il, lorsque
» nous donnions notre temps de relâche au péle-
» rinage de votre sainte chapelle, (il parle à la

» Mère de Dieu) nous fîmes à pied le pélerinage
» de Chartres, votre ville chérie. Il m'arriva à
» mon ordinaire de chercher secrètement du sou-
» lagement à mon amour-propre et à mon orgueil
» humilié, dans la conversation d'une personne de
» grand mérite, et de quelques autres qui la sui-
» voient. Mais la providence adorable de mon
» maître me refusa ce que je cherchois. Je crus
» alors qu'indigne comme j'étois de cette conversa-
» tion, je devois aller seul comme un pauvre ex-
» communié; ce que je fis, mais avec grande grâce
» de Dieu; car je me trouvai d'abord l'esprit
» éclairé d'une grande lumière, dans laquelle je
» marchai très long-temps, sans presque sentir la
» fatigue du voyage. Je voyois l'horreur et l'énor-
» mité du vice de l'orgueil, qui dérobe à Dieu
» l'honneur qui n'appartient qu'à lui; et je demeu-
» rai si convaincu du mépris et de la confusion
» due à l'homme, que je ressentois en la présence
» de Dieu des joies incomparables, lorsqu'en es-
» prit je me croyois foulé aux pieds de tout le
» monde, jeté dans la boue et roulé dans les ruis-
» seaux. J'aurois déclaré tous mes péchés à la face
» de l'univers, ne désirant que de l'honneur pour
» Dieu, et pour moi que du mépris.

» Votre Esprit, Seigneur, m'avoit préparé à
» cette grâce, lorsqu'un jour de la semaine sainte,
» pendant une action publique de religion, plu-
» sieurs personnes m'avoient tourné en ridicule.
» Le démon se mit bien de la partie, et chercha
» à m'irriter par des secousses, des inquiétudes,
» des brouilleries que je ressentois intérieure-
» ment; mais comme je m'abandonnois à votre

» Esprit et me joignois à lui pour résister à cette
» tentation, après avoir adhéré un temps à votre
» volonté sainte, et m'être appuyé sur le pou-
» voir de votre grâce, tout s'évanouit. Le malin
» esprit fut contraint de prendre la fuite, mais
» si affoibli, que depuis ce temps-là je ne me
» souviens pas d'avoir jamais eu de la peine à
» souffrir les injures et les mépris qui me sont
» dus. Par exemple, ces jours passés, me voyant
» injurié tantôt par un de mes proches, et tantôt
» par une servante, je n'y fus nullement sensible.
» Loin de m'en offenser, je ne répondis qu'en
» souriant; ce qui les étonna. Je dois rendre grâces
» ici, ô mon Dieu, à votre miséricorde ».

Le prince de l'orgueil tenta souvent l'homme de Dieu d'aspirer à de grandes choses. Son premier mouvement étoit alors de s'abîmer dans son néant. « J'ai reconnu, disoit-il, deux tentations
» étranges, mais d'autant plus subtiles et dange-
» reuses, qu'elles étoient spirituelles et couvertes
» des apparences trompeuses de la dévotion. Je
» sentois dans mon propre fond un certain désir
» d'être quelque chose de grand dans les desseins
» de notre Seigneur; de me trouver dans le ciel au
» rang de ceux qui occuperont les plus hautes
» places. Je n'avois pas vu, comme je le vois au-
» jourd'hui, combien il y a d'orgueil dans ces pen-
» sées. A la première, je n'ai pas connu d'autre
» remède que de m'anéantir, en considérant que
» je n'étois rien, et ne devois prétendre à rien de
» grand; que je devois au contraire me tenir tou-
» jours dans le sentiment de ma bassesse. Quant
» à la seconde pensée, j'ai découvert une chose
                                            » admirable

» admirable dans les saints du Paradis : c'est
» qu'ils ne pensent point à ce qu'ils sont dans le
» ciel. Ils ne regardent point leur gloire ; ils sont
» autant de miroirs qui renvoient à Dieu les rayons
» partis de son trône : ils ne sont point à eux,
» mais à Dieu seulement ; ravis d'être à lui selon
» tout ce qu'ils sont, pour le glorifier uniquement,
» sans aucun retour sur eux-mêmes ».

M. Olier n'étoit pas moins attentif à prévenir les attaques de l'orgueil, qu'à les repousser. Les talens qu'il avoit montrés dans ses études annonçoient en lui un sujet de la plus grande espérance, et ses premiers succès faisoient juger qu'il se couvriroit de gloire s'il entroit dans la carrière qui mène au doctorat. Pour éviter les piéges du démon, il renonça à la licence et aux degrés supérieurs. On sera édifié de l'entendre encore ici produire ses sentimens. « Je disois un jour à la
» mère Agnès (c'est ce que je trouve toujours
» écrit de sa main) que j'avois un grand désir de
» venir à Paris pour étudier, me plaignant de
» n'en savoir pas assez. *Vous en savez assez*, me
» répondit-elle. Ce qui me donna quelque con-
» fiance, et me fit renoncer aux brillantes études.
» Je serai bien aise toute ma vie d'avoir suivi le
» conseil de M. Vincent, et du P. de Condren,
» de ne point prendre le bonnet de docteur. L'or-
» gueil m'eût perdu. J'aurois dérobé à la croix et
» l'honneur qui lui est dû, et la vertu de l'esprit
» qu'elle nous a méritée. Quand on verra que les
» peuples profiteront des discours d'un ignorant,
» ou qu'on remarquera en moi quelques rayons
» de lumière, on n'en attribuera rien à la science

» de l'Ecole, mais à la miséricorde de Dieu. Je
» bénis donc la divine providence, qui a permis
» que mon ignorance ait été connue de beaucoup
» de grands esprits et habiles docteurs ».

Tant de combats et de précautions contre la vaine gloire, lui avoient fait faire de si grands progrès dans les voies de l'humilité, qu'il ne regardoit les apparitions et les autres faveurs singulières dont la bonté de Dieu le prévenoit, que comme une preuve de sa foiblesse et un supplément à son infirmité. « O bonté adorable, di-
» soit-il, après une visite intérieure du Seigneur
» qui le combla de consolations, vous avez bien
» daigné me faire cette grâce. C'est ainsi que vous
» traitez les foibles, pour ranimer la langueur de
» leur foi. N'est-il pas vrai, mon Dieu, ma vie,
» mon tout, que vous n'agissez pas ainsi avec les
» forts, ni avec les justes qui vivent de la foi? Je
» connois une personne avec laquelle je vis, et
» dont je ne suis pas digne de délier les souliers,
» qui est d'une si grande foi, qu'elle croit plus à
» votre parole qu'à tous les signes possibles; et vous
» vous ne la traitez pas de la sorte. Soyez béni,
» mon Dieu, qui gouvernez chacun selon ses be-
» soins, et qui faites paroître en toutes choses,
» votre sagesse ».

« Quelques grâces qu'il y ait en nous, disoit-il
» encore, nous sommes toujours les mêmes vases
» de terre, toujours de misérables néants et rien
» plus: *habemus thesaurum istum in vasis fictili-*
» *bus* (1). Les espèces du pain et du vin au très-
» saint sacrement, ajoutoit-il, n'ont point à se

(1) II. Cor. IV. 7.

» glorifier des grâces qu'elles renferment, et des
» biens que la sainte Eucharistie opère dans les
» ames; parce qu'elles n'en sont point les causes,
» mais seulement de légères et fragiles écorces,
» quoiqu'elles approchent de si près la divinité.
» Il en est ainsi des ames les plus saintes et les
» plus remplies du Saint-Esprit: ce sont comme
» des écorces, qui en fort peu de temps se gâtent
» et se corrompent. Et de même que le corps et
» le sang de notre Seigneur cessent d'être présens
» sous les espèces qui sont corrompues; de même
» aussi, à la première corruption et impureté,
» l'Esprit saint s'éloigne, et laisse ces pauvres
» vaisseaux dans leur corruption. Qu'on juge par-
» là si une ame, pour recevoir des grâces aussi
» précieuses que les sacremens, et pour porter
» notre Seigneur en elle-même, comme le pain
» et le vin, ou le Saint-Esprit, comme l'huile
» consacrée et le baume de la Confirmation, a
» sujet de se glorifier et de se croire plus qu'elle
» n'étoit auparavant. Ne doit-elle pas, au con-
» traire, craindre beaucoup que notre Seigneur ne
» se retire, ne la trouvant pas assez pure pour
» demeurer en elle »?

C'étoit surtout pendant ses retraites que M. Olier découvroit en son intérieur tout ce qu'il y avoit de plus propre à le perfectionner dans la vertu d'humilité, parce qu'il trouvoit toujours de nouveaux sujets de s'anéantir à ses propres yeux. « Un jour, dit-il, que j'étois en retraite, je priai
» Dieu qu'il ôtât de l'esprit des hommes la bonne
» opinion qu'ils avoient conçue de moi sans fon-
» dement; et qu'il leur en donnât une aussi mau-

» vaise, que celle qu'on conservoit encore étoit
» bonne et avantageuse. Il m'exauça peu de temps
» après, par une grande miséricorde dont je ne
» puis assez le remercier, tant mon ame en a
» retiré de fruit. Dans cette même retraite je reçus
» beaucoup d'autres grâces de son infinie bonté;
» entr'autres, 1.º une vue de mon intérieur qui
» m'en fit connoître toute la laideur et la diffor-
» mité. Je le trouvois semblable au corps d'un
» serpent mort de corruption, duquel sortoient
» mille bêtes venimeuses, et s'élevoient une infinité
» de moucherons infects; ce qui me faisoit com-
» prendre que de notre chair naissent à tout mo-
» ment des pensées impures. J'en étois alors fort
» affligé, parce qu'elles interrompoient l'occupa-
» tion de mon esprit en Dieu seul, et troubloient
» la parfaite paix de mon ame, après laquelle je
» soupirois jour et nuit, depuis le commencement
» de ma retraite; car je ne pouvois souffrir d'autre
» entretien qu'avec mon Dieu ».

« 2.º Je me souviens encore que peu de temps
» auparavant, la miséricorde de mon Dieu m'a-
» voit fait voir mon ame au milieu de mille
» piéges, c'est-à-dire, de mille pensées d'amour-
» propre ou de respect humain qui l'environ-
» noient; ce qui me jetoit dans la consternation.
» Et pour ne pas omettre ici la plus grande des
» peines que j'ai ressenties dans tous les états
» amoureux de la croix de mon Jésus, je me suis
» vu assiégé par le respect humain, jusqu'à croire
» agir toujours, non pour la gloire de Dieu seul,
» mais pour l'estime des hommes. Voilà de toutes
» mes afflictions la plus pénible et la plus dou-

» loureuse. Quand dans mes confessions j'en étois
» venu là, je fondois en larmes, ô mon Dieu!
» Mille morts plutôt que d'agir pour tout autre
» que pour vous »!

Les traits suivans feront connoître de plus en plus combien M. Olier avoit une basse opinion de lui-même. Après avoir rapporté ce que lui avoit dit une fois saint Vincent de Paul, que les bénédictions de Dieu le suivoient partout où il alloit, il ajoute : « Je puis bien le dire à la gloire
» de Dieu mon maître : il est vrai que dans les
» missions de nos quartiers, où nous étions de
» pauvres petits ouvriers de paille qui n'avions
» aucune vertu, il y avoit des bénédictions ad-
» mirables ».

Faisant ailleurs le récit d'une conversation qu'il eut avec un célèbre théologien, voici comment il s'exprime : « Etant, dit-il, avec M. l'abbé de
» Foix, nous rencontrâmes un habile homme qui
» vint nous chercher. Je tâchai alors de m'éloi-
» gner un peu, pour laisser la parole à mon supé-
» rieur, ne me jugeant pas digne de parler avec
» lui. Il me presse de m'approcher pour m'entre-
» tenir avec ce docteur, dont la science et la
» capacité me surpassoient extrêmement. Par
» obéissance et contre mon gré, j'entre peu à peu
» en conversation, me laissant conduire à l'esprit
» de Dieu, pour parler selon ses mouvemens.
» Alors il daigna me suggérer des choses si bonnes,
» si saintes et si fortes, que cet étranger en fut
» surpris, comme il le témoigna depuis à M. de
» Foix. Celui-ci fut étonné tout le premier de ce
» que produisoit en ce moment mon ignorance,

» autant que je l'étois moi-même. Je ne doute pas
» que l'un et l'autre n'en aient attribué la cause à
» celui-là seul qui peut délier la langue des muets.
» C'est son esprit qui se cache dans les lieux les
» plus sales, pour mieux faire paroître sa beauté,
» et aussi pour faire voir que la créature ne peut
» rien s'attribuer de toutes ses œuvres; puisqu'il
» opère tout par des instrumens si vils et si mé-
» prisables. C'étoit là ma consolation dans mes
» peines. Car je disois : Si Dieu vouloit jamais se
» servir de moi, ce que je ne pourrois croire, au
» moins l'on connoîtra bien que c'est lui qui fait
» tout en moi ».

Comme on ne pouvoit voir sans admiration qu'après avoir été pendant deux ans presque incapable de rien dire, il parlât avec tant de lumière et d'éloquence, il disoit : « Cela me con-
» fond quand j'y pense; car je suis un pauvre
» aveugle si misérable, un ver de terre si chétif
» et si obscur, que je m'étonne comment j'ose
» paroître devant le monde, moi surtout qui,
» pendant si long-temps, me suis vu l'objet de
» sa risée, et méprisé de tous ceux qui m'écoutent
» aujourd'hui avec admiration. Ils peuvent bien
» le faire, après tout; car je l'admire moi-même,
» sachant quelle est mon ignorance et ma stu-
» pidité ».

Sur le bien que faisoient les prêtres qu'il s'étoit associés, « Je me suis réjoui, disoit-il, et je le
» fais encore, quand je vois que ce qui se fait
» dans la petite compagnie n'est attribué à per-
» sonne de nous, et que c'est Dieu qui le fait
» tout entier. Il est bien vrai que pas un d'entre

» nous ne peut donner sujet au monde de dire :
» *Celui-là a fait cette œuvre.* Oh ! que Dieu soit
» béni, qui seul veut se glorifier dans son ou-
» vrage. Je vois quelquefois mon néant et celui
» de la compagnie, avec une si grande lumière;
» je suis si convaincu de notre impuissance à rien
» faire pour Dieu, que je ne puis m'empêcher
» de dire, aussitôt que j'y ai pensé : *C'est vous,*
» *mon Dieu, qui faites tout* : il me semble même,
» ensuite de cette réflexion sur notre néant, que
» tout va se perdre, et que la société va tomber
» en ruine, ne voyant rien en nous qui puisse
» contribuer à sa conservation. Cela va jusqu'à la
» méfiance et l'abattement; ce qui me sert à re-
» connoître que nous ne pouvons subsister que
» par Dieu seul, et à confesser que tout est néant
» hors de Dieu. C'est lui qui a formé notre com-
» pagnie; c'est lui qui la conserve, lui qui l'éclaire,
» lui qui, dans la complaisance qu'il daigne pren-
» dre en elle, lui procure mille appuis qu'elle ne
» cherche point; n'attendant rien que de sa main
» toute-puissante, et ne voulant connoître aucun
» auteur de son excellence, que lui seul: *et ipse*
» *fundavit eam Altissimus* ».

M. Olier se méprisoit tellement lui-même et tout ce qu'il faisoit, que jamais il n'auroit mis au jour aucun de ses ouvrages, s'il n'eût consulté que l'humble opinion de son cœur. Plein de la pensée et du sentiment de son néant, qui ne l'abandonnoit point, il redoutoit tout ce qui pouvoit le faire estimer des hommes et lui attirer de la considération. S'il prit la plume pour composer quelques livres de piété, ce fut par obéissance aux ordres de son directeur, et dans le désir de répandre les flammes du pur amour qui le dévoroient intérieurement. Tout y respire l'Esprit de Dieu, et partout on y découvre les plus hautes lumières, tant sur les mystères de notre sainte religion et le sens des Ecritures, que sur les voies de la perfection et les maximes de la vie intérieure. Ne craignant rien tant que le poison de la vaine complaisance, il ne voyoit que Dieu dans tout ce qu'il écrivoit. Il vouloit qu'on n'en détournât point la vue, lorsqu'on se livroit à la composition, de peur de perdre tout le fruit de son travail, par les retours secrets de l'amour-propre. » Notre Seigneur, disoit-il à ce sujet, est la » source de toutes les lumières répandues dans » l'Eglise, et nous ne sommes que des canaux » par où elles se communiquent aux peuples. Ceux » qui conduisent les eaux dans les jardins se » vident souvent en fournissant de quoi remplir » les bassins et faire jouer les fontaines; ou, si » l'eau n'en est pas bien pure, ils se remplissent » bientôt de matière étrangère, qui, les rendant » incapables de servir, obligent de les rompre » pour en construire d'autres et les mettre en leur » place. Or, dans l'ordre du salut, il arrive souvent » quelque chose de semblable à l'égard des minis- » tres de l'Eglise, par qui notre Seigneur fait passer » sur les chrétiens les eaux de la grâce et les lumières » de son esprit. Ces lumières sont pures en elles- » mêmes, puisqu'elles viennent de Dieu et sont » une émanation de sa souveraine sagesse. Passant

» par les hommes, elles produisent, en rejaillissant
» jusqu'à la vie éternelle qu'elles procurent aux
» ames, des effets admirables qui font la joie de
» Dieu et des citoyens du paradis. Mais il faut que
» les hommes par qui elles s'écoulent soient ca-
» naux pour les autres et bassins pour eux-mêmes.
» Cependant combien s'en trouve-t-il, qui, en
» communiquant beaucoup aux autres, demeu-
» rent à la fin entièrement vides, ou ne se rem-
» plissent que pour s'engorger d'orgueil, de com-
» plaisance et d'estime secrète; vice qui les fait
» réprouver de Dieu et abandonner aux ministres
» de sa justice, pour être brisés comme des in-
» strumens qui ne sont plus bons qu'à être mis en
» pièces. Il faut donc, ajoutoit le serviteur de
» Dieu, que ceux dont le Seigneur daigne se
» servir pour éclairer les autres et leur faire par-
» venir l'abondance de ses grâces, soient si purs,
» qu'elles ne puissent se corrompre en passant
» par leurs mains; c'est-à-dire, qu'ils sachent
» renvoyer toute gloire à Dieu, et ne retenir pour
» eux que de grands sentimens d'humilité: autre-
» ment le ministère qu'ils exercent pour sanctifier
» les autres, sera leur propre condamnation. Ah!
» disoit-il un jour, combien seront damnés, après
» avoir reçu beaucoup de lumières pour l'instruc-
» tion des ignorans; parce que n'ayant pas eu un
» fonds suffisant d'humilité et d'esprit d'anéan-
» tissement, ils n'auront pu se dégager de l'amour
» de la gloire et de la propre estime. »

De cette profonde humilité, naissoit dans M. Olier une parfaite dépendance de l'esprit de Dieu. Il se laissoit gouverner à ses impressions,

comme un disciple qui, en écrivant, ne fait que suivre la main du maître qui le dirige. Avant d'écrire, il lui abandonnoit sa mémoire, son esprit, ses pensées et sa plume, afin qu'il daignât le conduire selon son bon plaisir. Il s'offroit à lui pour anéantir ses propres lumières et ne rien produire qu'en la sienne, qui, étant toute pure et toute sainte, ne pouvoit rien opérer que de saint : disposition que Dieu récompensoit par une assistance toute particulière. On l'a vu souvent écrire durant l'espace de deux ou trois heures, quelquefois même de cinq ou six, sans faire la moindre rature; tant ses idées étoient faciles, et se rangeoient dans le plus bel ordre sous sa plume. Mais, comme l'apôtre, *s'il savoit user de l'abondance, il savoit aussi porter les plus rudes humiliations.* « Il faut,
» disoit-il, suivre l'ordre du maître en toutes
» choses; écrire quand il lui plaît, et cesser quand
» il veut. La règle de toutes mes actions doit être
» sa très-sainte volonté. Quelque estime que nous
» devions avoir pour les lumières qu'il nous ac-
» corde, et quelque profit que nous en retirions,
» soit pour notre perfection, soit pour celle de
» nos frères, gardons-nous bien de nous y atta-
» cher; et ne les désirons, ne les retenons, qu'au-
» tant qu'il plaît à notre Seigneur nous les donner
» ou nous les conserver. Demeurons aussi tran-
» quilles et aussi joyeux dans leur privation que
» dans leur jouissance. Elles ne sont point à nous,
» mais à Dieu. Rendons-les donc à Dieu, lorsqu'il
» nous les redemande, avec un aussi grand cœur
» que nous les avons reçues. C'est montrer beau-
» coup d'imperfection, que de vouloir jouir de

» notre Seigneur, de ses lumières et de ses grâces
» plus long-temps qu'il ne veut, ne seroit-ce qu'un
» moment. C'est se détourner de la source, pour
» s'attacher au ruisseau, qui souvent tariroit par
» la trop grande attache de notre cœur, si Dieu
» ne nous guérissoit de ce défaut par la sous-
» traction des grâces qui l'entretiennent ». Ces
maximes, qui ne peuvent être goûtées ni comprises
que par un homme entièrement mort à lui-même,
M. Olier eut mille fois occasion d'en faire usage;
et ceux qui en étoient témoins regardoient son
humilité, et la dépendance de la conduite de Dieu
qui en étoit le fruit, comme un don qui tenoit du
miracle; tant il en coûte pour demeurer toujours
égal à soi-même dans une si humiliante diversité
d'états que celle où l'on se voit réduit, lorsqu'après
avoir eu la facilité de dire ou d'écrire tout ce qu'on
vouloit, on se trouve dans une espèce de stupidité
qui ne laisse dans l'esprit que ténèbres et ignorance.

A ces ténèbres, Dieu faisoit toujours succéder
l'éclat de sa lumière, à proportion de l'anéantissement dans lequel il avoit vu son serviteur supporter ses épreuves et adorer sa conduite. Mais
plus le ciel redevenoit serein pour lui, plus il s'humilioit de nouveau et s'abîmoit dans son néant;
toujours confus de recevoir des grâces dont il
abusoit sans cesse à l'entendre, et craignant toujours de profaner les dons de Dieu par le mélange
de son propre esprit. Car voici une maxime sur
laquelle il insistoit beaucoup, et que M. de Bretonvilliers avoit souvent entendue de sa bouche.
« Lorsque notre Seigneur parle, disoit-il, il faut

» que toute créature se taise, par respect pour la
» voix de Dieu; comme lorsque la volonté de Dieu
» est connue, il faut que toute autre volonté cesse,
» celle des anges, comme celle des hommes.
» Toutes nos volontés, soit au ciel, soit en la
» terre, doivent se perdre et s'absorber dans cette
» première et souveraine volonté, comme dans un
» abîme où tout va s'engloutir; et nos lumières
» propres disparoître au premier rayon de la lu-
» mière de Dieu, comme les astres s'éclipsent à
» la vue du soleil ». Il ajoutoit que vouloir mêler
ses propres pensées et les productions de son esprit à celles qu'on reçoit de Dieu, c'étoit mêler
de la boue à l'or le plus pur, ou imiter un ap-
prenti dans l'art de peindre, qui, ayant un tableau fait et fini par le premier artiste du monde,
voudroit le retoucher pour le perfectionner encore et lui donner plus de prix.

Son humilité lui rendoit plus chère une autre
pratique, qu'il recommandoit beaucoup d'observer comme un de nos devoirs les plus inviolables.
C'étoit de se renfermer, pour les choses spirituelles,
dans la mesure des connoissances qu'il plaisoit à
Dieu de nous donner, et de respecter les bornes
de notre esprit, sans désirer de pénétrer ce qui
passoit nos forces. « C'est un grand défaut, disoit-
» il, dans les personnes intérieures et adonnées à
» l'oraison, qui tiennent de Dieu des choses ob-
» scures et profondes, de vouloir aussitôt les com-
» prendre et les expliquer à leur manière. Outre
» que c'est s'exposer à donner leurs propres er-
» reurs pour les secrets de Dieu, ou à faire passer
» pour illusion ce qui, bien compris, seroit re-

» connu pour vérité; c'est une témérité et une
» profanation de la lumière céleste, qui ne peut
» s'allier avec les fausses lumières sorties de notre
» propre fonds. C'est une curiosité qu'il faut ré-
» primer, en nous tenant humblement dans les
» termes où Dieu veut que notre langue et notre
» esprit s'arrêtent: comme les prophètes, les
» évangélistes et les apôtres, qui n'écrivoient et ne
» parloient que selon l'impression du Saint-Es-
» prit; qui ne mêloient rien du leur avec la lu-
» mière qu'il leur communiquoit; et rendoient
» toutes choses, soit qu'elles fussent claires ou
» obscures, ainsi qu'il les inspiroit ».

Outre ce que M. Olier a écrit sur l'humilité dans l'*Introduction à la Vie chrétienne,* dont j'ai parlé au livre précédent, on trouve dans ses Mémoires beaucoup de pensées et de maximes sur cette vertu, qui font également admirer et l'élévation de son esprit et la beauté de son ame. Je vais en donner un précis.

« Pour dire ce que je pense de cette divine
» vertu, c'est ainsi qu'il s'exprime, je la crois un
» mystère, ou au moins le mystère des vertus.
» Vertu fort peu connue et encore moins prati-
» quée. Elle a trois parties, ou trois degrés. Le
» premier consiste à se plaire dans la connoissance
» de soi-même. Il y a plusieurs personnes à qui
» Dieu fait connoître leur propre misère et leurs
» défauts, leur en donnant même l'expérience, et
» leur faisant remarquer la légèreté, l'inutilité,
» la stupidité de leur esprit, et leur incapacité en-
» tière à faire le bien : mais cette connoissance les
» attriste et les jette dans l'abattement; ils ne la

» peuvent souffrir. Ils cherchent en eux-mêmes
» quelque chose qui les console de leur humilia-
» tion, et qui les flatte; ils s'appliquent à découvrir
» quelques vertus qui les mettent à couvert de
» cette confusion; et cela est orgueil. J'ai été long-
» temps en cet état. J'éprouvois de si grands abat-
» temens, de me voir tel que j'étois, c'est-à-dire,
» rien dans l'ordre de la nature et de la grâce,
» inutile à tout, incapable de tout, insupportable
» à tout le monde et à moi-même, que j'en étois
» découragé intérieurement et livré à un ennui
» mortel. Mais, mon Dieu soit béni, combien j'é-
» tois foible et ignorant! Les ames déjà humbles
» se réjouissent au contraire de connoître ce
» qu'elles sont, pourvu que le cœur n'adhère
» point à la malice de la chair, principe de toutes
» leurs misères, et aussi cause ordinaire des peines
» qu'elles éprouvent, lorsque Dieu permet qu'elles
» ne sachent pas discerner entre les attaques ou
» le sentiment de la concupiscence, et le consen-
» tement : comme lorsqu'on se sentira de la répu-
» gnance à parler aux pauvres ou à leur faire la cha-
» rité, à penser à Dieu ou à entendre sa sainte pa-
» role; et ainsi de mille autres choses qui partent de
» ce fonds dépravé qu'on appelle communément
» nature corrompue. Dans l'incertitude où l'on est
» d'y avoir consenti, on s'afflige et on se trouve
» fort humilié de cet état, parce qu'on craint de
» n'avoir pas assez travaillé pour se vaincre soi-
» même. Ces épreuves sont moins des sujets de
» peine, que de salutaires avertissemens, et un
» moyen dont Dieu se sert pour rappeler à ceux
» qui le servent, qu'ils sont composés d'une na-

» ture de péché, et qu'ils portent en eux-mêmes
» un fonds de malice inépuisable. Pour y remédier,
» il faut une nouvelle génération qui nous donne
» une seconde vie et un second esprit, qui est l'Es-
» prit saint lui-même, principe de tout le bien
» qui est en nous et de tous les mouvemens au
» bien, comme notre chair est la cause de tous
» nos mouvemens vers le mal. De là cette oppo-
» sition continuelle de la chair contre l'esprit et
» de l'esprit contre la chair. De là aussi cette vive
» conviction, dans les saints, de ce qu'ils sont de-
» vant Dieu et de ce qui est de Dieu en eux.
» Pour le bien qui leur vient de Dieu, ils lui ren-
» dent incessamment honneur et gloire; et au
» contraire ils s'humilient sans cesse pour le mal
» qu'ils font tous les jours, et dont ils ressentent
» continuellement la cause en eux-mêmes.

» Voilà donc le premier point de la vertu d'hu-
» milité, qui est l'amour de sa propre abjection;
» car ce n'est pas être humble, que de la connoî-
» tre seulement. Cette connoissance étoit dans
» les païens, qui avoient pour maxime de dire :
» *Connoissez-vous vous-même.* Mais ils n'avoient
» rien de l'humilité, dont le premier pas est de
» prendre plaisir à se connoître plein de misère,
» de corruption et de malice.

» Le second degré d'humilité est de se réjouir,
» non-seulement d'être parvenu à se connoître,
» mais d'aimer à être connu tel qu'on est. Faute
» de cette disposition, l'on tombe dans le vice
» d'hypocrisie, parce qu'on désire paroître tout
» autre que l'on est. On fait plusieurs œuvres
» pour déguiser ses imperfections, et l'on dit tout

» ce qu'on peut imaginer de plus propre à faire
» disparoître les défauts dont on est rempli. De
» là naissent un chagrin et un dépit secret de se
» voir connu, un désir inquiet de réussir dans
» tout ce qu'on entreprend, d'acquérir l'estime des
» hommes et de passer pour quelque chose. Nous
» ne pouvons souffrir d'être estimés ce que nous
» sommes réellement, néant et péché. Nous le
» sommes toutefois si bien, que si Dieu ne nous
» communiquoit l'être à tout moment, il ne nous
» resteroit rien, ou plutôt il ne resteroit rien
» de nous. S'il y a quelque chose en nous qui
» ne soit point péché, c'est l'Esprit de Dieu qui
» l'opère en nous tout entier; à lui seul en ap-
» partient l'honneur et la gloire. Par une bonté
» ineffable, Dieu avoit choisi Adam, comme le plus
» beau de tous ses ouvrages, pour mettre notre vo-
» lonté et notre sort entre ses mains, comme celui
» à qui nous devions confier nos intérêts avec le
» plus de raison, pour traiter avec le ciel en notre
» nom. Son péché, par le consentement que nous
» y avons donné, est devenu comme une semence
» de maux qui pullulent en nous à toute heure;
» ou plutôt, nous sommes devenus péché par na-
» ture. Outre ce vice de notre origine, nous avons
» commis mille crimes, dont nous sommes tout
» noirs et tout hideux. Ce fonds de corruption
» qui est en nous, et dont nous sommes tout pé-
» tris, est en horreur à Dieu, devant qui nous
» sommes des enfans de malédiction. Nous ne
» pouvons nous dissimuler que nous ne sommes
» pas autre chose aux yeux du ciel et de la terre.
» Pour rendre hommage à la sainteté de Dieu et
   » témoignage

» témoignage à sa vérité, il est donc bien raison-
» nable de vouloir passer pour tel aux yeux de
» tous ceux qui nous connoissent. Or l'humilité
» est cette vertu qui nous fait trouver notre plaisir
» à être regardés de tout le monde et estimés
» pour ce que nous sommes. C'est à elle de nous
» faire discerner ce qui est à Dieu en nous et
» ce qui est à nous, pour lui renvoyer tout ce
» qui vient de lui; et c'est là ce que le malin es-
» prit cherche à brouiller et à confondre. Il tra-
» vaille sans cesse à nous persuader que ce qui est
» en nous est de nous; qu'il nous appartient
» comme notre bien propre; que nous pouvons
» donc nous en glorifier devant les hommes. Pour
» l'ame véritablement humble, qui sait démêler
» les artifices du démon, jamais elle n'oublie que
» son fonds est le néant, et son origine le péché :
» ainsi elle est morte à l'estime des hommes;
» ceux qui lui rendent des hommages et des louan-
» ges, elle s'en moque; elle les regarde comme
« des aveugles qui parlent de ce qu'ils ne connois-
» sent pas. Quelquefois même elle aimeroit mieux
» recevoir mille soufflets qu'un éloge. En un mot,
» elle est très-étonnée qu'on l'estime autre qu'elle
» s'estime elle-même et qu'elle se sent continuel-
» lement. Saint Benoît, selon saint Bernard, met
» le second degré d'humilité à connoître que non-
» seulement on n'est rien, mais encore à recon-
» noître et à confesser que tout ce qui paroît en
» soi n'est rien; que la bonté et la vérité n'est
» qu'en Dieu par nature, et en nous par écoule-
» ment. Le propre de notre nature est le rien;
» ensuite du rien, par le vice de notre origine, no-

» tre propre opération est le péché. Voilà tout
» l'homme, de son fonds; et voilà tout ce qu'il
» doit désirer de paroître: autrement il se met en
» la place de Dieu, il dérobe ce qui n'appartient
» qu'à Dieu, il s'approprie ce qui ne peut con-
» venir qu'à Dieu.

» Le troisième degré d'humilité est de vouloir
» non-seulement qu'on nous connoisse pour ce
» que nous sommes, mais qu'on nous traite selon
» ce que nous sommes. Tout homme n'ayant rien
» en propre que le néant, et n'ayant hérité de ses
» pères que la malédiction du péché; n'étant donc,
» soit à ses yeux, soit aux yeux de toutes les créa-
» tures qu'un maudit pécheur, celui qui a l'hu-
» milité dans le cœur et qui est parvenu à la per-
» fection de cette vertu, désire tout le traitement
» dû au néant et au péché; titres les plus misé-
» rables qu'on puisse concevoir. Qu'on ait pour
» lui tout le mépris imaginable, cela n'est rien en
» comparaison de ce qui lui est dû. Qu'on dise
» contre lui ou qu'on fasse tout ce qu'il y a de
» plus mortifiant, jamais il ne se croira traité aussi
» ignominieusement qu'il le mérite. Quel cas faire
» du néant? quel mépris n'est pas dû au péché?
» ou plutôt quelle haine et quelle horreur ne
» mérite-t-il pas? Il n'y a même ni mépris ni
» injure pour l'ame parfaitement humble. Que
» Dieu enfin la rebute intérieurement, pendant
» que les hommes la couvrent d'ignominie, loin
» qu'elle s'en étonne ou qu'elle s'en afflige, elle
» seroit étonnée qu'on la traitât autrement. Elle se
» met du côté de Dieu et des hommes; elle prend
» avec zèle leur parti contre elle-même ».

Ce que le serviteur de Dieu ajoute ici, sur les épreuves dont notre Seigneur se sert pour purifier les ames nourries dans les croix intérieures, n'est pas à la portée de toutes sortes de lecteurs; mais j'ai averti, au commencement de cet ouvrage, qu'il étoit composé surtout pour l'édification et la consolation des hommes spirituels (1), que Dieu conduit toujours dans les voies de la perfection par les tribulations. On va voir encore combien M. Olier étoit exercé dans cette science réservée aux humbles et aux chrétiens petits à leurs yeux. « Dans les dé-
» laissemens, dit-il, et les sécheresses qu'éprouve
» l'ame chrétienne, la conduite de Dieu n'est pas
» toujours la même. Tantôt il ne fait que la mépri-
» ser; comme on voit un grand seigneur passer de-
» vant un mendiant, sans daigner le regarder, parce
» qu'il ne l'en juge pas digne. Cet état est très-
» sensible. Tantôt il y ajoute des rebuts; ce qui
» arrive quand cette ame n'est pas encore bien
» avancée dans la vertu d'humilité, et qu'elle n'est
» pas assez convaincue de son néant; qu'elle ne se
» juge pas digne de ce dédain dont elle devroit
» être ravie, et dont elle se réjouiroit, si elle con-
» noissoit jusqu'où elle est vile et méprisable. Ces
» rebuts intérieurs s'étendent quelquefois jusqu'à
» nos actions; et notre Seigneur témoigne alors
» qu'il méprise autant nos œuvres que notre per-
» sonne. C'est, de toutes les épreuves où Dieu met
» ses serviteurs, celle qui les humilie le plus. J'ai
» fait, continue-t-il, l'expérience de l'une et de
» l'autre pendant long-temps. Lorsque notre Sei-
» gneur me méprisoit avec toutes mes actions,

(1) *Spiritualibus spiritualia comparantes.* I. Cor. II. 13.

» j'étois humilié et je m'affligeois au dernier point;
» ce que je n'eusse point ressenti, si j'avois été
» bien convaincu de mon néant, et par consé-
» quent de mon inutilité pour toutes sortes de
» bonnes œuvres ».

« Les délaissemens, poursuit-il, sont autre
» chose que les simples mépris et les rebuts de
» Dieu : ils regardent ou le corps, ou l'ame, ou
» tous les deux ensemble. Je les ai éprouvés plu-
» sieurs fois. Les premiers consistent dans une
» soustraction sensible de la vigueur naturelle; ce
» qui arrive lorsqu'on sent se retirer de soi une
» certaine vertu qui soutient, et qu'on reconnoît
» bien pour l'effet d'une cause souveraine et uni-
» verselle par qui tout subsiste. Sans nulle indis-
» position du corps, cette vertu m'a été plus d'une
» fois ôtée d'une manière si visible, qu'il me
» sembloit voir l'eau d'un canal se retirer, comme
» par le mouvement d'une pompe. Dieu donne
» alors la vertu sensible de son concours inté-
» rieur et secret sur toutes choses, ou du moins
» sur celles qui en éprouvent la soustraction. Je
» me représente cette vertu invisible qui soutient
» toutes choses, et qui s'écoule de Dieu perpétuel-
» lement, comme la lumière qui du soleil se répand
» sur l'horizon. Veut-il nous en faire sentir la
» soustraction, et nous mettre dans le délaisse-
» ment, dès-lors elle s'éloigne de nous; comme
» lorsqu'un nuage vient à couvrir le soleil, et passe
» sur un champ qui en étoit éclairé. Il semble
» en ce moment que la lumière soit dérobée,
» comme si le soleil ne luisoit plus pour nous. De
» là vient que le corps est comme mort et ina-

» nimé, et l'ame comme abattue, de voir cette
» nuit, ce vide et cette défection répandue dans
» tous les membres. Elle ne sent plus, en quelque
» sorte, que la douleur et l'affliction où elle est
» plongée, ne pouvant plus se supporter elle-
» même. Or cet état lui arrive faute d'humilité,
» de connoissance d'elle-même, et de discernement
» entre son néant et l'être qu'elle tient de ce
» concours sensible et efficace qui la conserve.
» Car n'étant point vivement convaincue de son
» néant; s'imaginant, au contraire, qu'elle subsiste
» et qu'elle se soutient d'elle-même, comme une
» statue par exemple qui, étant sortie des mains
» de l'ouvrier, se conserve sans que l'artiste y
» mette son travail; elle a besoin que la bonté de
» Dieu lui fasse sentir que tout ce qu'elle est émane
» de lui, comme la lumière émane du soleil. Que
» le soleil cessât d'envoyer sa lumière, tout seroit
» ténèbres dans le monde. De même si Dieu cessoit
» un seul instant de verser ses influences sur les
» créatures, tout aussitôt elles tomberoient dans
» leur premier néant. C'est pour cela, Seigneur,
» que vous nous retirez cette vertu sensible qui
» nous soutient; vous ne pouvez mieux nous ap-
» prendre combien nous dépendons de vous.
» O mon Dieu! c'est l'assiduité, c'est la conti-
» nuité de vos dons qui fait notre ignorance. Cette
» bonté infatigable qui n'interrompt jamais son
» action sur nous, c'est elle qui nous fait croire
» que vos biens sont les nôtres. Il faut de temps
» en temps que vous nous retiriez vos largesses
» pour nous les faire connoître; et que vous sus-
» pendiez vos dons, pour nous enseigner douce-

» ment qu'ils sont de vous. Vous faites de nous
» comme du soleil, que vous faites coucher et dis-
» paroître, pour nous apprendre que la lumière
» ne nous appartient pas. Si l'air qui en jouit étoit
» capable de s'enorgueillir, et s'il venoit à s'ima-
» giner que la lumière lui appartient, il ne tar-
» deroit pas à être désabusé par le retour de la
» nuit. Ainsi, par vos soustractions, votre coucher,
» vos douces éclipses, si nous nous abusons jus-
» qu'à nous croire propriétaires de l'être que nous
» possédons, il nous est bien facile d'être dé-
» trompés. Notre expérience nous fait bien con-
» noître ce que nous n'avons pas assez découvert
» par la foi, que nous ne sommes rien, et que
» sans vous il nous est impossible de subsister un
» moment.

» Ce que fait la bonté de Dieu dans le corps,
» elle le fait aussi dans l'ame, en la faisant tomber
» dans des langueurs, des impuissances, des états
» de stupidité qui ne peuvent se comprendre
» que par ceux qui en ont l'expérience. Mon bon
» maître m'a fait cette grâce pendant fort long-
» temps, jusque-là que, pour les facultés de
» l'esprit, je ne pouvois ni me mouvoir ni me
» soutenir. Par défaut de puissance, je me trou-
» vois si paresseux et si engourdi, que j'eusse été
» fort heureux de devenir immobile. J'aurois dé-
» siré pour ainsi dire la condition d'une pierre.
» C'étoit une défaillance universelle : défaillance
» dans les facultés raisonnables ; elles étoient hé-
» bétées, sans vigueur, sans vertu, sans énergie.
» Les pensées me manquoient dans l'esprit, et
» les mots dans la bouche ; tout en moi étoit in-

» terdit. Je ne voyois rien dans mon entende-
» ment; je ne trouvois rien pour me faire com-
» prendre; je ne me ressouvenois de rien; ou si
» quelquefois par grâce notre Seigneur vouloit
» que ma mémoire s'entr'ouvrît pour me laisser
» voir quelque chose du passé, par une seconde
» grâce, pour la guérison de mon orgueil, il per-
» mettoit qu'elle se bouchât aussitôt, ou que les
» idées se refusassent à moi. Son dessein étoit
» de me jeter dans une entière confusion, et de
» m'apprendre à ne me point fier à moi-même,
» comme si j'avois quelque chose en propre, mais
» à reconnoître que tout dépendoit de lui, puis-
» qu'à tout moment il ôte et il donne. Aujourd'hui
» il nous fait présent de ses talens, et demain il
» nous les retire, comme il lui plaît. Si notre or-
» gueil nous fait croire que quelque chose nous
» appartient, il est juste que Dieu nous retire
» tout. De là naissent deux biens; le premier
» pour Dieu, que nous sommes forcés de recon-
» noître pour le seul auteur et conservateur de
» tout bien dans les créatures; le second pour la
» créature elle-même, que cette conduite de Dieu
» humilie. C'est pour ce sujet, je pense, que Dieu
» a permis qu'une fois j'entendisse cette voix in-
» térieurement : *Tu es un orgueilleux; tu ne*
» *prêcheras point,* (je devois prêcher le jour sui-
» vant) *et ton talent te sera enlevé pour être*
» *donné à un autre.* Pourquoi cette leçon? sinon
» pour m'apprendre qu'en punition de mon or-
» gueil qui osoit s'approprier les dons de Dieu,
» ou au moins qui lui refusoit le juste tribut qu'il

» prétendoit, il me retiroit ses dons et ses talens
» pour les mettre dans les mains d'un autre plus
» fidèle à lui rendre la louange, la gloire, et la
» reconnoissance qui lui sont dues. Oh! béni soit
» le Seigneur, qui, m'ayant laissé entre les mains
» des biens que j'ai mérité cent fois de perdre,
» m'a laissé ce précieux gage de son amour, et
» me les a rendus autant de fois qu'il ne me les
» a pas ôtés. Il me fait bien connoître par-là l'éten-
» due de son amour pour moi, et combien sa
» miséricorde à mon égard l'emporte sur sa jus-
» tice. O mon divin Jésus! vous savez que je dis
» la vérité. Je n'ai rien à moi : tout est à vous ;
» oui, tout est à vous ; et si je pouvois tout avoir,
» je vous donnerois tout. Que ne puis-je arracher
» aux hommes toute la gloire qu'ils vous ravissent
» et vous dérobent ; comme je les en dépouille-
» rois! Car je ne puis souffrir que vous n'ayez pas
» l'honneur de ce qui vous appartient. Quoi!
» est-il donc possible que de misérables vers de
» terre, qui ne méritent que confusion, s'enor-
» gueillissent, jusqu'à s'enfler de votre propre
» gloire?

» O Jésus! je veux me perdre en vous, puisque
» vous êtes hostie pour mes péchés, afin que par
» vous je répare et j'expie ce maudit orgueil, qui a
» tant de fois dérobé à Dieu votre Père l'hon-
» neur que je lui devois, et que je me suis attribué
» si indignement, ou que j'ai souffert si injuste-
» ment qu'on me rendît. Non, plus d'honneur et de
» gloire que pour votre Père et pour vous. Je ne
» veux pour moi que mépris, confusion et rebuts.

» Grâces vous soient rendues, de ce que vous avez
» travaillé si long-temps à me faire goûter ce
» partage, le seul qui me convienne, en me dé-
» couvrant si bien mon néant, mes misères et
» l'ordure de mes vices ».

CHAPITRE X.

SA PATIENCE, SA RÉSIGNATION DANS LES CROIX, ET SON ÉGALITÉ D'AME.

Rien ne fait mieux connoître la divinité du christianisme, que l'accomplissement de cet oracle de l'Ecriture : *Tous ceux qui veulent vivre dans la piété en Jésus-Christ, souffriront persécution* [1], et la paix avec laquelle on voit souffrir les parfaits chrétiens. Il étoit impossible à tout autre qu'à un Dieu, d'annoncer pour les élus de tous les temps et de toutes les nations du monde, que personne n'entreroit dans le ciel que par la voie des tribulations et des souffrances; comme sans un secours divin il seroit impossible de conserver la paix du cœur, et de posséder son ame dans une patience inaltérable au milieu des afflictions et des croix. Aussi n'est-il point de marque plus certaine de la vraie sainteté, que cette vertu canonisée par Jésus-Christ lui-même, lorsqu'il a dit [2]: *Bienheureux ceux qui souffrent persécution, parce que le royaume des cieux leur appartient.* Jamais M. Olier n'a paru être mieux rempli

---

[1] II. *Tim.* III. 12.   [2] *Matt.* v. 10.

de l'esprit des saints, que dans les tribulations. Je ne répéterai point ce que j'ai raconté de ses peines intérieures et des épreuves terribles en ce genre, où il a plu à Dieu de le mettre en différens temps de sa vie. A quelques-uns de ses plus beaux sentimens sur cette matière, que j'ai tirés de ses manuscrits, je me contenterai de joindre plusieurs traits de patience et de douceur qui méritent de trouver place dans son histoire.

« Je ne puis, dit-il, taire l'amour que notre
» Seigneur m'a donné pour sa croix dans l'orai-
» son, ni la grande joie qu'il m'a fait ressentir,
» en m'assurant que j'aurois beaucoup de tribu-
» lations dans la cure de Saint-Sulpice. Cette as-
» surance m'a transporté hors de moi-même,
» parce qu'elle m'a obligé de m'offrir tout entier
» à Jésus-Christ et à son amour pour souffrir;
» mais avec des élans et des paroles semblables à
» celles de saint André : O croix après laquelle je
» soupire depuis si long-temps ! Hier, je considé-
» rois dans ma méditation notre Seigneur foulé
» aux pieds, frappé, jeté par terre, accablé de
» coups; et je me voyois traité de la même ma-
» nière. Je contemplois en même temps les dis-
» positions intérieures de ce divin agneau dans
» les mauvais traitemens; c'est-à-dire, une dou-
» ceur et une patience extrême. Je me le repré-
» sentois disant en soi-même qu'il méritoit bien
» d'être traité de la sorte, puisqu'il s'étoit chargé
» des péchés du monde entier ; d'où je concluois
» que je devois me résoudre à porter toutes sortes
» d'affronts et d'ignominies, puisqu'en acceptant
» la cure, je voulois me charger des péchés de

» tous ceux dont j'allois être le pasteur, et que je
» me mettois comme une victime entre les bras
» de la justice divine, pour subir tous les châti-
» mens qu'elle voudroit exercer sur moi. En con-
» firmation de la grâce que m'a fait espérer mon
» bon maître, il m'a remis en l'esprit la vision dans
» laquelle la bienheureuse sœur Agnès m'appa-
» roissant me présenta le crucifix, qui depuis m'a
» été donné et que je porte sur moi. De plus, il
» m'a rappelé cette autre grâce qu'il me fit, lors-
» que je vis notre Seigneur sortir du ciboire
» comme un enfant de feu, portant une croix de-
» vant soi; ainsi que cette autre vision intellec-
» tuelle, où m'étoit représentée la bonté de ce
» tendre maître, m'offrant une croix d'une gran-
» deur énorme et d'une pesanteur insupportable.
» J'en étois si effrayé que je lui dis : *Non, Sei-*
» *gneur, je ne puis la porter, sinon en votre vertu.*
» J'en vis encore une troisième, que j'attends et
» que je porterai, lorsqu'il plaira à Dieu de me la
» mettre sur les épaules. Je ne la crois pas fort
» éloignée : ce que j'apprends d'un certain homme
» fort irrité par la malice du démon, qui menace
» d'imprimer des billets contre nous. Tous ces
» objets me furent mis en un instant dans la mé-
» moire avec la prédiction de cette bienheureuse
» sœur Agnès, qui voyoit ma vie toute pleine de
» croix étranges. Dieu soit béni de tout ».

Voici ce qu'on lit ailleurs: « Dieu m'a fait trai-
» ter avec furie par la personne de M. de Fiesque,
» que je devois honorer comme Dieu lui-même
» irrité contre moi. Aussi sa bonté n'a jamais per-
» mis que j'aie éprouvé contre lui le moindre res-

» sentiment intérieur. Au contraire, lorsqu'on
» vint me dire qu'on le menoit en prison, ce qui
» toutefois n'arriva pas entièrement, les larmes
» m'en vinrent aux yeux; tant j'en eus de chagrin
» dans mon ame. Je ne fus pas moins affligé, que
» si le traitement qu'il essuya fût arrivé à la per-
» sonne du monde que j'aimois le plus ». Le serviteur de Dieu avoit appris de notre Seigneur à
ne point rendre le mal pour le mal, mais à bénir
ceux qui le maudissoient et à faire du bien à ses
persécuteurs. Ce fut ainsi qu'il se vengea lorsqu'on
eut mis la main sur lui, et qu'on le traîna au
Luxembourg comme un criminel. Son premier
mouvement, après avoir adoré la main de Dieu, fut
d'honorer ceux qui étoient les premiers auteurs de
la tempête, et de prier pour eux. Il s'offrit à Jésus-
Christ, comme une victime qui se seroit estimée
heureuse d'obtenir au prix de son sang le salut de
ses ennemis. « Faites de moi ce qu'il vous plaira,
» disoit-il intérieurement à notre Seigneur; mon
» unique désir est de ne vivre que pour vous.
» Mille vies sacrifiées à votre gloire, et perdues
» pour gagner les ames que vous avez rachetées
» sur la croix, feroient ma joie et mon bonheur ».

Si jamais ni les peines intérieures ni les contradictions que lui suscitèrent ses ennemis, ne purent lui faire perdre la paix de l'ame, il ne parut
pas moins maître de lui-même dans les accidens
et les contre-temps inopinés, où il est si difficile de
ne pas laisser échapper quelque trait d'humeur et
d'impatience. Dans son voyage de Saint-Claude,
lorsqu'il étoit à deux journées de cette ville, dont
il ignoroit le chemin, il fut obligé de prendre un

guide pour y arriver plus sûrement. Celui-ci s'égara, et conduisit la compagnie dans un passage fort dangereux. D'un côté c'étoit une haute montagne, et de l'autre on ne rencontroit que précipices, où plusieurs torrens venoient se jeter avec un fracas, qui, joint aux ténèbres de la nuit, augmentoit la frayeur dont on a peine à se défendre quand on se trouve en pareille extrémité au milieu d'un désert. Chacun marchoit à tâtons : on étoit descendu de cheval, et à peine pouvoit-on rien distinguer. Ce qui ajoutoit encore à la difficulté de sortir d'un si mauvais pas, c'étoit une pluie abondante dont il étoit impossible aux voyageurs de se mettre à couvert. Le guide déconcerté fut contraint d'avouer qu'il avoit perdu le chemin, et qu'il ne savoit plus comment le retrouver. Dès ce moment toute la compagnie trembla d'effroi. M. Olier fut le seul qui ne perdit ni le calme de ses sens, ni la présence d'esprit. « Mes enfans, » dit-il à tous ceux qui l'accompagnoient, met- » tons-nous en prières, et supplions notre Sei- » gneur qu'il daigne lui-même nous conduire. Il » nous a dit : *Je suis la voie*; suivons-le donc, et » nous retrouverons notre chemin. Recomman- » dons-nous à la sainte Vierge, et au grand saint » Claude que nous allons visiter ». On pria l'espace d'un demi-quart-d'heure. Alors le guide comme revenu à lui, s'écrie : « Venez, je sais main- » tenant à peu près par où il faut aller ». On le suit avec peine à travers l'obscurité; mais enfin on arrive sans nul accident. Tant que dura le péril, M. Olier ne prononça pas un mot de plainte contre le conducteur; et quand il eût marché dans le chemin le plus sûr, au milieu du plus beau jour, il n'eût pas montré plus de tranquillité d'esprit.

Son égalité d'ame parut encore après qu'on fut sorti de ce danger. Le lieu où l'on termina la journée étoit un village de Franche-Comté, nommé Condé. Les habitans, voyant arriver cinq personnes à cheval au milieu de la nuit, s'en défièrent, et les prirent pour des ennemis, contre lesquels il falloit se mettre en garde. Le refus qu'ils faisoient de les laisser avancer, leur fit craindre d'être forcés de retourner sur leurs pas; mais cette terreur fut de peu de durée. Le serviteur de Dieu eut bientôt dissipé celle des Francomtois qui alloient se mettre en défense. On croyoit avoir surpris des espions armés; et dès qu'on les eut vus de près, on reconnut que c'étoit une compagnie de pélerins, qui faisoient le voyage de Saint-Claude. On leur laissa donc l'entrée du village, et on leur permit de s'y arrêter. Mais soit qu'on ne pût faire mieux, soit qu'il restât encore quelque impression de défiance contre eux, ils ne trouvèrent pour retraite qu'une pauvre chaumière, où, après leur avoir servi du gros pain et de l'eau, on leur donna pour tout logement, celui des poules et des autres animaux qu'on nourrissoit dans cette misérable demeure. Un lieu si incommode pour des voyageurs excédés de fatigue, put bien augmenter celle de M. Olier; mais il naltéra point le calme que son ame savoit conserver en toute rencontre. Loin de montrer le moindre mécontentement, il parut au contraire si joyeux et si satisfait, qu'on eût dit, à le voir et à l'entendre, qu'ils avoient trouvé un séjour délicieux.

La nécessité fréquente de voyager, où il fut pendant sa vie, et le peu de précautions qu'il prenoit pour éviter les incommodités du voyage, l'exposèrent souvent à différens accidens de ce genre. Il disoit qu'en ces occasions on devoit accepter la fatigue et les autres incommodités en esprit de pénitence; que des pécheurs n'étoient pas en ce monde pour y vivre à leur aise et n'avoir rien à souffrir. « N'est-ce pas, ajoutoit-il, une grande
» miséricorde du Seigneur, qu'il nous donne le
» couvert? Pouvons-nous mieux honorer la pau-
» vreté de Jésus-Christ, qu'en la circonstance où
» nous nous trouvons? N'a-t-il pas voulu subir les
» rebuts des hommes; et ne s'est-il pas réduit à la
» dernière indigence dans la personne de la très-
» sainte Vierge, lorsque ne trouvant pas de place
» dans le lieu même où il s'en trouvoit pour les
» pauvres, elle fut obligée de se retirer dans une
» étable? Ces sortes de mortifications prises en
» esprit de pénitence et de résignation aux ordres
» de la divine providence, dont il faut adorer
» toutes les dispositions, sont bien plus agréables
» à notre Seigneur que toutes celles qui se font de
» notre propre choix, parce qu'elles sont beau-
» coup plus opposées à la nature, et qu'arrivant
» souvent dans les voyages, elles accoutument
» notre volonté à mourir peu à peu à ses inclina-
» tions; ce que n'opèrent pas les mortifications
» que nous nous imposons nous-mêmes ».

La douceur et la paix que montra M. Olier

dans la pauvre chaumière dont on vient de parler; l'affabilité avec laquelle il parla avec ceux qui l'y traitèrent; les paroles de salut qu'il mêla dans son entretien avec eux; tout cela, joint à je ne sais quel air de bonté qui prévenoit tous les esprits en sa faveur, dès qu'on entroit avec lui en conversation familière, les toucha si vivement, qu'ils ne pouvoient se lasser de l'entendre parler de Dieu. L'affection qu'ils conçurent pour lui, et leur vénération pour sa vertu, parurent surtout le lendemain. Au moment de son départ, on les vit fondre en larmes. Le regret qu'ils avoient de le voir partir étoit si profond, que ne pouvant se séparer de lui, ils le conduisirent jusqu'au bord d'une rivière assez éloignée, qu'il avoit à traverser pour continuer sa route; ce qui fut regardé comme un trait de providence; car sans ce secours, on se seroit égaré encore dans un pays perdu, d'où l'on n'auroit pu se tirer qu'avec beaucoup de peine.

Je ne veux pas omettre ici un autre événement, dont la singularité ne servira qu'à faire mieux connoître jusqu'où le serviteur de Dieu savoit posséder son ame dans la patience. Depuis plusieurs années, l'usage de la paroisse étoit de faire la bénédiction de l'eau à la première grand'messe du dimanche, afin qu'après le prône on pût commencer plus tôt la seconde, qui avoit paru trop retardée à un grand nombre, et qu'il ne restât plus alors que l'aspersion à faire. M. Olier l'avoit réglé ainsi, d'après l'avis des paroissiens les plus sages, et de concert avec tout son clergé. Comme il étoit en chaire, et qu'il faisoit le prône, une femme courbée de vieillesse se leva du milieu de l'auditoire,

toire, et prenant la parole, lui fit, d'une voix tremblante, de vives plaintes sur ce qu'il avoit, disoit-elle, ôté l'eau bénite à ses paroissiens. Elle ajouta qu'il eût beaucoup mieux fait de laisser l'ancienne coutume, et de n'y rien changer. Toute cassée qu'étoit sa voix, M. Olier ne perdit rien de l'apostrophe qu'elle lui adressa. Enhardie par le silence de toute l'assemblée, (car elle le prit pour une approbation) elle ne se tut qu'après avoir déchargé tout ce qu'elle avoit sur le cœur; puis, regardant à droite et à gauche, comme pour s'applaudir et recevoir les applaudissemens de l'auditoire, elle se remit sur son siége, fort satisfaite de la leçon qu'elle avoit bien osé faire publiquement à son pasteur. Celui-ci édifia autant qu'il étonna tous les assistans par sa douceur et sa modestie. Il la laissa parler jusqu'au bout, sans témoigner en aucune manière son mécontentement, et ayant attendu qu'elle se fût assise, il se contenta de lui répondre tranquillement : *Hé bien, ma bonne amie, on y pensera.* Puis il reprit son discours, comme s'il n'eût point été interrompu. Plus on fut surpris d'une scène aussi extraordinaire, plus on admira le grand empire que M. Olier avoit acquis sur lui-même; et la douceur qu'il fit paroître en cette circonstance augmenta encore la haute opinion qu'on avoit de sa vertu.

Souvent on l'a vu recevoir des reproches sanglans, et s'entendre dire des injures atroces, sans faire paroître la moindre émotion. Il n'ouvroit même pas la bouche pour se justifier. On l'a vu quelquefois dans ces occasions, se jeter à genoux, et, comme s'il eût été coupable, demander pardon aux personnes qui l'avoient maltraité, quoiqu'elles fussent de la plus basse condition. Un jour, un homme qui lui étoit fort inférieur, osa, pour mettre son humeur à l'épreuve, lui reprocher d'être un gourmand, et ajouter à cet affront beaucoup d'autres paroles humiliantes. M. Olier, avec un visage aussi serein que s'il eût reçu un bon office, lui répondit par des remercîmens, et lui promit de mettre à profit l'avis charitable qu'il venoit de lui donner.

Rien n'étoit capable de troubler sa tranquillité intérieure, depuis le jour où il avoit reçu avec joie le mépris qu'on avoit fait de lui dans une cérémonie ecclésiastique, comme on l'a rapporté au chapitre précédent. Il savoit tellement gouverner ses passions, et tenir son cœur dans ses mains, que ni les accidens les plus funestes, ni les propos les plus injurieux ne lui causoient pas la moindre altération. Dieu permit qu'il fût souvent rebuté de ses proches, maltraité des grands, insulté par des valets, persécuté par des hommes pleins de méchanceté, qu'on avoit envenimés et irrités contre lui. Tous ces différens assauts le trouvoient toujours le même, et à l'entendre parler de ceux qui le traversoient, on eût dit qu'il n'avoit que des amis dans le monde. Au milieu des persécutions qu'il eut à essuyer, soit de la part des étrangers, soit même de la part des siens, il eut pour pratique de se regarder toujours comme une pauvre victime morte et immolée par la vertu de notre Seigneur, prête à endurer tout. « Mon

» bon maître, dit-il à ce sujet, me fit un jour
» cette demande : Hé bien, ne te lasseras-tu point ?
» Non, Seigneur, lui répondis-je, non, tant que
» vous voudrez. Eternellement, ô mon amour !
» éternellement ».

Le trait suivant, tout minutieux qu'il est dans son objet, montre encore une patience dont on trouveroit peu d'exemples en pareille circonstance, dans les hommes même les plus doux et les plus mortifiés. Comme il s'habilloit pour célébrer les saints mystères, le sous-diacre, en lui attachant le manipule, enfonça l'épingle jusqu'à l'os. Sentant qu'elle ne pouvoit avancer, il la poussoit avec violence dans la chair, croyant la faire entrer dans l'ornement de l'homme de Dieu qu'il assistoit. « Mon enfant, lui dit-il tranquil-
» lement, comment voulez-vous qu'elle entre ?
» L'os qu'elle touche l'arrête ».

Combien de fois sa douceur a-t-elle fait l'admiration de ceux qui furent témoins de sa conduite ordinaire, soit publique, soit privée ? La multitude infinie de rapports et d'affaires dans lesquelles il s'est trouvé engagé durant les dix années qu'il exerça le ministère pastoral ; le grand nombre d'ennemis qu'il rencontra, depuis qu'il se fut consacré pleinement au service de Dieu et de son Eglise ; les longues et fréquentes maladies qu'il essuya furent comme autant de creusets différens où sa vertu passa par les plus fortes épreuves. Toutes servirent à le purifier comme l'or qui se raffine au feu. Et quand il eût souffert beaucoup moins, il auroit été assez éprouvé dans la tribulation, pour mériter un rang parmi ceux de qui il est écrit : *Les hommes que Dieu veut recevoir au nombre des siens, s'éprouvent dans le fourneau de l'humiliation* (1).

CHAPITRE XI.

SA VIE INTÉRIEURE ET SON ESPRIT DE SACRIFICE.

Quoique M. Olier se donnât tout entier aux œuvres de zèle, il demeura toujours si parfaitement uni à notre Seigneur ; et dans les occupations du dehors les plus propres à le distraire, il sut si bien faire agir sa foi, que c'étoit moins son propre esprit qui sembloit vivre en lui, que l'esprit de Jésus-Christ. Il étudioit continuellement le divin intérieur de son maître et celui de la sainte Vierge. Son attrait pour cette dévotion lui fit demander et obtenir du saint Siége la permission d'en faire deux fêtes solennelles dans le séminaire, où elles ont toujours été célébrées depuis son établissement. Outre ces deux solennités, il lui fut permis aussi de faire une fois toutes les semaines où il ne se rencontre point de fête de notre Seigneur, l'office de son intérieur ; ce qui s'observe toujours très-fidèlement.

Je ne puis mieux faire connoître combien M. Olier étoit avancé dans les voies intérieures, qu'en rapportant encore ici ses propres expres-

(1) *Eccli.* II. 5.

sions. « O mon doux Jésus, disoit-il, tel que je
» suis, je veux être tout à vous par votre esprit;
» c'est en vous et en lui que je reçois tant de
» grâces; et c'est pour vous, ô mon tout, que je
» veux tout faire, tout dire, tout écrire. Oui, c'est
» pour vous seul, ô mon amour, qui rapportez
» tout à votre Père pour lequel vous vivez. Qu'il
» en soit ainsi à jamais; car je ne puis vivre en
» moi; je ne vis plus qu'en vous. Je ne sens plus
» en moi que votre vie, et votre vie divine pour
» laquelle vous m'avez fait tant soupirer : vie de
» votre humanité divinisée, comme vous me le
» fîtes comprendre dernièrement dans l'oraison.
» Vous me montrâtes que je n'étois que comme
» un sacrement de cette vie; que mon extérieur
» en étoit le voile; en sorte que je ne me sentois
» moi-même que par le dehors, et qu'en tout mon
» intérieur, je ne sentois que vous. Oh! combien
» cet extérieur, que je voyois comme de simples
» accidens, me mettoit bas! Et combien tout ce
» que je voyois en moi étoit petit, vil, mépri-
» sable! Je ne puis mieux le faire entendre, que
» par la comparaison des espèces du pain et du
» vin qui couvrent la substance de notre Sei-
» gneur ».

Rapportant ce qui lui étoit arrivé après la grande
maladie qu'il eut en Bretagne : « Une idée toute
» sainte, dit-il, me fut mise en l'esprit, dans le
» même temps; celle d'une ame consommée en
» Dieu, avec un attrait puissant pour entrer dans
» cette consommation qui fut accompagnée de ces
» paroles intérieures, *Vie divine*. Me promenant
» seul dans le jardin après le repas, cette idée

» m'étoit si présente, que, les yeux baignés de
» larmes, je m'écriois : *Vie divine! quand sera-*
» *ce que je ne vivrai que de Dieu?* Je trouvois
» cet état si beau, si admirable, que je ne me
» fusse soucié d'endurer quoi que ce fût pour y
» parvenir ».

Depuis le vœu d'hostie et de servitude qu'il fit à Montmartre, et qu'il renouvela plusieurs fois, sa pratique habituelle étoit de faire toutes ses actions en union aux intentions de notre Seigneur. Vivement pénétré de ce principe de la foi, que nous participons à la sainteté dont Jésus-Christ est le modèle et la source, à proportion, non de nos lumières sur ses mérites et ses vertus, mais de la pureté de nos intentions et de notre application à entrer dans les siennes, la vie de l'homme de Dieu étoit un crucifiement continuel de sa propre volonté, pour se conformer en tout à la volonté divine, et un parfait renoncement à sa propre gloire, pour ne chercher que la gloire de son maître. Cette disposition intérieure, il disoit en être redevable aux conseils et aux exemples du P. de Condren, en qui il ne se lassoit point d'admirer le plus grand détachement des créatures et l'union la plus intime avec notre Seigneur. La mémoire de ce grand serviteur de Dieu et sa vie d'anéantissement lui venoient souvent à l'esprit. C'étoit comme son modèle le plus familier; et lorsqu'il le vit exposé après sa mort, ce fut la principale impression qu'il remporta d'auprès de lui. « J'étois, dit-il, si rempli alors de la pensée
» de la parfaite abnégation dans laquelle il avoit
» passé toute sa vie, que je n'avois ni ne pouvois

» même avoir d'autre occupation intérieure. Me
» rappelant combien il étoit vide de lui-même et
» plein de l'esprit de Jésus-Christ, je me le suis
» représenté plus d'une fois comme l'hostie de
» nos autels. Au dehors, vous voyez les accidens
» ou apparences du pain, au dedans c'est Jésus-
» Christ. Il en étoit ainsi de ce saint homme.
» Comme sa grande dévotion, reprend-il, étoit
» d'honorer et d'imiter l'enfance de Jésus; dans
» la dernière visite que je lui fis, avant que Dieu
» l'eût appelé à lui, il me dit, *Prenez l'enfant*
» *Jésus pour votre directeur* : paroles qui m'ont
» été bien utiles et bien chères ».

Tous les jours il récitoit cette prière, qui lui
avoit été donnée par le P. de Condren : « O Sei-
» gneur Jésus vivant en Marie, venez et vivez dans
» votre serviteur, dans l'esprit de votre sainteté,
» dans la plénitude de vos vertus, dans la perfec-
» tion de vos voies, dans la communion de vos
» mystères. Dominez en nous sur toutes les puis-
» sances ennemies, pour la gloire de votre Père »;
prière qu'il a laissée aux prêtres de sa compagnie,
pour nourrir en eux l'esprit intérieur, et les entretenir dans cette vie de foi qui étoit l'ame de
toutes ses œuvres. C'est par elle qu'ils terminent
leur oraison du matin.

De tous les moyens que Dieu emploie pour former l'amour parfait dans une ame, et la faire
croître dans la vie intérieure, il n'en est point de
plus efficace, que les maladies, les persécutions,
les peines d'esprit; parce que ce sont comme autant de parcelles de la croix sur laquelle notre
Seigneur a consommé son sacrifice, et d'où dé-

coulent toutes les grâces. Nous apprenons encore de M. Olier lui-même, combien elles servirent à le perfectionner dans la vie cachée en Dieu. « Ce
» matin, écrivoit-il le jour de saint Matthieu, il a
» plu à la bonté divine de me dire qu'elle vou-
» loit que j'entrasse dans une nouvelle vie; (il sor-
» toit d'une grande maladie) que je fusse plus
» doux, plus patient, plus charitable que jamais;
» qu'il falloit même me séparer de toute affection
» sensible, conformément à l'esprit du christia-
» nisme, qui est de mourir à cette vie présente,
» et de ne vivre que pour l'éternité; que je ne
» prisse plus de consolation, et que je ne goûtasse
» de joie que, comme les bienheureux, dans la
» possession de Dieu et dans le zèle de sa gloire.
» Je peux dire, à la louange de son nom, que cette
» maladie m'a été extrêmement utile pour mourir
» au monde et à moi-même. Elle m'a disposé
» suavement à ne vivre plus que pour Dieu; ce
» qui est la vie de la résurrection ».

Chaque mystère de notre Seigneur le faisoit comme sortir de lui-même, pour entrer dans l'intérieur de son bien-aimé et se revêtir de ses dispositions. « Hélas! grand Dieu, disoit-il à son
» directeur, lorsqu'il lui exposoit ce qui se passoit
» dans son ame, c'est bien ici que je dois m'abî-
» mer et m'oublier moi-même, pour me perdre
» en votre Fils, comme vous me l'avez dit une
» fois, lorsque vous me fîtes entendre en secret
» ces paroles : *Il faut vous consommer en moi,*
» *afin que je fasse tout en vous.* Vous me don-
» nâtes alors de grands désirs de me convertir
» tout en vous. Vous me faisiez souhaiter d'être

» le pain qui doit servir au saint sacrifice, afin
» de pouvoir être transformé en vous; car vous
» m'avez toujours inspiré ce désir; de n'être pas
» seulement votre image, mais un autre vous-
» même. Combien de fois vous m'avez fait ressen-
» tir les sentimens de votre ame, ô mon Jésus,
» comme si je n'avois été qu'un avec vous! Com-
» bien de fois vous m'avez communiqué les dis-
» positions de votre cœur en vos mystères! Vous
» avez souvent répandu votre intérieur dans le
» mien; plusieurs fois vous me l'avez montré
» comme à découvert. Je ne sais comment expri-
» mer ce que je sentois alors. En même temps que
» je découvrois votre intérieur, vrai paradis de
» louange; les louanges que vous rendiez à votre
» Père, je les sentois remplir le mien, et s'élever
» par elles-mêmes vers le ciel, sans que je fisse
» rien autre chose que de souffrir et de consentir
» qu'elles y fussent offertes à Dieu par un cœur
» aussi agréable au sien que le vôtre, c'est-à-dire,
» par celui qui est le principe de toutes les louan-
» ges que vous recevez des créatures. C'est ainsi
» qu'après m'avoir montré l'intérieur de votre
» ame, vous m'en avez fait participant; et c'est
» ce qui m'arrive encore en différentes manières;
» car tantôt mon ame se répandra en louanges
» comme la vôtre et avec la vôtre; tantôt il me
» semblera que mon cœur se multiplie par tout
» le monde et dans tous les endroits où vous êtes,
» à cause de son union intime avec le vôtre. Une
» autre fois je voudrai offrir le saint sacrifice pour
» honorer Dieu votre Père en toutes les manières
» possibles; et tous ces sentimens sont les vôtres,

» ô mon amour! qui, étant sans nombre, et trop
» au-dessus de mes forces pour que je les puisse
» comprendre et éprouver tout à la fois, ne me
» sont communiqués que successivement et les
» uns après les autres ».

« Je sens tout cela, reprend M. Olier, s'opérer
» en moi sans que j'y pense; et notre Seigneur
» me fait connoître que c'est en me faisant part
» de ce qui s'opère en lui-même, selon ma foible
» portée. Quelquefois, par exemple, je pense à
» former mes intentions pour le saint sacrifice;
» mais je me trouve si étroitement uni, ou même
» tellement un avec mon Jésus, que je ne puis
» en avoir d'autres que les siennes; en sorte que
» je me sens comme perdu en lui, et ne puis agir
» que dans ses propres intentions. Ordinairement
» j'offre la victime adorable, pour remercier Dieu
» d'avoir choisi son Fils et de l'avoir envoyé au
» monde comme son hostie de louange éternelle,
» de l'avoir rempli de son esprit, de l'avoir élevé
» en gloire et fait asseoir à sa droite. Pendant près
» d'un an, sa bonté me montroit presque toutes
» les intentions qu'il désiroit que je prisse en
» agissant, et que notre Seigneur auroit eues en
» ma place; ce qui étoit me faire vivre de la vie
» de Jésus-Christ ».

« Enfin, après m'avoir enseigné une fois qu'il
» falloit tout faire dans ses intentions, qui étoient
» toujours la gloire de Dieu son Père, notre Sei-
» gneur me plongea l'esprit dans une grande et
» vive lumière, au milieu de laquelle je vis cette
» inscription toute rayonnante: *Sanctificetur no-*
» *men tuum.* Depuis ce temps-là, je n'ai plus

» d'autre intention que de faire tout pour glorifier
» Dieu. Ce qu'il désiroit de moi par ces paroles,
» je l'ai ressenti quelquefois, comme si j'avois vu
» son cœur ouvert devant moi; et d'autres fois,
» comme s'il eût répandu son cœur dans le mien
» avec ses propres sentimens, selon ce que dit
» saint Paul : *Ayez en vous les mêmes sentimens*
» *qu'a en soi Jésus-Christ* (1); et encore : *Je vis,*
» *ou plutôt, ce n'est pas moi qui vis, mais Jésus-*
» *Christ qui vit en moi* (2). C'est pour nous com-
» muniquer cette vie intérieure qu'il est au très-
» saint Sacrement de l'autel; c'est pour nous
» remplir de ses sentimens. Il n'a vécu dans le
» monde qu'environ trente-trois ans, pour don-
» ner au monde l'exemple des pratiques de per-
» fection et de toutes les vertus en ses mystères.
» Mais il demeure avec nous perpétuellement
» dans la sainte eucharistie pour nous faire parti-
» cipans de sa vie intérieure et de l'esprit de tous
» les mystères de sa vie sensible et extérieure. Ces
» mystères ont été passagers, et peu de personnes
» en ont été les témoins ou en ont été faits parti-
» cipans, lorsque Jésus-Christ les opéroit; au lieu
» qu'à présent toute l'Eglise y prend part dans la
» communion de son corps et de son sang. Par
» ce sacrement, notre Seigneur achève la mission
» qu'il avoit commencée pendant son séjour de
» trente-trois années sur la terre. Par la vertu de
» sa gloire, il fait ce qu'il n'avoit pu faire dans les
» jours de son infirmité ».

Ce fut surtout dans les langueurs et les souffrances où la paralysie jeta le serviteur de Dieu,

(1) *Philip.* II. 5.   (2) *Galat.* II. 20.

qu'il fit paroître combien la vie de Jésus-Christ se fortifioit dans son ame, à mesure que la vie naturelle s'affoiblissoit dans son corps, et commençoit à s'éteindre dans ses membres. Quel que fût le succès des remèdes qu'on lui ordonnoit, il ne perdoit rien de sa paix intérieure, ni de son union avec Dieu. L'accomplissement de sa sainte volonté faisoit toute sa consolation. Jamais il n'eût voulu former pour son rétablissement le moindre désir contraire au bon plaisir de Dieu. Il disoit que si notre Seigneur nous rendoit la santé, nous devions le remercier et n'en user que pour sa gloire, notre corps et tout notre être lui appartenant alors par de nouveaux titres; mais que s'il nous laissoit dans l'infirmité, il falloit lui en rendre également nos actions de grâces, et demeurer tellement perdus et abîmés dans sa très-sainte volonté, que nous ne vissions rien qu'en elle. En quelque temps de sa maladie qu'on le visitât, on le trouvoit toujours aussi joyeux et aussi content, que s'il eût été en parfaite santé, parce que cette volonté souveraine et souverainement adorable étoit comme son lit de repos. Il disoit un jour, que la privation de la santé et de tout ce qui plaît à la nature étoit un grand bien pour l'ame. La raison étoit que cette privation la rendoit plus capable d'être unie à Jésus-Christ, et par lui à son Père, puisqu'il se donne et se communique à elle selon le degré de dépouillement de toutes choses où elle se trouve.

Les persécutions ne servirent pas moins que les maladies à perfectionner M. Olier dans la vie intérieure. Les unes et les autres étoient pour lui comme autant de coups de la main de Dieu, qu'il acceptoit en esprit de sacrifice, et sous lesquels il devenoit tous les jours une hostie plus pure et plus agréable à notre Seigneur. En 1640, il rendoit compte ainsi à son directeur de ce qu'il avoit souffert, lorsqu'il eut refusé la coadjutorerie de Châlons. « Tout Paris, le Roi, M. le cardinal, » plusieurs évêques, M. le chancelier, tous mes » parens, et beaucoup d'autres personnes de ma » condition, se mirent à faire toutes sortes de plai- » santeries sur le refus que j'avois fait de cette » dignité. Ce fut bien autre chose, lorsqu'au » bout de six mois, l'évêque de Châlons étant » mort, un autre accepta la nomination et fut » pourvu en ma place de cet évêché. Quelques- » uns de la compagnie ne m'épargnèrent pas plus » que les autres. Ce fut alors que, selon la pro- » messe qui, deux ans auparavant, m'avoit été faite » par mon bon maître, comme je l'en avois prié » instamment, de changer en humiliations les » marques d'estime et les louanges que je recevois » de toutes parts, je fus pleinement exaucé. Je ne » sentois rien en moi, comme l'obligation de vivre » anéanti, et le désir ardent de voir mon maître » glorifié dans ma confusion. Car je ne craignois » rien tant, que de me faire un nom par les ser- » vices que je m'efforçois de lui rendre; et s'il y » avoit de l'honneur à gagner dans les créatures, » je le suppliois de se le réserver, sans me laisser » autre chose que mort au monde et anéantisse- » ment, pour ne vivre qu'en lui ».

En 1646, un an après l'horrible catastrophe où il fut au moment de périr sous les coups de ses ennemis, se regardant toujours sous l'idée d'hostie, qui lui étoit devenue continuellement présente à l'esprit : « C'est, disoit-il, en cette qualité d'hostie » que vous voulez, ô mon Dieu, que je vous serve » toute ma vie; et c'est pour cela qu'il y a un an, » vous mîtes mon ame dans la disposition de » victime et de servitude. Comme j'étois violem- » ment persécuté dès-lors par les uns, et tourné » en dérision par d'autres, entre lesquels il se » trouvoit des personnes de qualité, me mettant » en esprit devant vous, je prenois plaisir à vous » dire : *Ah! Seigneur, que tout ceci serve à mon* » *sacrifice. Il faut mettre la victime en pièces,* » *et me retrancher tout l'honneur que je pourrois* » *prétendre en ce monde* ».

Enfin rien ne contribua mieux à former l'homme intérieur dans M. Olier, c'est-à-dire, l'homme crucifié aux créatures pour ne vivre plus que de l'esprit de Jésus-Christ, que ses peines intérieures. La croix faisoit alors sa paix, sa force et toute sa consolation. L'unique chose capable de le troubler, étoit la crainte de se trouver abandonné de Dieu et d'avoir encouru sa disgrâce. « La peine » la plus véhémente de notre Seigneur, disoit-il, » lorsqu'il demeura attaché à la croix, ce fut la » colère de Dieu son Père, irrité contre lui. Auprès » de ce tourment, toutes les autres douleurs ne » sont que des roses. Les peines même des damnés » ne sont presque rien en comparaison de la haine » que Dieu leur porte. C'est là l'excès des tour- » mens; et dans la vie je ne puis rien trouver » qui me touche, que la crainte qu'il ne soit mé- » content de nous. Qu'est-ce que tout le reste?

» Il me semble, au contraire, que toute affliction
» qui vient d'ailleurs doit être notre centre. La
» croix est le fond de mon repos. Je ne vois rien
» qui me contente et qui me mette en paix, comme
» de me voir dans la désolation; rien qui me con-
» sole autant que le délaissement des créatures ».
A entendre parler ainsi le serviteur de Dieu, on
diroit que c'est un autre saint Paul qui sent *la
consolation surabonder* en lui-même, lorsqu'il se
voit inondé des flots de la tribulation : tant notre
Seigneur se plaisoit à récompenser son détachement parfait des créatures par les délices de la vie
intérieure, qui ne fait estimer ni goûter rien tant
que les voies de la croix.

On l'a vu s'approprier tellement dans toutes
ses œuvres les intentions du Fils de Dieu, qu'il
lui sembloit que c'étoit Jésus-Christ lui-même qui
prioit et agissoit en lui. On peut dire la même
chose de ses souffrances. C'étoit moins lui qui
souffroit, que Jésus-Christ en lui. « M'étant ré-
» veillé une fois, dit-il, au milieu de mon som-
» meil, j'ai été attaqué de peines intérieures très-
» violentes. Il me sembloit endurer celles que
» souffroit notre Seigneur, de voir les ames qu'il
» chérit tendrement, aimer les créatures. Plu-
» sieurs fois déjà il m'avoit fait sentir cette sorte
» de tourment qui me causoit des altérations et
» me jetoit dans des lassitudes à n'en pouvoir
» plus. Je le considérois buvant ce calice d'amer-
» tume avant de s'établir au saint Sacrement. Car
» alors il avoit présentes à l'esprit toutes les infi-
» délités de ceux qui, après lui avoir engagé leur
» cœur, le renonceroient pour se livrer au monde.

» Il n'est pas croyable combien est grande sa ja-
» lousie de nous posséder et de nous conserver.
» C'est un amour excessif, un amour ardent, un
» amour vigilant, pressant, qui l'attache tellement
» à l'ame dont il veut jouir, qu'il ne peut se la
» voir arracher, sans souffrir des maux inexpri-
» mables. C'est un déchirement d'entrailles, ce
» sont des morsures aiguës, et comme des te-
» naillemens épouvantables. Ce sont des peines
» égales à celles de l'enfer. *Dura sicut infernus*
» *æmulatio* (1). Non, je ne puis rendre ces dou-
» leurs, ni les faire comprendre. Voilà donc l'é-
» preuve qu'il a plu à Dieu de me faire supporter
» plusieurs jours ». Une autre fois, après avoir
souffert de grandes craintes et des frayeurs extrêmes, il pensa fortement, mais avec consolation,
à ces paroles de David, dont le Seigneur lui
donna une intelligence particulière : *La crainte
et le tremblement sont venus sur moi; et je me
suis trouvé tout enveloppé d'épaisses ténèbres* (2).
« J'apprenois alors par mon expérience, ajoute-
» t-il, le sens de ces mots de l'Evangile : *Jésus
» commença de tomber dans le saisissement,
» dans l'ennui et dans la tristesse* (3). Je voyois
» sa face adorable toute abattue, et son cœur
» plongé dans un océan d'amertumes qui ne peut
» se concevoir. Je me trouvois dans un état sem-
» blable; état terrible, qui ne laisse aucune espèce
» de soulagement, si ce n'est que de temps en
» temps on sent au fond de son ame une vertu
» douce et pacifique, qui la soutient et la conserve
» dans le repos au milieu des agitations les plus

(1) *Cant.* VIII. 6.   (2) *Ps.* LIV. 6.   (3) *Marc.* XIV. 33.

» violentes.

» violentes. Car Dieu se retire quelquefois au plus
» intime de notre cœur, sans nous laisser aucun
» sentiment de sa présence. Alors la peine est bien
» plus grande, et la désolation bien plus difficile
» à supporter, parce qu'on craint d'être délaissé
» de Dieu ». On voit encore ici que Dieu fit passer
son serviteur dans les voies les plus cachées de la
vie spirituelle, et qu'il connoissoit tout ce qu'elle
a de plus inconnu au commun des fidèles, même
versés dans la science de l'oraison. Qu'on lise ses
Lettres et ses autres ouvrages imprimés, on y
trouvera le langage des saints des derniers siècles,
dont la vie tenoit moins de l'homme mortel qui
habite sur la terre, que de la nature des anges
qui ne vivent qu'en Dieu et que de Dieu dans
le ciel.

CHAPITRE XII.

Son esprit et ses maximes touchant les séminaires, les ecclésiastiques qui s'y préparent au sacerdoce, ou qui y sont déjà parvenus, et les directeurs qui les gouvernent. L'idée qu'il se formoit des évêques, qui en sont les premiers supérieurs.

On a vu, par les établissemens que fit M. Olier pour former de dignes ministres du sanctuaire, combien son zèle étoit actif, lorsqu'il s'agissoit d'élever les clercs et de les conduire au sacerdoce. Mais on le connoîtra mieux encore par le langage qu'il tenoit, soit aux jeunes gens qui étoient sous sa direction, soit à ceux de ses prêtres qui travailloient avec lui à leur éducation, ou qu'il envoyoit dans les différens séminaires qu'il avoit fondés.

Il vouloit d'abord que les aspirans à la cléricature examinassent, dès leur entrée au séminaire, s'ils y apportoient un désir sincère d'y vivre dans un dépouillement total de leur esprit et de leur volonté. « Car le premier pas, dit-il, à la perfec-
» tion de la vie cléricale, c'est de se renoncer tel-
» lement soi-même, qu'on ne veuille plus juger
» de rien par son esprit propre, ni se porter à
» rien par son propre choix. Sans ce renoncement,
» on ne peut, ajoutoit-il, donner prompte entrée
» à l'esprit de Dieu, qui veut occuper l'ame de
» ceux qu'il appelle au service de l'Eglise, et rem-
» plir leur esprit de sa lumière pour suppléer à la
» leur, incapable de les conduire. Dieu ne prend
» place en nous qu'après une démission entière
» de nous-mêmes. Ce n'est qu'à cette condition
» qu'il réside en notre ame, pour l'éclairer, la mou-
» voir et la diriger selon son esprit ; qu'il lui fait
» sentir les effets de sa présence, et ses propres
» désirs; de même que l'ame se fait sentir au corps,
» par les mouvemens et les impressions qui expri-
» ment et communiquent à ses membres les des-
» seins les plus secrets et les plus impénétrables
» de la volonté ».

M. Olier vouloit donc que ceux qui étoient admis à la cléricature fussent tellement affermis dans les vertus et dans l'esprit du christianisme, qu'ils fussent des hommes tout nouveaux, continuellement appliqués à tout ce qui glorifie Dieu, ou procure le salut du prochain. « Dans cette vue, » disoit-il, durant l'espèce de noviciat qu'ils font » au séminaire, on leur ôte toute disposition d'eux-» mêmes, et on les accoutume à se mettre entre » les mains de Dieu seul, comme ne devant plus » vivre ni agir en rien que selon son bon plaisir. » On demande, par exemple, qu'ils renoncent à » toutes sortes de visites de leur propre choix, » et qu'ils ne sortent point, ou même ne reçoi-» vent personne, que du consentement de leurs » supérieurs, qui leur tiennent la place de Dieu. » C'est son esprit et sa personne même qu'ils doi-» vent honorer en eux; c'est à lui-même qu'ils » doivent avoir intention d'obéir en leur obéis-» sant. Ils se mettent ainsi sous la conduite d'un » Dieu visible, en attendant qu'ils soient en état » d'obéir au Dieu invisible, et capables de suivre » ses secrètes impressions ».

Pour les études, les lectures spirituelles, les exercices et les pratiques de piété, il leur recommandoit de se méfier beaucoup de leur amour-propre, de leur curiosité, de leur volonté propre; et pour les porter à l'esprit de dépendance et de soumission, il leur faisoit remarquer que personne sur la terre n'en étoit exempt. « Quelque » éclairé et quelque élevé qu'on soit, disoit-il, » toujours faut-il exposer ses sentimens, et les » soumettre à celui qui tient la place de Dieu en » terre. Telle étoit la fidélité de Jésus-Christ » même, qui soumettoit les lumières et les mou-» vemens du Saint-Esprit en lui, à la direction de » la très-sainte Vierge et de saint Joseph, en qui

» Dieu son Père résidoit, pour leur faire approu-
» ver les sentimens intérieurs qu'il leur commu-
» niquoit. Après que Jésus-Christ a donné à toute
» son Eglise un tel exemple de soumission, quel
» sera l'homme assez présomptueux pour se pro-
» mettre de la part de Dieu une conduite qui
» le dispense de soumettre son jugement et sa vo-
» lonté à la sagesse et à l'autorité de ses supé-
» rieurs »?

A ces principes, qui servoient comme de base à tout l'édifice que chaque élève du séminaire devoit y construire pour arriver à la perfection de son état, M. Olier ajoutoit plusieurs maximes qu'il avoit tracées de sa main. Voici les principales.

» 1.° Mourir au siècle et à soi-même.

» 2.° Prendre l'horreur du siècle que mon-
» troit saint Paul, lorsqu'il disoit : *Je suis cru-*
» *cifié au monde, et le monde est crucifié pour*
» *moi* (1).

» 3.° Fuir le monde et craindre ses charmes,
» ses attraits, l'air contagieux qu'on y respire :
» *Nolite diligere mundum, neque ea quæ in*
» *mundo sunt* (2). Si le monde vous aime, affligez-
» vous-en, car vous avez quelque chose de lui en
» vous : *Si de mundo fuissetis, mundus quod*
» *suum erat diligeret* (3).

» 4.° Bien loin de rechercher l'approbation et
» l'estime du siècle, renoncez-y; car il ne peut
» vous estimer, si vous ne lui êtes conforme, et si
» vous ne lui applaudissez : *Si hominibus place-*
» *rem, Christi servus non essem* (4).

(1) *Gal.* vi. 14.
(2) I *Joan.* ii. 15.
(3) *Joan* xv. 19.
(4) *Galat.* i. 10.

» 5.º Regardez comme une peste, et ayez en
» exécration cette maxime, qu'il faut avoir l'es-
» time du monde; comme si cela se pouvoit sans
» être des siens.

» 6.º Gardez-vous de rien avoir qui soit con-
» forme au siècle, et de l'imiter dans ses manières
» d'agir, de penser, de se vêtir : *Nolite confor-
» mari huic sæculo* (1). Le propre du chrétien,
» c'est de se revêtir, dans son intérieur et dans
» son extérieur, des inclinations, des mœurs, et
» des vertus de Jésus-Christ : *Induimini Domi-
» num Jesum Christum* (2).

» 7.º Les jeunes gens qui viennent au sémi-
» naire doivent regarder la maison comme cette
» haie de l'Evangile qui sépare la vigne du Sei-
» gneur d'avec le monde. Elle se trouve remplie
» d'épines. Le monde ne doit point en approcher
» sans y être piqué, et sans se voir repoussé par
» l'horreur qu'on y témoigne pour ses maudites
» maximes, ses duplicités, ses médisances, ses
» haines et ses autres désordres, comme l'envie,
» l'ambition, l'intempérance, l'avarice, etc. La
» maison doit être si pleine des vertus opposées,
» qu'elle en inspire l'amour et la pratique, en
» même temps qu'elle donne toute sorte d'aver-
» sion et d'horreur de tous les vices.

» 8.º Au lieu d'abonder en son propre sens,
» chacun doit captiver sa raison pour vivre uni-
» quement selon la foi, et faire le sacrifice de ses
» propres opinions, pour se soumettre aveuglé-
» ment à la doctrine et aux saintes règles de l'E-
» glise. Avec cette disposition, on sera pleinement

---

(1) *Rom.* xii. 2.   (2) *Rom.* xiii. 14.

» éclairé, dans le besoin, de cette majestueuse et
» divine lumière qui vient au-devant de ceux qui
» la cherchent : *Obviabit illi quasi mater hono-*
» *rificata* (1). Ainsi l'on ne vit descendre autre-
» fois la lumière de Dieu qui éclaira le temple de
» Salomon, et le feu qui le remplit, que lorsque
» ce religieux prince eut fait à Dieu le sacrifice de
» toutes ses hosties. Dans le même esprit de sacri-
» fice de son propre jugement, on fera profession
» de ne jamais juger ses frères, laissant à Dieu
» tout le jugement du fond des cœurs, puisque
» lui seul connoît les inclinations et les intentions
» qui font tout le mérite des œuvres. Jésus-Christ
» a reçu de son Père ordre de tout juger un jour.
» Qui sommes-nous pour prévenir son jugement
» et nous asseoir sur son trône ?

» 9.° On se garde bien encore ici de juger ses
» supérieurs et tout ce qu'ils ordonnent sur nous.
» Dès qu'ils nous commandent quelque chose, il
» faut que nous nous trouvions avec joie établis
» dans leur sens, et que nous soyons disposés à
» faire tout ce qu'ils désirent de nous.

» 10.° Ce n'est pas assez d'avoir renoncé au
» monde et à soi-même; il faut encore entrer dans
» la vie de Jésus-Christ, qui est la nouvelle créa-
» ture, à l'image de laquelle doit se former en nous
» l'homme parfait. *Celui qui veut être à moi*, nous
» dit-il, *qu'il se renonce soi-même, et qu'il me*
» *suive* (2). Qu'il vive donc dans une contradic-
» tion perpétuelle avec lui-même; qu'il habite un
» royaume tout différent du monde ou de la

(1) *Eccli.* xv. 2.
(2) *Abneget semetipsum, et sequatur me.* Matth. xvi. 24.

» chair; qu'il tende sans cesse à Jésus-Christ par
» la foi, ne prétendant rien pour sa propre satis-
» faction. Car la foi ne donne point de quartier à
» la nature, aux sens, à la raison et au propre
» esprit : elle est de la nature de Dieu même, qui
» en est l'auteur. Aussi inflexible que lui, elle ne
» descend point au-dessous de lui. Elle peut bien
» nous élever au-dessus de nous, et nous tirer à
» elle; mais jamais elle ne descend jusqu'à nous.
» Et c'est ce qui afflige toute créature qui n'est
» pas morte à elle-même, de n'avoir rien, de ne
» trouver rien, dans la foi, où elle puisse se reposer
» sur elle-même et goûter sa propre satisfaction.
» La foi est le tourment de toute la nature. Elle
» cherche toujours à élever la créature au-dessus
» d'elle-même, malgré son propre poids. Que
» ne devons-nous pas à Dieu, pour nous tenir
» ainsi dans une séparation continuelle de nous-
» mêmes? Car son dessein, en nous attachant à lui
» par la foi, est de nous transformer en lui. Est-
» on parvenu à cette transformation, l'on ne voit
» plus rien que dans la lumière de Dieu. L'esprit
» de l'homme divinisé ne juge plus, ne goûte
» plus, n'entend plus les choses à sa manière, mais
» à celle de Dieu. Aussi élevé au-dessus de lui-
» même, qu'il l'est au-dessus des sens, il entre
» dans une nouvelle nature ; tout en lui devient
» nouveau. Une ame crucifiée par la foi ne se
» porte plus que vers les choses divines, et ne
» soupire plus que pour elles. Sa vie est en Dieu;
» son royaume et toutes ses espérances sont en
» Dieu. Du haut de la région toute céleste qu'elle
» habite, tout ce qui n'est pas Dieu, elle le trouve

» si petit et si méprisable, qu'elle est surprise
» qu'on puisse aimer quelque chose de créé. Toute
» créature la dégoûte. Sent-elle encore dans la
» partie inférieure d'elle-même un reste d'incli-
» nation pour les choses de la terre, c'est une
» gêne, un poids, un tourment intolérable. Dès-
» lors elle ne peut plus être contente, que lors-
» qu'elle sera en pleine liberté de jouir de Dieu,
» et que, comme un oiseau délivré du filet qui le
» tenoit attaché et l'empêchoit de voler en pleine
» campagne, elle pourra dire : *Vous avez rompu*
» *mes liens* (1). C'est ainsi qu'un clerc, qu'un prê-
» tre à plus forte raison, est obligé de vivre séparé
» de la terre, et d'habiter dans l'élément de la
» foi, où, volant, s'élevant, et planant en toute li-
» berté, il se laisse conduire sans retardement
» ni obstacle, partout où l'esprit de Dieu l'em-
» porte : *Ubi erat impetus spiritûs illuc gradie-*
» *bantur* (2).

» 11.° On fera profession au séminaire de ne
» point contester. Rien de plus opposé au sacrifice
» et à l'anéantissement de son propre esprit, que
» l'amour des disputes et l'esprit de contention.
» Celui qui conteste, ne sait ce que c'est de céder.
» A force de s'opiniâtrer dans son sentiment, il
» irrite son adversaire. Celui-ci, tout aussi jaloux
» de l'emporter, ne garde pas plus de mesure que
» lui, et cherche dans sa vigueur naturelle tout
» ce qui peut le rendre victorieux. En tout cela,
» rien qui parte de l'esprit de foi; rien qui ressente
» l'anéantissement de soi-même. Dieu n'y voit au
» contraire qu'élévation, que recherche de la

(1) *Ps.* CXV. 17.   (2) *Ezechiel.* 1. 12.

» gloire et de l'estime des hommes, qu'orgueil et
» vanité. S'opiniâtrer dans la dispute, et préten-
» dre à quelque prix que ce soit l'emporter sur
» les autres, c'est continuer l'œuvre de Luci-
» fer, contestant pour avoir à côté de Dieu un
» trône qui l'élevât au-dessus de toutes les créa-
» tures. On peut bien proposer ses difficultés pour
» éclaircir ses doutes et s'établir dans la vérité;
» mais, quand on voit ses doutes satisfaits, il faut
» alors avouer ingénûment et en toute simplicité
» qu'on est suffisamment éclairci, sans contester
» davantage. Cet aveu de la science d'autrui, et de
» sa propre ignorance, est digne de la candeur
» des humbles, et il ne leur coûte rien; mais rien
» ne coûte plus à un orgueilleux; c'est son sup-
» plice. L'étude cultivée de la sorte n'engendre ni
» aigreur, ni confusion, ni rivalité odieuse. C'est,
» au contraire, une voie certaine et efficace pour
» trouver tout à la fois avec la vérité, la paix et la
» charité; vertus qui doivent accompagner partout
» les clercs, les religieux et les prêtres. Qui s'exer-
» ceroit à l'étude dans cet esprit, éviteroit les
» écueils si ordinaires aux étudians, et surtout
» l'orgueil, qui en perd un si grand nombre.
» Car on les voit sortir des écoles tout pleins d'eux-
» mêmes et plus dissipés que jamais, plus attachés
» à leur sens, plus jaloux d'être connus, estimés et
» applaudis des hommes; au lieu qu'avec cet es-
» prit de simplicité, ils en sortiroient savans,
» mais dociles, humbles, modérés, remplis de
» vertus, et merveilleusement disposés à recevoir
» la parfaite lumière de la foi. On remarqueroit
» de plus en eux une grande clarté d'esprit, et

» une intelligence admirable, fruit du renonce-
» ment à son esprit propre, et de la défiance de
» sa raison ».

« C'est pour établir dans ces dispositions les
» sujets qui aspirent au sacerdoce, qu'on leur fait
» passer un temps d'épreuve au séminaire. Il est
» juste que dans l'Eglise de Dieu il y ait des écoles
» où l'on éprouve avec soin le génie et les mœurs
» de ceux que l'on désire consacrer à son service,
» et de qui il veut lui-même se servir dans sa
» maison. Comme nous ne marchons ici-bas que
» par la foi, et que les conseils de Dieu sur ceux
» qu'il appelle à lui nous sont cachés, on ne peut
» s'assurer des desseins qu'il a sur les ames, que
» par les mœurs et l'esprit des sujets qu'il s'agit
» de lui présenter; ce qui demande du temps et
» de l'expérience. Ceux que Dieu veut approcher
» plus particulièrement de sa personne, il a cou-
» tume de mettre en eux des dons et des grâces
» qui répondent aux desseins de sa providence.
» Samuel, choisi de Dieu pour être appliqué à
» son service et gouverner son peuple, donna de
» bonne heure des marques de sa vocation. Il en
» avoit été ainsi de Moïse et d'Aaron. Notre Sei-
» gneur même, comme dit saint Paul, appelé de
» Dieu son Père, et proposé pour modèle à toute
» l'Eglise, donne dès son enfance des marques de
» sa grâce et de sa sagesse. L'Evangile observe
» qu'il croissoit tous les jours devant Dieu et de-
» vant les hommes, manifestant ainsi sa vocation,
» et donnant lieu de dire intérieurement, comme
» on l'avoit dit de son saint précurseur : Que pen-
» sez-vous que sera cet enfant? car la main de

» Dieu étoit sensiblement avec lui: *Quis putas*
» *puer iste erit? etenim manus Domini erat cum*
» *illo* (1). Ainsi notre Seigneur voulut-il paroître
» au milieu des docteurs à l'âge de douze ans,
» pour leur découvrir la sagesse qui étoit en lui.
» Elle se montra dès-lors, et il la manifesta plus
» amplement qu'il n'avoit encore fait. Sa parfaite
» soumission, son zèle pour la gloire de son Père,
» sa pauvreté, sa solitude et ses autres dons, fai-
» soient assez connoître l'esprit qui résidoit dans
» sa personne, et les grands desseins de Dieu sur
» lui. C'est ainsi que ceux qui sont destinés au
» service du sanctuaire et au ministère du salut
» des ames, font voir dans leur jeunesse des qua-
» lités, une conduite et des inclinations qui an-
» noncent les desseins de Dieu sur eux ».

Après avoir établi ces principes et ces maximes, M. Olier fait les réflexions suivantes. « L'usage,
» dit-il, a toujours été dans l'Eglise, comme on
» le voit par les écrits de saint Denis, de saint
» Basile et de plusieurs autres, de séparer des
» séculiers ceux qui vouloient faire profession de
» la cléricature. Elle veut qu'ils renoncent à leurs
» pères selon la chair, pour ne vivre plus qu'entre
» les bras et sous l'autorité de Jésus-Christ, leur
» unique père selon l'esprit, par qui ils sont passés
» de la vie grossière et animale, à une vie spiri-
» tuelle, intérieure et divine. Dans cette haute et
» sainte profession qu'on fait à la face de l'Eglise,
» entre les mains de la personne sacrée de l'évêque,
» qui nous représente celle de Dieu le Père en
» Jésus-Christ ressuscité, on dit tout haut: *Do-*

(1) *Luc.* 1. 66.

» *minus pars hæreditatis meæ* : Mon Seigneur est
» tout mon héritage ; il est mon père, mon vrai
» père ; et je prétends au vrai, au saint héritage
» qu'il prépare à ses enfans. Les pères séculiers
» et temporels sont les images de Dieu, quant à
» la vie extérieure et corporelle dont il est le prin-
» cipe. Mais comme nous prétendons mourir à
» cette vie naturelle et grossière ; ainsi nous pré-
» tendons mourir à l'héritage grossier et corrup-
» tible de ce monde, pour entrer en possession
» du Dieu de vérité, dont toutes les créatures qui
» composent l'univers sont comme le voile et
» l'ombre où il se cache ; ombre qu'il ne laisse
» pénétrer qu'à ses enfans, c'est-à-dire aux chré-
» tiens, qui, ayant renoncé à leurs sens et à l'amour
» des choses extérieures, reçoivent de Dieu une
» vie divine et intérieure. Ceux-là voient en lui
» par la foi sa qualité de père, de qui seul nous
» attendons notre héritage. C'est le témoignage
» que nous lui rendons, lorsque nous faisons la
» profession cléricale entre les mains de l'évêque,
» et que, par un véritable dépouillement, au moins
» d'esprit et de cœur, nous renonçons entière-
» ment aux prétentions du siècle. L'évêque est
» celui qui nous représente sur la terre la pater-
» nité divine, de laquelle nous attendons l'héritage
» que nous avons choisi en recevant la clérica-
» ture. L'apôtre nous apprend qu'il y a dans le
» monde plusieurs paternités : *ex quo omnis pa-*
» *ternitas in cœlo et in terrâ nominatur* (1).

» La première est la paternité temporelle, qui
» exprime la fécondité de Dieu dans la commu-

(1) *Ephes.* III. 15.

» nication de son être, en quoi l'homme ressemble
» aux animaux et aux plantes; leur génération,
» comme celle de l'homme, étant une expression
» de la fécondité éternelle de Dieu engendrant
» son image de toute éternité dans la personne
» de son Fils.

» La seconde, d'un ordre bien supérieur, est
» celle qui convient à Dieu seul, et en vertu de
» laquelle il communique à son Église, non un
» être naturel et commun, mais un être de sain-
» teté et de grâce, un être divin. C'est pourquoi
» la sainte Vierge, parlant de ce que Dieu vient
» d'opérer en elle, dit : *Le Seigneur a fait en
» moi de grandes choses, lui qui est le Tout-
» puissant, et dont le nom est saint;* comme si
» elle eût dit : Celui qui a fait paroître sa toute-
» puissance dans la création du monde, de la terre
» et des cieux, vient de faire une merveille bien
» plus grande et plus étendue, en me faisant en-
» gendrer son Fils; ce Fils qui est saint comme
» lui; car il m'a rendue féconde par la communi-
» cation de l'être divin et de sa propre fécondité.
» Cette communication est de deux sortes. La
» première s'est faite dans le sein même de Dieu,
» d'une manière toute spirituelle et invisible, par
» la génération éternelle du Verbe, l'image sub-
» stantielle de la sainteté du Père, et, comme lui,
» la sainteté même; *sanctum Domino vocabitur.*
» La seconde s'est faite dans la génération tempo-
» relle du Fils de Dieu en Marie. Son sein virginal
» est comme le temple où la plénitude de la sain-
» teté, la divinité même est venue habiter corpo-
» rellement. Dans cette génération, elle demeure

» couverte et enveloppée sous un extérieur terni,
» avili, pour ainsi dire, par une chair qui est la
» ressemblance du péché; ce qui fait dire à l'E-
» glise, étonnée d'un tel abaissement : *Non hor-
» ruisti virginis uterum.*

» La troisième génération est celle où Jésus-
» Christ, resplendissant de gloire au jour de sa
» résurrection, paroît aux yeux des anges et des
» hommes, la forme et l'image parfaite de son
» Père. *Ego hodie genui te.* En ce grand jour,
» ce n'est plus une mère qui l'engendre semblable
» à elle dans l'infirmité de la chair : c'est Dieu qui
» l'engendre dans sa gloire, et dans une ressem-
» blance parfaite avec lui-même, lui communi-
» quant une fécondité merveilleuse, en vertu de
» laquelle il engendre l'Eglise dans une sainteté
» parfaite. Opération toute divine, qui nous est
» représentée dans la personne et dans l'onction
» de l'évêque. Il est l'image de Jésus-Christ res-
» suscité dans la sainteté de son Père, et fécond
» comme lui, et habitant dans son Eglise, c'est-
» à-dire, dans ses pontifes, pour engendrer des
» hommes saints. C'est pour cela que l'Eglise,
» inspirée et conduite par l'esprit de Jésus-Christ,
» veut que les clercs qui aspirent à une vie nou-
» velle, sainte et divine, fassent leur profession
» entre les mains de l'évêque, que nous pouvons
» regarder comme le symbole vivant de Jésus-
» Christ ressuscité ».

Quelque sublime que soit le langage que prend ici M. Olier, il semble se surpasser encore dans ce qui reste à extraire de ce qu'il a écrit sur le sacerdoce, sur la dignité des prêtres, sur la sainteté de vie qu'elle leur impose, et sur l'épiscopat. Pour soulager l'attention du lecteur, je le partagerai sous plusieurs titres différens.

ARTICLE PREMIER.

Dispositions et vertus principales des prêtres, et surtout des prêtres de la société de Saint-Sulpice.

« L'esprit des prêtres est bien différent de
» celui des simples fidèles. C'est celui de toute
» l'Eglise ensemble, qui se trouve renfermé dans
» leur personne; mais surtout dans la personne
» d'un prêtre appelé de Dieu à former des clercs
» et des prêtres. Il est le serviteur de toute l'Eglise,
» et en cette qualité il se charge de tous ses in-
» térêts, les prend sur lui, et se sacrifie pour elle
» en se dévouant à porter toute la haine de Dieu
» contre les hommes, à l'exemple de notre Sei-
» gneur. En recevant le sacerdoce, il s'est engagé
» à faire pénitence pour toute l'Eglise. Aussi doit-
» il être toujours gémissant devant Dieu, comme
» un criminel qui pleure, qui gémit, qui s'afflige
» pour tous. Et il faut voir à quelle extrémité va
» cette pénitence, quand on veut remplir l'office
» de prêtre dans toute son étendue. Dès qu'on est
» revêtu de la dignité du sacerdoce, eût-on été
» jusqu'alors, par le plus singulier privilége et le
» plus grand miracle de la grâce, préservé de toute
» souillure du péché, on se trouve dès-lors chargé
» de tous les crimes du monde. Car il n'en est
» point des prêtres de la loi nouvelle, comme de
» ceux de la loi ancienne. Ceux-ci étoient obligés
» d'offrir des sacrifices pour leurs péchés, avant

» d'en offrir pour ceux du peuple ; *priùs pro suis*
» *delictis, deinde pro populi* (1). Pour les pre-
» miers, ils sont prêtres en notre Seigneur, et en
» notre Seigneur ressuscité, qui n'avoit plus rien
» de l'apparence du péché. C'est pourquoi Jésus-
» Christ leur donne le divin esprit de la résur-
» rection, en vertu duquel ils sont entièrement
» éloignés du péché, et mis dans un état de grâce
» qui les élève beaucoup au-dessus de la chair.

» Que si le prêtre, avant que d'être engagé dans
» les saints Ordres, avoit offensé Dieu, il doit avoir
» satisfait à tout péché personnel, premièrement
» pour être disposé à embrasser la pénitence gé-
» nérale de l'Eglise ; secondement pour avoir un
» libre accès auprès de Dieu, le prier en faveur
» des peuples, et être admis à imiter Jésus-Christ
» victime pour tous les pécheurs ; ce qui est la
» vocation des ames les plus pures et les plus
» agréables à Dieu ; car Dieu n'en choisit pas d'au-
» tres pour remplir un office si parfait.

» Il faut que les prêtres, chargés, comme notre
» Seigneur, des offenses de tous les hommes, et
» victimes comme lui pour les péchés du monde,
» soient prêts à endurer toutes les maladies et
» toutes les souffrances, tous les dépouillemens,
» toutes les violences, toutes les confusions, tous
» les opprobres, tous les mauvais traitemens que
» mériteroient pour leurs péchés tous les hommes
» ensemble ; c'est-à-dire, qu'un prêtre doit être
» un fonds inépuisable et un abîme de pénitence,
» un abîme de patience, un abîme d'humilité, un
» abîme de pauvreté, pour souffrir tout ce qu'il

(1) *Hebr.* vii. 27.

» plaît

» plaît à Dieu d'exercer sur lui de plus sévère et
» de plus rigoureux, à la décharge des autres, en
» qui il ne peut trouver de quoi se contenter et
» se satisfaire. Qu'il se regarde comme chargé lui
» seul de tous les crimes, de même que notre Sei-
» gneur l'hostie universelle pour les péchés, avec
» qui il ne fait plus qu'une seule et même hostie;
» car c'est en cette qualité qu'il est revêtu de Jé-
» sus-Christ. Oh! que l'esprit du sacerdoce est
» rare! Si le corps du prêtre ne peut porter la
» pénitence extérieure que méritent les péchés du
» monde, qu'il la porte intérieurement par la vé-
» hémence de sa douleur, la profondeur de son
» humiliation, et l'ardeur de ses désirs. *Sacrifi-*
» *cium Deo spiritus contribulatus; cor contritum*
» *et humiliatum, Deus, non despicies.*

» L'esprit de pénitence doit être accompagné
» de l'esprit de religion et de prière. Etabli de
» Dieu pour le louer, le glorifier, le supplier au
» nom de tous les peuples, combien son cœur
» doit-il se dilater et s'étendre! Intercesseur pour
» toute l'Eglise, il faut que sa charité l'embrasse
» toute entière, et qu'il prie pour elle, non-seule-
» ment avec plus d'assiduité qu'aucun membre
» particulier de ce corps auguste; mais encore
» avec plus d'affection et d'ardeur, avec plus de
» confiance et d'humilité, que toute l'Eglise et
» tous ses membres.

» O ames des prêtres! qu'êtes-vous? Où trou-
» vera-t-on une dilatation, une étendue de zèle
» et de charité semblable à celle qui doit être en
» vous? Oh! qu'il y a peu de prêtres! et que je

» suis confus, moi si misérable, si éloigné de l'état
» sublime où nous appelle la sainte et divine prê-
» trise; que je suis confus d'écrire ce que j'é-
» cris!

» O prêtres! ô hommes apostoliques, qui que
» vous soyez! puisque la grâce de votre vocation
» est si grande et si étendue, que votre pénitence
» doit être véhémente et rigoureuse! Prêtre qui
» lisez ceci, si vous êtes pasteur, chargé d'un
» troupeau limité, vous voilà, sous ce rapport, res-
» treint à ce peuple que vous gouvernez; et c'est
» pour cela que saint Paul met la dignité et la
» grâce de pasteur au nombre des dernières. Mais
» comme prêtre, vous êtes ministre de l'Eglise
» universelle, puisque vous ne faites plus qu'un
» avec son chef adorable; et tous les intérêts de
» l'Eglise universelle sont les vôtres: d'où vient
» que le saint apôtre met la grâce du sacerdoce,
» et celle de tout homme appelé au service de
» l'Eglise, à la tête des premières grâces et des
» premiers dons que Jésus-Christ a distribués
» aux hommes sur la terre; grâce qui nous im-
» pose la nécessité de mener une vie sainte et
» parfaite. Saint Paul dit que notre Seigneur, en
» sa seconde vie, qui est celle de sa résurrection,
» est tellement divinisé en son ame; et en son
» corps, tellement spiritualisé, perdu et con-
» sommé en Dieu, que maintenant il sanctifie et
» vivifie ses créatures, selon tout ce qu'il est; en
» sorte que, depuis sa résurrection, ses os mêmes,
» sa chair et son sang au sacrement de l'autel,
» opèrent en nous ce qu'y opère le Saint-Esprit.

» *Factus est novissimus Adam in spiritum vivifi-*
» *cantem* (1). Avant sa résurrection, sa chair et
» son sang n'étoient point par eux-mêmes prin-
» cipe de vie et de sanctification; c'étoit l'Esprit
» saint qui vivifioit. *Spiritus est qui vivificat; Caro*
» *non prodest quidquam* (2). Aujourd'hui tout
» en lui sanctifie, parce que tout est consommé
» en Dieu, tout est divinisé, tout est Dieu, sans
» qu'il reste rien des foiblesses et de la nature de
» la chair. Par sa résurrection, il est devenu tout
» semblable au Saint-Esprit, à qui l'Ecriture at-
» tribue l'œuvre de la sanctification. Or tels doi-
» vent être les prêtres, et surtout les prêtres de la
» compagnie. Tout en eux doit être un principe
» de vie et une source de sanctification. Et comme
» ils reçoivent eux-mêmes la vie de notre Sei-
» gneur dans le sacrement de l'autel, ils doivent
» lui être conformes en tout, dans l'intérieur et
» dans l'extérieur.

» 1.º Pour l'extérieur, il faut qu'ils soient morts
» à tout. Comme les espèces sacrées, il faut qu'ils
» se laissent dévorer, injurier, fouler aux pieds,
» percer de coups, à l'exemple de notre Seigneur,
» qui l'a été mille et mille fois par les hérétiques,
» sans qu'il se soit plaint, et qu'il ait témoigné même
» aucun sentiment de vie, au milieu de tous les mau-
» vais traitemens. Notre Seigneur, dans le mystère
» de l'autel, ne fait aucun usage de ses sens et de ses
» membres, de ses oreilles, de ses mains, de ses
» yeux : il y est comme mort. C'est ainsi que doi-
» vent être les prêtres. Il faut qu'ils aient des
» sens pour eux-mêmes, comme n'en ayant point,

(1) I. Cor. xv. 45.   (2) Joan. vi. 64.

» s'abandonnant à Dieu en toutes choses, pour
» qu'il use d'eux comme il lui plaira.

» 2.º Pour l'intérieur, notre Seigneur au sacre-
» ment de l'autel est tout transformé en Dieu,
» tout caché en Dieu, et entré si parfaitement
» dans sa gloire, qu'il n'a plus rien de l'homme
» infirme et mortel. Revêtu de l'incorruptibilité,
» de l'immortalité, de l'agilité, de la subtilité,
» son corps entre en participation des perfections
» divines par sa parfaite consommation en Dieu.
» De même son ame, qui autrefois, par son union
» avec le corps et par la nécessité de le servir,
» entroit dans toutes ses foiblesses, est élevée à
» un état de gloire tout divin. On voit par-là com-
» bien est sublime l'état de notre Seigneur au
» mystère de l'autel. Il y est dans une perfection,
» pour l'ame et pour le corps, bien supérieure à
» celle de sa vie mortelle avec les hommes. Sous
» le voile de mort, et sous les espèces sacramen-
» telles qui le couvrent, il est semblable à Dieu
» son Père, en grandeur, en perfection et en
» gloire; ce qui apprend aux prêtres qu'intérieu-
» rement ils doivent être des hommes tout divins,
» quoique au dehors ils ne montrent rien que de
» commun. Un prêtre est le Dieu de l'Eglise. A
» travers la forme toute humaine qu'il présente
» aux yeux du corps, la lumière de ses œuvres doit
» faire découvrir et éclater les perfections adora-
» bles de Dieu dont il est l'image; sa patience, sa
» douceur, sa charité, sa sainteté, sa sagesse, sa
» force, sa stabilité. Dieu étant invisible aux
» hommes de chair, ils ont besoin, pour le con-
» noître, l'adorer et l'aimer, de quelque chose de

» sensible en quoi il daigne se montrer à eux :
» et c'est à quoi sert la vie des prêtres ; car ils
» persuadent aux hommes, par leur exemple,
» qu'ils peuvent imiter Dieu dans cette vie, en at-
» tendant qu'ils le contemplent et le possèdent
» dans la vie future. Par-là ils rendent commune
» en quelque sorte la vie la plus parfaite; Dieu vou-
» lant bien descendre jusqu'à nous, se peindre, et
» vivre en nous comme en son divin Fils. C'est ce
» qu'a fait notre Seigneur, ou plutôt, ce qu'il a
» commencé de faire en devenant homme, laissant
» les prêtres après lui, pour continuer à le faire
» dans leurs personnes. Et comme les hommes
» pouvoient s'excuser d'imiter Dieu en notre Sei-
» gneur, disant que ce qui étoit facile à Jésus-
» Christ, vrai Dieu comme son Père, étoit im-
» possible à de foibles créatures, il anéantit
» toute excuse, en voulant que des hommes com-
» muns, des hommes mortels comme les autres,
» aient en eux son propre esprit, et fassent reluire
» toutes ses perfections dans leur conduite, pour
» les rendre visibles au reste des hommes, et les
» obliger par leur exemple à l'imiter ».

ARTICLE II.

De l'esprit du Séminaire de Saint-Sulpice.

« L'ÉTAT sacerdotal et clérical est partagé en
» deux fonctions principales. L'une regarde Dieu;
» c'est particulièrement celle des prêtres que Dieu
» applique au culte extérieur qui lui est dû,
» comme tous ceux qui sont chargés de célébrer
» les louanges de Dieu dans les cathédrales et les

» autres chapitres, faisant, dans les temples de la
» terre, ce que font sans cesse les anges et les saints
» dans le temple éternel. Ce n'est pas qu'autrefois
» les églises cathédrales ou collégiales n'entrassent
» dans les sollicitudes pastorales; à l'exemple des
» esprits célestes, qui, toujours contemplant Dieu,
» et chantant toujours ses louanges, veillent en
» même temps sur les besoins des hommes; mais
» cette attention qu'ils donnent à nos besoins est
» la moindre de leurs occupations. Tout absorbés
» en Dieu, leur principal office est de le glorifier.

» L'autre fonction dévoue les prêtres qui en
» sont chargés, au soin des ames. Ce n'est pas en-
» core que les curés et les vicaires ne se doivent au
» culte divin; mais ils ne peuvent y donner autant
» de temps, et y mettre autant d'application que les
» membres des chapitres. Quelque obligés qu'ils
» soient d'honorer Dieu, soit d'esprit et de cœur,
» soit de la voix et des lèvres, obligation com-
» mune à tous les prêtres; toutefois les engagemens
» plus particuliers de leur ministère les appellent
» continuellement au service des peuples. Cette
» obligation de prier devient donc par-là moins
» continuelle par rapport à eux.

» Or le séminaire doit être une école de reli-
» gion pour ceux principalement qui seront char-
» gés du culte divin dans les chapitres, et une
» école de zèle pour ceux qui auront la charge des
» ames dans les paroisses. Les premiers ont besoin
» de concevoir surtout la plus haute estime de la
» grandeur de Dieu, et un respect infini pour tout
» ce qui honore la souveraine majesté, devant la-
» quelle toute puissance et toute grandeur doit

» être anéantie ; et c'est à quoi on les formera, en
» leur faisant goûter les pratiques de l'oraison.
» Qu'ils sortent du séminaire si pleins de foi et
» de religion, qu'à l'exemple de saint Martin, ils
» n'entrent jamais dans l'Eglise, qu'avec une sainte
» frayeur et dans un saisissement secret, aux ap-
» proches de celui qui remplit tout le ciel de sa
» gloire. Ils doivent être des hommes intérieurs et
» pleins de l'esprit d'oraison. Ils sont au service de
» l'Eglise, à laquelle ils appartiennent, pour con-
» templer et adorer Dieu continuellement au nom
» des peuples, et pour lui rendre en leur place
» les louanges que tous les peuples assemblés lui
» rendroient, s'ils le pouvoient. Ils doivent aimer
» la solitude, et se regarder comme les premiers
» Chartreux de l'Eglise de Dieu. Si Dieu a permis
» qu'il se soit formé des monastères hors du corps
» du clergé, c'est que le clergé a perdu peu à peu
» son premier esprit. Voilà ce qui l'a contraint
» de susciter des maisons religieuses, qui lui ren-
» dissent la gloire dont le privoit son clergé, et
» où la grâce de religion, comme étouffée dans
» l'Eglise, pût revivre et se perpétuer. Ceux qui
» sont destinés à remplir les dignités, canonicats et
» autres bénéfices dans les chapitres, doivent donc
» apprendre au séminaire à chanter les louanges
» de Dieu, à psalmodier en esprit de foi. Ils doi-
» vent s'y former à une modestie qui réponde à la
» sainteté de leur vocation, et qui puisse édifier
» les peuples, dont ils seront les modèles ou le
» scandale, par leur maintien dans les temples. Il
» faut qu'en les voyant, on croie voir les anges.
» Ce sont les colonnes de la maison de Dieu, et

» le plus fort appui de la religion des peuples.

» Quant aux prêtres qui seront chargés des
» ames, à titre de curés ou en qualité de vicaires,
» outre la science du dogme et de la morale, ils
» ont besoin d'être instruits au séminaire sur l'ad-
» ministration des sacremens, la nécessité et la
» manière de prêcher la doctrine du salut, et en
» particulier sur la manière d'exhorter à la mort.
» Il faut donc qu'on s'applique à les remplir de
» zèle pour le salut du prochain. Destinés à se-
» conder l'esprit de Jésus-Christ même, qui les
» choisit pour ses coopérateurs, et à porter le
» même joug qu'il a porté, celui de la conduite
» des ames; ils doivent être tellement nus et dé-
» pouillés d'eux-mêmes, que rien ne retarde leur
» course et ne les empêche de marcher avec Jésus-
» Christ; car ils ont en eux-mêmes l'esprit qui
» l'animoit: *unus erat spiritus in illis.* Le pasteur
» des ames, et Jésus-Christ le souverain pasteur,
» doivent marcher du même pas, dès que c'est
» l'Esprit saint qui les dirige tous les deux; ce qui
» arrivera toujours, pourvu que le premier ait
» soin de se vider de toute attache au monde et
» à lui-même. A la vérité, le mouvement du Saint-
» Esprit se trouve comme gêné et affoibli par la
» foiblesse du prêtre, qui n'est qu'un homme mor-
» tel; mais néanmoins il est très-impétueux, à
» raison du ministère qu'il remplit dans l'Eglise.
» C'est celui des anges : or les anges ont la vitesse
» des flammes. *Facit Angelos suos spiritus, et*
» *ministros suos flammam ignis.* Voilà ce qu'il
» faut bien faire comprendre dans le séminaire, à
» ceux qui se préparent au saint ministère du

» salut des ames. Il faut encore leur imprimer
» cette vérité, que tout pasteur, outre qu'il est le
» père nourricier de son peuple, *pastor, à pas-*
» *cendo,* doit se regarder encore comme l'époux
» de son Eglise, et par conséquent avoir pour
» elle tout l'amour d'un époux fidèle ; à l'exemple
» de Jésus-Christ, qui a aimé l'Eglise son épouse,
» jusqu'à donner sa vie pour elle. Toucher son
» épouse, c'est toucher à la prunelle de son œil ;
» blesser son épouse, offenser son honneur, at-
» tenter à ses biens tout spirituels, c'est lui arra-
» cher la vie à lui-même.

» Le génie de l'époux, c'est encore de vouloir
» tellement posséder l'amour de l'épouse, que
» quiconque prétend l'attirer à soi, le rend jaloux
» de son cœur jusqu'à en mourir. C'est la grande
» peine que donnent les mondains à Jésus-Christ,
» lorsqu'ils tentent les ames, et s'efforcent de les
» attirer à eux. C'est là le grand sujet de la haine
» qu'il porte aux démons et à tous ceux qui veu-
» lent lui dérober notre cœur. Comme Jésus-
» Christ a contracté l'alliance la plus intime avec
» son Eglise, il est toujours en esprit avec elle,
» comme avec sa bien-aimée ; et non-seulement
» en esprit, mais de corps, toujours habitant avec
» elle dans le sacrement de sa chair et de son sang ;
» et toujours traitant avec elle du plus tendre, du
» plus fort et du plus pur amour. Rien sans amour
» aux noces de Jésus. C'est ainsi qu'il traite sur-
» tout avec sa sainte Mère au très-saint Sacrement,
» qui est comme son lit nuptial. Et de quoi traite-
» t-il ? de la paix et de la réconciliation de l'E-
» glise ; de la conversion et du salut des pécheurs.

» De quoi traite-t-il encore ? de ses amours avec
» Marie, sa principale épouse, et la portion la
» plus précieuse de son Eglise. Non, il ne fait
» rien avec elle sans amour. L'admirable traité,
» que celui de Jésus et de Marie au mystère et
» au sacrement de son amour! Là elle demande,
» elle prie, elle représente, elle sollicite, elle
» poursuit : toujours zélée, toujours pleine d'ar-
» deur pour le bien de l'Eglise. O ardente cha-
» rité! ô paix inimitable! ô douceur ravissante!
» ô charme puissant! ô entretiens délicieux! Rien
» de pareil aux amours de Jésus et de Marie; rien
» de comparable à leurs traités. Quelque ven-
» geance, quelque châtiment que médite Jésus,
» comme celui à qui le Père a donné toute puis-
» sance de juger; cette sainte épouse le supplie-
» t-elle, aussitôt les armes lui tombent des mains,
» et ce n'est plus de sa part que paix, qu'amour,
» que présens, que vie, que joie, que plaisir, que
» délices. Quel modèle et quel sujet de méditation
» pour les prêtres, et surtout pour les pasteurs »!

M. Olier, après ces effusions d'un cœur qui ne respiroit que pour Jésus-Christ et pour son Eglise, revient à l'esprit et au dessein de son établissement. « La maison, poursuit-il, en parlant du
» séminaire de Saint-Sulpice, se regarde comme
» la servante et la moindre portion de l'Eglise. En
» cette qualité, elle ne veut être liée et fixée ex-
» clusivement à aucun diocèse particulier. Elle
» est née seulement pour donner des sujets à nos-
» seigneurs les prélats, afin qu'ils les emploient à
» telles fonctions qu'ils jugeront à propos de leur
» confier, comme étant tous à eux, et ne demeu-

» rant attachés à Saint-Sulpice, qu'en vue de
» reconnoître toute leur vie qu'ils ont été formés
» uniquement pour les servir avec respect, amour
» et obéissance. Cette maison et la société qui s'y
» forme a pour esprit d'entrer dans la conduite
» et dans les vues du saint collége des apôtres,
» tout occupés à répandre dans le monde la re-
» ligion de Jésus-Christ. Les prêtres qui la
» composent invoquent tous les jours l'esprit
» apostolique, sur eux-mêmes et sur tout le
» clergé, afin que de là il se répande ensuite
» sur la masse des peuples. Leur dessein est d'i-
» miter la conduite de notre Seigneur, qui te-
» noit toujours les apôtres libres de tout enga-
» gement à tel ou tel lieu particulier, comme si
» Jésus-Christ nous disoit : Je vous ai choisi
» pour que vous alliez partout où je vous en-
» verrai ; *ego elegi vos, et posui vos, ut eatis*:
» pour que vous portiez du fruit partout où vous
» irez, *et fructum afferatis* ; et enfin pour que
» vous y formiez des sujets qui en puissent porter
» après vous, plantant des arbres sur le courant
» des eaux de la grâce que fournissent et répan-
» dent les évêques. Par-là vos fruits demeureront
» dans tous les diocèses où vous aurez travaillé :
» *et fructus vester maneat.*

» On regardera le séminaire comme un col-
» lége apostolique, où l'on vient se réunir sous
» la direction des saints apôtres, pour y étu-
» dier leurs maximes, et vivre conformément à
» l'Evangile qu'ils nous ont annoncé. On le consi-
» dérera comme l'école de la science et des vertus
» évangéliques. Personne n'y sera admis, qu'il ne
» fasse profession d'en suivre l'esprit, d'en ob-

» server les règles, d'en chérir et adopter les pra-
» tiques. Si, après avoir vécu long-temps comme
» membre du corps selon le vrai esprit de Jésus-
» Christ et de ses premiers élèves, quelqu'un vient
» à se démentir, ne vivant plus selon la pureté
» des maximes de l'Evangile, il sera retranché de
» la compagnie, et prié d'accepter quelque em-
» ploi hors de la maison, où l'on ne veut souffrir
» que de véritables enfans de Dieu, et de fidèles
» disciples des apôtres.

» Les sujets attachés à la maison feront profes-
» sion de s'oublier entièrement eux-mêmes, con-
» formément à la grande maxime que laissa notre
» Seigneur à ses disciples : *Si quis vult venire*
» *post me, abneget semetipsum*. Désirs, inclina-
» tions, talens, emplois, famille, nation, patrie;
» que tout cela ne leur soit plus rien, et que Dieu
» seul en Jésus-Christ occupe tout leur cœur.

» Ils auront pour principe, de vivre sur la
» croix, et de la porter continuellement; *tollat*
» *crucem suam quotidie*. Ils la regarderont comme
» la règle et le fondement de la vie apostolique.
» Ils embrasseront de bon cœur tous les mépris,
» la pauvreté et la gêne que porte avec soi le ser-
» vice de Dieu; n'aspirant point aux charges et
» aux dignités, mais s'estimant trop heureux de
» servir gratuitement les prélats de l'Eglise. Ils se
» garderont bien de tout soin et de toute sollici-
» tude pour leurs nécessités temporelles, ni pour
» aucun établissement sur la terre; ayant la foi
» pour appui en toutes choses, et la parole de Dieu
» qui leur défend de s'inquiéter pour les besoins
» de cette vie. Qu'ils se reposent sur celui qui a
» fondé la maison. La providence ne les abandon-

» nera point. Elle veille incessamment sur eux, soit
» dans la santé, soit dans la maladie, soit dans la
» caducité de l'âge. L'œil de Dieu est toujours ou-
» vert sur ses enfans. Pour se délivrer donc de tous
» les soins et de toutes les distractions que peut
» leur donner dans son service l'amour-propre et
» la foiblesse de leur foi, que chacun se souvienne
» qu'il est sans cesse occupé de leurs besoins.
» Nous devons regarder la maison comme un
» port où nous pouvons nous reposer comme
» dans son sein, y trouvant un amour, une
» tendresse, une compassion et une miséricorde
» qui se répandent sur toutes nos foiblesses et
» nos infirmités. Pour bien s'établir dans cette
» disposition, tous enfin feront profession de pau-
» vreté, de quelque condition qu'ils soient. Et
» quand ils auront du bien en propre, pour être
» libres des soins sordides et grossiers qui nuisent
» à la pureté de la foi, ils en laisseront l'usage
» à ceux qui seront chargés du temporel (1); car il
» faut écarter toutes sortes de nuages, de la par-
» faite sainteté de notre vocation; et pour jouir
» de la liberté des enfans de Dieu, il faut vivre
» dans un dégagement total des choses de la
» terre ».

ARTICLE III.

De la nécessité des Séminaires.

« LE prélat, qui est l'époux de l'Eglise dans
» chaque diocèse, et qui doit fournir à tous ses

---

(1) Cette pratique de pauvreté, qu'insinue ici M. Olier, n'a jamais été reçue comme une loi parmi les prêtres de sa compagnie.

» besoins, ne peut être présent dans tous les lieux
» de son diocèse, soit pour instruire et célé-
» brer les saints mystères, soit pour administrer
» tous les secours spirituels dont l'Eglise est rede-
» vable à ses enfans. Il lui faut donc plusieurs
» bouches, plusieurs mains, plusieurs membres;
» c'est-à-dire, plusieurs ministres qui distribuent
» à tout son diocèse le pain de la parole, qui of-
» frent le saint sacrifice, et qui fassent rejaillir
» pour tous les eaux de la grâce, des sources de
» la vie, qui sont les sacremens. C'est pour cela
» que dans la cérémonie auguste du sacre des évê-
» ques, on voit des ministres porter des pains dans
» leurs mains, et de petits barils pleins de vin.
» L'Eglise veut alors rappeler au prélat qu'elle
» ordonne, que c'est à lui principalement qu'il
» appartient de distribuer le pain de la parole,
» comme d'offrir le pain céleste avec le sang ado-
» rable du Sauveur, qui est le vin du sacrifice,
» pour tout son troupeau. Mais ne le pouvant
» faire en personne dans toute l'étendue du dio-
» cèse, il a besoin de représentans qui remplissent
» ces devoirs pour lui, et qui s'en acquittent d'une
» manière digne de Dieu, *dignè Deo.*

» Saint Paul se plaignoit de la difficulté qu'il
» trouvoit à pourvoir l'Eglise de dispensateurs
» fidèles. Cependant si le chef du diocèse n'a pas
» des coopérateurs fidèles qui lui soient intime-
» ment unis, qui soient dirigés par son esprit, et
» qui exercent les saintes fonctions dans la par-
» faite dépendance et soumission qu'ils lui ont
» vouée en recevant le sacerdoce, il ne peut plus
» goûter un moment de repos dans son siége; il se

» voit dans l'impuissance d'être utile à l'Eglise;
» et il ne lui reste plus qu'à gémir incessamment
» devant le Seigneur, jusqu'à ce qu'il suscite de
» saints prêtres capables de le soulager, en le dé-
» chargeant d'une partie du fardeau qui lui est
» imposé, et qu'il ne peut porter seul. Or, bien
» loin de se voir ainsi secondés, nosseigneurs les
» prélats se trouvent environnés de gens grossiers
» et d'hommes mercenaires, plus capables d'aug-
» menter le poids de leur sollicitude, que de le
» diminuer. Ils viennent lui demander une por-
» tion de son troupeau à garder; mais beaucoup
» mieux vaudroit-il jeter les brebis à la gueule
» des loups, que de les mettre en de telles mains.

» C'est là la grande calamité de l'Eglise. Aussi
» les peuples ne soupirent pas moins que les pré-
» lats après une génération de prêtres remplis
» de l'esprit de Jésus-Christ; afin de trouver en
» eux le Dieu visible qui détruise leurs péchés, qui
» les console dans leurs peines, qui les fortifie
» dans leur accablement; qui soit, en un mot,
» tout à eux, et leur tout dans leurs besoins, comme
» sont tous les vrais pasteurs dans l'Eglise. Mais il
» s'en trouve si peu, de ces véritables pasteurs,
» que les cœurs des peuples demeurent abrutis
» dans l'ignorance et dans le vice. Cependant qui
» les relevera, sinon la main de leurs pasteurs,
» qui sont leurs pères selon Dieu, et leurs anges
» consolateurs? Sans cesse ils crient devant le Sei-
» gneur; ils appellent les prêtres à leur secours,
» sans que ceux-ci fassent attention à leurs cris
» et tiennent compte de leurs plaintes: *Parvuli*
» *petierunt panem; et non erat qui frangeret*

» *eis* (1). Ils demandent qu'on les retire de leurs
» erreurs, qu'on guérisse leurs maux, qu'on les
» rappelle de leurs égaremens, qu'on les relève de
» leurs chutes; ce qui arriveroit, si on les repais-
» soit de la divine parole; car c'est elle qui opère
» tout cela dans les cœurs. Et presque partout
» l'Eglise a la douleur de voir ses enfans en man-
» quer; car rien n'est si rare, que le zèle à dis-
» tribuer la parole sainte, ou le don de la distri-
» buer avec force et prudence. On voit assez que
» la moisson est mûre: *Regiones albæ sunt ad*
» *messem* (2); les peuples n'attendent que des
» hommes qui viennent y travailler. Les prélats
» ont la faux à la main; ils cherchent des ouvriers
» qui les aident; ils en appellent de toutes parts;
» chacun crie avec eux, et gémit auprès du maître
» de la moisson : *Rogate dominum messis, ut*
» *mittat operarios in messem* (3). Avec cela, tout
» languit. Les saints prélats voient avec larmes
» périr autour d'eux le fruit qu'ils ne peuvent
» recueillir tout seuls. Et comment un seul homme
» feroit-il la récolte entière? Elle est trop grande,
» et les bras sont en trop petit nombre : *Mes-*
» *sis quidem multa; operarii autem pauci.* Si
» quelquefois il se trouve des sujets de bonne vo-
» lonté, (ce qui est assez rare) et que la divine
» charité, pour récompenser les prières ferventes
» des prélats, les envoie auprès d'eux, comme
» auprès du père de famille; souvent ces sujets
» sont si neufs dans leurs fonctions, et si peu
» capables du saint ministère, que s'ils ne com-
» mencent par consacrer un temps considérable à

(1) *Thren.* iv. 4.   (2) *Matth.* ix. 38.   (3) *Joan.* iv. 35.

» s'y

» s'y exercer dans quelque sainte école, où, avec
» l'instruction, ils puisent l'esprit et la vertu de
» leur état, les voilà inhabiles pour toute leur vie
» au service de Dieu et de son Eglise. Ce sont,
» par conséquent, des hommes inutiles, plus pro-
» pres à détruire qu'à édifier. Quelle surcharge
» pour le prélat qui s'en étoit promis de grands
» secours! C'est dans les séminaires qu'on prend
» toutes les instructions et qu'on fait tous les exer-
» cices qui rendent habiles aux saintes fonctions ».

ARTICLE IV.

Des Evêques, considérés comme les premiers supérieurs des Séminaires.

« LE véritable et unique supérieur du sémi-
» naire dans chaque diocèse, à proprement parler,
» c'est l'évêque. Lui seul renferme la plénitude de
» l'esprit et de la grâce qui doit se répandre dans
» le clergé; lui seul peut donc lui donner son es-
» prit et sa vie. Il est, à l'égard des membres
» de son clergé, qui ne forme avec lui qu'un
» même corps en Jésus-Christ, ce qu'est la tête
» à l'égard du corps naturel. C'est lui qui com-
» munique à chacun le mouvement et la vertu
» propre du ministère qu'il est chargé de remplir
» pour la gloire de Dieu et le service de son Eglise.
» Que voyons-nous cependant? Les prêtres vivre
» sans dépendance de leurs chefs, sans obéissance
» à leur autorité, et sans aucun respect pour leur
» sacrée direction. Ceux-ci n'ont rien plus à cœur
» que de servir l'Eglise; et réduits à eux seuls, ils en

» sont incapables. Pendant long-temps les clercs
» et les prêtres ont été unis intimement à leurs
» chefs, selon l'ordre naturel divinement établi
» par Jésus-Christ. Dès que cette union a été rom-
» pue, on a vu beaucoup de schismes désoler l'E-
» glise, et à la place des grands biens qu'elle opé-
» roit, des maux infinis et sans nombre naître de
» toutes parts. Rien ne seroit plus nécessaire, que
» de rétablir cette divine harmonie, de laquelle
» dépend tout le bien des diocèses. Si l'ordre sacré
» des prélats ne peut user comme il lui plaît,
» de l'ordre des prêtres et des autres ministres
» inférieurs; si ceux-ci ne sont liés parfaitement
» avec eux, Jésus-Christ, tout pressé qu'il est du
» désir de répandre ses grâces dans l'Eglise, et
» tout puissant qu'il est, se voit privé des moyens
» d'y réussir ».

M. Olier considère ici les évêques, 1.º comme les pères, 2.º comme les chefs, 3.º comme les rois de leur clergé.

§. I. *L'Evêque, père du Clergé.*

« De même que Dieu engendre son Fils en
» qualité de père, et le porte dans son sein,
» comme s'il étoit sa mère, le nourrissant de la
» même substance dont il l'a engendré; ainsi les
» prélats, comme pères divins dans l'Eglise, en-
» gendrent en leur sein des enfans, et, comme
» des mères tendres, les nourrissent de la fécon-
» dité de leur vie divine; *tanquam si nutrix fo-*
» *veat filios suos.* Cette ardeur d'engendrer des
» ames à Dieu, qui surpasse ordinairement, dans

» le cœur des prélats, celle des prêtres et des
» autres membres du clergé, est une participation
» de la vie ardente et féconde de Dieu le Père,
» qui les anime, pour former tout le corps du
» clergé et engendrer des enfans à sa gloire. Or,
» comme Dieu ne communique cette fécondité à
» personne aussi pleinement qu'aux prélats, c'est
» à eux seuls aussi qu'il communique la plénitude
» de l'aliment divin et de la substance nécessaire
» pour nourrir leurs enfans.

» Il a mis dans le sein des prélats la sacrée
» nourriture des peuples et l'abondance du lait
» de sa grâce, à proportion de la multitude de
» leur famille, qui ne peut, dans son indigence,
» recourir à d'autre qu'à celui qui est pour tous
» la première source de la vie. Et comme la divine
» providence a attaché à la puissance de produire
» et de porter des enfans, la vertu et la grâce de
» les nourrir; comme il en donne un grand dé-
» sir, ce qui se voit dans les mères selon la chair
» et selon l'ordre de la nature, qui prennent plai-
» sir à allaiter leurs enfans; comme on remarque
» enfin que cet instinct n'a été mis dans les mères,
» qu'afin de prévenir les besoins des enfans et la
» négligence à les nourrir; Dieu a rempli les pré-
» lats d'une telle abondance d'alimens spirituels,
» qu'ils se sentent souvent fort pressés de la dis-
» tribuer à leurs peuples. Et comme Dieu a mis
» dans le cœur des enfans des hommes un instinct
» naturel et un ardent désir de sucer les mamelles
» de leur mère ou de leur nourrice, ne voulant
» point d'autre lait; ainsi dans l'ordre de la grâce,
» bien plus parfait que celui de la nature, Dieu

» donne aux peuples un grand empressement de
» recevoir la parole de vie de la bouche des saints
» prélats; nourriture qui les remplit d'une telle
» abondance d'onction et de grâce, qu'ils sont
» contraints d'avouer que rien ne les nourrit plus
» doucement, ne les édifie tant, ne fait plus de
» fruit dans leur ame, que votre parole rendue
» par la bouche de leur saint pasteur.

» Au désir que Dieu donne aux prélats de re-
» paître les peuples, il joint tous les autres senti-
» mens que la nature a gravés dans le cœur des
» pères. Il leur en donne la tendresse pour chérir
» et caresser leurs enfans dans l'ordre du salut; la
» douceur pour les souffrir dans leurs imperfec-
» tions; la force pour les porter dans leurs foi-
» blesses; la sagesse pour reprendre et corriger
» leurs défauts; la lumière pour les conduire dans
» les ténèbres; la joie pour les consoler dans leurs
» afflictions. En un mot, Dieu les enrichit de
» tous les dons nécessaires pour gouverner leur
» troupeau, et pour élever les ames à la perfec-
» tion. Telles sont les principales qualités du pre-
» mier supérieur du séminaire, qui, après avoir
» engendré avec amour des enfans à Dieu, les
» doit encore nourrir de sa propre substance et
» les former à la vie divine.

» Le saint prélat est encore bien plus étroite-
» ment obligé de nourrir et de former les sujets
» du clergé, ses premiers enfans, qu'il engendre,
» non comme ses peuples, par le ministère des
» prêtres ses coopérateurs, mais par lui-même et
» en personne, en leur donnant les ordres sacrés,
» et en leur imprimant le sacré caractère. C'est à

» lui seul à les soutenir, à les fortifier, à les faire
» croître, et à les établir dans la perfection de la
» vie à laquelle ils sont appelés; puisque dans
» l'ordre de la grâce, comme dans celui de la
» nature, c'est la même substance qui nous a for-
» més dans le sein de nos mères, qui nous a con-
» servés et nourris, tant que nous sommes de-
» meurés entre leurs bras, et que nous avons
» reposé sur leur sein. Aussi le prélat, dans l'A-
» pocalypse, est-il représenté en la personne de
» Jésus-Christ, au milieu de sept chandeliers,
» figure de l'Eglise universelle, avec des mamelles
» qui fournissent l'aliment et la vie à tous les en-
» fans de la sainte famille du Sauveur, en leur
» donnant un lait bien plus agréable, et qui a
» bien plus de vertu que tous les vins les plus
» forts et les plus délicieux, selon cette parole du
» Cantique des Cantiques: *Meliora sunt ubera tua*
» *vino* (1). C'est ce lait qui forme des enfans si
» robustes et si forts en charité, qu'après s'être
» nourris eux-mêmes et engraissés de la substance
» divine, ils vivifient, nourrissent et soutiennent
» tout le corps de l'Eglise. C'est pour cela que le
» Fils de Dieu, au même endroit, porte encore
» sur ses mamelles une ceinture d'or, qui, selon
» l'explication qu'en donne l'Eglise elle-même
» dans son Pontifical, exprime particulièrement
» les membres du clergé, qui, remplis des vertus
» de notre Seigneur, devenus tout amour, et trans-
» formés en charité, servent tout à la fois d'orne-
» ment à Jésus-Christ, et de modèle ou de règle

(1) *Cant.* 1. 1.

» à tous les fidèles. C'est donc surtout à ceux qui
» vivent au séminaire, de soupirer vers le sein
» du prélat, de s'y attacher, et de recevoir avec
» respect, avec amour, avec joie, les moindres
» paroles qui sortiront de sa bouche sacrée; de
» recueillir, avec empressement et avidité, la
» moindre goutte du lait spirituel que sa grande
» charité viendra distiller dans leur cœur ».

§. II. *L'Evêque, chef du Clergé.*

« De même que le Père éternel, après avoir
» envoyé son Fils sur la terre, en est demeuré le
» chef, comme le père; ainsi notre Seigneur, ap-
» pelé le Père du siècle futur et de l'Eglise pré-
» sente, en est le chef et le père : chef dans tous
» les saints prélats, pour dispenser la vie, et la
» distribuer à tous ses membres; car ils ne peu-
» vent avoir de mouvement et de vraie direction
» qu'en lui. C'est tout perdre, que de rompre le
» cours naturel de la vie, qui du chef se répand
» dans les membres. Otez au corps du clergé l'es-
» prit qu'il reçoit des prélats, vous le laissez sans
» lumière, sans mouvement et sans vertu. C'est
» travailler en vain à la sanctification des clercs,
» que de tenter dans l'Eglise une autre voie que
» celle de l'évêque préposé sur chaque diocèse.

» Quelque éminente que soit la sainteté de ces
» grands hommes qui se trouvent encore dans
» l'ordre inférieur du clergé; (car la Providence
» en suscite partout) comme ils n'ont point en
» eux cette grâce capitale et cet esprit qui est
» attaché au caractère des saints évêques, on ne

» sauroit en attendre cette plénitude de vie pro-
» pre à vivifier tout le corps ecclésiastique, qui
» appartient à l'épiscopat. Car le clergé du second
» ordre a besoin de cette vertu abondante, qui
» de la tête, selon la doctrine de saint Paul, doit
» descendre dans les membres par les jointures,
» les veines et les nerfs préparés pour la distri-
» bution des esprits vivifians. Toute grâce qui
» n'aura pas cette origine, n'animera jamais qu'à
» demi les membres sacrés de ce corps. La diffu-
» sion et la communication naturelle de la vie ne
» se fait que par des canaux bien adaptés et bien
» joints à la bouche de la première source; et ces
» canaux, ce sont les prêtres unis au saint prélat,
» selon le dessein de Jésus-Christ dans la for-
» mation du clergé, où les organes se trouvent
» placés et proportionnés au chef avec une jus-
» tesse digne de la sagesse et de la providence
» d'un si habile maître.

» Aux uns il a donné de recevoir la vie; aux
» autres de la distribuer par un ordre et une liai-
» son de parties qui se correspondent admirable-
» ment. Or cette correspondance ne peut être
» remplacée par aucune invention; et partout où
» elle ne subsiste plus, il est nécessaire de la réta-
» blir selon le premier dessein de notre Seigneur.
» Sans cela il faudroit que lui-même changeât toute
» la structure et toute l'économie de son Eglise,
» qu'il formât de nouveaux chefs avec de nouveaux
» membres, pour faire un autre corps tout nou-
» veau, qui fût assorti de toutes ses pièces. Or c'est
» ce qui ne se fera jamais sans un renversement
» universel, sans des prodiges et des miracles inouis,

» sans la perte et la ruine générale de l'Eglise ; de
» cette Eglise toutefois que notre Seigneur a promis
» de conserver aussi invariable dans sa constitution
» et sa conduite, qu'immobile dans sa foi et im-
» mortelle dans sa vie; en l'assurant qu'il seroit
» avec elle jusqu'à la consommation des siècles,
» pour la vivifier et la conduire, et toujours par
» les ordres sacrés de sa divine hiérarchie. Tout
» esprit qui viendroit d'ailleurs, et qui agiroit
» d'une autre manière, feroit dans le clergé ce
» que feroit une chaleur étrangère qu'on vou-
» droit introduire dans un corps languissant,
» faute du cours de la chaleur naturelle, qui
» de la tête se communique à tous les membres.
» Cette chaleur empruntée demeureroit sans
» force, sans énergie, sans consistance. Elle n'au-
» roit donc rien de la vertu première, sans la-
» quelle il faut que le corps périsse. Il en sera de
» même du corps du clergé, si on veut l'animer
» autrement que par l'influence du chef, qui porte
» en soi la vie pour la faire passer par la voie du
» saint prélat dans tous les membres. Non, sans
» cette dépendance et cette union réciproque,
» jamais il n'y aura ni plénitude de vie dans le
» corps ecclésiastique, ni ferveur permanente dans
» les chrétiens, ni grâce dans l'Eglise, ni écoule-
» ment et distribution des dons de Jésus-Christ
» dans tous les membres de son corps mystique.

» Et pourquoi changeroit-on ce bel ordre éta-
» bli par Jésus-Christ, puisque les chefs sacrés de
» l'Eglise sont, par leur caractère, comme regor-
» geans de l'abondance de son esprit et de la
» plénitude de sa vie, pour la sanctification du

» clergé? N'est-ce pas une prophétie authentique
» de David sur la personne sacrée des prélats,
» que la grâce et la vie est comme l'onguent sacré,
» qui de sa tête, où il est versé, va se répandre
» sur son visage et sur le reste de son corps; ce
» qu'il faut entendre de la grâce, qui de la per-
» sonne du pontife descend sur son vénérable
» clergé, figuré par la robe du grand-prêtre, et
» parvient jusqu'aux extrémités de cette robe
» mystérieuse qui l'environne, en se communi-
» quant de l'évêque, par la voie de ses prêtres,
» jusqu'aux dernières brebis de son troupeau.
» *Sicut unguentum in capite, quod descendit in*
» *barbam, barbam Aaron; quod descendit in*
» *oram vestimenti ejus* (1). Cette répétition, *in*
» *barbam, barbam Aaron*, pourquoi se trouve-
» t-elle là? Ce n'est pas sans mystère; car selon le
» génie de la langue des Hébreux, qui doublent
» ainsi les expressions d'une chose, quand ils veu-
» lent en marquer la perfection, elle signifie le
» double esprit qui est sur le saint prélat, pour
» qu'il en verse d'abord les prémices et l'abon-
» dance sur son clergé, comme fit Jésus-Christ
» sur ses apôtres et ses disciples; et qu'il le ré-
» pande ensuite sur les peuples. Cet extérieur vé-
» nérable et plein de majesté, que donne par
» avance le prophète aux saints pasteurs de l'E-
» glise, est confirmé encore par saint Jean, lors-
» que, dans son Apocalypse, il dépeint Jésus-
» Christ, la souveraine sagesse, avec des cheveux
» blancs comme la neige, image de l'éternité de
» son être, et de la maturité, de la prudence avec

(1) *Psal.* CXXXII.

» laquelle il dirige les saints pontifes qui gouver-
» nent l'Eglise ».

§. III. *L'Evêque, roi de son Clergé.*

« Notre Seigneur étant monté aux cieux après
» sa résurrection, fut déclaré par la bouche de
» Dieu son père, le souverain pontife de toute son
» Eglise, le chef des hommes et des anges, roi de
» toutes les créatures, comme il le dit lui-même
» par la bouche de son prophète (1). La royauté se
» trouvant jointe en sa personne au divin sacer-
» doce, il veut que les prélats de l'Eglise, qui sont
» les héritiers de sa grandeur et les images de sa
» gloire, paroissent sur la terre, revêtus des mêmes
» titres qu'il a reçus dans le ciel. Il veut qu'ils en
» jouissent dès à présent dans son royaume, qui
» est l'Eglise; et surtout dans son clergé, qui, en
» étant la portion la plus éclairée, doit être aussi
» mieux instruite de son pouvoir et de sa préémi-
» nence. C'est ainsi que saint Pierre, comme le
» prince des princes de l'Eglise, en parle, lorsqu'il
» fait le dénombrement des trois ordres de son
» royaume: *Regale sacerdotium, gens sancta,*
» *populus acquisitionis* (2). Dans le royaume de
» l'Eglise, le sacerdoce royal qui réside éminem-
» ment dans la personne des évêques, occupe le
» premier rang, *regale sacerdotium.* Au second
» rang, il place le saint clergé, *gens sancta;* c'est-
» à-dire, tous les membres sacrés de l'Eglise qui
» sont attachés au culte de Dieu, et dévoués au

---

(1) *Psal.* CIX. 4.   (2) I. *Petr.* II. 9.

» service des autels. Enfin le troisième rang est
» occupé par le corps entier des fidèles, *populus*
» *acquisitionis*, peuple acquis par Jésus-Christ,
» et délivré de la tyrannie du péché et du monde,
» bien plus cruelle que celle de Pharaon, par
» les mains du saint prélat à qui Dieu a confié,
» avec le gouvernement des peuples, le bâton
» pastoral, instrument bien plus puissant en Jé-
» sus-Christ, que la verge de Moïse. Il est la ter-
» reur des ennemis de Dieu, et bien plus capable
» de soumettre les esprits et les cœurs au joug
» de l'Evangile, que le sceptre des rois ne l'est
» de contenir leurs sujets dans l'obéissance, puis-
» que c'est le sceptre de Jésus-Christ lui-même.

» C'est aux évêques, en cette qualité de rois
» dans l'ordre spirituel, qu'il appartient non-seu-
» lement de diriger les peuples par leur sagesse,
» et de gouverner le royaume de Jésus-Christ
» par l'autorité qu'ils ont en main; mais encore
» de créer les ministres et les officiers dont ils ont
» besoin. Ils en ont reçu le pouvoir de Jésus-
» Christ; et c'est en son nom qu'ils appellent
» les uns pour conduire en sa sagesse, les autres
» pour réprimer en sa puissance; ceux-ci pour
» publier ses saintes lois, ceux-là pour en ven-
» ger la transgression; et le tout avec un mer-
» veilleux tempérament de douceur et de sé-
» vérité, de charité et de force.

» Cette diversité de ministère fait voir com-
» bien a d'étendue l'esprit de leur royauté; quelle
» est la dignité de leur couronne, la splendeur
» de la maison sainte qu'ils habitent, et la gran-
» deur toute auguste du divin royaume qu'ils

» gouvernent. Ils ne sont pas forcés, comme les
» rois du monde, à prendre des ministres tels
» qu'ils les trouvent dans leurs Etats. Ils ont reçu
» cette prérogative des mains de Jésus-Christ,
» de pouvoir les créer et les former eux-mêmes,
» en leur donnant l'esprit et les talens qui les ren-
» dent habiles à leurs fonctions. Telle est la vertu
» des grâces dont ils sont les dispensateurs, et
» qui accompagnent le caractère sacré qu'ils leur
» impriment, de les rendre propres à glorifier
» Dieu par des louanges continuelles, et à sanc-
» tifier le prochain par la prédication de la pa-
» role divine et l'administration des sacremens :
» *idoneos fecit ministros novi testamenti* (1).
» C'est pour cela que les évêques, sous leurs habits
» pontificaux, portent tous les saints vêtemens
» de leurs ministres inférieurs. L'Eglise l'a or-
» donné ainsi, pour faire comprendre qu'ils pos-
» sèdent éminemment l'esprit et la vertu de leurs
» ministres, et qu'ils sont revêtus de la grâce
» qu'ils leur communiquent.

» Les saints prélats ayant en eux, comme rois, ou
» comme premiers ministres de Jésus-Christ, sa
» sagesse pour régler, sa puissance pour comman-
» der, sa vertu pour vivifier et sanctifier les prêtres
» qu'ils emploient; c'est encore à eux seuls qu'il
» appartient de conduire le séminaire et de le
» vivifier de leur esprit. Le séminaire se trou-
» vera toujours fort heureux d'être éclairé d'une
» telle lumière, conduit par une telle sagesse,
» fortifié par une telle vertu. Enfin, il vivra
» avec joie sous une obéissance qui le remplira

(1) II. *Cor.* III. 6.

» de grâce, pour satisfaire à tous les comman-
» demens de celui qui leur représente la per-
» sonne de Jésus-Christ. Quand il honorera le
» séminaire de sa présence, tous pénétrés en sa
» présence de respect et de soumission, adoreront
» intérieurement Jésus-Christ qui les visite en lui
» et par lui, pour opérer en leur ame la grâce de
» la paix qu'ils doivent espérer de sa sainte bé-
» nédiction. C'est ce qu'opéroit notre Seigneur,
» quand il honoroit de sa visite les apôtres et
» les disciples. Il les remplissoit de sa paix par
» sa sainte présence. Je vous donne ma paix,
» disoit-il ; *pacem meam do vobis* (1). C'est le
» privilége de ma royauté, qui surpasse de beau-
» coup le pouvoir de Salomon. *Ecce plus quàm*
» *Salomon hìc* (2). Il ne faisoit régner la paix
» qu'au dehors; et moi je donne ma paix toute
» intérieure aux hommes de bonne volonté ».

ARTICLE V.

Des sujets qui doivent composer le Séminaire.

Le séminaire, dans le plan de M. Olier, renferme trois sortes de sujets, dont les premiers
dirigent la maison ; les seconds, déjà élevés au
sacerdoce, et destinés à servir le diocèse, s'y
tiennent prêts à se rendre partout où les appellent
les besoins des peuples, et où les prélats les
envoient. Les troisièmes s'y préparent aux saints
ordres et aux charges qu'ils auront à remplir,

---

(1) *Joan.* xiv. 27.   (2) *Matt.* xii. 42.

lorsqu'ils seront parvenus à la prêtrise. C'est par où l'homme de Dieu achève de traiter la matière du sacerdoce ; sur quoi j'observerai la même méthode que dans l'article précédent.

§. I. *Des Directeurs du Séminaire, et de l'excellence de leur vocation.*

« Comme les fonctions capitales du clergé ne
» permettent pas toujours aux évêques de rési-
» der continuellement dans leur maison, et qu'ils
» sont obligés souvent de s'éloigner de leur église,
» il est nécessaire que chaque prélat ait dans
» sa main quelques sujets à qui il laisse son es-
» prit et son ame pour agir en sa grâce, et rem-
» plir en son nom, pendant son absence, les en-
» gagemens qu'il a contractés envers Jésus-Christ
» et envers son troupeau.
  » C'est à ce dessein que la souveraine sagesse
» de l'Esprit saint, qui dispose tout avec ordre
» et suavité, a créé tant d'offices et de dignités
» ecclésiastiques, qui, étant comme les carac-
» tères et les semences de la vertu secrète qui
» réside dans les prélats, leur servent à exécuter
» par d'autres mains ce qu'ils ne peuvent faire
» en personne. Tels sont les vicaires généraux
» et les officiaux, chargés de la discipline et de
» la police du diocèse ; les théologaux, qui prê-
» chent en leur nom et dans leur église ; les
» archidiacres, qui, comme l'œil de l'évêque,
» sont obligés de visiter et d'inspecter tout le
» troupeau ; les chanoines, qui, revêtus de sa
» religion, offrent tous les jours le saint sacri-

» fice avec solennité, et chantent les louanges
» de Dieu avec la pompe et la magnificence due
» à la souveraine majesté; les doyens, qui pré-
» sident aux chapitres; et les grand-chantres, qui
» modèrent le chœur des églises avec une dé-
» cence et une dignité proportionnée, autant
» qu'il est possible, à l'excellence du culte divin.

» Les prélats, qui ne peuvent encore vaquer
» assidument en personne à l'instruction de leurs
» prêtres et de leurs clercs, ont besoin d'avoir
» entre leurs mains des prêtres qu'ils puissent
» mettre en leur place dans leur séminaire, et
» à qui ils communiquent leur esprit, comme
» Moïse répandit le sien sur les soixante-dix
» vieillards, pour vivifier et nourrir leur clergé.
» Par-là ils satisfont à l'obligation capitale et
» la plus importante de l'épiscopat, qui est de
» jeter la semence de la vie sacerdotale et di-
» vine dans le cœur des principaux membres
» de leur église, destinés à remplir les chapi-
» tres de leur religion, les autels de leur sain-
» teté, les chaires de leur doctrine et de leur
» piété, les sacrés tribunaux de leur justice et des
» grâces dont ils sont les dispensateurs, tous les
» cœurs des peuples du feu sacré de leur amour.

Rien de plus saint que cette fonction, puis-
» quelle fait entrer ces prêtres en communion
» de la grâce qui est donnée aux saints pré-
» lats, et qu'ils possèdent seuls en chef pour la
» sanctification de tout leur clergé; car les mi-
» nistres sacrés, qu'ils distribuent dans toute l'é-
» tendue du diocèse, ne peuvent recevoir le don
» et l'esprit de leur ministère que par celui de

» l'évêque, établi immédiatement et préposé sur
» son église, pour répandre de la plénitude de
» l'onction divine, qu'il a reçue par sa consécra-
» tion, sur tous les ministres de son église.

» O commission admirable, et si je l'ose dire,
» adorable, que celle des prêtres qui entrent en
» partage de cet esprit! On doit estimer et ho-
» norer beaucoup sans doute celle des grand-
» vicaires et des officiaux, dont les fonctions sont
» si saintes et si relevées: mais de partager la
» grâce de ce divin emploi qui porte l'esprit
» de sainteté dans le cœur des clercs et des prê-
» tres, c'est ce qui mérite une vénération toute
» singulière; car est-il rien au-dessus dans la
» dignité hiérarchique? Le don de communi-
» quer cette vertu secrète et divine qui vivifie
» les ames, don propre de l'évêque, surpasse
» toutes les fonctions de l'épiscopat. C'est l'i-
» mage de la fécondité et de la plénitude de
» la vie même de Dieu; et non-seulement la
» vie pénible, mais encore la vie glorieuse de
» Jésus-Christ sur la terre a eu cette merveille
» pour fin. On remarque en effet que notre Sei-
» gneur, après avoir donné pouvoir à ses apôtres
» sur son corps et sur son sang dans le céna-
» cle; après même leur avoir communiqué sa
» puissance sur son corps mystique dans une des
» apparitions qui suivirent sa résurrection, se
» réserva le jour de la Pentecôte pour les remplir
» de son esprit de sainteté et de sanctification
» en faveur de toute son Eglise; car ce fut en
» ce grand jour que la plénitude de l'onction
» divine se déborda sur la sainte assemblée qui
» formoit

» formoit l'Eglise naissante, pour se répandre
» ensuite, par la succession des évêques, sur les
» ministres de cette Eglise, et sur ses enfans,
» d'âge en âge, jusqu'à la dernière génération.
» Les évêques, en effet, ont reçu cette divine
» onction, source de sainteté et de vie, de la
» bouche et de la main des apôtres, dont ils
» sont, selon le langage de saint Grégoire-le-
» Grand et la doctrine du saint concile de Trente,
» les véritables successeurs. Or les prêtres que
» l'évêque appelle à la direction de son sémi-
» naire, il les fait dépositaires de l'esprit et de
» la grâce qui doit sanctifier le clergé de son
» diocèse : esprit et grâce apostolique, dont le
» prix et la vertu surpassent tout ce qu'on en
» peut dire.

» Oh ! quelle source immense de sainteté ! et
» quel océan, quel trésor de biens spirituels, que
» l'ame du prélat qui représente Jésus-Christ
» à la tête de son troupeau ! Est-il croyable qu'un
» simple prêtre puisse avoir accès dans son in-
» térieur, et entrer en société de l'esprit de
» sanctification qui lui est propre ? Sera-t-il
» possible, sera-t-il permis à un prêtre, de se
» plonger dans ce sein admirable de l'évêque,
» dans cette fournaise ardente de sainteté et
» de zèle, représentée autrefois par le *Ratio-*
» *nal* du grand-prêtre, que les noms des douze tri-
» bus d'Israël remplissoient de lumière et de
» flammes ! Cette figure nous annonçoit que l'on
» puiseroit un jour dans la poitrine et dans le
» cœur des prélats, la plénitude de l'amour de
» l'Eglise, et une sainteté abondante.

« Bienheureux les prêtres que Dieu daigne élire pour en faire les disciples du grand maître qui gouverne tout le diocèse, et qui puisent dans la grâce dont il est plein, afin de la distribuer aux ministres de Jésus-Christ qui se forment par leurs soins, et d'en arroser la portion la plus précieuse de son Eglise! Quand plaira-t-il à Jésus-Christ, l'instituteur de son clergé, de renouveler cet ordre apostolique des ministres de l'épiscopat, animés de sa grâce et vivifiés par son esprit? Oh! qu'il y en a peu qui voulussent entrer dans la sainteté de vie nécessaire pour y avoir part et s'en rendre dignes! »

Après avoir fait connoître l'excellence de la vocation des directeurs du séminaire, et de la fonction qu'ils exercent, M. Olier parle aussi des qualités qu'ils doivent avoir.

La première, qui est le fondement de toutes les autres, et sur laquelle il croyoit ne pouvoir trop insister, comme on l'a déjà vu, c'est l'esprit d'anéantissement et de renoncement à leur propre intérêt. Il vouloit qu'un directeur du séminaire fût comme un bassin très-vaste et très-profond, capable de recevoir la plénitude et l'abondance de la grâce dont il a besoin pour remplir son ministère, et par conséquent vide de tout ce qui appartient à l'esprit du monde. « Il faut, disoit-il, qu'il ait par vertu, ce qui est donné au saint prélat par la grandeur et la sainteté de son caractère; et que, rempli de son même esprit, de sa grâce et de sa lumière, il la puisse répandre sur tous

» ceux du clergé qui seront l'objet de son zèle.
» Il faut qu'il soit tout humain dans son exté-
» rieur, mais que dans son fond il soit tout di-
» vin, et n'ait de vie humaine, que pour porter
» la vie de Dieu parmi les hommes. La vie de
» l'évêque est moins la vie d'un homme, que la
» vie de Jésus-Christ, dont il tient la place et
» exerce l'autorité. Or telle doit être, sous les
» dehors d'une vie commune et ordinaire, celle
» des directeurs chargés de former les ministres
» des saints autels. Ils sont comme la forme et
» les modèles du clergé, qui doivent transformer
» les élèves du sanctuaire en eux-mêmes, comme
» ils doivent être eux-mêmes transformés en la
» vie intérieure de l'évêque.

» Le Fils de Dieu, pour préparer ses apôtres
» à la grâce de leur vocation, qui est celle de nos
» saints prélats, les garde auprès de lui pendant
» trois ans. On voit, par ses différens entretiens,
» que les principales dispositions qu'il leur de-
» mandoit, étoient l'anéantissement de toute vo-
» lonté propre, et un parfait dépouillement des
» biens grossiers de la terre. *Celui qui veut me
» suivre, qu'il se renonce soi-même* (1). *Celui qui
» ne renonce pas à tout ce qu'il possède, ne peut
» être mon disciple* (2). Voilà les deux grandes
» maximes qu'il leur a enseignées pour eux et
» pour leurs successeurs. Il veut que ses ministres
» bannissent de leur cœur toute sollicitude des
» biens temporels, et qu'ils se reposent sur les
» soins de la Providence divine pour ce qui leur

(1) *Matth.* xvi. 24.   (2) *Luc.* xiv. 33.

» sera nécessaire, sans chercher autre chose que
» le royaume de Dieu et sa justice.

» Notre Seigneur voit dans le cœur de Judas le
» vice du propre intérêt; et après lui, saint Pierre
» découvre le même vice dans Simon le Magicien.
» Les voilà retranchés du nombre de ses disciples;
» ainsi que cet autre de l'Evangile, qui n'eut pas
» le courage d'obéir à cette parole : *Allez, ven-*
» *dez tout, et suivez-moi* (1). Il lui faut des hommes
» vides d'eux-mêmes et de tout intérêt temporel,
» pour devenir entre ses mains des vases d'élec-
» tion propres à recevoir la plénitude de sa grâce.
» *Nous avons tout quitté pour vous suivre,* lui dit
» saint Pierre. Si cela est, lui répond notre Sei-
» gneur, non-seulement vous serez bientôt revêtus
» de mon Esprit, et de la vertu d'en haut; mais
» un jour, *je vous ferai asseoir sur mon trône,*
» *pour juger le monde* (2). Telle sera la récom-
» pense des sacrifices que vous aurez faits pour
» moi; vous qui avez renoncé pour moi aux biens
» de la terre, et à la gloire des hommes, *je vous*
» *appellerai pour juger avec moi les hommes et*
» *les anges.*

» Telles sont les dispositions que l'Eglise, dé-
» positaire des secrets de Jésus-Christ son époux,
» et héritière de son esprit, demande à tous les
» prêtres, puisqu'ils sont les flambeaux des chré-
» tiens, le sel de la terre, et la lumière du monde;
» mais surtout aux prêtres qui approchent de plus
» près la personne des saints prélats, et qui par
» leur vocation entrent plus que tous les autres

---

(1) *Matth.* XIX. 21.   (2) *Ibid.* 27, 28.

» en partage de la grâce apostolique propre de
» l'épiscopat; par conséquent, de l'esprit même
» de l'épiscopat. *In quo vos Spiritus sanctus po-*
» *suit episcopos regere Ecclesiam Dei* (1).

» C'est donc à ceux qui sont l'idée parfaite des
» prêtres de tout le diocèse, et le modèle du
» clergé, *forma facti gregis* (2); c'est à eux de
» s'assujettir aux ordres de Jésus - Christ et de
» la sainte Eglise, qui ne charge jamais ses enfans
» d'aucun joug sans grande nécessité, en se re-
» nouvelant eux-mêmes dans tout ce qu'elle a
» jamais eu de plus pur et de plus saint, pour la
» perfection du sacerdoce et la sanctification du
» clergé. Ainsi, pour satisfaire à la première loi du
» Sauveur sur le renoncement à soi-même, incul-
» quée si souvent dans son Evangile, il seroit né-
» cessaire que les directeurs du séminaire s'aban-
» donnassent entièrement à la disposition du saint
» prélat, qui étant dans l'Eglise l'image vivante
» et visible de Dieu, se trouve par conséquent le
» dépositaire naturel des vœux et des hosties qui
» se présentent au service de l'Eglise. Anéantis et
» sacrifiés, dépouillés de leur volonté, et perdus
» en celle du prélat, ces bons prêtres devien-
» droient autant de sources sacrées du pur amour
» pour le troupeau de Jésus-Christ. Car s'ils ne
» sont entièrement vides d'eux-mêmes, l'Esprit
» de Jésus-Christ ne peut faire éclater en eux, ni
» sur les autres, les merveilleux effets de la grâce
» apostolique.

» La pratique du dépouillement extérieur est
» inséparable de l'esprit d'anéantissement. Il seroit

(1) *Act.* xx. 28. (2) I *Petr.* v. 3.

» donc convenable que les directeurs du sémi-
» naire renouvelassent tous les ans, entre les mains
» du prélat, le renoncement qu'ils ont professé,
» lorsque entrant dans la cléricature, ils ont choisi
» Dieu pour leur partage, et pris les richesses du
» ciel pour leur patrimoine, *Dominus pars hæ-*
» *reditatis meæ.* La fidélité à suivre ces maximes
» capitales du Fils de Dieu et les saintes lois de
» l'Eglise, porte avec elle des grâces et des béné-
» dictions qui ne se comprennent pas. On ne les
» connoît plus aujourd'hui, ces grâces; on ne voit
» plus reluire dans le monde ce clergé autrefois
» si florissant, la splendeur de la sainteté de Dieu
» et l'image de sa magnificence. On ne voit plus
» briller, dans les hommes du sanctuaire, les ri-
» chesses divines qui faisoient la gloire de l'an-
» cienne Eglise, parce qu'on ne voit plus la même
» exactitude à observer ses lois. C'étoit la grande
» douleur de saint Augustin, et avant lui de saint
» Basile, dont Dieu se servit pour faire revivre la
» sainteté de l'état clérical. Le seul moyen de re-
» nouveler le clergé, qu'ils employèrent, fut de
» ressusciter dans les clercs et dans les prêtres, le
» respect, l'amour et la pratique des maximes de
» Jésus-Christ et des ordonnances de l'Eglise.
» Qu'on inspire le même esprit à tous ceux qui
» veulent entrer dans le sanctuaire; et le clergé
» reprendra toute son ancienne splendeur; et la
» majesté de Dieu même rejaillira sur tout le corps
» de l'Eglise.

» Oh! quelle consolation, de suivre les divines
» instructions de Jésus-Christ, et les réglemens
» qu'il a dictés, comme fondateur de son Eglise!

» Qu'il seroit bien à souhaiter que celle-ci nourrît
» dans son sein un bon nombre de saints prêtres,
» qui, pour le renouvellement du clergé, fissent
» hautement profession de s'abandonner eux-
» mêmes et de renoncer aux biens de ce monde,
» pour être uniquement occupés du service de
» Dieu et de son peuple! Tel doit être surtout
» l'esprit des directeurs du séminaire, puisqu'ils
» sont le miroir du clergé. Il faudroit même, pour
» le repos du saint prélat, pour la stabilité du
» séminaire, autant que pour la sainteté des prê-
» tres qui le dirigent, qu'ils renonçassent aux bé-
» néfices, sous la dispense néanmoins de l'évêque
» dans les cas extraordinaires. Par ce moyen, des
» sujets si importans à tout le diocèse, ne seroient
» point tirés de leur emploi, qui étant public et
» universel, est plus considérable que tout autre
» emploi particulier. Il ne faudroit que peu de su-
» jets attachés au séminaire, et animés d'un même
» esprit dans cette maison de retraite, pour com-
» muniquer à tous les prêtres du diocèse la grâce
» et l'esprit du sacerdoce, et par eux à tout le
» troupeau l'esprit du christianisme. Faute de prê-
» tres bien éclairés et bien vertueux, les peuples
» ne reçoivent presque plus de teinture de la vie
» chrétienne. Vous ne les voyez plus instruits de
» l'obligation de ressembler à Jésus-Christ. Ils ne
» le connoissent plus ; ils ne l'honorent et ne l'ai-
» ment non plus que s'il n'étoit pas mort pour
» eux, et qu'il ne leur eût jamais donné des mar-
» ques de son amour, ni aucun témoignage de ses
» saintes volontés dans le divin testament qu'il a
» mis entre les mains de son Eglise.

» De cette ignorance et de cet oubli de Jésus-
» Christ naît en eux le défaut de respect, d'a-
» mour et d'obéissance à l'égard des prêtres, dans
» lesquels cependant il a voulu se peindre et se
» rendre visible au monde, pour entretenir la reli-
» gion de son peuple envers lui et envers son Père.
» Et parce qu'ils ne sont ni honorés en leur gran-
» deur, ni estimés en leur sainteté, ni obéis en
» leur puissance, il arrive que leur vie, la même
» que celle de Jésus-Christ, ne passe point en l'E-
» glise. C'est toutefois la vie qu'il a laissée sur la
» terre, et qu'il laissera jusqu'à la fin des siècles
» pour la sanctifier. Qu'elle se retire des peuples et
» du clergé, ils ne peuvent plus croître en grâce ».

Des prêtres tels que M. Olier en désiroit pour la direction du séminaire, étant rares et difficiles à trouver, il vouloit qu'on en mît peu dans chaque maison. « Pour toute l'Eglise, disoit-il,
» notre Seigneur n'en choisit que douze. La fer-
» veur de la charité est de peu; *paucorum est*
» *perfectio*. Il ne faut donc pas espérer de voir un
» grand nombre de ces hommes enflammés des ar-
» deurs du saint amour, tels que doivent être
» ceux qui dirigent la maison. Il faut donc se bor-
» ner à un petit nombre de sujets, qui, remplis de
» cette ferveur, la répandent dans tout le diocèse.
» Trois hommes apostoliques dans le séminaire,
» remplis d'humilité, de douceur, de patience,
» de zèle, de charité, avec la science et la sagesse
» nécessaires à ce divin emploi, c'est assez pour
» renouveler le clergé, et par conséquent le trou-
» peau tout entier. David, l'image de Jésus-Christ,
» avoit trois *forts* à la tête de ses officiers et de ses

» soldats, qui étoient l'ame et la vie de toute son
» armée. Et notre Seigneur n'en a pas donné da-
» vantage à chaque partie du monde. Mystère fi-
» guré par cette ville de l'Apocalypse et par le
» temple de Salomon. Chaque partie avoit trois
» portes (1), par où entroient les peuples qui vou-
» loient se sanctifier. Ainsi trois bons ministres,
» par les mains de qui passeroit le clergé, et dans
» le sein desquels reposeroient tous les sujets du
» séminaire, seroient capables de tout sanctifier.
» Ils éclaireroient et ils transformeroient non-seu-
» lement un diocèse, mais un royaume entier :
» tant est grande et admirable la vertu de l'esprit
» apostolique.

» On en trouvera peu dans l'Eglise qui veuillent
» embrasser ce genre de vie obscure et cachée,
» et qui réunissent avec le zèle et la piété, la pru-
» dence et la capacité nécessaires dans cet emploi.
» C'est là la grande difficulté dans l'établissement
» des séminaires, de rencontrer des hommes de
» mérite. Il faut donc, quand il a plu à la bonté
» divine d'en susciter, les conserver bien soi-
» gneusement, en éloignant d'eux tout ce qui
» pourroit altérer leur vertu, comme le soin tem-
» porel de la maison, dont on pourroit se déchar-
» ger sur d'autres, et les occupations grossières
» qui en dépendent. Comment d'ailleurs, étant
» en si petit nombre, pourroient-ils vaquer aux
» choses du dehors, sans négliger le bien spirituel
» du dedans ? bien qui demande une union si ha-
» bituelle avec Dieu, que les moindres distrac-

(1) *Ab oriente portæ tres, et ab Aquilone portæ tres*, etc. Apoc. XXI. 13.

» tions ne peuvent manquer de lui nuire beau-
» coup.

» Pour prévenir toute espèce de danger et d'in-
» convénient, il est juste que le séminaire soit
» pourvu de ce qui est nécessaire à la nourriture
» et au vêtement des directeurs. Ils se contente-
» ront de peu; et ce peu, il faut même qu'il leur
» soit administré avec assez d'attention et d'exac-
» titude, pour qu'ils ne soient pas dans la nécessité
» de s'en occuper le moins du monde. En se re-
» posant, pour le temporel, sur la vigilance de la
» personne charitable que le père commun aura
» députée pour cet emploi, ils ne déroberont rien
» au temps si précieux qu'ils doivent à des exer-
» cices tout divins; et ils seront tout entiers à
» l'œuvre sainte pour laquelle le séminaire a été
» institué ».

C'est ici le lieu de placer quelques autres maximes de M. Olier, sur le désintéressement des directeurs du séminaire, qui ne se trouvent pas dans l'écrit dont on fait ici l'extrait, et qui peuvent servir de suite ou de développement à ce qu'on vient de lire.

La seconde qualité nécessaire à ceux qui dirigent le séminaire, sous l'autorité et l'inspection de l'évêque, est donc, après l'esprit d'anéantissement, un parfait désintéressement. « Rechercher son
» intérêt propre dans la conduite des ames, c'est
» mêler les choses profanes avec les choses saintes;
» c'est rapporter ce qu'il y a de plus sacré dans la
» religion, à des fins toutes terrestres et toutes char-
» nelles. C'est une espèce de sacrilège, qui attire
» la colère de Dieu. Il est impossible qu'en tra-

» vaillant dans cet esprit, on serve jamais les ames
» avec beaucoup de fruit et de bénédiction.

» Il y a différentes sortes d'intérêt à éviter. Quel-
» ques-uns, dans le saint ministère, recherchent
» un gain sordide; d'autres, une honnête retraite;
» quelques-uns prétendent se donner de la consi-
» dération, par le nombre et la qualité de ceux
» qu'ils dirigent. Ils tâchent de se faire valoir par
» l'accès qu'ils ont dans leurs maisons, cherchant
» à s'y rendre nécessaires. Pour éviter toute occa-
» sion de s'attacher au monde, il est à propos que
» les directeurs ne se mêlent point des affaires de
» famille, ou du temporel des personnes qui sont ou
» qui ont été sous leur direction; si ce n'est qu'on
» leur demande avis sur certaines choses qui aient
» rapport au spirituel, et qui intéressent la con-
» science : autrement il faut les renvoyer à des
» personnes intelligentes dans les affaires, pour
» prendre leur conseil; car ces choses n'étant
» point dans la sphère ordinaire de notre vocation,
» nous nous mettons en grand hasard de leur en
» donner de mauvais, et de les tromper en voulant
» les servir. Tout ce que nous pouvons et devons
» faire alors, c'est de recommander leurs affaires
» à Dieu, le suppliant d'éclairer ceux qu'elles con-
» sultent, afin qu'ils leur donnent de bons et salu-
» taires avis.

» Souvent il arrive que, sous l'apparence d'un
» bon zèle, on se laisse aller au désir d'agrandir
» sa communauté, et de la rendre plus illustre.
» On s'emploie à chercher les moyens d'en pro-
» curer les avantages; quelquefois même on entre-
» prend pour cela des choses étrangères à notre

» état. On se contente d'être détaché des richesses
» en son particulier; mais on ne croit pas devoir pra-
» tiquer cette vertu dans les choses qui regardent
» la communauté. Nous devons cependant attirer
» les grâces et les bénédictions du ciel sur notre
» communauté, par les mêmes voies que nous
» employons pour les faire descendre sur nous en
» particulier; c'est-à-dire, par une profonde hu-
» milité, une charité ardente, une patience invin-
» cible, un désintéressement universel, en un mot,
» par la pratique de toutes les vertus évangéliques,
» le seul appui des communautés, aussi bien que
» des particuliers, et l'unique moyen d'y mainte-
» nir la ferveur. Si nous voulons nous reposer sur
» la prudence humaine, sur les maximes du siècle,
» sur l'excellence et la supériorité de nos talens, sur
» l'abondance de nos richesses, Dieu nous laisse
» et nous abandonne aussitôt, parce qu'il ne voit
» pas en nous les marques de son esprit et de sa
» conduite. De là vient la décadence des commu-
» nautés. Voilà, dit-on, ces hommes qui n'ont
» pas mis leur force en Dieu, mais qui se sont
» confiés dans leurs grandes richesses, et se sont
» appuyés sur la vanité de leurs entreprises. *Ecce*
» *homo qui non posuit Deum adjutorem suum,*
» *sed speravit in multitudine divitiarum suarum*
» *et prævaluit in vanitate sua* (1). On a prétendu
» acquérir à son corps une grande estime, des ri-
» chesses considérables; et on le voit déchoir de
» sa grâce et de son premier esprit, parce qu'on a
» fondé son établissement sur la créature. On ne
» s'est point assez reposé sur Dieu, qui veut être

(1) *Ps.* LI. 9.

» l'unique appui de ses œuvres; et qui, les ayant
» élevées contre toutes les oppositions de l'enfer et
» du monde, n'eût pas manqué de les conserver,
» si on avoit eu en lui une parfaite confiance.

» Qu'il est doux de faire l'œuvre de Dieu en son
» Fils, par les voies qu'il a établies lui-même en son
» Eglise, et consacrées autant par son exemple
» que par sa doctrine; l'humilité, la pauvreté, la
» simplicité! Les grands ne doivent paroître, lors-
» qu'il s'agit des desseins de Dieu, que pour ado-
» rer de loin, et non pour y toucher. Il faut que
» ses œuvres s'avancent dans le même esprit qui
» les a commencées. C'est pourquoi les commu-
» nautés qui sont fondées dans l'Eglise sur l'es-
» prit et sur les vertus de notre Seigneur, doivent
» toujours, comme les particuliers, aller de vertu
» en vertu. L'esprit de Jésus-Christ y doit tou-
» jours croître, et ses maximes doivent s'y pra-
» tiquer avec plus de perfection. Mais le mal-
» heur est que l'intérêt s'y mêle, l'ambition s'y
» glisse, l'esprit de superbe y pénètre, les maxi-
» mes du monde s'y établissent; au lieu de s'ap-
» puyer sur le bras de Dieu et sur sa providence,
» peu à peu on la perd de vue; par une pru-
» dence toute humaine, on veut établir tout sur
» la faveur des grands, sur les mesures de la
» sagesse du siècle; en un mot, sur la créature;
» ce qui oblige Dieu de s'éloigner et de les lais-
» ser périr, pour apprendre aux hommes que
» rien ne peut se soutenir que par lui. Puis-
» qu'on veut du bien et de la considération,
» il permet qu'on en ait; mais il retire son es-
» prit, le plus précieux trésor qu'on puisse pos-

» séder dans ce monde; et quelquefois même, en
» punition de cette conduite, il renverse tout.
» Combien n'en a-t-on pas vu d'exemples? Si
» Dieu ne bâtit la maison, c'est inutilement que
» nous y mettons la main. Elle est bâtie; c'est
» en vain que nous faisons nos efforts pour la
» conserver. A quoi bon nous lever avant le jour,
» c'est-à-dire, employer notre temps et nos soins,
» pour finir ce que Dieu lui-même ne veut pas
» qui s'achève? Mettons-nous donc fort peu en
» peine de tous les secours humains dans les œu-
» vres de Dieu, puisque lui seul veut en avoir la
» gloire.

» L'intérêt est le père de tous les maux. S'ap-
» plique-t-on à vouloir acquérir quelque chose,
» tout aussitôt l'esprit se remplit d'idées gros-
» sières. On perd l'esprit d'oraison; on aban-
» donne ses exercices spirituels pour aller visiter
» le monde, solliciter auprès des hommes puis-
» sans, et en tirer ce qu'on prétend. On les
» flatte même, et on se rend complaisant pour
» mieux réussir à les gagner; mais on éloigne
» Dieu, et l'on s'éloigne de Dieu. Le goût de la
» solitude s'évanouit, la pureté d'intention se
» perd, le recueillement s'en va ; plus d'union
» avec Dieu; bientôt la communauté se voit
» déchue de ce qu'elle étoit, et hors d'état de re-
» devenir ce qu'elle doit être. O vil intérêt! que
» tu causes de maux! que de misères tu entraînes
» après toi! que de saintes œuvres tu détruis !
» Hélas! tu es si détestable dans les personnes
» du monde; combien dois-tu être en horreur
» dans les maisons de Dieu, où l'on ne doit

» respirer que sainteté, que dégagement le plus
» entier et le plus parfait!

» Tant que nous vivrons sans intérêt, Dieu
» bénira la maison; les grâces y seront abon-
» dantes; et il lui fera d'autant plus sentir son
» secours, qu'on se mettra moins en peine d'en
» chercher ailleurs. Nous aurons tout, quand nous
» aurons la confiance en Dieu : avec elle on est
» plus riche que si l'on possédoit tous les trésors
» du monde, tous les royaumes de la terre. On
» a ceux de Dieu même, qui ne peut rien refuser
» aux hommes qui espèrent uniquement en lui.
» Non, nous ne manquerons, qu'autant que la
» confiance nous manquera. Tant que saint
» Pierre la conserve, il marche sur les eaux avec
» autant d'assurance que sur la terre ferme. Dès
» qu'il chancelle dans la foi, et que sa confiance
» diminue, il commence à enfoncer, et court
» risque de périr. C'est ce que lui reproche notre
» Seigneur : *Homme de peu de foi, pourquoi*
» *avez-vous douté* (1)? Ah! si je pouvois vous
» laisser cette confiance et cet appui en Dieu seul,
» que je vous laisserois de trésors et de grâces! Si
» vous saviez combien notre Seigneur aime à
» voir ses serviteurs lui abandonner le soin de
» toutes choses avec la simplicité d'un enfant,
» pour ne s'occuper qu'à le servir et à procurer
» sa gloire! Voulez-vous savoir le moyen de ne
» manquer de rien? établissez-vous bien, vous,
» vos œuvres et votre conduite sur cette grande
» maxime de Jésus-Christ : *Cherchez premiere-*

(1) *Matt.* xiv. 31.

» *ment le royaume de Dieu et sa justice, et le*
» *reste vous sera donné par surcroît* (1) ».

§. II. *Des Prêtres formés au Séminaire.*

Sur la seconde classe des sujets du séminaire, les vues de M. Olier ne montrent ni moins de zèle ni moins de sagesse que les précédentes. « Il
» importe beaucoup, dit-il, qu'il y ait toujours
» au séminaire des prêtres tout formés, qui soient
» toujours prêts à être envoyés dans les différens
» lieux du diocèse, selon le besoin, et à partir au
» premier ordre du premier pasteur. Notre Sei-
» gneur trouvoit toujours ses apôtres disposés à
» se rendre partout où il les envoyoit, et à passer
» d'un lieu à un autre, selon qu'il lui plaisoit. Il
» doit en être ainsi des prêtres que le prélat tient
» comme en réserve dans son séminaire, pour
» secourir à propos les brebis qui sont sans
» pasteur, ou qui ne peuvent recevoir de lui la
» nourriture. Le séminaire doit donc avoir des
» prêtres, qui, instruits du chant, des céré-
» monies, de l'administration des sacremens, de
» la manière de prêcher et de catéchiser, puissent
» aller remplir soit un vicariat vacant, soit une
» cure, soit quelque autre bénéfice ; et qui, par-
» dessus tout, soient hommes intérieurs et bien
» unis à Dieu. Il en faut encore pour aller dans
» le besoin, tenir la place de MM. les curés qui
» seroient malades, ou qui voudroient faire au
» séminaire les exercices spirituels de la retraite.

(1) *Matt.* vi. 33.

» Il

» Il en faut d'autres qui soient toujours prêts à
» faire la mission, surtout dans les cures vacantes
» par la mort du pasteur : d'où il résulte plusieurs
» avantages.

» Le premier, c'est de suppléer aux fautes et
» aux négligences souvent très-considérables du
» curé décédé; le second, c'est de secourir les
» peuples dans leur délaissement, et de consoler
» l'épouse de la perte de son époux; le troisième,
» c'est de préparer au successeur un troupeau ca-
» pable de profiter de ses instructions et de ses bons
» exemples, en jetant à propos dans le cœur des
» brebis une semence de salut, qui, bien cultivée
» ensuite, portera du fruit en son temps. Com-
» bien d'ailleurs évite-t-on par-là de difficultés qui
» se rencontrent dans les missions faites en la pré-
» sence du curé ?

» Ces prêtres peuvent servir encore au saint
» prélat, soit pour l'accompagner dans ses visites,
» soit pour le précéder et aller préparer les voies,
» à l'exemple des disciples du Fils de Dieu, qu'il
» envoyoit deux à deux au-devant de lui, par-
» tout où il devoit passer : ce qui produit ordi-
» nairement un grand bien; car en faisant con-
» noître aux ames, par la prédication et les
» catéchismes, le prix de la grâce que Dieu leur
» prépare par la visite du premier pasteur, et
» en leur inspirant les dispositions qu'elles doivent
» y apporter, on les rend dignes de recevoir avec
» fruit les sacremens de la sainte Eucharistie et
» de la Confirmation, les deux plus riches pré-
» sens que Dieu ait faits à son Eglise, puisque dans
» l'un on reçoit le corps adorable de son Fils,

» dans l'autre les dons et la personne adorable
» de son divin Esprit.

» Ils pourront encore soulager le saint prélat,
» s'il veut les employer à reconnoître la capacité
» des prêtres, talent si rare dans plusieurs cam-
» pagnes; leur vigilance sur les besoins spirituels
» des peuples; leur charité et leur zèle à prêcher,
» à exhorter, à catéchiser, à administrer les sa-
» cremens, à visiter leur troupeau, pour récon-
» cilier les familles divisées, aider de leurs au-
» mônes celles qui sont indigentes, consoler les
» malades, etc.

» Les mêmes sujets peuvent enfin aller prési-
» der par ordre et au nom de Mgr l'évêque, aux
» conférences de MM. les curés, qui se font tous
» les mois dans les divers cantons du diocèse,
» comme il se pratique en plusieurs évêchés;
» moyen excellent de faire connoître au prélat,
» la modestie, la piété, la capacité, l'assiduité des
» pasteurs à qui son troupeau est confié, et l'état
» de son clergé.

» Les prêtres de cette seconde classe n'ont pas
» besoin, comme les premiers, de renoncer aux
» bénéfices et aux dignités ecclésiastiques : mais
» ils doivent être abandonnés entre les mains de
» l'évêque, pour être placés, soit par commis-
» sion, soit en titre, où il jugera à propos de les
» envoyer, sans avoir d'autre ambition que de
» servir l'Eglise sous ses ordres ».

§. III. *Des Elèves du Séminaire.*

» Il ne reste plus à parler que de la troisième
» classe des sujets du séminaire, qui est la plus

» nombreuse, puisqu'elle comprend tous ceux qui
» viennent se former à l'état ecclésiastique, et
» en prendre l'esprit. Tous ne sont pas de même
» âge, ni de même condition. Les uns n'étant pas
» encore clercs, mais touchés du désir de se
» donner à Dieu, et de se consacrer à son service,
» peuvent venir au séminaire pour étudier leur
» vocation, et examiner s'ils sont dignes d'être
» promus à la cléricature. On peut en consé-
» quence les recevoir en habit séculier. Les autres,
» qui étant clercs ne portent aucune marque de
» leur état, viendront s'y instruire de leur voca-
» tion, et y prendront l'habit ecclésiastique, s'ils
» en sont jugés dignes. Ils le prendront avec esprit
» de pénitence, et avec un grand regret d'avoir
» négligé jusqu'alors de porter les marques de la
» cléricature.

» Il s'en trouvera qui, sans prétendre à aucun
» bénéfice, se sentant appelés à servir Dieu et son
» Eglise, viendront étudier les devoirs de leur
» sainte vocation, et se former à l'esprit du sacer-
» doce, pour se mettre dans la main de leur prélat,
» et remplir dans son diocèse tel ou tel ministère
» qu'il lui plaira. De tels ouvriers se présentant
» avec le seul intérêt de la gloire de Dieu, leur
» grâce en sera bien plus excellente.

» D'autres enfin seront des bénéficiers, comme
» doyens, chantres, archidiacres, chanoines, ab-
» bés, prieurs, qui voudront connoître ce qu'ils
» sont dans l'Eglise, ce qu'ils lui doivent, quelle
» est la grâce de leur état, quelles en sont les
» vertus et les obligations.

» Cette diversité de sujets compose la beauté
» admirable de l'Eglise de Dieu, et forme un

» ordre merveilleux aux yeux de Jésus-Christ
» notre Seigneur, qui s'en sert pour mettre au
» grand jour l'étendue de ses vertus secrètes et la
» multiplicité de ses dons cachés.

» Mais de cette même diversité naît une difficulté
» qu'il faut aplanir. Le séminaire est ouvert aux
» riches et aux pauvres. Comment ne pas exposer
» ceux-ci à aimer leurs aises, si on les traite, pour
» la nourriture et le vêtement, au-dessus de leur
» condition? Et si les premiers, qui ont été élevés
» délicatement, ne sont pas nourris avec plus de
» soin que les personnes d'un état médiocre, n'est-
» il pas à craindre qu'on ne les dégoûte et qu'on ne
» les rebute? Le premier remède à tout inconvé-
» nient, c'est de régler tellement la nourriture et
» le vêtement; c'est d'y mettre un si juste milieu,
» que les sujets d'une condition commune, ne
» puissent ni excéder ni flatter leurs sens, et que
» les sujets d'une condition plus relevée, n'aient
» point lieu de faire de plainte ensemble sur ce qui
» touche les nécessités de la vie.

» Mais un autre remède bien plus efficace, et
» qui a toujours été le plus solide fondement de
» la paix et de la concorde dans les sociétés chré-
» tiennes, c'est l'exercice de la mortification. Sans
» cette vertu, rien d'assuré dans la religion du
» clergé et dans la perfection du sacerdoce, non
» plus que dans le christianisme. Sans cette mort
» à soi-même, ce n'est que trouble avec soi et
» avec ses frères. Dans elle, au contraire, on
» trouve la paix avec Dieu, avec soi-même et avec
» le prochain. La grande étude des directeurs sera
» donc de former les sujets du séminaire à la mor-
» tification de toutes les inclinations de la chair,

» et de les établir dans la pratique de cette leçon
» fondamentale de la cléricature : Regardez-vous
» comme des hommes morts au péché ; *existimate*
» *vos mortuos quidem esse peccato* (1). Saint Paul
» représente les chrétiens, à plus forte raison les
» élèves du sanctuaire, comme des hommes qui
» *portent dans leur corps la mortification de*
» *Jésus-Christ* (2), comme des hommes ensevelis
» avec Jésus-Christ ; par conséquent tellement sé-
» parés en esprit des choses de la terre, que rien
» de ce qui est le sujet ordinaire de nos inquiétu-
» des et de nos troubles, n'interrompe en nous
» la paix nécessaire au service de Dieu et à l'accrois-
» sement dans la piété.

» Jésus-Christ notre Seigneur a donné le pre-
» mier coup de mort à la vie du péché par la
» grâce du baptême, nous laissant à continuer
» l'œuvre qu'il a commencée, en nous appliquant
» sans cesse à retrancher les germes du péché, qui
» est bien mort en soi, mais non dans ses suites.
» C'est à quoi l'on doit beaucoup exhorter les élèves
» du séminaire, en leur faisant toujours ouvrir les
» yeux à la malignité de leurs désirs, pour les répri-
» mer et les tenir ensevelis dans un esprit de mort,
» comme ils y sont obligés par leur profession, et
» comme ils en sont avertis par leur habit. Car la
» soutane, qui est un habit de mort et de péni-
» tence, et que nous devons prendre avant de
» nous revêtir du surplis, nous apprend que la
» mort à nous-mêmes doit précéder la sainteté de
» la vie cléricale, représentée par la blancheur
» de ce vêtement. Avec cet esprit, qui est celui des

(1) *Rom.* vi. 11.   (2) *Cor.* iv. 10.

» apôtres, les clercs aspirant au sacerdoce ne pen-
» seront ni à leurs habits ni à leur nourriture.
» Ils n'en feront non plus de cas, que ces princes
» auxquels on vient en grande cérémonie pré-
» senter des mets après leur mort, et qui y sont
» aussi peu sensibles qu'aux suaires et aux déco-
» rations funèbres qui les environnent; et pleins
» de la grâce de leur vocation en Jésus-Christ,
» ils parviendront à n'avoir plus que du dégoût
» de la vie présente, et de désirs que pour la vie
» future, à laquelle tendent tous les exercices du
» séminaire. »

CHAPITRE XIII.

SES LUMIÈRES ET SES GRACES PARTICULIÈRES.

Dieu se plaît à récompenser dès cette vie la vertu de ses fidèles serviteurs, en leur communiquant des lumières intérieures qui sont comme un gage de celles qu'il répandra sur eux par torrens dans la gloire. La vie de M. Olier en fournit un grand nombre d'exemples. On verra, par les différens traits qui vont terminer son histoire, que Dieu le faisoit entrer non-seulement dans le secret des consciences, mais même dans ses propres secrets.

En 1642, le 25 juillet, fête de saint Jacques son patron, il faisoit en chaire l'éloge de cet apôtre, lorsqu'il vit entrer dans l'église une de ses parentes, qui étoit parée d'une manière très-mondaine, avec deux de ses enfans qu'elle venoit

lui présenter. Son désir étoit qu'il se chargeât de leur éducation, comme elle l'en pria lorsqu'il fut descendu de chaire, et qu'il les prît avec lui (ce sont les termes de l'homme de Dieu) pour leur frayer un chemin à la fortune; car elle fit cette démarche dans le même esprit que la mère des deux apôtres Jacques et Jean, lorsqu'elle demanda pour eux à notre Seigneur les premières places dans son royaume. Mais elle fut bien surprise d'entendre son vertueux parent, sur la protection de qui elle avoit toujours compté, et qui ignoroit entièrement le dessein qui la conduisoit chez lui, déclamer avec force, un moment après qu'elle se fut placée dans l'auditoire, et contre l'intérêt grossier qui inspire tous les projets des gens du monde, et contre les demandes criminelles qu'ils font tous les jours à Dieu et aux hommes. « Car
» n'est-il pas vrai, disoit-il, dans ce même dis-
» cours, que sans les prétentions de l'orgueil, de
» l'amour propre, de l'ambition et de la vanité,
» les autels de Jésus-Christ seroient déserts, et
» ses églises abandonnées? On n'y va que pour
» demander la santé, l'honneur, les richesses;
» demandes si éloignées de celles que faisoit notre
» Seigneur, uniquement occupé de la gloire de
» son Père. Tout ce qui ressent le monde et les
» vanités du monde, me met hors de moi-même,
» reprend le serviteur de Dieu. C'est pourquoi,
» après le sermon, cette personne étant venue me
» visiter avec son mari, je lui dis si hautement
» ses vérités, et lui représentai avec tant de véhé-
» mence le scandale qu'elle avoit causé à ses en-

» fans, depuis qu'elle leur donnoit l'exemple de
» la mondanité du siècle, qu'elle en versa des
» larmes devant moi. Je ne me bornai pas à ces
» représentations et à ces reproches; car le refus
» que fit notre Seigneur à la mère des enfans de
» Zébédée, en condamnant l'esprit d'ambition
» qui la conduisoit, je le fis de même, et sans
» respect humain, à cette mère si remplie d'elle-
» même et si vaine. Je me souviens qu'auparavant
» d'avoir entendu sa demande, par un mouve-
» ment particulier, je m'étois senti poussé en
» chaire à insister sur l'indignation avec laquelle
» Dieu et notre Seigneur Jésus-Christ réprouvent
» des prières semblables à celle des deux apôtres.
» J'ajoutai qu'au reste saint Jacques, s'il eût été
» en ma place, et s'il fût monté dans la chaire
» où je prêchois, auroit prêché contre sa propre
» mère. Il se fût condamné lui-même, d'avoir
» suggéré à celle qui lui avoit donné le jour, la
» demande qu'elle avoit eu la témérité de faire
» à notre Seigneur en leur présence. Ces dernières
» pensées, notre Seigneur me les mit lui-même
» dans l'esprit avant que je montasse en chaire.
» Il me dit de sa bouche : *Parlez de cette ma-*
» *nière*. Ce bon maître voulut alors que je fisse
» une leçon dont je ne savois pas quel étoit le
» dessein, et qui étoit un mystère pour moi. Nos
» Messieurs m'entendant parler avec tant de zèle
» contre la vanité des mères, qui, à l'exemple
» de celle de l'Evangile, cherchoient à élever leurs
» enfans dans la grandeur; à cette parole surtout,
» que son fils prêcheroit contre elle-même, cru-

» rent que je voulois parler de ma mère, qui ne
» pouvoit souffrir mon éloignement des grandes
» places ».

Un des prêtres de la communauté l'ayant prié une fois de lui faire connoître ses défauts, Dieu l'éclaira tout aussitôt si parfaitement, qu'il voyoit l'intérieur de celui qui le consultoit et toutes ses peines, mieux que si elles avoient été écrites devant ses yeux : c'est son expression. Se sentant porté au même instant à lui faire part de ce qu'il découvroit dans son ame, il le fit avec tant de justesse, que celui-ci, tout hors de lui-même, le quitta aussi étonné de ses profondes lumières, que soulagé et consolé par ses bons conseils. A l'exemple de cette femme, qui, après son entretien avec notre Seigneur, alla dire à ceux de la ville de Samarie qu'elle connoissoit : *J'ai trouvé un homme qui m'a dit tout ce que j'ai fait* [1], il fut si ému de ce qu'il venoit d'entendre, qu'il ne put s'empêcher d'en faire part aux autres prêtres avec qui il vivoit. Il leur annonça ce qui lui étoit arrivé, avouant que jamais il n'avoit été si surpris que dans sa conversation avec M. Olier; qu'il lui avoit dit ses vérités les plus cachées; et qu'il falloit que Dieu l'eût favorisé du don de pénétrer les secrets des consciences.

Ce ne fut pas la seule fois que M. Olier sut lire dans l'intérieur de la même personne. Elle ne s'accordoit point avec lui dans un dessein qui intéressoit la communauté et la paroisse; opposition dans laquelle l'entretenoient plusieurs personnes de grande considération. Le serviteur de Dieu dé-

[1] *Joan.* IV. 29.

couvrit tout ce qui se passoit dans son esprit; et voici comme il s'en exprime. « Notre Seigneur, » dit-il, qui me fit connoître que cet ecclésias- » tique étoit fort souvent en tentation contre nous » et notre projet, me montra dernièrement (lu- » mière qui m'étoit aussi claire que le jour et plus » encore) que malgré toutes les suggestions con- » traires, il le tenoit lié à nous, en sorte qu'il se » trouvoit forcé, malgré lui-même, d'abandonner » ceux qui le conseilloient ».

La même chose lui arriva encore avec un autre de ses prêtres. « Il me consultoit (c'est ainsi qu'il » raconte l'événement) sur une chose très-diffi- » cile : j'admirois son humilité; car il est infini- » ment plus sage, plus savant et plus avisé que » moi; et à l'heure même notre Seigneur me » montra clairement ce qu'il me demandoit. Je » reçois souvent ces grâces; mais c'est à la consi- » dération des personnes qui viennent m'interro- » ger. Dieu m'éclaire par compassion pour elles; » je le vois sensiblement. Dès qu'on ouvre la » bouche pour me consulter, avant même de sa- » voir ce qu'on me demande, Dieu me donne en » leur faveur les lumières qu'elles désirent et avec » abondance; mais notre bon maître, pour m'hu- » milier, et me faire connoître que la sagesse et » l'intelligence ne sont point en moi, encore moins » à moi et de moi, mais que tout est à lui et en » lui, me laisse quelque temps dans l'aveuglement » et dans l'ignorance de ce qu'on me demande; » puis, dans un instant, sa bonté me le fait con- » noître. Je le sens tous les jours, soit dans les » confessions, soit dans les entretiens particuliers,

» J'y éprouve une différente pureté de lumière,
» selon la diversité des sujets qui se présentent.
» Je leur réponds conformément à leurs besoins,
» sans autre préparation que de renoncer à mon
» propre esprit, attendant ce qu'il plaira à Dieu
» de me donner pour le service de ses enfans.
» Cette manière d'agir est si efficace et si puis-
» sante, que je les vois avancer en trois semaines,
» plus que je n'ai fait en six et huit années pen-
» dant lesquelles je ne connoissois rien dans le
» christianisme, ni dans les routes qu'il faut tenir
» pour aller purement à Dieu ; tant la voie de la
» confiance en l'assistance de sa grâce est efficace
» sur les esprits ».

Un jour le serviteur de Dieu s'entretenoit avec une ame qui lui étoit unie très-étroitement en notre Seigneur et en sa très-sainte Mère. « Comme
» je lui parlois, dit-il, de l'avantage qu'on trouve
» à quitter tout pour Dieu, et à renoncer à toute
» espérance temporelle pour Jésus-Christ, il plut
» à la bonté divine de m'ouvrir le ciel et de me
» montrer l'élévation de la demeure qui lui étoit
» préparée pour avoir eu le courage de se séparer
» de toutes les grandeurs du siècle, et avoir sa-
» crifié généreusement à Jésus-Christ ses espé-
» rances pour cette vie ».

En 1651, dans sa méditation le jour de saint Bernard, il fut éclairé de Dieu sur la différence qui devoit être dans l'esprit de la maison de Clairvaux et celui du séminaire. « Notre Seigneur,
» dit-il, m'a fait entendre que la vocation de la
» société étoit autre que celle de l'institut de saint
» Bernard. Car il a voulu, dans le monastère du

» saint abbé, que l'on domptât la chair et qu'on la
» réduisît en servitude par les efforts extérieurs; et
» il paroît que Dieu demande, dans cette maison,
» qu'on y dompte la chair par l'esprit. Saint Ber-
» nard étoit appelé à se retirer du monde exté-
» rieurement; et il est visible que dans notre
» vocation, l'esprit doit nous séparer du monde au
» milieu du monde même. Le saint éloignoit des di-
» gnités ecclésiastiques, et retiroit du clergé tous les
» sujets que Dieu lui envoyoit. Au contraire, Dieu
» désire qu'on élève ici des sujets pour les charges
» et les dignités du clergé. Il ne veut pas qu'on
» pense à grossir un corps qui diminue le corps prin-
» cipal de l'Eglise, mais que l'on travaille à remplir
» ce dernier de sujets saints, qui, étant le sel
» du clergé, pénètrent le corps entier de leur
» sagesse et de leur vie divine. Or il faut pour cela
» que ceux qui composent la maison aient une
» grande plénitude de vie, qui par eux se ré-
» pande dans le corps ecclésiastique. Il faut
» qu'ils vivent dans un esprit de mort et d'abné-
» gation de toute dignité, pour mériter l'honneur
» et la grâce de servir l'Eglise pour la sanctifica-
» tion de ceux qui en doivent remplir les places
» et les charges ».

Les obscurités et les humiliations par où Dieu fit passer son serviteur pendant des années en-tières, furent suivies, comme je l'ai rapporté au livre troisième, du don de parler le langage le plus sublime et le plus pathétique. Toutes ses exhor-tations étoient pleines de l'onction et de la force de l'esprit de Dieu. On eût dit que la même vertu, qui transforma autrefois les prophètes et les apô-

tres, étoit descendue sur lui pour en faire un Elie ou un Jean-Baptiste. « Un de nos Messieurs, dit-
» il, m'ayant demandé quelques paroles d'édifi-
» cation en l'honneur de saint Paul, aussitôt la
» bonté divine me fit voir le zèle de ce grand
» apôtre, qui étoit tout de feu pour la gloire de
» son maître. Je me le représentai comme une
» vive flamme qui s'élançoit de toutes parts, et
» passoit sur tout sans rien craindre; ni le monde,
» ni la mort, ni la croix, ni le martyre; qui at-
» taquoit les princes et les rois avec intrépidité,
» méprisant toutes les créatures qui s'élevoient
» contre Dieu, comme de la boue. A ce même
» moment, je sentis mon cœur embrasé d'un feu
» tout semblable. Je ne pouvois dire une parole,
» sans qu'elle m'enflammât davantage. J'eusse
» parlé très-long-temps sur cette matière, sans
» peine et sans préparation; mais je n'osois, tant
» je craignois d'excéder, et tant je sentois croître
» en moi cet état extraordinaire de ferveur que
» j'étois obligé quelquefois de contenir en moi-
» même. Lorsque j'éprouve ces impressions, je ne
» me mets guère en peine de ce qu'il faut dire.
» Dieu me donne tout, et son esprit me fait parler
» comme il lui plaît. S'il me falloit répéter ce que
» j'ai dit alors, je ne le pourrois, à moins que la
» lumière qui m'a fait parler ne me fût remise
» dans l'esprit. C'est ainsi que je parle toujours
» maintenant. Je me trouve si fort abandonné à
» l'esprit de notre Seigneur, et si dépendant de
» lui, que je ne vois, je ne sens, je ne puis quoi
» que ce soit au monde, que dans la vue, le
» sentiment et la puissance de cet esprit ».

Au don de toucher les cœurs par la vertu extraordinaire de sa voix, et de ravir les esprits par la sublimité de ses discours, M. Olier joignoit celui de délivrer les ames des peines les plus accablantes, et de les sauver des périls les plus affreux. Une religieuse en qui l'on reconnoissoit une éminente piété, s'étant présentée un jour devant lui, « je vis (ce sont ses termes) ses yeux telle-
» ment égarés, que je la jugeai tourmentée par
» l'esprit impur, qui la portoit à des desseins
» criminels. Je fis aussitôt le signe de la croix,
» et cette pauvre servante de Dieu fut délivrée
» sur-le-champ. Le malin esprit étoit entré dans
» son corps pour s'efforcer de la séduire, et s'é-
» toit emparé de ses yeux pour la porter au péché;
» mais il ne put tenir contre le signe du salut. A
» peine l'eus-je employé, qu'il fut contraint de
» prendre la fuite ».

Plus d'une fois la main du Tout-puissant se manifesta d'une manière qui fut jugée miraculeuse, en faveur des malades qui appeloient ou pour qui on appeloit le serviteur de Dieu. Un jeune ecclésiastique du séminaire, nommé de Villars, tomba malade très-dangereusement. Son état mit bientôt ceux qui le gouvernoient, dans la nécessité de lui offrir les secours de l'Eglise, et M. Olier fut invité à lui administrer l'Extrême-onction. « Pendant qu'il la recevoit, (c'est ce qu'on trouve
» écrit de sa main) il me témoigna, dit-il, une
» joie singulière des grâces qui se répandoient en
» lui par les paroles que le Seigneur me mettoit sur
» les lèvres, et qui arrachoient des larmes de tous
» les assistans. Ce fut de lui que notre Seigneur

» me dit pendant que les médecins le condam-
» noient, et me dit par deux fois: *Je te le rendrai;*
» parole qui s'est trouvée pleinement justifiée par
» l'événement. Il fut guéri contre toute espérance;
» et les médecins eux-mêmes ont regardé cette
» guérison comme miraculeuse. Depuis son réta-
» blissement, ce jeune homme profite à vue d'œil
» dans la vertu; tant il est vrai que la parole de
» Dieu et la sainte Eucharistie sont la nourriture
» de l'ame ».

« Ayant été appelé pour voir un malade (dit-il
» encore à la suite du fait qu'on vient de raconter)
» dont le mal étoit si violent, qu'on étoit persuadé
» qu'il en mourroit, je fus ému de compassion
» en l'abordant. Je lui adressai quelques paroles
» pour le consoler et le soutenir dans ses souffran-
» ces. J'étois à peine sorti qu'il fut guéri. Les pau-
» vres affligés qui l'assistoient ont cru qu'une
» guérison si soudaine étoit miraculeuse. Le saint
» nom de Dieu soit béni et loué à jamais ».

Le second frère de M. Olier fut un de ceux qui éprouvèrent que la bénédiction du Seigneur est avec l'homme juste, et que sa présence auprès d'un malade peut souvent plus, pour sa guérison, que tout l'art de la médecine. Il fut attaqué d'une maladie qui ne tarda pas à le conduire aux portes de la mort. L'homme de Dieu, qui travailloit à onze lieues de Paris dans une mission, n'en eut pas plus tôt su la nouvelle, qu'il partit; et en peu d'heures il fut rendu auprès de lui. Les prières qu'il fit continuellement dans le chemin, furent pour le malade un remède bien plus efficace que tous ceux qu'on avoit employés jusque-là; et l'effet ne pouvoit être plus prompt. A peine eut-il dit quelques paroles à son frère, que celui-ci se trouva fort soulagé, et dès le lendemain, le danger avoit tellement disparu, que le serviteur de Dieu retourna sans délai au lieu de sa mission.

Ce ne fut pas le seul service qu'il rendit à son frère. Il eut la douleur de le voir se livrer de nouveau, après son rétablissement, à tous les plaisirs et à toutes les vanités du monde auxquelles il avoit espéré le voir renoncer enfin pour toujours. Plus touché de cette sorte de rechute que des maladies les plus douloureuses et les plus alarmantes, il ne cessa de demander à Dieu pour lui la grâce d'une parfaite conversion. Le ciel l'exauça. Une autre maladie fut le moyen dont se servit la divine miséricorde pour l'accomplissement de ses désirs. Son frère profita de ses nouvelles souffrances pour revenir sincèrement à Dieu; et son retour fut si solide pour cette fois, qu'il fit profession, jusqu'à la fin de sa vie, de la piété la plus exemplaire : changement qui fut d'autant plus louable et plus frappant, qu'il n'y avoit point été porté par l'exemple de ses frères. Plus la vie qu'ils menoient affligeoit M. Olier, plus il se réjouissoit de voir celui-ci pratiquer la vertu, et vivre en parfait chrétien.

Vers le même temps, il obtint du Seigneur une autre espèce de guérison dans l'ordre de la grâce, que beaucoup d'autres n'eussent osé entreprendre, parce qu'ils l'avoient jugée impossible. Le jour de la Présentation de la sainte Vierge en 1651, on vint lui donner avis qu'un mauvais catholique, converti peu d'années auparavant, de la religion protestante

testante à la foi catholique, depuis l'abjuration de son hérésie, n'avoit fait aucun exercice de religion; qu'il vivoit encore dans le sein de sa famille toute composée d'hérétiques; et, ce qui enflamma davantage son zèle, qu'il étoit au lit très-dangereusement malade. Il y courut aussitôt, et se présenta pour lui parler; mais ce fut en vain. Obsédé par ses proches, il persista à répondre qu'il ne vouloit voir que des ministres. Dans une extrémité si fâcheuse, M. Olier, accablé de tristesse, ne trouvoit de soulagement qu'aux pieds du crucifix et des saints autels. Il eut recours à la très-sainte Vierge. Prosterné devant son image, il la conjure avec larmes de se laisser attendrir au malheureux sort d'une brebis égarée qu'il vouloit ramener au bercail. Le moment de son salut n'étoit point encore arrivé. Il lui fut répondu intérieurement, que quand il auroit eu accès auprès de cet homme endurci, il n'eût rien pu sur son cœur. Sans perdre courage, il fait instance auprès de la Mère de miséricorde, pour obtenir au moins sa conservation, dans l'espoir de le gagner ensuite à Jésus-Christ. Dieu accorda à son serviteur plus qu'il ne demandoit. La très-sainte Vierge n'obtint point la santé au malade; mais pendant un violent accès de fièvre, Dieu lui inspira un si ardent désir de se convertir, qu'il demanda à grands cris un prêtre. Sa famille eut beau s'y refuser, il fallut enfin le satisfaire. Quatre ministres furent appelés successivement, et vinrent les uns après les autres pour le faire renoncer à son dessein. Tous ses parens usent des représentations les plus fortes, et ne cessent d'assiéger son lit pour écarter ceux qui tenteroient de le rappeler au sein de l'Église

Romaine. Ses frères en particulier se désespèrent en sa présence. Il entend les domestiques eux-mêmes éclater en plaintes et en murmures contre lui; mais la grâce triomphe de tous les assauts que lui livrent la chair et le sang. Le malade déclare que, malgré la défaillance où il est, Dieu lui donnera encore assez de force pour se traîner à la fenêtre, d'où il criera jusqu'à extinction de voix qu'il veut avoir un confesseur; ajoutant que, s'il le falloit, et que s'il ne pouvoit obtenir autrement ce qu'il demandoit, il se jeteroit plutôt dans la rue, que de mourir sans confession. Il ne fallut rien moins que cette parole, pour vaincre la résistance opiniâtre de ses frères. Ils se rendirent enfin, dans la crainte de voir la scène se terminer par une tragique catastrophe. On fait venir un prêtre, qui, après avoir fait transporter le malade hors de la maison, lui procura, avec un lieu de sûreté, les secours de l'Eglise et tous les bons offices que M. Olier n'avoit pu lui rendre en personne; grâces qui furent suivies de consolations dont jamais il n'avoit fait l'expérience dans sa secte.

Parmi les prêtres de la communauté de Saint-Sulpice, il s'en trouva un, qui à de grands talens joignoit beaucoup de science, et qui étoit surtout fort habile théologien, mais qui s'étoit fait un systême de piété très-dangereux. Il n'y avoit encore que deux mois environ qu'il demeuroit avec M. Olier, et tout le monde avoit remarqué qu'il s'étoit forgé des maximes nouvelles dont il étoit impossible de ne pas redouter les suites. C'étoit un homme entêté de ses propres idées, et qui avoit débuté par désapprouver hautement les voies ordinaires de la direction des ames. A l'en croire, il falloit tout réformer dans la manière de les conduire; et il ne souffroit qu'avec peine la simplicité des règles du christianisme, selon lesquelles ceux avec qui il vivoit avoient coutume de se conduire. On avoit beau lui montrer que rien n'étoit plus conforme à la pureté de l'Evangile, et lui faire envisager les précipices où devoient aboutir naturellement ses principes : plus on s'efforçoit de l'éclairer, plus il s'affermissoit dans ses opinions; et il ne savoit faire usage de sa théologie, que pour contredire les maximes fondamentales de la piété chrétienne. M. Olier entreprit de guérir les travers de son esprit, et encore plus l'enflure de son cœur. Mais comme il comptoit toujours plus sur ses prières, que sur ses paroles; sans se lasser de donner à ce savant, plein de présomption, les avis charitables qui tous les jours lui devenoient plus nécessaires, il offrit à Dieu des désirs ardens qui ne tardèrent pas d'être exaucés. L'humiliation est le remède dont il use ordinairement avec les orgueilleux sur qui il a des desseins de miséricorde. Heureux celui qu'elle rend humble. Tel fut le fruit des prières ferventes et des leçons paternelles de M. Olier. Dieu retira à cet ecclésiastique les talens et les connoissances dont il avoit abusé si souvent, et dont il abusoit encore tous les jours pour combattre la vérité et attaquer la sainte morale de l'Evangile. Privé de lumière, de mémoire, de présence d'esprit, il ne lui en resta, que pour s'apercevoir du triste état où l'avoit réduit la justice divine. Dès qu'il vouloit raisonner sur une matière, les idées se refusoient à son esprit; et il n'ouvroit plus la bouche que pour balbutier. Le contraste que présentoit cette sorte de stupidité, avec la grande facilité qui jusque-là lui avoit donné tant de suffisance, étoit trop sensible et trop fréquent, pour ne le pas consterner. Atterré de douleur et de honte, il tomba dans une noire mélancolie et une profonde tristesse; mais ce fut une tristesse de pénitence, et le salut qu'elle opéra fut stable et permanent. Celui qui est le maître de tous les dons, et qui éclaire ou aveugle quand il lui plaît, après avoir vu cette tête altière s'anéantir en sa présence, changea sa justice en miséricorde. Il lui rendit tout ce qu'il lui avoit enlevé; et l'on admira bientôt l'humilité, la modestie et l'obéissance du même homme, qui, peu de mois auparavant, faisoit tout appréhender de son attachement inflexible à son propre jugement. « Dieu » soit béni, (dit M. Olier en terminant le récit de » cet événement) c'est maintenant un de ceux de » la communauté qui sont les plus humbles et les » plus soumis ».

Les lumières que Dieu communiquoit à son serviteur pour découvrir les défauts intérieurs, étoient accompagnées de grandes peines, (c'est lui-même qui nous l'apprend) et laissoient dans son cœur une amertume proportionnée à l'amour dont il brûloit pour Dieu: impression que je mets au nombre des faveurs de Dieu les plus précieuses, par la ressemblance qu'elle lui donnoit avec notre Seigneur, comme il le comprit lui-même. Il faut l'entendre encore s'exprimer à ce sujet. Parlant d'une âme élevée à la plus haute perfection, mais qui n'étoit point exempte de ces taches presque imperceptibles à tout autre qu'à un homme aussi éclairé dans les voies de Dieu que M. Olier, et qui ne s'apercevoit point de ses imperfections; « Je ne manque point, disoit-il, de souffrir des » peines très-violentes, pour les moindres cho- » ses qu'elle peut faire en l'esprit propre, et » selon les vues de la sagesse humaine. La voyant » agir hors de la pureté de l'esprit divin, je » profitai du premier entretien, pour lui ren- » dre compte de tout ce qui s'étoit passé en elle, » et des paroles même qu'elle avoit prononcées » en telle ou telle rencontre. Elle m'avoua que » je lui découvrois ce qu'elle n'avoit pas en- » core découvert elle-même, et ce qu'elle n'au- » roit jamais aperçu, si je n'avois apporté la lu- » mière devant ses yeux. Les peines secrètes » que j'endure alors, me font connoître celles » de notre Seigneur Jésus-Christ, qui ne peut » souffrir dans les ames saintes le moindre dé- » tour ou le moindre mélange de la sagesse hu- » maine, sans une sorte de tourment; car voyant » son épouse fidèle ne pas marcher dans toute » la pureté de son amour, mais pour soi-même » ou pour autrui, c'est-à-dire, lui dérober un » regard, une préférence qui lui eussent été plus » chers que les hommages de tous les hommes » de la classe commune des chrétiens, comment » n'en ressentiroit-il pas une peine extrême? » Le regard amoureux d'une ame vers Jésus- » Christ est si doux à ses yeux et si agréable » à son cœur, que s'il lui arrive d'en donner » un autre à sa créature, ses entrailles se dé- » chirent. Oh! quelle douleur pour lui, de voir

» perdre devant soi ce qu'il avoit acquis avec
» tant de soin, conservé avec tant de peine,
» possédé avec tant de jalousie! Et ce sera un
» homme de rien qui le lui ravira; un homme
» qui n'a rien fait pour cette ame, qui n'est
» point mort pour elle, qui ne lui donne point
» son corps et son sang pour nourriture, comme
» Jésus-Christ; qui n'est capable ni de la con-
» server, ni de la protéger, ni de la défendre
» contre les ennemis de son salut. Combien une
» ame qui veut être fidèle à notre Seigneur,
» doit être soigneuse de ne donner jamais le
» moindre regard à la créature. Il est si jaloux
» de la posséder toute entière, et d'en être sou-
» verainement aimé, l'ayant acquise à tant de
» titres, et la voulant avoir seul, sans qu'aucun
» autre puisse y prétendre. C'est un frein si puis-
» sant et si fort, que celui de l'amour. Dieu ne
» souffre pas qu'on aime rien pour tout autre
» que pour lui. Il veut que l'ame fidèle tende
» à lui en droiture et à tout moment, et à lui
» seul, ne déclinant ni sur elle-même, ni sur le
» prochain, pour l'aimer purement et en lui-
» même. Aussi dès qu'une ame s'approche de
» l'état où il commence à être fort jaloux de son
» amour, il la retire du tracas des choses du
» siècle, et l'attire en solitude, pour en jouir ex-
» clusivement et sans rival, sans partage, sans
» distraction d'elle-même. Dieu trouve ses délices
» dans le moindre de nos regards intérieurs;
» tant il aime tout ce qui est de nous. La plus
» petite complaisance en autrui est pour lui une
» mort. Un désir de voir, de posséder autre chose

» que lui, est pour son cœur un saisissement qui
» ne peut s'expliquer. Dieu, par sa miséricorde,
» me fait sentir toutes ces impressions comme
» des coups de rasoir qui me coupent les chairs
» vives, comme des morsures d'animaux qui me
» dévorent les intestins. Bref, tout en moi souffre
» cruellement, quand il arrive à une ame que
» j'ai en garde, de s'épancher ainsi en la créa-
» ture, et de s'éloigner, en suivant ses désirs,
» de l'unité et pureté de son Dieu. Ces tour-
» mens intérieurs, ainsi que les lumières qui me
» les causent, me viennent sans que j'aie be-
» soin de voir les personnes qui en sont l'objet;
» mais je sais tellement ce qui se passe en elles,
» qu'elles sont obligées de convenir de tout. C'est
» un hommage qu'elles rendent à la vérité et à
» la fidélité de Dieu, qui fait voir et sentir ses
» peines aux ames qu'il attire à lui et qu'il s'at-
» tache, pour les rendre capables de purifier les
» autres après s'être purifiées elles-mêmes. A
» peine pourroit-on croire la jalousie qu'il en a,
» et la peine qu'il souffre du partage des cœurs
» qu'il veut tout à lui. Il en agit avec nous comme
» avec lui-même; car il a voulu éprouver nos
» tentations pour compatir à nos misères, et
» maintenant il veut que les directeurs éprou-
» vent ses propres peines, afin que nous ayons
» compassion de son état, et que nous le sou-
» lagions à notre tour. Je sens encore de grandes
» tribulations, lorsque les fidèles épouses de no-
» tre Seigneur ne vont point avec lui en naï-
» veté et simplicité; quand elles se portent aux
» choses qu'elles aiment pour leur propre satis-

» faction, se formant une fausse intention de
» la gloire de Dieu..... Par exemple, elles di-
» ront qu'elles veulent voir telles choses pour
» lui; et c'est uniquement pour se contenter elles-
» mêmes. C'est là me donner des coups de poi-
» gnard, et me percer le cœur ».

Les différens traits que je viens de rapporter, comme beaucoup d'autres que je supprime, montrent que M. Olier avoit sur l'intérieur des personnes qu'il dirigeoit, ou qui alloient le consulter, des lumières extraordinaires. Mais ce don n'étoit pas comparable à celui que Dieu lui accorda en lui découvrant l'intérieur même de Jésus-Christ son Fils. On ne pourra s'empêcher d'admirer la candeur et la simplicité avec laquelle il en parle. C'est, selon le langage de notre Seigneur, un enfant à qui Dieu révèle ce qu'il cache aux sages et aux prudens de la terre. « Il a plu, dit-il, à la
» bonté divine, de me faire voir une chose pro-
» digieuse, et dont la pensée m'épouvante; l'in-
» térieur de Jésus-Christ, qui m'a été montré
» aussi vaste et aussi grand que Dieu même. Ce
» mystère m'a été expliqué par une comparaison
» de l'Ecriture qui nous représente Dieu étendant
» les cieux et les déployant comme on étend et on
» dilate les peaux qui étoient pliées et roulées;
» *Extendens cœlum sicut pellem* (1). J'entendois
» que cela se faisoit ainsi. C'est que dans la créa-
» ture il y a un fond de docilité à l'action de Dieu
» qui est sans bornes. Les philosophes l'appellent
» puissance d'obéissance, la comparant dans son
» étendue à la grandeur de la toute-puissance de

(1) *Ps.* CIII. 2.

« Dieu, par qui, et entre les mains de qui la
» créature peut être dilatée à l'infini ; car il est
» en elle pour l'étendre et l'accroître autant qu'il
» lui plaît. Je voyois de même l'intérieur de mon
» maître dans une vaste et immense étendue. Il
» comprenoit en lui tous les devoirs du monde ;
» il aimoit pour tout le monde, il louoit et glori-
» fioit Dieu pour tout le monde ; en un mot, il
» avoit un tel amour pour tout le monde, que
» quand tout le monde eût été infiniment plus
» étendu qu'il n'est, son amour seroit assez grand
» pour embrasser toutes les créatures qui le com-
» poseroient, et bien au-delà.

» Je n'avois pu concevoir, ajoute-t-il, ce que
» me disoit dernièrement un saint prêtre de notre
» communauté, qu'il sentoit pour le prochain un
» amour infini, lequel n'étoit autre chose qu'un
» ressentiment et une participation de l'amour que
» Jésus-Christ porte à ceux qui l'aiment : mais
» aujourd'hui, j'ai conçu ce que c'étoit que cet
» amour ; car après la sainte messe, mon Sauveur
» a bien voulu, pendant mon action de grâces,
» me le faire sentir et l'exprimer en moi. Je me
» suis vu en cette disposition, que mon amour
» s'étendoit et se répandoit sur tout le monde. Le
» fond de mon ame se dilatoit partout, et mon
» cœur se sentoit vivement excité à embrasser le
» monde entier. Je ne me connoissois plus ; je
» n'éprouvois plus en moi d'amour particulier
» pour telle ou telle personne ; mais j'avois un
» amour égal pour tout ce qu'il y avoit d'hommes
» au monde, un amour sans bornes pour tous les
» peuples du monde ; et le seul sentiment de pré-

» férence qui étoit en moi, c'étoit un amour en-
» core plus vif et plus pressant pour mon Eglise,
» que j'embrassois de cœur et d'ame. Oh! que
» Dieu est grand, disois-je, en voyant cette vaste
» étendue de l'intérieur de mon maître, sa lar-
» geur, sa longueur, sa hauteur et sa profondeur.
» Je prie mon amour, que les œuvres viennent à
» la suite de cette lumière, et que je puisse, en la
» vertu de ce mouvement, servir toute créature
» pour la porter à Dieu ».

Parlant ailleurs de l'esprit dans lequel notre Seigneur faisoit toutes ses œuvres: « Quand je
» pense, disoit-il, à l'amour qu'il avoit pour son
» Père, (et c'est ce que j'éprouve au moment où
» j'écris) je sens mon cœur si petit, que j'en
» pleurerois; et en effet les larmes m'en viennent
» aux yeux. C'est ce qu'on appelle communion
» aux sentimens de notre Seigneur, lequel répand
» en nous et nous fait sentir ses mouvemens inté-
» rieurs, tels qu'il les éprouva lui-même dans son
» ame. Il faisoit tout avec une telle plénitude de
» charité, que toutes ses actions n'étoient que la
» moindre partie de ce qu'il eût désiré faire; car
» voyant en son esprit, qui étoit d'une étendue
» infinie, des œuvres à l'infini qui pouvoient glo-
» rifier son Père, il les faisoit en désir et à tout
» moment. Dans cette vue, il a choisi la sainte
» Eglise pour faire par elle ce qu'il voyoit qu'il
» auroit pu faire et qu'il ne feroit pas; en sorte
» que tout ce qu'elle fait n'est que l'accomplisse-
» ment des désirs de Jésus-Christ son époux; et
» parce qu'elle ne peut les connoître par elle-
» même, encore moins les accomplir, il réside

» en elle et en chacun de ses membres, pour y
» faire ce qu'il n'a pu exécuter en personne, et
» ce qu'il eût voulu faire. Ainsi il loue Dieu son
» Père, en tous ceux qui lui appartiennent, au-
» tant qu'il l'eût voulu louer tout seul. Il prêche
» en tous les prédicateurs, par exemple, autant
» qu'il eût voulu prêcher lui seul. Ceci m'est venu
» ensuite de ce que j'ai senti de l'amour de Jésus
» envers son Père; et même je ne dis les choses
» qu'à demi; car notre Seigneur n'eût pas voulu
» seulement louer et glorifier Dieu autant que
» l'honore l'Eglise, qui n'est composée que d'une
» partie du monde, quoiqu'elle s'étende par tout
» le monde, et qu'il appelle pour cela, *petit trou-*
» *peau* : mais il eût désiré l'honorer et le glorifier
» par la bouche et dans les cœurs de tous les
» hommes et de tous les anges; et non-seulement
» de tous ceux qui existent, qui ont été et qui
» seront, mais de tous les hommes et de tous les
» anges possibles.

» Voilà la plus haute idée qu'il ait jamais plu à
» la grandeur de Dieu me donner des sentimens
» et des dispositions du cœur de Jésus-Christ
» son Fils. Je remarque que le Père éternel, qui
» met des bornes à sa louange extérieure, ne veut
» avoir que celles qui lui ont été rendues, qui lui
» sont rendues, et qui lui seront rendues à l'ave-
» nir, sans en vouloir davantage; mais pour sup-
» plément il reçoit celles qui sont dans le cœur de
» son Fils, et c'est le sens de l'Oraison dominicale
» où notre Seigneur dit à son Père dans l'étendue
» de son amour : *Que votre nom soit sanctifié;*
» comme s'il disoit, Qu'il le soit autant qu'il le mé-

» rite, non-seulement par les hommes qui vivent,
» qui ont vécu et qui vivront jusqu'à la fin du
» monde, mais par toute créature qui peut être,
» laquelle ne l'honoreroit pas encore autant qu'il
» mérite. Notre Seigneur ajoute : *Que votre règne*
» *arrive;* c'est-à-dire, que votre empire absolu
» s'étende sur toute créature, ou, que toute créa-
» ture vous reconnoisse pour son Dieu et vous
» rende les honneurs qui vous sont dus. Ce qui ne
» sera point en effet; mais c'est le désir et le vœu
» du cœur de Jésus; vœu qui rend plus d'honneur
» à Dieu, que si réellement toute créature lui étoit
» soumise. Ce souhait de Jésus-Christ est corrigé
» ou expliqué par les paroles suivantes : *Que votre*
» *volonté soit faite;* car c'est dire : Cependant,
» ô mon Père, qu'il en soit ce qu'il vous plaira.
» Je voudrois que vous fussiez autant honoré que
» vous le méritez, par tout être possible; au moins,
» je voudrois que vous régnassiez sur toutes les
» créatures sorties de vos mains, si vous ne voulez
» pas étendre votre gloire davantage; toutefois,
» mon Père, faites-vous honorer autant qu'il
» vous sera agréable, et mettez à votre honneur
» les bornes que vous voulez. Voyez du moins les
» souhaits que je forme pour votre gloire. Je vous
» les offre en supplément des louanges qui ne
» vous sont pas rendues.

» On voit ici, continue M. Olier, quelle est la
» ferveur de la prière de notre Seigneur, l'étendue
» de son amour, et l'immensité de son divin in-
» térieur. Il comprend, pour la gloire de son Père,
» tout ce qu'il voit de possible, et il l'exécute lui-
» même, selon la mesure des desseins de son Père,

» dans la personne de ses membres. Ainsi il au-
» roit eu le désir de prêcher tout à la fois dans
» tous les lieux du monde. Ne le pouvant faire
» par lui-même, il se multiplie en autant de per-
» sonnes qu'il y a de prédicateurs de son Evan-
» gile sur la terre; et la participation de son zèle,
» ou la communication de son amour dans le
» cœur de ses saints, a fait ce qu'il faisoit dans le
» sien. C'est ce qu'on a vu dans saint François et
» saint Dominique, dont il s'est servi dans un
» temps où il ne pouvoit lui-même opérer par sa
» présence sensible le renouvellement de sa reli-
» gion en son Eglise. Car c'est lui qui résidoit
» en eux, et qui opéroit tant de merveilles par
» leur bouche. Il leur a fait sentir les dispositions
» intérieures dont je viens de parler, qui con-
» sistent à se répandre en qualité de membres,
» pour aller publier l'Evangile et glorifier Dieu
» par tout le monde; ce qu'ils ne pouvoient faire
» par eux-mêmes. Ils répandoient en leurs dis-
» ciples une partie de l'esprit qu'ils possédoient
» comme chefs, avec une plénitude proportionnée
» à leur vocation; en sorte que ces deux grands
» patriarches, sans sortir de leur place, ont par-
» couru le monde entier. Et comme leur zèle ne
» se bornoit même pas à servir Dieu dans tout le
» monde pendant leur vie, mais qu'ils désiroient
» le servir après leur mort, et pendant toute l'é-
» ternité; ce désir s'est transmis dans leurs suc-
» cesseurs, envoyés comme eux pour prêcher par-
» tout l'amour de Dieu et lui former partout des
» adorateurs.

» O mon Seigneur et mon maître! combien de
» fois vous m'avez fait ressentir tous ces désirs!
» Combien de fois m'avez-vous rempli le cœur de
» ces sentimens et de tous ces mouvemens! Hélas!
» je ne pouvois ni les comprendre, ni me con-
» tenter de les produire. Combien de fois m'avez-
» vous donné ce désir, d'avoir cent et cent mille
» cœurs, et encore plus, pour y verser les senti-
» mens de votre amour et le zèle de votre gloire!
» Sentimens que vous répandez dans mon ame
» avec tant de consolation pour moi. C'étoit une
» goutte que vous faisiez passer de l'océan et de
» l'abîme de votre cœur dans la petitesse du mien.
» Ah! Seigneur, vous êtes infini dans votre sain-
» teté. Il n'est pas possible d'en soutenir l'éclat,
» ni d'en porter le poids; car si tout ce que nous
» en ressentons, et tout ce qu'en ressentent vos
» membres répandus dans le ciel et par toute la
» terre, n'est rien en comparaison de ce que vous
» êtes, que seroit-ce donc, si vous nous décou-
» vriez les richesses qui sont en vous? O mon
» Jésus! quelle grâce, de pouvoir dire que je me
» perds en vous! Quel est celui qui ne voudra
» nager dans ce vaste océan de votre cœur, et en
» goûter les délices? Quel est celui qui ne voudra
» s'y noyer, s'y abîmer, s'y perdre? Pour moi,
» qu'à jamais, ô mon amour, j'y sois noyé et perdu,
» sans que je puisse ni me retrouver ni me re-
» prendre. Que je demeure tellement vous, que
» je ne sois jamais moi-même ». J'ai laissé encore,
dans les manuscrits de M. Olier, beaucoup de traits
et de sentimens qui décèlent un homme consommé

dans les plus hautes voies de la perfection, et qui mériteroient de trouver place dans son histoire; mais je crains d'avoir donné déjà trop d'étendue au livre de ses vertus.

On a rapporté dans cette vie plusieurs traits où il est difficile de ne pas reconnoître le doigt du Tout-puissant, auquel seul il appartient de faire des miracles. Dans les mémoires sur lesquels elle a été écrite, il se trouve encore plusieurs guérisons, opérées par l'intercession de M. Olier, qui n'ont rien de moins surprenant.

Un prêtre chanoine de Notre-Dame du Puy, nommé *de Beget*, dont on a parlé sous l'année 1636, au livre second, fut atteint, peu de temps après la mort de M. Olier, d'un mal de côté fort douloureux. Il souffroit tellement, qu'il ne pouvoit se tourner ni d'un côté ni d'autre, et qu'on ne savoit quelle situation lui faire prendre. « Me souvenant, » dit-il, (car c'est lui-même qui raconte le fait) » qu'il y avoit dans mon cabinet une soutane de » M. Olier que j'avois appris être mort depuis peu » de jours, je me la fis apporter avec confiance. » Je l'appliquai sur mon côté, où je ressentois » la douleur la plus pressante; tout aussitôt le mal » cessa entièrement. Je me levai; je me revêtis » de la soutane qui m'avoit délivré, et je la con- » servai sur moi pendant toute la journée, sans » éprouver aucune douleur. Peu de temps après » l'avoir quittée pour me remettre au lit, je sentis » revenir ma première douleur, qui fut bientôt » aussi aiguë et aussi pressante qu'auparavant. Je » repris encore la soutane, et la mis de nouveau » sur le côté qui souffroit. Au même instant, la

» douleur cessa tout-à-fait, et je ne l'ai plus res-
» sentie. En foi de quoi j'ai signé, ce 1.ᵉʳ jour
» de mai 1657 ».

Un autre chanoine de la même église attesta le même jour, qu'il devoit à l'intercession de M. Olier la guérison dont il fait le récit en ces termes. « Ayant été attaqué, le 12 avril, d'une
» fièvre continue avec redoublemens violens; vers
» midi, le seizième jour du mois, qui étoit le qua-
» trième de la maladie, comme mes inquiétudes
» augmentoient de plus en plus avec mon mal, j'eus
» dans la nuit la pensée de recourir à M. Olier.
» J'espérois fortement qu'en le priant avec fer-
» veur, j'obtiendrois la santé; et ma confiance alla
» jusqu'à me promettre d'assister à l'oraison fu-
» nèbre qui devoit être prononcée peu de jours
» après dans notre église. Je le priai donc avec
» un grand sentiment de consolation et une sorte
» de persuasion que j'allois être exaucé. Par la
» grâce de Dieu, je le fus en effet; ma prière finie,
» la fièvre me quitta, et j'ai eu la consolation
» d'entendre son oraison funèbre. En foi de quoi
» j'ai signé. COLOMB, *prêtre, chanoine de l'église
» cathédrale du Puy* ».

Un jeune ecclésiastique, nommé Charles de Feugerolles, fils du baron de Feugerolles, du Forez, demeuroit au séminaire du Puy, lorsqu'on y apprit la mort de M. Olier. Depuis long-temps il étoit tourmenté d'un violent mal d'estomac, que tout l'art des médecins n'avoit pu guérir. Comme il entendoit souvent parler du serviteur de Dieu et de plusieurs grâces particulières obtenues par son intercession, un jour qu'il souffroit jusqu'à ne
pouvoir

pouvoir presque plus respirer, il s'adressa à lui, et le supplia de demander au Seigneur son rétablissement, si ce devoit être pour sa plus grande gloire. Il appliqua sur son estomac un morceau de la soutane du saint prêtre. Il se leva quelques momens après pour se promener dans sa chambre, fort étonné de ne plus sentir aucun mal, et de jouir de toute sa respiration. Sa guérison fut aussi persévérante qu'elle avoit été prompte et entière. Le fait est signé de *Charles* Feugerolles, du diocèse de Lyon, le 2 mai 1657.

Une religieuse professe de l'ordre de saint Augustin en la ville de Saint-Didier, nommée Anne Feulha, et dite en religion, sœur de la Trinité, à l'âge de trente-un ans, souffroit une grande douleur de tête et un mal d'estomac, qui l'avoient tellement affoiblie, qu'elle ne pouvoit plus se tenir debout. Un samedi 19 d'octobre 1657, comme ses souffrances étoient beaucoup plus considérables qu'à l'ordinaire, elle fut visitée, au moment où elle souffroit le plus, par la sœur Louise de Salus, prieure du couvent. Celle-ci l'entretint de quelques miracles opérés par l'intercession de M. Olier. La malade se sentant inspirée de recourir à ses prières, demanda un morceau de sa soutane, et l'invoqua, après s'être mise à genoux devant l'image de notre Seigneur. Un quart-d'heure après qu'elle eut reçu et appliqué sur elle l'instrument que Dieu voulut faire servir à sa guérison, elle commença d'éprouver une grande diminution dans son mal, avec une force et une vigueur toute extraordinaire. A peine se fut-elle relevée, qu'elle se trouva parfaitement délivrée de ses souffrances et de son extrême foiblesse. Le premier usage qu'elle fit de ses forces, fut d'aller au chœur rendre à Dieu ses actions de grâces. Tout ceci a été déposé et attesté avec serment par la religieuse elle-même, en présence d'un docteur en droit, nommé Antoine Duformel, vicaire forain et commissaire député par Henri de Maupas, évêque du Puy, pour en informer juridiquement. Cet événement fut à peine répandu dans la ville de Saint-Didier, qu'un prêtre âgé de trente-quatre ans, nommé François Nexon, qui servoit dans la paroisse de la même ville, eut la témérité de se permettre plusieurs railleries sur la sœur de la Trinité, et de la tourner en dérision. A l'en croire, la guérison prétendue n'étoit que dans l'imagination de la malade; et tout ce qu'il y avoit de mieux à dire, c'étoit que la merveille qu'on débitoit partout étoit un beau rêve, pardonnable à la foiblesse de son cerveau et de son sexe. Il ne tarda pas à avoir besoin lui-même de recourir au médecin qui avoit opéré cette guérison; et il paya cher les propos qui lui étoient échappés depuis plusieurs jours. Le vendredi vingt-sept du même mois, il fut tout d'un coup attaqué d'un violent mal de tête, accompagné d'une fièvre continue, qui le fit changer entièrement de sentiment et de langage. Le repentir dans le cœur, il s'humilia devant Dieu, et dans le fort de son mal il se fit apporter une pièce de la soutane de M. Olier, qu'il plaça sur sa tête. Il fit au même instant une fervente prière, et tout aussitôt il éprouva que M. Olier se vengeoit après sa mort, comme il avoit fait pendant sa vie, en rendant le bien pour les injures qu'il avoit reçues de ses ennemis. Il fut entièrement soulagé, et ne ressentit plus aucun mal. C'est ce qu'il a déposé en personne devant nous, dit le même Antoine Duformel, commissaire, dans le procès-verbal du dernier jour d'octobre 1657.

On trouve encore, dans la collection de ses procédures, une guérison extraordinaire et subitement opérée par l'attouchement d'un morceau de la soutane de M. Olier, dans la personne d'un habitant de la ville de Valence, nommé Jacques Chapuis, malade d'une fluxion de poitrine; à laquelle je n'en ajoute plus qu'une, rapportée, entre plusieurs autres, par M. Grandet, curé de Sainte-Croix dans la ville d'Angers. En voici la relation, écrite de sa main. Un excellent prêtre nommé *Boucaut*, chanoine honoraire de Saint-Nicolas de Craon, tomba dans une maladie, qui, au dixième jour, le réduisit à l'extrémité. Une sainte fille, sa parente, nommée Marie Rousseau, qui avoit été dirigée par M. Olier, lui envoya de Paris un morceau de la camisolle du serviteur de Dieu, qu'elle tenoit de M. de Longueil, prêtre, maître des cérémonies au séminaire de Saint-Sulpice. Ce fut M. Rigault, chanoine de Saint-Pierre d'Angers, qui fut chargé de la porter au malade à Craon, éloigné de cette ville de douze lieues. Comme il arriva, on sonnoit son agonie. Entrant chez le malade, il apprit que les médecins l'avoient abandonné, et qu'ils avoient dit aux chirurgiens qu'ils pouvoient aiguiser leurs instrumens pour ouvrir son corps. On lui donnoit à peine un quart-d'heure de vie, et l'on faisoit les prières des agonisans, lorsque M. Rigault approcha de son lit, et lui dit: « Je vous apporte quelque chose de M. Olier. » Ayez confiance en Dieu, et vous recevrez du » soulagement, par l'intercession de son servi- » teur ». A ces mots, M. Boucaut, levant les yeux au ciel, prit dans sa main ce qu'on venoit de lui présenter, et demanda à boire, d'une voix si foible qu'on eut peine à l'entendre. Il trempa lui-même le morceau dans un bouillon qu'on lui apporta, et en but. Dès qu'il eut cessé de boire, il sentit des douleurs d'entrailles très-violentes. Sa maladie étoit une rétention d'urine; il en rendit, tout le reste du jour, et durant la nuit, une quantité presque incroyable. Les médecins, qui avoient assuré qu'il ne pouvoit guérir sans miracle, furent étrangement surpris de la révolution dont ils étoient les témoins; mais ils n'en prononcèrent pas moins que le malade étoit sans espoir, parce que tout ce qu'il venoit de rendre avoit séjourné si long-temps dans son corps, qu'infailliblement la corruption avoit gagné les intestins. Cependant sa santé revint tout-à-coup; *et maintenant que j'écris ceci*, ajoute M. Grandet, (c'étoit quelques années après) *il est encore vivant.*

Plusieurs autres malades furent guéris de la fièvre en usant du même remède; entre autres une parente de M. Grandet, qui depuis vingt-huit mois avoit une fièvre quarte. Elle en fut délivrée au jour même où elle invoqua le serviteur de Dieu.

Je n'oserois prononcer si les guérisons dont on vient de lire le récit sont du nombre de celles que notre Seigneur a donné à ses disciples, et dans leurs personnes, aux saints de tous les siècles, le pouvoir d'opérer sur les corps et sur les ames, quand il leur a dit : *Guérissez les malades* (1). Je n'aurai pas non plus la témérité de dire que les visions et les révélations rapportées dans cette vie doivent être mises au rang de celles que le Roi-prophète a exprimées par ces paroles : *Vous avez parlé en vision à vos saints* (2). Il n'appartient qu'à la sainte Eglise de discerner infailliblement le doigt de Dieu dans les opérations extraordinaires; et je soumets à son jugement tout ce que j'ai écrit, soit des vertus de M. Olier, soit de tout ce qui paroît, dans son histoire, au-dessus des lois de la nature. Mais comme ce sont les vertus, et non les miracles qui font les saints, celles de l'homme de Dieu sont assez éclatantes et trop certaines pour ne pas faire présumer qu'après avoir édifié les hommes sur la terre, et s'y être sanctifié par la pratique constante des maximes les plus parfaites de l'Evangile, il règne avec Dieu dans le ciel. Plusieurs personnes après sa mort, crurent pouvoir conjecturer qu'on travailleroit un jour à sa canonisation. Telle fut l'opinion du saint évêque de Cahors, Alain de Solminihac, qui, parlant de la fidélité de M. Olier à remplir sa charge, ajoutoit : « Comme ç'a été la cause de sa » sanctification, ce sera aussi le motif de sa ca-

---

(1) *Matth.* x. 8. (2) *Ps.* LXXXVIII. 20.

» nonisation (1) ». Quoi qu'il en soit de cette parole, que je ne donne pas ici pour une prédiction, le vœu de l'Eglise n'en est pas moins, que la vie de M. Olier offrant une image des vertus qu'elle honore dans les saints dont elle place les reliques sur les autels, elle serve de modèle à tous ceux qui travaillent à mériter une place dans la terre des vivans.

(1) Vie de M. A. de Solminihac, par le P. de Chastenet; liv. II, chap. XVI.

FIN.

www.ingramcontent.com/pod-product-compliance
Lightning Source LLC
Chambersburg PA
CBHW050103230426
43664CB00010B/1420